흉노(匈奴)
연(燕)
무종(無
대(代)
계(薊)
중산(中山)
영수(靈壽)
제(齊)
이석(離石)
형(邢)
임치(臨淄)
기(紀)
한단(邯鄲)
진(晉)
곡부(曲阜)
위(衛)
비(費)
거(莒)
평양(平陽)
조가(朝歌)
조(曹)
노(魯)
황해
곡옥(曲沃)
성복(城濮)
등(滕)
안읍(安邑)
담(郯)
송(宋)
낙양(洛陽)
정(鄭)
상구(商丘)
팽성(彭城)
함곡관
주(周)
진(陳)
서(徐)
오(吳)
상(商)
종리(鍾離)
채(蔡)
수춘(壽春)
신(申)
광릉(廣陵)
성양(城陽)
황(黃)
연릉(延陵)
등(鄧)
당(唐)
육(六)
고소(姑蘇)
수(隨)
초(楚)
서(舒)
회계(會稽)
영(郢)
악(鄂)
양쯔 강
월(越)
구(甌)

한비자

명역고전

한비자 지음 · 김원중 옮김

Humanist

일러두기

1. 이 책은 천치여우陳奇猷의 《한비자교석韓非子校釋》을 저본으로 하고, 왕선신王先愼의 《한비자집해韓非子集解》 등도 참조하여 한비韓非의 《한비자韓非子》를 완역한 것이다. 필요한 경우 제한적인 범위 내에서 교감을 했다.
2. 원문에 충실한 직역을 위주로 하면서 의미가 불분명한 부분에서는 의역을 곁들였다. 필요에 따라 문맥을 연결하는 적절한 단어를 [ ] 안에 제한적으로 삽입하여 문장의 뜻을 분명히 하고자 했다.
3. 구태의연한 고어투는 가능한 한 현대어로 바꾸어 어감을 살렸는데, 원전의 품격을 저해하지 않으면서 우리말의 결을 살리려 노력했다.
4. 주석은 원전의 의미를 통하게 하거나 의미를 보충하기 위해 문맥적 의미에도 유의하면서 달았는데, 자료적 가치와 학술적 가치도 고려했으나 심도 있는 논의를 수반한 논의거리는 제외했다. 아울러 단순한 인명이나 관직명, 개념어 등은 해당 본문 안에서 괄호로 처리했다.
5. 각 편 앞부분의 해제는 독자의 이해를 돕고 각 편의 대의를 설명하기 위해 붙인 것으로 진위 여부나 쟁점이 되는 사안 등을 함께 거론했으며, 역자의 독단과 감상주의를 경계하고자 주의를 기울였고, 본문과의 중복을 피하고자 노력했다.
6. 각 편의 소제목은 역자가 본문의 흐름에 의거하여 문단을 나누고 나서 본문의 내용에 의거하여 붙인 것이며, 소제목만 보고도 내용을 쉽게 유추할 수 있도록 했다.
7. 찾아보기는 인명·관직명·개념어 위주로 작성했다.

서문

중국의 고전 중에 제자백가諸子百家의 저작들은 오늘날에도 적지 않은 관심을 불러일으킨다. 공자·맹자를 주축으로 하는 유가儒家와 노자·장자를 핵심으로 하는 도가道家를 양대 축이라고 하지만, 중국 최초의 제국을 세운 진시황秦始皇이 통치의 이념으로 삼은 것은 법가法家였다. 제갈량諸葛亮이 오장원에서 죽으면서 어리석기로 알려진 후주後主 유선劉禪에게 읽도록 한 책이 《한비자》였다고 한다. 유선은 40년간이나 촉나라를 수성하는 데 성공했다. 한나라 말기의 삼국시대를 평정하고 다시 통일국가를 내세운 조조曹操의 사유 이면에는 신상필벌의 법가적 기질이 있다는 점도 주목할 만하다.

최초의 통일 제국을 세운 진시황의 사상이 법가에서 출발한다는 점은 우리에게 시사하는 바가 적지 않다. 춘추시대春秋時代 공자孔子가 15년 가까운 세월을 북중국의 제후국을 주유하면서 '인의仁義'의 도덕관념에만 의존해 나라를 다스리라고 외쳤으나 호응을 얻지 못했고, 적어도 그의 사상은 한漢 제국을 세운 고조 유방劉邦 이후에야 빛을 발하기 시작한 것으로 보아야 하기 때문이다. 그러나 바로 이어진 위魏나라나 진晉나라의 사상의 기초는 유가가 아니었으며, 당唐나라 역시 유가와 도가, 불교가 혼융된 제국이었고, 송宋나라에 이르러서야 비로소 신유가新儒家라고 불리는 선진시대 공자의 유학이 부활되었다. 송나라가 남북으로 갈리면서 북방은 금金나라에 의해 다스려지고 남송이 신유학을 계승하게 되는데 그 사상의 집대성자인 주희朱熹의 성리학이 원元나라에 의해서는 계승되지 못하고 유학과 유학자의 위상은 그야말로 맨 아래 등급에 처해지게 되었다. 명明나라에 이르러서야 유학은 다시 부활하였고 만주족의 청淸나라로 바뀌면서 면면히 그 힘을 이어갔던 것이다. 이렇듯 중국 사상의 흐름은 백가쟁명 시기인 춘추전국시대부터 청대에 이르기까지 유가·법가·도가·병가 등 다양한 사유의 충돌과 화해, 혼융의 과정을 거치면서 그 역사적 흐름을 이어온 것이었다. 물론 그 과정에서 한비자의 사상과 그의 책은 역대 제왕학과 군주론에 적지 않은 기여를 하였다.

상대적으로 우리나라의 경우는 확연히 다르다. 조선왕조 5백년을 지배해온 성리학의 기본 도서목록은 인성론의 핵심서인 사서四書, 즉《대학大學》·《논어論語》·《맹자孟子》·《중용中庸》등 유가 경전이었고, 율곡 이이李珥의《격몽요결擊蒙要訣》의 아동용 기본도서 목록서 10여 권에도 법가를 비롯하여 병가兵家나 도가 등에 관한 책들은 단 한 권도 들어가 있지 않았다.

우리와 달리 일본의 경우 헤이안(平安)시대 이전부터 《한비자》가 알려져 있었고, 1700년대 초반부터 시작하여 유학을 공인한 도쿠가와(德川) 시대에 활발해진 한학 연구와 더불어 법가사상이 더욱 주목받기 시작하여 1808년에 《한비자익취韓非子翼毳》라는 명작이 탄생하게 된다. 이는 주자학을 성역시한 조선의 폐쇄된 학문적 지향과는 사뭇 다른 학문 방향으로서, 이런 점이 메이지 유신 등 일본이 근대화를 적극적으로 추구하고, 나아가 아시아를 벗어나자는 탈아론脫亞論으로 이어지는 데 일정한 단서를 제공한 것이 아닌가 한다.

한韓나라의 서자 출신의 공자(公子, 제후의 자제)로서 비주류의 처절한 아픔을 겪은 한비자가 집필한 《한비자》는 사방이 적국으로 둘러싸인 조국 한나라가 약소국의 비애와 굴욕을 벗어나기 위해서는 실용적인 법가를 바탕으로 강력한 군주론과 제왕학으로 무장해야 한다는 주장이 담겨 있다. 그만큼 조직사회에서 이익을 추구하며 살아가는 현대인이 느끼는 상황과 상당부분 접맥되어 있다고 해도 과언이 아닐 만큼 현장감이 있는 고전이다.

사마천은 《사기史記》 〈노자한비열전老子韓非列傳〉에서 진시황이 한비자의 글 두 편을 읽어보고 객경客卿인 이사李斯를 통해 수소문하여 한비자를 만났으나 마음에 들지 않아 고향으로 돌려보내려 했지만 이사의 계략에 묶여 한비자가 죽음을 맞게 되었다고 기록하고 있다. 그러나 한비자의 죽음 이후에도 친구 이사에 의해 간접적으로 그 사유의 틀이 승계된 것이기에 그의 사상이 진나라의 초석

역할을 했다는 점은 부인할 수 없다.

물론 진시황이 감탄한 것이 우리가 피상적으로 알고 있는 법치가 아니라, 한비자가 그의 책을 통해 주창한 제왕학일 수도 있다. 왜냐하면 한비자는 법法·술術·세勢라는 세 가지 구체적인 방법론을 통해 절대적인 통치권력을 확립하는 데 중점을 두었으므로 엄격한 법치에 입각하여 일반 백성의 복지를 증진시키는 것과는 거리가 멀었기 때문이다. 그가 추구한 이상적인 정치란 신하들을 제어할 수 있는 군주의 권력을 강화하는 것이었으므로, 오늘날의 시각에서 한비자의 사상을 법가로 한정하는 것은 당시 시대 상황에 비추어 볼 때, 오해의 소지가 있다.

오늘날의 입장에서《한비자》가 현대사회 개인에게 필요한 이유는 합리적 사고를 바탕으로 인간을 맹목적으로 믿지 않고 적절히 규제하여 공동체가 추구하는 가장 최선의 방향을 만들어가는 데 영감과 지침을 주는 것이 아닌가 싶다.

그동안 필자가 번역한《한비자》가 17년 동안 판과 쇄를 거듭하여 도합 40쇄를 넘겼을 정도로 애독되어왔으나, 완역본이 아니라는 데에 늘 아쉬운 마음이 있었다. 그동안 분에 넘치는 독자들의 사랑에 조금이나마 보답하고자 하는 마음에서 위작 시비가 있었던 편명들을 모두 포함하여 전체를 완역하여 세상에 내놓는다.

번역 과정에서 필자는 한비자의 냉철한 현실주의를 바탕으로 한 치밀한 논의와 예리한 분석방식에 유의하면서 《한비자》라는 책의 내용 대부분이 군주를 위해 쓴 것이고, 군주를 위해 유세한다는 입장에서 서술된 것이라는 점을 놓치지 않으려 했다. 또한 상소문 형식의 글은 진중한 분위기를 살리려 노력했으며, 다양한 비유와 예증, 우언寓言의 활용 등이 있는 부분들은 그 어감을 살리고자 했고, 한비자가 다른 사상을 반박하거나 자기를 변호하는 문장은 그 느낌을 독자들에게 현장감 있게 전달하는 데 중점을 두고자 했다. 이런 과정을 거침으로써 독자들은 한비자가 살아 있을 당시에 전하고자 했던 느낌을 어느 정도 알 수 있을 것이다.

아울러 《사기》를 비롯한 관련 문헌들 속에 나타난 내용을 비교검토하고 각주의 엄밀성을 보완했다. 각 편 해제 역시 밀도 있게 수정하고 보완하여 한비자가 전하고자 하는 사유를 독자들에게 제대로 전달하고자 노력했다.

나름 최선의 노력을 기울여 번역에 임했으나 아쉬운 점은 여전히 남는다. 미비한 점은 수정·보완하고 더욱 가다듬을 것을 약속드린다. 10여 년 전부터 맺어온 휴머니스트 출판사와의 연緣을 계기로 동양고전 시리즈를 기획하게 되었다. 이 책은 그 성과물의 시작이다.

2016년 3월

김원중

차례

권卷 5

권卷 6

권卷 7

권卷 8

권卷 9

권卷 13

권卷 14

권卷 15

권卷 16

권卷 17

권卷 20

해제

군주론과 제왕학의 고전, 《한비자》

주나라의 몰락과 춘추전국시대의 서막, 그리고 법가의 탄생

우리가 알고 있는 봉건제封建制는 분봉分封제도라는 것을 기반으로 하여 천자天子가 있고 그 아래 제후諸侯들이 있어, 천자는 하늘의 명을 받아 온 천하를 다스리는 상징적 존재이고 각 지방의 제후들은 천자가 나눠준 땅을 다스리는 제도이다. 천자는 제후를 다스리며, 제후는 자신의 영역에 속한 백성을 거느리는 것이다. 이 제도는 주周나라 때 가장 잘 갖춰졌으며, 그 핵심은 혈연으로 맺어진 친족적 유대관계를 바탕으로 한다.

이처럼 자신의 영지에서 일정한 통치권을 인정받는 반독립 상태를 유지한 고대의 분봉제도는 구조가 단순해서, 예禮와 형刑이라는 두 규범만으로도 질서가 유지될 수 있었다. 즉, 지배층의 기본적인 관계는 윤리규범인 '예'로써 유지되었으며, 그 아래 대부大夫들은 자신의 영역에 속하는 백성들을 복종시키기 위해서 '형'이라는 형벌의 도구를 사용하면 되었다는 말이다. 그러나 시간이 흘러 천자의 권위가 약화되고 혼란이 지속되면서 이런 관계가 무너지자, 제후들은 서로가 같은 뿌리에서 나왔다는 사실을 잊어버리고 서로 공격하기 시작했으니, 이들이 이른바 패자霸者라고 일컬어지는 자들이었다. 패자는 제후들의 맹주盟主를 자처하며 힘으로 지배하려 들었다. 그리고 제후들은 저마다 패자가 되기 위해 치열한 각축전을 벌였다.

1천여 년 동안 천자를 중심에 두고 천하를 통치하던 주周나라가 무너지고 50여 개의 제후국이 생겨나면서 군웅이 할거하는 시대가 도래한 것이다. 힘없는 천자 밑에서 제후들은 말을 듣지 않았다. 본래는 혈연을 기초로 하여 같은 뿌리에서 나온 족속이었으나 시간이 흐르면서 지리적·문화적 이질성이 끼어들었고 정치적 견해도 달라 의식주의 문제가 심각해지자 결국 이웃 나라들과 전쟁을 벌여야만 했다. 춘추春秋시대에는 제후국 사이에 어느 정도 도덕률이 존재했으나 '싸움만 하는 나라들'이라는 뜻의 전국戰國시대가 되면서 제후국의 수는 10여 개로 줄었고 나중에는 일곱 나라가 천하를 놓고 다투는 상황이 되면서 전국칠웅戰國七雄이라는 말이 생겨났다. 그러나 오늘 강자라고 해서 내일도 그러리라는 보장은 없었고, 그 반대도 마찬가지였다.

천하는 남방의 강국 초楚나라를 비롯하여 서쪽의 신흥강국인 진

秦나라와 동쪽의 전통 강국인 제齊나라가 3강의 세력을 구축하고 있었고, 맨 위의 연燕나라나 그 아래의 조趙나라와 위魏나라, 그리고 천하의 중앙에 있는 약소국 한韓나라가 서로의 힘을 겨루고 있는 형국이었다. 진나라는 천하를 통일하고자 하면서 호시탐탐 동방 6국을 노리는 형국이었고, 동방의 여섯 나라들은 힘을 합쳐 강자인 진나라에게 어떻게 대항하느냐를 놓고 전략적 논의를 하였는데 바로 합종과 연횡이 그것이었다. 그럼에도 불구하고 천하의 흐름은 진나라로 쏠려가고 있었는데, 진나라가 강성해질 수 있었던 힘의 원천이 법가法家라는 점을 다른 6국의 제후들은 모르고 있었던 것이다. 적어도 진나라는 상앙商鞅 때부터 변법變法과 개혁의 기치를 두르고 나라의 시스템을 바꾸고 있었다.

이 시대의 패자들은 힘의 논리로 무장했다. 그 당시의 제자백가들이 이 문제를 해결하기 위해 다양한 방법을 제시했으나, 대부분 현실적이고 실천적인 대안이라기보다는 지나치게 이상적인 정책뿐이어서 통치자들로부터 외면당했다. 이러한 시대적 상황에 부응하여 현실을 똑바로 보고 구체적이고 효과적인 대안을 제시한 자들이 있었다. 이들을 '나라를 다스리는 방법을 아는 인재'라는 뜻의 '법술지사法術之士'라고 불렀는데, 이들이 바로 훗날 법가라고 일컬어지는 사상가들이다.

비운의 주인공 한비자, 진시황을 만나다

한비자(韓非子, 기원전 280~?)*는 군주의 권력 유지를 핵심으로 하는 법치 리더십의 창시자이다. 즉 한비자는 군주의 권력을 유지하고 사람을 통제하며 심지어 신하들에게 권력을 빼앗기지 않기 위한 구체적인 방법을 가장 많이 알고 있었던 사람이다. 그래서 그는 동양의 마키아벨리라고 불린다.

한비자는 전국시대 한韓나라 명문귀족의 후예이다. 말더듬이였으나 논리적인 문장을 갈고닦는 데 힘써 탁월한 문장력을 갖추었다. 그는 자라면서 유학자인 순자荀子의 문하에서 이사와 함께 학문을 배웠다. 이때 이사는 자신의 능력이 한비자만 못하다는 열등감을 가지고 있었다.

한비자가 살았던 당시의 한나라는 전국칠웅 중에서도 가장 작고 약한 나라였다. 영토는 사방 천 리도 못 되는데다 서쪽으로는 진나라, 동쪽으로는 제나라, 북쪽으로는 위나라, 남쪽으로는 초나라와

---

* 한비韓非, 법가사상의 창시자로 성은 한韓, 이름은 비非이다. 한비라는 이름을 높여 한비자라고 부른다. 한편, 사마천도 〈노자한비열전老子韓非列傳〉에서 편의 제목에는 '한비'라고 하였으나, 같은 편에서는 한자韓子라고도 명기하였는데, 당나라 고문운동가요 당송팔대가인 한유韓愈를 한자韓子라고 쓰기도 하였다. 사마천의 견해를 보더라도 한비 혹은 한자가 좀더 적절한 명칭이긴 하지만 우리에게는 한비자라는 이름이 더 익숙해져 있다는 점에 의거하여 한비자라고 부른다, 이 점은 공자를 중니仲尼라고 부른 것과도 유사한 맥락의 것이다. 따라서 필자는 이 책에서 한비를 한비자로 통일해서 명기하고자 한다.

국경을 맞대고 있어 잠시도 평온할 날이 없었다.

한비자는 한나라 왕이 법률과 제도를 정비하고 권력을 장악해 나라를 부강하게 만들고 어진 인재를 등용하는 데 힘쓰기는커녕, 실속 없는 소인배들을 등용해 그들을 실질적인 공로자보다도 높은 자리에 앉히는 것을 매우 안타까워했다. 또 유학을 내세우는 자들은 경전을 들먹이며 나라의 법도를 어지럽히고, 협객은 무력으로 나라의 법령을 어기고 있다고 비판했다. 게다가 한비자는 군주가 나라가 태평할 때에는 이름을 날리는 유세가들만 총애하다가 나라가 위급해지면 허겁지겁 갑옷 입은 무사를 등용하는 점을 마뜩찮게 여겼다. 그래서 그는 군주가 법으로써 나라를 편안하게 다스리는 방법을 건의했으나 받아들여지지 않자, 나라를 법률로 다스리는 방법을 아는 인사를 알아주지 않는 세상에 대한 울분을 터트리며 《한비자》라는 책을 지었던 것이다.

《한비자》가 세상에 나온 뒤 진나라 시황제가 우연히 이 책을 읽고 감동하여 "아아! 과인이 이 사람을 만나 함께 이야기를 나눌 수 있다면 죽어도 여한이 없겠구나!"라고 말하기도 했다. 그러나 객경客卿 벼슬에 오른 이사는 동문수학한 친구 한비자가 진시황의 총애를 받는 것을 꺼려 서슴지 않고 그를 모함했다. 이사는 한비자가 한나라의 공자公子이기 때문에 진나라를 위해서 일하지 않을 것이며, 그를 등용하지 않고 억류했다가 돌려보낸다면 후환이 될 것이니 죽여야 한다고 주장했다. 진시황은 이사의 말이 옳다고 생각해 한비자를 가두고 사약을 보내 자결하도록 했다. 진시황은 뒤늦게 자신이 저지른 일을 후회했지만, 이미 한비자가 죽은 뒤였다. 한비자는 본래 신하가 군주에게 유세하기 어렵다는 점을 터득하고 〈난언難言〉과 〈세난說難〉 등 여러 편에서 진언의 방법을 자세하게 말했지만, 정작 자신은 죽임을 당하는 화를 피하지 못했다.

한비자는 비록 진나라에서 죽임을 당했지만, 그의 법가사상은 진시황의 통치 원칙이 돼 훗날 진나라의 통치에 기여했다. 한漢나라 때의 철학자인 왕충王充은 《논형論衡》에서 한비자의 조국 한韓나라가 망하고 적국인 진나라가 천하를 통일하게 된 것은 한비자의 주장을 받아들였는지 여부에서 비롯된 차이라고 보았다.

한비자는 군주와 신하의 기본적인 관계를 동상이몽의 관계, 즉 본능적으로 자신의 이익만을 추구한다는 관점에서 보았다. 인간의 본성이 선하다고 본 전통적인 유가의 관점은 그에게 고려의 대상도 되지 않았다. 그는 법法·술術·세勢라는 세 테두리 안에서 모든 것이 해결된다는 데 강한 자신감과 신념을 가지고 단호한 어조로 견해를 피력하였다.

한비자가 말하는 통치술이란 기본적으로 법치에서 출발하는데, 법은 인간을 구속하며, 강제력을 생명으로 한다. 따라서 법은 통치 수단인 동시에 구속의 수단이기도 하다. 그런데 군주라는 강자와 신하라는 약자 사이의 힘에는 우열이 존재할 듯하지만 한비자는 오히려 신하들의 힘이 더 강해져 강자로 변할 수도 있고, 왕의 측근에 있는 자들의 권력이 군주에게 더 위협적인 경우도 드물지 않다고 보았다. 그러므로 한비자가 말하는 법이란 약자에게 도움이 되는 것이라기보다는 강자가 약자를 지배하기 위해 만들어진 통치의 한 수단이라고 볼 수 있다. 봉건제 아래에서 법은 군주가 통치를 위해 휘둘렀던 수단에 불과했다.

시대변화의 요구와 개혁정신, 그리고 인간관

중국인들이 과거의 경험을 중시한 것은 유가·도가·묵가의 대표적인 학자들이 고대의 권위 있는 성인을 내세워 자기들의 학설을 펼친 일에서도 알 수 있다. 예를 들면 공자는 주나라 인문정치의 꽃을 피운 문왕文王과 주공周公을, 묵자墨子는 치수사업으로 유명한 우禹임금을, 맹자孟子는 성군인 요순堯舜 임금을, 도가道家는 복희씨伏羲氏와 신농씨神農氏를 내세워 논거로 삼았다.

그러나 한비자는 시대의 변천에 따른 사회적 요구를 정확히 파악해 이에 적절히 대처해야 한다고 주장했다. 한비자는 유가를 비롯한 제자백가들이 고대의 성현들을 숭상한 것은 그들이 가지고 있는 순박함과 덕성을 높이 평가한 것이지만, 사실상 그들이 그러한 품성을 유지할 수 있었던 것은 시대적인 환경에 적응했기 때문이라고 보았다.

중국의 전설에 의하면, 상고上古 시대에는 사람의 수가 동물이나 곤충의 수보다 적었으나, 유소씨有巢氏가 나무를 엮어 집을 지은 덕분에 위험을 피할 수 있었다. 또 물고기나 조개의 비린내는 수인씨燧人氏가 나뭇가지를 비벼 불을 발견하자 해결됐다. 중고中古 시대에 큰 홍수가 나자 곤鯀과 우禹가 냇물을 끊어 물길을 잡았다. 근고近古 시대에는 하夏나라의 걸왕桀王과 은殷나라의 주왕紂王이 폭정을 하자 탕왕湯王과 무왕武王이 그들을 정벌했다.

그러나 한비자에 의하면, 이제 하후씨夏后氏의 세상이 됐는데 나무로 집을 짓고 나뭇가지를 비벼 불을 만드는 자가 있다면 반드시 곤과 우의 웃음거리가 될 것이고, 은나라나 주나라 때가 되어서도 냇물을 끊어 물길을 잡는 자가 있다면 반드시 탕왕과 무왕의 웃음거리가 될 것이며, 요·순·우·탕·무 왕의 도리를 찬미하는 자가 있다면 반드시 앞으로 나올 새로운 성인의 웃음거리가 될 수밖에 없다는 것이었다.

한비자는 역사란 진화하므로 문제가 발견되면 시대와 환경의 변화에 순응하여 새로운 방법으로 대처해야 한다고 보았다. 이러한 사실을 깨닫지 못한 자는 어떻게 될까? 한비자는 송宋나라 농부의 이야기를 예로 들어 비유하고 있다. 토끼가 달려가다 밭 가운데에 있는 그루터기를 들이받아 목이 부러져 죽자 농부는 쟁기를 놓고 그루터기를 지키며 다시 토끼를 얻고자 했다. 그러나 토끼는 얻을 수 없었으며, 농부는 송나라 사람들의 비웃음을 사고 말았다. 이 일에서 '수주대토守株待兎'라는 유명한 고사성어가 생겼다. 한비자는 그루터기를 지키며 토끼를 기다리는 농부처럼 하지 말고, 시대의 변화를 인정하고 오늘의 기준에서 모든 것을 판단하라는 가르침을 제시했다.

그는 감정적인 인간이야말로 가장 위험하고 믿을 수 없는 존재라고 보았다. 여기에는 예외가 없다. 《한비자》에 소개된 일화 하나를 소개해 보면 그가 말하는 인간관계란 이런 것이다.

> 위衛나라 사람 부부가 기도를 드리는데, 축원하며 이렇게 말했다. "저희가 무사하게 해 주시고 삼베 백 필을 얻게 해주십시오." 그 남편이 말했다. "어찌 그리 적은 것이오?" 대답하여 말했다. "이보다 많으면 당신은 첩을 살 것이기 때문입니다." (〈내저설內儲說 하〉)

한 이불을 덮고 살지만 서로 다른 꿈을 꾸고 산다는 말이다. 인간의 성품은 선하지 않고 모든 것이 이해관계에 의해 결정된다는 한비자의 비유는 허를 찌르는 묘미가 있다. 그러니 한 이불 속의 부부도 아니고 피를 나눈 형제도 아닌 군주와 신하, 백성과 백성 사이는 서로가 서로를 믿지 못하는 것이 당연하다는 것이 그의 논지이다. 심지어 한비자는 풍년이 들어 나그네에게 곡식을 주는 선행도 식량이 남아돌기 때문이라는 현실론으로 이해했다.

한 걸음 더 나아가 그는 한 나라의 백성을 책임지는 군주는 늘

냉철함을 잃지 말아야 한다고 하면서 이렇게 말한다.

> 법에 따라 형벌을 집행하자 군주가 이 때문에 눈물을 흘리는 것은 인자함을 드러내는 것이지 다스림으로 삼을 수 있는 것은 아니다. 무릇 눈물을 흘리며 형을 집행하지 못하는 것은 인仁이고, 형을 집행하지 않을 수 없는 것은 법法이다. 선왕이 법을 우선하고 눈물에 따르지 않은 것은 인으로는 [백성을] 다스림으로 삼을 수 없음이 분명하기 때문이다. (〈오두五蠹〉)

이런 맥락에서 강력한 권력을 보유한 군주 역시 "그가 하고자 하는 바를 드러내지 않는다. 군주가 하고자 하는 바를 내보이면, 신하는 [그 의도에 따라] 잘 보이려고 스스로를 꾸밀 것이다."(〈주도主道〉)라고 하면서 아랫사람에게 책잡힐 언행을 하지 말 것을 분명히 말하고 있다. 신하 역시 자신의 속내를 군주에게 드러내지 말고 군주의 심기를 건드리지 않아야만 목숨을 온전하게 보존할 수 있다고 보았다.

법가사상의 집대성자, 한비자

한비자는 법가를 대표하는 인물이지만, 그가 나오기 전에 이미 세 갈래의 큰 학파가 있었다. 첫째는 법法을 강조한 상앙, 둘째는 술術을 강조한 신불해申不害, 셋째는 세勢를 강조한 신도愼到였다. 상앙이 주장한 '법'은 백성들의 사익 추구를 막고 나라의 이익을 우선시하는 원칙을 의미한다. 신불해의 '술'은 신하들이 내세우는 이론과 비판을 그들의 행동과 일치시키는 기술로서, 신하들을 잘 조종해 군주의 자리를 더욱 굳게 다지는 인사정책을 말한다. 신도의 '세'는 군주만이 가지는 배타적이고 유일한 권세를 말한다.

한비자는 이 세 학파의 주장을 두루 수용해 발전시켰다. 한비자에 의하면, 일찍이 현명한 군주가 제도를 시행할 때는 공평하게 원칙을 지키고, 인물을 가려 뽑을 때는 귀신같이 밝았으므로 그를 비난하거나 곤경에 빠뜨리는 자가 없었다. 그리고 권세를 이용해 법을 엄하게 시행해도 군주의 뜻을 거스르는 백성이 없었다. 이렇게 세 가지 요소가 갖춰진 뒤에야 비로소 법을 시행할 수 있다는 것이다. 다시 말해서 한비자는 이 가운데 어느 하나만 가지고 통치할 수 있는 것이 아니고, 군주는 반드시 '법·술·세'의 세 가지 통치도구를 모두 갖추어야 한다고 주장했다.

그렇다면 한비자의 법 사상은 이전과 어떻게 다른가? 한비자에게 법이란 지위의 높낮이에 관계없이 모든 사람들이 따라야 하는 행위준칙이다. 또한 이 법은 군주의 통치도구이며 전제법專制法이다. 군주는 법률을 제정하고 법에 따라 신하와 백성을 다스리는 권력을 가지고 있다. 법은 만인에게 두루 적용되지만 군주는 법률의 제재를 받지 않는다. 이는 봉건사회에서 "예는 일반 백성에게 미치지 않고 형벌은 대부에게 적용되지 않는다.(禮不下庶人, 刑不上大夫)"는 유가의 관점보다 한 걸음 더 나아간 것이다. 결국 법은 지배층과 일반 백성 사이의 불평등관계를 반영하고 군주의 지위를 강화하기 위해 존재하는 것이다.

이렇게 볼 때 한비자가 주장하는 법이란 겉으로는 군주와 신하 그리고 백성들이 모두 함께 준수해야만 하는 규칙이지만, 실제로는 군주가 나라를 다스리는 도구에 불과하다고 말할 수 있다.

한비자는 구체적이고 체계적인 법조문을 제정하지는 않았지만, 공이 있는 사람에게는 상을 주어 격려하고 죄를 지은 사람에게는 벌을 주어 뉘우치도록 하는 원칙을 강조했다. 한비자는 전국시대의 국제관계는 철저하게 실력에 의지하는 약육강식의 원리가 지배하므로 나라의 멸망을 피하려면 엄격한 법 집행을 통해 부국강병을 이루는 것이 가장 중요하다고 보았다.

한비자는 법을 제정할 때는 몇 가지 원칙을 고려해야 한다고 강조했다. 첫째, 공리성功利性이 있어야 한다. 둘째, 시세時勢의 요구에 부응해야 한다. 셋째, 통일성이 있어야 한다. 넷째, 인간의 기본적인 본성과 감정에 들어맞아야 한다. 다섯째, 분명하고 명확해야 한다. 여섯째, 상은 두텁게 하고 벌은 엄중하게 해야 한다. 게다가 그는 통치권과 상벌권은 군주가 쥐고 있어야 한다고 생각했으므로 법의 권위를 세우는 것 또한 군주의 고유 권한이라고 보았다.

한비자가 군주의 권세를 무엇보다 중요하게 여긴 이유는 백성들의 행동을 살펴서 법을 준수한 자에게는 상을 주고 어긴 자에게는 벌을 내리려면 권세가 필요하기 때문이었다. 군주에게 권세가 있다는 것은 마치 한 자밖에 안 되는 나무라도 높은 산 위에 서 있으면 천 길의 계곡을 내려다볼 수 있는 것과 같은 이치이다. 그래서 권세가 있으면 설령 재능이 부족하고 현명하지 못할지라도 현명한 사람들까지 굴복시킬 수 있다고 보았다. 물론 한비자는 세상이 혼란스러울 때는 어질고 현명한 사람이 나타나 혼란을 평정한다면 좋겠지만, 그렇지 못할 경우에는 군주가 권세를 쥐고 법을 시행하면 빠른 시간 내에 안정을 찾을 수 있다고 보았다.

그렇다고 법과 권세만으로 나라를 다스릴 수 있는 것은 아니다. 실질적으로 나라를 다스릴 수 있는 방법이 필요하다. 그래서 한비자는 신불해의 '술'을 받아들여, 법으로 나라를 다스리는 방법이라는 의미의 '법술法術' 개념을 사용한 것이다. 어떤 사람이 한비자에게 "신불해와 공손앙公孫鞅, 이 두 학파의 학설 중에 어느 쪽이 나라에 절실합니까?"라고 묻자 한비자가 이렇게 대답했다.

"이는 잴 수가 없다. 사람은 열흘만 먹지 않아도 죽으며 큰 추위가 매서울 때 옷을 입지 않아도 죽게 된다. 옷과 먹을 것 가운데 어느 쪽이 사람에게 절실하다고 일컫는다면, 이는 한 가지도 없을 수 없으니 모두 삶을 기르는 물건들이다. 지금 신불해는 술을 말하고 공손앙은 법을 일삼고 있다. 술이란 능력에 따라 관직을 주고 명분에 따라서 실적을 추궁하며 죽이고 살리는 칼자루를 쥐고 여러 신하들의 능력을 점수매기는 것이니, 이것은 군주가 잡고 있어야 하는 바이다. 법이란 공포된 법령이 관청에 드러나 있고 형과 벌은 반드시 백성의 마음속에 새겨져 있어서 상은 법을 삼가는 자에게 존재하며 벌은 명령을 어기는 자에게 가해지는 것이니 이는 신하 된 자가 받들어야 하는 바이다. 군주에게 술이 없으면 윗자리에서 [눈과 귀가] 가리워지고, 신하에게 법이 없으면 아래에서 어지럽게 된다. 이 둘은 하나라도 없어선 안 될 것이므로 모두 제왕이 갖춰야 할 조건들이다."(〈정법定法〉)

사실상 한비자가 말하는 '술'이란 소임에 따라 벼슬을 주고 명목에 따라 내용을 따지며, 죽이고 살리는 실권을 다투고, 여러 신하들의 능력을 시험하는 방법이며, 군주가 신하들을 다스리는 통치수단이다. 그가 말하는 '술'은 '법'과는 달리 성문화되지도 않았고 신하와 백성의 행동준칙도 아니므로 군주 혼자 독점해야 되는 수단이다. 그래서 《한비자》에서 군주는 신하들에게 속마음을 내보여서는 안 된다는 '무위술無爲術', 신하들의 이론적인 주장과 행동이 부합하는지 따져봐야 한다는 '형명술形名術', 남의 말만 듣지 말고 실상을 잘 살펴야 한다는 '참오술參伍術', 신하들이나 남의 말을 듣는 방법을 논한 '청언술聽言術', 사람을 등용하는 방법을 논한 '용인술用人術' 등 '술'에 관한 이론이 많이 등장한다.

이와 같이 한비자가 제시한 '술'은 그 종류가 다양한데, 이는 군주가 신하들을 탄핵하거나 임용할 때 쓰는 수단이면서 군주의 통치권이 약해지거나 빼앗기는 것을 미연에 방지하는 방법이기 때문이다.

한비자 사상의 맥락 : 유가 비판과 도가의 수용

한비자는 '법'과 '술'을 중시하고 '이익(利)'을 숭상했기 때문에 제자백가들 중에서도 유가를 가장 신랄하게 비판했다. 그러나 "인간은 살면서 반드시 군주를 섬기고 부모를 봉양해야 한다."·"신분이 고귀한 자와 천한 자는 서로 넘볼 수 없다."는 등의 사회에 관한 주장에서는 유가의 주장과 통하는 부분이 있다. 특히 한비자는 순자의 제자였으므로 유학자들 가운데 순자 사상의 영향을 가장 많이 받았다.

순자는 인간의 본성은 악하다는 '성악설性惡說'을 주장했는데, 한비자도 비슷한 생각을 가지고 있었다. 한비자는 이것을 부모가 낳은 아이가 아들일 경우와 딸일 경우 취하는 행동의 차이로 설명했다. 아들이나 딸이나 같은 자식이지만, 아들을 선호하는 것은 따지고 보면 부모 자신의 노후를 걱정하는 데서 비롯된다는 것이다. 즉 한비자는 인간의 본성은 이해득실만을 따질 뿐 도덕성은 생각하지 않는다고 보았다. 또 사람들의 이해관계는 늘 어긋난다. 예컨대 군주와 신하가 생각하는 이익이 각기 다르며, 남편과 아내, 형과 아우

사이에도 이해는 서로 엇갈리기 마련이다. 특히 군주와 신하는 남남끼리 만나 각자의 이익을 추구하는 관계이므로 군주가 신하에게 충성심만을 요구한다든지 도덕성만으로 다스린다는 것은 어리석은 일이다. 그래서 한비자는 이들을 다스리는 유일한 방법으로 법을 제시한 것이다.

한비자는 순자처럼 인간의 이런 악한 본성을 변화시켜 선하게 만들어야 한다는 점에는 의견을 같이했다. 그러나 그 방법론에서는 차이를 보였다. 순자가 그 수단으로 인위적인 교화에 역점을 두었던 것과 달리, 한비자는 상과 벌을 수단으로 삼았다. 한비자는 이런 비유를 들었다.

> "무릇 반드시 저절로 곧아지는 화살에 기대한다면 백 세대가 지나도 화살을 만들지 못할 것이며, 저절로 둥글게 되는 나무를 기댄다면 천 세대가 지나도 수레바퀴를 만들지 못할 것이다. 저절로 곧아지는 화살이나 저절로 둥글어지는 나무란 백 세대에 하나도 있을 수가 없다. 그런데도 세상 사람들이 모두 수레를 타고 짐승을 쏠 수 있는 것은 무엇 때문인가? 굽은 나무를 바로잡는 원칙을 쓰기 때문이다. 굽은 나무를 바로잡는 원칙에 의지하지 않고 저절로 곧아지는 화살과 저절로 둥글어지는 나무가 있다 하더라도 뛰어난 장인이 그런 것들을 귀하게 여기지 않는 것은 무엇 때문인가? 타는 자는 한 사람이 아니고 쏘는 화살은 한 개가 아니기 때문이다."(〈현학顯學〉)

전국시대 때 유가와 묵가 두 학파는 따르는 무리들이 대단히 많고 세력도 컸으며 군주들에 의해 존중받아서 그 당시에 가장 중요한 양대 학파를 형성하였다. 한비자는 두 학파를 묶어서 공격함으로써 법가 학설의 확실한 입지 구축을 도모했다. 한비자는 유가에서 주장하는 인치仁治 숭상, 도덕 지향 및 묵가에서 중시하는 상동尙同 등에 대해 비판적이었으니, 국가를 중시하고 법치를 숭상하며 명분과 실질을 갈라놓자는 것이 그의 취지였던 것이다.

한비자는 유가나 묵가의 사상을 반대한 것과는 달리 도가사상에 대해서는 상당히 우호적이었다. 도가는 인간의 본성이 순박하다고 보고 절대적인 자유를 옹호한 반면, 한비자는 인간을 악하다고 보고 사회적인 통제를 주장했다. 그렇지만 도가와 한비자는 '무위(無爲)'라는 공통분모를 가지고 있었다.

"윗사람이 하늘같지 않으면 아랫사람은 두루 감싸지지 않으며 마음이 땅과 같지 않으면 만물은 모두 실어지지 않는다. 태산은 좋거나 싫은 것을 세우지 않았으므로 그 높음을 이룰 수 있었고, 강과 바다는 작은 도움을 가리지 않았으므로 그 풍성함을 만들 수 있었던 것이다. 그러므로 대인(大人: 훌륭한 사람을 비유)은 몸을 하늘과 땅에 맡겨 만물이 갖추어지게 하며 마음을 산과 바다에 두어 나라를 부유하게 한다. 윗사람(군주)이 분노하는 해독이 없으면 아랫사람(신하)은 원한을 쌓는 우환이 없게 되니, 윗사람과 아랫사람이 서로 순박하여 도道로써 집을 삼는 것이다. 따라서 오래도록 이득은 쌓아지고 크나큰 공적이 세워지며, 명성이 살아있을 때 이루어지고 덕은 죽고 난 뒤에도 드리워지니 다스림의 극치가 되는 것이다." (〈대체大體〉)

이처럼 한비자가 도가의 무위를 강조한 점은 이채롭다. 그러나 법술과 상벌의 운영을 신뢰한다는 점에서, 이해득실을 가볍게 여기는 도가의 가치관과는 일치하지 않는다. 다시 말해, 도가의 무위는 자연에 대한 '관조의 지혜' 그 자체를 긍정한 것인 반면, 한비자의 무위는 통치의 기본원칙을 자연으로부터 이끌어내는 것을 근본목적으로 하는 것이다.

한비자는 〈주도主道〉 편에서 군주의 도를 말하였는데, 도가에서 말하는 도란 냄새도 없고 맛도 없고 형체도 없고 색깔도 없으며 어떠한 조짐도 없다는 것이다. 따라서 군주는 도를 체득해야만 하며 어떠한 조짐을 누구에게도 내보이지 않고 개인의 좋고 싫은 감정을 표출해서도 안 된다고 주장하였다. 이는 바로 〈주도〉 편에서 주로 신하가 엿보는 것을 방지함으로써 도가 '술(術)'에 편중되어 있음을 설명한 것이다.

《한비자》는 본래 《한자韓子》라 불렸다. 그런데 송宋나라 이후부터 그전 당唐나라 때의 학자 한유韓愈를 '한자韓子'라 부르게 되면서 이 둘을 구별하기 위해 《한비자》로 바꿔 부르게 되었다.

《한비자》가 몇 편으로 이루어졌는가에 대해서는 정확한 근거가 없다. 일찍이 사마천司馬遷은 역사책인 《사기史記》를 저술하면서 한비자의 전기를 실었다. 사마천은 《사기》 〈노자한비열전老子韓非列傳〉에서 〈세난〉 편을 언급하면서 [한비자는] 청렴하고 정직한 인물들이 사악한 신하들 때문에 받아들여지지 못하는 것을 슬퍼하고 옛날 성공과 실패에 관한 변화를 살펴 〈고분孤憤〉·〈오두五蠹〉·〈내저설內儲說〉·〈외저설外儲說〉·〈설림說林〉·〈세난〉 편 등 10여만 자의 글을 지었다."라고만 했을 뿐, 《한비자》의 전체 편 수에 대해서는 정확히 언급하지 않았다. 그리고 한漢나라의 역사책인 《한서漢書》의 목록집 〈예문지藝文志〉에는 총 55편이라고 적혀 있다. 또 수나라 역사책인 《수서隋書》의 목록집 〈경적지經籍志〉에는 20권이라 적혀 있다. 그러나 내용상으로 같은 것인지 여부는 알 길이 없다. 그래서 그의 책과 관련된 위작 시비 논란*이 사그라지지 않는 것도 분명한 사실이다.

현재 전해지고 있는 가장 오래된 판본은 '송건도본宋乾道本'인데, 원래 원元나라 때 발견된 판본은 53편이었다고 한다. 명明나라 때 능영초凌瀛初의 《한비자》 〈범례〉를 보면 〈간겁시신姦劫弑臣〉 한 편과

〈설림〉의 하편이 없어졌다고 한다. 그러나 오늘날 여전히 55편이 전해지고 있으니 그 일부가 남아 전해지는 듯하다. 그 밖에도 다른 책에 인용된《한비자》의 문장 중에는 지금 우리가 보는《한비자》에는 실려 있지 않은 글들이 꽤 있다. 이와 같이 현재 전해지고 있는《한비자》는 한나라 때의《한자》55편보다 내용이 훨씬 줄어든 것이다.

그러나 이것들이 모두 한비자의 글인가 하는 점도 문제가 된다. 고형高亨의《한비자보전韓非子補箋》〈서문〉을 보면, 〈초견진初見秦〉·〈존한存韓〉·〈난언〉·〈애신愛臣〉·〈유도有度〉·〈식사飾邪〉 등 여섯 편은 후세에《한비자》를 편집한 사람이 삽입한 것이라고 쓰여 있다. 그렇게 볼 때《한비자》에 한비자가 직접 쓰지 않고 그의 제자나 법가에 속한 학자들이 쓴 글도 포함돼 있음을 유추해볼 수 있다.

지금까지 남아 있는 판본으로는 '송건도본' 외에도 명나라 때의 '도장본道藏本'·'조본趙本'·'진본陳本' 등의 훌륭한 판본이 있다. 그리

---

* 대략 4가지 설이 존재하는데, 한비자의 제자 혹은 후학이 편찬한 책이라는 설, 진나라 조정의 도서관의 어사御史가 편찬한 책이라는 설, 한비자의 기본저작에 친구였던 이사의 참여와 훗날 유향의 최종 편찬이 진행되어 완성되었다는 설, 한대 초기까지 이 책은 없었으며, 한대 유향이 편찬했다는 설 등으로 요약된다. 저마다 타당성이 없지 않으며 이런 이면에는 한비자가 일찍 독살되었다는 점을 들고 있는데, 필자는 사마천이《사기》에서 그 10만여 글자의 존재가치를 확인했고, 진시황이 구체적으로 〈고분〉, 〈오두〉 두 편을 읽고 나서 한비자와 만나기를 이사에게 요청한 것〔秦王見孤憤, 五蠹之書曰: 嗟乎, 寡人得見此人與之游, 死不恨矣!)〕이 기록된 점과 이처럼 구체적인 편명까지 제시한 사실을 볼 때 한비자의 저작임을 부정할 근거는 없다고 보며, 단지 55편 중에서 사마천이 제기한 편명들을 제외한 다른 편명은 위작 가능성이 있다고 볼 수 있겠다.

고 풀이한 책으로는 여러 학자들의 견해를 종합한 청淸나라 때 왕선신王先愼의 《한비자집해韓非子集解》가 있고, 현대의 책으로 천치톈陳啓天의 《한비자교석韓非子校釋》을 비롯하여 장줴張覺의 《한비자교소석론韓非子校疏析論》에 상세한 주석과 풍부한 자료가 실려 있다.

《한비자》를 어떻게 읽을 것인가

한비자는 중국의 사상에 많은 기여를 했으며 그 사상사적 의의도 남다르다. 그의 정치이론은 도덕과 인의를 기반으로 하는 것이 아니라 법에 근거한다. 한비자의 사상은 강력한 중앙집권체제의 수립을 가속화해 중국 역사에 일대 변화를 가져오게 했다. 단지 진秦나라 시대만이 아니라 청淸나라에 이르는 봉건시대를 통틀어 정치사상의 밑바닥에까지 상당한 영향을 끼쳤다.

그렇지만 한비자의 법치는 전적으로 군주를 위한 것이지 일반 백성을 위한 것이 아니다. 따라서 법은 군주의 힘을 더욱더 막강하게 만들었으며, 이에 따라 백성들이 당하는 억눌림은 더욱 심해졌다. 예를 들면 진시황은 한비자의 사상을 받아들여 부국강병을 이룩하고 천하를 통일하는 위업을 이루었지만, 결국 백성들을 착취하고 고통 속에 빠뜨렸다. 힘에 의해 유지된 권력은 겨우 그의 아들 대에 가서 힘없이 무너져버렸다.

한비자는 인간의 본성이 악하고 사익만을 추구한다고 주장했으니 지극히 비정非情한 인간관을 지녔다. 철저하게 인간의 성정을 불신한 것이다. 사실 한비자의 말처럼 인간에게는 악한 면이 있다. 그러나 그렇다고 해서 인간이 반드시 악한 면만 있는 것은 아니며 자신의 이익만을 추구하는 것도 아니다. 때로는 지극히 선해 온정으로 가득 차기도 한다. 그렇기에 서로 의지하며 어려운 상황을 극복하고 살아가는 것이다. 이렇게 볼 때 한비자의 인간관은 인간성의 상실을 가져올 여지가 있다.

그러나 냉철하게 되짚어보자. 21세기 오늘의 시점에서 보면 자신의 속내를 숨기고 드러나지 않게 자신을 길러야 한다는 한비자의 생존법은 여전히 유효하지 않은가. 어차피 현실은 기업 등 어느 조직사회나 상하관계가 있기 마련이고, 그 관계는 온정적인 인간관계라기보다는 노골적인 각축의 장으로 변해가고 있기 때문이다. 서글프지만 이런 냉정한 생존의 축에서 자유로운 사람은 아무도 없다. 드러내지 않는 자가 무서운 법이다.

이러한 점을 염두에 두고 읽어나간다면 《한비자》는 우리에게 값진 선물이 될 수 있을 것이다.

권卷 1

제1편

초견진(初見*秦: 처음 진왕을 만나다)

【해제】

〈초견진〉 편은 진나라의 사신으로 가게 된 한비자가 진왕秦王을 만나게 되는 상황을 설정하고 쓴 상소문으로, 진나라가 천하를 통일하기 전의 정치적 상황을 비교적 조리 있게 설명하고 있다. 한비자가 진왕에게 어떻게 하면 연나라 소왕昭王의 합종책을 파괴하고 패업을 완성할 수 있는지에 대한 책략을 제시하는 내용이다.

〈초견진〉 편은 내용상 다섯 단락으로 구분된다. 첫 번째 단락에서는 충심을 강조하고 있고, 두 번째 단락부터는 6국이 합종했지만 창고는 텅 비어 있는 데다가 상벌은 믿을 만하지 않으므로 백성은 온 힘을 다해 싸우지 않는다는 점에 주목하고 있다. 이에 비해 진나라는 호령이 엄정하고 상벌이 명확하며 전쟁을 하면 이기지 못하는 경우가 없으며 공적도 세우지 않음이 없지만 천하의 패왕霸王이라는 명성을 이루지 못한 이유는 신하들이 충심을 다하지 않은 까닭임을 밝히고 있다. 세 번째 단락에서는 진나라가 세 차례에 걸쳐 패업을 이룰 기회를 놓친 것이 결국 권신들이 충성을 다하지 않았기 때문이라고 설명하고 있으며, 네 번째 단락에서는 장평의 전투를 예로 들면서 진나라가 패왕이 되어야 하지만 패왕이 되지 못하고 오히려 천하 제후들로 하여금 합종하게 하였다는 점을 심각히 고려해야 한다고 언급하고 있다. 마지막 단락에서는 상나라 주왕紂王과 조양자趙襄子 사이의 일을 거론하면서 진나라가 마땅히 이전의 정세를 분석해 모략을 갖고 천하를 겸병하고 합종을 파괴하는 것이 패업을 이룰 수 있는 책략임을 강조하면서 마무리하고 있다.

전체적인 문장은 치밀한 논조로 구성되어 있어 상소문의 기본틀을 잘 갖추고 있는 명문장이다. 당시 군주와 신하의 치밀한 화법도 잘 드러나 있다.

---

* '견見'을 '(뵈올)현'으로 읽을 수도 있다는 점을 부기한다. 그러나 후우광傅武光의 《신역 한비자新譯韓非子》에서 '젠jian'으로 표기한 것으로 보아 역자는 '견'으로 읽는 것이 타당하다고 본다.

참고로 〈초견진〉 편은 위작 시비가 제기되기도 하는 등 판본상의 논란이 많았으니, 한비자가 진시황 14년에 진나라에 들어가 진왕에게 자신의 견해를 밝혔는데, 이 편의 내용을 살펴보면 진나라 소왕 때의 일을 주로 다루고 있어 그 당대의 일을 소홀히 할 이유가 없었으리라는 것이 그 이유이다. 또 다른 문제는 이 편이 《전국책》〈진책秦策〉의 문장과 겹치는 부분이 많이 있다는 점과 이 편의 필자가 한비자가 아니고 장의일 것이라는 논란 등이 제기되었으니, 심지어 어떤 사람은 범저范雎가 지은 것이라고 하는 등 논란은 여전히 진행형이다.

신臣[1]이 듣기로 "알지 못하면서 말하는 것은 지혜롭지 못한 것이고, 알고 있으면서 말하지 않는 것은 충성스럽지 않은 것이다."라고 합니다. 남의 신하가 되어 충성스럽지 못하면 죽어야 마땅하며, 말을 하였는데 타당하지 않으면 그 또한 죽어야 마땅합니다. 비록 그러하지만 신은 들어서 알고 있는 것을 모두 말씀드리고자 하오니, 오직 대왕大王[2]께서 그 죄를 판단하십시오.

신이 듣기로 천하는 [조趙나라] 북쪽 연燕나라와 남쪽 위魏나라가 형荊나라[3]를 연합하여 제齊나라와 굳건히 하고, [그러고 나서] 한韓나라 땅을 취해 합종合縱을 완성하여 서쪽을 향해서 진秦나라와 강성함을 다투려 한다고 합니다. [하지만] 신은 남몰래 이를 비웃습니다. 세상에는 [나라를] 망하게 하는 세 가지 길이 있는데, 천하를 그러한 것으로 얻으려고 하니 아마도 이러한 상황을 두고 한 말인 듯합니다. 신은 다음과 같은 말을 들었습니다.

"어지러운 나라로써 잘 다스려지는 나라를 공격하는 자는 망하고, 사악한 도道로써 바른 도를 치는 자는 망하며, [천리를] 거스르는

---

1) '신臣'은 신하가 군주에게 자신을 일컫는 말인데, 물론 이 당시 한비자가 신하가 된 적이 없으므로 이 말이 적절했는지 의문이 들 수 있다. 여기서는 당시 각 나라 제후들을 방문하는 유세객의 입장, 즉 신하는 아니지만 제3자의 입장에서 의견을 개진한다는 의미와 향후 본인이 신하가 될 수 있다는 마음을 드러낸 것이기도 하다.

2) '대왕大王'은 위대한 왕이라는 뜻이지만 통상적으로 군주를 높여 부르는 말로도 쓰인다. 여기서는 구체적으로 진秦나라 소왕(昭王, 재위 기원전 306~기원전 251)을 가리킨다.

3) 형荊나라란 명칭은 진시황이 그의 아버지를 피휘避諱하여 쓴 것이라는 설도 있으나, 주周나라 때 계연季連의 후손인 웅역熊繹이 초나라 땅인 형산荊山 일대에 봉해진 데서 나온 이름이라는 설이 더 설득력 있다. 따라서 이후부터는 '초나라'로 바꾸어 번역한다.

도리로써 천리를 따르는 자를 치는 자는 망한다."

오늘날 천하의 창고에는 재물이 채워져 있지 않고 곡식창고는 텅 비어 있습니다. [그러나] 나라의 사인士人과 서민庶民[4]들로 군대를 확장하여 수십 만에서 백 만이 되었습니다. [공을 세워도 돌아오는 것은] 머리에 달 깃털 장식뿐이니, 장군을 위해 앞으로 나아가 죽음을 결단하는 자들이 천 명에도 이르지 못합니다. 모두가 죽음을 무릅쓰겠다고 말합니다. [그러나] 흰 칼날이 눈앞에 있고 부질(斧鑕, 죄수의 목을 자르기 위한 형틀)이 뒤에 있으면 뒷걸음치면서 달아나 죽을 수도 없습니다. 그것은 사인과 서민들이 죽을 수 없어서가 아니라 위에 있는 자가 그렇게 할 수 없도록 만들었기 때문입니다. 상을 준다고 말하면서도 주지 않으며 벌한다고 말하면서도 행동으로 옮기지 않아, 상과 벌을 내림에 믿음이 없기 때문에 사인과 서민들이 죽음을 무릅쓰려고 하지 않는 것입니다.

이제 진秦나라는 호령號令을 내려 상 주고 벌하는 것을 행사하므로 공적이 있느냐 없느냐를 가지고 일을 처리하고[5] 있습니다. 그 부모 품속을 벗어나서 살아 있을 때 일찍이 적과 마주하지 못했는데도 전쟁이 났다고 들으면 발을 동동거리면서 벗은 몸을 드러내고 흰 칼날을 무릅쓰고 화로의 숯을 밟듯이 앞으로 나아가 죽기를 결단하는 자들은 모두 이와 같습니다. 무릇 죽기를 결단하는 자와 살아남기를 결단하는 자는 같은 것이 아닌데도, 백성들이 그렇

---

4) 원문의 '士民(사민)'을 번역한 것으로, 사인士人은 사대부의 의미가 아닌 군대의 장교를 지칭하며, 서민庶民은 평상시에는 농사일을 하다가 전쟁이 나면 동원되는 백성을 가리킨다. 한편, 필자와 달리 이것을 원문의 '사민士民' 그대로 두어야 한다는 견해도 있다.

5) 원문의 '相事(상사)'를 번역한 것으로, 일의 사안을 보아가며 결정한다는 의미를 담고 있다.

게 하는 것은 있는 힘껏 싸우다가 죽는 것을 귀하게 생각하기 때문입니다. 무릇 한 사람이 죽을힘을 다해 힘껏 싸우면 열 명을 대적할 수 있으며, 열 명으로는 백 명을, 백 명으로는 천 명을, 천 명으로는 만 명을 대적할 수 있으니 만 명이면 천하의 군대를 이길 수 있는 것입니다.

지금 진나라의 땅은 긴 곳을 쪼개어 짧은 땅을 채워나간 곳이 사방 수천 리이며, 이름을 떨치고 있는 병사[6]들도 수십만에서 백 만이 될 것입니다. 진나라와 같은 호령·상벌·지형의 유리함을 갖춘 나라는 천하 어디에도 없습니다. 이러한 것을 가지고 천하를 다툰다면 천하를 모두 아우르고 차지하기에도 부족하지 않을 것입니다. 이 때문에 진나라는 전쟁을 하면 일찍이 이기지 못한 적이 없고 공략하면 일찍이 취하지 못한 적이 없으며 상대하는 자마다 일찍이 쳐부수지 못한 적이 없었으니, 땅덩어리를 몇천 리나 넓힌 것은 이러한 것들로 그 큰 공적을 세운 것입니다. 그럼에도 불구하고 병기와 갑옷은 부서졌으며 사인과 서민들은 병들고, 쌓아둔 물자는 떨어졌으며 논밭은 황폐하고 곡식창고는 비어 있으며, 사방의 이웃 제후들은 복종하지 않았으므로 패왕이라는 명성을 이룰 수 없었던 것입니다. 이는 다른 이유가 있어서가 아니라 그 모신謀臣들이 충심을 다하지 않았기 때문입니다.

6) 원문의 '名師(명사)'를 번역한 것으로, 사師는 군대라는 말이다. 명名은 부대의 명칭으로, 여기서는 용맹스러운 명성이 있는 강한 군대를 가리킨다.

신은 감히 다음과 같이 말씀드리겠습니다. 지난번[7] 제나라는 남쪽으로는 초楚나라를 쳐부수었고 동쪽으로는 송宋나라를 쳐부수었으며, 서쪽으로는 진秦나라를 복속시켰고 북쪽으로는 연나라를 무너뜨렸으며, 중앙으로는 한나라와 위나라를 통제했으며, 영토는 넓고 병력은 강력하여 싸우면 이기고 공격하면 취해버려 천하를 호령했습니다. 제나라의 맑은 제수濟水와 흐린 황하黃河는 [사방의] 경계境界가 되기에 충분하며, 기나긴 성벽과 거대한 제방은 요새로 삼기에도 충분합니다. 이렇듯 제나라는 다섯 번 싸워 이긴 나라이지만,[8] 한 번의 전투에서 이기지 못하여 멸망할 뻔하였습니다. 이로 미루어본다면 전쟁이란 만 대의 수레를 낼 수 있는 나라를 존재하거나 망하게 하는 것입니다.

또한 신은 다음과 같이 들었으니, "흔적을 깎되 뿌리를 남기지 않고 화근이 되는 이웃과 함께하지 않으면 화를 겪지 않게 된다."고 합니다. 진나라는 초나라 사람과 싸워 초나라를 크게 쳐부수었고, 영郢 땅을 습격하여 동정洞庭·오저五渚·강남江南을 취하자 초나라 왕과 군신들은 동쪽으로 달아나 진陳나라에 복속되었습니다. 바로

7) 원문의 '往者(왕자)'를 번역한 것으로, 여기서는 기원전 3세기 초 무렵의 제齊나라 민왕閔王 23년(기원전 301)에 제나라가 진나라와 연합군을 형성하여 중구重丘에서 초나라를 패배시키고 민왕 38년에 제나라가 송나라를 공격하여 송나라 왕이 도망하여 온성溫城에서 죽었으며, 26년에는 제나라가 한나라 · 위나라 두 나라와 연합하여 함께 진나라를 공격하는 등 일련의 중대한 사안으로 인해 국력을 천하에 떨치던 때를 포괄적으로 말한 것이다.《사기史記》〈전경중완세가田敬仲完世家〉에 자세한 내용이 실려 있다.

8) 바로 앞 문장의 "남쪽으로는~ 동쪽으로는~ 서쪽으로는~ 북쪽으로는~ 중앙으로는~"이라는 구절에서 열거한 다섯 차례의 승리를 의미한다.

이러한 때에 병사를 거느리고 초나라를 뒤쫓게 하였더라면 초나라를 없애버릴 수 있었을 것입니다. 초나라를 없애버렸더라면 그 나라의 백성들을 모두 차지할 수 있었을 것이고, 그 땅의 이점을 충분히 거두어들일 수도 있었을 것이며, 동쪽으로는 제나라와 연나라를 약화시키고 중앙으로는 삼진(三晉, 한韓나라·위魏나라·조趙나라)을 제압할 수도 있었을 것입니다. 그렇게 하였더라면 진나라는 단 한 번의 거사로 패왕이라는 이름을 얻을 수 있었을 것이며, 사방의 제후들이 조회 들게 할 수 있었을 것입니다. 그러나 모신들은 그렇게 하기는커녕 군대를 이끌고 물러나 다시 초나라와 화해를 맺음으로써 초나라 사람으로 하여금 잃어버린 나라를 거두고 흩어진 백성들을 모아들여 사직社稷에 신주를 모시고 종묘를 세워 천하를 거느리며 서쪽을 향하게 함으로써 진나라와 곤란한 지경을 만들었으니, 이것이 진실로 진나라가 패왕의 도를 잃게 된 첫 번째 이유입니다.

천하는 또 도당을 맺어 화양華陽 기슭까지 군대를 거느리고 쳐들어왔습니다만, 대왕께서는 조서를 내려 그들을 쳐부수어[9)] 그 병력을 양梁나라 성곽 기슭까지 이르게 하였습니다. 양나라를 에워싸고 수십 일을 끌었더라면 양나라를 함락시킬 수 있었을 것이며, 양나라를 함락시켰더라면 위나라도 없애버릴 수 있었을 것이고, 위나라를 없애버렸더라면 초나라와 조趙나라가 합종하려는 의지도 끊어져버렸을 것이며, 초나라와 조나라의 의지가 끊어져버렸더라면 조

9) 그 당시 공격한 나라는 위나라가 주축이 되었으며, 전쟁의 발발은 진나라 소왕 34년(기원전 273)이었다. 당시 진나라 장군은 백기白起였으며 참수한 병사들이 무려 15만 명이나 되었다고 사마천司馬遷은 《사기》 〈육국연표六國年表〉에서 기록하고 있다.

나라는 위태로워졌을 것이고, 조나라가 위태로워졌더라면 초나라는 여우처럼 의심을 품게 되었을 것입니다. [그리고] 동쪽으로는 제나라와 연나라를 약화시키고 중앙으로는 삼진을 넘볼 수 있었을 것이니, 그랬다면 진나라는 단 한 번의 거사로 패왕이라는 명성을 이룰 수 있었을 것이며, 사방 이웃의 제후들이 조회 들게 할 수 있었을 것입니다. 그러나 모신들은 그렇게 하기는커녕 군대를 이끌고 물러나 다시 위씨(위나라)와 화해를 맺음으로써 위씨로 하여금 잃어버렸던 나라를 되찾고 흩어진 백성들을 모아 사직의 신주를 모시고 종묘의 우두머리를 세울 수 있게 하였으니, 이것이 진실로 진나라가 패왕의 도를 잃게 된 두 번째 이유입니다.

지난날 양후穰侯[10]가 진나라를 다스릴 때 진나라라는 일개 나라의 군대를 이용해 두 나라의 공적을 세워보려고 하였습니다. 이 때문에 사병들은 죽도록 나라 밖에서 이슬을 맞았으며 사인과 서민들은 나라 안에서 지치고 병들어도 패왕이라는 명성을 이룰 수 없었으니, 이것이 진나라가 진실로 패왕의 도를 잃게 된 세 번째 이유입니다.

10) 양후穰侯는 곧 위염魏冉을 말한다. 진나라 소왕의 어머니인 선태후宣太后의 의붓아버지 동생으로 진나라 혜왕惠王과 무왕武王 때 권력의 중심에 서게 된다. 그는 무왕이 세상을 떠나고 진나라 내정의 혼란을 틈타 소왕을 옹립하고 승승장구하여 소왕 때 공을 세워 양穰 땅에 봉해져 양후란 이름을 얻었으며 왕실에 버금가는 부유함을 누렸다. 그러나 소왕에 의해 객경의 자리에 오르지만 범저가 들어오면서 결국 자리를 빼앗기고 파면되어 도陶 땅에서 죽었다.

조씨(趙氏, 조나라)는 천하의 한가운데에 있는 나라[11]로서 잡민雜民[12]들이 사는 곳이므로 그 백성들은 경박하여 다루기가 곤란합니다. 호령은 다스려지지 않고 상벌이 믿음직스럽지 못하며 지형이 지키기에 불편하므로 아래로는 그 백성의 힘을 다하게 할 수 없으니, 그 나라는 본래부터 망하는 나라의 형세입니다. 하지만 백성들[13]을 근심하지도 않고 사인과 서민 모두를 장평長平[14] 기슭에 진을 치게 함으로써 한나라 상당上黨 땅을 차지하려고 다투었습니다. [그렇게 되자] 대왕께서는 조서를 내려 그들을 쳐부수어 무안武安을 손에 넣으셨던 것입니다. 이런 때가 되었건만 조씨는 위와 아래가 서로 화친하지 않고 귀하건 천하건 서로가 믿지 않는 상황이었던 것입니다. 그렇게 되었으니 한단邯鄲은 지킬 수가 없는 것이었습니다. [만일] 한단을 공략하고 산동의 하간河間을 지배하고는 군대를 거느리고 물러나 서쪽으로 수무修武를 공격하고 양장(羊腸, 요새 이름)을 넘어서

---

11) 원문의 '中央之國(중앙지국)'을 번역한 것으로, 조趙나라는 북쪽으로는 연나라, 동쪽으로는 제나라가 있고, 남쪽으로 초나라와 위나라가 있으며 한나라와 진나라가 서쪽에 있어 중앙의 나라라고 한 것이다.

12) '잡민雜民'이란 유민流民과 유사한 말로, 조趙나라 땅이 중앙에 있는 것은 맞지만 조양자趙襄子로부터 조나라 무령왕에 이르러 대代나라 중산국(中山國, 임호林胡와 누번樓煩 등의 나라들)을 멸망시켜 사방의 이웃 유민들과 북방의 여러 부족들이 조나라 땅으로 들어와 살다보니 그렇게 되었다는 것이다.

13) 원문의 '民萌(민맹)'을 번역한 것으로, '맹萌'은 '맹氓'과 같으며 다른 나라에서 이주해온 백성들이므로, 사실 원래의 백성과 외래백성을 함께 일컫는 말로 보면 무난하다. 필자는 장쉐張覺가 《한비자교소석론韓非子校疏析論》(上)에서 '민맹'을 '민중民衆'이라고 포괄적으로 번역하는 데에도 일정 부분 동조한다.

14) 진나라 소양왕 47년에 진나라 장수 백기가 조나라 군사 40여만 명을 생매장한 곳으로 유명하다.

대代와 상당 땅을 항복시켰더라면 대에 속한 46개 현과 상당 땅에 속한 70개 현[15]은 갑옷 한 벌도 쓰지 않고, 한 명의 사인과 서민도 고통스럽게 하지 않고도 이곳은 모두 진나라가 소유하게 되었을 것입니다.

대와 상당 땅이 전쟁을 하지 않고도 모두 진나라의 것이 되었다고 한다면 동양東陽과 하외河外 땅은 싸움도 하지 않고 모두 도리어 제나라의 것이 되었을 것이고, 중산中山과 호타呼沲 이북 땅 역시 전쟁도 하지 않고 모두 연나라의 것이 되었을 것입니다. 그렇다면 조나라는 멸망하게 되었을 것이고, 조나라가 멸망하게 되면 한나라도 망했을 것이며, 한나라가 망해버리면 초나라와 위나라도 홀로 설 수 없게 되고, 초나라와 위나라가 홀로 설 수 없게 되면 이 단번의 거사로 한나라를 쳐부수고 위나라를 무너뜨려 초나라를 함락시킬 수 있었을 것입니다. 동쪽으로는 제나라와 연나라를 약화시켜 백마 나루터의 물꼬를 터서 위씨(魏氏, 위나라)의 땅에 물을 대었더라면 이 단번의 전쟁으로 삼진을 멸망시키고 합종하는 자들도 무너뜨릴 수 있었을 것입니다. [이렇게 되었더라면] 대왕께서는 옷자락을 느슨하게 하고 조용히 그들을 기다리기만 하여도 온 천하가 모두 줄지어 복속되었을 것이고, 패왕이라는 명성도 이룰 수 있었을 것입니다. 그러나 모신들은 그렇게 하기는커녕 군대를 거느리고 물러나 다시 조씨(趙氏, 조나라)와 화해를 하였습니다. 무릇 대왕의 현명함과 진나

15) 자세한 수치는 판본에 따라 다르다. 46개 현이 아니고 36개 현이나 43개 현이 대에 속하고, 70개 현이 아니고 17개 현이라고 보아야 한다는 설도 있는데, 예컨대 다케우치 데루오(竹內照夫)의 《한비자 상》이 그러하다. 《사기》 〈조세가趙世家〉에는 17개 현으로 되어 있어 이에 관한 논란이 분분한 실정이다. 장쥐는 필자와 같이 46개 현과 70개 현으로 교열하였다.

라 군대의 강성함을 가지고도 패왕의 대업을 포기하고 땅을 더 이상 얻을 수 없었다면 이는 곧 망할 나라에 속게 되는 것이니, 이는 모신들이 못났기 때문입니다.

무릇 조나라는 멸망했어야 하는데도 멸망하지 않았고, 진나라는 패권을 차지했어야 하는데도 패권을 차지하지 못하였으니, 이것이 천하가 진실로 진나라의 모신들을 헤아려볼 수 있는 첫 번째 이유입니다. 그런데도 다시 사졸들을 모두 내보내 한단을 공략하고도 함락시킬 수 없었으며 갑옷을 버리고 쇠뇌(화살을 여러 개 잇달아 쏠 수 있도록 만든 활)를 짊어지게 하여 전전긍긍하면서 물러나게 하였으니, 이것이 천하가 진실로 이미 진나라의 군사력을 헤아려볼 수 있는 두 번째 이유가 됩니다. [그래서] 군사를 바로 거느리고 물러나서 이성李城 기슭에 숨었으니 대왕께서는 또다시 군사들을 모두 이끌고 전쟁에 참여했으나 그들을 이길 수 없었으며, 또한 돌아갈 수 없었으므로 군사들은 지쳐서 달아나게 되었으니, 이것이 천하가 진실로 진나라의 힘을 헤아려볼 수 있는 세 번째 이유입니다. 안으로는 우리 모신들의 능력을 헤아려보고 밖으로는 우리 병력의 극한을 보인 것입니다. 이로 미루어본다면 신이 생각하기에 천하가 합종하는 것이 그리 어렵지 않습니다.[16] 안으로는 우리의 병기와 갑옷은 부서졌고, 사인과 서민들은 병들었으며 쌓아둔 물자는 떨어졌고 논밭은 황폐하고 곡식창고는 비었습니다. 밖으로는 천하가 꾸미려는 의지가 대단히 굳셉니다. 원컨대 대왕께서는 이러한 것들을 생각해 주십시오.

16) 원문의 '幾不難(기불난)'을 번역한 것으로, 본래는 '幾不能(기불능)'이었던 원문을 왕선신王先愼의 의견에 따라 교열하여 번역하였다.

사방의 제후들이 조회하러 오지 않으면 신을 베어 내걸어주십시오

또한 신은 이렇게 들었습니다.

"두렵고 두려워하면서 날마다 하루하루를 삼가라. 만일 그 도를 삼가면 가히 천하를 소유할 수 있다."

무엇으로써 그런 말이 옳다는 것을 알겠습니까? 옛날에 주紂[17)]는 천자가 되어 천하의 정예병 백만을 거느렸습니다. 좌군(左軍, 동쪽에 있는 군대)이 기수 계곡에서 [말에게] 물을 먹이고, 우군(右軍, 서쪽에 있는 군대)이 원수洹水 계곡에서 물을 먹이자 기수가 마르고 원수도 흐르지 못할 만큼 주周나라 무왕武王과 어렵게 전쟁하였습니다. 그러자 무왕은 소복素服 입은 병사 3천을 거느리고 하루 만에 주나라를 쳐부수고는 그를 사로잡은 뒤 그 땅을 차지하고 그 백성들마저 손에 넣었으나, 천하 사람들 중 어느 누구도 마음 아파하지 않았습니다. 지백知伯이 삼국의 군사들을 거느리고 진양晉陽에서 조나라 양주를 공략할 때는 강물을 터뜨려서 물을 댄 지 석 달도 못 되어 도성이 함락되려고 하였습니다. 그러자 양주는 거북 등에 구멍을 뚫고 시초(蓍草, 톱풀)로 점을 쳐서 유리한지 불리한지를 살펴본 뒤 어느 나라에 항복할까 생각하여 곧 그 신하 장맹담張孟談[18)]을 사신으로 보냈습니다. 이에 장맹담은 아무도 몰래 숨어 들어갔다가 빠져나와 지백과의 약속을 어기게 하여 두 나라 군대를 얻게 되자, 지백을

---

17) 《사기》〈은본기殷本紀〉에 "을제의 맏아들은 미자계微子啓인데, 계는 어머니가 낮고 천하여 후사를 잇지 못했고, 작은아들 신辛은 어머니가 정후였기 때문에 신이 후계자가 되었다. 을제가 세상을 떠나자 아들 신이 즉위하였으니, 이 사람이 바로 신제辛帝이다. 그러나 천하 사람들은 그를 '주紂'라고 불렀다."라고 언급되어 있다.

공격하여 그를 사로잡았으며 양주는 원래의 지위를 되찾을 수 있었습니다.

지금 진나라의 땅은 긴 곳을 쪼개어 짧은 땅을 채우면 사방 수천 리이며, 이름을 떨치고 있는 병사들[19]도 수십만에서 백만이 될 것입니다. 진나라와 같은 호령·상벌·지형의 유리함을 갖춘 나라는 천하에 아무 데도 없습니다. 이런 것으로 천하와 싸우게 되면 천하를 [모두] 아울러서 소유할 수 있습니다. 신이 죽음을 무릅쓰고 대왕을 만나 뵙기를 바라는 것은 천하의 합종을 깨뜨려 조나라를 무너뜨리고 한나라를 멸망시키며 초나라와 위나라를 신하로 삼고 제나라·연나라와 친하게 지내어 패왕의 명성을 이루게 함으로써 사방의 제후들에게 조공을 받들게 할 길을 말씀드리려는 것 때문입니다.

대왕께서 정녕 신의 생각을 들어주었는데도 불구하고 단번에 천하의 합종이 깨지지 않거나 조나라가 무너지지 않거나 한나라도 멸망하지 않고 초나라와 위나라도 신하가 되지 않거나 제나라와 연나라도 친하게 되지 못하고 패왕이라는 명성이 이루어지지 않고 사방 이웃의 제후들도 조회하러 오지 않게 된다면, 대왕께서는 신을 베어 나라에 널리 알려[20] 왕의 계책에 충심을 다하지 않은 일로 삼으십시오.

---

18) 조양자의 가신으로 모략에 뛰어났으며, 《국어國語》에 나오는 장담張談이라는 자와 동일 인물이다. 기원전 455년 지백知伯이 한나라·위나라와 연합하여 조양자를 공격하자 그는 양자에게 진양을 거점으로 정하게 하여 3년이나 버티게 하였으며, 여기에 한비자의 말처럼 결국 지백을 멸망시키는 공을 세우게 된다. 그렇지만 그는 높은 벼슬과 봉록을 사양하고 자신의 소신대로 살아간다.

19) 역시 원문의 '名師(명사)'를 번역한 것이다.

20) 원문의 '徇國(순국)'을 번역한 것으로, '순徇'이란 글자는 돌아다니면서 널리 알려 본보기를 보인다는 말이다.

제2편

존한(存韓: 한나라를 보존하다)

【해제】

'존한存韓'이라는 제목에서 알 수 있듯이 〈존한〉 편은 〈초견진〉 편과 자매편의 성격을 가진다. 한비자가 진시황 14년(기원전 223)에 진나라에 사신으로 가면서 진왕에게 올린 글이다. 그 당시 진나라는 한나라를 공략하여 손에 넣으려는 계획을 세우고 있었던 상황과 맞물려 있었다. 이에 한비자는 진왕에게 당시의 형세를 반전시키기 위해 한나라를 공격하는 것은 도리어 진나라에 이롭지 못하다는 것을 설득시켜 자신의 조국 한나라의 존속을 도모하고자 상주문上奏文을 올려 편명으로 삼은 것이다.

〈존한〉 편은 내용상 크게 세 단락으로 구분된다. 첫 번째 단락에서는 진나라가 조나라의 우환을 돌아보지 않고 한나라를 공격하려는 것이 동방 여섯 나라들로 하여금 합종하게 하여 진나라를 위협하게 한 상황이 됨을 설명하고 있다. 두 번째 단락은 한나라를 쉽게 공략할 수 없는 이치를 설명하고, 세 번째 단락에서는 오히려 진왕에게 조나라를 공격하는 것이 이로운 것임을 설명하고 있다.

주목해야 할 부분은 〈존한〉 편이 당시 재상이었던 이사의 〈상진왕서上秦王書〉라는 글과 한비자의 〈상한왕서上韓王書〉라는 두 편의 글이 동시에 들어가 있어 저자가 누구인가 하는 근본적인 문제가 제기된다는 점이다. 따라서 〈존한〉 편은 위작 시비에서 자유롭지 못하고 위작으로 볼 근거가 충분하므로, 필자는 이 편의 번역에서 이사의 글은 따로 분류하여 한비자의 글과 별도로 처리해두었다. 독자들은 앞부분 세 단락을 한비자의 글로 보아 읽고 후반 두 단락은 이사의 글임을 알고 읽으면 무리가 없을 것이다.

조나라를 내버려두고 한나라를 공격하려는 진나라

"한나라가 진나라를 섬긴 지 30여 년이 되었기에,[1] 밖으로는 [진나라를 지키는] 가림막이 되었고 안으로는 [진나라를 편안케 하는] 자리깔개가 되었는데, 진나라만이 정예 병사를 출동시켜 한나라의 땅덩어리를 취하였고 그 뒤를 [한나라가] 따르게 하여 천하에는 원망이 드리워져 있고 공적은 강성한 진나라에게로 돌아갔던 것입니다. 게다가 한나라는 진나라에 공물이나 노역을 바치고 있어 진나라의 군과 현이나 다를 바가 없습니다.

[그런데] 요즈음 신이 은밀히 귀貴 신하들의 계책을 들으니 군사를 일으켜 한나라를 공격하려 한다고 합니다. 그런데 조씨(조나라)는 사졸을 끌어모으고 합종의 무리들을 길러 천하의 군대를 연결하려 하고 있는데, 진나라가 약해지지 않으면 제후들이 반드시 종묘를 없애게 될 것임을 분명히 하고는 서쪽으로 진나라를 치려는 생각을 실행하려 하고 있으나, 이는 하루아침에 이루어질 수 있는 계책이 아닙니다. 지금 조씨라는 근심거리를 내버려두고 나라 안의 신하 같은 한나라를 물리려고 한다면 천하는 조씨의 계획이 상책임을 명백히 알게 될 것입니다.

1) 구체적으로는 한나라 리왕釐王 23년(기원전 273)에 조나라와 위나라가 한나라의 화양華陽을 공격하자 진나라가 구원하여 조나라와 위나라의 연합군을 격파한 이후의 시점을 대략적으로 말한 것이다.

복이 되는 것과 화가 되는 것

무릇 한나라는 작은 나라이기에 천하 사방의 공격에 대응해야 했으며 군주는 치욕을 당했고 신하들은 고통스러웠으니, 위와 아래가 서로 같은 근심거리를 가진 지 오래되었습니다. 막을 장비를 갖추고 강한 적을 경계하고 쌓아둔 양식을 보유하고 있으며, 성곽을 쌓고 깊은 도랑을 [성 밑에] 파서 굳건히 지켰습니다. 지금 진나라가 한나라를 공격한다고 하여도 1년 만에 멸망시키지는 못할 것이니, 성 하나를 손아귀에 넣은 뒤 물러난다면 권위는 천하로부터 하찮게 여겨져 천하는 우리 진나라 군대를 꺾으려고 할 것입니다. 한나라가 배반하면 위나라가 그것에 대응하고 조나라가 제나라에 의지하여 구원하게 될 것입니다. 만일 그렇게 된다면 한나라와 위나라를 가지고 조나라를 도와주고, 제나라에게 힘을 빌려주어 저들의 합종을 굳건히 하여 진나라와 강성함을 다투게 될 것이니, [이야말로] 조나라에게는 복이 되고 진나라에게는 화가 되는 것입니다.

무릇 나아가 조나라를 공격하더라도 손에 넣을 수 없고 물러나서 한나라를 공격하더라도 함락시킬 수 없다면 정예 병사들은 들판에서 전쟁하느라 수고롭고 군수품을 나르는 군대도 물자를 공급하느라 지치게 될 것입니다. 그렇다면 수고롭고 쇠약해진 무리들을 끌어모아 만 대의 수레를 내는 두 나라와 대적하게 되는 것이 되므로 이는 한나라[2]를 멸망시키겠다는 마음과는 다른 바입니다. 모두

2) 원문에는 조趙나라로 되어 있으나, 문맥상 한나라로 바로잡아야 한다.

가 만일 귀 신하들의 계책대로 한다면 진나라는 반드시 천하 병사들의 볼모가 될 것입니다. [그렇게 되면] 폐하께서는 비록 금석金石처럼 오래 사시더라도 천하를 손에 넣을 날은 없을 것입니다.

후회해도 소용없는 이유

지금 비천한 신의 어리석은 계책으로는 사람으로 하여금 초나라에 사신을 보내어 정권을 쥔 신하들에게 예물을 무겁게 주고[3] 조나라가 어떤 방법으로 진나라를 속였는지 밝히게 하고, 위나라에는 볼모[4]를 보내 그들의 마음을 편안하게 하며, 한나라를 좇아서 조나라를 공격하게 한다면 조나라가 설령 제나라와 한통속이 될지라도 근심거리가 되지 못한다고 봅니다. 이렇게 두 나라 일이 마무리되면 한나라는 편지 한 통을 보내도 안정될 수 있을 것입니다. 이는 우리(진나라)가 단 한 번의 거사로 두 나라(조나라와 제나라)를 멸망의 형국으로 몰아가는 것이 되므로 초나라와 위나라도 반드시 제 발로 복속될 것입니다. 그러므로 '무기란 흉물스런 기물이다.'라고 하였으니 살펴서 다루어야만 합니다. 진나라는 조나라와 대등한 상대이지만 제나라가 [조나라에] 힘을 보태었고 이제 또다시 한나라와는 등을 돌리고 있어 초나라와 위나라의 마음을 다잡지 못하고 있는

3) 원문의 '重幣(중폐)'를 번역한 것으로, 왕선신의 견해대로 '뇌물을 두텁게 준다'는 의미를 함축하고 있다. 그 품목으로는 옥·말·가죽·비단 등이 주로 사용되었다.

4) 단순한 인질이 아니라 춘추전국시대의 혼란기에 두 나라 간에 신의를 표하기 위한 일종의 외교 행위라고 보아도 무방하다.

형국입니다. 무릇 한 번의 전쟁에서 이기지 못한다면 화근으로 얽히게 될 것입니다. 계책이란 사안을 결정할 수 있는 까닭이니 살피지 않을 수 없습니다.

조나라와 진나라의 강성함과 쇠약함은 금년에 달려 있을 뿐입니다만, 또 조나라가 제후들과 음모를 꾸민 지도 오래되었습니다. 무릇 한 번 출동해 제후들에게 약점을 보이는 것은 위험스러운 일이며, 계책을 세웠으나 제후들로 하여금 우리(진나라)의 마음을 의심하게 만드는 것도 매우 위험한 일이 될 것입니다. 이 두 가지 허술한 계략을 보여준다는 것은 제후들에게 강력함이 되지 못합니다. 신은 폐하께서 이 일을 다행히 깊이 생각하실 수 있기를 간절히 원합니다. 무릇 공격하거나 정벌함에 있어 합종하는 자들로 하여금 끼어들 여지를 준다면 후회할 수도 없는 노릇입니다."

한비의 글에 대한 이사의 반박문

"조서詔書[5]로 한나라 객[6]이 올린 상소문에서 한나라를 공격할 수 없다고 말하는 글을 신 이사李斯에게 하달하였습니다. 신 이사는 이것이 매우 옳지 않다고 생각하였습니다. 진나라가 한나라를 차지하고

5) 이 글은 한비자의 친구인 이사李斯(?~기원전 208)가 진나라 왕에게 올린 상소문으로, 상단의 원문 "후회할 수도 없는 노릇입니다.(不可悔也)"라는 문장의 부록이나 마찬가지이다.

6) 한비자를 가리키는데, 본래 '객客'이란 신하의 신분이 아니더라도 군주에게 몸을 의탁해 자신의 포부와 야심을 유세할 수 있었으므로 포괄적으로 객이란 어떤 군주든지 만날 수 있는 가능성이 열린 사람이다.

있는 것은 마치 사람의 마음속에 병이 있는 것과 같으니, 비어 있는 곳에서도 놀라 답답해하고 축축한 땅에 머물고 있으면서도 착 달라붙어 떠나지 않는 것과 같아 빨리 달려가면 병이 생겨납니다. 무릇 한나라가 비록 신하로서 [복종하고 있지만] 일찍이 진나라에게 독이 되지 않은 적이 없었으니, 지금 갑작스럽게 알릴 만한 일이 생긴다면 한나라는 믿을 수 없는 나라입니다. 진나라는 조나라와 적대관계에 있으며, 형소荊蘇[7]를 제나라에 사신으로 보냈다 하여도 알 수 없는 것이 아니겠습니까? 신이 보기에는 제나라와 조나라의 교분이 꼭 형소만으로 끊기게 되지는 않을 것입니다. 끊기지 않게 되면 이는 진나라를 모두 동원하여 만 대의 수레[8]를 낼 수 있는 두 나라에 대응해야만 하는 것입니다. 무릇 한나라는 진나라의 의로움에 복종하는 것이 아니라 강성함에 복종하고 있습니다. 지금 제나라와 조나라에 전념한다면 한나라는 반드시 마음속의 병이 될 것입니다. 한나라와 초나라가 일을 꾸며 제후들이 그들에게 호응한다면 진나라는 반드시 효새崤塞의 환란을 다시 보게 될 것입니다.[9]

7) 그 당시 제나라에 파견된 진나라 사신으로, 제나라와 조나라의 관계가 단절될 것을 염려해 설득하고자 하였다.

8) 원문의 '萬乘(만승)'이란 천자의 나라를 말한다. 본래 승乘은 전차를 세는 단위이다. 1승에는 갑옷 입은 병사 3명, 보병 72명, 거사車士 25명이 딸린다. 주나라의 제도에서 천자는 사방 천 리를 영역으로 하며 전쟁 시에 전차 만 승을 내놓았다. 그리고 세력이 큰 제후는 사방 백리를 소유하며 전쟁 시에 전차 천 승을 내놓았다. 그 아래의 대부는 전쟁 시에 수레 백 대를 내놓았다. 다시 말해 만승의 나라는 천자의 나라를, 천승의 나라는 제후의 나라를, 백승의 나라는 대부의 영지를 말한다.

9) 효새崤塞는 효산崤山의 험준한 요새, 곧 함곡관函谷關으로 6국이 진나라를 공격할 때 반드시 거치는 관문이었으며, 이사가 환란을 보게 될 것이라고 말한 것은 진나라가 패배할 가능성을 염두에 두고 한 말이다. 물론 효산과 함곡관의 위치가 오늘날과 같은 허난성河南省이기는 한데, 구체적인 위치는 다르다는 주장도 있다.

한비韓非가 [진나라에] 온 까닭은 반드시 한나라를 존속시켜 한나라에 중용되려고 하는 것입니다. 변설과 문장을 짓고 잘못을 꾸며 속이고 모의하여 진나라로부터 이득을 낚아 한나라에 이득이 되고자 폐하를 살펴보는 것입니다. 무릇 진나라와 한나라가 교분이 두터워지면 한비는 중용될 것이니, 이는 자신의 편의를 생각한 계책입니다. 신이 보기에 한비는 현란한 사설과 변론을 꾸미는 재주가 빼어납니다. 신은 폐하께서 한비의 말재주에 미혹되어 그 도적질하려는 마음을 듣고 그 때문에 일의 실정을 잘 살피지 못하게 되실까 두렵습니다.

지금 신의 어리석은 논의로는 진나라가 군사를 일으켜서 어느 나라를 칠 것인가를 명확히 밝히지 않으면 한나라에서 권력을 좌지우지하는 사람들은 진나라를 섬기는 계책을 세울 것입니다. 신 이사는 청컨대 한나라 왕을 만나러 가 그로 하여금 [진나라로] 들어와 궁궐 안으로 들도록 해보겠습니다. 대왕께서는 그를 만나보시고 그 사람을 궁궐 안으로 들게 하고는 돌려보내지 마십시오. 얼마 뒤 그 사직의 신하들을 불러 그들과 협상을 한다면[10] 한나라를 깊숙한 곳까지 쪼갤 수 있습니다. 그렇게 하고 나서 몽무蒙武[11]로 하여금 동군의 병졸들을 출동시켜 국경 근처에서 적의 부대를 감시하게 하여 그 진격할 바를 명확히 밝히지 않게 하면, 제나라 군대는 두려워 형소의 계책을 따르게 될 것입니다. 이것이 우리 군대는 출

10) 원문의 '爲市(위시)'를 번역한 것으로, 여기서는 왕을 인질로 내세우며 땅과 바꾸는 협상을 말한다.

11) 진나라 몽오蒙驁의 아들인데, 시황제 23년에 몽무는 진나라 부장군이 되어 왕전과 함께 초나라를 쳐서 크게 무찌르고 초나라 장수 항연項燕을 죽였다. 24년에는 초나라를 쳐서 초나라 왕을 사로잡았다.

동하지도 않았는데 굳센 한나라를 위세로 굴복시키고 강한 제나라를 의리로써 따르게 하는 길입니다. [이 일이] 제후들에게 널리 알려지면 조씨(조나라)는 몹시 놀랄 것이고, 초나라는 여우처럼 의심할 것이며 반드시 [진나라에 대해] 충성하는 계책을 마련할 것입니다. 초나라 군대가 출동하지 않으면 위나라는 이렇다 할 근심거리가 되지 않으므로 제후들을 누에가 갉아먹듯 다 차지할 수 있으며, 조씨도 능히 대적할 수 있을 것입니다. 원컨대 폐하께서는 부디 어리석은 신의 계책을 다행히 살피셔서 소홀히 하지 마십시오."

진나라는 드디어 이사를 한나라에 사신으로 보냈다.[12)]

이사의 반박이 담긴 또다른 글

이사는 한나라 왕에게 가서 [자신이 한나라에 오게 된 이유를] 알리려고 하였으나, 만나볼 수가 없자 글을 올려[13)] 말하였다.

"옛날에 진나라와 한나라가 협력해 뜻을 하나로 하여 서로를 침략하지 않자 천하는 아무도 감히 침범하려고 하지 않았으니, 이와 같음이 여러 세대나 되었습니다. 이전에 다섯 제후들이 일찍이 서로 함께 한나라를 치려고 하였을 때 진나라가 군대를 출동시켜 그

---

12) 이 문장을 이 부분에 놓을 것인가, 아래 단락에 둘 것인가 하는 편집상의 논란의 여지가 있다. 그래서 필자는 이 문장을 독립적으로 한 행 띄워 배열하면 그런 논란거리를 잠재울 수 있을 것이라고 본다.

13) 이 편의 해제에서 말한 이사의 〈상한왕서〉라는 글이다. 이하 인용문으로 처리한다.

나라를 구해주었습니다. 한나라가 중원中原[14]에 머물고 있지만 땅은 천 리를 채울 수도 없었는데, 제후들과 천하에서 같은 지위에 놓여 있어 군주와 신하들이 서로 보호할 수 있었던 것은 대대로 서로 가르쳐주면서 진나라를 섬긴 능력 때문입니다.

이전에 다섯 제후들이 함께 진秦나라를 칠 때 한나라는 도리어 제후들과 함께하며 맨 앞에서 기러기가 무리를 지으며 가는 것처럼 진지를 구축해 함곡관 근처에서 진나라 군대를 맞아 싸웠습니다. 그러나 제후들의 병사가 지치고 힘이 다하여 어쩔 수 없게 되자 제후들의 군대가 철수된 것입니다. 두창杜倉이 진나라의 상국(相國, 재상)이 되어 군대를 일으키고 장수를 보내 천하의 원한을 갚으려고 초나라를 먼저 공격하려고 하였습니다. 초나라 영윤令尹[15]이 그것이 걱정되어 이렇게 말하였습니다.

'무릇 한나라는 진나라를 의롭지 못하다고 생각하면서도 진나라와 형제의 의로움을 맺고 천하를 함께 괴롭히다가 얼마 뒤에 또다시 진나라를 배반하고 맨 앞에서 기러기가 무리지어 가는 것처럼 진지를 구축하면서 함곡관을 공격하였다. 한나라는 중원에 있으면서 이리저리 붙고 있으므로 알 수가 없다.'

천하가 공동으로 한나라의 상당上黨지역 열 개 성을 떼어내어 진나라에 바치고 사과하자 진나라는 그 군대를 해산시켰습니다. 무릇

---

14) 원문은 '中國(중국)'이다. 그 당시 중국의 화하족華夏族이 황하 중류 이하 일대에 건국하면서 천하의 중심이 되어 자신의 국가를 가운데 있는 나라, 곧 중원 지역에 있는 나라로 자처하였다. 사방의 이족들인 동이東夷·남만南蠻·서융西戎·북적北狄 등의 사이四夷와 대비되는 개념이다. 이하 원문의 '중국'은 모두 '중원'이라고 번역한다.

15) 춘추시대에는 현읍縣邑의 우두머리를 영令·재宰·윤尹·공公 등 여러 가지로 불렀는데, 영윤令尹은 현령을 가리킨다.

한나라가 일찍이 한번 진나라를 배반하게 되자 나라는 박해를 받고 땅은 침범당했으며 병력도 약해져 오늘에 이르렀던 것입니다. 그렇게 된 까닭은 간신들의 텅 비고 황당한 말을 받아들여 실질을 저울질하지 않았기 때문이므로, 설령 간신들을 죽이고 도륙한다고 하여도 한나라를 더 이상 강하게 할 수는 없을 것입니다.

지금 조나라가 병사들을 모아 진나라에 맞서는 것을 일로 삼으려 사람을 보내 길을 빌려달라고 하면서 진을 치겠다고 말하지만, 그 형세는 반드시 한나라를 먼저 치고 난 뒤 진나라를 나중에 치려는 것입니다. 또한 신이 듣건대 '입술이 없어지면 이가 차다.'고 합니다. 무릇 진나라와 한나라는 함께 근심을 하지 않을 수 없으므로 그 형세는 분명합니다. [게다가] 위나라가 군사를 일으켜 한나라를 공격하려고 하였을 때 진나라는 그 사자를 한나라로 보냈습니다. 그러나 지금 진왕(秦王, 진시황)이 신 이사로 하여금 이곳에 오게 하였는데 뵐 수가 없으니, 아마도 측근이 지난번 간신들의 계략을 답습하여 한나라로 하여금 다시 땅을 잃게 되는 근심거리를 만드는 것이 아닌지 두렵습니다. 신 이사가 뵐 수 없으니 돌아가서 복명復命하고자 하오니 그러면 진나라와 한나라의 교분은 반드시 끊어지게 될 것입니다.

신이 사자로 이곳에 온 것은 진왕의 환대하는 마음을 받들어 [한나라에게] 편한 계책을 드리고자 하는 것인데, 어찌하여 폐하께서 미천한 신을 맞이하는 까닭이라고 할 수 있겠습니까? 신 이사가 원하건대 한번 눈앞에서 뵐 수 있는 기회를 얻어 나아가 어리석은 계책을 말씀드리고 물러나서 육장(肉醬, 몸을 장에 담그는 극형)을 받고자 하오니 원컨대 폐하께서는 마음속에 담아두시기 바랍니다. 지금 한나라가 신을 죽인다 하여도 대왕께서는 충분히 강해질 수 없으며, 만일 신의 계책을 들어주시지 않는다면 재난으로 반드시 얽히게 될 것입니다. 진나라가 군대를 이끌고 지체없이 쳐들어온다면 한나라의 사직은 근심거리가 될 것입니다. 신 이사를 처형하여 시신을 한나라의 저잣거리에 내놓으면, 비록 미천한 신의 어리석은 계책을 살펴보려고 하여도 얻을 수 없을 것입니다. 변경은 짓이겨지고 한사코 지키려는 도성에 [적의] 북소리와 전령戰鈴이 귓가에 들리게 되니, 그때는 신의 이러한 계책을 쓰려 하여도 늦을 것입니다.

하물며 한나라의 군사력은 천하에 정녕 알려져 있는데, 지금 또 강국 진나라를 거스르려고 합니다. 무릇 성을 버리고 패배한 군대는 [내부에서] 반란을 일으킨 도적이 되어 반드시 성을 몰래 공격할 것입니다. 성이 함락되고 나면 모여 살던 백성들은 흩어지게 되고 백성들이 흩어지면 군대도 없어질 것입니다. [만일] 성이 단단히 지켜진다면 진나라는 반드시 군대를 일으켜 왕의 한 도성을 포위할 것이므로 길은 통하지 못하고 [계략도] 단연코 수행하기가 어려워지게 될 것이니, 그런 형세로는 구원을 받지도 못할 것입니다. [이는] 측근들 중에서 계략을 세우는 자가 주도면밀하지 않기 때문이니 원컨대 폐하께서는 이 점을 깊이 헤아려보시기 바랍니다.

만약 신 이사가 말씀드린 것 중에 사실과 맞지 않는 것이 있다면 원컨대 대왕께서 저를 부디 눈앞에 부르셔서 생각을 모두 말씀드릴 수 있도록 해주신 뒤에 담당 관리의 처벌을 받게 하여도 늦지 않을 것입니다. 진왕은 음식을 들더라도 단맛을 모르고 주유하여도 즐겁지 않으며 생각이 오로지 조나라를 도모하는 데 있으므로, 신 이사로 하여금 이곳에 와서 말씀드리도록 한 것입니다. 원컨대 직접 만나 뵙고 급히 폐하와 더불어 계책을 논의하고자 합니다. 지금 신으로 하여금 만나뵐 수 없게 한다면 한나라의 믿음도 알 수 없는 것이 됩니다. 무릇 진나라는 반드시 조나라라는 근심거리를 내버려두고 한나라로 군대를 이동할 것입니다. 원컨대 폐하께서 부디 다시 그것을 깊이 헤아리셔서 신을 만나는 결정을 내려주십시오."

제3편

난언(難言 : 말하기의 어려움)

【해제】

'난언難言'이란 말하기를 어려워한다는 뜻으로, 주로 신하가 군주에게 의견을 제시할 때의 어려움을 뜻한다. 이 편의 주된 내용은 다른 사람, 특히 군주를 설득하는 어려움에 대해서 말한 〈세난說難〉 편과 취지와 맥락이 비슷하다. 신하는 군주를 설득시키려다 그로 인해 닥치게 될 재앙이 두려워 자신의 견해를 털어놓기를 꺼리게 되지만, 그런 고충을 대부분의 군주가 이해하지 못하므로 오히려 신하의 입장에서 군주의 심중을 헤아려야 한다는 점을 강조하는 것이다.

한비자는 군주에게 어떤 일을 말할 때, 설령 사실을 바르게 헤아렸다고 해도 반드시 받아들여지는 것은 아니며, 이치상 완전하다고 해도 반드시 채택되는 것이 아님을 강조하였다. 어떤 일의 옳고 그름은 일정한 기준에 근거하지 않고, 단지 결정권을 쥐고 있는 군주의 생각이 어디에 있는가 하는 점에 따라 좌지우지되기 때문이다. 그래서 신하가 군주에게 의견을 말해 불신을 받게 되면, 끝내 다른 사람의 잘못을 헐뜯는 비열한 자로 취급받거나 목숨을 내놓을 상황도 닥치는 것이 현실이라는 점을 강조하고 있다. 제 아무리 지략이 뛰어난 오자서伍子胥나 현명한 재상이었던 관중管仲 등도 자신들의 군주에게 충성스런 말을 하였다가 오히려 박해를 받은 사례가 바로 그 점을 잘 보여준다.

심지어 한비자는 뛰어난 지혜를 가진 자가 군주를 설득할 때의 어려움을 이윤伊尹과 탕왕湯王의 이야기를 통해 소개하고 있는데, 오히려 이윤이 탕왕에게 맛있는 요리를 대접하고 나서 일이 잘 풀렸다는 점을 역설적으로 서술하여 군주의 내면 심리가 얼마나 중요한 작용을 하는지에 대해 분명히 말하고 있다. 이 편 역시 앞의 두 편과 마찬가지로 한비자가 군주에게 상소하는 형식을 띠고 있다.

어려운 것이 아니라 꺼리는 것이다

신臣 한비는 말하는 것 자체를 어려워하는 것은 아닙니다. 하지만 제가 말하기를 꺼려하는 까닭은 이렇습니다.

저의 말이 [주상主上의 뜻을] 좇아 유창하고 매끄럽게 줄줄 이어지면 화려하지만 실속이 없다고 여겨질 것입니다. 고지식하고 순박하면서 공손하며 강직하고 신중하며 완벽하면 서투르고 조리가 없다고 여겨질 것입니다. 말을 많이 하고 번번이 [다른 사물을] 거론하여 비슷한 것을 열거하고 다른 사물에 비유한다면 [그 내용은] 텅 비고 쓸모가 없다고 여겨질 것입니다. 은미隱微한 부분을 총괄하여 요지를 설명하고 간략히 말하며 꾸미지 않으면 미련하고 말재주가 없다고 여겨질 것입니다. 곁에 달라붙어 친근히 하며 다른 사람의 속마음까지 살펴 알려고 한다면 남을 비방하며 겸양을 모른다고 여겨질 것입니다. [말하는 뜻이] 넓고 넓어 오묘하고도 깊어서 헤아릴 수 없으면 과장되어 쓸모가 없다고 여겨질 것입니다. 자기 집안의 이익을 계산해 세세하게 이야기하고 구체적인 수치를 들면 고루하다고 여겨질 것입니다. 말솜씨는 세속적인 것에 가까우면서 말은 상대방의 뜻을 거스르지 않으려고 한다면 목숨을 부지하려고 군주에게 아첨하려는 것으로 여겨질 것입니다. 말솜씨는 세속을 멀리하는 것 같으면서 기이한 말재간으로 인간 세상의 이목을 끌면 엉터리라고 여겨질 것입니다. 민첩하고 말재주가 뛰어나며 문채文采가

번다하면 실속이 없는 것으로 여겨질 것입니다. 일부러 문장이나 학문을 버리고 바탕 그대로 말하면 저속하다고 여겨질 것입니다. 때때로《시경》이나《서경》[1] 같은 경전에 있는 말을 인용하고 고대 성왕의 법도를 본보기로 삼으면, 암송만을 되풀이한다고 여겨질 것입니다. 이것이 신 한비가 말하는 것을 꺼리며 거듭 근심스럽게 여기는 까닭입니다.

그러므로 [의견을 올리는] 법도가 비록 올바르다고 해서 반드시 들어주는 것은 아니며, 도리상으로 비록 완전하다고 해서 반드시 채택되는 것은 아닙니다. 만일 왕께서 이런 이유들 때문에 믿지 않으신다면 작게는 [다른 사람의] 잘못을 헐뜯고 비방하는 것이라고 여길 것이며, 크게는 재앙이나 처형이 자신에게 닥칠 것을 근심하게 됩니다. 그래서 오자서伍子胥[2]는 지략이 뛰어났지만 오吳나라 왕은 그를 처형했고, 중니仲尼[3]는 [다른 사람을] 설득하는 데에 뛰어났지만 광匡 땅의 사람들은 그를 억류했으며,[4] 관이오(관중管仲)[5]는 진실로 현명했지만 노魯나라는 그를 가두었습니다. 이들 세 대부大夫[6]가 어

1) 《서경書經》은 본래 3천여 편이었는데 공자에 의해 백 편으로 정리되었고, 진나라의 분서갱유가 있은 뒤 28편만 남게 되었다고 한다. 또한 공자는《시경詩經》을 305편으로 정리하기도 하였다.

2) 춘추시대 초나라 사람으로 이름은 원員이며, 자서는 그의 자字이다. 아버지와 형이 초나라 왕에게 살해되자 오吳나라로 달아났다가 오나라의 힘을 빌려 원한을 갚았다. 그리고 오나라 왕 부차夫差를 도와 월越나라를 정벌하였다. 그러나 뒤에 월나라와의 화친을 반대했으며 또 부차가 제나라를 공격하려고 하자 월나라가 근심거리라며 제나라 공격을 중지할 것을 권유하였다. 그러자 부차는 노여워하며 칼을 내려서 자결하게 하였다.

3) 공자孔子의 자字로, 사마천은 다음과 같이 기록하였다. "숙양흘叔梁紇은 안씨顔氏 딸과 야합(野合, 정식 혼인 절차를 거치지 않고 남녀가 결합하는 것)하여 공자를 낳았으니, 이구尼丘에서 기도를 하여 공자를 얻은 것이다. 노魯나라 양공襄公 22년 공자가 태어났다. 공자는 태어나면서부터 머리 정수리가 [중간이] 낮고 [사방이] 높아 이로 인하여 이름을 구丘라고 하였다고 한다. 그의 자는 중니仲尼이고 성은 공씨孔氏이다."(《사기》〈공자세가〉)

찌 현명하지 않았겠습니까? 그들의 세 군주가 명석하지 못했던 탓입니다.

상고시대에 탕왕湯王은 훌륭한 성군이었고, 이윤伊尹[7]은 매우 지혜로운 자였습니다. 대단한 지혜로 훌륭한 성군을 설득하려고 일흔 번이나 유세했지만 받아들여지지 않자 몸소 솥과 도마를 들고 요리하는 주방장이 되어 가까이에서 친해지고 나서야, 탕왕은 비로소 그의 현명함을 알고 그를 등용했습니다. 그래서 뛰어난 지혜로 훌륭한 성군에게 유세한다 하여도 반드시 이르게 받아들여지지 않았다는 경우는 이윤이 탕왕을 설득한 이 일을 말합니다.

4) 당시 상황은 이렇다. 공자의 얼굴 모습이 당시의 장군 양호陽虎와 비슷하였다. 그런데 양호는 일찍이 광匡이라는 곳에서 포악한 정치를 펼쳐 백성들의 원망을 샀다. 그래서 공자가 광지방을 지나갈 때 그곳 사람들이 양호로 오해하고 주변을 포위해 앞으로 나아갈 수가 없었다.

5) 이름은 이오夷吾이고, 자는 중仲이다. 중보仲父라는 존칭으로 불렸다. 제나라 양공襄公 12년(기원전 686)에 제나라가 혼란스러워지자 관중은 공자 규糾를 모시고 노나라로 갔고, 포숙아鮑叔牙는 소백小白을 모시고 거莒 땅으로 갔다. 소백은 양공이 살해되자 다음 해에 먼저 제나라로 들어가 환공桓公으로 즉위해 노나라 군대를 크게 무찔렀다. 노나라는 환공의 요구에 따라 규를 죽이고 관중을 묶어서 제나라로 압송하였다. 그러나 관중은 제나라로 돌아온 뒤 포숙아의 추천으로 재상에 임명되었다. 마침내 환공은 관중의 의견에 따라 부국강병책을 실시하여 중원을 평정하는 패업霸業을 이룰 수 있었다.

6) 대부大夫는 경卿보다 낮은 관직으로 상·중·하 세 등급이 있다.

7) 은殷나라의 유명한 재상으로 탕왕湯王을 도와 어진 정치를 펼쳤으며 하夏나라의 걸왕桀王을 멸망시켰다. 탕왕의 손자인 태갑太甲이 포악한 정치를 하자 이를 말리다가 귀양까지 가게 되었으나 다시 돌아와 훌륭한 정치를 하였다. 다음 문장은 이윤이 본래 요리사 출신으로, 솥을 지고 가서 음식을 만들어 탕왕에게 바치고는 그에게 신임을 얻기를 바랐다는 전설을 사례로 든 것이다.

지혜로운 자의 설득이 실패한 경우

지혜로운 자가 어리석은 자를 설득했지만 받아들여지지 않았던 경우는 [주周나라의] 문왕文王[8]이 [은殷나라의] 주紂[9]에게 유세했던 일을 말합니다. 문왕이 주왕을 설득하려고 하였으나, 주왕은 문왕을 감옥에 가두었습니다. 익翼 땅의 제후는 불에 구워지는 형벌을 받았고, 귀후鬼侯는 시신이 말려지는 형벌을 받았으며, 비간比干[10]은 심장을 도려내는 형벌을 받았고, 매백梅伯[11]은 소금에 절여지는 형벌을 받았습니다. 관이오는 새끼줄로 묶였으며, 조기曹羈[12]는 진陳나라로 달아났고, 백리자伯里子[13]는 길에서 구걸했으며, 부열傅說[14]은 여기저기 날품을 팔고 다녔고, 손빈孫臏[15]은 위魏나라에서 다리가

8) 은나라 때의 제후로 서백西伯이라고 불렸다. 은나라의 마지막 왕인 폭군 주왕紂王을 설득하다가 유리羑里라는 곳에 감금된 뒤 풀려났다. 덕으로 정치를 펼쳐서 그가 살아 있을 때 이미 천하의 삼분의 이가 그에게 복종하였다. 뒤에 은나라를 멸망시킨 무왕武王의 아버지이다. 그는 주周나라의 정신적인 시조로 존경받는 왕이다.

9) 은나라의 마지막 왕으로, 포악하고 잔인하여 하나라 걸왕과 함께 폭군의 대명사로 일컬어진다. 무왕이 그를 죽이고 은나라를 멸망시켰다.

10) 은나라의 마지막 왕인 주왕의 숙부로, 비比의 제후로 봉해졌기에 비간比干이라고 불렸다. 그는 잔학무도한 주왕의 악행이 그치지 않자 간언했다가 오히려 주왕에 의해 "성인의 심장에는 일곱 개의 구멍이 있다."는 말과 함께 살해되어 심장이 꺼내졌다.

11) 매백梅伯은 주나라의 제후였다.

12) 조기曹羈는 조曹나라 대부로서, 노나라 장공 24년에 융족의 장수가 조나라를 침략해 들어오자 조나라의 군주는 스스로 군대를 이끌고 저항하려 하였으나 조기는 이를 반대하면서 여러 차례 간언하였다. 그러나 조나라 군주가 조기의 말을 듣지 않자 그는 진나라로 달아났다.

13) 백리자伯里子는 백리해百里奚를 가리킨다. 우虞나라의 대부였다가 자신의 나라가 진晉나라에게 멸망당하자 공주의 종이 되었다. 그러자 이를 부끄럽게 여겨 달아나다가 체포되었다. 이때 진秦나라의 목공穆公이 그가 현명한 사람임을 알고 검은 양가죽 다섯 장을 주고 풀어주고는 재상에 임명하였다. 7년이 지난 뒤 목공은 서융西戎의 패자霸者가 되었다. 《사기》 〈진본기秦本紀〉에 자세한 내용이 실려 있다.

잘렸습니다. 오기吳起[16]는 안문岸門에서 눈물을 흘리며 서하西河가 진秦나라 땅이 된 것을 통탄했으나 끝내 초나라에서 [몸뚱이가] 갈기갈기 찢기게 되었습니다. 공숙좌公叔痤는 나라의 그릇으로 [공손앙公孫鞅을] 추천했으나 도리어 도리를 거스르는 자로 여겨져, 공손앙은 진秦나라로 달아났습니다. 관용봉關龍逢은 목이 베였으며,[17] 장굉萇宏은 애꿎게 배를 갈라 창자를 조각내는 형벌을 당했고, 윤자尹子는 가시구덩이 속에 던져졌습니다. 사마자기司馬子期는 살해되어 강물에 띄워졌고, 전명田明은 몸뚱이가 찢기는 책형磔刑을 당했으며, 복자천宓子賤[18]이나 서문표西門豹[19]는 남과 다투지 않았는데도 다른 사람의 손에 죽게 되었습니다. 동안우董安于[20]는 죽어 저잣거리에 내

---

14) 부열傅說은 본래 노예 출신으로 토목 공사장에서 노복으로 일하던 자였다. 그런 그가 은나라 무정에게 발탁되어 고종 때 재상까지 올랐다.

15) 《손자병법孫子兵法》으로 유명한 손무孫武를 가리키는 것이 아니라 그의 후손이자 《손빈병법孫臏兵法》의 지은이인 손빈孫臏을 가리킨다. 손빈은 일찍이 위魏나라 장수 방연龐涓과 함께 병법을 배운 동문이었다. 그러나 방연은 자신보다 능력이 뛰어난 손빈을 질투해 죄를 뒤집어씌워 그의 무릎뼈를 깎는 형벌을 받게 하였다.

16) 전국시대의 뛰어난 병법가로 위衛나라 좌씨左氏지방 사람이었다. 그는 처음에는 노나라·위나라·초나라 등 여러 나라에서 장수로 임명되었다. 특히 위나라 문후文侯 때에는 뛰어난 용병술로 진秦나라를 쳐부수고 서하수西河守에 임명되었다. 뒤에 문후가 죽고 무후武侯가 즉위한 뒤 간신들의 모함으로 소환당하였다. 앞의 글은 이때의 심정을 말한 것이다. 초나라로 달아나 그곳에서 영윤에 올라 도왕悼王을 도와 혁신적인 변법을 실시해 부강한 나라로 만들었다. 그러나 뒤에 도왕이 죽자 종친과 대신들이 반란을 일으켜 그를 활로 쏘아 죽이고 사지를 찢는 형벌을 가하였다.

17) 이사 역시 자신이 죽게 되었을 때 한 푸념에 관용봉이나 비간이 죽임을 당한 것과 비교하고 있다. "아, 슬프구나! 도리를 모르는 군주를 위하여 무슨 계책을 세울 수 있겠는가? 옛날 하나라 걸왕은 관용봉을 죽이고, 은나라 주왕은 왕자 비간을 죽이고, 오나라 왕 부차는 오자서를 죽였다. 이 세 신하가 어찌 충명하지 않았을까마는 죽음을 면치 못한 것은 충성을 다한 군주가 도리를 몰랐기 때문이다. 지금 내 지혜는 세 사람만 못하고 2세 황제의 무도함은 걸왕·주왕·부차보다도 더하니 내가 충성하였기 때문에 죽는 것은 당연하다. 장차 2세 황제의 다스림이 어찌 어지럽지 않으랴!" (《사기》 〈이사열전李斯列傳〉)

18) 공자의 제자로서 이름은 부제不齊이다.

걸렸고, 재여(宰予, 공자의 제자)는 전상田常[21]에게 [죽음을] 면치 못했으며, 범저范雎[22]는 위나라에서 갈비뼈가 부러졌습니다.

이들 십여 명은 모두 세상에서 어질고 현명하며 충직하고 선량해 도덕과 법술을 갖춘 인재들이었습니다. 그런데 불행하게도 도리를 거스르는 어리석은 군주를 만나 죽게 되었던 것입니다.

그렇다면 이들이 비록 현명하고 어질면서도 죽임과 굴욕을 피할 수 없었던 것은 무슨 까닭입니까? 그것은 어리석은 군주에게 유세하는 것이 그만큼 어렵기 때문입니다. 그래서 군자는 말하는 것을 어려워하는 것입니다. 또한 충성스런 말은 귀에 거슬리고 마음에

---

19) 위나라의 문후 때 업鄴 땅의 수령을 지냈다. 당시 그 마을 사람들은 물의 신 하백河伯에게 시집보낸다는 구실로 처녀를 산 제물로 바치는 미신을 믿고 있었다. 그는 미신을 금지하는 등 여러 치적을 남겼는데, 특히 관개사업으로 이름을 날렸다.

20) 춘추시대 진晉나라 조간자趙簡子의 가신으로 동알우董閼于라고도 한다. 진나라에 내란이 일어나자 동안우는 조간자에게 그 당시 경의 신분이던 범씨와 중항씨의 공격에 미리 대비할 것을 권했으나 받아들여지지 않았다. 또한 지백은 동안우의 뛰어난 재능을 알아보고 내심 두려워하였다. 그래서 자신에게 이롭지 않은 인물이라 여겨 조간자를 위협해 자살하도록 하였다. 동안우가 죽은 뒤 저잣거리에 머리가 내걸렸다.

21) 춘추시대 진陳나라 공자 완完이 전란을 피해 제나라로 망명해 성을 전씨田氏로 바꾸었다. 그의 자손들은 제나라에서 대대로 벼슬을 지냈다. 전상 때에 이르러 간공簡公을 시해하고 평공平公을 옹립해 정권을 장악하였다. 시호는 전성자田成子이다. 그리고 사마천의 기록에 의하면 "전상의 증손자 전화田和가 제나라 위왕威王이 되었다."(《사기》〈사마양저열전〉)라고 전한다.

22) 전국시대 위魏나라 사람으로, 자는 숙叔이며 범휴范睢라고도 한다. 제나라에 사신으로 갔다가 수레를 상으로 받게 되자 의심을 샀다. 그 당시 재상인 위제魏齊에게 심하게 매질을 당했으나 죽은 체하여 겨우 살아났다. 후에 진秦나라로 달아나서 소왕昭王을 섬기고 재상이 되었다. 범저는 제나라에 있는 동안 이름을 장록張祿으로 고쳐 부르며 위나라에는 자신의 존재를 감추었다. 자신의 재능을 인정하지 않은 위나라에 대한 복수심 때문에 자신이 섬겼다가 버림받은 위나라의 중대부中大夫 수고須賈가 사신의 신분으로 진나라에 왔을 때 대청 아래에 앉히고 말과 소의 사료인 여물을 구유에 담아 그 앞에 놓고는 두 명의 경형黥刑을 받은 죄인들을 시켜 그에게 먹이도록 하였다. 그 뒤 진나라 소왕의 힘을 빌려 위나라 왕을 위협해 자살하도록 만들었다.

상반되는 것이니, 현명하고 어진 군주가 아니면 아무도 들어주지 않습니다. 원컨대 대왕께서는 이를 깊이 헤아려주십시오.

제4편

애신(愛臣:총애하는 신하)

【해제】

'애신愛臣'이란 총애하는 신하란 뜻이다. 한비자는 〈애신〉 편에서 군주는 천하에서 가장 존귀한 존재이며 막강한 권력을 지닌 존재이지만, 자신이 총애하는 신하의 권세나 지위를 자신보다 더욱 높게 만든다면 백성들의 발걸음은 군주에서 신하로 옮겨갈 것이므로, 지나친 애정 표현은 군주의 권위를 약화시킬 수 있다고 지적하고 있다. 더 나아가 법의 문란을 가져오고 심지어 군주 자신을 위태롭게 만들 수 있다는 논지를 펼치고 있다. 이 때문에 한비자는 은나라와 주周나라가 망할 때, 제나라가 주권을 빼앗길 때, 연나라와 송나라의 군주가 신하들에게 시해당했을 때의 상황을 구체적인 예로 들면서 군주가 처한 위험의 심각성을 일깨우고자 하였다.

현명한 군주라면 제아무리 아끼는 신하일지라도 그 분수에 맞는 봉록과 권한을 갖게 하여 사악한 마음이 드는 것을 미연에 방지하는 데 힘써야 한다는 것이 〈애신〉 편의 전체적인 요지이다. 한편, 왕에게 올린 상주문인 이 편이 과연 한비자의 글인가 하는 논란이 있으나,* 한비자의 작품임이 타당하다고 본다.

---

* 예를 들어 량치차오梁啓超는 《요적해제급기독법要籍解題及其讀法》에서 〈애신〉 편이 한비자가 이른 나이에 한韓나라 왕에게 올린 글로 한비자가 쓴 상소문이라고 주장하였다. 물론 이런 량치차오의 견해는 천치엔쥔陳千均의 《한비자연구韓非子硏究》와는 다른 해석인데, 천치엔쥔은 바로 이 편의 제목인 '애신愛臣'이 당시 진왕秦王, 곧 훗날 진시황 곁에서 권력을 좌우한 요가姚賈와 이사를 구체적으로 가리킨다는 것으로 보아 이 역시 진왕에게 올린 글이라고 주장하였다. 역자는 한비자가 진나라에 사신으로 파견되어 얼마 뒤 투옥되었다가 죽었으니 량치차오의 설이 더 타당하다고 본다.

군주가 신하를 지나치게 가까이하면 반드시 그 자신을 위험에 빠뜨릴 것이며, 대신을 너무 귀하게 대우하면 반드시 군주의 자리를 갈아치우려고 할 것입니다. 왕비와 후궁 간에 차등을 두지 않으면 반드시 적자嫡子를 위험에 빠뜨릴 것이고, 왕실의 형제들을 복종시키지 못하면 반드시 사직을 위태롭게 할 것입니다.

신이 듣건대 천 대의 수레를 가지고 있는 나라의 군주가 방비하지 않으면 반드시 그 곁에 있는 백 대의 수레를 가지고 있는 대부 가문의 신하가 민심을 가로채 나라를 기울게 하며, 만 대의 수레를 소유한 천자국의 군주가 방비하지 않으면 반드시 천 대의 수레를 가지고 있는 집안의 신하가 그 권위를 빼앗아 그 나라를 기울게 한다고 합니다.

그러므로 간신들이 여기저기서 기승을 부리면 군주의 도는 쇠망하게 됩니다. 이런 까닭에 제후들이 강성하면 천자의 근심거리가 되며, 신하들이 지나치게 부유하면 군주가 패망하게 되는 것입니다. 장군이나 재상 같은 높은 지위에 있으면서 군주가 할 일을 대신하며 자신의 가세家勢를 키우는 자를 군주께서는 밖으로 내치십시오.

천하 만물 중에 군주의 몸보다 더 귀하고 군주의 지위보다 더 존귀하며 군주의 권위보다 더 무겁고 군주의 위세보다 더 강한 것은 없습니다. 이 네 가지 고귀함은 밖에서 구해지거나 다른 사람에게 부탁해서 얻어지는 것이 아니라 그것을 신중하게 생각할 때 얻어지는 것입니다. 그래서 군주가 자신의 부(富)를 제대로 사용하지 못한다면 나라 밖에서 일생을 마치게 될 것이라고 하였습니다. 이 점을 군주께서는 잘 알아두셔야 합니다.

현명한 군주가 뜻하지 않은 일에 대비하는 법

옛날 [은나라 왕] 주紂가 망한 것이나 주周나라가 쇠약해진 것은 모두 제후국들이 강대해진 것에서 비롯됩니다. 진晉나라가 [셋으로] 나뉘고 제나라가 [왕권을] 빼앗긴 것도 모두 신하들이 지나치게 부유했기 때문이며, 무릇 연나라나 송나라에서 군주가 시해된 까닭도 모두 같은 종류의 일입니다. 그러므로 위로는 은나라와 주나라에 비교하고, 그 사이에는 제나라와 진나라에 견주어보고, 아래로는 연나라와 송나라에 견주어보면 이러한 과정을 거치지 않은 적이 없습니다.

그런 까닭에 현명한 군주는 자신의 신하들을 기르면서 모든 것을 법에 따라 실행하고 [미리] 방비해서 신하들의 잘못을 바르게 고쳐야 합니다. 따라서 사형에 해당하는 죄를 사면해주어서는 안 되며, 형벌을 줄 때에도 관용을 베풀어서는 안 됩니다. 죽을죄를 사면하거나 형벌을 사면해주는 것은 군주의 권위를 흔들리게 하는 것이니, [군주의 위세가 흔들리면] 사직은 위태로워질 것이고 국가의 위세는 기울게 될 것입니다. 이 때문에 대신의 봉록이 아무리 많아도 도성이나 저잣거리의 세금을 거둬들이게[1] 해서는 안 되며, 한통속을 이루는 무리들[2]이 아무리 많아도 사졸士卒을 휘하에 두게 해서는 안 됩니다.

이 때문에 신하 된 자[3]가 조정에서 국정을 행할 때 사적으로 조회朝會를 열 수 없도록 하고, 군사를 담당하고 있는 장수는 사적으로 교분을 맺을 수 없도록 하며, 국고를 책임지고 있는 신하는 사사로이 재물을 다른 사람에게 빌려주지 못하게 하여야 합니다. 이것이 바로 현명한 군주가 신하의 횡포를 막는 방법입니다.

이 때문에 신하는 4필의 말이 끄는 수레를 타지 못하게 하고 기병(奇兵, 비상시에 쓸 수 있는 무기)을 지니지 못하게 하여야 하며, 서신이나 화물의 수송을 위한 전거傳遽[4]가 아닌데도 비상시에 쓸 수 있는 무기를 휴대하면 사형에 처하고 용서하지 말아야 합니다. 이것이 현명한 군주가 뜻하지 않은 일에 대비하는 방법입니다.

1) 원문의 '藉(자)'를 번역한 것으로, 세금을 거두는 것을 말한다.

2) 원문의 '黨與(당여)'를 번역한 것으로, 소속 관리들과 친족, 문객들을 두루 이르는 말이다.

3) 원문의 '人臣(인신)'을 번역한 것이다.

4) 고대에는 급한 공무나 물품 수송 때 수레를 사용하는 것을 전傳이라 하고, 말을 달려 소식을 전하는 것을 거遽라고 하였다. 주로 전쟁 시에 많이 사용된 일종의 특급 우편제도이다.

제5편

주도(主道 : 군주의 도리)

【해제】

'주도主道'란 군주가 지켜야 할 도리를 뜻한다. 〈주도〉 편은 도가道家의 핵심사상인 '허정虛靜'과 '무위無爲'를 뿌리로 하여 한비자가 말하고자 하는 군주의 도道를 설명하고 있는 독특한 편이다. 노자가 말하는 도에 관한 사유를 한비자는 군주의 도리에 충분히 이용할 수 있다고 본 것이다.

그렇다면 한비자가 제시한 것은 무엇인가? 그는 군주가 지켜야 할 도리로 먼저 마음이 비어 조용한 상태인 '허정'을 제시하고 있다. 이는 군주가 비록 지혜롭고 능력이 탁월하더라도 마음을 비우고 고요함을 유지해야 한다는 말이다. 그러면 신하들이 군주가 무엇을 좋아하고 싫어하는지 모르게 되어 자신들의 생각을 그대로 드러내게 되며, 군주는 그것을 바탕으로 신하를 부리면 실수가 없을 것이라고 하였다. 특히 한비자는 '군주가 지켜야 할 도리'를 방비하기 위해서는 군주의 권력을 위협하는 다음의 다섯 가지를 차단해야 한다고 주장하였다.

첫째, 신하가 군주의 눈과 귀를 가리는 것. 둘째, 신하가 나라의 재정을 장악하는 것. 셋째, 신하가 군주의 허락 없이 마음대로 명령을 내리는 것. 넷째, 신하가 제멋대로 백성들에게 선행을 베푸는 것. 다섯째, 신하가 개인적으로 패거리를 모으는 것. 이런 것들을 신하가 휘두르면 군주는 지위와 덕과 통제력, 나아가 백성들을 잃게 된다는 것이다. 그러므로 이와 같은 위협 요인을 예방하기 위해서는 이론과 실제가 부합하도록 하고, 상과 벌을 장악해 엄중히 시행해야만 한다고 충고하고 있다.

그렇다면 한비자가 말하는 군주의 길은 무엇인가? 그것은 허정을 유지하여 지킬 것, 형명을 참조하여 일치시킬 것, 상벌을 엄정하게 할 것 등이다. 군주가 이 세 가지를 확실하게 장악해야만 신하들은 능력을 다할 것이며, 군주의 권력을 휘두르거나 군주의 눈과 귀를 가리지 못할 것이라는 주장이다.

〈주도〉 편에 제시한 허정과 무위의 논점이 도가의 설과 맞닿아 있어

한대漢代 도가의 작품이라고 의심을 품는 학자도 있다. 그러나 한비자의 사상적 근거가 황로黃老에 기반을 두고 있으며 노자의 사상을 정치적으로 해석한 두 편의 편명을 별도로 쓴 것으로 볼 때 그 근거가 불분명하다. 또한 한비자가 허정과 무위로써 군주의 도와 술을 설명하고 있고 허정과 무위 역시 한비자 사상의 축의 하나를 형성하고 있다고 볼 수 있기 때문에 이 편이 한비자의 작품이라는 것을 의심할 근거는 별로 없다. 다만, 이 편에는 운율을 사용한 흔적이 많아 다른 편과는 다른 구성을 하고 있는데, 이 점에 의해 한비자의 작품이 아닐 것이라는 의심이 제기되는 것은 충분히 가능하다.

군주가 속내를 드러내지 말아야 하는 이유

'도道'는 만물의 시작이며 옳고 그름을 판단하는 실마리이다. 이 때문에 현명한 군주는 그 시작을 지켜 만물의 근원을 알고, 이 실마리를 다스려 [일의] 성패를 구별하는 단서를 안다. 그래서 텅 비고 고요한 태도로 신하를 대하면 [신하가] 명분을 스스로 대도록 하고, 일이 저절로 정해지게 한다. 텅 비우면 실제 정황을 알게 되고, 고요하면 행동하는 자의 바름을 알게 된다. [군주에게] 진언할 말이 있는 사람에게는 스스로 주장하게 하고, 일을 하려는 사람에게는 실적이 저절로 드러나게 하여 드러난 것과 명목이 같은지 참조해보면 군주는 아무 일을 하지 않아도 [모든 상황이] 실정에 맞게 돌아갈 것이다. 그러므로 이렇게 말한다.

"군주는 그가 하고자 하는 바를 드러내지 않으니,[1] 군주가 하고자 하는 바를 내보이면 신하는 [그 의도에 따라] 잘 보이려고 스스로를 꾸밀 것이다. 군주는 자신의 속뜻을 드러내지 말아야 하니, 군주가 그 속마음을 보이면 신하는 남과 다른 의견을 표시하려고 할 것이다."

그러므로 이렇게 말한다.

"군주가 좋아하는 것을 버리고 싫어하는 것을 버리면 신하는 바로 본심을 드러낼 것이며, 옛 경험을 버리고 지혜를 버리면 신하들은 바로 스스로 대비하게 될 것이다."

1) 원문의 '君無見其所欲(군무현기소욕)'을 번역한 것으로, 여기서 '현見'은 '드러내다'는 의미이다.

그래서 [군주는] 지혜가 있다 하여도 생각이 없는 것처럼 보여서 모든 사람이 자신의 자리를 알게 하고, 행동을 하되 현명하지 않은 것처럼 하고, 신하들의 행동의 근거를 살펴보아야 한다. 또한 용기가 있어도 분노하지 말며 신하들이 용맹함을 마음껏 발휘하도록 하여야 한다. 그러므로 군주는 지혜를 버려 총명함을 갖게 되고, 현명함을 버려 공을 얻게 되며, 용기를 버려 강함을 갖게 된다. 신하들은 직분을 지키게 하고 모든 벼슬아치들은 일정한 법규를 지키게 하여 신하들 개개인의 능력에 따라 부리는 것을 '습상習常'이라고 한다.

그러므로 이렇게 말한다.

"[군주는] 고요하여 그가 마치 제위에 없는 듯하고 적막하여 아무도 그 소재를 파악할 수 없도록 한다."

현명한 군주는 위에서 정무를 보지 않아도 신하들은 아래에서 두려움에 떨게 된다. 현명한 군주의 도는 지혜로운 자들이 자신의 지략을 모두 사용하게 만들고 군주는 그에 따라 일을 결정하므로 군주는 지혜에서 다함이 없게 될 것이다. 현명한 자들이 그 재주를 다 부리도록 만들어 군주는 그것에 근거해서 임명하므로 군주는 재능에서 다함이 없게 될 것이다. [신하가] 공을 세우면 군주는 그 현명함을 갖게 되고, 허물이 있으면 신하가 그 죄를 받게 되므로 군주는 명예에서 다함이 없게 될 것이다. 이런 까닭에 현명하지 않아도 현명한 자의 우두머리가 될 수 있고, 지혜가 없더라도 지혜로운 자의 우두머리가 될 수 있다.

신하는 힘써 일하고 군주는 그 성취를 취하는 것, 이것이 현명한 군주가 지켜야 할 '영원불변의 도'이다.

군주를 위협하는 다섯 가지 장애물

'도'는 볼 수 없는 곳에 존재하며 그 작용은 알 수 없는 곳에 있다. [군주는] 비우고 고요하게 있으면서 일을 하지 않고도 남몰래 [신하들의] 허물을 살핀다. [군주는 신하들의 행실을] 보고도 못 본 체하고, 들어도 못 들은 체하며, 알아도 모르는 체해야 한다. 그들의 말을 듣고 난 이후에는 변경하지도 못하게 하고 고치지도 못하게 하고 실적이나 의견이 일치하는가를 맞춰보아야 한다. 관의 부서에 한 사람씩 담당을 두어 정보를 주고받지 못하게 하면 모든 일이 완전하게 드러날 것이다. [군주가] 그 자취(속마음)를 몰래 숨기고 [일에 대한] 그 단서를 가린다면 신하들은 [군주의] 속사정을 탐색할 수 없다.

[군주가] 그 지혜를 버리고 그 능력을 끊어버린다면 신하들은 [군주의] 마음을 읽을 수 없다. 자신이 의도하는 바를 견지하여 신하의 주장과 실적을 종합적으로 맞춰보고, 삼가면서 상벌의 권한을 수중에 굳게 장악해야 한다. [신하들의] 야망을 꺾고 [군주 자리를 넘보려는] 생각을 부수고, 사람으로 하여금 그 자리를 욕심내지 못하도록 한

다. 군주가 빗장 자물쇠를 소홀하게 지르고 마음의 문단속을 단단히 하지 않으면 나라에 곧 사나운 호랑이가 나타나게 될 것이다. 군주가 정사를 신중하게 처리하지 않고 속뜻을 감추지 않는다면 곧 간사한 역적이 생겨날 것이다. [야심에 가득 찬 신하는] 군주를 시해하고 그 자리를 대신 차지하여 누구도 함께할 수 없으므로 이것을 호랑이라고 부른다. 호랑이는 군주 곁에 있으면서 간특한 신하가 되어 군주의 틈을 엿보므로 도적〔賊〕이라고 부른다. 도당을 해산시켜 그 잔당들을 거둬들이고 그 문호를 막아 그들을 돕던 손길을 끊는다면 나라에는 호랑이가 사라질 것이다. [군주는 나라를 다스리는 방법을] 헤아릴 수 없을 만큼 크고 깊게 하여 신하들의 말과 행동이 일치하는지를 살피고 법도와 격식에 비추어 그들이 수행하는 직무가 적합한지를 살피고 점검하여 제멋대로 처리하는 자를 베어버리면, 나라에는 역적이 없어질 것이다.

그러므로 군주에게 [권력을 상실하게 하는] 다섯 가지 장애물〔壅〕이 있으니, 신하가 군주의 [눈과 귀를] 가리는 것을 장애물이라고 하며, 신하가 재물의 이득을 통제하는 것을 장애물이라 하고, 신하가 마음대로 명령을 내리는 것을 장애물이라고 하며, 신하가 의로움을 행사하는 것을 장애물이라 하고, 신하가 자기 사람을 심는 것을 장애물이라고 한다. 신하가 군주를 가리면 군주는 그 지위를 잃게 되고, 신하가 재물의 이득을 통제하면 군주는 은덕을 베풀 수 없게 되며, 신하가 마음대로 명령을 내리면 군주는 [국정의] 통제력을 잃게 되고, 신하가 의로움을 행사하면 군주는 명분을 잃게 되며, 신하가 자기 사람을 심으면 군주는 [자신을 편들] 무리를 잃을 것이다. 이러한 것들은 군주 한 사람만이 마음대로 할 수 있는 것으로, 신하 된 자가 조종할 수 있는 것이 되어서는 안 된다.

철저한 성과주의의 방법

군주의 도리는 고요히 물러나 있는 겸허한 태도를 귀중한 보배로 삼는다. [군주는 정치에 관한] 일을 직접 관장하지는 않지만 그 잘되고 못되는 것을 알아야 하며, 스스로 계획을 세우거나 책략을 세우지는 않지만 화와 복을 알아야 한다. 이 때문에 [군주가] 말을 하지 않아도 [신하는] [군주의 의도를 파악하여] 잘 대답하며, [군주가] 약속을 하지 않아도 일이 잘 진척된다. [군신 간에] 말이 이미 오가고 나면 그 계契[2]를 간직하며, 일이 진척되고 나면 부절符節[3]을 나누어 쥐고 있어야 한다. 증표나 부절이 부합되는 바가 상과 벌이 생겨나는 곳이기 때문이다. 그러므로 신하들이 자신의 뜻을 진언하면 군주는 그들의 의견에 따라 임무를 맡기고, 임무에 따른 마땅한 성과를 책임지도록 한다. 얻은 성과가 맡긴 임무와 합치하고 맡긴 일이 진언한 말과 합치하면 상을 내린다. 그리고 성과가 임무와 맞지 않고 맡긴

2) 약속의 징표로 사용하는 것으로 반쪽씩 나누어 갖는다.

3) 고대에 군주가 믿음을 나타내는 증거로 주었던 물건으로, 부신符信이라고도 한다. 이 부절은 대부분 대나무나 쇠 또는 옥 같은 것에 글씨를 새기고 둘로 나누어, 하나는 신하가 다른 하나는 군주가 갖고 있다가 유사시에 맞춰보고 진짜인지 여부를 가렸다.

일이 제안한 말과 맞지 않았을 때는 벌을 내린다. 현명한 군주의 도리는 신하가 [자신이] 진술한 말이 [실제 성과와] 합치하지 않을 수 없게 하는 것이다. 그래서 현명한 군주가 상을 내리는 것은 때에 맞춰 내리는 비와 같아서 백성이 그 윤택함을 이롭게 하고, 벌을 내리는 것은 무섭기가 우레와 같아서 특별한 사람일지라도 피할 방법이 없게 한다.

그러므로 현명한 군주는 기분 내키는 대로[4] 상을 주지 않고 멋대로 형벌을 사면해주지 않는다. 상을 기분 내키는 대로 주면 공을 세운 신하라도 그 일을 게을리할 것이며, 형벌을 사면해주면 간신들은 잘못을 쉽게 저지를 것이다. 따라서 참으로 공로가 있는 사람이면 비록 관계가 소원하거나 직급이 낮은 신하일지라도 반드시 상을 주며, 분명히 잘못을 저질렀다면 비록 군주의 친척이나 총애하는 신하일지라도 마땅히 벌을 주어야 할 것이다. 관계가 소원하거나 직급이 낮은 신하일지라도 반드시 상을 주고, 친척이거나 총애하는 신하일지라도 반드시 벌을 주면, 소원하고 비천한 신하라도 게을러지지 않을 것이며, 가까운 친척이나 총애하는 신하라도 교만해지지 않을 것이다.

4) 원문의 '偸(투)'를 번역한 것으로, 원래는 '훔치다'라는 의미인데 여기서는 어감을 살려 번역하였다.

권卷 2

제6편

유도(有度: 법도가 있다)

【해제】

〈유도〉 편에서 말하는 '도度'는 본래 도수度數 또는 도량度量의 용례에 쓰이는 것으로 물건을 재는 척도를 가리키지만, 도량형이라는 본뜻 외에 법도法度라는 뜻도 포함하고 있다. 따라서 '유도有度'란 나라를 다스리는 데에는 법도가 있다는 말이다.

한비자는 이 편에서 제齊·초楚·연燕·위魏 나라의 흥망성쇠가 그 나라의 법도에 따라 결정되었음을 예로 들면서, 나라를 다스리는 데에 법도가 얼마나 중요한지를 말하고 있다. 고대에 멸망한 나라들을 살펴보면 신하들이 국법을 무시하고 개인적인 이익만을 꾀했다는 점을 거론하면서, 이는 마치 섶을 지고 불 속으로 뛰어드는 형국과 같은 것으로 결국 나라가 혼란스러워지고 멸망하는 것은 당연한 결과라는 것이다.

한비자는 현명한 군주라면 법률에 따라 인재를 등용해야지 다른 신하들의 평판에 근거해 임용해서는 안 된다고 주장한다. 사람들의 평판에 근거해 임용된 자는 군주와 나라를 위해 일하기보다는 아랫사람과 어울려 개인의 욕심을 채우거나 힘있는 세력가를 위해 일을 꾸미기 때문이다. 그렇게 되면 군주는 신하의 집에 더부살이하는 꼴이 되어 신하의 부림을 당하게 된다는 것이다.

한비자가 말하는 현명한 신하란 사람의 손과 같은 존재로서 군주가 세운 법률을 존중하고, 사사로운 술책을 버리며, 군주의 뜻을 잘 따르는 사람이다. 조정에 현명한 신하가 많으면 군주는 백관이 하는 일을 혼자 살필 필요가 없으므로 시간적인 여유가 생겨 모든 일을 순조롭게 처리할 수 있다. 그러기 위해서 군주는 나라를 다스리면서 법도와 상벌에 의거하고, 신하들이 권세를 침범하지 못하도록 주의해야 한다는 점을 강조하고 있다.

〈유도〉 편에서 한비자는 스스로를 '신臣'이라 칭하고 있는 것이 눈에 띄는데, 이는 이 글이 군주에게 보내는 한 통의 상주문이기 때문이지 자신이 어떤 벼슬을 갖고 있기 때문은 아니라는 점 역시 염두에 둘 필요가 있다. 한편, 이 편은《관자管子》〈명법明法〉의 구절과 비슷하다고 해서 한비자의 작품이 아니라는 견해도 있다.* 그러나 실제로 전체 문장을 살펴보면 한비자의 관점이나 표현방법이 다른 편의 이름과 일치하므로, 이 편 역시 한비자의 글로 보아야 한다.

---

* 후스胡適 역시《중국고대철학사中國古代哲學史》에서 〈유도〉 편이 일찍이 초·제·연·위 등 네 나라의 멸망을 이야기했는데, 이는 한비자가 죽었을 때 아직도 여섯 나라는 멸망하지 않았다고 거론하면서 이 편이 한비자의 작품이 아니라고 의심하였다. 그러나 본문을 세밀히 고찰해보면 '망亡'과 '망국亡國'과 같은 단어가 반드시 멸망을 의미하는 것이 아니고 국가의 쇠약을 의미하는 것임을 알 수 있다.

법을 받들어야 나라가 강해진다

나라는 영원히 강성할 수 없고 영원히 허약할 수도 없습니다. 법을 받드는 사람이 강하면 나라가 강성해질 것이고 법을 받드는 자가 약하면 그 나라도 약해질 것입니다.

초楚나라는 장왕莊王이 26개의 나라를 병합해서 영토를 3천여 리나 확장했으나, 장왕이 죽은 뒤 사직을 보존할 수 없게 되자 결국 망하고 말았습니다. 제齊나라의 환공桓公[1]도 30여 나라를 병합해 3천여 리에 달하는 영토를 넓혔으나 환공이 죽은 뒤 사직을 보존할 수 없게 되자 제나라는 이 때문에 망하였습니다. 연燕나라의 소왕昭王[2]은 황하를 국경으로 하고 계薊를 나라의 수도로 삼으며 탁현涿縣과 방성方城을 방패 삼아 제나라를 무찌르고 중산中山을 평정하였습니다. 이때 연나라와 연합한 나라들은 천하의 존중을 받았고 연나라와 사이가 먼 나라들은 경시되었습니다. 그러나 소왕은 사직을 보존할 수 없게 됐고 연나라는 이로써 망하고 말았습니다.

위魏나라의 안리왕安釐王은 연나라를 공격하여 조趙나라를 구하고 하동河東 땅도 되찾았으며, [약소국인] 도陶나라와 위나라의 영토를 모조리 공격했고, 제나라로 병력을 보태어 평륙平陸을 자기 것으로

1) 춘추시대 최초의 패자覇者로 당시 다섯 패자 중 한 사람이며, 이름은 소백小白이다. 포숙아鮑叔牙의 추천을 받고 [정적政敵이었던] 관중管仲을 재상으로 등용해 위업을 이루었다. 43년간 재직하였으나 그의 최후는 불행하여 방 안의 시체가 썩어 구더기가 기어나오는 것조차 알지 못할 정도였다.

2) 연나라의 어진 군주로, 즉위하자마자 곽외郭隗에게 천하의 어질고 현명한 선비들을 연나라로 모이게 할 좋은 방법을 물었다. 곽외는 먼저 자신을 정성껏 대우해달라고 하였고, 소왕은 그에게 큰 집을 마련해주고 스승으로 모셨다. 그러자 악의와 추연鄒衍 같은 유명한 선비들이 몰려들었다.

만들었으며, 한韓나라를 공격해 관管을 함락시켜 기산淇山 아래에서 승리하였습니다. 수양睢陽의 전투에서는 초나라가 오래 버티다가 달아났으며, 채蔡와 소릉召陵 전투에서도 초나라의 군대가 패배하여 [위나라의] 군대가 천하에서 사방을 덮었고 위세는 관대지국冠帶之國[3]에 떨쳤지만 안리왕이 세상을 떠나자 이로써 위나라 또한 멸망하게 되었습니다.

그러므로 초나라 장왕과 제나라 환공 같은 군주가 있었기에 초나라와 제나라는 패업을 이룰 수 있었으며, 연나라 소왕과 위나라 안리왕이 있었기에 연나라와 위나라는 강성해질 수 있었습니다. 오늘날 나라를 망치고 있는 것은 여러 신하들과 관리들이 모두 [나라를] 어지럽히는 일에만 힘을 쓰고, [나라를] 다스리는 일에는 힘을 쓰지 않기 때문입니다. 그 나라가 혼란스럽고 약해졌는데도 또한 모두 국법을 놓아두고 [법] 테두리 밖에서 사리사욕만을 채웠으니, 이것은 섶을 지고 불을 끄러 들어가는 것과 같아 혼란과 쇠약함이 심해지게 될 것입니다.

법이라는 저울에 달아 사람을 구하라

그러므로 오늘 같은 때가 되어 사사로이 [법을] 어기려는 마음을 없애고 공적인 법으로 나아가게 한다면 백성들은 편안해지고 나라는

---

3) 백성들이 관을 쓰고 허리띠를 매는 나라라는 뜻으로 문명국가를 빗댄 말이다. 그 밖의 민족들은 머리를 산발하고 몸에 문신을 새겼으므로 미개국으로 여겼다. 관대지국이란 중원의 나라를 비유한다.

잘 다스려질 것입니다. [또한] 사사로운 행동을 버리고 공적인 법을 시행하면 군사력은 강해지고 적은 약해질 것입니다. 그러므로 득실을 살피고 법도의 준칙을 가지고 있는 자를 여러 신하들의 윗자리에 두면 군주는 거짓에 속을 수가 없습니다. [그리고] 득실을 살펴 일의 가볍고 무거움을 잘 저울질하는 자로 외교정책을 맡긴다면 군주는 천하의 가볍고 무거운 일[4]에 대하여 속임을 당할 수가 없습니다.

지금 만일 [세간의] 칭찬만을 기준으로 능력 있다고 등용한다면 신하는 군주를 떠나 아래로 무리를 만들 것이니, 만약에 붕당朋黨을 근거로 관리를 임용한다면 백성들은 친교에만 힘을 기울일 뿐 법에 따라 등용되기를 구하지 않을 것입니다. 그러므로 관리들 중에서 능력 있는 자를 잃게 된다면 그 나라는 어지러워질 것입니다.

칭찬한다고 상을 주고 비난받는다고 벌을 준다면, 상을 좋아하고 벌을 싫어하는 사람들은 공적인 행동을 내버려두고 사사로운 술책을 부려서 [몰래] 결탁해 서로를 위해줄 것입니다. 또 군주를 잊어버리고 [조정] 밖에서의 교제만을 하며, 자기 패거리들을 추천하려고 하면 아랫사람은 윗사람에 대한 충성이 희박해지는 까닭이 될 것입니다. [이런 자들은] 교류가 넓고 따르는 사람들도 많아서 [조정] 안팎으로 파당이 있으므로 비록 중대한 잘못을 저질렀다 하여도 죄를 은폐해줄 사람이 많을 것입니다.

그래서 충직한 신하는 죄가 없는데도 위태로워지거나 죽임을 당

4) 원문의 '輕重(경중)'을 번역한 것으로, 여기서는 계량하는 것이지만 나라 밖의 국제관계에서 세력관계를 분석하는 것을 포괄적으로 의미한다.

하며, 사악한 신하들은 공이 없어도 편안함을 누리고 이익을 봅니다. 충신들이 위태로워지거나 죽게 되면서도 그들의 죄 때문이 아니라고 한다면 어진 신하들은 숨어버릴 것입니다. [또한] 사악한 신하들이 공이 없어도 편안함과 이익을 누린다면 간신들만이 등용될 것입니다. 이것이 [나라가] 망하는 근원입니다.

만일 이와 같다면 신하들은 법을 저버리고 사사로운 이익만 중시한 채 공적인 법을 가볍게 여길 것입니다. [그래서] 세도가의 집에는 빈번하게 드나들면서 군주의 조정에는 한 차례도 나오지 않으며, 사사로운 가문의 편의는 백방으로 걱정하면서 군주의 나랏일은 한 번도 생각하지 않습니다. [그렇기 때문에] 벼슬아치의 수가 비록 많더라도 군주를 존경하는 사람이 없을 것이며, 온갖 벼슬자리의 직책이 갖추어져 있더라도 나라를 맡을 사람이 없을 것입니다.

이와 같다면 군주란 백성의 주인이라는 명목만 있을 뿐 실제로는 신하들의 집에 빌붙어 사는 것과 다름이 없습니다. 그러므로 신臣은 말씀드리겠습니다.

"망하려는 나라의 조정에는 사람이 없습니다."

조정에 사람이 없다는 말은 조정 신하의 수가 줄었다는 뜻이 아니라 권세가들이 서로의 이익에만 힘쓸 뿐 나라의 부富를 위해서는 힘쓰지 않는다는 뜻입니다. 대신들은 저희들끼리 [자리를] 높이는 데에만 힘쓸 뿐 군주를 존귀하게 하는 데에는 힘쓰지 않으며, 하급 벼슬아치들은 봉록에 연연하여 사교에만 힘쓸 뿐 관청의 일은 하지 않습니다. 이렇게 되는 까닭은 군주가 위에서 법도에 따라 결정하지 않고 아랫사람이 하는 대로 믿었기 때문입니다.

그러므로 현명한 군주는 법도에 따라 사람을 선택하지 자기 멋대로 등용하지 않으며, 법으로 공적을 헤아리지 스스로 헤아리지 않습니다. 재능 있는 자가 가려진 채로 있을 수 없게 하고, [능력이] 없는 자가 꾸밀 수만은 없도록 하며, 칭찬을 받은 자라고 하여 [벼슬길에] 나아갈 수 없게 하며, 비난을 받은 자라고 하여 물러나게 하지 않으면 군주와 신하 사이가 분명하게 구분되고 쉽게 다스려지게 되므로 군주는 법도에 의하여 처리하는 것입니다.

공적인 법을 받들며 사적인 술수를 버려라

현명한 자는 남의 신하가 되어 [자기 몸을] 북쪽으로 향하여 [군주에게] 자산을 맡긴 다음부터는 두 마음을 품지 않습니다. 그는 조정에서는 감히 낮은 직위라도 사양하지 않을 것이고, 군대에서는 감히 위난危難이라도 피하지 않을 것입니다. 위에서 하는 일에 따르고 군주의 법도를 좇으며 [사심 없이] 마음을 비우고 명령을 기다릴 뿐 옳고 그름을 따지지 않습니다. 그러므로 입이 있어도 사사로운 말을 하지 않으며, 눈이 있어도 사사로운 것을 보지 않아서 윗사람이 하는 대로 다 할 수 있는 것입니다.

남의 신하가 된 자는 마치 사람의 손과 같은데, 위로는 머리를 매만지고 아래로는 발을 씻습니다. 춥거나 덥거나 차거나 뜨거울 때는 그 고통을 피하려고 하며, 칼이 몸에 닥쳐올 때는 곧바로 맞서 싸우려고 합니다.

어질고 일에 밝은 신하라고 하여도 사사로운 감정으로 대하지 않고, 지혜롭고 능력 있는 인사라도 사사로운 감정으로 대하지 않습니다. 그리하면 백성들은 고향을 떠나서까지 친분을 가질 필요가 없으므로 백 리 떨어진 곳에 친구도 [필요] 없을 것입니다. 귀하건 천하건 서로 넘보려고 하지 않으며, 어리석은 자와 지혜로운 자가 저울에 달듯이 [능력에 걸맞게] 서게 된다면 다스림의 극치에 이르게 될 것입니다.

지금 작위나 봉록을 하찮게 여기며 쉽게 나라를 버리고 망명해서 군주를 가려 섬기는 신하가 있는데, 신은 그를 청렴하다(廉)고 하지 않습니다. 거짓 주장으로 유세하고 법도를 어겨가며 군주에게 대들면서까지 억지로 간언하는 사람이 있는데, 신은 그를 충성스럽다(忠)고 하지 않습니다. 은혜를 행하고 이익을 베풀고 아랫사람들로부터 명성을 얻는 것을 신은 어질다(仁)고 하지 않습니다. 세속을 떠나 숨어 살면서 거짓을 꾸며 군주를 비방하는 것을 신은 의롭다(義)고 하지 않습니다. [나라] 밖으로는 [다른] 제후들에게 사신을 보내며 안으로는 국력을 소모시키면서 나라가 위태로워 멸망하기를 기다렸다가 험악한 태도로 군주를 겁주며 말하기를 "외교에 있어서 내가 아니면 친교를 맺을 수 없고, [적국의] 원한도 내가 아니면 풀 수 없다."고 하여, 군주가 그 말을 믿고 국정을 맡깁니다. [그렇게 되면] 군주의 명성을 떨어뜨려 그 자신의 이름을 빛내며, 나라의 부유함을 훼손시켜 자신의 집을 이롭게 하는 것이니, 신은 이를 지혜롭다(智)고 하지 않습니다. 이러한 항목들은 혼란스러운 세상의 [군주나] 좋아하는 것일 뿐 선왕의 법도에서는 버려야 했던 것입니다. 선왕의 법도에서는 이렇게 말하였습니다.

"신하는 권위를 만드는 일이 있어서는 안 되고 이익을 만들어서도 안 되며, 왕의 뜻을 좇아야 한다. 좋아하는 것을 만드는 일이 있어서도 안 되고 싫어하는 것을 만드는 일이 있어서도 안 되며, 왕의 길을 좇아야 한다."

옛날에 세상이 다스려졌을 때의 백성들은 공적인 법을 받들며 사적인 술수를 버리고 오로지 뜻과 행동을 일치시켜 만반의 준비를 한 뒤에 [군주에게] 임용되기를 기다렸습니다.

법은 신분이 귀한 자에게 아부하지 않는다

무릇 군주가 되어 몸소 백관百官들을 살피려고 한다면 시간이 부족할 뿐만 아니라 힘도 미치지 못할 것입니다. 또한 군주가 [직접] 눈으로 관찰하려고 한다면 신하들은 보기 좋게 꾸밀 것이며, 군주가

[직접] 귀로 들으려 한다면 신하들은 듣기 좋게 말할 것이고, 군주가 [직접] 생각으로 판단하려고 한다면 신하들은 번다하게 언변을 늘어놓을 것입니다. 선왕들은 이 세 가지로는 부족하다고 여겼으므로 개인적 능력을 버리고 법도에 의지해 상벌을 살폈던 것입니다. 선왕은 요체(법술과 상벌)만을 지켰으므로 법령은 간략했으나 [군주를] 거스르는 일이 없어서 홀로 온 천하의 영토를 제어하였습니다. 총명하고 지략 있는 자라도 그 거짓을 쓸 수 없었고, 아첨하고 영리한 자라도 그 말재주를 부릴 수 없었으며, 간악함이 기댈 곳이 없었습니다. [신하는] 멀리 천 리 밖에 있어도 감히 군주에게 한 말을 바꿀 수 없었으며, 권세가 낭중郎中[5] 벼슬에 있는 자라도 감히 착한 일을 가리거나 나쁜 일을 꾸밀 수 없었습니다. [이와 같이 하면] 조정에서는 신하들이 군주에게로 직접 모이고 신분이 낮은 자까지도 감히 서로의 직분을 넘으려고 하지 않습니다. 그러므로 군주는 애써 다스리지 않더라도 시간이 남을 것이니, 이것은 군주가 권세에 맡겨서 그렇게 된 결과입니다.

무릇 신하 된 자가 군주의 권한을 침해하는 것은 마치 여행할 때 땅의 모양과 같습니다. 지형이 조금씩 변하면 군주는 방향감각을 잃게 되어 동서의 방향이 바뀌어도 알지 못하게 됩니다. 그러므로 선왕은 나침반을 만들어서 동서의 방위를 바로잡았던 것입니다. 그러므로 현명한 군주는 여러 신하들로 하여금 법 바깥에서 노닐 생각을 하지 못하게 하며, 법 안에서도 [멋대로] 은혜를 베풀지 못하게

5) 본래 낭중郎中이란 낭하廊下와 같은 말로 군주가 사는 궁궐의 낭하를 가리킨다는 말도 일리가 있는데, 여기서는 군주를 가까이에서 모시는 벼슬로서 군주 곁에서 권력을 행사하는 사람을 포괄적으로 가리킨다.

하여 [그들의] 행동 중 법도를 벗어나는 일이 없게 하였습니다. 준엄한 법은 잘못을 [미리] 막고 사심을 내치는 까닭이며, 엄격한 형벌이란 명령을 관철하고 아랫사람을 응징하는 까닭입니다. 권위는 [신하에게] 잘못 빌려주어서는 안 되며, 통제는 [신하에게] 공표하도록 맡겨두어서는 안 됩니다. [군주와 신하가] 권위와 통제를 함께 사용한다면 많은 사악한 행동이 나타날 것입니다. 법이 신의를 잃으면 군주의 행동이 위태로워질 것입니다. 형벌이 결단력을 잃으면 사악한 행동을 막을 수 없을 것입니다. 그래서 이렇게 말합니다. 뛰어난 목수는 눈대중으로도 먹줄을 사용한 것처럼 맞출 수 있지만 반드시 먼저 규(規, 둥근 형태를 교정하는 기구)와 구(矩, 직사각형을 바로잡는 곱자)를 가지고 재며, 뛰어난 지혜를 가진 자는 민첩하게 일을 처리해도 사리에 들어맞지만 반드시 선왕의 법도를 귀감으로 삼습니다. 그러므로 먹줄이 곧아야 굽은 나무도 곧게 자를 수 있고, 수준기水準器가 평평해야 고르지 못한 면도 다듬을 수 있으며, 저울로 무게를 재야 무거우면 덜고 가벼우면 더할 수 있고, 되와 말을 갖춰야 많으면 줄이고 적으면 보탤 수 있는 것과 같은 이치입니다. 그러므로 법을 가지고 나라를 다스린다면 손을 들었다 내리는 것만큼 수월할 것입니다.

법은 [신분이] 귀한 자에게 아부하지 않고, 먹줄은 굽은 모양에 따라 구부려 사용하지 않습니다. 법이 제재를 가하면 지혜로운 사람도 변명할 수 없으며, 용맹스런 사람도 감히 다투지 못합니다. 잘못을 벌함에 있어 대신이라도 피할 수 없으며, 착한 행동을 상줌에 있어 필부라도 빠뜨릴 수 없습니다. 그렇게 해야 윗자리에 있는 자의 잘못을 바로잡을 수 있고 아랫사람의 사악함을 꾸짖을 수 있으며, 어지러운 것을 다스리고 그릇된 것을 해결할 수 있습니다. 군더더기를 버리고 잘못된 것을 가지런히 하여 백성을 하나의 규범으로 통일시키는 데는 법보다 나은 것이 없습니다. 벼슬아치들을 격려하고 백성들에게 위엄을 보이며, 음란함과 나태함을 물리치고 거짓과 속임수를 그치게 하는 데는 형벌보다 나은 것이 없습니다. 형벌이 엄중하면 감히 [지위가] 존귀하다고 하여 비천한 사람을 가볍게 보지 못하며, 법이 분명하면 군주는 존귀해져 침해당하지 않을 것입니다. 군주의 지위가 존귀해져 침해를 받지 않으면 군주는 강해져서 요체를 지킬 수 있습니다. 그런 까닭에 선왕이 그 요체를 귀하게 여겨 [후세에] 전수했던 것입니다. 군주가 법을 버리고 사사로움을 가지고 처리한다면 군주와 신하는 구별이 없게 될 것입니다.

제7편

이병(二柄:두 개의 칼자루)

【해제】

'병柄'이란 물건에 달린 손잡이 따위로 자루를 뜻하니, '이병二柄'은 두 개의 칼자루 또는 두 가지 도구를 가리킨다. 여기서 두 가지 도구란 신하들을 다스리는 방법인 형刑과 덕德, 혹은 상과 벌을 말한다.

한비자는 유가사상의 핵심 개념인 '인仁'·'덕德'·'서恕'와 같은 것들에 주목하지 않았으며 엄격한 상벌 원칙에 의해 다스리는 것이 군주 통치력의 핵심이라고 생각하였다. 그의 주장은 법을 어긴 자에게는 벌을 주고 잘 지킨 사람에게는 상을 주어야 한다는 것으로, 상벌의 모든 권한은 군주에게 있으며 그 권한은 두 개의 칼자루와 같으므로 잡는 이의 마음에 따라 움직일 수 있다는 것이다.

한비자는 당시 군주의 권한이 막강한 경우와 그렇지 못한 경우가 있음을 거론하면서 그 축은 상벌의 권한이 어디에 부여되었느냐의 여부라고 지적하고 있다. 군주는 권력이 자신에게 집중되어 있다고 생각하지만 사실 신하에 의하여 장악된 경우가 많아 자신에게 닥쳐올 위험에서 본인만은 예외일 것이라고 늘 착각하다가 화를 당했다는 것이다.

한비자는 군주가 신하들의 잘못된 행동을 금지하기 위해서는 그들이 제시한 의견과 뒤따라오는 결과가 부합하지 않을 때는 반드시 처벌을 내리고, 월권행위를 한 경우에는 사형에 처해야 한다고 주장하였는데, 이는 그만큼 그 시대의 군신관계가 혼란스러웠다는 의미이다.

호랑이가 개를 복종시킬 수 있는 이유

현명한 군주가 자신의 신하를 통제할 수 있는 근거는 두 개의 칼자루(二柄)뿐이다. 두 개의 칼자루란 형刑과 덕德이다. 무엇을 형과 덕이라고 하는가? 죽이고 도륙하는 것을 형이라 하고, 치하하여 상을 내리는 것을 덕이라고 한다. 신하 된 자들은 처벌되는 것을 두려워하고 칭찬 받고 상 받는 것을 이롭게 여기므로 군주가 직접 그 형과 덕을 관장한다면 신하들은 그 권위를 두려워하여 이로운 쪽으로 돌아갈 것이다.

그러나 세상의 간신들은 그렇지 않으니, 미워하는 자가 있으면 군주로부터 형벌의 권한을 얻어내 죄를 씌우고 좋아하는 자가 있으면 군주에게서 포상의 권한을 얻어내 상을 준다. 오늘날 군주가 이처럼 상벌의 권위와 이익을 스스로 내지 못하고 신하의 말만 듣고서 상벌을 시행한다면, 온 나라의 백성들은 모두 그 신하만 두려워하고 군주를 가볍게 여길 것이며, [백성들의 마음은] 그 신하에게 돌아갈 것이고 군주를 떠나갈 것이다. 이것은 군주가 형과 덕을 잃었기 때문에 생겨나는 환난이다.

무릇 호랑이가 개를 복종시킬 수 있는 까닭은 발톱과 이빨을 지녔기 때문이다. 만일 호랑이에게서 발톱과 이빨을 떼어 개에게 사용하게 한다면 호랑이가 도리어 개에게 복종할 것이다. 군주는 형과 덕으로 신하를 통제하는 자이다. [그런데] 지금의 군주가 형과 덕을 신하에게 주어 사용하게 한다면 군주는 도리어 신하에게 통제될 것이다.

그러므로 전상田常은 군주에게 작위와 봉록을 요청하여 그것을 여러 신하들에게 행사했고, 아래로는 큰 말로 퍼주고 거두어들일 때는 작은 말로 받아[1] 백성들에게 은혜를 베풀었다. 이렇게 되자 간공簡公[2]은 덕을 잃고 전상이 그것을 늘 사용했으므로 간공이 시해당한 것이다.[3] 자한子罕[4]이 송宋나라 군주에게 말하였다.

"무릇 포상하고 내어주는 것은 백성들이 좋아하는 일이므로 군주께서 직접 그것을 시행하시고, 죽이고 도륙하는 것과 벌을 가하는 것은 백성들이 싫어하는 것이니 신이 그것을 담당하기를 청합니다."

그렇게 하자 송나라 군주는 형벌의 권한을 잃게 되었고, 자한은 이를 사용해 마침내 송나라 군주는 협박당하게 된 것이다.

전상은 단지 덕을 베푸는 권한만을 사용했는데도 간공은 시해되었으며, 자한은 단지 형벌의 권한만을 사용했는데도 송나라 군주는 위협당하였다. 그런데 지금 세상에서 신하 된 자 중에서 형과 덕의

---

1) 이 말은 전씨들이 세금을 작은 말로 거두고 양식을 빌려줄 때는 큰 말로 빌려주어 공적인 일을 하면서 사사로운 은혜를 베풀었다는 의미이다.

2) 간공簡公은 제나라의 군주로서 그 자리에 있을 때 형벌을 무겁고도 엄하게 하였으며 세금을 지나치게 부과하고 백성들을 살해했으므로 평이 좋지 않았다. 그래서 전상이 그를 시해한 뒤 평공平公을 내세우고 자신이 재상이 되어 국정을 장악하고 봉읍도 넓혔다.

3) 사마천은 "경왕敬王 39년, 제나라의 전상田常이 그 군주 간공簡公을 죽였다."(《사기》〈주본기周本紀〉)라고 그 시기를 구체적으로 기록하였다.

4) 성은 대戴이고 이름은 희喜이며, 자한子罕은 자이다. 자한은 일찍이 송나라에서 토목 건축 일을 관장하는 사성司城으로 있었기 때문에 어떤 책에서는 '척성剔成'이나 '역성간易成肝'이라고도 불렀다. 그는 기원전 370년에 송나라 환후桓侯를 저버리고 송나라의 정권을 탈취하였다. 전상과 더불어 간신 혹은 역신의 전형적인 인물이다.

권한을 모두 사용하는 자들이 있으니, 이는 [지금] 세상의 군주의 위태로움이 간공이나 송나라 군주보다 더 심한 것이다.

그러므로 [신하들에게] 협박당하고 살해당하거나 막히고 가려진 군주는 형과 덕의 권한을 모두 잃고 신하가 대신 사용하도록 하고 있으니, 그러고도 [나라를] 망치거나 위태롭게 하지 않은 경우는 일찍이 없었다.

소후가 전관과 전의 모두에게 죄를 물은 이유

군주가 [신하들의] 간사한 행위를 금지하려면 [그들의] 실적(形)이 명목(名)과 합치되는지 살펴야 한다. [형·명이란 진술한] 말과 [실제] 일의 성과를 말한다. 신하 된 자가 의견을 진술하면 군주는 그 말에 근거해 일을 부과하며, 전적으로 그 일에 따라서 그의 공적을 심사한다. 공적이 그 일에 들어맞고 일이 그 말과 들어맞으면 상을 주고 공적이 그 일에 들어맞지 않고 일이 그 말과 들어맞지 않으면 벌을 내린다. 그러므로 신하들은 과장해서 말을 하였다가 공적이 적으면 벌을 받게 되니 공적이 적어서 벌을 받는 것이 아니라 공적이 명목과 들어맞지 않아서 벌을 받는 것이다. 신하들이 [애초에] 진언한 것은 보잘것없는데 큰 공을 이룬 경우에도 벌을 주어야 하는 것은 큰 공적이 기쁘지 않아서가 아니라 명목에 들어맞지 않아서 큰 공을 이룬 것보다 해로움이 크기 때문에 벌을 내리는 것이다.

옛날 한韓나라의 소후昭侯[5]가 술에 취해 잠이 들자 전관典冠[6]이 군주가 추워하는 것을 보고 군주의 몸에 옷을 덮어주었다. [왕은] 잠에서 깨어난 뒤 흡족해하며 주위의 신하들에게 물었다.

"누가 옷을 덮어주었는가?"

신하들이 대답하였다.

"전관입니다."

군주는 이 일로 전의典衣[7]와 전관 모두에게 죄를 물었다. 전의에게 죄를 준 것은 자신의 일을 다하지 못했기 때문이고, 전관에게 죄를 준 것은 자신의 직분을 넘어섰기 때문이다. 추위에 떠는 것을 싫어하지 않을 사람은 없지만, 다른 사람의 직분을 침해한 폐해가 추위에 떠는 것보다 크다고 생각했던 것이다.

그러므로 현명한 군주가 신하들을 다루는 방법은 신하가 [자신의] 직분을 넘어 공을 세우지 못하게 하는 것과 진술한 의견이 [실제 일과] 들어맞지 않으면 받아들이지 않는 것이다. 월권행위는 사형에 처하고 들어맞지 않으면 죄를 물어야 한다. 그래서 [신하들이] 제수받은 벼슬자리에 직분을 지키고 또 그들이 진술한 내용이 실제에 모두 들어맞도록 하면 신하들은 패거리를 지어 서로 돕는 짓을 하지 않을 것이다.

5) 소리후昭釐侯·소희후昭僖侯·희후僖侯 등으로 불리던 전국시대 한韓나라의 군주이다. 기원전 358년에 즉위하여 26년 동안 재위하였다. 그는 신불해申不害를 재상으로 등용해 신하를 다루는 인사권인 '술術'을 바탕으로 정치를 펼쳐 나라의 세력을 확장하였다.

6) 전관典冠은 군주의 관을 관리하는 벼슬아치이다.

7) 전의典衣는 군주의 옷을 관리하는 벼슬아치이다.

군주가 좋아하는 것을 버리고 싫어하는 것도 버려야 하는 이유

군주에게는 두 가지 근심거리가 있다. 하나는 현명한 사람을 임용하게 되면 신하가 된 뒤에 자신의 현명함을 믿고 장차 군주의 지위를 넘보는 것이며, 다른 하나는 함부로 아무나 등용하면 일을 그르치고 어쩔 수 없는 지경에 이르게 되는 것이다. 그러므로 군주가 현명한 사람을 좋아하면 신하들은 [자신의] 행동을 꾸며 군주의 바람에 영합하려고 할 것이다. 그렇게 되면 신하들의 본마음은 드러나지 않을 것이고, 신하들의 본마음이 드러나지 않으면 군주는 그 신하들을 [차이점을] 분별할 수 없다.

그러므로 예전에 월나라 왕(구천句踐)[8]이 용맹함을 좋아하자 백성들은 죽음을 가볍게 여기는 사람들이 많아졌고, 초나라 영왕靈王[9]이 허리가 가는 여자를 좋아하자 도성 안에는 굶는 사람이 많아졌으며, 제나라 환공이 [남자를] 질투하고 여색을 밝히자 수조豎刁[10]라는 자는 스스로 거세해 내시가 되었고, 환공이 맛을 즐겨 찾자 역아易牙[11]는 자기의 맏아들을 쪄서 진상하였다. 연나라 왕인 자쾌子噲가 어진 사람을 좋아하자 자지子之는 나라를 물려주어도 받지 않을 것

8) 춘추시대 월나라의 두 번째 왕이다. 고사 '와신상담臥薪嘗膽'의 주인공으로, 온갖 어려움을 참고 오吳나라의 부차夫差에게 복수하는 이야기로 유명하다.

9) 초나라 공왕共王의 둘째 아들로 이름은 위圍이다. 기원전 541년에서 529년까지 재위했는데, 제후들에게 미움을 사 공자들이 반란을 일으켜 자살하였다.

10) 환공이 총애하던 어린 심부름꾼이었다.

11) 춘추시대 제나라 사람으로 요리의 달인이다. 적아狄牙라고도 불렸다. 그는 환공의 환심을 사려고 자기 아들을 삶아 그 고기를 바친 것으로 유명하다.

처럼 거짓을 부렸다.[12)]

그러므로 군주가 [어떤 일을] 싫어한다는 것을 보이면 신하들은 [싫어할 만한] 단서를 숨기며, 군주가 [어떤 일을] 좋아한다는 것을 보이면 신하들은 능력 있는 것을 꾸민다. 군주가 하고자 하는 일을 드러내면 신하들은 자신을 꾸밀 기회를 얻는다. 그래서 자지는 자신이 어진 것을 좋아한다고 꾸며서 군주의 지위를 빼앗은 자이며, 수조와 역아는 군주의 욕망을 이용해 군주의 권한을 침범한 자이다. 그 결과 자쾌는 반란 때문에 죽음을 맞이했고, 환공은 [그의 시체가 썩어] 벌레가 문밖으로 기어나올 때까지도 장례를 치르지 못하였다.[13)] 이렇게까지 된 것은 무슨 까닭인가? [그것은] 군주가 [자신의] 본마음을 신하들에게 빌려주었기 때문에 일어난 환난이다. 신하들의 본마음은 반드시 그의 군주를 사랑하는 것이 아니고, 오로지 이익을 귀중하게 생각했기 때문이다. 지금 군주가 그 속마음을 가리

12) 자쾌子噲는 전국시대 연나라 임금이고, 자지子之는 그의 신하이다. 자쾌는 요堯나 순舜임금과 같은 성군聖君으로 추앙받고 싶어서 어진 사람을 등용하기를 좋아하였다. 자지는 수단이 뛰어난 인물로 자쾌의 마음을 읽고 어진 사람인 양 행동하여 그의 신임을 얻었다. 자지는 요堯임금이 허유許由에게 나라를 양도하려고 하자 허유가 귀를 더럽혔다며 강물에 귀를 씻고 산속으로 들어간 고사를 예로 들면서, 왕이 자신에게 이 나라를 선양하더라도 받지 않을 것이라고 하였다. 또 왕이 그렇게 한다면 은덕이 사방으로 퍼질 것이라고 하였다. 이 말을 믿은 자쾌는 자지에게 연나라를 선양하였고 자지는 왕이 되었다. 그로부터 3년 만에 나라는 큰 혼란에 휩싸였다. 이 틈을 타 제나라 민왕은 연나라를 쳐서 무너뜨리고 쾌를 죽였으며 자지는 젓갈을 담갔다.《사기》〈연소공세가燕召公世家〉에 자세한 내용이 실려 있다.

13) 사마천은 이 당시의 상황을 이렇게 기록하고 있다. "환공이 병이 났을 때 다섯 공자는 저마다 파당을 만들어 자리를 놓고 다투었다. 환공이 죽자 마침내 서로 공격하여 이 때문에 궁중이 비어 감히 입관시킬 수조차 없었다. 환공의 시신이 침상에 67일이나 있어 시체의 벌레가 문밖까지 기어나왔다. 12월 을해일에 무궤無詭가 자리에 오르고 나서야 입관하고 죽음을 알렸으며, 신사일辛巳日 밤에 대렴大殮을 하고 빈소에 모셔두었다."(《사기》〈제태공세가齊太公世家〉)

지 않고 그 단서를 숨기지 않아 신하들로 하여금 그 군주의 권한을 침해하게 만든다면, 그 신하들이 자지나 전상처럼 되는 것은 어렵지 않다. 그러므로 이렇게 말한다.

"군주는 [자신이] 좋아하는 것을 버리고 싫어하는 것도 버려야 신하들이 본바탕을 드러낸다."

신하들이 본바탕을 드러내면 군주의 [눈과 귀는] 가려지지 않을 것이다.

제8편

양각(揚搉 : 강령)

【해제】

'양각揚搉'이란 대강大綱, 요강要綱 혹은 강령이란 말이다. 〈양각〉 편의 기본적인 구도는 앞의 〈주도主道〉 편과 크게 다르지 않다. 한비자는 도가道家에 입각하여 군주가 신하와 백성을 다스리는 정치 원칙들을 다루고 있으며, 그 주된 논지는 군주가 권력을 사용할 때 상벌의 두 권병을 쥐고 형명참동刑名參同을 하여 사악이 일어나지 않게 미리 막아야 한다는 것이다. 군주는 지존의 지위를 유지하기 위해서 신하와는 다른 등급 관념을 지녀야 하며, 허정虛靜과 무위無爲로부터 스스로를 제어해야 한다는 점도 주의 깊게 살펴보아야 한다.

〈양각〉 편은 〈이병〉 편의 자매편과 같은 성격을 띠고 있으며, 도가의 원리로써 군주가 신하를 다스리는 두 가지 요체를 설명하고 있다. 하나는 군신의 길이 다르므로 군주가 요체를 잡고 있어야 신하가 충성을 다한다는 것이고, 다른 하나는 군주가 명분과 의리를 장악해야만 신하는 자신의 의견을 표출하게 된다는 것이다. 물론 신상필벌은 필수적이며 권신의 당파싸움을 해산시키는 것도 군주가 해야 할 기본 원칙이라는 점을 강조하고 있다.

〈양각〉 편은 옛 판본에 양권揚權이라고 되어 있는 것이 많지만, 문헌과 학자들의 고증을 거쳐 최종적으로 양각으로 보아야 한다는 쪽으로 정리되었다. 이 편에는 초나라 방언이 있어 한비자가 그의 스승 순경荀卿 문하에서 공부하던 시기인 기원전 255년부터 247년 사이에 쓰여진 것이라는 설이 설득력이 있으며, 운을 사용하고 있고 문체는 《회남자淮南子》와 비슷하다는 점도 특기할 만하다. 그렇다고 이 편이 법가인 한비자의 사상을 압축하고 있다는 점을 인정하지 않는 사람은 없다.

하늘에는 대명(大命, 자연의 기본적인 규율)이 있고 사람에게도 대명이 있다. 무릇 향내가 나는 맛난 안주와 진한 술과 기름기 있는 고기는 입맛을 달콤하게 하지만 몸을 병들게 하며, 살결이 매끄럽고 흰 이를 가진 미인은 욕정을 기쁘게 하지만 정력을 손상시킨다. 그러므로 지나친 것을 버리고 편안한 것을 버린다면 몸은 비로소 해로움이 없게 될 것이다. 군주는 권세를 보이려 하지 않고 있는 그대로 하며 하는 일이 아무것도 없어야 한다. 모든 사안은 사방 신하들에게 달려 있지만, 그 요체要諦는 중앙(군주)에게 달려 있다. 성인(聖人, 통치자)이 그 요체를 잡고 있으면 사방 신하들이 모여 저마다 [성과를] 아뢰게 된다. [군주가] 마음을 비우고 [신하들을] 대하면 그들 스스로 능력을 발휘한다. 온 천하에 [신하들을] 숨겨놓는다면 [그 실정을] 보이지 않는 곳에서도 분명히 알 수 있다. 좌우左右에 [상벌 원칙이] 이미 확립되면 [군주는] 마음의 문을 열고도 감당할 수 있다. [그 태도를] 바꾸지 않고 둘[1]을 함께하여 [끝까지] 관철해가되 그만두지 않으면, 이것을 일컬어 [군주의] 도를 실천하는 것이라고 한다.

무릇 사물에는 마땅한 바가 있고, 능력은 베풀어지는 바가 있어 저마다 그 마땅함에 처하게 되므로 위에 있는 군주는 곧 하지 않음(無爲)을 하게 된다. 닭으로 하여금 새벽 시간을 알리게 하고 고양이로 하여금 쥐를 잡게 하듯이 [신하들로 하여금] 저마다의 능력을 쓰

1) 원문의 '二(이)'를 번역한 것인데, 이에 대해서는 상과 벌을 의미한다는 설과 형形과 명名을 의미한다는 설 두 가지가 있다. 앞 문장의 '좌우'라는 단어가 가리키는 것이 상과 벌이므로 여기서는 후자로 보는 것이 타당하다.

게 하면 위에 있는 군주는 곧 일거리도 없어지게 된다. 위에 있는 군주가 장점을 앞세우면 이는 곧 일마다 법도에 맞지 않는다. [군주가] 자기 자랑만 하고 능력을 발휘하길 좋아하면 아랫사람에게 속게 될 것이다. 말재주가 좋고 꾀가 많으며 재능을 드러내기 좋아하면 아랫사람은 그런 재주에 빌붙으려고 한다. 위아래가 그 할 일을 바꾸면 나라는 다스려지지 않는다.

군주가 사용해야 할 하나의 길은 명분을 으뜸으로 삼는 것이다. 명분이 바로 서면 사물은 안정되고 명분이 치우치면 사물은 흔들리게 된다. 그러므로 성인은 하나의 원칙을 잡고서 조용히 기다려야 한다. 명분이 스스로 바로잡히게 하며, 일도 스스로 안정되게 하여야 한다. [군주가] 꾸미는 것을 보여주지 않으면 아랫사람은 이 때문에 자신의 모습이 바르게 된다. 자질에 따라 그들을 임용하면 그들 스스로 힘써 일을 처리하게 되며, 능력에 따라 일을 맡기면 그들은 장차 스스로 성과를 내려고 한다. 정도로써 그들을 대처하면 [신하들로 하여금] 모두 스스로 자리를 정하게 할 수 있다. 윗자리에 앉은 군주는 명분으로써 그들을 천거한 뒤 [내세울] 그 명분을 알지 못할 경우에만 다시 드러난 성과를 수정해야 한다. 드러난 것과 명분이 같은지 참조해본 뒤 그에 알맞은 상과 벌을 실시한다. 상과 벌이 정녕 믿을 만하면 아랫사람은 자신의 감정을 드러낼 것이다. 맡은 일에 삼가 닦아나가되 하늘의 명을 기다린다. 그 요체를 놓치지 않아야만 성인이라 할 수 있다. 성인의 도란 지혜와 기교를 버리는 일이다. 지혜와 기교가 버려지지 않으면 상도(常道, 영원불변한 도)가 되기 어렵다. 백성들이 그것들을 부리게 되면 자기 자신에게 많은 재앙이 생기게 되고, 군주가 위에서 그것들을 사용하면 그 나라는 위태롭거나 망하게 될 것이다. 그러므로 하늘의 도에 따라 실제 드러난 원리대로 돌이키게 하고, 여러 가지를 감독하고 조사하여 끝나면 또 시작해야만 한다. 비우며 고요하면서 남의 뒤에 서야 하고, 일찍이 자기 생각을 실천한 적이 없다. 무릇 위에 있는 군주의 우환은 반드시 신하의 말단에 동조하는 데 있다. [신하의 말을] 믿어주고 뇌동하지 않으면 온 백성이 한결같이 따를 것이다.

군주와 신하가 조화롭게 사는 여섯 가지 방법

무릇 도道는 넓고 크며 형체가 없으며, 덕德은 분명한 이치로 골고루 미친다. 모든 살아 있는 것에 이르면 잘 들어맞아 만물은 모두 [도에 의거하여] 융성하게 되지만, 그 편안함을 유지하는 데 더불어 하지 않는다. 도란 아래로는 사안에 두루 스며들어 사물의 법도에 들어맞게 되므로 때와 더불어 죽거나 살거나 하고, 가지런하지 못한 모습이면서도 하나로 통일되니 실제로는 하나로 통하고 그 정서가 같은 것이다. 그러므로 이렇게 말한다.

"도는 만물에 동일한 것이 아니고,[2] 덕은 음과 양에 대하여 동일

2) 원문의 '不同(부동)'을 번역한 것으로, 어느 쪽에도 편중되지 않고 차원이 한 단계 높다는 의미이다.

한 것이 아니며, 저울은 무겁고 가벼움에 대하여 동일한 것이 아니고, 승묵(繩墨, 먹줄)은 들어감과 나옴에 대하여 동일한 것이 아니며, 조화로운 악기는 마르거나 습한 것에 대하여 동일한 것이 아니고, 군주는 신하들과 동일한 것이 아니다."

대체로 이 여섯 가지 도에서 생겨난 것으로, 그 도는 쌍이 될 것이 없으므로 일(一, 유일자)이라고 말한다. 이 때문에 현명한 군주는 외로운 도의 모습을 귀하게 여긴다. 군주와 신하는 도를 같이하지 않으니 아랫사람들은 명분을 제시해 작위와 봉록을 구하고, 군주는 그 명분을 조종하고 신하는 그 일의 성과를 보여주면 [군주가] 공적과 명분이 같은지 참고하여 위와 아래가 화목해지고 조화롭게 되는 것이다.

입을 열지 말고 신하의 의견을 들어라

무릇 [신하들에게] 듣는 방법은 그들이 뱉어낸 말을 되씹어 말한 것에 대해서 공적을 삼는 데에 있는 것이므로, 명분을 살펴 지위를 정하고 직분을 분명하게 하고서 사안의 유형을 분별한다. 말을 듣는 방법은 그 모습이 마치 술에 매우 취한 것과 같다. 입술이든 이든 내가 먼저 움직이지 말아야 한다. 이든 입술이든 더욱더 어리석은 것처럼 하여야 한다. 저쪽에서 스스로 진술하면 나는 그것을 통하여 알게 되니 옳고 그름이 수레바퀴처럼 달려오더라도 위에 있는 군주는 이에 맞서서 상대하지 않는다. 텅 비고 고요한 상태로 아무 일도 하지 않는 것이 도의 성정이다. 여러 가지 사물이 뒤섞여 비교하면서 맞서는 것이 사물의 형상이다. 도를 참조하여 사물에 비교하고 서로 비추어 텅 비고 고요한 상태로 들어맞게 하여야 한다. 근간(법술)을 바꾸지 않으면 행동에 실수가 없다. 동작을 취하고 일을 꾸밈에 하는 일이 없어도 바꿀 수 있을 것이다. [군주가] 무엇인가를 좋아하면 일이 많아지게 되고 미워하게 되면 원한을 만들게 되므로, 좋아하는 감정도 버리고 미워하는 감정도 버리고 마음을 비워서 도가 머물게 될 집으로 삼아야 한다. 위에 있는 군주가 [신하와] 일을 함께 하지 않게 되면 백성들이 오히려 그를 존중한다. 군주는 어떤 논의거리도 더불어 하지 않고 [신하로] 하여금 그것을 홀로 처리하도록 하여야만 한다. 위에 있는 군주는 진실로 문을 굳게 닫아 안쪽에 빗장을 채우고 방에서 뜰을 똑바로 보아 아주 가까운 거리의 일도 눈앞에 펼쳐지면 모든 것이 그 자리에 있게 될 것이다. 상을 줄 자에게는 상을 내리고 형벌을 가할 자에게는 벌을 내리고, 그 행동한 바에 따라서 저마다 스스로 보답을 받게 한다. 선하건 악하건 반드시 미치는 바가 있으면 누가 감히 군주를 신뢰하지 않겠는가. 법도가 확립되어 있다면 다른 일도 모두 정렬될 것이다.

군주가 신 같은 권위를 잃으면 호랑이 같은 신하가 그 뒤를 노린다

주상(主上, 군주)에게 신비로운 헤아림이 없으면 아랫사람은 이용할 기회를 틈탈 것이고, 그 일이 타당하지 않으면 아랫사람은 그 상도常道를 살펴볼 것이다. 하늘과 같이 하고 땅과 같이 하는 것을 일컬어 누해(累解, 상호 조화)라고 한다. 땅과 같이 하늘과 같이 공평하다면 누구를 멀리하고 누구와 친할 수 있겠는가? 하늘과 땅을 본받을 수 있다면 이 사람을 일컬어 성인聖人이라 한다. 그 [궁궐] 안의 일을 다스리려고 한다면 [사람을] 두어 친하게 하지 말고, [궁궐] 밖의 일을 다스리려고 한다면 관직을 맡는 사람을 한 사람씩 둔다. 직분을 함부로 휘두를 수 없도록 만든다면 어찌 남용하거나 [남의 영역을] 아우를 수 있겠는가? 대신의 문 앞에 오직 두려워할 바는 사람이 많은 것이다. 무릇 다스림의 극치는 아랫사람이 [사적으로] 덕을 베풀 수 없도록 하는 것이다. [군주가] 치밀하게 드러냄과 형명形名[3]을 합치시켜나간다면 백성은 곧 직분을 지키게 될 것이니, 이것을 버리고 다른 것을 구한다면 이를 일컬어 대혹(大惑, 커다란 의혹)이라고 한다. 간교한 백성이 더욱 많아지고 간사하고 악한 자들이 곁에 가득할 것이니 이렇게 말한다.

"신하들을 부유하게 하여 [군주와] 겨루게 하지 말 것이며, 신하를

3) 신불해가 내세운 것으로 원래 '형체와 명칭'을 가리키는 말인데, '형명刑名'이라고도 하고 '명실名實'과도 같은 말이다. 선진 때 법가들은 '형명'을 '법술法術'과 연계시켜 '명名'을 명분·법령 등의 뜻으로 써서 '순명책실循名責實', '신상명벌愼賞明罰'을 주장하였다. 후대 사람들은 이들의 주장을 형명지학刑名之學이라고도 하고, 줄여서 형명刑名이라고도 부른다.

귀하게 하여 [군주를] 핍박하지 말게 하며, 오로지 한 사람을 믿어 그 도성과 나라를 잃게 하지 말라."

장딴지가 넓적다리보다 굵으면 빨리 뛰기 어렵다. 군주가 신 같은 권위를 잃으면 호랑이 같은 신하가 그 뒤를 노리게 된다. 주상이 알아차리지 못하면 호랑이는 장차 개들을 불러모을 것이다. 군주가 빨리 그만두게 하지 못하면 개들은 끝도 없이 많아지게 될 것이다. 호랑이가 그 무리를 이루게 되면 그 어미를 죽이게 된다. 군주가 되어 신하가 없다면 어찌 나라를 보존할 수 있겠는가? 군주가 그 법대로 행하면 커다란 호랑이는 겁먹게 될 것이다. 군주가 그 형벌대로 시행하면 커다란 호랑이는 저절로 길들여질 것이다. 법과 형벌이 진실로 신실해지면 호랑이도 변하여 사람처럼 될 것이니, 그 참 모습으로 다시 돌아가게 되는 것이다.

늑대와 양을 같은 우리에 넣지 않는 이유

자신의 나라를 다스리려면 반드시 패거리를 쳐내야 하는데, 그 패거리들을 쳐내지 않으면 그들은 무리를 많이 모으게 될 것이다. 자신의 땅을 다스리려면 반드시 하사하는 것을 적당히 하여야 하는데, 그 하사하는 것을 적당히 하지 못하면 어지럽히는 신하들이 더 요구하게 될 것이다. 저들은 요구하고 내가 주면 적에게 도끼를 빌려주는 것이 되니 도끼를 빌려주는 것은 옳지 않다. 저들은 그것으로 나를 치게 될 것이기 때문이다. 《황제서黃帝書》에 이런 말이 있다. "위와 아래 사이는 하루에도 백 번 싸운다."

아랫사람은 그 사심을 숨기고 그 윗사람을 시험하려 할 것이니, 윗사람은 그 법도를 쥐고서 그 아랫사람을 견제한다. 따라서 법도가 세워지는 것은 군주의 보배이며 패거리를 갖추는 것은 신하의 보배가 된다. 신하가 그 군주를 시해하지 못하는 것은 패거리를 갖추지 못했기 때문이다. 그러므로 군주는 한 치라도 잘못하게 되면 신하는 그 갑절의 이득을 얻게 될 것이다. 나라를 갖고 있는 군주는 그 [신하의] 도읍을 크게 하지 않는다.

도를 갖춘 군주는 그 [신하의] 집안을 잘살게[4] 하지 않는다. 도를 갖춘 군주는 그 신하를 귀하게 하지 않는다. 신하를 귀하게 하고 신하를 잘살게 하면 그들은 군주 자리를 대체하려고 할 것이다. 위험에 대비하고 위태롭게 될까 두려워하여 태자를 일찍 정해두면 화근은 그에 따라 일어나지 않을 것이다. 안으로는 궁궐의 나쁜 신하들을 찾아내면 반드시 그 자신이 저절로 그 법도를 장악하게 될 것이다. 법도를 크게 어긴 자는 그 봉토를 깎아버리고 법도를 덜 어긴 자에게도 그 봉토를 닳아 없어지게 한다. 깎거나 닳아 없어지게 하는 데에도 원칙이 있어야 하고, [백성이] 멋대로 신하들과 패거리를 만들어 함께 그 군주를 속이지 못하게 하여야 한다. 깎는 것을 달이 이지러지는 것처럼 하고, 닳아 없어지게 하는 것을 열을 가하는 것

4) 원문의 '富(부)'를 번역한 것으로, '귀(貴)'로 되어 있는 판본도 있는데, 바로 다음 구절에 '貴其臣(귀기신)'이라는 구절과 비교해보면 '부'로 보는 것이 맞다.

처럼 하여야 한다. 법을 간략히 하고 주벌誅罰하는 것을 삼가야 하며, 반드시 철저하게 벌해야 한다. [당신의] 활을 느슨하게 하지 말지니, 수컷 둘이 한 둥지에 깃들기 때문이다. 수컷 두 마리가 한 둥지에 깃들면 이빨을 드러내고 짖어대며 싸우는 형국이 될 것이다. 늑대가 우리에 있으면 그곳의 양들은 불어나지 않는다. 한 집안에서 둘 다 귀하게 되면 일은 공적이 없게 될 것이다. 부부가 집안일을 하게 되면 자식들은 따를 곳이 없어질 것이다.

다른 사람의 군주가 된 자는 그 나무를 자주 베어서 나뭇가지로 하여금 무성하게 뻗어나가지 못하게 할지니, 나뭇가지가 무성하게 뻗어나가면 공여(公閭, 군주가 출입하는 문)를 막게 될 것이기 때문이다. 사문(私門, 세력 있는 권신의 문)이 가득차게 되면 궁정은 텅 비게 될 것이고, 군주는 가려져 가두어지게 될 것이므로 그 나무를 자주 베어 가지가 밖으로 뻗지 못하게 하여야 한다. 나뭇가지가 밖으로 뻗으면 군주의 자리를 위협하게 될 것이다. 그 나무를 자주 베어 가지가 커지고 밑둥이 작아지지 않도록 하여야 한다. 나뭇가지가 커지고 밑둥이 작아지면 장차 봄바람도 이겨내지 못할 것이며, 봄바람을 견디지 못하면 가지가 나무 심(芯, 태자를 비유)마저 해치게 될 것이다. 공자公子가 너무 많아지면 종실에서는 근심으로 괴로워하게 된다. 그것을 그치게 하는 방법은 그 나무를 자주 베어내어 가지가 뻗어나가지 않도록 하는 것이니, 나무를 자주 베면 패거리들도 이내 흩어지게 될 것이다. 그 뿌리를 파내어버리면 나무는 곧 뻗지 못하게 될 것이다. 그 용솟음치는 연못을 막아 물이 맑아지지 않도록 하여야 한다. 권신들의 가슴속을 살펴서 그 권세를 빼앗아야만 군주가 그들을 부리는 것이 마치 번개 같기도 하고 우레 같기도 할 것이다.

제9편

팔간(八姦:여덟 가지 간사한 음모와 수단)

【해제】

'팔간八姦'이란 신하가 군주의 권력을 탈취하기 위해 저지르는 여덟 가지 간사한 음모와 수단을 뜻한다. 한비자는 〈팔간〉 편에서 신하가 저지르는 여덟 가지 간사한 행동을 열거하면서 측근부터 이웃 나라까지 관리해야 할 필요성과 그 중요성에 대해 엄중하고 단호한 어조로 이야기하고 있다.

한비자는 팔간에 대처하기에 앞서 근본적으로 문제를 해결하기 위해서는 팔간을 막아야 한다는 점을 강조하고 있다. 구체적으로 보면 군주의 곁에 있는 처와 첩, 측근, 친족 등 주변인들이 매우 위험한 인물이며, 나아가 다른 나라에 의존해 군주를 위협하는 간사한 술수들을 미리 방어해야 한다는 것이다.

그러므로 한비자는 현명한 군주라면 이 여덟 가지를 방지하기 위해 노력해야 하는데, 무조건적으로 베푸는 것이나 공도 없는데 상을 주는 것 등이 문제가 됨을 지적하면서 여덟 가지를 구체적으로 제시하고 있다. 이것들을 막지 못할 경우 결국 군주는 패망하게 되고 나라도 패망한다는 점을 강조하고 있다. 요컨대 군주 주변에 있는 신하들이 대부분 군주에게 아부하거나 군주의 안색을 살피는 간신들이므로 군주를 치명적인 위험에 빠뜨릴 수 있음을 경고하고 있다.

신하가 저지르는 간사한 행동과 그것을 막는 방법

대체로 신하가 사악한 일을 하는 방법에는 여덟 술책이 있다.

첫째는 동상(同床, 동침)이다. 무엇을 동상이라 하는가? 귀부인과 총애하는 후궁, 군주의 귀여움을 받는 미녀들로서 이들은 군주를 유혹하는 자들이다. 군주가 느긋하게 환락을 즐기는 데에 기대어 술에 흠뻑 취했을 때를 틈타 그들이 원하는 일을 보채면 반드시 들어주게 만드는 술책이다. 신하 된 자는 안에서 군주를 모시는 미녀에게 패물을 주어 군주를 현혹시키니, 이러한 방법을 동상이라고 한다.

둘째는 재방(在旁, 곁에 있는 자)이다. 무엇을 재방이라 하는가? 웃음을 파는 광대나 난쟁이는 좌우에서 군주를 가까이 모시는 자들로, 이들은 군주가 명령을 내리기도 전에 '예, 예' 하고, 시키기도 전에 '네, 네' 한다. 이들은 군주의 뜻을 미리 알아서 대령하며, 군주의 낯빛과 기분을 보고 살펴 먼저 군주의 비위를 맞추려고 한다. [또한] 이들은 모두 군주와 함께 나아가고 물러나며, 모두 응대하고 모두 대답하며, 말과 행동을 똑같이 하여서 군주의 마음을 바꾸게 만들 수 있는 자들이다. 신하 된 자가 궁 안에서 군주를 가까이 모시는 이들에게 금이나 옥 같은 노리개를 뇌물로 주고 밖으로는 법에 어긋난 것을 행하게 하여 군주의 마음을 변하게 하니, 이들을 재방이라고 한다.

셋째는 부형父兄이다. 무엇을 부형이라 하는가? 군주의 숙부와 서형제 자식들, 군주가 가까이하고 사랑하는 자들, 대신과 조정의 관리들로서 군주와 함께 나라의 일을 헤아리고 꾀하는 자들이다. 이들이 모두 힘써 진언을 하면 군주는 반드시 듣게 마련이다. 신하 된 자는 좋은 음악과 아름다운 여인을 바쳐 군주의 숙부와 서형제 자식들을 섬기며, 감언이설로 조정의 중신들을 매수하고 미리 상의한 일을 군주에게 건의하며, 일이 성공하면 작위가 오르고 봉록이 늘어나게 되니 그 이익으로 그들의 환심을 사 군주의 마음을 [바뀌도록] 책동하니, 이것을 부형이라고 한다.

넷째는 양앙養殃이다. 무엇을 양앙이라 하는가? 군주가 궁실과 누각 및 연못을 아름답게 가꾸는 것을 좋아하거나, 미녀나 개와 말을 꾸미는 것을 그 마음으로 즐거워한다면 이것이 군주의 재앙이다. 신하 된 자가 백성들의 힘을 전부 이용해 궁실과 누각 및 연못을 아름답게 하고, 마구 세금을 무겁게 거두어들여 미녀와 개와 말을 꾸며서 그 군주를 즐겁게 하며, 군주의 마음을 어지럽혀 군주가 하고자 하는 욕망대로 따르게 해놓고 그 사이에 사사로운 이득을 채우려는 속셈을 숨기니, 이것을 양앙이라고 한다.

다섯째는 민맹民萌이다. 무엇을 민맹이라 하는가? 신하 된 자가 공적인 재물을 나눠주어 백성들을 기쁘게 하고, 작은 은혜를 베풀어 백성들의 마음을 얻음으로써 조정의 벼슬아치나 저잣거리의 백성들로 하여금 모두 자신을 칭송하게 만든 뒤에 그 군주를 가로막아 자신이 하고자 하는 바를 달성하니, 이것을 민맹이라고 한다.

여섯째는 유행流行이다. 무엇을 유행이라 하는가? 군주는 본래 [궁궐 밖의] 대화 통로가 막혀 있으며 다양한 논의거리를 듣기 어려우므로 변설에 능한 말주변에 쉽게 움직인다. 신하 된 자가 제후국의 뛰어난 변론가를 불러들이고 나라 안에서 유세에 뛰어난 자를 길러 그들로 하여금 자신의 사사로운 이익을 말하게 하거나 교묘한 언변과 유행하는 말을 하게 하여 그들에게 형세를 유리하게 할 수 있다고 보여주고, 환난이 닥쳐올 것이라는 위협도 하며 헛된 말을 늘어놓아 그 군주의 생각을 흐트러뜨리니, 이것을 유행이라고 한다.

일곱째는 위강威强이다. 무엇을 위강이라 하는가? 군주는 군신들과 백성들에게 의지하여 위세를 강하게 부리는 자이다. [그래서] 신하들과 백성들이 좋다고 하면 군주도 그것을 좋아하며, 신하들과 백성들이 좋지 않다고 하면 군주도 그것을 좋아하지 않는다. [그런데] 신하 된 자는 칼을 차고 다니는 협객들을 모으고 죽음도 두려워하지 않는 무사를 길러내 자신의 위세를 뽐내며, 자신을 위하여 일하는 자에게는 반드시 이익을 주고 자신을 위하여 일하지 않는 자는 반드시 죽는다는 점을 밝힘으로써 [다른] 신하들과 백성들을 공포에 떨게 하고 그 사사로운 것을 추구하니, 이것을 위강이라고 한다.

여덟째는 사방四方이다. 무엇을 사방이라 하는가? 군주는 [자신의] 나라가 작으면 큰 나라를 섬기고, 군사력이 약하면 강한 군대를 두려워한다. 강대국에서 요구하는 것이 있으면 약소국은 반드시 들어 주어야 하며, 강력한 군대가 출병하면 약한 군대는 반드시 이에 복종해야 한다. 신하 된 자는 세금을 무겁게 걷고 국고의 재물을 전부 사용해 자신의 나라를 텅 비게 하면서 큰 나라를 섬기도록 하고, 그 큰 나라의 위세를 이용해 자신의 군주를 좌지우지한다. 심하게는 큰 나라의 군대를 변방에 모이게 하여 국내를 제압하고, 약하게는 큰 나라의 사신을 자주 맞아들여 군주를 떨게 하여 군주로 하여금 두렵게 하니, 이것을 사방이라고 한다.

무릇 이 여덟 가지는 신하가 간악한 일을 성취하는 방법이며, 세상의 군주가 이목이 가려지고 협박을 받거나 가지고 있던 권세를 잃어버리는 원인이니 신중하게 잘 살펴야 한다.

현명한 군주는 후궁들의 여색을 즐기지만 그녀들의 요구를 들어주지 않으며 사사로운 청탁도 하지 못하게 한다. 그 측근의 신하들에 대해서는 일을 시켜 반드시 자신이 한 말에 대한 책임을 물어 허튼 말을 보태지 못하게 한다.

부형이나 대신들에 대해서는 그들의 말을 들어주되 반드시 형벌을 가지고 사후까지 책임지게 하여 망령된 행동을 하지 못하게 한다. 군주가 신하들이 가져온 구경거리나 애완품을 보게 될 때는 반드시 그 출처를 알려서 신하가 독단적으로 올리거나 물리치지 못하게 하여 신하들로 하여금 군주의 마음을 추측하지 못하게 한다.

은덕을 베풀 때는 궁중의 재물을 풀고 큰 곡식창고를 열어 백성을 이롭게 하는 일은 반드시 군주가 내린 것으로 해야지, 신하가 그 은덕을 자기 것으로 하도록 해서는 안 된다. 유세하고 논의하는 과정에서 신하들은 자신이 좋아하는 자는 칭찬하며 미워하는 자는 헐뜯게 마련이다. [따라서] 반드시 그 능력을 확인하고 그 허물을 살피며 신하들로 하여금 [한패가 되어] 서로 도와서 말을 맞추는 일이 없게 하여야 한다.

용맹스럽고 힘있는 무사에 대해서는 전쟁에서 공을 세웠어도 멋대로 상을 주는 일이 없고, 마을 사이의 사사로운 분쟁에서 객기를 부렸을 때에는 그 죄를 용서해주지 않으며 신하들이 사사로이 [병사를 모아] 도모하지 못하게 한다. 제후국들의 요구에 대해서는 법도에 맞으면 들어주고 법도에 맞지 않으면 거절한다. 이른바 망해가는 나라의 군주란 나라를 갖지 못한 것은 아니나, 가지고 있다고 모두 자신의 소유인 것도 아니다.

신하들이 외세로 나라 안을 제어하게 된다면 군주는 나라를 잃은 것이다. 군주가 큰 나라의 요구를 들어주는 것은 멸망해가는 것을 구하기 위함인데, 멸망하는 것이 그 요구를 들어주지 않을 때보다 더 빠르다면 그것 때문에 들어주지 않는 것이다. 여러 신하들이 [군주가] 들어주지 않는다는 것을 알면 밖으로 제후들과 교섭을 하지 않을 것이다. 제후들 또한 [군주가 신하의 의견을] 들어주지 않는다는 것을 알게 되면, 그 나라의 신하가 그 나라 군주의 일을 거짓으로 속여 말한다 하여도 받아들이지 않을 것이다.

나라를 망하게 하는 풍조들

현명한 군주가 벼슬자리와 작위와 봉록을 만든 까닭은 현명한 인재를 선발하고 공을 세운 자들을 독려하기 위해서이다. 그러므로 말하기를 "현명한 인재는 두터운 봉록을 받으며 높은 자리에 임명되며, 공이 큰 자는 높은 작위를 얻으며 두터운 상을 받는다."고 한다. 현명한 자에게 벼슬자리를 줄 때에는 그 능력을 헤아려보고, 봉록을 수여할 때에는 그 공적에 맞게 행하여야 한다. 이 때문에 현명한 자는 능력을 속이지 않고 자신의 군주를 섬기며, 공로가 있는 자는 자기의 공적을 기꺼이 군주에게 바치므로 일이 이루어지고 공적이 세워지게 된다.

[그러나] 지금은 그렇지 않다. 현명한지 아닌지를 따져보지 않으며 공로가 있는지를 논의하지도 않는다. 제후들이 중시하는 자라 하여 등용하고, 측근 신하들의 청탁이라고 하여 들어준다.

부형과 대신들은 위로는 군주에게 작위와 봉록을 요청하고, 아래로는 이것을 팔아 재물을 모은다. 심지어는 사사로이 패거리를 만드는 지경에까지 이르렀다. 그래서 재물이 많은 자는 벼슬자리를 사서 더욱 귀하게 되고, [군주의] 측근들과 교분이 있는 자들은 군주에게 부당하게 청탁하여 권세를 강화한다. 공로가 있는 신하가 [심사에서] 거론되지 못하고, 벼슬자리의 이동에도 정당성을 잃게 되는 것이다. 이 때문에 벼슬아치들은 직무를 올바로 처리하기보다는 은밀히 외국과 교섭하는 일에만 힘쓰고, 자기 일은 내버려둔 채 재물만을 탐한다. 그러므로 현명한 자라 하여도 게을러져 노력하지 않게 되고, 공이 있는 자도 태만해져 업무를 소홀히 하게 되니 이것이 나라를 망하게 하는 풍조이다.

권卷 3

제10편

십과(十過: 열 가지 잘못)

【해제】

'십과十過'란 군주와 관련된 열 가지 잘못을 뜻한다. 열 가지란 작은 충성, 작은 이익, 편협한 행실, 음악에 빠지는 것, 탐욕스럽고 괴팍한 것, 여색을 탐하는 것, 궁궐을 떠나 멀리 유람하는 것, 충신의 간언에 귀 기울이지 않는 것, 다른 사람의 힘에 의지하는 것, 작은 나라에서 예의를 지키지 않는 것 등을 말한다.

한비자는 군주가 나라를 다스리면서 이러한 잘못을 범하게 되면 자신의 몸만 위태로운 것이 아니라 마침내 나라까지도 망하게 되는 불행이 닥치게 되므로 주의해야 한다고 말하였다. 그리고 이 열 가지 잘못 때문에 일어나는 결과를 각각의 예를 들어 설명하고 있다.

〈십과〉 편은 첫머리에 조목을 정리하고 나열한 뒤에 그 조목마다 설화를 들어 해설하는 체제로 구성되어 있다. 이러한 체제는 뒤의 〈내저설內儲說〉이나 〈외저설外儲說〉과 비슷하다고 할 수 있다. 한비자는 역사의 교훈 속에서 실례를 들어 군주의 귀감으로 삼고자 하였다. 그래서 먼저 열 가지 잘못의 요강을 밝혀 군주의 주의를 끌고, 그 뒤에 역사적 사실을 인용해 생동감 있게 설명함으로써 군주가 불운한 역사의 전철을 밟지 않도록 하고 있다.

이 편에서도 한비자의 현실 감각은 탁월하다. 물론 그가 내세운 고사는 의인화된 동물이나 신비로운 색채가 농후한 신화에서 제재를 찾은 경우는 드물었고, 허구적인 상상이나 기이한 묘사도 드물었다. 대체적으로 사실에 입각한 역사 인물 혹은 일상적인 생활에서 제재를 취해 이야깃거리로 삼은 것이 대부분이다.

혹자는 〈십과〉 편이 한비자가 지은 것이 아니라고 의심하기도 하는데, 그 내용이 《관자管子》의 한 부분과 일치된다는 것이다. 이에 대해서 다양한 반론이 제기되고 있어 이 편의 위작 시비는 아직도 진행형이다.

패망하는 군주의 열 가지 잘못

군주와 관련된 열 가지 잘못이란 다음과 같다.

첫째, 작은 충성을 행하면 큰 충성을 해칠 수 있다. 둘째, 작은 이익을 탐하면 큰 이익을 해칠 수 있다. 셋째, 행동이 편협하고 방자하며 제후들에게 무례하면 몸을 망치는 지경에 이를 것이다. 넷째, 정무를 돌보는 데에 힘쓰지 않고 음악만을 좋아하면 곤궁한 상태에 빠질 것이다. 다섯째, 탐욕스럽고 집요하게 재물을 좋아하면 나라를 멸하게 하고 목숨을 잃는 근본이 된다. 여섯째, 무희들의 여악(女樂, 가무를 잘하는 기녀들)에 빠져 국정을 돌보지 않으면 나라를 잃는 화가 닥칠 것이다. 일곱째, 궁궐을 떠나 먼 곳까지 유람하며 간언하는 신하를 소홀히 대하면 몸이 위태로운 지경에 이를 것이다. 여덟째, 잘못이 있으면서도 충신의 말을 듣지 않고 제멋대로 행동하면 높은 명성을 잃고 남의 비웃음을 사기 시작할 것이다. 아홉째, 안으로 자신의 능력을 헤아리지 않고 밖으로 제후들에게 의지하려고 하면 나라가 깎이는 우환에 이를 것이다. 열째, 나라가 작은데도 예의가 없고 간언하는 신하를 받아들이지 않으면 대가 끊기는 형세가 될 것이다.

작은 충성과 큰 충성의 차이

무엇을 가리켜 작은 일에 충성한다고 말하는가?

예전에 초楚나라 공왕共王[1]이 진晉나라 여공厲公[2]과 언릉鄢陵에서 전쟁을 벌였는데, 초나라의 군대는 패배하고 공왕도 눈에 부상을 입었다. 전투가 한창 치열할 때 사마司馬[3] 자반子反[4]이 목이 말라 마실 것을 찾으니, 시중 드는 곡양穀陽이 술을 한 잔 가져와 바쳤다. 자반이 말하였다.

"아니다! 물리거라. 술이 아닌가."

시중 들던 곡양이 대답하였다.

"술이 아닙니다."

자반은 그것을 받아 마셨다. 자반은 사람됨이 술을 좋아하여 그것을 즐겼는데, 일단 맛을 보면 입에서 뗄 수 없을 만큼 좋아하여 마침내 취해버렸다.

전투가 끝나고 공왕은 다시 싸우려고 사람을 시켜 사마 자반을 불렀으나, 자반은 가슴이 아프다는 핑계로 군주의 명령을 거절하였다. 공왕은 말을 달려서 직접 진영 안에 있는 자반의 막사로 들어갔

---

1) 성은 웅熊이며, 이름은 심審이고 춘추시대 초나라 군주로 기원전 590년부터 기원전 560년까지 재위하였다. 언릉鄢陵에서의 전쟁은 기원전 575년의 일이다.

2) 성은 희姬이고 이름은 주포州蒲이며 춘추시대 진晉나라 군주로 기원전 580년부터 기원전 573년까지 재위하였다.

3) 주周나라 왕조시대 육경의 하나로서 군정軍政 등을 관리하는 벼슬이다. 춘추시대에도 각국에 설치되었으나 지위와 직분은 서로 달랐다. 단, 초나라 때의 사마司馬는 그 지위가 영윤과 대등하였으며, 전쟁에서 왕의 군대를 주로 맡았다.

4) 춘추시대 초나라 공자로 이름은 측側이다. 자반子反은 자이고, 사마는 군사에 관한 업무를 담당하는 벼슬 이름이다. 지금의 하남성 개봉開封 남쪽에 위치한 언릉 싸움에서 총사령관에 임명되었다.

다가 술 냄새가 진동하자 그냥 돌아왔다. 공왕이 말하였다.

"오늘 전투에서 나는 부상을 입어 이제 믿을 자는 사마뿐이라 생각하였다. 그런데 사마 또한 이처럼 취했으니 이것은 초나라의 사직을 망각하고 우리 백성들을 가엾게 여기지 않은 행동이다. 나는 다시 싸울 기력이 없다."

그러고는 군대를 철수시키고 돌아가 사마 자반의 목을 베어 그 시신을 내걸었다.

시중 들던 곡양이 술을 바친 것은 자반에게 적의가 있어서 그런 것이 아니라 충심으로 그를 사랑했기 때문이다. 그런데 그것이 도리어 그를 죽게 하였다. 그러므로 작은 충성이 큰 충성을 해칠 수 있다고 말하는 것이다.

작은 이익과 큰 이익의 차이

무엇을 가리켜 작은 이익을 탐한다고 말하는가?

예전에 진晉나라 헌공獻公[5]이 괵虢나라를 공격하기 위해 우虞나라에 길을 빌리려고 하였다. 순식荀息[6]이 말하였다.

"왕께서 수극垂棘[7]의 옥과 굴屈 땅에서 생산된 명마를 우공虞公에

---

5) 진晉나라 무공武公의 아들로, 이름은 궤저詭諸이고 기원전 676년에서 기원전 651년까지 재위하였다.

6) 춘추시대 진晉나라의 대부로, 자는 숙叔이다. 헌공을 보좌하여 우나라와 괵虢나라를 멸망시켰으며 헌공이 죽고 난 뒤에는 해제奚齊와 탁자卓子를 보좌했으나 이극里克에 의해 살해되었다. 진나라 순씨荀氏 성의 시조이기도 하다.

7) 진晉나라의 지명으로, 옥의 산지로 유명한데 그 구체적인 장소는 자세하지 않다.

게 뇌물로 주고 길을 빌려달라고 하면 반드시 우리에게 길을 빌려 줄 것입니다."

군주 헌공이 말하였다.

"수극의 옥은 우리 선군先君의 보물이며 굴 땅의 명마는 과인의 준마인데, 만일 우리의 패물만 받고 우리에게 길을 빌려주지 않는다면 장차 어찌하겠소?"

순식이 대답하였다.

"저들이 우리에게 길을 빌려주지 않으려고 한다면 반드시 우리의 패물을 받지 못할 것입니다. 만일 우리의 패물을 받고 길을 빌려준다면 이것은 내부(內府, 궁궐 안의 재물을 저장하는 장소)에서 그것을 꺼내어 외부外府에 넣어두는 것과 같고, 내구(內廐, 궁궐 안에서 말을 기르는 장소)에서 준마를 꺼내 외구外廐에 옮겨두는 것과 같습니다. 군주께서는 걱정하지 마십시오."

군주가 말하였다.

"허락하겠소."

그래서 [순식을 시켜] 수극의 옥과 굴산의 말을 우공에게 뇌물로 바치고 길을 빌려달라고 요구하였다. 우공은 재물에 욕심이 많았으므로 그 옥과 준마를 가지고 싶은 마음에 길을 빌려달라는 요구를 들어주려고 하였다. 이때 궁지기宮之奇[8)]가 간언하여 말하였다.

"허락해서는 안 됩니다. 우리 우나라에 괵이 있다는 것은 마치 수레에 보輔[9)]가 있는 것과 같습니다. 보는 수레에 의지하고 수레 또한

8) 춘추시대 우나라의 현명한 대부로서 궁기宮奇라고도 한다. 그는 자신이 한 간언이 받아들여지지 않자 나라를 떠났다.

9) 수레에 무거운 짐을 실을 때 바퀴 양쪽에 묶어 튼튼하게 해주는 곧은 나무를 말한다.

보에 의지하니 우나라와 괵나라의 형세가 바로 이와 같습니다. 만일 길을 빌려준다면 괵나라는 아침에 망하고 우나라는 그날 저녁에 뒤따라 망할 것입니다. 불가하오니 원컨대 허락하지 마십시오."

그러나 우공은 듣지 않고 마침내 길을 빌려주었다. 순식은 괵나라를 쳐서 이기고 자기 나라로 돌아온 지 3년 만에 군사를 일으켜 우나라까지 정벌하였다. 순식이 말들을 끌고 옥을 손에 들고 가 헌공에게 바치자 헌공은 기뻐하며 말하였다.

"옥은 그대로인데, 말의 나이는 더 늘어났구나!"

따라서 우공의 군대가 격파당하고 영토가 깎인 것은 무엇 때문인가? 작은 이익을 탐하여 큰 해를 염려하지 않았기 때문이다. 그래서 작은 이익을 탐하다가 큰 이익을 해친다고 한 것이다.

초나라 영왕이 굶어 죽게 된 이유

무엇을 가리켜 행동이 편협되다고 말하는가?

옛날에 초나라 영왕靈王이 신申[10]에서 회맹會盟[11]을 열었는데 송宋나라의 태자가 늦게 도착하자 그를 붙잡아 가두고는 서徐나라 군주를 모욕하고, 제齊나라 경봉慶封[12]을 구속하였다. 중야사中射士[13]가

---

10) 본래 요순의 대신인 백이伯夷의 후손이 주나라 선왕宣王 때 동천하여 세운 나라의 이름이었으나 춘추시대 초기 초나라 문왕文王에 의해 멸망되어 신현申縣으로 자리잡게 되었다. 역자가 보기에 '제후국'이라고 하는 것은 타당하지 않다.

11) 원래는 제후들이 3년에 한 번씩 주나라 천자의 조정에 가서 조회하며 모이는 것을 말하였다. 그러다가 춘추시대 이후로 천자국인 주나라의 권위가 약화되자 각 지역의 제후들이 모여서 패권을 잡은 맹주를 정하고 맹약을 하는 모임을 열었다.

간언하며 말하였다.

"제후들을 모으려면 예가 없어서는 안 되니 이것은 나라가 존립하느냐 망하느냐 하는 위기입니다. 옛날에 걸桀이 유융有戎 땅에서 회맹을 열었으나 유민有緡이 배반을 하였고, 주紂가 여구黎丘 땅에서 [제후들과] 사냥 모임을 할 때 서융과 북적이 반란을 일으켰던 것은 예가 없었기 때문이었습니다. 군주께서는 이를 헤아려보십시오."

[그러나] 군주(영왕)는 듣지 않고 마침내 자기 뜻대로 하였다. [그 후] 1년도 못 되어 영왕이 남쪽으로 순행을 갔을 때, 여러 신하들이 그 틈을 타서 그를 겁박하자 영왕은 굶주리다가 건계乾溪 근처에서 죽었다. 그러므로 행동이 편벽하여 멋대로 하며 제후들에게 무례하면 자신을 망치는 지경에 이르게 된다고 한 것이다.

음악만 좋아하여 자신을 망친 평공

무엇을 가리켜 음악을 좋아한다고 말하는가?

옛날에 위衛나라 영공靈公[14)]이 진晉나라로 가는 도중에 복수(濮水, 옛 물 이름이나 지금은 존재하지 않음)에 이르러 뒤따르는 행렬의 수레에서 말을 풀어 놓아주고 숙소를 설치하여 하룻밤 묵기로 하였다. 한

---

12) 춘추시대 제나라의 대부로 최저崔杼와 함께 제나라 장공莊公을 시해하고 경공景公을 세운 뒤 우상과 좌상을 나눠 맡았다. 뒤에 반란을 일으켜 최저를 죽였으나 권력을 잡지 못하고 오나라로 도망갔다. 기원전 538년 초나라의 영왕이 오나라를 정벌할 때 죽었다.

13) 군주 곁에서 시중 드는 벼슬아치로, 구체적으로는 궁중에서 활을 잘 쏘아 천자나 제후들의 활쏘기 공부를 담당하였다.

14) 양공襄公의 아들로, 이름은 원元이다.

밤중에 새로운 곡조를 타는 소리가 들려오자 [영공은] 흥겨워졌다. 사람을 시켜 주위 사람들에게 [이 음악에 대해] 물어보게 하였으나 모두 들어본 적이 없다고 알려왔다. 이에 사연師涓[15]을 불러 그에게 말하였다.

"[어디선가] 새로운 음악을 연주하고 있어 사람을 시켜 주위 사람들에게 물어보게 하였으나 모두 들어본 적이 없다고 알려왔소. 그 [타는] 형상은 마치 귀신이 타는 곡조 같소. 그대가 나를 위해서 들은 것을 적어주시오."

사연이 말하였다.

"알겠습니다."

그러고는 조용히 자리에 앉아 거문고를 뜯으며 곡조를 적었다. 사연이 다음 날 보고하여 말하였다.

"신이 그 음악을 옮겨 적었으나 아직 익숙하지 못합니다. 하루를 더 머물며 그것을 익히면 좋겠습니다."

영공이 말하였다.

"그리하시오."

그래서 하루를 더 머물다가 다음 날 연주가 익숙해지자 마침내 진나라로 떠났다.

진晉나라 평공平公[16]은 시이施夷 땅의 누각에서 주연을 베풀었는데 술기운이 돌았을 때 영공이 일어나 말하였다.

---

15) 춘추시대 위나라 영공靈公의 왕실에 있던 음악 담당 벼슬아치로서, '연'이란 악관 이름이다.

16) 진晉나라 도공悼公의 아들로, 이름은 표彪이며 음악을 좋아하였다. 기원전 557년부터 기원전 532년까지 재위하였다.

"새로운 악곡이 있어 보여드리기를 청합니다."

[그러자] 평공이 말하였다.

"좋습니다."

이에 사연을 불러 사광師曠[17]의 곁에 앉게 하고는 거문고를 끌어 뜯게 하였다. [곡의 연주가] 아직 끝나지도 않았는데, 사광이 [사연의] 손을 눌러 연주를 못하게 하며 말하였다.

"이 곡은 나라를 망치는 음악입니다. 끝까지 연주해서는 안 됩니다."

평공이 말하였다.

"이 음악은 어디에서 온 것이오?"

사광이 말하였다.

"이것은 사연師延[18]이 만든 것으로 주紂에게 바친 퇴폐적인 음악입니다. 무왕武王이 주를 정벌할 때 사연은 동쪽으로 달아나 복수에 이르러 스스로 투신했습니다. 그러므로 이 음악을 듣는 것은 반드시 복수 가에서만 가능합니다. 먼저 이 음악을 들은 자는 그 나라가 반드시 깎이게 되니 끝까지 연주하게 해서는 안 됩니다."

평공이 말하였다.

"과인이 좋아하는 것은 음악이니 그대가 그 곡을 끝까지 연주하시오."

사연이 그 음악의 연주를 마치자 평공이 사광에게 물어 말하였다.

"이것은 무슨 곡조라고 말할 수 있는가?"

17) 춘추시대 진晉나라의 악사로 자는 자야子野이다. 태어나면서 맹인이었으나 귀가 밝아 귀신의 소리까지 들었다고 하며 음악에 뛰어난 것으로 유명하다. 소리를 잘 가려들어 길흉吉凶을 점쳤다고 한다. 당시 평공平公 때는 자문 역할을 겸했으며 예언이나 비평을 잘하였다.

18) 상商나라 주왕紂王 때의 악관이다.

사광이 말하였다.

"이것은 청상淸商[19]이라고 말하는 것입니다."

공이 말하였다.

"청상의 곡조가 정말 가장 슬픈 곡이오?"

사광이 대답하였다.

"청치(淸徵, 비교적 맑은 치성)만은 못합니다."

공이 말하였다.

"청치의 가락을 들려줄 수 있소?"

사광이 대답하였다.

"안 됩니다. 예로부터 청치의 곡은 모두 덕과 의를 갖춘 군주만이 들었습니다. 지금 우리 군주께서는 덕이 부족하시니 듣기에는 족하지 않습니다."

평공이 말하였다.

"과인이 좋아하는 것은 음악이니 원컨대 시험 삼아 듣고 싶소."

사광은 어쩔 수 없어 거문고를 끌어다 연주하였다. 한 번 연주하자 검은 학[20]이 남쪽에서 8마리씩 두 줄로 열을 지어 날아와 낭문(郎門, 궁전의 문)의 등마루에 모여들었고, 거듭 다시 연주하자 [학들이] 열을 지었고, 세 번째로 연주하니 목을 길게 세우고 울음소리를 내면서 날개를 펼치고는 춤을 추기 시작하였다. 연주 사이로 궁상

19) 고대 음악에는 오음五音, 곧 궁宮·상商·각角·치徵·우羽가 있었는데 이것은 현대 악보의 1, 2, 3, 5, 6음에 해당한다. 여기의 '청淸'은 변變과 구분해 말한 것으로, 순수하고 바른 것을 뜻한다. '청상淸商'이란 주로 순수하고 바른 상음商音으로 이루어진 악곡을 가리킨다.

20) 전설에 의하면 학이 1천 년이 되면 변하여 창蒼이 되고 2천 년이 되면 변하여 흑黑이 된다고 한다.

宮商의 가락 같은 학의 울음소리가 하늘까지 들리게 하였다. 평공은 매우 기뻐하였고, 좌중에 있는 자들도 모두 기뻐하였다. 평공은 술잔을 들고 일어나 사광의 장수를 기원하고는 돌아와 앉으며 물었다.

"곡조 중에서 청치보다 더 슬픈 것은 없소?"

사광이 대답하였다.

"청각淸角만은 못합니다."

평공이 말하였다.

"청각의 가락을 들려줄 수 있소?"

사광이 말하였다.

"안 됩니다. 지난날 황제黃帝[21]가 태산泰山 위에서 귀신들을 모이게 한 일이 있었는데,[22] 코끼리 장식을 단 수레를 타고 여섯 마리의 교룡蛟龍[23]으로 수레를 끌게 하였습니다. 필방(畢方, 나무의 요정), 곧 목신木神이 수레 옆에서 보호하고, 치우蚩尤[24]가 앞길을 열며, 풍백(風伯, 바람의 신)이 땅을 쓸고, 우사(雨師, 비의 신)는 길을 씻었으며 또 호

21) 황제는 전설 속에 전하는 중화족의 시조로 헌원軒轅 언덕에 살았으므로 헌원씨軒轅氏라고도 불렸다. 또 나라에 곰이 많았기 때문에 웅씨熊氏라고도 한다. 중국 신화상 오방五方의 상제 중에 중앙을 다스리는 상제로서, 오행으로 치면 토土이고 흙을 의미하는 누런색(黃)이며 그의 보좌신은 땅의 신 후토后土이다. 그는 얼굴이 네 개여서 사방을 동시에 바라볼 수 있었다고 한다. 중국 역사상 최초의 전쟁이라고 할 수 있는 치우蚩尤와의 싸움에서 승리하면서 중원지역을 평정하였고, 이를 통해 중국민족의 활동 무대를 확보하였다. 이 때문에 중국인들은 자신들을 황족黃族의 후예로 여기고, 중국문화를 황색문명黃色文明이라고 하였다.

22) 봉선封禪의식을 치른 것을 비유한다. 태산에 올라 제단을 마련하여 하늘에 제사 지내는 것을 '봉封'이라 하고, 태산 남쪽의 양보산에서 땅에 제사 지내는 것을 '선禪'이라고 한다. 이를 합쳐서 지칭한 것으로, 중국의 봉건 왕들이 하늘과 땅에 제사 지내는 의식이다.

23) 용의 한 종류로, 뱀과 비슷하며 다리가 넷 달렸다는 상상 속의 동물이다.

24) 전쟁과 혼란을 좋아하다 황제에게 패한 구려족九黎族 부락의 추장이다. 《사기》 〈오제본기五帝本紀〉에 자세한 내용이 실려 있다.

랑이와 이리 떼가 앞에 있었고, 귀신들이 뒤를 따르고, 등사騰蛇[25]는 땅에 엎드려 있었고, 봉황은 하늘을 덮었으며 귀신들이 크게 모이게 하고 나서야 청각의 곡을 지었습니다. [그렇지만] 지금 우리 군주께서는 덕이 부족하시니 듣기에는 족하지 않습니다. 만일 들으셨다가는 화가 미칠까 두렵습니다."

평공이 말하였다.

"과인은 늙었으며 좋아하는 것이라곤 음악뿐이니 원컨대 꼭 들었으면 하오."

사광은 마지못해 그것을 연주하였다. 한 번 연주하자 검은 구름이 서북쪽에서 일어났고, 거듭 연주하자 큰바람이 불고 큰비가 쏟아져 휘장을 찢고 제사 그릇을 깨뜨리며 회랑의 기와를 떨어뜨리자 앉아 있던 사람들이 혼비백산해 달아났으며 평공도 두려워 궁정의 내실로 가서 숨었다.

그 뒤 진나라는 크게 가물어 벌거숭이 땅이 3년이나 지속되었다. 평공의 몸도 마침내 중한 병에 걸렸다. 그러므로 말하기를, 다스리는 데 힘쓰지 않고 음악을 좋아함이 그칠 줄 모르면 자신을 막다른 상태에 빠지게 한다고 하는 것이다.

25) 용의 한 종류이다. 비늘이 있고 구름을 타고 날아오르며 뱀의 모습을 한 전설 속의 동물이다.

탐욕스럽고 괴팍하여 몰락을 자초한 지백요

무엇을 가리켜 탐욕스럽고 괴팍하다고 말하는가?

예전에 지백요智伯瑤가 조趙·한韓·위魏나라[의 군사]를 이끌고 범씨范氏와 중항씨中行氏를 쳐서 멸망시켰다.[26] [그가 자기 나라로] 돌아와 병사들을 쉬게 한 지 여러 해가 되자 한나라에 사신을 보내 영토를 요구하였다. 한강자韓康子[27]는 주지 않으려고 하였으나 단규段規가 간언하였다.

"주지 않을 수는 없습니다. 지백의 사람됨이 이로움을 좋아하고 오만무도합니다. 그가 땅을 요구하러 왔는데 주지 않는다면 반드시 한나라로 군대를 옮겨 공격해올 것입니다. 군주께서는 그에게 땅을 주십시오. 왕께서 땅을 주면 이것이 버릇이 되어 또 다른 나라에도 땅을 바치라고 할 것입니다. 그 나라 중에는 반드시 지백의 말에 복종하지 않는 나라가 있을 것이고, 지백은 반드시 그 나라를 침공할 것입니다. 그와 같이 하면 한나라는 재난을 피할 수 있을 것입니다. 사태의 추이를 지켜보십시오."

한강자가 말하였다.

"그렇게 하겠소."

이에 사자를 보내 만 가구의 현 하나를 지백에게 바쳤다. 그러자

26) 본래 '중항中行'이란 춘추시대 진晉나라 군대의 편제 이름으로 옛날에는 천자라야 육군六軍을 둘 수 있어 진나라는 상·중·하 삼군三軍 이외에 다시 중항中行·좌항左行·우항右行을 별도로 두어 육군을 피한 것이다. 그러므로 이 당시 상황을 구체적으로 보면 진晉나라에는 범씨范氏·중항씨中行氏·지씨智氏·위씨魏氏·조씨趙氏·한씨韓氏 등 육경이 있었다. 후에 지씨·위씨·조씨·한씨가 공동으로 범씨와 중항씨를 정벌하여 멸망시키고 그 땅을 나누어 가졌다.

27) 춘추시대 때 진晉나라의 경卿으로, 이름은 호虎이다.

지백은 기뻐하였다.

지백은 또 위나라에 사람을 보내 땅을 바치라고 요구하였다. 위선자(魏宣子, 진晉나라 육경 중 한 사람)는 땅을 바치지 않으려고 하였다. 조가(趙葭, 위나라 환자桓子의 모신謀臣)가 간언하였다.

"지백이 한나라에 땅을 요구했을 때 한나라는 그에게 땅을 내주었습니다. 지금 위나라에게도 바치라고 요구하고 있는데 만약 주지 않는다면 위나라는 안으로는 스스로 강하다고 여기지만 밖으로는 지백의 화를 불러올 것입니다. 만일 주지 않으면 반드시 위나라를 침공해올 것이므로 주는 것만 못합니다."

위선자는 허락하고 사람을 시켜 만 가구의 현 하나를 지백에게 바쳤다.

지백은 또 조나라로 사신을 보내 옛날 채고랑蔡皐狼 땅을 요구했으나 조양자趙襄子는 주지 않았다. 그러자 지백은 은밀히 한나라·위나라와 조약을 맺고 조나라를 치고자 하였다. 조양자는 장맹담張孟談을 불러 말하였다.

"지백의 사람됨은 겉으로는 친한 척해도 마음속으로는 거리를 두는 성품이오. 그는 세 차례나 한나라와 위나라에는 사신을 보내면서도 과인에게는 보내지 않으니 필경 과인의 나라를 침공할 것이 분명한데, 이제 우리는 어디를 근거지로 삼으면 좋겠소?"

장맹담이 말하였다.

"무릇 동알우董閼于[28]는 조간자趙簡子[29]의 유능한 신하로 진양晉陽

28) 춘추시대 때 조간자趙簡子의 가신으로, 간자를 위하여 진양을 다스렸다.

29) 간주簡主라고도 하며, 조양자의 아버지이다. 진晉나라의 경卿으로 기원전 517년부터 기원전 458년까지 거의 60년간 재위한 실력자이다.

지방의 수령으로 있을 때 그곳을 잘 다스렸으며, 윤탁尹鐸이 이어받아 또 잘 다스렸기 때문에 아직까지 그 교화가 남아 있습니다. 왕께서는 진양을 근거지로 삼으시면 될 것입니다."

군왕(조양자)이 말하였다.

"허락하겠소."

이에 연릉생延陵生을 불러 거기장군車騎將軍으로 임명해 먼저 진양으로 향하게 하고 군왕이 그 뒤를 따랐다. 군왕이 도착해 진양의 성곽과 각 관청의 창고를 점검해보았다. 그러나 성곽은 견고하지 않았고 창고에는 식량이 없었으며, 관청에는 저축해놓은 돈도 없고 갑옷이나 무기도 없었으며, 성을 방어하는 시설조차 없었다. 양자는 두려워서 곧바로 장맹담을 불렀다.

"과인이 성곽과 각 관청을 점검해본 결과 갖추어져 있는 것이라고는 아무것도 없는데, 장군은 어떻게 적과 상대할 수 있겠소?"

장맹담이 대답하였다.

"소신이 듣건대, 옛 성인들은 정치를 펴면서 재물을 백성들에게 두지 관의 창고에 쌓아두지 않는다고 하였으며, 백성들을 가르치는 데 힘쓰지 성곽을 수리하는 일은 중시하지 않는다고 하였습니다. 왕께서는 지금 명령만 내리시면 백성들은 3년간 먹을 양식만을 남기고 나머지는 관의 창고로 옮겨올 것이고, 돈도 3년간 쓸 현금만을 남기고 나머지는 관청으로 가져올 것이며, 또 집안일에 꼭 필요한 인력만 남기고 나머지 사람은 모두 성곽을 수리하는 일에 참가하러 올 것입니다."

그날 저녁 군왕이 명령을 내리자 이튿날 창고에는 식량을 더 이상 쌓을 수 없을 정도가 되었고, 돈은 받아놓을 곳이 없을 만큼 모였으며, 무기도 더 받을 수 없을 정도가 되었다. 닷새 만에 성곽 보수가 끝났으며 방어시설의 설치도 완료되었다. 군왕은 장맹담을 불러 물었다.

"우리 성곽은 수리가 끝났고 방어진이 구축되었으며 돈과 양식도 충분하고 갑옷과 무기도 넉넉하오. 그러나 화살이 없으니 이를 어쩌면 좋겠소?"

장맹담이 말하였다.

"신은 지난날 동알우가 진양을 다스릴 때는 공궁公宮의 담을 모두 갈대나 쑥대, 가시나무로 엮어 만들었다고 들었습니다. 그 높이가 열 자가량 되니 왕께서는 이를 잘라서 사용하십시오."

그의 말대로 화살을 만들어 써보니 균로(菌簬, 대나무)에 견줄 수 없을 만큼 견고하였다. 군왕이 물었다.

"화살은 이것으로 충분하지만 화살촉은 어찌해야 하오?"

장맹담이 말하였다.

"신은 동선생이 진양晉陽을 다스릴 때 관저와 사택에 있는 기둥의 주춧돌을 모두 동銅으로 만들었다고 들었습니다. 왕께서는 이를 뽑아서 사용하십시오."

그의 말대로 이를 파서 사용했더니 동이 남았다.

호령號令이 정비되고 방어진이 모두 완비되었을 무렵 과연 세 나라의 군대가 이르렀다. 동맹군은 진양의 성벽을 공격했으나 석 달이 지나도록 함락시키지 못하였다. 그래서 동맹군은 군사들을 풀어 성을 포위한 채 진양성 옆으로 흐르는 강줄기를 터서 성 안으로 흘러들어가게 하였다. 진양성을 포위한 지 3년이 되자 성 안에서 나무 위에 움집을 짓고 솥을 걸어 밥을 지어왔던 조나라 백성들은 돈과 식량이 떨어졌고 병사나 벼슬아치들도 병들어갔다. 양자가 장맹담에게 말하였다.

"식량과 재력이 떨어졌고 벼슬아치와 병사들도 병들어가니 우리는 버틸 수 없을 것 같소. 항복하려고 하는데 어느 나라에 항복하는 것이 좋겠소?"

장맹담이 말하였다.

"신이 듣건대, '망할 나라를 지켜내지 못하거나 위급함을 안전함으로 바꾸지 못한다면 지략이 있는 자들을 중시할 필요가 없다.'고 하였습니다. 왕께서는 지금 계략을 잘못 생각하고 계십니다. 신이 은밀히 한나라 왕과 위나라 왕을 만나보고자 하니 허락해주십시오."

장맹담은 한나라 왕과 위나라 왕을 만났다.

"신은 입술이 없으면 이가 시리다(脣亡齒寒)[30]는 말을 들었습니다. 지금 지백이 한나라와 위나라 두 왕을 거느리고 조나라를 공격해 우리나라는 거의 멸망할 지경에 이르렀습니다. 조나라가 망하면 다음은 두 분의 차례일 것입니다."

한나라 왕과 위나라 왕이 말하였다.

"우리도 그처럼 되리라 생각하오. 그렇지만 지백의 사람됨이 포악하고 인정이 야박하니 우리가 일을 도모했다가 발각되면 반드시 그 화가 이르게 될 것이오. 이렇게 되면 어쩌겠소?"

장맹담이 대답하였다.

"계획이 단지 두 분의 입에서 나와 소신의 귀로 들어왔을 뿐이니 다른 사람은 절대 알지 못할 것입니다."

이에 두 나라의 군대가 지백을 반역하기로 약속하고 장맹담과 더불어 거사 날짜를 결정하였다. 장맹담은 다시 야밤을 틈타 진양성으로 돌아가 두 왕이 모반에 동의했음을 보고하였다. 조양자는 장맹담을 맞아 두 번 절하고는 두려워하면서도 기뻐하였다.

한나라와 위나라 두 왕은 밀약을 맺고 장맹담을 돌려보낸 뒤 지백에게 조회하러 갔다가 나오는 중에 우연히 군문軍門 밖에서 지과智過[31]를 만났다. 지과는 그들의 낯빛에 수상쩍은 점이 있다고 여겨

30) 이와 비슷한 상황이 《춘추좌씨전》〈희공〉 5년조에 나온다. 진晉나라 헌공은 괵나라를 칠 야심을 품고 있었는데, 괵나라를 치려면 반드시 우虞나라를 지나쳐야만 하였다. 헌공은 임시방편으로 우나라와 형제의 의를 맺으려고 진귀한 보물을 보내고 아울러 자기 군대가 그곳을 지나가도록 허락해달라고 요청했는데 그때 우나라 현인 궁지기宮之奇가 이렇게 말하였다. "괵나라는 우리 우나라의 변방입니다. 만일 괵나라가 망하면 우나라도 망하게 될 것입니다. 진나라에 길을 열어주어서는 안 되며 도적과 친할 수는 없습니다. 한 번도 지나치다고 말할 수 있는데, 어찌 두 번 다시 할 수 있겠습니까? 속담에 '수레의 짐받이 판자와 수레바퀴는 서로 의지하고 있고, 입술이 없으면 이가 시리다.〔輔車相衣, 脣亡齒寒〕'라는 말이 있습니다. 바로 괵나라와 우나라의 관계가 그렇습니다." 그러나 우나라 왕은 "진나라는 우리와 동성同姓인데 어찌 우리를 해치겠는가?"라며 궁지기의 간언을 듣지 않았다. 이미 감언과 뇌물로 헌공에게 마음을 빼앗기고 있었기 때문이다. 궁지기는 어리석은 왕을 안타까워하며 가족들을 이끌고 우나라를 떠났다. 이때 그는 이런 말을 하였다. "우나라는 섣달을 넘기지 못할 것이다." 진나라 군대는 궁지기의 예견대로 12월에 괵나라를 정벌하고, 돌아오는 길에 우나라에 머물다가 우나라마저 공격해 차지하였다.

지백을 만나러 들어갔다. 지과가 말하였다.

"그들의 표정을 보니 장차 마음을 바꿀 뜻이 있는 듯합니다."

그러자 지백이 말하였다.

"어째서 그렇게 보았소?"

지과가 말하였다.

"그들의 행동이 방자하고 기세등등하며 여느 때의 태도와 같지 않았습니다. 주군께서 먼저 손을 쓰는 것이 좋겠습니다."

지백이 말하였다.

"나와 그들과의 맹약[32]은 굳건하오. 조나라를 쳐부수고 나서 그 땅을 셋으로 나누기로 하였소. 과인이 그들을 가까이 대하고 있으니 결코 나를 속이지 않을 것이오. 우리 군대가 진양을 포위한 지 3년이나 되었고 머지않아 성이 함락되면 그 모든 성과를 누리게 될 것인데, 어찌 다른 마음을 갖겠소? 절대 그러지 않을 것이오. 그대는 의심을 풀고 걱정하지 마시오. 그리고 그런 말을 입에 담지 마시오."

이튿날 아침 한나라와 위나라 두 왕은 지백에게 조회하고 나오는 길에 또다시 군문 앞에서 지과와 마주쳤다. 지과는 들어와 지백을 알현하고 물었다.

"주군께서는 어제 했던 신의 진언을 그들에게 말씀하셨습니까?"

지백이 말하였다.

"그것을 어떻게 알았소?"

31) 진晉나라 대부로 지백智伯의 신하이다. 지과知過 혹은 지과智過로 되어 있는 판본도 있으며, 이 편의 뒷부분에도 나와 있듯이 나중에 보씨輔氏로 바꾸어 보과輔過라고도 한다.

32) 고대 사람들은 피를 입술에 묻히거나 마셔 맹세를 하였다. 제왕들은 소와 말의 피를 사용했고, 제후들은 돼지와 개의 피를, 대부 이하는 닭의 피를 사용하였다.

지과가 대답하였다.

"오늘 두 왕이 조회하고 나오는 길에 신을 보더니 낯빛이 바뀌며 저를 주시하였습니다. 이는 반드시 어떤 변심이 있는 것이니 주군께서는 곧바로 그들을 처형하는 것이 좋겠습니다."

지백이 말하였다.

"그대는 더 이상 거론하지 마시오."

지과가 말하였다.

"안 됩니다. 반드시 그들을 처단하십시오. 만일 그렇게 하실 수 없다면 그들을 더욱 가까이하십시오."

지백이 물었다.

"가까이하라니, 어째서요?"

지과가 말하였다.

"위선자의 참모는 조가이며, 한강자의 참모는 단규입니다. 이들은 모두 그 군주의 계획을 바꿀 수 있습니다. 주군께서는 조나라를 격파하고 나면 그 둘을 저마다 만 가구의 현에 봉한다고 약속하십시오. 그렇게 하면 이들 두 군주의 마음은 바뀌지 않을 수 있습니다."

그러나 지백이 말하였다.

"조나라를 격파하고 나서 그 땅을 셋으로 나누기로 하였소. 또 두 사람에게 저마다 만 가구의 현을 준다면 내가 얻는 것이 적으니 그렇게 할 수 없소."

지과는 자신의 말이 받아들여지지 않자 물러나와서 성을 보輔씨로 고쳤다. 약속한 날 밤이 되자 조씨는 지백이 만든 수로의 제방을 지키는 파수병을 쏘아 죽이고 물줄기를 지백의 진영으로 흐르게 하였다. 지백의 군대는 물줄기를 잡느라 혼란스러웠고, 한나라와 위나라가 양옆에서 공격하였다. 조양자는 병사들을 이끌고 앞에서 습격해 지백의 군사를 크게 쳐부수고 지백을 사로잡았다. 지백은 자신을 죽음에 이르게 하고 군대도 잃고 나라도 셋으로 분할되어 천하의 웃음거리가 되었다. 그래서 이렇게 말한 것이다.

"탐욕스럽고 괴팍하며 이익만 좋아하는 것은 나라를 멸망시키고 목숨을 잃게 되는 근원이 된다."

무희와 음악에 빠져 국정을 돌보지 않은 융왕

무엇을 가리켜 여악에 빠졌다고 말하는가?

옛날에 서융西戎의 왕이 유여由余[33]를 진秦나라에 사신으로 보냈다. 진나라의 목공穆公[34]이 그에게 물었다.

"과인은 일찍이 [나라를 다스리는] 도道에 대해서는 들어보았으나

---

33) 그의 선조는 진晉나라 사람이었으나 융戎나라로 망명한 현인이다. 융왕은 그를 진秦나라로 보내 그곳의 상황을 살펴보도록 하였다. 진나라 목공穆公은 유여由余에게 진나라의 화려한 궁궐과 쌓아 놓은 재물을 보여주어 국력을 과시하려고 하였다. 그러나 유여는 오히려 이렇게 비웃었다. "만일 이것을 귀신이 만든 것이라면 귀신을 수고롭게 한 것이고, 사람들을 써서 만든 것이라면 백성을 해롭게 하였을 것입니다." 그러자 진나라 목공은 유여의 재능을 알아보고 머물러 있게 한 뒤 융왕에게 여자와 가무단을 보내 유여와 관계를 끊도록 하였다. 유여는 서융으로 돌아온 뒤 여러 차례 간언했지만 융왕은 받아들이지 않았다. 그래서 유여는 진나라로 투항하여 목공을 도와 서융을 쳤다. 결국 그는 진나라 목공을 도와 융지방의 12개 나라를 정벌하고 서방의 패주가 되게 하는 데 일등공신이 되었다.

실제로 그렇게 되는 상황을 직접 본 적은 없소. 옛날의 현명한 군주들이 나라를 얻고 잃었던 까닭이 대부분 무엇 때문이었는지를 듣기 원하오."

유여가 대답하였다.

"신이 일찍이 들은 바로는 항상 검소하면 나라를 얻게 되고 사치하면 나라를 잃게 된다고 하였습니다."

목공이 말하였다.

"과인은 체면을 차리지 않고 그대에게 도에 대해 물었거늘, 그대는 과인에게 검소함에 대해서만 대답하는 것은 무슨 까닭이오?"

유여가 대답하였다.

"신이 듣건대 옛날 요堯임금[35]이 천하를 다스릴 때는 흙으로 만든 그릇에 밥을 담아 먹었으며, 흙으로 만든 병에 물을 담아 마셨다고 합니다. [그런데도] 영토가 남쪽으로는 교지交趾에 이르고 북쪽으로는 유도幽都에 이르며, 동쪽과 서쪽으로는 태양과 달이 뜨고 지는 곳까지 미쳤으니 복종하지 않는 사람이 없었습니다. 요임금이 천하를 선양하자 순舜임금[36]이 그것을 받았으며, 순임금은 식기를 만들기 위해 산의 나무를 베어 재료로 삼아 자르고 간 자국을 가리기 위해 그 위에 옻칠을 하여 궁궐에서 식기로 썼습니다. 그러자 제후들은 사치가 지나치다고 여겨 복종하지 않는 나라가 열셋이나 되

34) '인재개방론'으로 유명한 왕으로, 그에 대해 이사는 "옛날 목공은 인재를 구하여 서쪽으로는 융에서 유여를 데려왔고, 동쪽으로는 완宛에서 백리해를 얻었으며, 송에서 건숙蹇叔을 맞이하였고, 진晉나라에서 비표丕豹와 공손지公孫支를 오게 하였습니다. 이 다섯 사람은 진秦나라에서 태어나지 않았지만, 목공은 이들을 중용하여 스무 나라를 병합하고 드디어 서융에서 우두머리가 되었습니다."(《사기》〈이사열전〉)라고 하였다.

35) 중국 고대 전설 속 도당씨陶唐氏 부락의 우두머리로, 덕으로 나라를 다스린 성군으로 손꼽힌다.

었습니다. 순임금이 천하를 선양해 우禹임금[37]에게 전해지자 우임금은 제기를 만들었는데, 그릇의 겉에는 검은 옻칠을 하고 안에는 붉은색으로 그림을 그렸으며, 무늬를 넣지 않은 흰 비단으로 침구를 만들었습니다. 또 물풀인 장초蔣草로 자리를 만들고 가장자리에는 아름다운 수술을 달았으며, 술잔마다 색칠을 하고 접시마다 문양을 넣었습니다. 이와 같이 사치가 더욱 심해지자 복종하지 않는 나라가 서른셋이나 되었습니다. 하夏왕조가 망하고 은殷왕조가 계승하자 천자의 수레가 지나다니는 큰길을 만들고 아홉 개의 깃발을 세웠습니다. 그릇에 조각을 새겨 넣고 술잔에 모양을 새겼으며, 네 벽면에는 칠을 하였고 자리와 침구에도 무늬를 넣었습니다. 이처럼 사치가 더욱 심해지자 복종하지 않는 나라가 쉰셋이나 되었습니다. 귀족들은 모두 훌륭히 치장하는 것만 알았으니 그에 복종하려는 사람들이 갈수록 줄어들었습니다. 그래서 신은 검소함이 나라를 얻는 도라고 말씀드린 것입니다."

유여가 나가자 목공은 곧 내사內史[38]인 요廖를 불러 말하였다.

"과인은 이웃 나라에 성인이 있으면 적국에는 근심거리가 된다고 들었소. 이제 보니 유여는 성인이오. 과인은 이 일이 염려되는데, 앞으로 어쩌면 좋겠소?"

내사 요가 대답하였다.

"신이 듣건대 융왕이 기거하는 곳은 외지이고 누추하며 거리도

---

36) 중국 고대 전설 속 우씨虞氏 부락의 우두머리로, 요임금과 함께 이상적인 군주의 모범으로 일컬어진다.

37) 하후씨夏后氏 부락의 우두머리로, 하나라의 시조이다. 그는 홍수를 다스려 민심을 얻었으며, 중국 역사상 최초의 통치자가 되었다.

38) 군주를 도와 책명策命이나 점占을 담당하던 벼슬아치이다.

멀어서 중원의 음악을 들어본 적이 없다고 합니다. 왕께서는 융왕에게 무희와 여악을 보내어 정치를 어지럽게 한 뒤 유여가 돌아가게 될 날을 늦춰달라고 요청하면 그가 융왕에게 간언할 시간이 없을 것입니다. 그렇게 하면 군주와 신하 사이에 틈이 생길 테니 그런 다음에 계책을 도모하십시오."

군왕(목공)이 말하였다.

"알겠소."

그러고는 내사 요를 시켜 무희 16명을 융왕에게 보냈다. 그리고 유여의 귀국일을 늦춰줄 것을 요청하니, 융왕은 별생각 없이 허락하였다. 융왕은 무희들을 보고 기뻐하며 주연을 열고 날마다 음악만 들으며 한 해가 지나도록 자리를 옮기지 않아 소와 말이 반이나 죽었다.

유여는 그제야 돌아와 융왕에게 간언했으나 융왕은 받아들이지 않았고, 유여는 마침내 그곳을 떠나 진나라로 들어갔다. 진나라 목공은 그를 맞아 가장 고귀한 지위인 상경上卿[39]의 벼슬자리를 내렸다. 그러고는 융나라의 군사력과 지형을 물은 뒤 군사를 일으켜 정벌하니, 12개의 나라를 손에 넣고 땅은 천 리나 넓힐 수 있었다. 그래서 이렇게 말한 것이다.

"여악과 음악에 빠져 나라의 정치를 돌보지 않는 것은 나라를 망치는 화가 된다."

---

39) 상경上卿은 주나라 때의 벼슬제도에서 나온 것으로, 당시 제후들은 모두 경卿을 설치하였다. 이 경은 상·중·하 세 등급으로 구분되며 그 중 상경은 나라에서 가장 존귀한 대신을 말한다.

무엇을 가리켜 도성을 떠나 먼 곳까지 유람한다고 말하는가?

옛날 전성자田成子[40]가 바닷가에서 놀다가 그것을 즐거워하고는 대부들에게 영을 내려 말하였다.

"돌아가자고 말하는 자가 있으면 사형에 처하겠다."

안탁취顔涿聚가 말하였다.

"군주께서 바다에서만 놀며 이를 즐거워하고 계실 때에 어떤 신하가 나라를 도모하려고 하면 어찌하시렵니까? 군주께서는 비록 이것을 즐길지라도 [나라를 잃고 나면] 장차 어디로 가시겠습니까?"

전성자가 말하였다.

"과인은 돌아가자고 말하는 자는 사형에 처한다고 명하였다. 그대는 지금 과인의 명령을 어겼노라."

[그러고는] 창으로 그를 찌르려고 하자 안탁취가 말하였다.

"옛날 하나라의 폭군 걸桀왕이 관용봉關龍逢을 죽이고, 은나라의 폭군 주왕紂王이 왕자 비간比干을 살해했는데, 이제 왕께서 신을 죽이신다면 직언을 하다 죽임을 당한 세 번째 충신으로 길이 남게 될 것입니다. 신은 나라를 위해 말씀드린 것이지 제 자신을 위해 그런 것이 아닙니다."

[그러고는] 목을 길게 빼고 앞으로 나서며 말하였다.

"왕께서 제 목을 치십시오."

40) 제3편 주 21에서 말한 제齊나라 전상田常의 시호이다.

군주는 곧 창을 버리고 수레를 몰아 [궁궐로] 돌아갔다. 사흘이 지난 뒤 도성 사람들 중 자신을 수도로 돌아오지 못하게 하려고 모의한 자가 있었음을 알게 되었다. 전성자가 제나라를 계속 유지할 수 있었던 것은 안탁취의 능력 때문이었다. 그래서 이렇게 말한 것이다.

"도성을 떠나 먼 곳에까지 놀러 다니는 것은 몸을 위태롭게 하는 길이다."

제환공이 죽어 시체도 거두어지지 못한 이유

무엇을 가리켜 잘못이 있는데도 충신의 말을 듣지 않는다고 말하는가?

옛날에 제나라 환공桓公은 아홉 차례나 제후들과 회맹하여 한 번에 천하를 바로잡음으로써 다섯 패자霸者[41]의 우두머리가 되었고, 관중管仲이 그를 보좌하였다. 관중이 늙어 국정을 관장하지 못하게 되자 물러나 집에서 쉬고 있었다. 환공이 찾아가 관중에게 물었다.[42]

"중보仲父께서는 병들어 집에 계신데, 불행히도 이 병 때문에 자리에서 일어나지 못하게 된다면 정사를 누구에게 맡기려[43] 하오?"

관중이 대답하였다.

---

41) 패자는 본래 패도霸道로써 제후들의 우두머리가 된 자를 가리킨다. 여기서 패도란 인仁과 의義를 가볍게 보고, 권모술수와 무력을 숭상하는 것으로서 왕도王道와는 상반되는 의미이다. 춘추전국시대에 여러 제후국들 간에 전쟁이 끊이지 않았던 것도 제후들이 대부분 패도를 숭상하였기 때문이다.

"신은 늙었으니 물어보실 것도 못 됩니다. 그렇지만 신이 듣기로는 신하를 잘 아는 데는 그 왕만 한 사람이 없으며, 자식에 대해 잘 아는 것은 그 아비만 한 이가 없다고 합니다. 군왕께서는 마음속에 결정하고 있는 바를 시험 삼아 말씀해보십시오."

환공이 말하였다.

"포숙아鮑叔牙[44]는 어떻소?"

관중이 말하였다.

"안 됩니다. 포숙아는 사람됨이 지나치게 곧고 고집이 세며 일처리에 너무 과격한 면이 있습니다. 강직하면 백성들에게 포악하게 나설 우려가 있고, 고집이 세면 백성들의 마음을 잃게 되며, 과격하면 아랫사람들이 등용되기를 꺼릴 것입니다. 그는 마음에 두려워하는 바가 없으니 패왕의 보좌역이 아닙니다."

환공이 또 물었다.

"수조豎刁는 어떠하오?"

관중이 말하였다.

42) 다음 대화는 사마천의 《사기》 〈제태공세가〉에도 비슷한 문장으로 나오는데, 여기의 내용이 좀더 구체적이고 긴 문장으로 구성되어 있다. 문답 내용은 크게 다르지 않다. 이 당시 시대적 배경은 사마천의 기록대로 "[환공] 41년, 진秦나라 목공이 진晉나라 혜공惠公을 사로잡았다가 다시 돌려보내주었다. 같은 해 관중과 습붕隰朋이 모두 세상을 떠났다."(〈제태공세가〉)라고 하였듯이 대략 그 시점인데, 문제는 관중이 자신의 후임으로 추천한 습붕 역시 관중과 동시대에 죽은 것으로 기록되어 있어 이 문답의 전후 맥락을 좀 더 살펴봐야 할 필요성이 있다는 점이다.

43) 원문의 '遷(천)'을 번역한 것으로, '옮겨가다'라는 의미인데 여기서는 어감상 이같이 번역한 것이다.

44) 춘추시대 제나라의 대부로 공자인 소백을 모시고 거莒 땅으로 피신하였다. 바로 이 소백이 뒤에 즉위한 환공이다. 환공이 즉위하자마자 그를 재상으로 임명하려고 하였지만, 그는 사양하고 반대파였던 관중을 추천하였다. 유명한 '관포지교管鮑之交'의 주인공이다.

"안 됩니다. 사람의 본성이란 누구나 자기 몸을 아끼기 마련입니다. 군주께서 질투심이 강하고 여색을 매우 좋아하자 수조는 스스로 거세하여 [내시가 되어] 후궁들을 관리하였습니다. 자신의 몸을 아끼지 않는 자가 어찌 그의 왕을 사랑할 수 있겠습니까?"

환공이 또 물었다.

"그렇다면 위衛나라의 공자 개방開方은 어떠하오?"

관중이 대답하였다.

"안 됩니다. 제나라와 위나라 사이는 열흘이면 갈 수 있는 거리에 불과합니다. 개방은 군왕을 섬긴다는 이유로 그 비위를 맞추려고 15년 동안이나 자신의 부모를 찾지 않았으니 이는 사람의 정서에 어긋나는 일입니다. 자신의 부모를 가까이하지 않으면서 또 어찌 군왕을 가까이할 수 있겠습니까?"[45]

환공이 물었다.

"그렇다면 역아易牙는 어떻소?"

관중이 대답하였다.

"안 됩니다. 역아는 군주의 미각만을 위할 뿐입니다. 군왕께서 맛보지 못한 것은 사람고기뿐이라고 하자, 역아는 자기 맏아들의 머리를 삶아 바친 것을 군왕께서는 알고 계신 바입니다. 인간의 정서상 자기 자식을 사랑하지 않는 자가 없습니다만, 지금 그 자식을 삶아 요리를 하여 군왕께 바쳤으니, 자기 아들을 사랑하지 않으면서 또 어찌 왕을 사랑할 수 있겠습니까?"[46]

---

45) 개방開方에 대한 이와 비슷한 말이 《사기》 〈제태공세가〉에 "어버이를 거스르고 왕에게 맞추려고 하였으니 인간의 정서에 어긋납니다. 가까이하기 어렵습니다."라고 나온다.

공이 말하였다.

"그렇다면 누가 좋겠소?"

관중이 말하였다.

"습붕隰朋[47]이면 좋습니다. 그는 사람됨이 안으로는 굳은 마음을 지녔고, 밖으로는 청렴하며 욕심이 적고 신의가 두텁습니다. 안으로 마음이 굳건하므로 표준으로 삼을 만하며, 밖으로는 청렴하므로 큰일을 맡길 수 있습니다. 또 욕심이 적으므로 백성들을 다스릴 수 있고, 신의가 두터우니 이웃 나라들과 친교를 맺을 수 있습니다. 이것이 패왕을 보좌할 사람이 갖추어야 할 조건일 것입니다. 왕께서는 그를 등용하십시오."

군주(환공)가 말하였다.

"좋소."

1년이 지나 관중이 죽었으나 군주는 습붕을 등용하지 않았고 수조에게 [자리를] 내주었다. 수조가 나라를 관장한 지 3년이 되었을 때 환공은 남쪽 당부堂阜에서 순유하고 있었다. 그때 수조가 역아와 위나라 공자 개방과 대신들을 이끌고 반란을 일으켰다. 환공은 목마르고 굶주린 채 남문의 침궁寢宮에 갇혀 죽었다. 환공이 죽은 지 석 달이 지나도록 시신을 거두지 않아서 벌레가 [시체에서] 문밖으로 기어나올 정도였다. 그러므로 환공의 군대는 천하를 주름잡고 자신은 다섯 패자의 우두머리가 되었지만, 마침내 신하들에게 시해

46) 이와 비슷한 말이 《사기》 〈제태공세가〉에 "자식을 죽여 임금의 뜻에 맞추려고 하였으니 인간의 정서에 어긋납니다. 안 됩니다."라고 나온다.

47) 제나라 장공莊公의 증손자이며 환공 때의 현명한 경대부卿大夫로 자세한 사적은 알려져 있지 않다.

당하고 고귀한 명성을 잃었으며 [자신은] 천하의 웃음거리가 되었으니 무엇 때문인가? 관중의 충언을 받아들여 쓰지 않은 잘못 때문이다. 그래서 이렇게 말하는 것이다.

"잘못이 있으면서도 충신에게 듣지 않고 독선적으로 그 뜻대로만 처리한다면, 고귀한 명성을 잃고 사람들의 비웃음을 당하는 시작이 된다."

외세의 힘을 빌리면 영토를 잃게 된다

무엇을 '안으로 [자기 나라의] 역량을 헤아리지 않는다.'고 말하는가?

예전에 진秦나라가 한韓나라의 의양宜陽을 공격하자 한씨(韓氏, 한나라)는 다급해졌다. 공중붕公仲朋[48]이 한나라의 군주에게 말하였다.

"같은 편인 나라도 믿을 수 없습니다. 어찌 장의張儀[49]를 통해서 진나라에 화친을 구하는 것만 같겠습니까? 큰 도읍을 뇌물로 바치고 남쪽으로 [함께] 초나라를 치자고 한다면, 이는 진나라로부터의 재난에서 벗어나 그 피해를 초나라로 떠넘기는 것입니다."

군주가 말하였다.

48) 한나라 왕의 일족으로, 그 당시 재상으로 있었다.

49) 전국시대 위魏나라 사람이다. 유명한 변론가이며 외교관으로 합종책合從策을 주장한 소진蘇秦과 함께 귀곡선생鬼谷先生 문하에서 공부하였다. 진秦나라 혜문왕惠文王 10년에 진나라의 재상이 되어 연횡책連衡策을 부르짖어 다른 제후국들이 진나라를 섬기게 하였다. 장의張儀는 진나라에 대항하기 위해 나머지 여섯 나라가 합종으로 맞서는 전략을 짜자 각 나라와 개별적으로 동맹을 맺어 합종을 깨뜨리고, 제나라와 초나라를 이간시키는 방법을 써서 진나라가 천하를 통일하는 데 결정적인 역할을 하였다. 이 공으로 무신군武臣君에 봉해졌다. 나중에 위나라로 돌아와 재상이 되었다.

"좋소."

곧 공중붕이 가는 길을 단도리하여 보내 장차 서쪽의 진나라와 화친을 맺도록 하였다. 초나라 왕은 그 소식을 듣고 걱정이 되어 진진陳軫[50]을 불러 말하였다.

"한나라의 공중붕이 서쪽 진나라와 화친하려는데 장차 어찌하면 좋겠소?"

진진이 말하였다.

"진나라가 한나라로부터 도읍 하나를 얻은 뒤 정예 군사를 이끌고 한나라와 연합해 남쪽의 초나라를 공격하려는 것은 진나라 왕들이 종묘에 빌며 기원하던 것이므로, 그들이 [우리] 초나라에 끼칠 피해는 필연적인 것입니다. 왕께서는 급히 사신을 보내어 수레마다 폐백을 두텁게 하여 한나라 왕에게 바치면서 '저희 나라가 비록 작지만 [도우려고] 군대를 모두 일으켰으니, 바라건대 [귀] 대국大國으로서의 신의를 진나라에 뜻대로 펴시기 바랍니다. 그러니 대국의 사신을 [우리] 국경으로 들여보내 초나라 군대의 출동 상황을 살펴보시기 바랍니다.'라고 말씀하십시오."

한나라는 초나라로 사신을 보냈고, 초나라 왕은 수레와 기마를 이끌고 북쪽으로 가는 길목[51]에 진영을 구축하게 하고는 한나라의 사자에게 일렀다.

50) 전국시대의 뛰어난 변설가로 명성이 높았던 인물로, 유세가로서 장의와 함께 진秦나라 혜왕惠王을 섬긴 중요한 인물이다. 그는 장의와 정치적 라이벌이었는데 혜왕이 자신을 받아주지 않자 초나라로 가려다가 혜왕이 잡는 바람에 다시 진나라에 남아 그를 위해 많은 일을 하였다. 처음에는 진秦나라, 다음은 초나라, 마지막에는 위魏나라에서 벼슬을 지냈다.

51) 원문의 '下路(하로)'를 번역한 것이다. '하下' 자는 '하夏'와 음이 통하므로 당시 지형의 구도에서 볼 때 초나라로 보면 북쪽의 의미가 된다.

"한나라 군주께 저희 나라의 군대가 지금 국경으로 들어가겠다고 보고해주십시오."

사자가 돌아와 한나라 군주에게 보고하자, 한나라 군주는 매우 기뻐하며 공중붕이 [진나라로 들어가는] 것을 중지시켰다. 공중붕이 말하였다.

"안 됩니다. 진나라는 실제 힘으로 우리를 해롭게 하는 것이고, 초나라는 허튼 말로 우리를 구원하겠다는 것인데, 초나라의 허튼 말을 듣고 강한 진나라로부터 닥칠 실제적인 화를 경시하는 것은 나라를 위태롭게 하는 뿌리입니다."

그러나 한나라 왕은 듣지 않았다. 공중붕은 화가 나서 자기 집으로 돌아가 열흘 동안 조정에 나가지 않았다. 의양宜陽의 상황이 급박해지자 한나라 군주는 급히 사자를 초나라로 파견해 구원병을 요청하는 사신을 계속 보냈지만 [원정군은] 끝내 오지 않았다. 마침내 의양은 함락되고 [한나라 군주는] 천하 제후들의 웃음거리가 되었다. 그래서 이렇게 말한 것이다.

"안으로는 역량을 헤아려보지 않고 다른 제후의 힘에 기대려고 하면 영토를 잃고 나라가 깎이는 우환이 생길 것이다."

무엇을 가리켜 나라가 작은데도 무례하다고 말하는가?

옛날 진晉나라의 공자 중이重耳[52]가 망명하여 조曹나라에 들렀을 때 조나라 왕은 그의 옷을 벗기고 그 몸을 관찰하였다.[53] 이부기釐負羈[54]와 숙첨叔瞻[55]이 앞에서 모시고 있다가, 숙첨이 조나라 왕에게 말하였다.

"신이 진나라 공자의 모습을 보니 보통 사람이 아닙니다. 군주께서는 그를 무례하게 대우하셨으니, 그가 만일 자기 나라로 돌아갈 기회가 생긴다면 군사를 일으킬 것이니 [우리] 조나라에 해가 될까 두렵습니다. 군주께서는 차라리 그를 죽여버리는 것이 좋겠습니다."[56]

---

52) 춘추시대 진晉나라 헌공의 아들이다. 헌공이 애첩 여희驪姬의 참소를 들어 태자 신생申生을 죽이고 여러 공자들을 죽이는 와중에 그 난을 피해 포성蒲城에 봉해지고 갖은 우여곡절과 19년간의 망명생활 끝에 진秦나라의 도움으로 귀국해 62세의 나이로 군주 자리에 올랐다.

53) 사마천은 이 상황을 다음과 같이 기록하였다. "조나라를 지나가는데 조나라 공공이 예를 갖추지 않고 중이의 나란한 갈빗대만 보려고 하였다."(《사기》〈진세가晉世家〉) 이 상황에서 이부기釐負羈는 조나라 공공에게 "진나라 공자는 어진데다가 또 같은 성씨이고 곤궁하여 우리나라를 지나게 되었는데 어찌하여 예의를 갖추지 않습니까?"라고 하면서 간언했으나 공공은 듣지 않았다고 사마천은 기록하고 있다. 한편, 중이는 갈빗대가 나란히 붙어 통뼈로 이루어진 기형이었다고 하는데, 공공이 그 사실을 확인해보려는 것이 아니라 모욕을 주려는 의도로 보인다. 한가지 덧붙이자면, 숙첨叔瞻은 정鄭나라 군주인 문공文公의 신하로서 한비자 역시 〈유로喩老〉 편에서 그가 정나라 군주에게 간언했다고 말하고 있어 여기에 나와 있는 내용과는 사실관계 측면에서 논란의 여지가 있음을 특기한다.

54) 《사기》〈진세가〉에 나오는 희부기僖負羈란 인물과 동일인으로, 조나라 공공의 대부大夫이다.

55) 여기의 숙첨을 '이부기'로 교열해야 한다고 진기유陳寄猷는 말하는데, 그의 취지는 뒤의 문장과의 맥락에서 볼 때 그렇다는 것이다. 그런데 필자가 보기에 조나라 왕에게 죽여버리라고 한 말은 숙첨이 한 말이고, 이부기는 곁에서 가만히 듣고 있었을 것이란 추론이 가능하므로 그냥 숙첨이 한 말로 보는 것이 마땅하다.

조나라 왕은 듣지 않았다. 이부기는 집에 돌아와서도 언짢아하였는데, 그의 아내가 그 이유를 물었다.

"당신은 밖에서 돌아온 뒤로 계속 언짢은 기색인데, 무엇 때문입니까?"

이부기가 말하였다.

"군주의 복은 신하에게 미치지 않으나, 군주의 화는 신하에게 미친다고 들었소. 오늘 우리 왕께서 진나라 공자를 불러 무례하게 그를 대했는데, 나도 그 앞에 있었소. 나는 그 때문에 언짢은 것이오."

아내가 말하였다.

"제가 보기에도 진나라의 공자는 만승지국의 군주이며, 좌우에서 따르는 자들은 만승지국의 재상이 될 만한 자들입니다. 지금은 곤궁하여 [본국을] 떠나 망명길에 우리 조나라에 들렀는데, 조나라가 그분에게 무례하게 대했습니다. 그분이 만일 자기 나라로 돌아간 뒤 무례했던 나라들을 정벌하게 되면 조나라가 그 처음에 해당될 것입니다. 당신께서는 어찌 스스로 다른 관계[57]를 맺어두지 않으십니까?"

---

56) 이와 관련된 내용이 《사기》 〈진세가〉에 나오는데, 진문공 중이가 정鄭나라에 들렀을 때의 일로 바로 아래의 숙첨의 말과 유사하게 나온다. "[중이가] 정나라에 들렀는데 문공文公은 그에게 무례하게 대하였다. 정나라의 대부 숙첨이 그의 군주에게 간언하였다. '진晉나라 공자는 어질고 그를 따르는 자들은 모두 나라의 재상감이며 또한 중이와는 같은 성씨입니다. 우리 정나라는 주나라 여왕에서 나왔으나 진나라는 무왕에서 나왔습니다.' 정나라 군주가 말하였다. '제후들이나 망명한 공자들 중 우리 이곳을 거쳐간 자들이 많은데 어떻게 그 모두에게 예우한단 말인가!' 숙첨이 말했다. '주군께서 예우하지 않으신다면 그를 죽여 훗날 나라의 화근이 되지 않게 하는 것이 낫습니다.' 정나라 군주는 듣지 않았다." 그리고 중이는 정나라를 떠나 초나라로 향했고, 정나라와 달리 초나라에서는 극진한 예우를 받았다고 사마천은 기록하고 있다.

57) 원문의 '自貳(자이)'를 번역한 것으로, 이부기가 별도로 중이와 이중의 관계를 맺는다는 의미이다.

이부기가 말하였다.

"좋소."

그러고 나서 곧바로 단지 안에 황금과 음식을 가득 채운 뒤 그 위에 벽옥을 얹어서 밤에 사람을 시켜 공자에게 보냈다. 공자는 심부름꾼을 맞아들여 두 번 절을 하고 음식은 거두었으나 옥은 사절하였다.

그 후 공자가 조나라에서 초나라로 들어갔다가 다시 진나라로 들어갔다. 3년이 지나자 진秦나라 목공穆公이 여러 신하들을 불러 의논하였다.

"옛날에 진晉나라 헌공이 과인과 교분이 두터웠음을 제후들 중에 모르는 자는 없을 것이오. 헌공이 불행하게도 세상을 떠난 지 10년이나 되었소. 뒤를 이은 자식은 변변치 못하니, 나는 그 진나라의 종묘에서 불제(祓除, 재앙을 물리치는 의식)를 드리지 못하고 사직에 희생을 바치지 못할까 두렵소. 이와 같이 안정되지 못하면 사람 사이에 사귀는 도리가 아니오. 나는 중이를 도와 그가 진나라로 돌아가게 하려는데, 어떻게 생각하시오?"

신하들이 모두 말하였다.

"좋습니다."

공은 곧 군대를 일으켰다. 전차 5백 대와 정예 기마병 2천, 보병 5만 명으로 중이를 도와 진나라로 들어가게 하고 그 나라의 군주로 세웠다. 중이는 즉위한 지 3년이 지난 뒤에 군사를 일으켜 조나라를 쳤다. 사람을 보내 조나라 왕에게 이렇게 말하였다.

"숙첨을 포승줄로 묶어 내놓아라. 나는 그를 죽이고 나서 그 시신을 본보기로 삼을 것이다."

또 사람을 시켜 이부기에게 말하였다.

"[진晉나라] 군대가 성 밑에 다가와 있으므로 나는 그대가 피할 곳이 없음을 안다. 그대가 사는 마을에 표시를 해둔다면 과인은 장차 명령을 내려 군대들로 하여금 감히 침범하지 못하도록 하겠다."

조나라 사람들 중 이 소문을 듣고 그들의 친척까지 이끌고 와 이부기가 사는 마을에서 보호받고자 하는 자들이 7백여 가구나 되었다. 이는 예의가 쓰임이 있다는 것이다. 그러므로 조나라는 작은 나라로 진晉나라와 초나라 사이에서 핍박받고 있는 나라로서, 그 군주의 위험은 마치 달걀을 쌓아놓은 것과 같았다. 그런데도 [강한 나라의] 공자에게 무례를 범했으니 이것이 대가 끊긴 원인이다. 그래서 이렇게 말한 것이다.

"나라가 작은데도 예의를 갖추지 않고 간언하는 신하의 말을 듣지 않으면, 대가 끊기는 형세가 될 것이다."

권卷 4

제11편

고분(孤憤:홀로 분격해 하다)

【해제】

'고분孤憤'이란 홀로 분격해 한다는 뜻으로, 세상에 분노하고 세속을 질책한다는 의미이다. 〈고분〉 편에서 한비자는 법술지사들이 원대한 통찰력을 갖추고 있는데도 세상에 쓰이지 못하고 있음을 안타까워하고 있다.

한비자는 법술에 정통한 인재는 미래의 일을 미리 알며, 법도를 준수하는 인재는 강인하며 강직하기 때문에 군주의 신임을 받아 임용되면, 법령을 어기면서 자기 이익만을 추구해 나라를 좀먹는 사람들의 행동을 바로잡게 될 것이라는 점을 강조하고 있다.

그러나 법술에 정통한 인재는 정론만을 내세워 군주의 편협하고 왜곡된 생각을 바로잡으려 하기 때문에, 군주의 총애를 받거나 높은 벼슬자리에 등용되는 경우가 드물다. 그래서 이들은 지위가 낮고 따르는 자도 없으며 항상 신변의 위협을 느끼므로 홀로 울분에 가득 차 있는 것이다.

이렇게 된 까닭은 군주가 신하에게 상벌을 내릴 때 실제 공적에 의거하지 않기 때문이다. 그래서 신하들은 사사로이 패거리를 지어 제멋대로 권력을 휘두르면서 군주의 권위를 가리고 현명한 선비들에 대한 평가마저도 왜곡시킨다.

요컨대 〈고분〉 편은 법술지사와 권신 사이에 존재할 수밖에 없는 간극을 예리하게 분석하고 있다. 우선 전반부에서는 그러한 간극이 생기는 원인을 설명한 다음 군주가 왜 가림을 당하고 대신들이 권력을 전횡하여 국가로 하여금 멸망에 이르게 하는가를 설명하고 있다. 후반부에서는 큰 나라건 작은 나라건 뛰어난 인재들이 배척당하고 중용되지 못하는 현실과 권신들이 우매하고 관리들이 부패하여 군주를 미혹에 빠뜨리고 법의 기강을 무너뜨려 결국 나라의 패망을 가져온다는 것을 비관적으로 묘사하고 있다. 주지하는 바와 같이 진시황은 〈고분〉 편과 〈오두五蠹〉 편을 읽고서 한비자를 만나기를 희망하였다. 아마도 한비자의 논점에 대해 진시황이 공감을 가졌을 개연성이 크다.

술術을 아는 인사는 반드시 멀리 내다보고 명확하게 꿰뚫는다. 명확하게 꿰뚫지 않으면 사적인 음모를 밝혀낼 수 없다. 법法에 능한 인사는 반드시 굳세며 강직하다. 굳세고 강직하지 않으면 간사한 자들을 바로잡을 수 없다.

신하가 명령에 따라 일을 추진하고, 법령에 근거해 담당한 임무를 처리하면 중인重人[1]이라 부르지 않는다. 중인이란 명령을 무시하고 제멋대로 일을 처리하며 법령을 어기면서 자신을 이롭게 하여 국가의 재정을 빼돌려 자기 집안만 이롭게 하면서 군주를 자기 뜻대로 움직일 수 있는 자를 말한다. 이런 자가 바로 중인이다.

술을 아는 인사는 일을 명확하게 꿰뚫어 군주의 신임을 얻어 임용되면 장차 중인들의 숨겨진 실정을 밝힐 것이며, 법에 능한 인사가 강직한 성품으로 군주의 신임을 얻어 임용되면 장차 중인들의 간사한 행동을 바로잡을 것이다. 그러므로 술을 알고 법에 능한 인사가 등용되면 지위가 높고 권세 있는 신하들은 반드시 법을 어겼다고 하여 제거될 것이다. 그래서 술을 알고 법에 능한 인사와 중요한 요직에 있는 자는 양립할 수 없는 원수관계이다.

1) 중신 혹은 권신權臣과 같은 말이며, 권세가 아주 높은 사람을 일컫는 말이다. 이 편의 원문에 있는 '사신邪臣'이나 '대신大臣'이라는 용어와 비슷한 개념으로 부정적으로 쓰인 단어이다.

네 부류의 조력자들

중요한 요직에 있는 자는 그 권력을 멋대로 부리며 나라 안팎에서 그를 위해 움직일 것이다. 이 때문에 제후들은 그를 통하지 않고는 일을 이루지 못하므로 적대적인 나라에서도 그를 칭송한다. 모든 벼슬아치가 그를 의지하지 않고는 업무가 진척되지 않으므로 모든 신하들이 그를 위해 움직일 것이다. 낭중郎中의 시중들도 그의 힘을 의지하지 않고는 군주를 가까이할 수 없으므로 측근들도 그를 위해 [죄를] 감출 것이다. 또 학사들은 그에게 의지하지 않으면 봉록이 적어지고 예우가 낮아지므로 학사들도 그를 위해 변호하게 된다. 이러한 네 부류의 조력자들이 바로 사악한 대신이 자신을 꾸며 보이는 방법이다.

중인은 군주에게 충성하기 위해 자신의 원수[2]를 천거할 리 없고, 군주도 네 부류의 조력자들을 넘어서 그 신하의 의도를 밝게 꿰뚫어볼 수 없다. 그러므로 군주는 더욱더 가려지고, 대신의 권세는 더욱더 무거워질 것이다.

요직을 차지하고 있는 자가 군주에게 신임과 사랑을 받지 못하는 경우는 드물다. 더구나 옛날부터 친숙한 사이임에랴! 군주의 마음에 따라 좋아하고 싫어하는 것을 맞추는 것이 본래 이러한 자들이 승진하는 방법이다. 관직이 귀하고 작위가 무거우면 따르는 패거리가 또한 많아지고 온 나라가 그를 칭송하게 되는 것이다.

2) 술術을 아는 인사와 법法에 능한 인사를 가리킨다.

그러나 법과 술에 능한 인사는 군주에게 등용되기를 바라더라도 군주의 신임이나 사랑받을 친분도 없으며, 오래전부터 잘 아는 친근한 사이도 아니다. 게다가 법과 술에 맞는 말로 아부와 편벽됨으로 가려져 있는 군주의 마음을 바로잡으려고 하니, 이는 군주의 마음을 거스르는 것이다. 그래서 지위가 낮고 천하면서 패거리도 없이 고독하기만 하다. 무릇 군주와 소원한 자가 신임과 사랑을 받는 신하와 겨루면 이길 승산이 없고, 떠돌이 유세객이 군주와 오랜 친분을 쌓아온 신하와 다투면 이길 승산이 없다. 또 군주의 뜻을 거스르는 자가 군주의 좋고 싫음을 잘 맞추는 신하와 겨루면 이길 승산이 없다. 무시당하고 비천한 자가 존귀하고 권세 있는 신하와 다투면 이길 승산이 없으며, 혼자만의 입을 가지고 온 나라가 칭송하는 자와 싸우면 이길 승산이 없다.

법과 술에 능한 인사는 다섯 가지 이길 수 없는 조건을 가지고 있어 여러 해가 지나도록 알현 한번 못하지만, 요직을 차지하고 있는 자들은 반대로 다섯 가지 유리한 조건에 기대어 아침저녁으로 군주 앞에 나아가 홀로 유세한다. 그러니 법과 술에 능한 인사가 어찌 군주 앞에 나아갈 수 있을 것이며, 군주는 또 어느 겨를에 깨달을 수 있겠는가? 그러므로 조건상으로 보면 결코 이길 승산이 없고, 형세 또한 양쪽이 함께 존재할 수도 없으니 법과 술에 능한 인사가 어찌 위험하지 않을 수 있겠는가? 간신들은 모함해서 죄를 씌울 수 있을 때는 공적인 법률로 그들을 주살하고, 죄를 씌울 수 없는 경우에는 자객을 사주하여 목숨을 빼앗는다. 이처럼 법과 술로 통치하는 방법을 밝히기 위해 군주를 거슬렀던 자는 형리에게 주살되지 않으면 반드시 자객의 칼에 죽임을 당한다.

나라가 편안히 존속되기를 바랄 수 없는 이유

당파를 만들고 패거리를 지어 군주의 눈과 귀를 가리고 왜곡된 말로 사사로운 이익을 얻으려는 자들은 반드시 중인에게 신임을 받게 된다. 그러므로 공적을 들어 빌릴 만한 자들은 관직이나 작위를 귀하게 만들어주고, 미명美名을 붙일 만한 구실이 없는 자들은 외교적인 권력을 빌려서라도 요직에 등용시켜준다. 이렇다 보니 군주의 눈을 가리고 권력 있는 사문私門의 무리에 들어가는 신하가 관직과 작위에 영달하지 않으면 반드시 외교적인 권력으로 중용된다.

지금의 군주는 증거를 참조하여 점검하지 않고 벌을 내리며, 공적을 세우는 것을 기다려보지도 않고 작위와 봉록을 준다. 그러므로 법과 술에 능한 인사가 어찌 죽음을 무릅쓰고 간언할 수 있으며, 간사한 신하들이 어찌 기꺼이 이익을 포기하고 그 자신을 물러서게 할 수 있겠는가? 그러므로 군주는 더욱 낮아지고 사문은 더욱 존귀해지는 것이다.

월越나라가 비록 나라는 부유하고 군사력이 강한데도 중원의 군주들은 다 자기들에게 아무 이득이 없다는 것을 알고는 이렇게 말하였다.

"내가 통제할 수 있는 나라가 아니다."

그렇지만 지금 나라를 가지고 있는 자는 비록 영토도 넓고 백성도 많지만 군주들의 눈과 귀가 가려지고 대신들이 권력을 마음대로 좌지우지하고 있다. 이는 월나라와 같은 것이다. 자기 나라가 월나라와는 [지리적으로 표면상] 같지 않다는 것을 알고 예전과 달라졌음은 알지 못하니, 이는 [월나라와 비슷하지 않다 하여] 비슷한 점을 살피지 못하는 것이다.

사람들이 제齊나라가 망했다고 말하는 까닭은 영토와 성을 잃어서가 아니라 여씨呂氏[3]가 나라를 통제하지 않고 전씨田氏가 실권을 행사하기 때문이다. 따라서 진晉나라가 망했다고 하는 것 또한 영토와 성곽을 잃어서가 아니라 희씨姬氏[4]가 나라를 통제하지 않고 육경六卿[5]이 나라를 좌지우지하기 때문이다. 지금 대신들이 정권을 잡고 독단적으로 일을 처리하는데도 군주가 권력을 회수하는 것을 알지 못하고 있으니 이는 군주가 명석하지 못해서이다. 죽은 자와 같은 병에 걸린 사람은 살아날 수 없고, 망한 나라와 같은 길을 가는 나라는 존속할 수 없다. 이제 제나라나 진나라와 같은 길을 밟으면서 나라가 편안히 존속되기를 바랄 수 없는 일이다.

---

3) 제나라는 주나라 초기에 여상呂尙이 봉호를 받았으므로 여씨라고 일컬은 것이다.

4) 진晉나라는 주나라 성왕成王의 아우 당숙우唐叔虞가 봉호를 받은 나라로, 주나라와 성이 같은 희씨姬氏이다.

5) 범씨范氏·중항씨中行氏·지씨知氏·조씨趙氏·위씨魏氏·한씨韓氏 등 당시 진晉나라 실권을 장악한 핵심 중신들을 말한다.

조정과 관직에 유능한 인사와 깨끗한 관리가 남게 하려면

무릇 현재 법과 술을 행하기 어려운 이유는 만승의 대국에서만이 아니라 천승의 나라에서도 또한 그렇다. 군주의 측근이 반드시 지혜로운 것은 아니다. [그런데] 군주가 어떤 사람을 지혜로운 자라고 여겨 그의 의견을 듣고 측근의 신하들과 그 의견에 관해 의논한다면, 그것은 어리석은 사람과 함께 지혜로운 사람을 평가하는 것이다. [또한] 군주 곁에는 현명한 사람만 있는 것은 아니다. 군주가 어떤 사람을 현명한 사람이라고 생각해서 그를 예우하려고 할 때 측근의 신하들과 함께 그의 행실을 의논한다면, 이것도 현명하지 못한 자와 더불어 현명한 자를 평가하는 것이다. 지혜로운 사람의 의견이 어리석은 자들에 의해 결정되고, 현명한 자의 품행이 현명하지 못한 자들에 의해 평가받게 되면 현명하고 지혜로운 자들이 치욕을 당할 것이고, 군주의 판단도 어긋나게 될 것이다.

신하가 벼슬자리를 얻으려고 할 때 수양을 닦은 인사는 그 정결함으로 자신을 굳건히 하려고 하고, 지혜로운 선비는 판단력을 발휘하여 일에 나아가며 뇌물로써 사람을 섬기지 않으니, 자신의 정결함을 믿음으로 판단력을 발휘하며 더욱이 법을 왜곡시킴으로써 다스림으로 삼지 않는다. 수양을 닦은 지혜로운 인사는 군주의 측근들을 섬기지 않고 사사로이 청탁도 들어주지 않는다. 그러나 군주의 주변에 있는 신하들은 품행이 백이伯夷와는 달라서 요구하는 것도 얻을 수 없고 뇌물을 받지 못하면 정결함과 판단력이라는 공은 없어지고 비방과 모함의 말만 생겨나게 된다. 판단력을 발휘하여 처리한 공이 측근들에 의해 제어되고 정결한 품행이 비방이나 칭찬에 의해 결정되면, 수양을 닦거나 지혜로운 관리들이 없어지고 군주의 명석함은 막히게 될 것이다. 공적을 가지고 지혜와 품행을 결정하지 않으며, 사실 조사를 거쳐 죄와 허물을 심리하지 않고 군주 주변 측근들의 말만 따르면 무능한 인사들만 조정에 있을 것이고, 벼슬자리에는 어리석고 타락한 벼슬아치들만 앉게 될 것이다.

군주의 큰 실책, 신하의 큰 과실

만승의 나라의 근심은 대신들의 권한이 지나치게 크다는 것이고, 천승의 나라의 근심은 가까이 있는 신하들이 지나치게 신임을 얻고 있다는 것이다. 이것이 군주들의 공통적인 걱정거리이다. 신하들은 큰 죄를 지을 수 있으며, 군주는 큰 잘못을 저지를 수 있다. 신하와 군주는 이익이 서로 다른 자들이다. 어떻게 이것을 증명할 것인가? 다음과 같이 말한다.

군주의 이익은 능력 있는 자를 얻어 벼슬자리에 임명하는 데 있고, 신하의 이익은 무능하면서도 일자리를 얻어내는 데 있다. 군주의 이익은 일 잘하는 사람을 얻어 작위와 봉록을 주는 데 있고, 신하의 이익은 공이 없으면서도 부유해지고 귀하게 되는 데 있다. 군주의 이익이란 호걸들에게 능력을 발휘시키는 데 있다면, 신하의 이익이란 패거리를 지어서 사리를 도모하는 데 있다. 이런 까닭에 나라는 영토가 깎여도 세도가의 집안은 부유해지고, 군주는 비천해져도 대신들은 권세가 막강해지는 것이다. 그러므로 군주가 세력을 잃고 신하가 나라를 얻으면 군주는 번신으로 명칭이 바뀌어 불리며, 재상이 벼슬자리를 임명하는 권한을 쓰게 된다. 이것은 신하가 군주를 속이고 자신들의 사적인 이득을 도모했기 때문이다. 그러므로 지금 세상의 중신들 중 군주의 권세가 변했을 때에도 굳건한 총애를 받을 수 있는 자는 열에 두셋도 되지 않는다. 이것은 어떤 까닭에서인가? 신하의 죄가 크기 때문이다.

신하들 중 큰 죄를 지은 자는 군주를 속이는 행동을 하는 자로서, 그 죄는 마땅히 사형에 처해져야 한다. 지혜로운 인사는 멀리 내다봄으로써 죽는 것이 두려워 결코 권세 있는 사람을 따르지 않는다. 현명한 인사도 몸을 닦아 청렴하기 때문에 간신들과 함께 군주를 속이는 것을 부끄러워하여 결코 권세 있는 사람을 따르지 않는다. 그러므로 요직에 있는 자들의 패거리는 어리석어서 장래의 우환을 미리 알지 못하는 자이거나 심성이 더러워서 간악한 일을 피하지 않는 자들이다.

대신들은 어리석고 타락한 자들을 옆에 끼고, 위로는 그들과 함께 군주를 속이고 아래로는 그들과 함께 백성들에게서 이익을 거두려 침탈하고 패거리를 지어 서로를 두둔하며 말을 맞추어 군주를 미혹에 빠뜨리고 법도를 무너뜨린다. 이로써 사민들을 혼란스럽게 하고 국가를 위태롭게 하며 영토를 깎이게 하여 군주가 고초를 겪고 욕을 당하게 하니 이것이 신하의 큰 죄이다. 신하에게 큰 죄가 있는데도 군주가 금지하지 않고 있으니, 이것이 군주의 큰 실책이다. 위로는 군주에게 큰 과실이 있고 아래로는 신하에게 큰 죄가 있으면서 나라가 망하지 않기를 원한다는 것은 부질없는 일이다.

제12편

세난(說難:설득의 어려움)

【해제】

'세난說難'이란 설득의 어려움을 뜻하는데, 〈세난〉 편에서 한비자는 설득의 어려움에 대해 주로 설명하고 있지만 설득에 성공하는 방법도 아울러 제시하고 있다. 한비자는 상대방에 따라 알맞게 설득하는 일의 어려움 즉, 유세에 실패했을 경우에 닥치게 될 위험, 유세 대상 중 특히 군주를 설득하는 방법 위주로 설명하고 있다.

〈세난〉 편은 내용상 다섯 단락으로 구분된다. 첫 번째 단락에서는 설득의 어려움을 설명하고 상대방의 심리를 이해하고 자신의 논지를 피력하여 그를 설득하는 방법에 대해 말하고 있다. 두 번째 단락에서는 설득하는 사람이 맞게 되는 15가지의 위험요소를 거론하며 그 위험이 자신의 생명도 앗아갈 수 있다는 것을 구체적 사례를 통해 설명하고 있다. 세 번째 단락에서는 상대방의 심리를 고려하여 때로는 왜곡하거나 아부하면서까지 상대편의 신임을 얻어야 되는 방식을 설명하고 있다. 네 번째 단락에서는 고사를 인용하여 설득의 곤란한 점을 설명하고 있는데, 설득의 핵심이 지식을 갖추는 데 있는 것이 아니라 지식을 응용하는 데 있다는 것을 분명히 말하고 있다.

특히 한비자는 설득할 때 반드시 군주가 자신을 어떻게 생각하느냐에 따라 달라진다는 점을 염두에 두어야 하고, 특히 군주의 '역린逆鱗'에 저촉되어서는 안 된다는 점을 강조하고 있다. 또한 이 편은《사기史記》〈노자한비열전老子韓非列傳〉의 문장과 중복되는 부분이 꽤 많은데, 세부적으로 보면 문장이 다른 부분도 있지만 오히려 사마천이 인용한 이 문장이야말로 이 편이 한비자의 저작이라는 것을 입증할 수 있는 근거가 된다.

일은 은밀하게 이루어야지 말이 새 나가면 실패한다

무릇 설득[1)]의 어려움이란 내가 알고 있는 바를 가지고 남을 설득시키기가 어렵다는 것이 아니다. 또 내 말주변이 나의 뜻을 분명하게 전할 수 있느냐의 어려움도 아니며, 또 내가 과감하고 거리낌 없이 나의 능력을 모두 다 펼쳐 보일 수 있느냐의 어려움도 아니다. 무릇 설득의 어려움이란 설득하려는 상대방의 마음을 잘 헤아려 내가 설득하려는 것을 그에게 맞출 수 있느냐 하는 점에 있다. 상대가 높은 명예를 구하려는 사람인데 오히려 많은 이로움으로 설득하면 비속하다고 여겨져 홀대받으면서 반드시 버림을 당하고 내쳐질 것이다. 상대가 두터운 이익을 추구하는 사람인데 오히려 높은 명예로 설득하면 생각이 없고 현실에 어두운 자로 여겨져 반드시 받아들여지지 않을 것이다. 상대가 속으로는 이익을 두텁게 여기지만 겉으로는 높은 명예를 따르는 척하는데 오히려 명예가 높아진다는 식으로 설득하면 상대는 겉으로는 그 사람을 받아들일지 모르나 실제로는 그를 소원히 여기며, 그에게 이익을 두텁게 하라고 설득하면 속으로는 그의 말을 받아들이기로 결정해도 겉으로는 그 사람을 버리려고 할 것이다. 이런 상황들을 잘 살펴야 한다.

무릇 일이란 은밀해야 성공하고 말이 새 나가면 실패한다. 꼭 그 자신이 누설한 것이 아니어도 대화하는 가운데 그만 숨겨진 일을

1) 원문의 '說(세)'를 번역한 것으로, '유세遊說'라는 의미이다. 오늘날 '유세'라는 개념은 선거유세를 떠올리게 한다. 춘추전국시대 때 각 나라의 제후들이 자신의 사상을 펼치기 위해 이 나라 저 나라를 주유하면서 설득한 것과 같이 오늘날의 선거유세 개념도 이 지역 저 지역 떠돌아다니며 자신의 정견을 발표하여 공감을 얻기 위한 것이니, 그 의미가 크게 다르지는 않을 것이다.

내비치는 경우가 있다. 이렇게 되면 신변이 위태로워질 것이다. 상대가 겉으로 어떤 일을 하는 척하며 다른 일을 기도하고 있는데, 설득하려는 자가 겉으로 드러난 일을 알고 있을 뿐만 아니라 그렇게 하려는 까닭도 알고 있는 경우가 있다. 이렇게 되면 신변이 위태로워질 것이다. 특별한 계획을 제시하여 군주의 마음에 들었으나 다른 지략가가 이를 알아내서 밖으로 퍼뜨리면, 말을 밖으로 누설한 자가 자신으로 여겨질 것이고 그렇게 되면 신변이 위태로워질 것이다. 군주와 두터운 친밀관계가 아닌데도 아는 것을 모두 말해 그 말이 실행에 옮겨져 공로를 세우게 되면 잊히게 될 것이나, 그 말이 실행되지 못하고 실패하면 의심을 받게 되는데 이렇게 되면 신변이 위태로워질 것이다.

군주가 일을 잘못했을 때 세객이 공개적으로 예의를 논하면서 그의 잘못을 드러낼 경우에는 곧 신변이 위태로워질 것이다. 군주가 좋은 계책이라고 생각해서 자신의 공적이라고 자랑하고자 할 때 유세객이 이 내막을 알고 있다면 곧 신변이 위태로워질 것이다. 군주에게 할 수 없는 일을 억지로 강요하거나 멈출 수 없는 어떤 일을 억지로 저지한다면 목숨이 위험해질 것이다. 그러므로 세객이 군주와 원로대신들에 대해 언급하면 군주는 자신과 신하들의 관계를 이간시키려 한다고 생각할 것이며, 하급 벼슬아치들에 대해서 언급하면 권력을 팔아치우려 한다고 생각할 것이다. 총애하는 자를 거론한다면 총애하는 신하의 힘을 빌리려 한다고 생각할 것이며,

미워하는 자를 거론하면 군주 자신의 심중을 탐색하려 한다고 여길 것이다. 간단하게 줄여서 주장을 펴면 지혜롭지 못하다고 무시당하며, 모래알처럼 상세하게 주장을 펴면 말만 많고 조리가 없다고 평가할 것이다. 일의 사정은 간략하게 줄이고 큰 뜻만을 말하면 겁이 많아 말을 하지 못한다고 여길 것이며, 일을 충분히 고려하여 거침없이 진술하면 촌스럽고 오만하다고 할 것이다. 이것이 설득하는 데 따르는 어려운 점이니, 이를 몰라서는 안 된다.

설득할 때 힘써야 할 점은 상대방이 자랑스러워하는 점은 칭찬해주고 부끄러워하는 부분은 감싸주어야 한다는 것이다. 상대방이 개인적으로 급히 하고자 하는 일이 있을 때는 반드시 그 일이 공적인 타당성이 있음을 보여주어 꼭 하도록 권해야 하며, 상대방이 마음속으로 비천하다고 느끼지만 하지 않을 수 없는 일이 있을 때는 그 일이 아름답다고 꾸며주어 하지 않는 것이 애석한 일임을 표현해야 한다. 군주의 마음에 고상한 계획이 있으나 실제로 이룰 수 없는 경우에 유세객은 그를 위해 그 일의 허물을 들춰내고 해로움을 내보여서 실행하지 않는 편이 좋다고 하여야 한다. 지혜와 능력을 자랑하고 싶은 마음이 있을 때는 비슷한 상황의 다른 일을 들어 많은 참고가 되게 하고, 유세객 자신의 의견을 채택하도록 하되 모른 체하면서 지혜를 빌려주어야 한다. 다른 사람과 함께 공존해야 한다는 말을 할 때는 반드시 훌륭한 명분을 세워 밝히면서 은연중에 개인의 이익에도 들어맞는다는 것을 암시해야 한다. 위험하고도 해로운 일이라는 것을 설명하고자 할 때는 반드시 세상의 비난이 있을 것이라는 말을 알려서 은연중에 그것이 해가 된다는 점을 암시해주어야 한다. 다른 사람을 칭찬할 때는 군주와 같은 품행을 지닌 사람을 칭찬하고, 어떤 일을 바로잡으려고 할 때는 그와 똑같게 계획한 다른 일을 바로잡아야 할 것이다. 군주와 똑같은 잘못을 저지른 자가 있으면 그 허물은 별다른 해를 끼치지 않는다고 힘껏 꾸며주어야 하며, 또 군주와 똑같은 실패를 겪은 자가 있으면 반드시 그 일은 별로 손실이 없음을 밝혀주어야 한다. 상대방이 자신의 능력이 매우 뛰어나다고 생각하고 있으면 굳이 그가 할 수 없는 일을 찾아낼 필요가 없다. 결단이 과감했다고 생각한다면 그가 실수한 일을 찾아내어 화나게 할 필요가 없다. 스스로 자신의 계획이 훌륭하다고 생각할 때 그가 실패할 경우를 꼬집어서 곤란하게 할 필요가 없다.

설득의 대략적인 의미는 상대의 뜻을 거스르지 않는 것이며, 말투도 상대의 감정을 건드리지 않아야 한다. 그런 뒤에야 자신의 지혜와 말재주를 마음껏 발휘할 수 있을 것이다. 이것이 바로 군주가 친근하게 여기고 의심하지 않아 말하고 싶은 것을 충분히 다 말할 수 있게 하는 방법이다.

이윤伊尹이 요리사가 되고 백리해百里奚가 노예가 된 것은 모두 군주에게 등용되고자 한 까닭이었다. 이 두 사람은 모두 성인이었으나 스스로 천한 일을 했음에도 등용되지 못했으니 이 얼마나 치욕스러운가! 이제 자기 말이 요리사나 노예의 말과 같이 될지라도 등용되어 세상을 구제할 수만 있다면, 이것은 능력 있는 사람이 부끄럽게 여길 일이 아니다. 군주와 신하로서 오랜 시간을 함께 보내 군주의 은혜가 깊어졌을 때는 원대한 계획을 바쳐도 의심하지 않을 것이며, 논쟁을 일으켜도 죄가 되지 않을 것이다. 그렇게 이해득실을 명확히 하여 공적을 세우고, 옳고 그름을 곧이곧대로 지적해 군주를 바로잡는다. 이처럼 군주와 상대할 수 있게 되면 이 유세는 성공한 것이다.

옛날 정鄭나라 무공武公[2]은 호胡나라를 정벌하려고 할 때 먼저 딸을 호나라 왕에게 출가시켜 그의 마음을 들뜨게 하였다. 그리고 신하들에게 이렇게 물었다.

"과인이 출병하고자 하는데 어느 나라가 정벌할 만하오?"

대부 관기사關其思가 대답하였다.

"호나라가 칠 만합니다."

그러자 무공이 화를 내며 그를 처벌하면서 말하였다.

"호나라는 형제의 나라[3]이다. 그대가 호나라를 정벌하라니, 이 무슨 말인가?"

이 소식을 들은 호나라 왕은 정나라가 자기 나라와 친하다고 생각하여 정나라에 대한 방비를 하지 않았다. 그 후 정나라의 군대는 호나라를 습격해 그 나라를 빼앗았다.

송宋나라에 한 부자가 있었는데, 비가 내려 담장이 무너졌다. 아들이 말하였다.

---

2) 기원전 8세기경 주周나라가 동천東遷한 이후 자리에 오른 정나라의 두 번째 군주이다.

3) 여기서는 사돈관계를 말하는데, 형제처럼 가까운 나라라는 의미로 보면 된다.

"담장을 수리하지 않으면 반드시 도둑이 들 것입니다."

이웃의 노인 또한 같은 말을 하였다. 그날 밤 과연 많은 재물을 도둑맞았다. 그러자 집안사람들은 아들은 매우 지혜롭다고 여겼지만 그 이웃 노인에 대해서는 의심하였다. 이 두 사람이 말한 것은 모두 그대로 적중하였다. 그러나 심하게는 형벌을 받고 작게는 의심을 사니, 정말로 아는 것이 어려운 것이 아니라 아는 바를 처리하는 것이 어려운 것이다. 그래서 요조繞朝[4]의 말이 들어맞아 진晉나라에서는 성인으로 대접받았지만 진秦나라에서는 처형을 당했으니, 이는 꼭 살펴야 할 일이다.

옛날 미자하彌子瑕[5]는 위衛나라 왕에게 총애를 받았다. 위나라의 법에 왕의 수레를 몰래 타는 자에게는 발이 잘리는 형벌을 내리도록 하였다. 미자하의 어머니가 병들었을 때 어떤 사람이 밤에 몰래 와서 미자하에게 알려주었다. 그러자 미자하는 슬쩍 왕의 수레를 타고 나갔다. 왕은 이 일을 듣고 그를 칭찬하며 말하였다.

4) 춘추시대 진秦나라의 대부이다. 진晉나라의 대부 사회士會가 진秦나라로 달아났는데, 진晉나라에서는 진秦나라가 그를 벼슬아치로 등용할 것을 두려워하였다. 그래서 위수여魏壽餘를 파견해 계략을 꾸며 사회를 데려오도록 하였다. 요조繞朝는 진晉나라의 계획을 알고 진秦나라 강공康公에게 "위수여가 이번에 오는 것은 사실은 사회를 속이기 위해서입니다. 당신께서 따로 그를 만나십시오."라고 권유하였다. 그러나 강공은 듣지 않았다. 위수여는 진秦나라에 도착한 뒤 강공에게 사회와 함께 진晉나라로 가서 위魏 땅의 일을 결정짓게 해달라고 요청했으며, 강공은 이를 허락하였다. 사회가 출발하기 전에 요조는 이렇게 말하였다. "당신은 진秦나라에 진晉나라의 의도를 아는 사람이 없다고 생각하지 마시오. 나의 의견이 받아들여지지 않았을 뿐이오." 사회는 자기 나라로 돌아온 뒤 요조의 재능과 지혜가 자신을 크게 위협한다고 느껴 첩자를 보내 요조를 모함하였다. 강공은 그 모함이 사실인 줄 알고 요조를 사형시켰다. 한비자가 말한 '요조의 말'이란 요조가 진나라 강공에게 권유한 말을 가리킨다. '진晉나라에서는 성인으로 대접받았다'는 말은 당시 진나라가 요조에 대해 어떤 평가를 하고 있었는지를 보여준다.

5) 뛰어난 외모 덕분에 남색男色을 좋아하는 위衛나라 영공靈公의 총애를 받던 신하로, 위나라의 정치를 제멋대로 휘둘렀다.

"효자로구나. 어머니를 위하느라 발이 잘리는 벌도 잊었구나!"

다른 날 미자하는 왕과 함께 정원에서 노닐다가 복숭아를 따먹게 되었는데, 맛이 아주 달자 반쪽을 왕에게 주었다. 왕이 말하였다.

"나를 사랑하는구나. 맛이 좋으니 과인을 잊지 않고 맛보게 하는구나."

세월이 흘러 미자하의 미모가 쇠하고 왕의 사랑도 식게 되었을 때 한번은 [미자하가] 왕에게 죄를 지었다. 그러자 왕은 이렇게 말하였다.

"이놈은 옛날에 과인의 수레를 몰래 훔쳐 타기도 하고, 또 자기가 먹던 복숭아를 과인에게 먹으라고 내밀기도 하였다."

미자하의 행동은 변함이 없었으나 전에는 칭찬을 받았지만 뒤에는 벌을 받은 까닭은 사랑이 미움으로 바뀌었기 때문이다. 그래서 왕에게 사랑을 받을 때는 지혜를 내는 것마다 모두 왕의 마음에 들고 더 친밀해지지만, 왕에게 미움을 받을 때는 아무리 지혜를 짜내어도 왕에게는 옳은 말로 들리지 않아 벌을 받고 더욱 멀어지기만 한다. 따라서 간언을 하거나 논의를 하고자 하는 신하는 군주가 좋아하고 싫어하는 것을 미리 살핀 뒤에 설득하지 않으면 안 된다.

용이라는 동물(虫)은 유순해 길들이면 탈 수 있다. 그러나 턱밑에 직경 한 자쯤 되는 역린(逆鱗, 거꾸로 난 비늘)이 있는데, 만약 사람이 그것을 건드리면 반드시 그 사람을 죽인다. 군주에게도 역린이 있어, 설득하려는 자는 군주의 역린을 건드리지 않을 수 있어야만 성공을 기대할 수 있다.

제13편

화씨(和氏:화씨 이야기)

【해제】

'화씨和氏'란 춘추시대 초나라 사람 변화卞和를 가리킨다. 그는 군주에게 옥을 바쳤다가 두 발이 모두 잘린 뒤에야 옥의 진가를 알아주는 군주를 만난 인물이다.

〈화씨〉 편은 화씨가 옥을 바친 이야기를 통해 그 당시 법술지사가 처한 곤경을 비유적으로 펼치고 있다. 곧 법술지사가 자신들의 가치를 제대로 인정받기는커녕 오히려 박해와 형벌을 받고 있는 어려운 현실을 빗댄 것으로, 군주 곁에 있는 옥 감정사의 감정 의견은 그 옥을 제대로 감정하고자 하는 군주의 의지 여부에 따라 달라질 수 있음을 말하고 있다.

〈화씨〉 편에서 한비자는 법술지사가 임용되지 못하는 원인을 내용상 두 단락으로 구분하여 설명하고 있다. 첫 번째 단락에서는 화씨가 옥을 바치려다가 다리가 잘린 이야기를 통해 법술지사가 법술을 시행하면서 겪게 되는 곤란을 비교하면서 왜 법술지사가 임용되지 못하고 심지어 죽기까지 하는지에 대해 비분한 논조로 다루고 있다. 두 번째 단락에서는 화씨 이외에도 법의 올바른 시행을 제안했다가 사지가 찢기는 벌을 받은 오기吳起와 상앙商鞅의 고사를 덧붙여 법술지사가 생명을 무릅쓰는 위험성을 감수하는 것이 결국 군주로 하여금 패왕이 되도록 보좌하는 데 있다는 것을 말하고 있다.

〈화씨〉 편의 구조는 〈고분〉 편과 비슷한데, 이 편에서 인용한 상앙의 이야기를 통해 우리는 이 글이 한비자가 진秦나라에 도착하기 전에 지은 것임을 추단할 수 있다.

초나라 사람 화씨和氏가 초산楚山에서 옥덩어리[1]를 발견하여 여왕厲王[2]에게 바쳤다. 여왕은 옥을 다듬는 사람에게 감정하게 하였다. 옥을 다듬는 사람이 말하였다.

"돌입니다."

왕은 화씨가 자기를 속이려 했다고 생각하고는 그의 왼쪽 발을 자르는 벌을 내렸다. 여왕이 죽고 무왕武王[3]이 즉위하자 화씨는 또 그 옥덩어리를 무왕에게 바쳤다. 무왕은 옥을 다듬는 사람을 시켜 감정하게 하였는데, 또 이렇게 말하였다.

"돌입니다."

그러자 무왕 또한 화씨가 자기를 속이려 하였다고 여기고 오른쪽 발을 자르는 벌을 내렸다.

무왕이 죽고 문왕文王[4]이 즉위하자 화씨는 초산 아래에서 그 옥덩어리를 끌어안고 사흘 밤낮을 울었고, 나중에는 피눈물을 흘렸다. 왕이 이 소식을 듣고 사람을 시켜 그 까닭을 물었다.

"천하에 발이 잘리는 형벌을 받은 이가 많은데, 그대는 어찌 그리 슬피 우는가?"

화씨가 말하였다.

---

1) 원문의 '玉璞(옥박)'을 번역한 것으로, '박'이란 글자는 '질質'과 통하며 옥을 다듬지 않은 것을 일컫는 말이다.

2) 초楚나라 왕으로 성은 웅熊, 이름은 순眴이며, 기원전 757년부터 기원전 741년까지 재위하였다.

3) 여왕厲王의 동생으로, 기원전 740년부터 기원전 690년까지 재위하였다.

4) 이름은 자貲이고 무왕武王의 아들로, 기원전 689년부터 기원전 677년까지 재위하였다.

"저는 발이 잘리는 형벌을 받아 슬퍼하는 것이 아닙니다. 무릇 보배로운 옥을 돌이라 하고, 정직한 인사를 거짓말쟁이라고 지칭하는 것이 슬픕니다. 이것이 제가 슬퍼하는 까닭입니다."

그러자 왕은 옥을 다듬는 사람에게 그 옥을 다듬게 하여 보배를 얻어 마침내 이를 '화씨지벽和氏之璧'이라고 이름 붙이게 되었다.

대체로 주옥珠玉은 제왕들이 조바심내는 것이다. 비록 화씨가 바친 옥덩어리가 아름답지 못할지라도 왕에게 해로움이 될 것은 없다. 그러나 오히려 두 발을 잘리고 나서야 보배로 인정을 받았으니, 보물로 인정받기란 이처럼 어려운 것이다. 지금의 군주들에게 법과 술은 결코 화씨의 옥을 얻는 것만큼 조바심내지 않는 것이다. 하지만 그 법술이 있어야 여러 신하와 사민들이 사사로움과 간사한 행동을 하는 것을 막을 수 있다. 법과 술의 이치에 밝은 자가 죽임을 당하지 않았던 것은 단지 제왕의 보옥이라고 할 법술이 아직 바쳐지지 않았기 때문이다.

군주가 술을 사용하면 대신들은 함부로 재단하지 못할 것이며, 가까이 있는 신하들도 감히 군주의 권세를 팔아먹을 수도 없을 것이다. 관청에서 법으로 행사하면 떠돌던 백성들은 경작을 하게 되고, 떠돌던 협객들은 전쟁터로 나가 위험을 무릅쓰게 된다. 그러므로 법술이란 곧 신하와 백성들에게는 화근으로 여겨지게 되는 것이다.

군주가 대신들의 의론을 내치고 또 백성들의 사소한 비방을 무시하며, 독자적으로 [법술의] 이치(도道)를 펼쳐 말해나가지 못한다면, 법과 술에 능한 인사가 비록 죽음에 이를지라도 그 이치는 결코 평가받지 못할 것이다.

세상이 어지러워지고 패왕이 나타나지 않는 이유

예전에 오기吳起는 초나라 도왕悼王[5]에게 초나라 습속에 대해서 가르치며 말하였다.

"대신들의 권한이 지나치게 크고 토지를 분봉받은 영주(군君)가 너무 많습니다. 이와 같으면 위로는 군주를 핍박하게 되고 아래로는 백성들을 학대하게 됩니다. 이는 나라를 가난하게 하고 군대를 약하게 만드는 길입니다. 따라서 분봉받은 영주의 자손이 3대에 이르면 그의 작위와 봉록을 회수하고, 모든 벼슬아치들의 봉록과 등급을 끊거나 없애고 다급하지 않은 쓸데없는 관서를 줄여 골라 뽑은 숙련된 인사들에게 봉록을 주는 것이 더 낫습니다."

도왕은 이를 실행했으나 1년 만에 세상을 떠나게 되자 오기는 초나라 사람들에 의해 사지가 찢기게 되었다.

상군(商君, 상앙)[6]이 진秦나라 효공孝公을 가르쳐 [백성들을] 5가구 또는 10가구 단위로 서로 고발하는 연좌제를 설치하고,[7] 《시경詩經》과 《서경書經》을 불태우고 법령을 널리 알리며, 세도가의 청탁을 물리

5) 성은 웅씨이고 이름은 의疑이며, 기원전 401년부터 기원전 381년까지 재위하였다.

치고 공실公室에 공로가 있는 자들을 등용하며, 벼슬을 얻으려고 떠돌아다니는 백성들을 근절시키고, 농사를 짓거나 전쟁에 참가하는 백성들을 표창하라고 권하였다. 효공이 그의 말대로 실행하니 군주는 존엄해지고 편안해졌으며 나라는 부유해지고 강성해졌다. 그러나 8년[8]이 지나 효공이 세상을 떠나자 상군은 진나라에서 거열형[9]을 당하였다.

초나라는 오기의 의견을 받아들이지 않아서 영토가 깎이고 혼란스러워졌고, 진나라는 상군의 법을 실행했던 까닭에 부유해지고 강성해졌다. 두 사람의 주장은 정말 정당했는데, 오기는 사지를 찢기고 상군은 거열형을 당한 것은 무엇 때문인가? 대신들은 법 시행에 괴로워했고, 간사한 백성들은 나라가 잘 다스려지는 것이 싫었기 때문이다. 오늘날 천하의 대신들은 권세를 탐하고, 간사한 백성들

---

6) 상앙商鞅은 전국시대 중기 위衛나라의 공자로서 공손앙公孫鞅 또는 위앙魏鞅이라고도 하며, 진秦나라에서 변법을 성공적으로 단행하여 상군에 봉해짐에 따라 역사적으로는 상앙으로 불린다. 상앙은 법가의 선구자라고 할 수 있는 이회李悝의 영향을 깊이 받아서 개혁적인 성향이 강했으나 위나라에서는 중용되지 못하였다. 그는 진나라 효공이 기원전 361년에 현명한 선비를 구한다는 말을 듣고 진나라로 들어가 효공을 도와 변법을 만들었다. 그는 특히 귀족들의 세습적 특권을 박탈하고자 하였을 뿐 아니라, 절대 군주의 존재를 위험시하는 지식인들의 자율적이고 비판적인 사상 논의를 엄금하도록 요청하였다.

7) 이른바 변법이다. 상앙은 당시 감룡甘龍과 두지杜摯 등 일부 반대파들을 물리치고 중농억상 정책, 군공제일 원칙 정립, 토지 사유제 인정 등 혁신적인 개혁을 성공적으로 이끌었다. 사마천은 "[효공] 3년, 위앙衛鞅이 법령을 바꾸고 형벌을 정비하며, 안으로는 농사일에 힘쓰고 밖으로는 죽음을 무릅쓰고 싸운 자들에 대한 상벌을 분명히 할 것을 권하자, 효공이 좋다고 하였다."(《사기》〈진본기〉)고 기록하고 있다.

8) 왕선신은 8년이 아니고 18년이 되어야 한다고 하면서 효공이 상군의 법을 18년 동안 시행하고 죽었다는 것을 근거로 들었다. 사마천도 〈상군열전商君列傳〉에서 상앙이 10년 동안 재상을 했다고 기록하고 있으니 원문의 '팔八' 앞에 '십十' 자가 누락된 것으로 보인다는 왕선신의 견해는 상당히 타당성이 있어 보인다.

9) 사람의 머리와 사지를 다섯 수레에 나누어 묶고 말 다섯 필로 끌어당겨 찢어 죽이는 잔혹한 형벌이다.

은 혼란함을 편안히 여기는 것은 진나라나 초나라의 습속보다 더욱 심각하다.

군주들도 도왕이나 효공만큼 신하의 말을 들어주는 이가 없으니 법과 술에 능한 인사가 어찌 두 사람 같은 위험을 무릅쓰고 자신의 법술논리로 나라를 다스리는 방법을 밝힐 수 있겠는가? 이것이 세상이 어지러워지고 패왕(覇王, 패주 노릇 하는 왕)이 나오지 않는 까닭이다.

제14편

간겁시신(姦劫弑臣 : 간사한 계략으로 군주를 겁박하고 시해하는 신하)

【해제】

'간겁시신姦劫弑臣'이란 간사한 계략을 꾸미는 신하, 군주를 겁박하는 신하, 심지어 시해하는 신하 등 세 부류를 말한다. 간사한 신하들은 군주가 옳다고 여기는 것은 찬성하고 그르다고 생각하는 것은 반대하면서 신임과 총애를 추구해 사사로운 욕심을 채우는 자들이므로 결국 군주를 위험에 빠뜨리게 된다는 것이다.

한비자는 군주가 이 점을 알고 올바른 법술을 아는 신하를 등용하게 되면, 위로는 군주의 법이 밝게 빛날 것이고, 아래로는 간사한 신하들이 사라질 것이라고 말한다. 그러나 법술을 아는 신하들은 군주 가까이 있는 간사한 신하들의 비방과 모함을 받아 죽임을 당하기 쉽다. 애첩의 말만 믿고 정실부인과 그 아들을 죽인 춘신군春申君처럼 부모 자식 간에도 다른 사람의 모함으로 죽이기까지 하는데, 하물며 군주와 신하 사이는 어떠하겠는가? 현명한 군주가 아니면 법술을 아는 신하의 의견을 제대로 받아들일 수 없다. 그래서 문둥이도 군주를 가엾게 여긴다는 속담이 생긴 것이다.

한비자는 군주가 비록 이루離婁처럼 잘 볼 수도 없고, 사광師曠처럼 잘 들을 수도 없지만 법술에 근거하여 세상을 다스리면 깊은 궁궐 안에 앉아 있어도 세상에서 일어나는 모든 일을 알 수 있다고 보았다.

또한 나라를 다스리는 방법은 인의仁義 도덕이나 은혜가 아니고 형벌을 엄격히 시행하는 것뿐이라고 밝히고 있다. 인의나 사랑만을 강조하는 군주는 나라의 이익을 냉정하게 살피지 못하고, 죄 지은 백성들에게 차마 형벌을 내리지 못하므로 규율을 세우지 못해 나라가 혼란스러워지게 된다는 주장이다. 형벌은 백성들이 두려워하고 싫어하는 것이지만 거꾸로 그들의 간악한 행위를 막을 수 있는 수단이 된다. 말을 부리는 데에 채찍이나 재갈이 있어야 하고, 나무를 재단할 때 먹줄이나 규구規矩가 있어야 하는 것과 같은 이치이다. 따라서 현명한 군주는 나라를 다스림에 있어서 권세를 운용하고 명확한 법률을 제정하고 엄격한 형벌을 시행하여 간신들이 감히 사사로움을 위하거나 기만하지 못하게 함으로써 패왕의 일을 세워야 한다는 것이다.

〈간겁시신〉 편은 내용상 여섯 단락으로 구분된다. 첫 번째 단락에서는 간신들이 군주를 속이고 총애와 믿음을 취하여 그들의 사사로움을 달성하는 방법에 대해 말하고 있다. 두 번째 단락에서는 군주가 권세를 운용하는 방법과 상벌을 다룰 수 있는 법을 제정하는 것에 대해 말하고 있고, 세 번째 단락에서는 어리석은 학문으로는 국가의 치란을 처리할 수 없다는 이치를 설명하고 있다. 네 번째 단락에서는 법술지사가 대부분 간신들의 참언과 박해를 받아 세상에 드러날 수 없는 이유를 설명하고 있으며, 다섯 번째 단락에서는 군주가 패왕의 일을 세우려면 형벌을 엄격히 하는 데 있지 인의나 은혜를 베푸는 데 있지 않다고 설명하고 있다. 마지막 단락에서는 현명한 군주가 법술을 사용하여 신하를 통제하지 못하면 그 자신이 겁박당하고 심지어는 살해되는 최악의 결과를 낳을 수 있다는 점을 설명하고 있다.

군주를 제멋대로 조종하는 신하의 방법

무릇 간신이란 모두 군주의 마음에 영합함으로써 신임과 총애를 얻는 지위를 차지하려는 자이다. 그러므로 군주가 좋아하는 자가 있으면 신하도 추종하여 그를 칭찬하고, 군주가 미워하는 자가 있으면 신하도 핑계 삼아 그를 비방한다. 대개 사람의 정이란 버리고 취하는 취향이 같은 사람들끼리는 서로 찬성하고 다를 경우에는 서로 비방한다.

지금 신하가 칭찬하는 바를 군주가 옳다고 여긴다면 이를 '동취(同取, 취하는 것을 함께함)'라고 하고, 신하가 비방하는 바를 군주가 그르다고 여긴다면 이를 '동사(同舍, 버리는 것을 같이함)'라고 한다. 무릇 취하고 버리는 것이 일치하는데도 군주와 신하가 서로 반목하는 경우가 있다는 말을 들어본 적이 없다. 이것이 신하가 신임과 총애를 얻는 방법이다.

간사한 신하는 군주의 신임과 총애를 등에 업고 뭇 신하들을 헐뜯거나 칭찬하고, 발탁하거나 파면하는 일을 마음대로 한다. 그런데도 군주는 술수術手를 가지고 나라를 통제하지 못하고, 증거에 입각해서 그들을 심판하지도 않는다. 이것은 분명 예전에 한 말이 군주 자신의 마음에 잘 맞았다고 하여 지금 하는 말도 그냥 믿기 때문이다.

이것이 총애받는 신하가 군주를 속이고 사사로운 이득을 취하는 방법이다. 그래서 군주는 위에서 반드시 속임을 당하고 신하는 반드시 아래에서 권력을 휘두르게 된다. 이를 가리켜 군주를 제멋대로 조종하는 신하라고 부른다.

나라에 군주를 제멋대로 조종하는 신하가 있으면 아래의 모든 신하들은 자신의 지혜와 힘을 다해 충성하려고 하여도 이룰 수 없고, 관청의 벼슬아치들은 법을 받들어 공로를 세우고자 하여도 할 수 없게 된다.

무엇으로써 이것들을 증명할 수 있겠는가? 무릇 편안하고 이로운 곳으로 가고자 하고, 위험하고 해로운 것을 멀리하고 싶은 것이 사람의 정서이다. 지금 신하 된 자가 힘을 다해 공을 이루고 지혜를 다해 충성하려고 하여도, 자신은 괴로운 처지에 놓여 있고 집안은 가난에 허덕이며 아비와 자식은 모두 해를 입고 있다.

그런데 간사한 계략을 써서 이익을 차지하고 군주의 눈을 가리고, 뇌물을 바쳐 중신 섬기는 것을 귀하게 여기는 자는 벼슬도 높아지고 집안도 부유해지고 아비와 자식이 모두 그 혜택을 누리고 있다면, 사람이 무엇 때문에 편안하고 이로운 방법을 버리고 위태롭고 해로운 길로 나아가려 하겠는가?

나라를 다스리는 방법이 이와 같이 잘못되어 있다면, 군주가 아래 신하들의 간사한 계략을 막고 벼슬아치들이 법을 받들게 하려고 하여도 뜻대로 할 수 없는 것은 자명하다. 따라서 좌우의 신하들이 충절과 신의로는 안락함을 얻지 못한다는 것을 알게 되면 반드시 이렇게 말할 것이다.

"내가 충절과 신의로 군주를 섬기고 공로를 쌓아 편안하기를 구했으나, 이는 마치 장님이 흑색과 백색의 실상을 구분하려는 것처럼 반드시 기대할 수 없을 것이다. 만일 법술에 의해서 나라를 다스리는 방법으로 정의와 합리를 실천하며 부귀를 좇지 않고 군주를 섬기며 편안하기를 구하는 것은 마치 귀머거리가 맑고 탁한 소리를 분별하는 것처럼 더욱 기대할 수 없는 것이다. 이 두 방법으로는 안락함을 구할 수 없으니, 내 어찌 패거리에 가담해서 군주를 속이고 간사한 행동을 하며 권세 있는 신하들에게 비위를 맞추지 않을 수 있겠는가?"

이와 같으면 반드시 군주의 도의를 돌아보지 않게 될 것이다.

모든 벼슬아치들도 행동이 반듯해도 안락함을 얻지 못한다는 것을 깨달으면 반드시 이렇게 말할 것이다.

"나는 청렴함으로 군주를 섬기며 안락하기를 구했으나, 이는 마치 자와 곱자도 없이 네모와 동그라미를 그리려고 하는 것과 같아 반드시 기대할 수 없을 것이다. 만일 법을 지키며 무리짓지 않고 관청의 일만 충실하게 하여 안락하기를 구하는 것은 발로 정수리를 긁으려는 것과 같아 더욱 기대할 수 없을 것이다. 이 두 방법으로 안락함을 구할 수 없다면, 내 어찌 법을 버리고 사욕을 추구하면서 권세 있는 신하에게 비위를 맞추지 않을 수 있겠는가?"

이런 상황이라면 반드시 군주의 법도를 돌아보지 않을 것이다. 그러므로 개인의 이득을 위해 권세 있는 신하들을 돕는 자들은 많아지고, 법도에 따라 군주를 섬기는 자는 적어질 것이다. 이리하여 군주는 위에서 고립되고, 신하들은 아래에서 패거리를 만들게 되는 것이니 이것이 전성田成이 간공簡公을 시해하게 된 까닭[1]이다.

현명한 군주는 깊은 궁궐에서도 천하를 볼 수 있다

법술을 아는 자가 신하가 되면 법도에 맞는 말을 진술하여 위로는 군주의 법도를 밝힐 것이요, 아래로는 간신들을 괴롭게 할 것이니, 군주를 존귀하게 하고 나라를 안락하게 할 것이다. 그래서 법도에 맞는 의견이 앞서서 효과를 얻게 되면 상벌이 반드시 뒤이어 제대로 시행된다.

군주가 만일 성인의 법술에 밝아 세속의 말에 얽매이지 않는다면 명분과 실제가 부합되는지 따져 옳고 그름을 결정하게 되고, 실제 증거에 근거해서 신하들의 의견을 심사할 수 있게 된다. 이 때문에 좌우에서 가까이 있는 신하들은 거짓말과 속임수로는 안락함을 얻을 수 없다는 것을 알게 되어 반드시 이렇게 말할 것이다.

"내가 간교하고 사사로운 행동을 버리고, 힘을 다하고 지혜를 다써서 군주를 섬기지 않고 서로 패거리를 짓거나 함부로 남을 헐뜯고 추켜세우는 일로 안락함을 구한다면, 이는 천 균(鈞, 3만 근斤)의 무게를 지고 깊이를 알 수 없는 연못 속으로 빠져들면서 살기를 구

1) 전성田成은 전성자田成子를 말한다. 제나라 간공簡公 4년(기원전 481)에 간공을 시해하고 평공平公을 옹립하여 정권을 완전히 장악하였다. 제3편 주21참조.

하는 것과 같으니, 도저히 기대할 수 없다."

많은 벼슬아치들 역시 간사하고 이기적인 행동으로는 안락함을 얻을 수 없다는 것을 알고 반드시 이렇게 말할 것이다.

"내가 청렴과 반듯함으로 법을 받들지 않고 탐욕스런 마음으로 법을 어기며 사사로운 이익을 취하려고 한다면, 이는 높은 구릉의 꼭대기에 올라가 험준한 계곡 아래로 굴러떨어지면서 살기를 바라는 것과 같으니, 도저히 기대할 수 없다."

평안함과 위험한 길이 이렇게 분명하면 좌우의 신하들이 어찌 거짓말로 군주를 현혹할 수 있으며, 관리들이 어떻게 탐욕으로써 백성들의 재산을 빼앗을 수 있겠는가? 이 때문에 신하들은 충성을 다할 수 있어서 속이려 들지 않고, 하급의 벼슬아치들도 자신의 직무를 지켜서 원망하지 않게 될 것이다. 이것이 관중管仲이 제나라를 다스린 까닭이며, 상군(상앙)이 진秦나라를 강하게 할 수 있었던 까닭이다.

이를 통하여 보면 성인이 나라를 다스리는 데는 분명히 남들로 하여금 나를 위해 하지 않을 수 없도록 하는 방법을 가지고 있는데, 다른 사람이 나를 사랑해주는 것에 의지하지 않고 나를 위하게 하는 것이다. 다른 사람이 나를 사랑해주는 것에 기대어 나를 위하는 방법은 위험한 것이니, 나를 의지해서 하지 않을 수 없도록 하는 것이 안전하다.

무릇 군주와 신하는 피붙이와 같은 친분이 있는 사이가 아니므로 정직한 방법으로 편안함을 얻을 수 있다면 신하는 힘을 다해 군주를 섬긴다. 그러나 정직한 방법으로 안락함을 얻을 수 없다면 신하는 사사로움을 추구해 군주에게 발탁되기를 구할 것이다. 현명한 군주는 이를 알고 있어 이롭거나 해로운 이치를 설정하여 천하에 제시할 뿐이다. 무릇 이 때문에 군주가 비록 [자신의] 입으로 많은 관리들을 가르치지 않고 [자신의] 눈으로 간사한 자를 찾아내지 않아도 나라는 잘 다스려진다.

군주는 이루離婁[2)]처럼 밝은 눈을 가지고 있지 않아도 밝다고 하는 것이며, 사광師曠처럼 예민한 귀를 가지고 있지 않아도 밝다고 하는 것이다. 그러므로 술수에 맡기지 않고 눈으로 본 것만 기다려 밝다고 생각한다면, 보이는 바가 적어질 것이니 [간사함을] 가리지 못하는 술수가 되지 못한다. 정해진 형세에 의지해서 듣지 않고 단지 귀에 의지해서 듣는다고 생각한다면 들리는 바가 적어질 것이니, 속임수가 아닌 방법이 되지 못한다. 현명한 군주는 천하 사람들이 자신을 위하여 보지 않을 수 없도록 하고, 천하 사람들이 듣지 않을 수 없도록 만든다. 그래서 자신은 깊은 궁궐 속에 있으면서도 천하를 모두 밝게 비춰볼 수 있으며, 천하 사람들이 군주의 눈을 가릴 수 없고 속일 수도 없으니 무엇 때문인가? 군주를 현혹하고 어지럽히는 방법은 폐지되고, 군주가 총명해지는 형세가 일어났기 때문이다. 따라서 형세에 잘 맡기면 나라가 안전하고, 그 형세에 의지할 줄 모르면 나라는 위험에 빠질 것이다.

2) 황제黃帝 때의 사람으로, 눈이 유달리 밝았다고 한다.

지혜로운 인사는 끝까지 자신을 드러내지 않는다

옛날 진秦나라의 습속은 신하들이 법을 무시하고 자신의 이익만 추구했기 때문에 나라는 어지럽고 군대는 쇠약했으며 군주의 세력도 약해졌다. 이런 까닭에 상앙은 효공孝公에게 법을 바꾸고 습속을 고치며, 공공의 도道를 밝히고 간사한 행동을 하는 자를 고발하게 하여 상을 주며, 상업을 억제하고 농업을 권장하도록 설득하였다. 이 당시 진나라의 백성들은 예전의 습속에 익숙하여 죄를 지어도 형벌을 피할 수 있고, 공이 없어도 높은 지위에 올라 존경받을 수 있었으므로 새로운 법을 가볍게 보고 위반하였다. 그래서 법을 위반한 사람에게는 반드시 무거운 벌을 내리고 그러한 자를 고발한 사람에게는 상을 후하게 주어 [새로운 법을] 믿게 하였다. 그러자 간사한 사람들은 붙잡히지 않은 적이 없었고, 형벌을 받은 자도 많아져 백성들이 미워하고 원망하여 [상앙이 만든 새로운 법은 폐단이 많다는] 비난의 소리가 날마다 들려왔다. 그러나 효공은 들어주지 않았고 상군이 만든 법을 계속 밀고나갔다. 그 뒤로 백성들은 죄를 지으면 반드시 벌을 받는다는 것을 알게 되었으며, 간악한 일을 고발하는 자들도 많아졌다.

그래서 백성들은 법을 어기지 않게 되었으며 형벌을 가할 일도 없게 되었다. 이로써 나라는 다스려지고 병력은 강해졌으며 영토는 확장되었고 군주는 존귀해졌다. 이처럼 된 까닭은 죄인을 감추는 사람은 중벌을 받고, 간사한 자를 고발한 사람은 후한 상을 받았기 때문이다. 이것은 또한 천하의 모든 사람들이 반드시 군주가 직접 보고 들은 일을 하게 하는 방법이다. 치세에 이르는 법술이 이미 분명한데도 세상의 학자라는 자들은 모르고 있다.

또한 세상의 어리석은 학자들은 나라가 잘 다스려지고 어지러워지는 실정도 알지 못하면서 옛 서적들만 시끄럽게 떠들며 읊어대어 당대의 정치를 어지럽히니, 그들의 지식이나 생각만으로는 함정에 빠지는 것을 피하기에 부족한데도 또한 함부로 법술을 익힌 인사들을 헐뜯고 있다. 그들의 말을 듣는 자들은 위험해질 것이며, 그들의 계획을 실천하는 자는 혼란스러워질 것이다. 이것이야말로 가장 큰 어리석음이며 가장 심한 재앙인 것이다. 그들은 법술을 익힌 인사들과 마찬가지로 담론과 설득에 뛰어나다는 명성을 얻고 있지만 실제로는 엄청난 차이가 있다. 이것이 이름은 같으나 실질이 다르다고 하는 것이다. 세상의 어리석은 학문을 추종하는 자와 법술을 익힌 인사를 비교한다는 것은 개미구릉을 큰 언덕에 비교하는 것과 같이 그 차이가 크다. 그러나 성인은 옳고 그름의 실질을 살피고 다스려짐과 어지러움의 실정을 고찰하므로 나라를 다스릴 때에는 법도를 분명하게 바로잡고 엄한 형벌을 시행하여 백성들의 혼란을 구하고 천하의 재앙을 없앤다. 또한 강자가 약자를 능멸하지 못하게 하고 다수가 소수에게 포악하게 대하지 못하게 하며, 노인들이 타고난 수명을 누릴 수 있게 하고 어린 고아도 성장할 수 있도록 하며, 변방이 침입받지 않고 군주와 신하들은 서로 친하며, 부모 자식 간에 서로 보호하고, [전쟁 때문에] 사망하거나 노예가 될 걱정이 없도록 하여야 한다. 이것이 또한 최상의 공적이라고 하는 것이다. 어리석은 사람들은 무지하게도 도리어 이것을 폭정이라고 여긴다.

어리석은 자는 본래 다스려지기를 바라면서도 그 다스리는 방법을 싫어하고, 모두 위태로워지는 것은 싫어하면서도 그 위태롭게 되는 방법을 좋아한다. 무엇으로써 이를 아는가? 무릇 형벌을 엄하고 무겁게 하는 것은 백성들이 싫어하는 바이지만 나라가 다스려지는 까닭이며, 백성을 가엾게 여겨 형벌을 가볍게 하는 것은 백성들이 좋아하는 바이지만 나라가 위험해지는 까닭이다. 성인은 나라에 법을 시행하면서 반드시 세속의 여망에는 거스르지만 도덕에는 순응한다. 이런 이치를 아는 자는 정의(법술)에 찬동하고 세속에 반대하지만, 이것을 알지 못하는 이들은 정의에 반대하고 세속에 찬동한다. 천하에 이러한 도리를 알고 있는 이가 적으면 정의가 비방을 받게 된다. [법술의] 도가 인정되지 않는 지위에 있으면서 뭇 사람들의 모함을 받으며 세속에 영합하는 주장에 빠져 있으면서 엄한 천자를 감당하여 안락을 구하려고 하는 것은 또한 거의 어렵지 않겠는가! 이것이 무릇 지혜로운 인사가 죽는 날까지 세상에 [자신을] 드러내지 않는 까닭이다.

애첩의 말에 현혹되어 정실부인을 죽인 춘신군

초나라 장왕莊王의 동생 춘신군春申君[3]에게는 여余라는 애첩이 있었고, 춘신군의 정실 소생으로 갑甲이라는 아들이 있었다. 여는 춘신군이 정실부인을 버리게 하려고 스스로 몸에 상처를 내고는 그에게 보이면서 눈물을 흘리며 말하였다.

"군왕의 첩이 될 수 있었던 것은 소첩으로서는 매우 큰 행운입니다. 그렇지만 정실부인의 뜻을 따르고자 하면 군왕을 섬길 수 있는 이치가 아니고, 군왕의 뜻을 따르면 [정실]부인을 거스르게 되는 이치입니다. 소첩이 어리석은 까닭에 두 주인을 섬기기에는 힘이 부족한 듯합니다. 두 분을 모두 섬길 수 있는 상황이 아니고, 부인에게 죽임을 당하느니 군왕 앞에서 죽는 것만 못합니다. 소첩이 죽고 나서 만일 군왕 곁에 [총애받는 여인이] 다시 있게 된다면, 바라옵건대 군왕께서는 이 일을 잘 살피시어 사람들에게 비웃음을 당하는 일이 없도록 하십시오."

춘신군은 여가 꾸며낸 말만 믿고서 [정실]부인을 버렸다.

여는 또 [적자] 갑을 죽이고 자기 아들로 뒤를 잇게 하려고 자신의 속옷을 찢어서 춘신군에게 내보이고 눈물을 흘리며 말하였다.

"소첩이 군왕의 총애를 얻은 지 오랜 날이 되었으니 갑이 모를 리 없을 텐데, 오늘 소첩을 강제로 희롱하려고 하여 첩이 그와 다투다가 옷이 이 지경으로 찢어졌습니다. 자식 된 자로서 불효가 이보

3) 성은 황黃이며 이름은 헐歇이다. 학문이 높고 말재주가 뛰어나 초나라 경양왕頃襄王을 섬겼고, 고열왕考列王이 태자로 진秦나라의 인질이 되었을 때 이를 구한 공으로 춘신군에 봉해졌다. 식객 3천 명을 거느렸으며, 또한 맹상군孟嘗君·신릉군信陵君·평원군平原君과 더불어 전국사공자戰國四公子로 불렸다.

다 더 클 수는 없습니다."

그래서 여의 농간 때문에 정실부인은 버림을 받았고 그의 아들은 죽임을 당하였다. 이로써 보면 아비의 자식에 대한 사랑도 다른 사람의 모함하는 말 때문에 해를 입을 수 있다. 군주와 신하 사이는 아비와 아들만큼 친하지 않으며, 여러 신하들의 모함은 단지 한 명의 첩의 입에서 나오는 것에 불과하지 않으니 현인이나 성인이 죽임을 당하는 것이 어찌 괴이한 일이겠는가! 이것이야말로 상앙이 진나라에서 거열형을 당한 까닭이며, 오기가 초나라에서 능지처참을 당한 까닭이다.

엄한 형벌로 다스려야 패왕이 될 수 있다

무릇 신하들은 죄를 짓고도 정말로 벌을 받지 않기를 바라며, 공이 없어도 모두 존귀해지고 드러나기를 바란다. 그러나 성인이 나라를 다스릴 때는 공이 없는 자는 상을 주지 않았고, 죄를 지은 자는 반드시 벌을 받게 하였다. 그렇다면 술수를 아는 이가 신하가 되면 군주의 좌우에 있는 간신들이 그를 해치려고 하므로 현명한 군주가 아니고서는 그 신하의 말을 들어줄 수 없다.

세상의 학자들이 군주에게 유세할 때는 "위엄 있는 권세를 틈타 간사한 신하들을 내치십시오."라고 하지 않고, 모두 "인의仁義 도덕과 은혜와 사랑으로 다스릴 뿐입니다."라고 말한다. 세상의 군주들은 인과 의의 명분을 아름답게 여기고 그 실상을 살피지도 않기 때문에 크게는 나라가 망하고 [군주] 자신도 죽게 되며, 작게는 영토가 깎이고 군주의 [지위가] 낮아지게 된다.

어떻게 이것을 증명하겠는가? 무릇 빈곤한 자에게 베푸는 것, 이것을 세상에서는 인의라고 한다. 또한 백성들을 가엾게 여겨 차마 처형하거나 벌주지 못하는 것, 이것을 사람들은 은혜라고 한다. 그런데 가난하고 곤궁한 자에게 베풀어주면 공이 없는 자가 상을 받는 것과 같고, 차마 처벌하지 못하면 폭력과 혼란이 그치지 않을 것이다. 나라에 공이 없는데도 상을 받는 자가 있다면 백성들은 밖으로는 적과 맞붙어도 적의 목을 베는 데에 힘쓰지 않을 것이며, 안으로는 애써 밭을 갈고 부지런히 일하는 것을 다급하게 여기지 않을 것이다. 모두 뇌물을 바쳐 부귀한 자들을 섬기거나 사사로운 선을 행하고 명예를 세워 높은 벼슬과 후한 봉록을 취하려고 할 것이다. 그래서 간사하고 사사로운 신하들은 더욱 많아지고 난폭한 도당들은 더욱 기승을 부리게 되니 나라가 망하지 않고 무엇을 기다리겠는가?

엄한 형벌은 백성들이 두려워하는 바이며, 무거운 처벌은 백성들이 싫어하는 바이다. 그래서 성인은 그들이 두려워하는 바를 펼쳐 놓음으로써 그 사악한 행동이 일어나는 것을 금지하고, 싫어하는 바를 설정함으로써 그 간사한 행위를 방지한다. 이리하여 나라는 안정되고 난폭한 일은 일어나지 않게 된다. 나는 이로써 인의나 은혜와 같은 것은 쓰기에 부족하며, 엄하고 무거운 형벌만이 나라를 다스릴 수 있다고 밝혀 말하는 것이다.

채찍의 위협이나 재갈을 물리는 설비가 없으면 비록 조보造父[4]라고 하여도 말을 복종시킬 수 없다. 자와 곱자의 법도와 먹줄의 곧음이 없다면 비록 왕이(王爾, 전설적인 장인)라고 하여도 네모와 동그라미를 그릴 수 없다. 그리고 위엄 있는 권세와 상벌의 법도가 없다면 비록 요순이라도 나라를 다스릴 수 없다.

지금 세상의 군주들은 모두 한결같이 무거운 벌과 엄격한 처벌을 가볍게 내버려두고 사랑이나 은혜를 베풀면서 패왕의 공업을 이루려고 하는데 이 또한 바랄 수 없는 일이다. 따라서 뛰어난 군주는 상을 밝히고 이익을 제시함으로써 격려하고 그 공에 따라 상을 내림으로써 백성들을 부리지, 인의 때문에 상을 내리지 않는다. 엄격하고 무거운 형벌로 나쁜 행동을 금하고, 그 죄를 처벌하여 백성들을 다스리지 사랑과 은혜 때문에 [죄를] 면해주지 않는다. 이렇게 함으로써 공이 없는 자는 [상을] 바라지 않고, 죄가 있는 자는 요행이 없게 될 것이다.

견고한 수레와 좋은 말에 의지한다면 육지에서 험한 고갯길의 어려움을 넘을 수 있고, 안전한 배를 타고 편리한 노까지 갖춘다면 넓은 강물이 막아서도 걱정할 것이 없으며, 법술로 나라를 다스리는 방법을 쥐고서 무거운 형벌과 엄한 처벌을 실행한다면 패왕의 공적에 도달할 수 있다. 나라를 다스리는 데에 법술과 상벌을 갖추

4) 조보趙父라고도 한다. 옛날 주周나라 목왕穆王을 섬기던 사람으로 왕의 수레를 잘 몰았다.

고 있으면 마치 육로를 갈 때 튼튼한 수레에 좋은 말이 끄는 마차를 탄 것과 같고, 물길을 갈 때 가벼운 배에 편리한 노까지 갖춘 경우와 같다. 이것을 이용한 자는 그 목적을 이룰 수 있다.

이윤이 그 방법을 깨달았기 때문에 탕왕이 왕 노릇을 할 수 있었고, 관중이 그것을 터득했기 때문에 제나라가 패주가 될 수 있었으며, 상군이 그것을 터득했기 때문에 진秦나라가 부강해진 것이다. 이 세 사람은 모두 패왕의 술에 밝았으며, 나라를 다스리고 부강하게 할 수 있는 법술을 살폈고 세속의 말에 끌려다니지 않았다. 이들은 당시의 현명한 군주들의 뜻에 부합해서 베옷을 입은 [무명의] 선비에서 곧바로 경상卿相의 자리에 설 수 있었으며, 그 자리에 서서 나라를 다스리며 군주를 존중하고 영토를 확장하는 실적을 내었다. 이들이야말로 귀하게 여길 만한 신하들이다. 탕왕은 이윤을 얻어 백 리 땅을 다스리던 신분에서 천자에 설 수 있었고, 환공桓公은 관중을 얻어 오패의 우두머리가 되어 아홉 번이나 제후들을 규합하고[5] 한 번에 천하를 바로잡았으며, 효공은 상군을 얻었기에 땅을 넓히고 군대를 강하게 할 수 있었다.

따라서 충신을 얻은 군주는 밖으로는 적국에게 침공당할 염려가 없고, 안으로는 난을 일으키는 신하에 대한 걱정이 없어 천하는 오래도록 평안할 것이며 명성이 후세에 드리워질 것이니, 이를 충신이라고 한다.

5) 구체적으로 제환공齊桓公은 환공 5년(기원전 681) 봄부터 42년(기원전 644) 겨울에 이르기까지 천하의 제후들과 주나라 왕실을 존중하면서도 미약한 천자로 인해 야기된 천하의 혼란을 바로잡고자 한 긴 시간을 말한다.

예양豫讓[6]은 지백知伯[7]의 신하가 되었을 때 위로는 군주를 설득해 법술과 법도에 대한 이치로써 환난의 근심을 피하지 못했고, 아래로는 그 무리들을 이끌고 제어해서 그 나라를 평안히 하지 못하였다. 양자襄子가 지백을 처형하려고 하자 예양은 곧 스스로 얼굴에 문신을 새기고 코를 잘라 외모를 흉하게 만들고는 지백을 위해 양자에게 원한을 갚으려고 하였다. 이것은 비록 군주의 명예를 위해 몸을 상하게 하고 군주를 위해 목숨까지 바쳤다는 명성은 있지만, 실제로 지백에게는 가을 터럭 끝만큼의 보탬도 되지 않았다. 그래서 나는 그를 하찮게 여기는데, 지금 세상의 군주들은 그를 충성스럽고 고매하다고 평가한다.

옛날 백이와 숙제叔齊[8]는 [주周나라의] 무왕武王이 천하를 넘겨주려고 하자 받지 않고 두 사람은 수양산首陽山 구릉에서 굶어 죽었다. 이와 같은 신하는 엄한 처벌도 두려워하지 않고 후한 상도 탐하지 않으니 벌을 내려 금지할 수도 없고 상을 내려 부릴 수도 없다.

이들을 가리켜 무익한 신하라고 하는 것이다. 나는 그들을 경시하여 내쳐야 할 신하로 여기지만, 지금 세상의 군주들은 그들을 중시하여 구하려 하고 있다.

6) 예양豫讓은 처음에는 진나라 범씨와 중항씨를 섬겼는데, 뒤에 지백知伯을 섬겼다. 그는 지백이 한韓·위魏·조趙 세 나라에 의해 죽자 온몸에 옻칠을 하고 벙어리 시늉을 하면서 조양자趙襄子에게 접근해 지백의 복수를 하려고 했지만 체포되자 자살하였다.

7) 이름은 요瑤이며, 시호는 양자襄子이다.

8) 백이伯夷와 숙제叔齊는 은나라 말기 고죽국孤竹國의 왕자들이었다. 주周나라 무왕이 은나라를 멸망시키자 주나라의 곡식은 먹을 수 없다며 수양산에 들어가 고사리를 캐먹다가 굶어 죽었다. 주나라 무왕이 천하를 넘겨주려고 했다는 고사는 정식 역사나 전기에는 없는 것으로, 전국시대 유세객들이 꾸며낸 말인 듯하다.

문둥이가 왕을 가엾게 여기는 이유

속담에 "문둥이가 왕을 가엾게 여긴다."라는 말이 있다.

이것은 공손하지 않은 말이다. 비록 그렇다 하더라도 예로부터 근거 없이 아무렇게나 만든 속담은 없으니 살펴보지 않을 수 없다. 이것은 아래 신하들에게 협박이나 죽임을 당한 군주를 일컫은 말이다.

군주가 나라를 다스릴 법술이 없이 그 신하를 통제하려고 든다면 비록 나이가 많고 재능이 뛰어나다 하더라도 대신들은 오히려 권세를 장악해 마음대로 정치를 하고 제멋대로 결재를 하여 각자 사사로움을 채우기에 급급할 것이다. 더구나 그들은 군주의 부모 형제나 호걸 같은 인사가 군주의 힘을 빌려 자신을 단죄할 것을 두려워해, 현명하고 나이 든 군주를 살해하고 나이가 어리고 유약한 군주를 옹립하려고 하고, 정처正妻의 적자를 폐위하고 의롭지 못한 서자를 옹립하려 한다. 옛《춘추春秋》의 기록은 이렇다.

"초나라 왕자 위圍가 정鄭나라의 사신으로 가게 되었는데, 국경을 채 넘기도 전에 국왕이 병이 났다는 소식을 듣고 되돌아왔다. 그는 왕을 문병한다는 구실로 들어가서는 갓끈으로 왕의 목을 졸라 죽이고 마침내 스스로 왕위에 올랐다.

제나라의 최저崔杼[9]라는 사람에게는 아름다운 아내가 있었는데, 제나라의 장공莊公이 그녀와 정을 통한 뒤 자주 최저의 내실을 드나들

---

9) 제나라 정공丁公의 후예이며, 나중에 식읍이 최崔 땅에 있어서 성씨로 삼은 것이다. 최무자崔武子라고도 불리며 제나라 혜공에게 총애를 받았으나 혜공이 죽으면서 쫓겨났다가 다시 귀국해 영공靈公 때 대부가 되었다. 훗날 왕인 장공莊公을 죽인 뒤 왕의 배다른 동생 저구杵臼를 왕위에 앉히고 경공景公이라고 하였다.

었다.[10] 장공이 최저의 집에 도착했을 때를 노려 최저의 부하 가거賈擧[11]가 무리를 이끌고 장공을 공격하였다. 장공은 집 안으로 도망쳐 들어가 최저에게 나라를 나눠줄 테니 살려달라고 부탁했지만 최저는 들어주지 않았다. 그러자 장공은 종묘에서 자결할 수 있도록 해달라고 애원하였다.[12] 그러나 최저는 이 또한 허락하지 않았다. 마침내 장공은 뒤쪽 담을 넘어 도주하려고 하였다. 그러나 가거의 화살이 장공의 다리를 쏘아 맞추어 장공은 땅으로 떨어졌다. 최저의 무리들은 장공을 창으로 찔러 죽이고[13] 그의 동생 경공景公을 세웠다."

근래에 일어난 일도 있다. 이태李兌[14]는 조나라에서 실권을 쥐자

---

10) 본래 최저崔杼의 아내는 당공(棠公, 제나라 당읍의 대부)의 아내였는데 당공이 죽어 최저가 아내로 삼은 것이다. 사마천은 "장공은 그녀와 사통하여 자주 최저의 집에 갔으며, [장공은] 최저의 갓을 다른 사람에게 줄 정도였다. 시종이 [장공에게] 말했다. '이래서는 안 됩니다.'"(《사기》〈제태공세가〉)라고 기록하였다.

11) 장공을 보필했으나 매질을 당하고 나서 최저 편에 섰다는 자이다.

12) 당시 상황에 대해 사마천의 기록이 더 상세하다. "환관 가거賈擧가 장공을 수행하는 관원들을 대문 밖에서 막고 안에서 대문을 잠그니 최저의 부하들이 무기를 들고 몰려왔다. 장공이 대臺 위로 올라가 포위를 풀 것을 요청하였으나 그들은 들어주지 않았다. 천지신명에게도 맹세할 것을 청하였으나 받아주지 않았다. 이에 종묘에서 자살하겠다고 청하였으나 들어주지 않았다." (《사기》〈제태공세가〉)

13) 이 부분에 관한 사마천의 기록도 비슷한 대목이 있다. "장공이 담을 넘으려고 하자 화살이 허벅지에 꽂혔다. 장공이 거꾸로 떨어져 내려오자 죽여버렸다."(《사기》〈제태공세가〉) 한편, 장공이 죽었을 때 당시 신하인 안영이 "장공의 시신을 베개 삼아 곡哭을 한 다음 예에 따라 세 번 뛰더니 밖으로 나왔다."〈제태공세가〉라는 기록이 있음을 부기한다.

14) 이태李兌는 조趙나라의 신하로, 오늘날의 법무부장관에 해당하는 사구司寇 벼슬을 맡고 있었고, 주보主父는 군주인 무령왕武靈王을 말한다. 무령왕은 왕위를 작은 아들이자 뒤에 혜문왕이 된 하何에게 물려주고 스스로를 주보라고 불렀다. 그런데 이태는 혜문왕을 도와 무령왕의 맏아들 장章과 군주의 자리를 두고 다투게 되었다. 이때 열세에 몰린 장은 무령왕이 있던 사구궁司寇宮으로 달아났는데, 이태는 사구궁을 석 달 동안 포위하여 무령왕은 굶어 죽었다. 《사기》〈조세가〉와 〈범저채택열전范雎蔡澤列傳〉에 자세한 내용이 실려 있다.

주보主父를 굶겨 백 일 만에 죽게 했으며, 요치淖齒[15]가 제나라에서 권력을 잡자 민왕湣王의 힘줄을 뽑고 종묘의 대들보에 하룻밤을 그대로 매달아두어 죽게 하였다.

그러므로 문둥이는 비록 온몸에 종기가 나서 고름이 흐르고 몸이 썩어가긴 하지만, 위로 《춘추》의 이야기와 비교해볼 때 목이 졸려 죽거나 다리에 화살을 맞은 채 창에 찔려 죽지는 않으며, 아래로는 근래의 일과 견주어볼 때 굶어 죽거나 힘줄이 뽑히는 일은 당하지 않는다. 따라서 신하들에게 협박을 당하거나 죽임을 당한 군주의 마음속 근심과 육체적 괴로움은 반드시 문둥이보다 심할 것이다. 이런 점에서 볼 때 비록 "문둥이가 왕을 가엾게 여긴다."는 말은 옳은 것이다.

15) 연燕·진秦·초楚 등 다섯 나라가 연합해 제나라를 공격할 때, 연나라의 장수 악의樂毅는 제나라 수도 임치臨淄로 공격해 들어갔고, 제나라 민왕湣王은 거莒로 달아났다. 뒤에 초나라에서 요치淖齒를 보내 제나라를 구하게 하였는데, 요치는 제나라 민왕의 재상이 되었다가 곧이어 민왕을 살해하고 약탈한 영토와 보물을 연나라와 나누어 가졌다. 사마천은 요치와 민왕의 관계를 다음과 같이 묘사했다. "초나라는 요치로 하여금 군대를 거느리고 제나라를 구원하게 하여, 이로 인하여 요치는 제 민왕의 상국이 되었다. 요치는 결국 민왕을 죽이고 연나라와 함께 제나라에서 빼앗은 땅과 약탈한 보물을 나누어 가졌다."(《사기》〈전경중완세가〉)

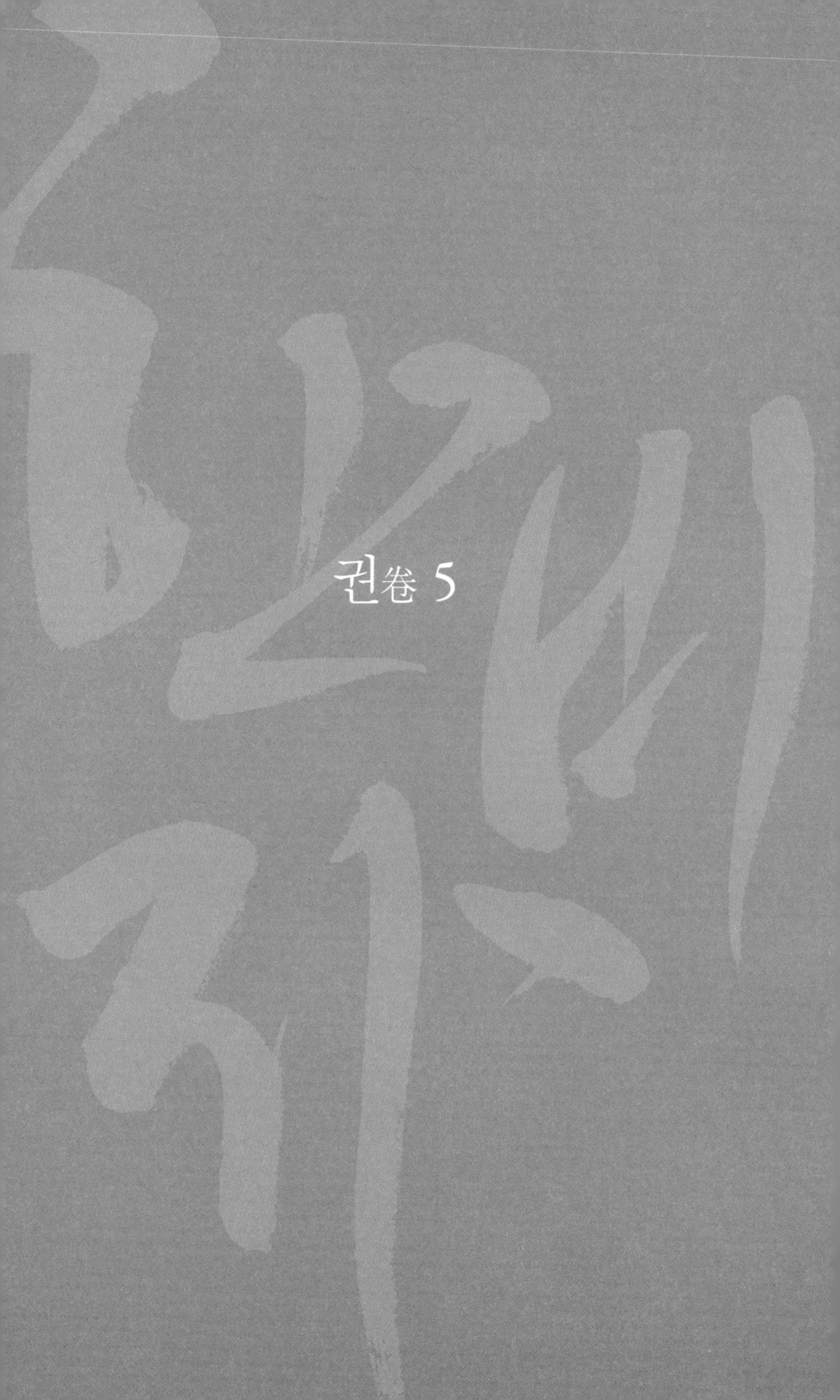

권卷 5

제15편

망징(亡徵: 멸망하는 징조)

【해제】

'망징亡徵'이란 나라가 멸망하는 징조를 뜻하는데, 한비자가 〈망징〉 편에서 나라가 망할 징조가 있다고 한 말은 꼭 망한다는 것이 아니라 망할 가능성이 있어 그것에 대비해야 된다는 생각을 전하고자 하는 것이다.

한비자는 나라의 멸망을 초래하는 징조를 47가지로 나누어 열거했는데, 이것은 단순히 정치 현실만을 나열한 것이 아니다. 경제나 외교·군사·문화·법률·지리·사회 등 사회 전반적인 상황을 폭넓고 깊이 있게 고찰하여 핵심을 짚어 말한 것이다. 이러한 징조는 전국시대 여러 나라들이 멸망할 때 나타나는 말기적 현상으로, 역사 경험에 대한 한비자의 통찰력이 돋보인다. 또한 역대 봉건 왕조가 붕괴하게 된 원인을 분석하는 데도 도움이 된다.

〈망징〉 편의 서술방식은 먼저 나라가 망하게 되는 내부 요인을 자세하게 지적한 뒤 외부 조건도 거론하는 형식을 취하고 있다. 나무가 부러지는 것은 좀벌레가 먹었기 때문이고, 담장이 무너지는 것은 틈이 생겼기 때문이지만 강풍이 불지 않으면 부러지지 않고 큰비가 내리지 않으면 무너지지 않는다는 한비자의 시각은 모든 일에는 미리 징조가 있기 마련이고 어떤 결정적인 외부동인이 생기면 그 징조가 곧바로 나타나게 된다는 이치를 설명하고 있다. 이와 마찬가지로 망할 징조가 보이는 나라를 정벌할 수 있는 나라는 법에 따라 나라를 다스리는 나라뿐이라는 점을 밝히고 있다.

군주의 권세가 가볍고 신하의 권세가 무거우면 망한다

무릇 군주가 다스리는 나라는 작은데 대부大夫의 봉읍이 크다거나, 군주의 권세는 가벼운데 신하들이 무거우면 그 나라는 망할 것이다.

법에 의한 금령을 소홀히 하면서 음모와 계략에만 힘쓰며, 나라 안의 정치를 어지럽게 하면서 나라 밖의 원조에만 의지하면 그 나라는 망할 것이다.

신하들은 쓸모없는 학문만을 배우려 하고, 귀족의 자제들은 논쟁만을 즐기며 상인들은 재물을 [나라 밖에] 쌓아두고 백성들은 개인적인 싸움만을 존중하면 그 나라는 망할 것이다.

군주가 궁실과 누각이나 연못을 좋아하며, 거마車馬와 의복과 기물·노리개에만 관심을 기울여서 백성들을 피폐하게 하고 재물을 모두 써버리면 그 나라는 망할 것이다.

군주가 길한 날을 점치고 귀신을 섬기며, 점술을 믿고 제사 지내기를 좋아하면 그 나라는 망할 것이다.

군주가 간언하는 자의 벼슬자리가 높고 낮은 것에 근거해서 의견을 듣고 여러 사람들의 말을 견주어보고 판단하지 않으며, 어느 특정한 사람만 의견을 받아들이는 창구로 삼으면 그 나라는 망할 것이다.

벼슬자리는 세도가를 통해 얻고 봉록은 뇌물에 따라 받는다면 그 나라는 망할 것이다.

군주가 마음이 나태해서 일의 성과가 없고 유약해서 결단성이 없으며, 좋고 나쁜 바를 결정하지 못해서 정치에 확실한 목표를 세우지 못하면 그 나라는 망할 것이다.

재물을 탐내는 데에 눈이 어두워 만족할 줄을 모르고, 이익을 가까이해 얻는 것을 좋아하면 그 나라는 망할 것이다.

함부로 처형하기를 즐겨 법도에 맞추지 않고, 논쟁을 좋아해 실용적인 측면을 도외시하고 교묘한 글재주만을 좋아해 실제 공적을 돌아보지 않으면 그 나라는 망할 것이다.

군주의 속이 깊지 못해 마음속의 생각을 쉽게 간파당하고 기밀을 누설해 간직하지 못하며 주도면밀하지 못해 신하들의 말이 새나가면 그 나라는 망할 것이다.

군주의 성격이 고집이 세서 화합할 줄 모르고 간언을 듣지 않고 승부에 집착하며 사직을 돌보지 않고 경솔하게 자신감을 부린다면 그 나라는 망할 것이다.

다른 나라와의 동맹이나 원조를 믿고 이웃 나라를 가볍게 보며 강대한 나라의 도움만을 믿고 가까운 이웃 나라를 핍박하면 그 나라는 망할 것이다.

나라 안에 머물러 있는 다른 나라의 객客이 가족이나 재산은 나라 밖에 두고 위로는 국정의 비밀 전략에까지 참여하고 아래로는 백성들의 일에 간여하면 그 나라는 망할 것이다.

백성들이 재상은 신임하나 군주는 사랑하지 않는데도 군주가 재상들을 아끼고 믿어 내쫓지 않는다면 그 나라는 망할 것이다.

나라 안의 인재는 쓰지 않고 나라 밖에서 사람을 구하며 공적에 따라 임용을 결정하는 것이 아니라 평판에 근거해서 뽑고, 나라 밖의 국적을 가진 인재가 높은 벼슬자리에 올라서 오래도록 아래의 벼슬자리에 있었던 사람들보다 높게 승진하면 그 나라는 망할 것이다.

적자의 지위가 무시당하여 서자가 적자와 맞서 대항하고 태자가 아직 결정되지 않았는데 군주가 죽는다면 그 나라는 망할 것이다.

군주가 대범하나 뉘우침이 없고 나라가 혼란한데도 자신의 재능이 많다고 여기며, 나라 안의 상황에는 어두우면서 이웃의 적국을 얕잡아보면 그 나라는 망할 것이다.

나라는 작은데도 낮은 지위에 처하려 들지 않고 국력이 약하면서도 강국을 두려워하지 않으며, 예의 없이 강대한 이웃 나라를 멸시하고 탐욕스럽고 고집을 세우며 외교에 서투르면 그 나라는 망할 것이다.

태자가 책봉되었는데도 강대한 나라의 여인을 취해와서 황후로 삼으면 태자가 위태롭게 되는데, 이렇게 되면 신하들은 그들의 생각을 바꾸게 되고 신하들의 생각이 바뀌면 그 나라는 망할 것이다.

군주가 배짱이 적어서 자기 의견을 견지하지 못하고 앞일을 빨리 간파하는 능력은 있으나 마음이 유약해서 결단력 있게 과감히 실행하지 못하면 그 나라는 망할 것이다.

외국에 망명한 군주가 있는데 나라 안에서 새로운 군주를 세우고 볼모로 외국에 끌려간 태자가 돌아오지 못했는데 군주가 태자를 바꾸는 이와 같은 일이 일어나면, 백성들은 두 마음을 품게 될 것이고 두 마음이 생겨나면 그 나라는 망할 것이다.

대신에게 모욕을 주었다가 다시 가까이하고, 백성들에게 형벌을 내려 살육을 자행하고 더구나 잔혹하게 부역을 시켜 분노를 품고 치욕을 간직하고 있는데 다시 신용하여 측근에 두면 역적이 생겨나게 될 것이고, 역적이 생기면 그 나라는 망할 것이다.

두 대신이 권력을 장악하여 팽팽히 맞서며, 많은 왕실 친족들이 강력한 세력을 구축해서 안으로는 패거리를 이루고 밖으로는 원조를 구하며 서로 다툰다면 그 나라는 망할 것이다.

군주가 애첩들의 말을 받아들이고 군주의 마음에 위안을 주는 농신弄臣의 의견을 채택해 조정 안팎이 분노와 원망에 가득 차 있는데도 자주 법을 어기는 일을 행하면 그 나라는 망할 것이다.

군주가 대신들에게 모욕을 주고 부모와 형제에게 무례하게 대하며 백성들을 못 견디게 괴롭히고 무고한 사람을 죽인다면 그 나라는 망할 것이다.

군주가 꾀를 즐겨 써서 법을 왜곡하고 수시로 사적인 것으로 공적인 것을 어지럽히며, 법과 금지명령을 쉽게 바꾸어 신하들에게 자주 명령을 내리면 그 나라는 망할 것이다.

지형이 견고하지 않고 성곽이 허술하며 비축된 식량이 없고 재정도 부족하며 정벌과 수비에 대한 준비도 없는 상태에서 경솔하게 적을 공격하면 그 나라는 망할 것이다.

군주들의 혈족이 수명이 길지 못해 군주가 일찍 세상을 떠나 어린 태자가 군주가 되면 대신들이 전권을 행사하게 되는데, 그들이 다른 나라에서 온 사람들을 조정에 끌어들여 패거리를 이루고 자주 영토를 나누어 다른 나라와의 교제를 유지하면 그 나라는 망할 것이다.

태자가 지나치게 추앙을 받고 그를 따르는 자들의 세력이 강해 큰 나라들과 많은 교분을 쌓아 일찍부터 위세를 갖춘다면 그 나라는 망할 것이다.

군주가 도량이 좁고 성질이 급해서 쉽게 휩쓸리거나 마음의 동요를 일으키고 노해서 앞뒤 사정을 돌아보지 못하면 그 나라는 망할 것이다.

군주가 자주 노여워하고 군대를 일으키기를 좋아해서 농사를 소홀히 하고 전쟁을 쉽게 일으킨다면 그 나라는 망할 것이다.

권문세가나 귀족들이 서로 시기하는 와중에 대신들의 세력이 강성해져서 밖으로는 적국의 힘을 빌리고, 안으로는 백성들을 착취하면서 개인적인 원수를 공격해도 군주가 처벌하지 못하면 그 나라는 망할 것이다.

군주는 무능한데 측실의 대군들은 현명하고 능력이 있으며, 태자는 미약한데 서자들은 강성하며, 벼슬아치들은 유약한데 백성들은 거칠다면 나라는 안정될 수 없고 나라가 안정되지 못하면 그 나라는 망할 것이다.

군주가 분노를 쌓아두기만 하고 터뜨리지 않으며, 죄목에 해당하는데도 처벌하지 않아서 벼슬아치들이 속으로 군주를 원망하게 만들고 더욱 두려워하게 하며, 장기간 장차의 일을 예상할 수 없도록 한다면 그 나라는 망할 것이다.

군대를 출동시킬 때 대장으로 임명한 자의 권한이 지나치게 크고 변방을 지키는 직책을 맡은 장수의 직위가 너무 높아 단독으로 명령을 내릴 수 있다거나, 군주의 허락을 받지 않고도 공무를 즉결 처리하는 권한을 부여했다면 그 나라는 망할 것이다.

왕비가 음란하고 태후도 추한 행동을 거듭하며 궁궐 안팎의 사람이 은밀히 내통해 남녀의 분별이 없다면 이는 나라에 두 군주가 있다고 할 수 있는데, 이렇게 나라에 두 군주가 있으면 그 나라는 망할 것이다.

왕비는 경시되고 비첩들은 존중받으며, 태자는 경시되고 서자는 존중받으며, 재상은 경시되고 빈객의 알현 요청을 전담하는 내시가 중시된다면 궁궐 안팎의 일들이 어그러질 것이고, 안팎이 어그러지면 그 나라는 망할 것이다.

대신들이 지나치게 존귀하거나 개인적으로 만든 패거리가 군주의 결정을 가로막고 나라의 권력을 독단적으로 휘두른다면 그 나라는 망할 것이다.

세도가의 천거를 받은 사람은 등용되면서 공을 세운 장수의 후손은 내쫓기고, 시골에서의 선행은 발탁되면서 벼슬자리에서의 공적은 무시되며, 개인적인 행동은 중시되면서 나라에 대한 공헌이 무시된다면 그 나라는 망할 것이다.

나라의 창고는 비어 있는데 대신들의 창고는 가득 차 있고, 나라 안의 백성들은 가난한데 나라 밖에서 들어온 이주자들은 부유하며, 농민과 병사들은 곤궁한데 상공업에 종사하는 사람들이 이득을 얻으면 그 나라는 망할 것이다.

큰 이익을 보고도 취하지 않고 재앙의 조짐을 듣고도 방비하지 않으며, 전쟁에 있어 공격과 방어를 소홀히 하면서 인의 도덕으로 자신을 꾸미는 데 힘쓴다면 그 나라는 망할 것이다.

군주가 나라를 보호하고 백성을 안정시켜야 할 효행에는 힘쓰지 않고 보통 사람이 부모에게 행하는 효행을 숭배하며, 사직의 이익을 돌보지 않고 태후의 명령만을 듣고 여인들이 나랏일을 좌지우지하고 환관이 정권을 마음대로 한다면 그 나라는 망할 것이다.

군주가 말재주는 뛰어나지만 법에 맞지 않고, 사고는 영민하지만 법술이 없으며, 재능은 많지만 법도로써 나랏일을 처리하지 못한다면 그 나라는 망할 것이다.

새로 등용된 신하는 진급시키고 오래도록 일한 신하는 쫓아낸다거나, 어리석은 자들이 정치를 하고 우수한 자는 물러나며, 공적도 없는 사람이 존귀해지고 나라를 위해 애쓰고 수고하던 사람이 천한 대우를 받게 된다면 아래 신하들이 원망을 품을 것이며, 아래 신하들이 원망을 품으면 그 나라는 망할 것이다.

왕실 귀족이나 대신들이 공적이 있는 자에 비해 많은 봉록을 받고 신분의 등급을 넘는 옷차림을 한다거나, 궁궐에서 지나친 사치를 하는데도 군주가 제재할 수 없다면 신하들의 탐욕스런 마음은 끝이 없을 것이다. 신하들의 탐욕스런 마음이 끝이 없으면 그 나라는 망할 것이다.

군주의 사위나 자손들이 백성들과 어울려 한마을에 살면서 이웃에게 오만하게 굴고 횡포를 부린다면 그 나라는 망할 것이다.

여기서 나라가 망할 징조가 있다는 것은 반드시 망한다는 이야기가 아니라 단지 망할 가능성이 있다는 말이다. 무릇 요堯임금 같은 성인이 두 명이나 있다고 둘 다 왕이 될 수 없으며, 걸과 같은 폭군이 두 명 있다고 둘 다 망하는 것은 아니다. 나라가 흥할 것인가 망할 것인가 하는 관건은 반드시 그 나라가 잘 다스리는 것과 혼란스러운 것, 부강함과 쇠약함이 어느 한쪽으로 기울었는가에 달려 있다. 나무가 부러지는 것은 반드시 좀벌레를 통해서이며, 담장이 무너지는 것도 반드시 틈을 통해서이다. 담장이나 나무에 벌레가 먹었다 하더라도 강한 바람이 불지 않으면 부러지지 않을 것이고, 벽에 틈이 생겼다 하더라도 큰비가 내리지 않으면 무너지지 않는다. 만승의 천자가 법술을 받아들여 법을 시행할 수 있게 되면, 망할 조짐이 보이는 군주에게 바람과 비와 같은 존재가 될 것이니 천하를 겸병하는 것은 어렵지 않을 것이다.

제16편

삼수(三守:군주가 지켜야 할 세 가지 원칙)

【해제】

'삼수三守'란 군주가 지켜야 할 세 가지 정치 원칙을 말한다. 그 세 가지 원칙이란 첫째, 군주는 신하들이 권력의 핵심에 있는 자의 옳지 못한 행동에 대해 간언했을 때 그 말을 누설하지 말아야 한다는 점, 둘째, 군주가 신하들을 아끼거나 미워할 경우 측근들의 의견에 좌지우지되어서는 안 된다는 점, 셋째, 군주가 할 일을 신하들에게 맡겨서는 안 된다는 점이다.

아울러 한비자는 군주가 신하들에게 위협당하는 세 가지 경우도 이야기하고 있다. 첫째, 허명虛名에 의한 위협, 둘째, 나랏일을 빌려 군주를 위협하는 것, 셋째, 신하가 형벌의 권한을 장악해서 위협하는 경우 등이 그것이다.

만일 군주가 이와 같은 협박에 대비하지 않는다면 나라의 위험은 물론 군주 자신의 목숨까지 위험한 지경에 이르게 된다는 것이다. 그러나 이런 가능성을 알고 미리 막는다면 천하의 주인이 되는 것 또한 어렵지 않을 것이라는 것이 한비자의 결론이다.

〈삼수〉 편의 내용 중 일부는 〈이병〉 편과 유사한 것이 있으며, 〈내저설內儲說〉 편과 〈고분〉 편, 〈세난〉·〈화씨〉 편 등과의 중복성도 있어 함께 읽어보면 그 취지를 더욱 분명히 이해할 수 있다.

군주에게 세 가지 지켜야 할 것이 있으니, 이 세 가지를 완벽하게 지키면 나라가 평안하고 자신도 영화를 누릴 수 있다. 그러나 세 가지를 완벽하게 지키지 못하면 나라는 위태롭고 자신도 위험해질 것이다. 무엇을 일컬어 세 가지 지켜야 할 일이라고 하는가?

[첫째], 신하가 중요한 일을 담당한 자의 실수나 정책을 주관한 자의 잘못과 명성 있는 신하의 속사정에 대해 논의했는데, 군주가 그 말을 마음속에 담아두지 않고 그 측근이나 총애하는 신하에게 누설한다면, 간언하는 신하들이 감히 측근이나 총애를 누리고 있는 무리들의 마음에 들지 않고서는 위로 군주에게 들려줄 수 없게 될 것이다. 그렇게 되면 정직하고 곧은 말을 하던 신하는 군주를 만나 볼 수 없으며, 충성스럽고 정직한 이들은 나날이 [군주 곁에서] 멀어질 것이다.

[둘째], 군주가 자신이 총애하는 사람이 있어도 그에게 독단적인 이익을 주지 못하고 누군가 칭찬하기를 기다린 뒤에 그에게 이익을 주고, 또 자신이 미워하는 사람이 있어도 독단적으로 해로운 조치를 취하지 못하고 누군가 비난하기를 기다린 뒤에 그를 해치면 군주는 위엄이 없어지게 되고 권세는 좌우 신하들의 손안에 들어가게 된다.

[셋째], 군주 자신이 직접 국정을 돌보는 수고로움은 싫어하여 신하들로 하여금 권세부리는 일에 수레바퀴 달려오듯 하게 한다면,

백성을 죽이거나 살릴 수 있는 권한과 상과 벌을 움직이는 실권이 대신들의 손아귀에 들어가게 된다. 이럴 경우 군주는 침해받게 되니, 이를 가리켜 세 가지 지킬 것이 완벽하지 못하다고 하는 것이다. 세 가지 지킬 것이 완벽하지 않다는 것은 군주가 협박당하고 피살당하게 될 징조이다.

군주는 세 가지 협박에 대비하라

군주가 신하에게 위협을 받는 세 가지 경우가 있다. 명겁(明劫, 명분에 의한 협박), 사겁(事劫, 나랏일을 빌려 협박하는 것), 형겁(刑劫, 신하가 형벌의 권한을 장악해 협박하는 것)이 그것이다.

신하들 중 대신大臣이라는 존귀한 지위에 오른 자가 있어 나라의 요직을 조정하여 뭇 신하들에게 이익을 나누어주며, 조정 안팎의 일을 처리함에 있어 자신이 아니면 할 수 없게 만든다. 비록 현명하고 선량한 신하라도 그를 거스르는 사람은 반드시 화를 당하고 그를 따르는 사람은 반드시 복을 누리게 된다. 이렇게 되면 신하들은 군주에게 충성하고 나라를 걱정하며 사직의 이해를 위해 논쟁하지 않게 된다.

군주가 비록 현명하다고 할지라도 나랏일을 홀로 계획할 수는 없다. 그러므로 신하 된 자들이 군주에게 감히 충성하지 않는다면 그 나라는 반드시 멸망한 나라가 될 것이다. 이것을 일컬어 나라에 신하가 없다고 하는 것이다. 나라에 신하가 없다는 것이 어찌 실제 조정이 텅 비고 조회에 참석하는 신하가 부족하다는 말이겠는가? 신하들이 봉록을 받으면서도 패거리끼리 교분을 기르며 사사로운 길만을 향하고 군주를 위해 충성을 다하지 않는 것을 일컬어 명겁이라고 한다.

신하들은 군주의 총애를 팔아서 멋대로 권세를 부리고 외국의 사정을 거짓으로 꾸며 나라 안의 정치를 좌우하며, 일에 대한 화와 복, 득과 실을 왜곡하여 설명하면서 군주가 좋아하고 싫어하는 것에 영합한다. 군주는 그 말을 듣고 자신을 억누르고 나라의 모든 역량을 기울여 일을 추진한다. 만일 일이 실패하면 군주와 그 화를 나누어 입지만, 일이 성공하면 그 신하 혼자 이익을 차지하게 된다. 이 일에 참여한 다른 신하들이 한마음으로 말을 맞추며 그 일의 장점을 늘어놓기 때문에 군주는 반대 의견을 내는 사람의 말을 믿지 못하게 되는 것을 일컬어 사겁이라고 한다.

사법부나 감옥, 금하는 제도, 형벌에 관한 일에 이르기까지 신하가 제멋대로 하는 것을 일컬어 형겁이라고 한다.

이 세 가지 지켜야 할 것이 완벽하게 되지 않으면 세 가지 협박이 일어날 것이며, 세 가지 지켜야 할 것이 완벽하면 세 가지 협박은 그치게 될 것이고, 세 가지 협박이 그치고 막혀버리게 되면 천하의 왕 노릇을 할 수 있을 것이다.

제17편

비내(備內 : 내부를 방비하라)

【해제】

'비내備內'란 내부를 방비하라는 뜻으로, 내부란 군주가 거처하는 곳을 말한다. 군주가 방비해야 하는 내부의 적은 왕비나 태자뿐만 아니라 측근의 신하에 이르기까지 광범위하다. 일반적으로 이들은 항상 군주 곁에 있으면서 총애를 받기 때문에 그들로부터 일어날 수 있는 음모를 소홀히 하기 쉬우므로 주의해야 한다.

〈비내〉 편에서 한비자는 간사한 신하들이 왕자들이나 왕비를 끌어들여 군주의 지위를 빼앗거나 군주를 시해하는 역사적인 사실을 예로 들면서 측근들을 함부로 믿어서는 안 된다는 주장을 펴고 있다. 이태李兌가 조趙나라 혜문왕惠文王의 세력에 기대어 그의 아버지 무령왕武靈王을 굶겨 죽인 일과 우시優施가 여희驪姬의 세력에 기대어 태자 신생申生을 죽이고 자기 자식인 해제奚齊를 그 자리에 앉힌 일은 군주가 자기 자식과 총애하는 첩을 지나치게 믿었기 때문에 일어난 재앙이라는 것이다. 다시 말해서 군주 가까이 있는 자들이 군주의 죽음을 바라는 것은 군주의 죽음이 바로 그 자신들에게 이로움이 되기 때문이다.

따라서 군주는 나라를 다스리면서 가까이 있든 멀리 있든 간에 그 누구도 믿어서는 안 되며, 오직 법률로 나라를 다스리는 방법에 의지해야만 한다는 것이다. 법술法術에 근거해 나라를 다스리면 분수에 넘치는 요행을 바라는 측근이 사라지게 될 것이며, 군주 자신의 위치 또한 공고해질 것이라는 점이 한비자의 주장이다.

〈비내〉 편은 내용상 두 단락으로 구분된다. 첫째 단락에서는 군주의 처자식은 군주가 일찍 죽어야 그들에게 유리하다고 생각하여 군주를 살해할 수 있다고 가정하고는 이를 방비할 수 있는 방법에 대해 말하고 있다. 둘째 단락에서는 지위가 높은 대신들도 늘 권세를 빙자하여 파당을 만들고 군주를 배반하는 것을 일삼으므로 군주는 백성들의 요역을 덜고 대신들의 권세를 소멸시켜야 한다고 설명하고 있다.

수레 만드는 일과 관 만드는 일도 이익 때문에 한다

군주의 근심은 사람을 믿는 데서 비롯된다. 사람을 믿으면 그에게 제압당하게 된다. 신하는 군주와 골육의 친분을 맺고 있는 것이 아니라 군주의 위세에 얽매여 어쩔 수 없이 섬기는 것이다. 따라서 신하 된 자는 군주의 마음을 엿보고 살피느라 잠시도 쉬지 못하는데, 군주는 그 위에서 게으름을 피우며 교만하게 처신하니, 이것이 세상에서 군주를 협박하고 시해하는 일이 발생하는 까닭이다.

군주가 자신의 아들을 매우 신뢰하면 간신들은 태자를 이용해 자신의 사욕을 이루려고 할 것이다. 그래서 이태李兌는 조趙나라 왕의 보좌가 되어 주보主父를 굶겨 죽였다.

군주가 자기 부인을 지나치게 신뢰하면 간신들은 그 부인을 끌어들여 자신의 사욕을 채우고자 할 것이다. 그래서 진晉나라 헌공獻公[1]의 광대 우시優施는 여희驪姬[2]의 세도를 업고서 태자 신생申生을 살해하고 해제奚齊를 옹립했던 것이다. 무릇 아내처럼 가까운 사람과 혈육의 친분이 있는 자식도 신뢰할 수 없거늘, 그 밖의 사람들을 어찌 믿을 수 있겠는가?

1) 헌공이 자리에 오른 계보를 사마천은 다음과 같이 기록하였다. "유공幽公 14년, 유공의 동생 비濞가 유공을 죽이고 스스로 임금 자리에 올랐으니, 이 사람이 위공魏公이다. 위공이 [자리에 오른 지] 50년 만에 죽자 아들 여공탁厲公擢이 임금 자리에 올랐다. 여공이 [자리에 오른 지] 37년 만에 죽자 노나라 사람들은 그의 동생 구具를 왕의 자리에 세웠으니 이 사람이 헌공獻公이다."(《사기》〈노주공세가魯周公世家〉)

2) 여희麗姬라고도 불렸다. 춘추시대 여융驪戎의 딸로 진晉나라 헌공이 여융을 쳐 승리하자 그녀를 자신의 부인으로 삼았으며, 그녀에게서 해제奚齊라는 아들을 얻기도 하였다. 그녀는 헌공의 총애를 한 몸에 받았으므로 자신의 아들을 태자로 삼으려 신생을 모함해 신생을 자살하게 하고 다른 공자들도 나라 밖으로 망명하게 하였다. 이 내용이《사기》〈진세가晉世家〉에 실려 있다.

만승지국의 군주나 천승지국의 왕의 후비 혹은 부인 그리고 적자로서 태자로 옹립된 이들 중 간혹 군주가 일찍 죽기를 희망하는 자가 있을 수 있다. 어찌 그러한 것을 알 수 있는가?

부부는 골육의 정이 없다. 서로 사랑하면 가깝지만 사랑하지 않으면 소원해진다. "어미가 사랑스러우면 그 자식도 품에 안아준다."는 말이 있다. 이 말을 뒤집으면 "어미가 미움을 받으면 자식도 팽개쳐진다."는 말이 된다.

남자는 나이 오십이 되어도 여색을 좋아하는 마음이 그치질 않으나, 여자 나이 삼십이면 미모는 쇠한다. 미모가 쇠한 부인이 호색한 장부를 섬기면 그 자신이 내몰리고 천시되지 않을까 염려하고 자식이 왕위를 계승하지 못할까 염려하게 된다. 이것이 후비와 부인들이 군주가 죽기를 바라는 이유이다.

어머니가 태후가 되고 자식이 군주가 되어 명령을 내리면 실행되지 않는 것이 없고, 금령을 내리면 전부 그쳐지니 남녀 간의 환락도 선왕이 살아 있을 때보다 줄지 않으며, 만승의 대국을 좌지우지하는 것은 터럭만큼의 의심도 없다. 이것이 군주를 짐주鴆酒[3]로 독살하거나 은밀하게 목을 졸라 죽이려는 까닭이다. 그러므로 《도좌춘추檮左春秋》에서 이렇게 말하였다.

"군주가 질병으로 사망하는 경우는 절반도 안 된다."

군주가 이 사실을 모른다면 환난이 일어날 요소가 많아질 것이다. 그래서 "군주의 죽음으로 이익을 얻는 사람이 많을수록 군주는

3) 짐새의 깃털을 넣어 담은 독주를 말한다.

위험해진다."고 말하는 것이다.

예전에 왕량王良[4]이 말을 사랑하고 월나라 구천句踐이 사람을 아꼈던 것은 전쟁에 출전시키고 전쟁에서 잘 타고 달리기 위해서였다. 의사가 환자의 고름을 뽑아내기 위해 상처를 빨아서 나쁜 피를 입안에 머금는 것은 그 환자와 골육의 정이 있어서가 아니라 이익을 얻기 위해서이다.

수레를 만드는 사람은 수레를 만들면서 사람들이 부귀해지기를 바라며, 관을 짜는 사람은 관을 만들면서 사람이 요절해 죽기를 바랄 것이다. 그러나 이것은 수레를 만드는 사람은 어질고 관을 만드는 사람은 악하기 때문이 아니라, 사람이 부유해지지 않으면 수레가 팔리지 않고 사람이 죽지 않으면 관을 팔 수 없기 때문이며, 관을 짜는 사람이 마음속으로 사람을 증오해서가 아니라 사람이 죽어야 이득이 있기 때문이다.

그러므로 후비나 부인과 태자가 무리를 이루고 군주가 죽기를 바라는 것은 군주가 죽지 않으면 세력이 클 수 없기 때문이다. 사실 군주가 죽기를 바라는 것은 군주를 증오해서가 아니라 군주가 죽음으로써 이익을 볼 수 있기 때문이다. 따라서 군주는 자신이 죽었을 때 이익이 돌아가게 될 사람들에게 주의를 기울이지 않을 수 없다. 그러므로 해나 달 곁의 기운[5]이 밖을 에워싸도 적은 그 안에 있다. 마찬가지로 사람들은 증오하는 자를 방비하지만, 재앙은 사랑하는 자에게 있다.

4) 춘추시대 진晉나라 조양자趙襄子의 수레를 몰던 왕오기王於期를 말한다.

5) 원문의 '暈(운)'을 번역한 것으로, 해와 달의 주위를 감싸는 기운이라는 의미이다.

이 때문에 현명한 군주는 검증되지 않은 일은 행동으로 옮기지 않고, 평소와 다른 음식은 먹지 않는다. 군주는 먼 곳의 상황에까지 귀를 기울이고 가까이에 있는 일들은 직접 관찰해 조정 안팎의 잘못을 밝혀내며, 신하들의 의견이 같은가 다른가를 따져 각 당파 간 분쟁의 실정을 헤아린다. 그리고 군주는 여러 방면의 증거를 대조하여 신하가 진언한 실적을 추궁하며, 일을 실행한 뒤에는 신하가 앞서 진언했을 당시의 말과 부합하는지의 여부를 살핀다. 법률에 따라 백성들을 다스릴 때는 여러 단서들에 근거해 비교하고 관찰한다. 선비가 요행으로 상을 받는 일이 없게 하며, 분수에 넘치는 행동을 하지 못하도록 하고, 사형을 선고할 때 반드시 합당하게 하고 죄를 지었을 때 사면해주지 않는다면 간사한 자들이 사사로운 욕심을 품는 일이 없을 것이다.

군주의 권세를 빌려주면 위치가 바뀌게 된다

요역徭役이 많아지면 백성들이 고통스럽고, 백성들이 고통스러우면 벼슬아치의 권세가 일어나며, 권세가 일어나면 백성들의 부역을 면제해주고 받는 대가가 커진다. 그 대가가 커지면 벼슬아치들은 부유해진다.

백성들을 고통스럽게 하여 벼슬아치들을 부유하게 하고, 권세를 일으켜서 신하들에게 빌려주는 것은 천하의 이익을 위한 장기적인 방안이 아니다. 그래서 요역이 줄어들면 백성들이 편안해지고, 백성들이 편안하면 벼슬아치들이 권한을 강화하지 못하며, 벼슬아치들이 권한을 강화하지 못하면 권세는 사라지고, 권세가 사라지면 덕은 군주에게 있게 된다고 하는 것이다.

지금 이것은 물이 불을 이길 수 있는 것과 같이 자명한 이치이다. 그러나 가마솥을 그 중간에 두면 물은 끓어올라 모두 위로 증발하지만 불은 솥 아래에서 기세 좋게 타올라 물이 불을 이길 수 있는 능력을 상실하게 된다. 법률이 간사함을 제압할 수 있는 것은 물이 불을 이길 수 있는 것보다 더 명백하다. 그러나 법률을 집행하는 벼슬아치가 물과 불을 갈라놓는 가마솥의 행동을 한다면, 법률은 단지 군주의 마음속에서만 분명할 뿐 간사함을 제압할 수 있는 힘을 상실할 것이다.

상고시대로부터 전해져오는 말과 《춘추春秋》의 기록을 보면, 법을 어기고 군주를 배반하며 중대한 죄를 범하는 일은 일찍이 높은 직위와 강력한 권세를 가진 대신들에게서 나오지 않은 적이 없다고 한다. 그런데도 법령의 적용 범위나 형벌의 심판에 의해 처벌을 받은 대상은 늘 권세 없고 가난한 이들이었다. 그래서 백성들은 절망하고 울분을 호소할 곳이 없었다. 대신들은 저희들끼리 세력을 만들어서 군주의 눈과 귀를 가리고, 암암리에 서로 돕고 있으면서도 겉으로는 서로 미워해 사적인 정분이 없는 것처럼 보이려고 한다.

그들은 서로의 눈과 귀가 되어 군주의 틈을 엿본다. 군주의 이목이 가려지면 상황을 들을 방도가 없으니 군주는 이름만 있고 실제 권력은 없게 되며, 신하들은 법을 마음대로 주무르고 집행하게 된다. 동주東周의 천자가 이런 꼴을 당하였다.[6] 군주의 권세를 빌려주면 상하의 위치가 바뀌게 된다. 그래서 신하에게 권세를 빌려주어서는 안 된다고 하는 것이다.

---

6) 주周나라는 유왕幽王 때 견융犬戎의 침입을 받아 위태로웠다. 이때 유왕의 아들 평왕平王이 위기에 빠진 당시의 수도 호경鎬京을 버리고 낙읍洛邑으로 수도를 옮긴다. 이때부터 동주東周가 시작된다. 그 뒤 동주는 여러 제후국을 거느리며 세력을 떨치지만 시간이 흐를수록 그 세력이 약해져 유명무실한 천자의 자리만 지키게 된다.

제18편

남면(南面 : 군주)

【해제】

군주가 정사를 살필 때 얼굴을 남쪽으로 향하는 것을 '남면南面'이라 하고, 신하들이 북쪽의 군주를 향하는 것을 '북면北面'이라고 한다. 따라서 남면이란 흔히 군주를 지칭하는 말로 사용된다.

한비자는 〈남면〉 편에서 군주가 나라를 다스릴 때 범하기 쉬운 허물로 첫째, 한 신하에게 어떤 일을 맡기고 또 다른 사람에게 그 일을 감시하도록 하는 것, 둘째, 군주가 법률을 밝혀 대신들의 권위를 제압하지 못하는 것, 셋째, 군주가 법을 떠나 신하들끼리 감시하게 하는 것을 들고 있다.

군주가 신하들의 거짓과 그릇된 행동을 막기 위해서는 신하들이 처음 한 말과 그 결과의 부합 여부를 살펴 상과 벌을 내려야 한다. 그러면 군주는 신하들의 말에 의해 분별력을 잃지 않게 될 것이며, 신하들 또한 교묘한 변설로 군주를 속이려 하지 못할 것이다.

결국 한비자는 군주란 무엇보다도 '법을 분명하게 밝히는(明法)' 일에 힘써야 한다고 주장하고 있으며, 군주를 어리석게 하고 법도를 문란하게 하는 원인과 군주가 나라를 다스리면서 힘써야 하는 일, 곧 법을 밝히고, 실질을 규명하며, 옛날 법도를 바꾸는 것 등에 대해 서술하고 있다.

〈남면〉 편은 내용상 세 단락으로 구분된다. 첫째 단락에서는 군주는 법을 밝히고 법을 정비함으로써 대신들의 위세와 권세를 통제해야 한다는 것이다. 둘째 단락에서는 군주가 신하의 언행이 실질적인 상황과 부합되는지를 꼼꼼히 따져야 한다는 것이다. 세 번째 단락에서 군주는 옛 법을 바꾸고 세속의 습속을 고쳐야 한다는 것을 강조하고 있다. 여기서 주목할 점은 앞부분 두 단락의 내용은 서로 상통하는데 세 번째 단락은 앞의 문장과 연계관계가 부족하여 다른 편의 문장이 이 편에 잘못 삽입된 것이 아닌가 하는 의심이 든다는 점이다. 곧 원문의 '시이우是以愚……' 이하 50글자는 문장이 누락되거나 잘못된 것이 있으므로 그 문맥이 매끄럽지 못하여 판본상 의심의 소지가 다소 있다.

군주의 과실은 이미 한 신하에게 어떤 일을 맡기고서 또 반드시 돌이켜 그 일을 맡지 않은 다른 사람에게 그 일을 대비하도록 하는 것에 있으니, 이는 논리로 말하자면 틀림없이 감시하는 자와 일을 맡은 자가 원수가 되고, 군주는 일을 맡기지 않은 자에게 억눌리게 되는 것이다. 지금 감시를 받고 있는 벼슬아치는 예전에 다른 사람을 감시했던 사람이다. 군주가 법을 밝혀 대신들의 권위를 제압할 수 없으면 백성들로부터 신뢰를 얻을 방법이 없다.

군주가 법을 버리고 한 신하에게 다른 신하를 방비하게 한다면, 서로 친한 신하들끼리는 긴밀한 연계를 조직해서 서로를 높여주지만, 서로 미워하는 세력끼리는 개인적인 당을 결성해서 비방을 일삼을 것이다. 한편에서는 비방하고 다른 한편에서는 친애하며 서로 분쟁을 벌인다면 군주는 혼란에 빠질 것이다.

신하라는 존재는 평판을 좋게 받거나 뇌물을 보내어 은밀하게 청탁하러 다니지 않고서는 나아가 작록(爵祿, 관작과 봉록)을 구할 수 없고, 법을 위반하고 전횡을 자행하지 않고서는 위세를 부릴 수 없으며, 충성과 신의로 가장하지 않고서는 금지령의 구속을 받지 않을 방법이 없다. 이 세 가지가 군주를 어둡게 하고 법도를 문란케 하는 근원이다.

군주는 신하가 지혜와 능력을 가졌다 하더라도 법을 위반하며 처신할 수 없도록 하여야 하고, 뛰어난 행동을 하였다 해도 공적을 뛰어넘어 포상해서는 안 되며, 충절과 신의가 있다고 할지라도 법을 어겼을 때는 사면해주지 말아야 한다. 이를 가리켜 '법을 밝히는 것'이라고 한다.

군주는 때때로 어떤 일에 미혹되거나 언론에 귀가 가려질 수 있어, 이 두 가지 점을 주의하지 않으면 안 된다. 신하가 어떤 일에 관해 쉽사리 말하고 경비가 적게 든다고 하여 근사한 사업인 양 군주를 속이는 일이 있는데, 군주가 이에 미혹되어 검토도 거치지 않고 칭찬한다면 그 일로 인해 신하가 군주를 제압하게 될 것이다. 이러한 상황을 '일에 의해 미혹된 것'이라고 한다.

일에 의해 미혹된 자는 화로 곤경에 처하게 될 것이다. 신하가 어떤 일을 하려고 하면서 비용이 적게 든다고 말했는데 물러나 과다한 경비를 지출했다면, 비록 공을 세웠을지라도 사안을 올릴 때는 성실함이 없었던 것이다. 진언한 말에 성실함이 없는 자는 벌을 받고 일을 하면서 공을 세운 자는 상을 받게 된다면 여러 신하들은 감히 말을 꾸며서 군주를 어둡게 하지 못할 것이다.

군주는 신하들이 앞서 한 말이 뒤에 이룬 행적과 다르다거나 나중에 한 말이 앞에 한 행동과 부합하지 않을 경우, 비록 일에 성과가 있다 하더라도 반드시 죄를 물어야 한다. 이것을 가리켜 '아랫사람에게 책임을 묻는 것'이라고 한다.

신하들은 군주를 위해 어떤 사업을 계획하면서 다른 신하들이 비방할 것을 염려해 먼저 이러한 서두를 꺼낼 것이다. "이 일에 대해서 논의하는 자는 이 일을 시샘하는 자입니다." 군주는 이 말을 가슴 깊이 새겨 더 이상 다른 신하들의 말을 들으려고 하지 않으며, 신하들도 그 말을 두려워해 감히 그 일에 대해 논의하려고 하지 않게 된다. 이런 두 가지 상황이 만들어지면 충신의 말은 경청되지 못하고, 평판 좋은 신하들만 신임을 받게 된다. 이것을 가리켜 '말에 의해 가림을 당한 것'이라고 한다. 말에 의해 가림을 당하는 군주는 신하에게 제압된다.

군주는 신하들로 하여금 반드시 자신이 한 말을 책임지게 하며, 또 의견을 말하지 않은 책임도 물어야 한다. 의견을 내면서 말의 시작과 끝이 없고 사실에 대한 확증도 없다면, 이 발언에 대한 책임을 지도록 하여야 한다. 한편, 책임을 두려워해 진언도 하지 않으면서 중요한 직위를 차지하고 있다면, 진언하지 않은 것에 대한 책임을 지게 하여야 한다. 군주는 신하가 의견을 올릴 경우에는 반드시 그 처음 의견을 기억하여 진언한 사실과 성과가 부합하는지를 살펴 책임을 묻고, 진언하지 않은 것에 대해서는 반드시 어떤 방법을 취하고 버리는 것이 좋겠는가를 물어서 답변에 대한 책임을 지게 한다면, 신하들은 감히 망령되게 말하지 않을 것이며 또한 침묵만을 지킬 수 없을 것이다. 이것을 가리켜 '진언과 침묵 모두에 책임이 있는 것'이라고 한다.

옛것을 바꾸기 어려운 이유는 익숙한 것이기 때문

군주가 어떤 일을 하려고 할 때 일의 처음과 끝을 내다보지 못하는 상태에서 자신이 의도하는 바를 드러내면, 그 일이 실행됐을지라도 이익을 얻지 못할 뿐만 아니라 반드시 해가 닥칠 것이다. 이것을 아는 자는 객관적인 이치에 따르고 욕심을 버린다.

실제로 일을 하는 데에도 정해진 규정이 있어 수입이 많고 지출이 적어야 할 만한 것이다. 그런데 어리석은 군주는 그렇게 하지 않고 수입만을 계산하고 지출은 계산하지 않는다. 비록 지출이 수입의 곱절이 되어도 그 손해를 알지 못하면 헛된 이름만 얻을 뿐 실속이 없다. 만일 이와 같으면 공은 작고 해로움은 클 것이다.

무릇 공이란 수입은 많고 지출이 적을 때에 공적이라고 일컬을 수 있다. 막대한 비용을 낭비했는데도 죄로 간주하지 않고, 약간의 이득이 있을 뿐인데도 공을 이루었다고 한다면, 신하들은 막대한 비용을 쓰고서 작은 공을 이루고자 할 것이다. 작은 공을 이룬다면 군주에게도 손해가 된다.

통치의 이치를 모르는 자는 반드시 이렇게 말한다.

"옛 법도를 바꾸지 말고 일상의 풍속을 바꾸지 말라."

바꾸어야 하는가 말아야 하는가에 관해서 성인은 귀 기울이지 않고 상황에 맞추어 다스릴 뿐이다. 그래서 옛 법도를 바꾸지 않고 일상의 풍속을 바꾸지 않는 문제는 옛날 것이 옳은지 그른지 판단해 정해야 할 것이다.

이윤伊尹이 은殷나라의 옛것을 바꾸지 않고 태공망太公望[1]이 주周나라의 옛것을 바꾸지 않았다면 탕왕湯王이나 무왕武王이 왕 노릇을 하지 못했을 것이며, 관중管仲이 제齊나라의 옛것을 바꾸지 않고 곽언郭偃[2]이 진晉나라의 옛것을 바꾸지 않았다면 제나라 환공桓公과 진나라 문공文公은 천하의 패왕 노릇을 할 수 없었을 것이다.

무릇 사람들이 옛것을 바꾸기 어려워하는 것은 백성들이 편안하게 여기는 것을 바꾸기 꺼려하기 때문이다. 옛것을 바꾸지 않는 것은 혼란의 흔적을 답습하는 것이요, 백성들의 마음에 영합하는 것은 간사한 행위를 멋대로 하는 것이다. 백성들은 어리석어 혼란을 알지 못하고, 군주는 나약해서 [옛 법을] 고칠 수 없는 것이 통치의 실패이다.

군주가 현명하여 통치술을 알고 준엄하게 반드시 실행하면 민심을 거스르는 일이 있더라도 반드시 그 통치술을 확립할 수 있을 것이다. 그 예증으로 상군(상앙)이 조정을 출입하면서 무기와 방패를 지닌 호위병을 두어 신변을 엄중히 보호했던 일이 있다. 옛날 곽언이 처음으로 다스릴 때 문공에게 경호 군졸을 붙였고, 관중이 처음 다스리게 되었을 때 환공을 무장한 수레에 타게 하였던 것은 백성

1) 이름은 여상呂尙으로, 주나라 서백(西伯, 주나라 문왕 희창姬昌)이 사냥에 나갔다가 발탁한 인물이다. 그는 서백과 함께 수레를 함께 타고 돌아와 국사國師가 되어 서백을 보좌하였다. 한편, 사마천은《사기》〈제태공세가〉에서 혹자의 말을 인용하여 다음과 같은 기록도 남겼다. "태공은 널리 견문이 있어서 일찍이 주왕紂王을 섬겼다. 주왕이 바른 도리를 행하지 않자 그를 떠나버렸다. 제후들에게 유세했지만 알아주는 사람을 만나지 못하다가 마침내 서쪽으로 가서 주나라 서백에게 귀의하게 되었다."

2) 춘추시대 진晉나라 사람으로, 헌공獻公에서 양공襄公에 걸쳐 복대부卜大夫의 자리에 있었으므로 복언卜偃이라고도 불렸다.

들의 위협을 경계한 대비였던 것이다.

어리석고 게으른 백성들은 적은 비용을 들이는 것조차 힘들어 하여 큰 이익을 잊는다. 그러므로 경인慶夤과 경호慶虎는 비방과 힐책을 받자 작은 변화를 두려워해서 장기적인 편리함을 잃었다. 추씨芻氏와 가씨賈氏는 혼란에는 익숙하고 치세에는 관대하지 못했던 까닭에 정鄭나라 사람들이 돌아갈 곳이 없게 된 것이다.

제19편

식사(飾邪: 사악함을 경계하라)

【해제】

'식사飾邪'란 '사악함을 경계하다.'라는 뜻이다. '식飾'은 칙飭과 통하며 '수식하다', '꾸민다'는 의미이지만, 여기서는 '경계한다'는 뜻으로 사용되었다. 곧 미신이나 점술·점성술로 큰 나라를 다스리는 데 의지하여 상벌의 법도가 없고 법을 거스르고 지혜를 꾸밈으로써 사사로운 마음을 일삼고 간사한 행위를 하는 것들을 경계해야 한다는 의미를 담고 있다.

〈식사〉 편에서 한비자는 나라를 강대국으로 만들 수 있는 방법은 사악한 행위를 경계하는 것임을 힘주어 강조하고 있다. '사악한 행위'란 첫째로 미신을 뜻한다. 거북의 등딱지를 태워 점을 치거나 산가지를 헤아려 점괘를 뽑고 별자리의 이동을 보면서 무모한 전쟁을 일으켜 영토를 잃는 지경에 이르게 되는 어리석은 행동을 말한 것이다. 둘째, 강력한 외국 제후들의 도움에 의지하여 나라를 넓히려다가 오히려 멸망을 재촉하는 행위를 뜻한다. 셋째, 상벌의 남용을 뜻하였다.

한비자는 옛 선왕들의 말을 따르기보다 공로가 있으면 반드시 상을 주고 죄를 지으면 벌을 내려 공정한 법을 집행해야 강대국을 만들 수 있다고 보았다. 그가 보기에 법은 거울이나 저울과 같은 도구였다. 거울이 움직이면 사물의 아름다움과 추함을 분명하게 비출 수 없고, 저울이 흔들리면 물건의 무게를 정확히 잴 수 없다. 마찬가지로 법이 반듯하게 서지 않으면 교묘한 말로 군주를 현혹시키거나 아첨하고 뇌물로 벼슬자리를 사려는 자가 나타나게 될 것이며, 또 군주를 보좌하는 신하나 현인들이 군주의 자리를 넘보게 된다는 것이다.

〈식사〉 편의 체재는 신하가 군주에게 올리는 상주문의 성격을 가지고 있다. 혹자는 이 편에 '선왕先王'과 '이도위상以道爲常'이라는 단어가 여러 번 쓰이고 있음을 들어 이 편이 한비자의 작품이 아니라는 설을 제기하고 있으나, 전편에 나타난 사상의 맥락으로 본다면 이것이 한비자의 저작이라는 것을 의심할 근거는 희박하다.

점과 미신에 의존하면 나라가 망한다

거북의 등딱지를 굽고[1] 산가지를 세어[2] 매우 길하다는 징조가 나오자[3], 연燕나라를 공격한 것은 조趙나라이다. 거북의 등딱지를 굽고 산가지를 세어 매우 길하다는 징조가 나오자 조나라를 공격한 것은 연나라이다. 극신劇辛[4]이 연나라를 섬겼으나 공도 세우지 못하고 사직을 위태로운 지경에 이르게 하였으며, 추연鄒衍[5]이 연나라를 섬겼지만 공도 세우지 못하고 나라가 성립할 수 있는 길이 끊어지고 말았다. 조나라는 먼저 연나라를 공격해 뜻을 얻은 뒤에 제齊나라를 공격해 뜻을 얻어 나라 안은 여전히 혼란스러웠는데도 의기양양하게 스스로 진秦나라와도 대적할 수 있으리라 여겼다. 이것은 조나라의 거북점이 신통했거나 연나라의 거북점이 사람을 속인

1) 거북의 등을 가열하여 그 껍데기에 생기는 무늬를 보고 길흉을 점치는 것을 말한다.

2) 시초(蓍草, 톱풀)로 산算통에서 산가지를 뽑아 길흉을 판단하는 것이다. 사마천의 기록에 의하면 "시초는 한 뿌리에 100개의 줄기가 올라온다. 또 시초가 있는 곳에는 호랑이와 이리 같은 짐승이 살지 않고 독초나 쏘는 풀도 나지 않는다."(《사기》〈귀책열전龜策列傳〉)라고 하였다.

3) 점치는 일은 미신의 일종이었지만 《주례周禮》에도 태복太卜이라는 관직 이름이 보이는 것을 보면, 은나라와 주나라 때부터 매우 성행했으며 춘추전국시대에도 예외는 아니었음을 알 수 있다. 신권에 의탁해 하늘의 명을 받아 운명을 재단하려고 한 의도에서였을 것이다. 그래서 《사기》〈귀책열전〉 첫머리에서 사마천은 "예로부터 성스러운 왕이 나라를 세우고 천명을 받아 왕업을 일으키려고 할 때, 복서卜書를 소중히 여겨 훌륭한 정치를 돕지 않은 적이 있었던가? 요임금과 순임금 이전의 점복에 관해서는 기록할 수 없지만 하·은·주 삼대가 일어난 뒤로는 각각 상서로운 징조에 따랐다. …… 왕들은 여러 가지 의심스러운 것을 결정할 때마다 복서를 참고하고 시초나 귀갑龜甲으로 결단을 내렸는데, [이것은] 바꿀 수 없는 도道이다."라고 논평한 바 있다.

4) 조趙나라 사람으로 연燕나라 소왕昭王을 섬겨 조나라를 정벌했는데, 방원龐援에게 패하여 죽었다.

5) 전국시대 제齊나라 사람으로 연나라 소왕을 섬겼으며, 음양오행설陰陽五行說을 체계적으로 주장한 인물이다.

것이 아니다.

조나라는 또 일찍이 거북 등딱지를 굽고 산가지를 세어본 뒤 북쪽으로 연나라를 정벌하고 연나라를 협박하여 진나라를 막아보려고 하였는데 매우 길하다는 징조가 나왔다. 처음 조나라가 대량大梁 땅을 공격할 즈음에 진나라는 상당上黨으로 진출하고, 조나라의 군대가 이釐 땅에 이르렀을 때 진나라는 조나라의 여섯 성을 점령했으며, 조나라가 양성(城) 땅에 이르렀을 무렵 진나라는 조나라의 업鄴 땅을 함락시켰고, 방원(龐援, 조나라 장수)이 군대를 이끌고 남하하여 돌아왔을 때 조나라의 요새는 전부 빼앗기고 말았다.

따라서 나는 이렇게 말한다.

"조나라의 거북점이 비록 멀리 있는 연나라에 대해서는 보지 못했지만, 가까이 있는 진나라에 대해서는 알았어야 한다."

진나라는 매우 길하다는 징조를 이용해 영토를 넓히는 실익을 얻었으며, 연나라를 구원했다는 명망도 얻었다. 그러나 조나라는 매우 길하다는 징조가 나왔지만 영토는 깎이고 군대는 치욕을 당했으며, 군주는 뜻을 얻지 못하고 죽었다.[6] 이 또한 진나라의 거북점이 신통했거나 조나라의 거북점이 사람을 속인 것이 아니다.

처음 수년간 위魏나라는 동쪽으로 군사를 일으켜 도읍陶邑과 위衛나라를 완전히 점령했지만, 그 뒤 수년간 서쪽으로 군대를 이동시킴으로써 그 나라를 잃게 되었다. 이것은 흉성과 길성의 차례인 풍륭豊隆 · 오행五行[7] · 태일/태을太一/太乙 · 왕상王相 · 섭제攝提 · 육신六神 ·

6) 《사기》〈조세가〉 및 〈육국연표〉에 의하면 도양왕 9년의 일로, 진나라는 조나라의 연여閼與와 업鄴 등 아홉 개의 성을 빼앗아 이 해에 도양왕이 죽었다.

오괄五括·천하天河·은창(槍)·세성歲星 등의 길성이 수년간 서쪽에 떠 있었기 때문이 아니며, 또한 천결天缺·호역弧逆·형성刑星·형혹熒惑·규奎·태台 등의 흉성이 수년간 동쪽에 있었기 때문도 아니다.

따라서 거북점이나 산가지로 길흉을 점친다거나 귀신을 섬긴다 하더라도 승리를 거두기에 족한 것이 아니며, 하늘 위의 성좌들이 왼쪽에 있든 오른쪽에 있든, 전쟁을 벌일 것인지 아닌지를 결정하기에 족한 것도 아니다. 그런데도 이에 의지하다니 어리석음이 이보다 더 클 수는 없다.

산동 육국이 약해지고 멸망하게 된 이유

옛날의 선왕은 백성들을 가까이 사랑하는 일에 온 힘을 기울이고 법도를 밝히는 일에 노력하였다. 그 법도가 분명해지면 충신들이 힘쓸 것이고, 형벌이 반드시 행해지면 사악한 신하들이 사라질 것이다. 충신들이 힘쓰고 사악한 신하들이 사라져 영토가 넓어지고 군주가 존귀해진 나라가 진秦나라이고, 신하들 간에 패거리를 만들어 바른 길을 가리고 사적으로 나쁜 일을 저질러 영토가 깎이고 군

7) 오행五行은 오덕五德이라고도 한다. 오행의 순환 순서에는 두 가지 설이 있는데, 화·수·토·목·금의 순서로 왕조가 교체된다는 오행상승五行相勝과 목·화·토·금·수의 순서로 바뀐다는 오행상생五行相生이 그것이다. 고대 중국인들은 이 세상에 존재하는 모든 물질을 다섯 가지 요소의 구조체로 파악했을 뿐 아니라 인간의 정신적·현실적·이상적인 관념까지도 다섯 가지 구조로 귀납시키려고 하였다. 추연은 '오덕종시설五德終始說'을 주장했는데, 이것은 오행상승 학설을 사용하여 각 왕조의 흥망성쇠를 설명한 것으로 모든 왕조는 오행 중 한 개의 덕德을 대표한다는 것이다. 예를 들면 토덕土德을 숭상한 황제黃帝는 목덕木德을 숭상한 하夏에 멸망했고, 금덕金德을 숭상한 은殷은 화덕火德을 숭상한 주周에 멸망했다는 것이다.

주가 비천해진 나라는 산동山東의 여섯 나라[8]이다.

약하고 어지러워진 나라가 망하는 것이 인간세상의 본질이라면, 강하고 잘 다스려지고 부강해진 나라가 왕 노릇 하는 것은 예로부터 내려온 법칙이다.

월越나라 왕 구천句踐은 대붕大朋이라는 거북의 징조만을 믿고 오吳나라와 전쟁을 벌였다가 이기지 못하고 자신은 오나라의 신하로 들어가 섬기다가, [이후에] 자신의 나라로 돌아와 거북을 버리고 법을 밝히며 백성들을 친하게 여김으로써 오나라에 보복하니 부차夫差가 [도리어] 사로잡히게 되었다.

그러므로 귀신을 섬기는 자는 법을 소홀히 하고, 제후에게 의존하는 자는 그 나라를 위태롭게 한다. 조曹나라는 제齊나라에 의지하면서 송宋나라의 말을 듣지 않았는데, 제나라가 초楚나라를 공격하자 송나라는 조나라를 멸망시켰다. 초나라가 오나라에 의지하면서 송나라의 말을 듣지 않았는데, 월나라가 오나라를 공격하자 제나라가 초나라를 멸망시켰다. 허許나라는 초나라에 의지해서 위魏나라의 말을 듣지 않았는데, 초나라가 송나라를 공격하자 위나라가 허나라를 멸망시켰다. 정鄭나라는 위나라에 의존하면서 한韓나라의 말을 듣지 않았는데, 위나라가 초나라를 공격하자 한나라가 정나라를 멸망시켰다. 지금 한나라는 약소국인데도 대국에 의지해 군주는 태만하게도 진나라와 위나라의 말을 듣고 순종하며 제나라와 초나

8) 전국시대의 진나라를 제외한 여섯 개 나라를 통칭하는 말이다. 효산崤山 동쪽에 있었으므로 붙여진 명칭이다. 산동이 일설에는 태항산太行山 동쪽이라는 말도 있지만 여기서는 취하지 않는다.《사기》〈소진열전〉의 "진나라의 탐욕스러운 마음이 산동山東의 모든 나라로부터 어느 정도 채워지면 반드시 군대를 일으켜 조나라를 향할 것입니다."라는 문장이 그런 예이다.

라에 기대어 일을 하니, 약소국이 점점 쇠망하게 되는 것이다. 그러므로 다른 나라에 의존해서는 영토를 넓히기에 족하지 않다는 것을 한나라는 알지 못하고 있는 것이다. 초나라는 위나라를 공격하기 위해서 허許와 언鄢 땅으로 병사를 내보냈고, 제나라는 [점령당한] 임任과 호扈 땅을 공격하고 위나라 땅을 빼앗았지만 [이러한 일로는 수도인] 정鄭을 보존하기에도 부족했으나 한나라는 이를 깨닫지 못하였다.

이것은 모두 법령과 금령을 밝혀 그 나라를 다스리지 않고 외세에 의존하여 사직을 멸망시킨 예들이다. 그래서 나는 말한다.

"군주가 다스리는 방법에 밝으면 나라가 비록 작더라도 부유해질 것이며, 상벌을 삼가고 믿음을 가지면 백성이 비록 적더라도 강해질 것이다."

치워라, 그것은 술이구나

상벌에 법도法度가 없다면 나라가 비록 클지라도 병력은 약해지니, 영토가 있어도 군주의 땅이 아니며 백성이 있어도 군주의 백성이 아니다. 영토도 없고 백성도 없다면 요순堯舜 임금이라 하여도 왕노릇을 할 수 없으며, 삼대(三代, 하夏·은殷·주周)라도 강해질 수 없을 것이다. 군주가 분에 넘치게 상을 내리면 신하들은 하는 일 없이 상을 받게 될 것이다. 법률을 버리고 선왕이나 현명한 군주들의 공적을 말하는 사람이 있으면 군주는 그에게 국정을 맡긴다. 그래서 나는 말한다.

"이것은 옛날 공덕을 기리는 것이며, 옛날에 상을 주는 방식대로 요즘 사람에게 상을 주는 것이다."

군주가 이렇게 분에 넘치게 상을 주면 신하들은 이 때문에 하는 일 없이 상을 받게 된다. 군주가 분에 넘치게 상을 주면 신하들은 더욱더 요행을 바랄 것이며, 공로도 없이 상을 받는다면 공적은 존중받지 못할 것이다. 공적이 없는 자가 상을 받으면 나라의 재물이 축나게 될 것이며 백성들은 이를 원망하게 될 것이다. 그러면 백성들은 나라를 위해 힘을 다하지 않을 것이다.

그래서 군주가 분에 넘치게 상을 내리면 백성을 잃게 될 것이요, 형벌을 쓰는 것이 지나치면 백성들이 두려워하지 않게 될 것이다. 상이 있더라도 권장하기에 충분하지 못할 것이고, 형벌을 내리더라도 금지하는 데 충분하지 못하니 나라가 비록 크다고 하여도 반드시 위태롭게 될 것이다. 그래서 나는 말한다.

"작은 지혜를 가진 사람에게는 나랏일을 계획하게 할 수 없으며, 작은 충성을 가진 사람에게는 법을 주관하게 할 수 없다."

초나라의 공왕恭王과 진晉나라의 여공이 언릉에서 전투를 하였는데, 초나라 군대는 패하고 공왕은 부상을 입었다. 전투가 한창일 때 사마司馬 자반子反이 목이 말라서 물을 찾자 시종 곡양穀陽이 술을 따라 그에게 올렸다. 자반이 말하였다.

"치워라. 그것은 술이구나."[9)]

시종 곡양이 말하였다.

"[술이] 아닙니다."

자반은 그것을 받아 마셨다. 자반은 술을 좋아하여 그것을 즐겨 입에서 뗄 수 없을 만큼 마시는 사람이었으므로, 곧 취해서 누워버렸다.

공왕이 다시 싸우고자 일을 꾸미려고 사람을 보내 자반을 불러오게 하였으나 자반은 가슴이 아프다며 사양하였다. 그러자 공왕은 수레를 타고 자반을 보러 왔다. 그의 막사에 들어서자 술 냄새가 코를 찔렀으므로 공왕은 돌아 나와서 말하였다.

"오늘 전투에서 나는 눈에 부상을 입었고, 믿을 사람은 사마뿐인데 사마 또한 이와 같은 지경이니, 이것은 초나라의 사직을 잊어버리고 우리 백성들을 어여삐 여기는 것이 아니다. 과인은 다시 전쟁을 할 방법이 없다."

군대를 철수해 귀환하고는 자반을 처단해 시장에 내걸었다.

그러므로 시종 곡양이 술을 준 것은 일부러 자반을 미워해서 그런 것이 아니라 성심성의껏 충실하게 아낀 것이었는데 도리어 그를 죽게 하기에 충분할 뿐이었다. 이것은 작은 충성을 행해 큰 충성을 깨뜨린 것이다.

그러므로 말한다.

9) 이 문장은 〈십과〉 편에도 유사하게 나오는데, 서로 대조해보면 문장상 꽤 차이가 있다. 예를 들어 이 부분도 〈십과〉에서는 "희嘻, 퇴退, 주야酒也."라고 되어 있으나, 여기에서는 "거지去之, 차주야此酒也!"라고 되어 있다.

"작은 충성이 큰 충성을 해칠 수 있다."

만일 작은 충성을 가진 사람에게 법을 주관하도록 한다면 반드시 [사람들의] 죄를 사면해주어 서로 아끼는 것이니, 이는 아랫사람들에게는 관대한 것이지만 백성을 다스리는 일에는 방해가 되는 것이다.

공적인 의리와 사적인 의리의 차이

위나라가 바야흐로 법을 세울 것을 밝히고 헌령(憲令, 기본이 되는 법률)을 좇았을 때는 공적이 있는 자는 반드시 상을 받고, 죄가 있는 자는 반드시 벌을 받아 강함은 천하를 바르게 하고 위세는 사방 이웃 나라에 떨쳐졌다. 그러나 법률이 느슨해지고 상벌을 함부로 주자 나라의 영토는 나날이 줄어들었다. 조나라가 바야흐로 나라의 법률을 밝히고 대군을 이끌었을 때는 인구가 많고 병력이 강해 영토를 제나라와 연나라에까지 넓혔다. 그러나 나라의 법률이 느슨해지고 나라를 다스리는 자들이 나약해지자 나라의 영토는 나날이 줄어들었다.

연나라가 바야흐로 법을 받들어 밝히고 관청에서 재단을 신중히 했을 때는 동쪽으로는 제나라까지 이어질 정도였고, 남쪽으로는 중산中山 땅을 모두 차지할 정도였다. 그러나 법을 받드는 것이 이미 없어지고 관청에서 재단하는 것이 쓰이지 않게 되자 군주의 좌우에 있는 자들이 서로 다투고 [옳고 그름에 대한] 논의가 아래로부터 일어나게 되면서 병력은 약해지고 영토는 깎이게 되어 나라는 이웃의 적에게 제압당하게 되었다. 그래서 나는 말한다.

"법을 밝히는 자는 강해지고, 법을 소홀히 하는 자는 약해진다."

강함과 약함이 이와 같이 분명한데도 불구하고 세상의 군주들은 하지 않으니 나라가 망하는 것은 마땅하다.

속담에 이르기를 "집에 일정한 생업이 있으면 기근이 들어도 굶주리지 않으며, 나라에 일정한 법이 있으면 비록 위태로울지라도 망하지는 않는다."라고 하였다.

군주가 영원한 법(常法)을 버리고 사사로운 견해를 따른다면 신하는 지혜와 능력을 꾸밀 것이며, 신하가 지혜와 능력을 꾸미게 되면 법률과 금령은 설자리가 없을 것이다. 이와 같이 아무렇게나 생각나는 대로 취하면 나라를 다스리는 방법은 사라질 것이다. 나라를 다스리는 방법은 법을 해치는 자를 제거하는 것이니, 군주는 신하들의 거짓된 지혜와 능력에 미혹되지 않을 것이며 허울 좋은 칭찬에 속지 않을 것이다.

옛날 순舜임금은 벼슬아치에게 홍수를 터서 흘러가게 하도록 명령하려고 하였으나 [한 벼슬아치가] 명령을 내리기도 전에 공적을 쌓았기에 순임금은 그를 죽였다. 우禹임금은 제후들을 회계산會稽山 위에 조회 들게 하였으나 방풍국防風國의 군주가 늦게 도착하자 우임금은 그의 목을 베었다. 이로써 볼 때 명령보다 앞서 행동한 자도 죽었고 명령보다 늦게 행동한 자도 참수되었으니, 옛날에는 명령을 그대로 따르는 것을 무엇보다도 귀중하게 여긴 것이다.

그러므로 거울은 깨끗함을 유지하고 흔들림이 없어야 아름다움과 더러움을 비교해낼 수 있으며, 저울은 정확함을 유지하고 흔들림이 없어야 가벼움과 무거움을 그대로 잴 수 있다. 거울을 흔들면 분명하게 나타낼 수 없고 저울을 흔들면 바르게 잴 수 없다고 하는 것은 법을 일컫는 말이다.

그래서 선왕은 도道를 만물의 원칙으로 삼았고, 법法을 근본으로 삼았다. 근본이 다스려지면 명성이 높아지고, 근본이 어지러워지면 명성이 끊어진다. 무릇 지혜와 능력이 총명하고 통달하여 도에 합당하면 시행하고 합당하지 않으면 그만둔다. 그러므로 지혜와 능력이 있더라도 도에 부합하지 않는다면 남에게 전해지지 않는다. 도와 법에 의존하면 만전을 기할 수 있지만, 지혜와 능력만으로 다스리면 실패할 공산이 크다. 무릇 저울에 달아 형평을 알고 규구規矩를 두어 둥근 것을 아는 것이 가장 만전을 기하는 방법이다.

현명한 군주는 백성들로 하여금 법을 지키도록 하고 도를 알도록 하기 때문에 편안하게 성과를 거둘 수 있다. 규구를 버리고 기교에 맡기고, 법을 팽개치고 지혜에 맡기는 것은 미혹되고 혼란스러운 방법이다. 혼란스러운 군주는 백성들로 하여금 지혜에 나아가도록 하면서도 [통치의] 도를 알지 못하므로 수고롭지만 공적이 없는 것이다.

군주가 법과 금령은 팽개치고 청탁을 들어준다면 신하들은 위에서 벼슬을 팔고 아래에서는 대가를 취하려 들 것이다. 이 때문에 이익은 신하 개인의 가문에 있게 되고 위엄은 신하들에 있게 된다. 그러므로 백성들은 군주를 힘껏 섬기려는 마음을 가지지 않고 윗사람과 교분을 맺는 데에만 힘쓴다. 백성들이 윗사람과 교분 맺는 것을 좋아하면 재물은 위쪽으로 흐르게 될 것이며 교묘하게 말 잘하는 자가 등용될 것이다.

이렇게 되면 공이 있는 자는 더욱 적어지고, 간사한 신하는 더욱 승진하며 재간 있는 신하들은 물러나게 될 것이다. 그러면 군주는 미혹되어 하여야 할 바를 알지 못하고, 백성들은 모여들더라도 따라야 할 바[10]를 알지 못할 것이다. 이것이 법과 금령을 없애고 공로가 있는 자를 뒤로하고 이름과 평판만 좋은 자를 등용하여 청탁과 뇌물을 받아들인 자의 과실인 것이다.

무릇 법을 파괴하는 자는 반드시 거짓 일을 꾸미고 뇌물에 기대어 [군주에게] 가까이하려 하고 또 천하의 희한한 이야기를 말하기 좋아하니, 이것이 폭군이나 어리석은 군주가 미혹되는 까닭이고 현명하게 보좌하는 신하들이 해를 입는 까닭이다.

그래서 신하들이 [군주를 몰아낸] 이윤과 [적국의 군주를 섬긴] 관중의 공을 거론하는 것은 법을 위반하고 지혜를 꾸미는 빌미로 삼는 것이며, 비간比干과 오자서伍子胥가 충성을 다하고도 죽임을 당한 것을 거론해 무리하게 간언할 때의 핑계로 삼는 것이다. 무릇 앞의 것은

10) 원문의 '道(도)'를 번역한 것으로, 여기서는 백성들이 따라야 하는 이치나 원칙 등을 말한다.

군주의 현명함을 말한 것이고, 뒤의 것은 군주의 포학하고 어리석음을 말한 것이니 비유로 취할 수 없으므로 이와 같은 행위는 금해야 한다.

군주가 법을 세우는 것은 그것이 옳다고 생각했기 때문이다. 오늘날 신하들은 대부분 법을 그르다고 생각하며 간사함을 가지고 지혜롭다고 생각하고, 법을 그르다고 하며 지혜를 세우려고 하는데 이와 같은 것은 금지하는 것이 나라를 다스리는 군주의 도이다.

현명한 군주의 도는 반드시 공적인 것과 사적인 것의 구분을 명확히 하고 법과 제도를 분명히 해서 사사로운 온정을 없애야 한다. 무릇 명령은 반드시 실행하고, 금령도 반드시 그치도록 하는 것이 군주의 공적인 의리〔公義〕이다. [그러나] 반드시 그 사사로움을 행하여 친구들에게 신의를 보이지만 상을 주어 권할 수도 없고 벌을 내려 막을 수도 없는 것이 신하들의 사사로운 의리〔私義〕이다.

사사로운 의리가 행해지면 나라는 어지럽게 되지만, 공적인 의리가 행해지면 다스려지므로 공과 사는 구분이 있어야 한다.

신하들에게는 사사로운 마음도 있고 공적인 의리도 있는데, 몸을 닦아 깨끗이 하고 공적인 것을 행해 행동을 바르게 하며, 관직에 있음에 사사로움이 없는 것이 신하의 공적인 의리이다. 행동을 추악하게 하고 욕망을 좇으며 몸을 편안히 하고 집안을 이롭게 하는 것은 신하의 사사로운 마음이다. 현명한 군주가 위에 있으면 신하들은 사사로운 마음을 버리고 공적인 의리를 행하지만, 어지러운 군주가 위에 있으면 신하들은 공적인 의리를 버리고 사사로운 마음을 행하게 된다. 그래서 군주와 신하는 마음이 다른 것이다.

군주는 계산하여 신하를 기르고, 신하는 계산하여 군주를 섬긴다. 이처럼 군주와 신하는 서로 계산을 하니 자신의 몸을 해치면서 나라를 이롭게 하는 일을 신하는 하지 않고, 나라를 해치면서 신하를 이롭게 하는 일을 군주는 행사하지 않는다.

신하들의 정서란 자신을 해치면서 군주를 이롭게 하지 않고, 군주의 정서란 나라를 해치면서 신하를 친하게 여기지 않는다. 이렇듯 군주와 신하의 관계란 계산에 따라 합쳐지는 것이다.

어려운 상황에서 반드시 결사적으로 행동하고 지혜와 힘을 다하는 것은 법이 그렇게 하기 때문이다. 그래서 선왕은 상을 분명히 하여서 이런 행동을 권장했으며, 형벌을 엄격히 하여서 위세를 부렸다. 상과 벌이 분명하면 백성들은 목숨을 바치고, 백성들이 목숨을 바치면 병력은 강해지고 군주는 존중된다. 그러나 형벌과 포상이 살펴지지 않으면 백성들은 공로가 없으면서도 상 받기를 구하고, 죄가 있으면서도 사면되기를 바랄 것이니 병력은 약해지고 군주는 낮아진다. 그래서 선왕의 현명한 보좌들이 힘을 다하고 지혜를 다했던 것이다. 그러므로 나는 말한다.

"공과 사는 분명하게 하지 않을 수 없으며, 법률과 금령은 살피지 않을 수 없다."

선왕들은 이 점을 알고 있었던 것이다.

권卷 6

제20편

해로(解老:노자를 풀이하다)

【해제】

'해로解老'란 《노자老子》를 해석하다는 의미로, 《노자》 곧 《도덕경道德經》을 한비자가 나름대로 풀이했다는 말이다. 〈해로〉 편은 뒤이어 나오는 〈유로喩老〉 편과 자매관계인데, 현존하는 《노자》 해석본 중 가장 오래된 문헌이라는 점에서 가치가 있으며 훈고학적 의미도 깊다. 본래 노자의 사상은 '무위자연無爲自然'을 근본으로 하는 데 비해 한비자의 사상은 법으로 다스려야 한다는 것이므로 양자는 상극관계이다. 그런데도 한비자가 자신의 책에 이 편을 둔 것에는 중요한 의미가 있다.

한비자는 〈해로〉 편에서 '도道'와 '이理'의 철학 범주 및 '도'와 '이'의 관계, 곧 일반 규율과 특수 규율의 관계에 대해 고찰하였다. 그는 사물의 변화는 '이'와 상응하는 '도'가 때에 따라 변화하기 때문에 정해진 관례가 있을 수 없다고 하였다. 그리고 '화복상생禍福相生'에 관한 검토를 통해 모든 사물이 서로 돌아가며 변화하는 조건과 과정에 대해 밝혔다. 또한 '화복상생'의 논리를 엄중한 형벌을 강조하는 한비자의 법치사상으로 정착시켰다. 궁극적으로 한비자는 봉건제라는 제도의 틀을 유지하면서 모든 일을 법도에 따라 처리해야 한다고 주장하고 있다.

한비자는 《노자》의 제1장으로 〈해로〉 편 첫머리를 시작한다(이는 당시 법가가 이 장을 매우 중시했음을 보여주는 중요한 단서가 된다). '상덕上德'이란 도의 모습을 체화한 것으로 '하덕下德', 곧 인仁·의義·예禮와 대비되는 것이다. 노자는 공자가 말하는 인·의·예가 좋지 않은 것이므로 마땅히 '도'와 '덕'을 그것들보다 앞에 두어야 한다고 생각한다. 최상의 덕은 무위의 차원이며, 도에 근거를 두고 있으며 자연에 들어맞고 강제성이 없다.

후대의 일부 고증학자들은 〈해로〉 편의 곳곳에 한비자의 기본사상과 일치하지 않는 부분들과 유가적인 해석이 있음을 발견하고 그의 저작이 아니라고 주장하기도 하는데,* 역자가 보기에 사마천이 《사기》에서 한비자와 노자를 합쳐 하나의 전傳으로 만들었다는 것은 심오한 뜻이 있다. 우리는 한비자의 사상이 노자에 근거를 두고 있다는 것을 알 수 있으니, 〈주도〉 편에서의 많은 문장도 기본적으로 노자에 바탕을 두고 있다는 점이 분명한 사실이다. 따라서 한비자는 노자를 대단히 깊이 이해했을 뿐만 아니라 노자의 사상을 운용하는 데에도 뛰어났다. 따라서 한비자가 노자를 해석하는 능력은 의심할 바 없으며, 그가 노자에 대해 구체적인 문장을 통해 입증한 이 편의 내용 역시 자연스럽고 신빙성 있는 것이다. 또한 한비자가 순자의 제자라는 점을 염두에 두는 것이, 후기 유가사상의 흔적이 있는 이 편을 읽을 때 유의할 점이다.

---

* 〈해로〉 편과 바로 뒤의 〈유로喩老〉 편이 한비자의 작품이 아니라는 설을 주장하는 학자와 저서는 후스의 《중국고대철학사》와 룽자오주容肇祖의 《한비자고증韓非子考證》 등이다.

최상의 덕은 덕이 아니다

덕德이란 내면적인 것이며, 득得이란 외면적인 것이다. "최상의 덕[1]은 덕이라 하지 않는다.〔上德不德〕"라는 것은 그 정신이 외부 사물에 의해 어지럽혀지지 않는 것을 말한다. 정신이 외부 사물에 의해 어지럽혀지지 않으면 그 몸은 완전하게 되는데, 이것을 덕이라고 한다. 덕이란 자신에게 얻는 것이다.

무릇 덕이란 하지 않음〔無爲〕으로써 모이고, 욕심이 없음〔無欲〕으로써 만들어지며, 사고하지 않음〔不思〕으로써 평온해지고, 수단을 사용하지 않음〔不用〕으로써 견고해진다.

그것을 하고자 하고 욕망한다면 덕은 머물 곳이 없고, 덕이 머물 곳이 없으면 완전하지 못하다. 기능을 하고 사려를 하면 덕이 확고해지지 않는데, 확고하지 않으면 공이 없게 된다. 공이 없는 것은 [인위적으로] 덕을 취하는 데서 생겨난다. [인위적으로] 덕을 구하면 덕이 없게 되고, 덕을 구하지 않으면 덕이 있게 된다. 그래서 말하였다.

"최상의 덕은 덕이라고 하지 않으니 이 때문에 덕이 있게 된다."[2]

아무 일도 하지 않고 아무 생각도 하지 않으며 텅 비고 고요한 상태를 귀하게 여기는 까닭은 그 의지가 외부로부터 구속받지 않기 때문이라고 한다. 그 방법을 깨닫지 못한 사람은 일부러 아무 일

1) 노자가 말하는 '상덕上德'은 가장 훌륭한 덕이면서 도가의 구체적인 모습이다. 육덕명陸德明은 다음과 같은 말을 하였다. "덕이란 얻는다는 의미이다. 도가 만물을 낳으니 얻음이 있고 획득함이 있기에 덕경이라고 이름지은 것이며 44장이다. 어떤 판본은 43장이다.〔德者得也 道生萬物, 有得有獲, 故名德經, 四十四章. 一本四十三章〕"

2) 원문은 '上德不德, 是以有德(상덕부덕 시이유덕)'으로, 《도덕경道德經》 하편 첫 장인 38장에 나온다.

도 하지 않고 아무 생각도 하지 않음으로써 고요해지려고 한다. 일부러 아무 일도 하지 않고 아무 생각도 하지 않음으로써 고요한 상태에 이르려고 하는 자는 의지가 항상 고요함을 잊지 않고 있다. 이것은 고요한 상태가 되려는 데에 속박되는 것이다.

고요한 상태란 그 의지가 속박되지 않는 것을 말한다. 지금 고요한 상태가 되려는 생각에 묶여 있다면 그것은 고요한 상태가 아니다. 고요한 상태가 된 사람의 행하지 않음(無爲)이란 행하지 않음을 항상 마음에 매어두지 않는 것이다. 하는 것이 없는 것으로써 일정함이 있게 하면 고요해진다. 고요해지면 덕이 흥성할 것이다. 덕이 융성하는 것을 '최상의 덕(上德)'이라 한다. 그래서 《노자》에서는 이렇게 말하였다.

"최상의 덕은 [아무것도] 하지 않으면서 [무엇을] 위하여 하는 것도 없다."

인·의·예

인仁이란 흔쾌히 다른 사람을 사랑하는 것이다. 다른 사람이 행복해지는 것을 좋아하고, 다른 사람에게 재앙이 있는 것을 싫어하는 것은 타고난 품성 때문에 그칠 수 없는 것이지 보답을 바라고 그러는 것이 아니다. 그래서 《노자》에서는 이렇게 말하였다.

"최상의 인이란 그것을 하겠다는 것이 목적을 가지고 하는 것이 아니다."

의義란 군주와 신하, 윗사람과 아랫사람이 그 직분의 일을 하는 것이고, 아버지와 아들의 귀하고 천한 차이이며, 마음을 알아주는 친구 사이의 교제이고, 친근한 사람과 소원한 관계에 있는 자를 가까이할 것인가 멀리할 것인가 구분하는 준칙이다. 신하가 군주를 섬기는 것이 마땅하고, 아랫사람이 윗사람을 따르는 것이 마땅하며, 아들이 아버지를 섬기는 것이 마땅하고, 천한 이가 귀한 자를 존경하는 것이 마땅하며, 아는 사이 친구 간에 서로 돕는 것이 마땅하며, 친한 자는 가까이하고 소원한 자는 멀리 두는 것이 마땅하다. 의란 그 마땅함을 말한다. 마땅하므로 그것을 실천하는 것이다. 그래서 말하였다.

"최상의 의는 하겠다는 것이 어떤 목적을 가지고 하는 것이다."

예禮란 감정을 겉으로 드러내는 방법이며, 모든 의로움을 꾸미는 것으로 군주와 신하, 아버지와 아들 간의 관계를 만들고, 귀함과 천함, 현명함과 어리석음을 분별하는 수단이다.[3] 마음속으로만 흠모해서는 상대방이 깨닫지 못하므로 종종걸음으로 달려가 몸을 낮추어 절을 함으로써 그 마음을 나타내는 것이다. 그리고 진실로 마음속으로는 사랑하지만 상대방이 이를 알 수 없으므로 듣기 좋은 말을 많이 늘어놓아 믿도록 한다. 예란 밖으로 드러나는 절도로 속내를 깨닫게 하는 것이다. 그래서 말하였다.

3) 물론 노자가 부정적으로 말한 예禮의 개념은 기본적으로 공자를 두고 한 말이다. 공자는 예를 끊임없이 실천해나가는 과정을 통해 인간의 인성을 회복하는 것이라고 본 반면, 노자는 그런 시도 자체를 부정적으로 본다. 후厚와 박薄, 실實과 화華의 관계처럼 어느 것을 버리고 어느 것을 취하느냐의 문제는 노자의 입장에서 보면 중요한 것이다.

"예란 감정을 겉으로 드러내는 방법이다."

무릇 사람은 외부 사물의 자극을 받아 행동하기 때문에 몸을 닦기 위해 예를 행한다는 것은 알지 못한다. 사람들이 예를 행하는 것은 다른 사람을 존경하기 위해서이다. 그래서 때로는 예절을 열심히 지키지만 때로는 게을리한다. 군자가 예를 행하는 것은 자신을 위해서이다. 자신을 위해서이므로 내심의 예를 표현하는 일을 최상의 예로 생각한다.

최상의 예는 내심의 거짓 없이 표현하는 것이지만 일반 사람들은 거짓 없이 표현하지 않으므로 여기에 응할 수 없다. 서로 응할 수 없기 때문에 "최상의 예는 그것을 하여도 응하는 자가 없다."고 하였다. 일반 사람들이 비록 의심한다고 하더라도 성인은 공경을 행하고, 손발의 예절을 다함에 게으름이 없다. 그래서 말하였다.

"팔을 걷어붙이고 이끌어라."

도道는 축적되는 것이며, 축적되면 효과가 있게 된다. 덕德은 도의 효과이다. 효과에는 충실함이 있으며, 충실해지면 빛을 발하게 된다. 인仁은 덕의 빛이다. 빛에는 윤택함이 있으며, 윤택해지면 일이 있게 된다. 의義란 인이 드러낸 할 일을 말한다. 일이 있으면 예가 있게 되고, 예에는 꾸밈이 있게 된다. 예란 의의 꾸밈이다. 그래서 말하였다.

"도를 잃은 뒤에 덕을 잃고, 덕을 잃은 뒤에 인을 잃으며, 인을 잃은 뒤에 의를 잃고, 의를 잃은 뒤에 예를 잃게 된다."

예란 감정을 겉으로 드러내는 것이며, 문文이란 본질을 꾸미는 것이다.

군자는 마음을 취하고 겉모양은 버리며, 본질을 좋아하고 꾸밈을 싫어한다. 겉모양에 의지해서 속마음을 운운한다면 그 마음은 나쁘기 때문이며, 꾸밈에 의거해 본질을 논하면 그 본질은 뒤떨어지기 때문이다. 어째서 그렇게 말하는가?

화씨和氏의 구슬은 다섯 가지 색으로 꾸미지 않았고, 수후隋侯의 진주[4]는 은이나 황금으로 꾸미지 않았다. 이것은 그 본질이 매우 아름다워 다른 사물로 꾸밀 필요가 없었기 때문이다. 사물이 꾸밈에 의지한 뒤에 사용되는 것은 그 본질이 아름답지 않기 때문이다. 이 때문에 아버지와 자식 사이의 예절은 소박하고 분명하게 드러나지 않는다. 그래서 말하였다.

"예절이 소박하다."

모든 사물은 두 가지가 나란히 왕성할 수 없는데, 음陰과 양陽이 이러하다. 일의 이치는 서로 빼앗고 주는 대립 속에 있는데, 위威와 덕德이 이러하다. 실질은 풍부하나 모양이 소박한 것은 아버지와 아들 사이의 예가 이러하다. 이로부터 보면 예를 번다하게 하는 것은 사실상 마음이 빈약하기 때문이다.

그러므로 예를 행하는 것은 사람들의 소박한 마음을 전하는 것

4) 수후隨侯가 일찍이 상처 입은 큰 뱀 한 마리를 구해준 적이 있는데 뒤에 그 뱀이 밝게 빛나는 옥을 물고 와서 은혜에 보답했다고 한다. 이것은 야광구슬로 후세에는 수주(隨珠, 수후의 진주)라고 한다.

이다. 사람들은 예절을 행하면서 다른 사람들이 예절로써 응하면 금방 기뻐하지만, 예절로써 응하지 않으면 원망을 품는다. 지금 예를 만든 것은 사람들의 소박한 마음을 전하려고 한 것인데, 그것에 의거해 서로 원망하면 분쟁이 없을 수 있겠는가? 분쟁이 있으면 혼란스럽게 된다. 그래서 말하였다.

"예란 충성과 신의가 엷은 것이며, 혼란의 시초이다."

뿔이 하얀 검은 소

어떤 일이 일어나기 전에 행하고 이치가 밝혀지기 전에 움직이는 것을 전식(前識, 앞서 인식함)이라고 한다. 전식이란 근거 없이 멋대로 추측하는 것[5]이다. 무엇으로써 이것을 논하겠는가?

첨하詹何[6]를 제자들이 모셨는데, 문밖에서 소의 울음소리가 들려왔다. 제자가 말하였다.

"저것은 검은 소인데 뿔이 하얗습니다."

첨하가 말하였다.

"그렇다. 이것은 검은 소인데, 그 뿔에 흰 것이 있다."

사람을 시켜 소를 살펴보게 하니 과연 검은 소였으며, 흰색 삼베로 뿔을 싸고 있었다.

첨하가 도술로써 많은 사람들의 마음을 어지럽힌 것은 거의 꾸

---

5) 이 단어의 의미를 "앞서 있는 인식체계"(최진석), "선견지명先見之明"(런지위·리링), "일을 앞서 아는"(김학주) 등으로 해석하기도 한다. 한비자의 견해가 신선하다고 볼 수 있다.

6) 춘추시대 초나라 사람으로, 도술道術을 터득한 은둔지사였다.

민 것이지만 위태로운 것이다. 그래서 "도의 꾸밈이다."라고 하였다. 만일 시험 삼아 첨하의 추측을 사용하지 않고 어리석은 어린아이에게 실제로 보게 하였다면, 역시 그것이 검은 소이고 흰색 삼베로 뿔을 감싸고 있음을 알았을 것이다. 그러므로 첨하는 추측하느라 정신을 수고롭게 하고 피곤하게 하였지만, 이후에 어리석은 어린아이와 똑같은 성과를 얻은 것이다. 이 때문에 "어리석음의 시초이다."라고 하였다. 그래서 말하였다.

"전식이란 도의 꾸밈이며 어리석음의 시초이다."

재앙은 복이 기대는 곳, 복은 화가 숨어 있는 곳

《노자》에서 말하는 '대장부大丈夫'[7]란 지혜가 큰 사람이다. 이른바 '그 중후함(상덕)에 처신하며 그 경박함(하덕)에 머물지 않는다.〔處其厚不處其薄〕'는 것은 진실한 감정을 행동으로 옮기며 외형상의 예의범절을 버린다는 말이고, 이른바 '그 열매에 처신하며 꾸밈에 머물지 않는다.〔處其實不處其華〕'는 것은 반드시 도리에 따라 결정하지 선불리 판단하지 않는다는 것이며, 이른바 '저것을 버리고 이것을 취한다.〔去彼取此〕'[8]는 것은 외형상의 예절과 선부른 판단을 버리고 도리에 따르고 진실한 감정을 실행하는 것이다. 그래서 말하였다.

"저것을 버리고 이것을 취한다."

---

7) 이 단어는 《노자》에 한 번밖에 나오지 않는다. '선인善人', '유도자有道者', '성인聖人'과 유사한 개념으로, 세속적인 자기 속박과 구속을 단절하고 초월하여 절대적 경지에 이른 자를 말한다고 보면 큰 무리가 없다.

사람은 재앙을 당하면 마음이 두려워지고, 마음이 두려워지면 행동이 단정해지며, 행동이 단정해지면 재앙과 화가 없게 되고, 재앙과 화가 없으면 천수를 다하게 된다. 행동이 단정하면 생각이 무르익고, 생각이 무르익으면 사물의 이치를 얻게 되고, 사물의 이치를 얻게 되면 반드시 공을 이루게 된다. 천수를 다하면 온전하게 장수할 것이며, 반드시 공을 이루면 부유하고 귀해질 것이다. 온전하게 장수하고 부유하고 귀한 것을 '복福'이라고 한다. [이렇게] 복은 본래 재앙이 있는 곳에서 생긴다. 그래서 말하였다.

"재앙이란 복이 기대는 곳이다."

사람에게 복이 있으면 부유함과 귀함에 이르고, 부유함과 귀함에 이르면 입을 것과 먹을 것이 좋아지며, 입을 것과 먹을 것이 좋아지면 교만한 마음이 생기고, 교만한 마음이 생기면 행동이 사악하고 괴벽해져 도리를 벗어나는 행동을 하게 되며, 행동이 사악하고 괴벽해지면 요절하고, 도리를 저버리는 행동을 하면 공을 이루지 못한다. 무릇 안으로는 요절의 재난이 있고, 밖으로는 공을 이룬 명성이 없는 것은 큰 재앙이다. [이렇게] 재앙은 본래 복이 있는 곳에서 생겨난다. 그래서 말하였다.

"복은 화가 숨어 있는 곳이다."

도리에 따라서 일을 하는 자는 성공하지 못할 것이 없다. 크게는

---

8) 이 '거피취차去彼取此'란 단어는《노자》12장에도 나온다. 12장의 맨 마지막 문장은 다음과 같다. "그래서 성인은 배부름을 위하지 눈[의 즐거움]을 위하지 않으므로 저것(눈)을 버리고 이것(배부름)을 취한다.(是以聖人, 爲腹不爲目, 故去彼取此)" 이 문장에서 성인이 지향하는 '배(腹)'는 본능적이고, '눈(目)'은 목적의식이 배어 있는 인위적인 것이므로 취할 것은 '배'이고 버릴 것은 '눈'이다. 실속을 중시하고 겉모양을 위하지 않는다는 말로 이해할 수 있다. 김원중 역《노자》참조.

천자와 제후의 권세와 존경을 이룰 수 있고, 작게는 경卿이나 재상 또는 장군의 상과 봉록을 쉽게 얻을 수 있다. 그러나 도리를 버리고 경거망동하는 자는 비록 위로는 천자와 제후의 권세와 존엄이 있고 아래로는 의돈猗頓[9]이나 도주陶朱,[10] 복축卜祝[11]과 같이 부유하더라도 오히려 자신의 백성에게 버림받고 재산을 잃게 될 것이다.

사람들이 도리를 가볍게 버리고 쉽게 경거망동하는 것은 화와 복의 관계가 그처럼 심오하고 도가 이처럼 광활하고 심원한지를 모르기 때문이다. 그래서 노자는 사람들을 깨우치려고 "누가 그 끝을 알겠는가?"라고 하였다.

사람으로서 부유하고 귀해지며 건강하고 장수하기를 바라지 않는 자는 없지만, 가난하고 천하고 요절하는 화를 면할 수는 없다. 마음으로는 부유하고 귀해지며 건강하고 장수하려고 하지만, 지금 가난하고 천하고 요절하는 것은 이르고자 하는 곳에 이를 수 없기 때문이다.

무릇 가고자 하는 길을 잃고 헛되이 행동하는 것, 이를 가리켜 갈피를 못 잡는다고 한다. 사람이 갈피를 못 잡으면 이르고자 하는 곳에 이를 수 없다. 지금 사람들은 이르고자 하는 곳에 이를 수 없기 때문에 갈피를 못 잡는다고 하는 것이다. 사람들이 이르고자 하는 곳에 이를 수 없는 것은 천지가 개벽한 이래로 지금까지 있어온 일

9) 춘추시대 노魯나라의 가난한 선비였으나 소금과 쇠로 재산을 일으켜 막강한 부를 누렸으며, 의돈倚頓이라고도 한다.

10) 본래 월나라 대부인 범려范蠡를 말하는데, 제나라로 달아나 치이자피鴟夷子皮라는 이름으로 바꾸고 엄청난 재산을 모았다고 한다.

11) 본래 길흉을 점치는 사람과 축복을 기원하는 무당을 말한다. 그런데 여기서는 미신을 이용해 재산을 모은 사람이라는 뜻으로 쓰였다.

이다. 그래서 말하였다.

"사람이 갈피를 못 잡는 것은 그 시간이 이미 오래되었다."

노자가 말하는 네 가지

[노자의] 이른바 방方이란 안과 밖이 서로 호응하는 것이며, 말과 행동이 서로 부합하는 것이다. 이른바 염廉이란 살고 죽는 때를 분명히 하여서 재물을 가볍게 여기는 것이다. 이른바 직直이란 의론이 공정해서 마음이 한쪽으로 치우치지 않는 것이다. 이른바 광光이란 벼슬자리와 작위가 존중되고 귀하며 의복이 거창하고 화려한 것이다.

현재 도를 터득한 선비는 비록 마음이 미덥고 행동이 유순할지라도 비뚤어지고 바르지 못한 자를 비방하지 않으며, 비록 절개를 위해 죽고 재물을 가볍게 여기면서도 약한 자를 모욕하거나 탐욕스러운 자를 비웃지 않는다. 비록 뜻이 장중해도 패거리를 만들지 않으며, 그것을 가지고 사악한 자를 물리치거나 사욕을 챙기는 자를 벌주지 않는다. 권세가 높고 존경을 받으며 의복이 아름답다고 하더라도 가난한 자에게 자랑하거나 비천한 자를 속이지는 않는다. 무슨 까닭 때문인가?

길을 잃은 사람이 그 길을 잘 알고 있는 이에게 묻고 들어 알게 한다면 헤매지 않을 것이다. 지금 사람들이 성공하려고 하면서도 도리어 실패하는 까닭은 도리를 모르면서도 아는 이에게 묻거나 능력 있는 이에게 들으려고 하지 않기 때문이다. 사람들이 아는 이에게 질문을 하고 능력 있는 자에게 들으려고 하지 않으므로 성인들은 일부러 재난이나 실패가 생기는 것에 대해 말하고 꾸짖는데, 이렇게 하면 사람들에게 원망을 사게 된다. 사람들은 많고 성인은 적다. 적은 수로 다수를 이기지 못하는 것은 당연한 이치이다. 지금 행동을 하여 천하 사람들의 원수가 되는 것은 몸을 온전히 하여 오래 살 수 있는 방법이 아니다. 이 때문에 절도에 맞게 행동하면서 세상과 함께한다는 것이다. 그래서 말하였다.

"단정하게 행동하면서도 다른 사람을 해치지 않고, 청렴하면서도 남을 상하게 하지 않으며, 강직하면서도 방자하지 않고, 빛나지만 드러내지 않는다."

총명하고 지혜로운 것은 타고난 것이며, 움직이고 멈추며 사고하는 것은 인위적인 것이다. 사람이란 하늘로부터 받은 시각으로 만물을 보고, 하늘로부터 받은 청각으로 듣고, 하늘로부터 받은 지혜로 사고한다.

그러므로 시력을 지나치게 사용하면 눈은 분명하게 보지 못하고, 청력을 지나치게 사용하면 귀는 들을 수 없으며, 사고를 지나치게 하면 지식이 혼란스러워진다. 눈이 밝지 못하면 검은색과 흰색을 구분할 수 없고, 귀가 들리지 않으면 맑고 탁한 소리를 구별할 수 없으며, 지식이 혼란스러우면 얻는 것과 잃는 것을 가늠할 수 없다. 눈으로 검은색과 흰색을 구분할 수 없으면 이를 장님〔盲〕이라 하고, 귀로 맑고 탁한 소리를 구별할 수 없으면 이를 귀머거리〔聾〕라고 하며, 마음으로 얻는 것과 잃는 것을 가늠할 수 없으면 이를 미치광이〔狂〕라고 한다. 장님이 되면 대낮에도 위험을 피할 수 없으며, 귀머거리가 되면 천둥의 피해를 알 수 없고 미치광이가 되면 사람 사이의 법령을 지키지 못해 받는 형벌의 화를 면할 수 없게 된다.

백성을 다스리는 것과 하늘을 섬기라는 것의 의미

《노자》에서 '백성을 다스린다'〔治人〕고 한 것은 움직임과 고요함을 알맞게 조절해 사고의 낭비를 줄이는 것이고, '하늘을 섬긴다'〔事天〕고 한 것은 청력과 시력을 끝까지 써버리지 않고 지식을 고갈시키지 않는 것이다.[12] 진실로 지나치게 다 써버리면 정신을 많이 낭비하게 되고, 정신을 많이 낭비하면 맹인 · 귀머거리 · 미치광이와 같은 재앙에 이르게 될 것이다. 이 때문에 그것을 아껴 써야 하는 것이다. 아낀다는 것은 곧 그 정신을 아끼고 그 지식을 아끼는 것이다. 그래서 말하였다.

12) 이 두 개념은《노자》59장 첫머리에 나온다. "사람(백성)을 다스리고 하늘을 섬기는 것으로는 아끼는 일만 함이 없다.〔治人事天, 莫若嗇〕" 이 문장에서 핵심적인 단어 '색嗇'이란 글자를 유의해 볼 필요가 있다. 이 글자는 논란의 여지가 많아 학자들마다 다른 해석을 해왔다. 왕필王弼은 "[곡식을] 거둔다"는 뜻으로 보았다. 농부가 농사를 지어 잡초 등을 제거하고 수확을 거둔다는 의미이다. 어떤 학자는 "농사를 짓듯이"라고 번역하기도 하였다(김학주). 그럼에도 이 글자에 대한 확실한 참조 가치가 있는 자료는 한비자의 주석이다.

"사람을 다스리고 하늘을 섬기는 데에는 아낌만 한 것이 없다."

사람들이 정신을 사용하는 마음가짐은 조급하다. 조급하면 낭비가 많아지게 되는데, 소모가 많아지는 것을 사치(侈)라고 한다.

성인이 정신을 사용하는 것은 고요하다. 고요하면 소모가 적은데, 소모가 적은 것을 아낀다(嗇)고 한다. 아끼는 방법은 도리로부터 나온다. 무릇 아낄 수 있으면 도를 따르는 것이며 이理에 복종하는 것이다. 일반 사람들은 걱정하고 환난에 빠지더라도 물러설 줄 모르고 도리에 따르려고 하지 않는다. 성인은 비록 재앙과 환난의 형상을 보지는 못하지만 마음을 비우고 도리에 복종하기 때문에 이것을 조복蚤服[13]이라고 한다. 그래서 말하였다.

"이른바 아낀다는 것은 일찍부터 자연의 도리를 따르는 것이다."

사람을 다스리는 방법을 아는 자는 생각이 고요하고, 하늘을 섬길 줄 아는 사람은 이목구비가 잘 통한다. 생각이 고요하면 원래의 고유한 덕을 잃지 않을 것이고, 이목구비가 막힘이 없으면 조화로운 기운이 나날이 들어올 것이다. 그래서 말하였다.

"부단히 덕을 쌓아야 한다."

고유의 덕을 잃지 않고 새롭고 조화로운 기운이 나날이 이를 수 있게 한다면 일찍 도리에 따르는 사람이다. 그래서 말하였다.

"이른 시간 안에 도리를 따르는 것이 부단히 덕을 쌓는 것이다."

덕을 쌓은 뒤에 정신이 고요해지고, 정신이 고요해진 이후에 조화로운 기운이 많아지며, 조화로운 기운이 많아진 뒤에 생각이 꼭

13) 일찍부터 다른 사람들보다 앞서서 도리를 따르는 것을 말하는데, 《노자》 59장의 두 번째 문장에 나온다. "오직 아끼기 때문에 일찌감치 [도를] 따를 수 있으니, 일찌감치 따르는 것이란 덕을 두텁게 쌓음을 말하는 것이다.(夫唯嗇, 是以早服, 早服, 謂之重積德)" 《노자》의 원문에는 '조복早服'이라고 되어 있어 한비자가 사용한 글자와는 의미가 다르다.

들어맞게 되고, 생각이 꼭 들어맞은 이후에 만물을 제어할 수 있으며, 만물을 제어할 수 있으면 싸움에서 적을 쉽게 이길 수 있고, 싸움에서 적을 쉽게 이길 수 있으면 언변으로 세상을 제압할 수 있다. 언변으로 세상을 제압할 수 있기 때문에 '이기지 못할 것이 없다.'라고 하였다. 이기지 못할 것이 없다는 것은 부단히 덕을 쌓는 것에 뿌리를 둔다. 그래서 말하였다.

"부단히 덕을 쌓으면 이기지 못할 것이 없다."

전쟁에서 적을 쉽게 이기면 천하를 합병할 수 있고, 언변으로 세상을 제압하면 백성들이 따를 것이다. 나아가서는 천하를 합병하고 물러나서는 백성을 복종시키는 것은 그 도리가 심원하여 일반 사람들은 그 시작과 끝을 보지 못한다. 그 시작과 끝을 보지 못하기 때문에 그 극점을 알지 못하는 것이다. 그래서 말하였다.

"이기지 못하는 것이 없으면 그 극점을 알지 못한다."

무릇 나라를 보유했으나 이후에 멸망하고 몸을 보존하다가 이후에 훼손되었다면, 나라를 보유하고 몸을 보존했다고 말할 수 없다. 무릇 나라를 보존하면 반드시 사직을 안정시킬 수 있고, 그 몸을 보존하면 반드시 하늘로부터 받은 수명을 다할 수 있다. 이런 이후에 나라를 보존하고 몸을 보존했다고 말할 수 있다.

나라를 보존하고 몸을 보존하려는 자는 반드시 또 도를 터득해야 한다. 도를 터득하면 지혜가 깊어지고 지혜가 깊어지면 계획이 원대해지며 계획이 원대해지면 일반 사람들은 그 극점을 볼 수 없다. 오직 도를 터득한 사람만이 그 일의 끝을 볼 수 없게 할 수 있다. 일의 끝을 볼 수 없게 할 수 있어야 그 몸을 보존하고 그 나라를 유지할 수 있다. 그래서 말하였다.

"그 극점을 알지 못하게 하면 나라를 보존할 수 있다."

이른바 노자는 "나라의 어머니를 가지고 있다.〔有國之母〕"라고 하였는데, 여기서 어머니란 도이다. 도는 나라를 보전할 수 있는 방법을 낳는다. 나라를 보전할 수 있는 방법이기 때문에 '나라를 보전하는 어머니'라고 한 것이다. 무릇 도는 세상과 더불어 변하므로 생명을 정립할 시간도 길고 봉록을 유지할 시간도 길다. 그래서 말하였다.

"나라의 어머니를 가지고 있으면 [나라가] 오랫동안 유지될 수 있다."

나무에는 만근(曼根, 사방으로 퍼져나간 뿌리)과 직근(直根, 줄기 아래로 곧장 내린 뿌리)이 있다. 직근을 《노자》에서는 '저柢'라고 하였다. 직근은 나무의 생명을 세우는 기초이고, 만근은 나무의 생명을 유지하는 기초이다. [이와 마찬가지로] 덕은 인간의 생명을 지탱하는 기초이고, 봉록은 인간의 생명을 유지하는 요소이다. 지금 이러한 이치에 의거해 생을 꾸려간다면 봉록을 오래도록 유지할 수 있을 것이다. 그래서 이르기를 "근본을 깊게 하여야 한다."라고 하였다. 그 도를 체득하면 생명은 나날이 길어질 것이다. 그래서 이르기를 "중심 뿌리를 굳게 하여야 한다."라고 하였다. 뿌리를 공고히 하면 생명이 연장되고, 뿌리가 깊으면 오래 살 수 있다. 그래서 말하였다.

"뿌리를 깊이 박되 튼튼하게 하는 것이, 사는 것을 길게 하고 오래 살아가는 길이다."[14)]

큰 나라를 다스릴 때에는 법을 자주 바꾸면 안 된다

기술자가 하는 일을 자주 바꾸면 그 성과를 잃게 될 것이고, 농사꾼이 자주 옮겨 다니면 그 결과물을 잃게 될 것이다.

한 사람이 일을 할 때 하루 중 반나절을 낭비하면 열흘이면 다섯 사람이 일한 만큼의 성과를 잃는 것이다. 1만 명이 일을 할 때 하루 중 반나절을 낭비하면 열흘이면 5만 명이 일한 만큼의 성과를 잃는 것이다. 그러므로 하는 일을 자주 바꿀 경우 사람이 많으면 많을수록 그 손실은 더욱 커진다.

무릇 법령이 바뀌면 이로움과 해로움이 바뀌게 되고, 이로움과 해로움이 바뀌면 백성들이 힘써야 할 일도 바뀐다. 힘써야 할 일을 바꾸는 것을 업종을 바꾼다고 한다. 그러므로 이런 이치에 의거해 보면, 사람들을 쓰면서 자주 일을 바꾸면 성공할 가능성이 적어진다. 큰 물건을 보관했다가 자주 자리를 옮기면 손상되는 부분이 많아질 것이고, 작은 생선을 찔 때 자주 뒤집으면 그 윤기를 잃게 될 것이며, 큰 나라를 다스리면서 자주 법을 바꾸면 백성들이 고통스러워할 것이다. 이 때문에 도를 터득한 군주는 고요함을 귀중하게

14) '深根固柢 長生久視之道(심근고저 장생구시지도)'가 원문이다.

여기고 법을 자주 바꾸지 않는다. 그래서 말하였다.

"큰 나라를 다스리는 것은 마치 작은 생선을 찌듯이 하여야 한다."[15)]

사람은 질병이 있을 때 의사를 귀하게 여기고, 재앙이 있으면 귀신을 두려워한다. 성인이 윗자리에 있으면 백성들의 욕심이 적어질 것이고, 백성들의 욕심이 적어지면 혈기血氣가 다스려져 합리적으로 행동하게 되며, 혈기가 다스려져 합리적으로 행동하면 재해가 적어질 것이다.

무릇 안으로 부스럼이나 종기, 부종 같은 질병이 없고, 밖으로 형벌로 인한 화가 없다면 귀신을 매우 가볍게 여길 것이다. 그래서 말하였다.

"도로써 천하를 다스리면 귀신이 신통함을 부리지 못한다."

세상이 다스려지는 시대에 사는 백성은 귀신과 서로 충돌하는 일이 없다. 그래서 말하였다.

"귀신이 신통스럽지 않은 것이 아니라 그 귀신이 사람을 상하게 하지 않는 것이다."

귀신이 재앙을 일으키면 사람들을 괴롭히게 되는데 이를 귀신이 사람을 상하게 한다고 하고, 사람이 재앙을 몰아내어 제거하면 이를 사람이 귀신을 상하게 하였다고 한다.

사람이 법령을 위반하면 백성이 군주를 상하게 하였다고 하고,

15) 원문은 '治大國, 若烹小鮮(치대국 약팽소선)'으로, 《노자》 60장의 첫머리에 나온다. '팽烹'은 '자煮(삶을 자)'와 같다. '선鮮'은 '어魚(고기 어)'와 같다. '약팽소선若烹小鮮'은 '여팽소선如烹小鮮'이라고도 한다. 작은 생선은 살이 부드러우므로 이리저리 뒤집으면 부서지게 되니, 함부로 내장을 제거하거나 비늘을 제거하지 않고 마음을 작게 하고 모든 일을 조심히 삼가며 처신하는 것을 말하는 소심익익小心翼翼의 마음으로 불의 세기를 조절하면서 세심하게 살펴보며 익히라는 것이다.

군주가 백성을 도륙하면 군주가 백성을 상하게 하였다고 한다. 백성이 법을 범하지 않으면 군주 역시 형벌을 시행하지 않는데, 군주가 형벌을 시행하지 않는 것을 군주가 사람을 상하게 하지 않았다고 한다. 그래서 말하였다.

"성인은 역시 백성을 상하게 하지 않는다."[16)]

군주는 백성과 서로 해치지 않고, 사람은 귀신과 서로 상하게 하지 않는다. 그래서 말하였다.

"[이] 둘(사람과 귀신)이 서로 상하게 하지 않는다."[17)]

백성들이 감히 법을 어기지 않으면 군주는 안으로는 형벌을 사용하지 않고, 밖으로는 백성들의 산업에서 이로움을 취하지 않는다. 군주가 안으로는 형벌을 사용하지 않고, 밖으로는 백성들의 산업에서 이익을 취하지 않으면 백성들은 번창하게 된다. 백성들이 번창하면 재물이 풍부해질 것이다. 백성들이 번창하고 재물이 풍부해지는 것을 '덕이 있다〔有德〕'고 한다.

무릇 [귀신의] 재앙이란 귀신이 사람의 혼백을 앗아가 정신이 혼란스럽게 되는 것이다. 정신이 혼란스러우면 덕이 없게 된다. 귀신이 사람에게 재앙을 끼치지 못하면 혼백은 떠나지 않을 것이고, 혼백이 떠나지 않으면 정신은 혼란스러워지지 않으며, 정신이 혼란스러워지지 않으면 이것을 덕이 있다고 한다. 군주가 축적한 것이 풍성해 귀신이 그 정신을 혼란스럽게 하지 못하면 덕은 백성들에게 다할 것이다. 그래서 말하였다.

16) 원문은 '聖人亦不傷人(성인역불상인)'이다.

17) 원문은 '夫兩不相傷(부양불상상)'이다.

"양자가 서로 상하게 하지 않으면 덕이 어우러져 돌아갈 것이다."

이것은 덕이 군주와 백성에게서 서로 흥성해 모두 백성에게 돌아간다는 말이다.

도를 터득한 군주는 적이 없다

도를 터득한 군주는 밖으로는 이웃하는 상대 나라에 원한을 맺지 않고, 안으로는 백성들에게 덕과 은혜를 펼친다. 밖으로 이웃하는 상대 나라에 원한을 맺지 않는다는 것은 제후들을 예의로써 대우한다는 것이고, 안으로 백성들에게 덕과 은혜를 편다는 것은 백성들을 근본으로써 다스린다는 것이다. 제후들을 예의로써 대우하면 전쟁이 일어나는 일이 드물고, 백성들을 근본으로써 다스리면 음란함과 사치가 그칠 것이다.

무릇 말이 중요하게 사용되는 까닭은 밖으로는 군수물자를 공급하고 안으로는 사치품을 공급하기 때문이다. 지금 도를 체득한 군주는 밖으로는 군수물자를 사용하는 일이 드물고 안으로는 사치품을 금하므로, 군주는 전투에서 말을 부려 질주할 일이 없고 백성들은 말을 이용해 멀리 사치품을 운송할 필요가 없으니 농업에만 힘을 쏟으면 된다. 농업에 힘을 쏟으면 반드시 거름을 주고 논밭에 물을 대는 일을 할 것이다. 그래서 말하였다.

"천하에 도가 있으면 질주하던 말이 밭갈이를 하게 된다."

군주가 도를 가지고 다스리지 않으면 안으로는 백성들에게 포학하게 대하고 밖으로는 이웃 나라를 침략한다. 안으로 포학하면 백성들의 생산은 끊어지게 되고, 밖으로 이웃 나라를 침략하면 전쟁이 자주 일어나게 된다. 백성들의 산업이 끊어지면 가축이 줄어들고, 전쟁이 자주 일어나면 병사들이 모두 죽게 된다. 가축이 줄어들면 군마軍馬가 부족하게 되고, 군사들이 모두 죽으면 군대가 위태롭게 된다. 군마가 부족하면 어미 말이 나와야 하고, 군대가 위태롭게 되면 측근의 신하들도 차출되어야 한다. 말이란 중요한 군수품이며, 근교(郊)는 국경에서 가까운 곳을 말한다. 지금 군대에 공급하는 인력과 군마는 어미 말과 측근의 신하들이다. 그래서 말하였다.

"천하에 도가 없으면 전쟁용 말이 국경 가까운 곳에서 새끼를 낳는다."

욕심보다 큰 재앙은 없다

사람에게 욕심이 생기면 생각이 혼란스러워지고, 생각이 혼란스러워지면 욕심이 심해진다. 욕심이 심해지면 사악한 마음이 생기고, 사악한 마음이 생기면 일을 이치에 맞게 처리하지 못해 재앙이 생기며, 일을 이치에 맞게 처리하지 못해 재앙이 생기면 화와 재난이 생길 것이다.

이로부터 보면 화근과 재난은 사악한 마음에서 생기는 것이며, 사악한 마음은 욕심을 일으키는 데에서 나오는 것이다. 욕심을 일으키는 사물은 나아가서는 선량한 백성들을 간사하게 만들고 물러나서는 착한 사람이 화를 만나게 한다. 간사함이 생기면 위로는 약한 군주를 침해하고, 화가 이르면 백성들이 대부분 다치게 된다. 그러므로 결국 욕심을 일으키는 이들은 위로는 약한 군주를 침해하고 아래로는 백성들을 상하게 한다.

무릇 위로 약한 군주를 침해하고 아래로 백성들을 상하게 하는 것은 큰 죄이다. 그래서 이르기를 "재앙은 욕심을 내는 것보다 큰 것이 없다."고 하였다. 이 때문에 성인은 오색(五色, 다섯 가지 색깔)에 이끌리지 않으며, 즐거운 음악에 마음을 빼앗기지 않고, 현명한 군주는 노리개를 천시하고 음란한 것을 없앴던 것이다.

인간에게는 털과 깃이 없기 때문에 옷을 입지 않으면 추위를 견디지 못한다. 위로는 하늘에 속하지 않고 아래로는 땅에 속하지 않으며, 위장을 근본으로 삼아 먹지 않으면 살 수 없다. 이 때문에 이익을 얻으려는 마음에서 벗어나지 못하는 것이다. 이익을 얻으려는 마음을 제거하지 못하는 것이 인간의 근심이다. 그래서 성인은 옷은 추위를 막을 수 있고 음식은 허기를 달랠 수 있으면 족하기 때문에 근심이 없다. 그러나 사람들은 그렇지 못하다. 크게는 제후가 되고자 하고, 작게는 천금의 재산을 쌓아두려고 하니 욕심을 부려 얻는 근심은 제거되지 않는다. 죄인이 사면되고 죽을죄를 지은 자가 때때로 살아나기도 하지만, 지금 만족할 줄 모르는 사람은 몸이 다하도록 근심을 해결하지 못할 것이다. 그래서 말하였다.

"재앙 중에 만족할 줄 모르는 것보다 큰 것은 없다."

그래서 이익을 얻으려는 욕망이 심하면 근심하게 되고, 근심하면 질병이 생기게 된다. 질병이 생기면 지혜가 줄고, 지혜가 줄면 분별력을 잃게 되며, 분별력을 잃으면 경거망동하게 되고, 경거망동하면 재앙과 화가 이르게 된다. 재앙과 화가 이르면 질병이 체내에 엉겨 붙게 되고, 질병이 체내에 엉겨 붙으면 고통과 재앙이 밖으로부터 닥쳐오고, 재앙과 고통이 밖으로부터 닥쳐오면 고통이 위와 장 사이에 모이게 된다. 고통이 위와 장 사이에 모이면 사람을 상하게 한다. 사람이 상하면 물러나 스스로 질책한다. 물러나 스스로 질책하는 것은 이익을 얻으려는 욕심에서 생긴 것이다. 그래서 말하였다.

"질책하는 것 중에서 이익을 얻으려는 욕심에서 기인하는 것보다 심한 것은 없다."

도란 만물이 존재하는 근거이며, 모든 이치가 모여서 합쳐진 것이다. 이치(理)란 사물의 갖춰진 모양이고, 도는 만물이 성립되는 근본이다. 그래서 말하였다.

"도는 규율이다."

만물에는 저마다 규율이 있으므로 서로 침범할 수 없다. 만물에는 규율이 있어 서로 침범할 수 없기 때문에 규율이 만물의 지배자가 되는 것이다. 만물에는 저마다 다른 규율이 있으며, 도는 만물의 각기 다른 규율 모두를 포괄하기 때문에 변화하지 않을 수 없다. 때에 따라 변화하지 않을 수 없기 때문에 일정한 모습으로 고정되어 있지 않다. 일정한 모습으로 고정되지 않기 때문에 여기서 생사의 변화가 있게 되고, 모든 지혜는 여기서부터 취해지고 모든 일은 여기에서 쇠하고 흥한다.

하늘은 도를 얻어 높고, 땅은 도를 얻어 만물을 감싸며, 북두칠성은 도를 얻어 그 위엄을 이루었고, 해와 달은 도를 얻어 영원히 빛을 발하며, 다섯 별자리는 도를 얻어 고정된 그 위치를 얻고 뭇별들은 도를 얻어 그 운행이 일정해지며, 네 계절은 도를 얻어 기후의 변화를 조절하고, 헌원軒轅[18]은 도를 얻어 천하를 지배했으며, 적송자赤松子[19]는 도를 얻어 천지와 함께하고, 성인은 도를 얻어 문물제도를 만들었다.

도는 요堯와 순舜 임금에게는 지혜를 갖추게 하였고, 접여接輿[20]에게는 미치광이가 되게 하였으며, 걸桀과 주紂에게는 멸망을 당하게 하였고, 탕왕과 무왕에게는 번영하게 하였다.

가깝다고 생각하면 사방의 끝에 있고, 멀다고 생각하면 항상 우

18) 중국 고대 신화에 나오는 최초의 제왕인 황제黃帝를 말한다. 그는 의복이나 집 같은 기본적인 문명을 만들어 전해주었다고 한다. 그가 헌원이라는 곳에서 살았기 때문에 헌원씨軒轅氏라고 한 것이다. 사마천은 《사기》 〈오제본기五帝本紀〉에서 "헌원시대에 이르러 신농씨神農氏의 후세가 [세력이] 약해졌다. 제후들은 서로 침략하고 공격하면서 백관百官들을 잔혹하게 학대했으나 신농씨는 그들을 능히 정벌할 수 없었다. 이때 헌원이 방패와 창 쓰는 법을 익혀서 조공하지 않는 자들을 정벌하자 제후들은 모두 와서 복종하였다."고 하였다.

19) 중국 고대 신화에 나오는 인물로, 신농씨 때 비를 관리한 우사雨師이다.

20) 춘추시대 초나라의 현인으로, 천하가 혼란스러워지자 미치광이로 가장해 세상일에 관심을 두지 않은 은둔지사이다.

리 곁에 있으며, 어둡다고 생각하면 광채가 눈부시고, 밝다고 생각하면 그 본질은 어렴풋하다. 도의 작용은 천지를 이루고, 그 조화로운 기운을 천둥으로 바뀌게 하였다. 우주 안에 있는 사물은 그것에 의지해 이루어진다.

무릇 도의 실체는 규제를 받지 않고, 형체가 없으면서 부드러우며 연약하게 때에 따라 규율과 서로 응한다. 만물은 그것을 얻어서 죽고, 그것을 얻어서 산다. 모든 일은 그것을 얻어 실패하고, 그것을 얻어 성공한다. 도는 비유하면 마치 물과 같다. 물에 빠진 자가 물을 많이 마시면 익사하지만, 갈증이 난 자가 알맞게 물을 마시면 살아난다. 또 이것은 비유컨대 칼과 창과 같다. 어리석은 자가 분노해 휘두르면 화가 생기지만, 성인이 포학한 자를 벌하는 데 사용하면 복이 생긴다. 그러므로 그것을 얻어서 죽고, 그것을 얻어서 살며, 그것을 얻어서 실패하고, 그것을 얻어서 성공하는 것이다.

인간은 대부분 살아 있는 코끼리를 본 일이 거의 없으므로, 죽은 코끼리 뼈의 모습을 얻어 그것을 그린 그림을 근거로 살아 있는 코끼리를 상상한다. 그래서 사람들이 마음속으로 상상한 것을 모두 코끼리〔象〕라고 한다.

지금 도는 비록 듣거나 볼 수는 없지만, 성인은 그 단편들을 잡아서 형상을 소상히 생각해본다. 그러므로 말하기를 "도는 형상 없는 상狀이며 물체 없는 상象이다."라고 하였다.

무릇 이치〔理〕란 네모진 것과 둥근 것, 짧은 것과 긴 것, 굵은 것과

가는 것, 견고한 것과 얄팍한 것의 구분이 있다. 그래서 이치가 정해진 뒤에야 도를 얻을 수 있다. 그러므로 이치가 정해지면 존재와 비존재가 있고, 죽음과 삶이 있으며, 흥함과 쇠함이 있다.

무릇 만물이 한때 존재했다가 한때 사라지고, 문득 죽었다가 문득 태어나며, 처음에는 성했다가 이후에 쇠하는 것은 영원함〔常〕이라고 할 수 없다. 오직 천지개벽과 함께 생겨나서 천지와 함께 소멸할 때까지 죽지 않고 쇠하지 않는 것을 영원함이라고 한다. 영원함은 바뀌는 바도 없고 정해진 이치도 없다. 정해진 이치가 없으므로 일정한 곳에 있지 않기 때문에 도라고 말할 수 없는 것이다. 성인은 그것의 아득하고 허무한 면을 터득하고 두루 운행하는 원리에 기초해서 억지로 이름 붙여 도道라고 하였다. 그런 뒤에 논할 수 있었다. 그래서 말하였다.

"도는 말할 수 있으면 영원한 도〔常道〕가 아니다."

출생에서 죽음에 이르기까지의 인간

인간은 출생에서 시작해 죽음으로 끝난다. 시작을 '벗어나오다〔出〕'라고 하며, 끝을 '들어서다〔入〕'라고 한다. 그래서 말하였다.

"삶을 벗어나와 죽음으로 들어선다.〔出生入死〕"

인간의 몸에는 360개의 마디가 있고 사지와 아홉 구멍[21]이 있는

21) 아홉 구멍이란 신체에 있는 출구이다. 바로 눈·코·입·귀의 구멍 일곱 개와 요도·항문을 말한다.

데, 이것이 가장 중요한 부분이다. 사지와 아홉 구멍을 합하면 열셋이 되는데, 이 열셋이 움직이고 멈추는 것은 모두 생존에 속하는 것이다. 이에 속하는 것을 도徒라고 한다. 그래서 말하였다.

"삶의 길이 열에 셋이다."[22]

사람이 죽음에 이르면 열셋은 모두 거꾸로 죽음에 속하게 되므로 죽음의 부속물 또한 열셋이다. 그래서 말하였다.

"삶의 부속물이 열셋이요, 죽음의 부속물이 열셋이다."

무릇 백성들이 삶을 살아가면서 살아 있다는 것은 진실로 활동을 하는 것이고, 활동을 다하면 몸이 손상된다. 활동을 그치지 않으면 손상되는 것도 그치지 않을 것이고, 손상되는 것이 그치지 않으면 생명은 다하게 된다. 생명이 다하는 것을 '죽음(死)'이라고 한다. 그러한즉 열셋은 모두 죽음에 이르는 터전이 될 것이다. 그래서 말하였다.

"백성들은 삶을 살기 위해 활동하지만, 활동한 이후에 모두 죽음의 땅으로 가는 것은 열셋의 신체기관이다."

이 때문에 성인들은 정신을 아끼고 고요한 곳에 머무는 것을 귀중하게 여긴다. 그렇지 않을 경우 이것은 물소나 호랑이의 피해보다 심할 것이다. 물소나 호랑이는 정해진 구역이 있고, 움직이고 조

---

22) 원문은 '生之徒, 十有三(생지도 십유삼)'인데, 이 '십유삼十有三' 또한 해석에 이설이 많고 난해한 구석이 있다. '십분지삼'이나 '열에 셋' 정도로 해석하는 것이 일반적이다. 이 부분에 대한 한비자의 주석처럼 사지구규(四肢九竅, 팔·다리·눈·코·입·귀·요도·항문)가 있는데, 이것이 가장 중요한 부분이다. 사지와 아홉 구멍을 합하면 열셋이 되는 것으로 보면 될 것이다. 반면에 왕필王弼은 '십유삼'에 대해 한비자와 전혀 다른 견해를 보이고 있다. 그는 인간의 삶을 대략 삼등분하여 삼분의 일은 생기발랄하고, 삼분의 일은 거의 죽어가는 상태이고, 삼분의 일은 구체적인 무엇인가를 하는 삶이라고 해석하였다. 이들 모두가 죽음의 길로 들어선다고 보는 관점인데, 상당히 일리가 있다.

용히 있는 일정한 때가 있어서 그 영역을 피하고 그 때를 살피면 물소나 호랑이의 피해를 면할 수 있다.

그런데 백성들은 단지 물소와 호랑이에게만 발톱과 뿔이 있음을 알 뿐 만물이 모두 발톱과 뿔을 가지고 있음은 알지 못해 만물의 재앙을 면하지 못한다. 무엇으로써 이것을 논하겠는가?

폭우가 쏟아질 때 광활한 평야는 고요하지만 아침저녁으로 산이나 강을 지나게 되면 바람과 이슬이라는 발톱과 뿔의 해를 입게 될 것이다. 군주를 섬기면서 충성스럽지 않고 금령을 가볍게 범한다면 형법이라는 발톱과 뿔의 해를 입게 될 것이다. 시골에 산다고 하여 예절을 지키지 않고, 사람을 증오하고 사랑함에 기준이 없으면 분쟁과 다툼이라는 발톱과 뿔의 해를 입게 될 것이다. 좋아하며 하고자 하는 것이 끝이 없고, 행동하고 멈춤에 절제가 없으면 부스럼과 종기라는 발톱과 뿔의 해를 입게 될 것이다. 이기적인 지혜를 사용하기 좋아해 도리를 버리면 법망의 뿔과 발톱의 해를 입게 될 것이다. 물소와 호랑이에게는 활동영역이 있고, 모든 해악에는 근원이 있어 그 영역을 피하고 그 근원을 막으면 여러 가지 해를 면하게 된다.

무릇 칼과 갑옷은 해를 방비하기 위한 것이다. 생명을 중시하는 사람은 비록 전쟁터로 들어가도 흥분하며 다투려는 마음이 없다. 흥분하고 다투려는 마음이 없으면 피해로부터 지켜야 할 방비도 쓸 곳이 없다. 없으면 비단 들판에 있는 군대만을 말하는 것이겠는가?

성인이 세상을 느긋하게 살아가는 것은 다른 사람을 해치려는 마음이 없어서이다. 다른 사람을 해치려는 마음이 없으면 다른 사람도 그를 해치려는 마음이 없으며, 해치려는 사람이 없으면 다른 사람을 방비할 필요가 없다. 그래서 말하였다.

"뭍으로 가더라도 물소와 호랑이를 만나지 않을 것이고, 산속에 들어가도 방비의 수단에 기대어 해로움을 막을 필요가 없다."

그래서 말하였다.

"전쟁터에 들어가더라도 칼과 갑옷을 갖출 필요가 없다."

이는 여러 가지 해악을 멀리 물리쳤다는 것이다. 그래서 말하였다.

"물소가 그의 뿔로 받을 곳이 없고, 호랑이가 그의 발톱을 사용할 곳이 없으며, 무기가 그 날카로움을 쓸 곳이 없다."

방비를 하지 않아도 반드시 해가 없는 것이 천지의 이치이다. 천지의 이치를 체득했으므로 "죽음의 터전이 없다.〔死地〕"고 하였다. 활동을 하더라도 죽음의 터전으로 가지 않는다면, 이것을 일컬어 '생명을 잘 보양하였다.'고 한다.

자식을 사랑하는 자는 자식에게 자애롭고, 생명을 중시하는 자는 신체를 소중히 하며, 공적을 귀하게 여기는 자는 하는 일에 주의한다. 자애로운 어머니는 약한 자식에게 행복이 이르도록 힘쓰는데, 행복이 이르도록 힘쓴다는 것은 재앙을 제거하는 것이고, 그 재앙을 제거하면 사고가 성숙되며, 사고가 성숙되면 사리를 터득하게 되고, 사리를 터득하면 반드시 공을 이루게 된다. 반드시 공을 이루면 행동에 주저함이 없게 되고, 주저함이 없는 것을 일컬어 용감〔勇〕하다고 한다.

성인이 모든 일에 대처하는 것은 자애로운 어머니가 약한 아들을 위해 생각하는 것과 같으므로 반드시 행동해야 하는 도를 보게 된다. 반드시 행동해야 하는 도를 보게 되면 사리가 분명해져 일을 함에 주저함이 없다. 주저함이 없는 것을 일컬어 용감하다고 한다. 주저함이 없는 것은 자애로움에서 생기는 것이다. 그래서 말하였다.

"자애롭기 때문에 용감할 수 있다."

주공周公[23]이 말하기를 "겨울에 뒤덮은 얼음이 단단하지 않으면 봄과 여름에 초목이 무성하게 자라지 못할 것이다."라고 하였다. 천지라도 언제나 사치하거나 낭비할 수 없는데, 하물며 인간에 있어서는 어떠하겠는가?

그래서 만물에는 반드시 흥성할 때와 쇠할 때가 있고, 모든 일에는 반드시 느긋할 때와 긴장될 때가 있으며, 나라에는 반드시 문文과 무武가 있고, 벼슬아치가 백성을 다스리는 데에는 반드시 상과 벌이 있다.

이 때문에 지혜로운 선비가 자신의 재물을 절약해 사용하면 집안이 부유해지고, 성인이 자신의 정신을 아끼고 귀중히 하면 정신이 왕성해지게 된다. 군주가 그 병사들을 자주 싸움터로 내몰지 않는다면 백성은 많아질 것이고, 백성이 많아지면 나라는 넓어질 것

---

23) 주周나라 문왕文王의 아들로, 성은 희姬씨이고 이름은 단旦이다. 자신이 다스리던 지역 이름이 주周였으므로 주공이라 불렸다. 주나라 무왕武王이 은나라를 멸망시키는 일을 도와 그 공으로 곡부曲阜 땅을 하사받고 노魯나라라고 불렀다. 무왕이 죽고 조카인 성왕成王이 어린 나이에 즉위하자 그가 섭정하여 반란을 일으킨 여러 친족과 외족을 물리쳤다. 또 제도와 예악을 만들어 주 왕실의 기틀을 다졌다.

이다. 이 때문에 이것을 들어 말하였다.

"검소하기 때문에 넓힐 수 있다."

이치가 정해지면 일처리가 명쾌해진다

무릇 사물 중에 형체가 있는 것은 재단하거나 분할하기 쉽다. 무엇으로써 이것을 논하겠는가?

형체가 있으면 길고 짧음이 있게 되고, 길고 짧음이 있으면 작고 큰 것이 있게 되며, 작고 큰 것이 있으면 네모진 것과 둥근 것이 있게 되고, 네모진 것과 둥근 것이 있으면 견고한 것과 얄팍한 것이 있게 되며, 견고한 것과 얄팍한 것이 있으면 가벼운 것과 무거운 것이 있게 되고, 가벼운 것과 무거운 것이 있으면 흰색과 검은색이 있게 된다.

이렇게 길고 짧음, 작고 큰 것, 네모진 것과 둥근 것, 견고한 것과 얄팍한 것, 가벼운 것과 무거운 것, 흰색과 검은색을 정하는 것을 일컬어 이치(理)라고 한다. 이러한 이치가 정해지면 사물을 쉽게 나눌 수 있다. 그래서 조정에서 논의를 진행하고 난 뒤에 의견을 말하면 그 발언이 쉽게 성립될 것이다.

권모에 뛰어난 사람은 이것을 알고 있다. 그래서 네모진 것이나 둥근 것을 만들고자 할 때 규구規矩를 따르면 모든 일에 효과가 드러나게 될 것이다. 모든 사물에는 규구와 같은 기준이 반드시 있으므로 의견을 제시하는 선비는 이치를 살펴야 한다. 성인은 전부 만물의 이치를 따른다. 그래서 말하였다.

"감히 천하의 앞이 되려고 하지 않는다."

감히 천하의 앞이 되려고 하지 않으면 하는 일마다 되지 않는 일이 없고, 공을 세우는 일에 성공하지 못하는 경우가 없으므로 의견은 반드시 천하를 압도하게 되니 고관대작의 위치에 있지 않으려고 해도 있지 않을 수 있겠는가? 고관대작의 자리에 있다는 것은 큰일을 할 우두머리가 된다는 것을 말한다. 그래서 말하였다.

"감히 천하의 앞이 되려고 하지 않으므로 큰일을 할 우두머리가 된다."

자식에게 자애로운 자는 감히 먹고 입는 것을 끊지 않고, 몸을 아끼는 자는 감히 법도를 떠나지 않으며, 네모진 것과 둥근 것을 아끼는 자는 감히 규구를 버리지 않는다. 그래서 전쟁터에 나가 병사와 벼슬아치를 아끼면 적과 싸워 승리하고, 무기를 아끼면 성을 견고하게 지킬 수 있다. 그래서 말하였다.

"자애로운 마음을 가지고 싸우면 승리하고 지키면 공고해진다."

무릇 스스로 보존할 수 있고 만물의 이치에 따라 모든 일을 한다면 반드시 하늘에서 생을 보장받을 것이다. 하늘에서 생을 보장받는다는 것은 태어난 그대로 이치에 알맞게 되어 있는 마음이다. 그래서 천하의 도는 모두 이로부터 생겨난다. 만일 자애로움으로써 이것을 지킨다면 모든 일은 반드시 완전해질 것이며, 행동에는 부당한 점이 없을 것이다. 그러한즉 이것을 일컬어 보배〔寶〕라고 한다. 그래서 말하였다.

"나에게는 세 가지 보배가 있어, 이것을 간직하고 보호한다."

대도大道가 정도正道

《노자》에서 이른바 대도大道라고 한 것은 정도正道를 말한다. 이른바 '겉모습이 비스듬하다〔貌施〕'고 한 것은 사특한 도〔邪道〕를 말하고, 이른바 지름길〔徑大〕이라고 한 것은 아름다운 것〔佳麗〕을 말한 것인데, 아름답다는 것은 사특한 도에서 갈라진 것이다.

조정이 대대적으로 숙청을 했다는 것은 소송이 빈번하다는 것이다. 소송이 빈번하게 일어나면 전답은 황폐해지고, 전답이 황폐하면 창고가 비게 되며, 창고가 비면 나라가 가난해지고, 나라가 가난하면 백성의 풍속이 음란하고 사치스러워지며, 백성의 풍속이 음란하고 사치스러우면 입고 먹는 생계가 끊어지게 된다. 입고 먹는 생계가 끊어지면 백성들은 교묘하게 꾸미고 속이지 않을 수 없게 되며, 교묘하게 꾸미고 속이면 겉모습을 치장하는 것만 알게 된다. 겉모습만 치장하는 것을 아는 것을 일컬어 화려한 무늬가 있는 것을 입는다고 한다. 소송이 빈번하게 일어나고, 창고가 비어 있으며, 음란하고 사치스러운 풍속이 형성되어 나라가 상처를 입는 것은 마치 예리한 칼로 찌르는 것과 같다. 그래서 "예리한 칼을 지닌다."라고 하였던 것이다.

지혜를 꾸며서 고의로 나라에 상해를 입히는 자는 자신의 집은 반드시 부유하게 만들 것이다. 자신의 집이 반드시 부유해지므로 "재물이 남는다."고 한 것이다. 나라에 이와 같은 사람이 있다면 어리석은 백성은 본받지 않을 수 없다. 그것을 본받으면 작은 도적이 생기게 될 것이다. 이로부터 보면 크게 간사한 행동을 하는 자가 있으면 작은 도적이 응할 것이고, 크게 간사한 자가 부르면 작은 도적들이 응할 것이다.

우竽는 다섯 가지 소리의 으뜸이다. 그래서 이것이 먼저 울리면 종이나 현악기가 모두 따라 하며, 이것이 소리를 내면 모든 악기들이 답한다. 지금 크게 간사한 행동을 하는 자가 있으면 세속의 백성들이 답할 것이고, 세속의 백성들이 답하면 작은 도적이 반드시 답하게 될 것이다. 그래서 말하였다.

"화려한 무늬가 있는 옷을 입고 예리한 칼을 차고 아주 배부르게 먹고 마시고도 재물이 남은 자, 이를 도적의 괴수라고 한다."

사람은 어리석든 지혜롭든 간에 취하고자 하는 것과 버리고자 하는 것이 있다. 마음이 담백하고 평안하면서 화와 복이 말미암은 까닭을 알지 못하는 자는 없다. 그런데 좋아하고 싫어하는 감정에 사로잡히고, 음란한 물건의 유혹에 빠져들면 혼란스럽게 된다. 그러한 까닭은 외부 사물에 이끌리고 좋아하는 완구품에 마음을 빼앗겨 혼란스럽게 되었기 때문이다. 마음이 담백하면 취하고 버리는 것의 기준이 있게 되고, 평안하면 화와 복을 헤아리는 지혜도 알 것이다. 지금 좋아하는 것이 마음을 바꾸게 하고 외부 사물에 이끌리고 있다. 이끌려가기 때문에 "뽑힌다.〔拔〕"고 하였던 것이다. 그러나 성인의 경지에 이른 자는 그렇지 않아 한 차례 취할 것과 버릴 것의 기준을 세우면, 비록 좋아하는 물건을 보더라도 이끌리지 않는다. 이끌리지 않는 것을 일컬어 "뽑히지 않는다.〔不拔〕"라고 한다.

성인은 마음을 오로지 하나로 하면 비록 욕심나는 물건이 있을지라도 마음이 동요되지 않는다. 마음이 동요되지 않는 것을 일컬어 "벗어나지 않는다.〔不脫脫〕"라고 하였다.

사람의 자손된 자로서 이러한 이치를 깨달아 종묘를 지켜 끊기지 않게 하면, 이것을 일컬어 "제사가 끊기지 않는다.〔祭祀不絶〕"라고 한다.

한 개인은 정신 축적을 덕으로 삼고, 집은 재산 축적을 덕으로 삼으며, 고을이나 나라, 천하는 모두 백성을 덕으로 삼는다. 지금 한 몸을 닦는다면 외부 사물이 그 정신을 어지럽힐 수 없을 것이다. 그래서 "자신을 수양하면 그 덕은 진실해질 것이다."라고 하였다. 진실이란 덕성이 확고해진 것이다.

집안을 다스리면서 쓸데없는 물건 때문에 지출하지 않을 수 있다면 재산에 남음이 있을 것이다. 그래서 "이 도를 터득해 집안을 다스리면 그 덕에 남음이 있을 것이다."라고 하였다.

고을을 다스리면서 이 절제를 행한다면 집집마다 여유 있는 자가 더욱 많아질 것이므로 "이 도를 터득해 고을을 다스리면 그 덕은 더욱 오래갈 것이다."라고 하였다. 나라를 다스리면서 이 절제를 행하면 고을마다 덕을 갖춘 자가 많아질 것이다. 그래서 이르기를, 이 도를 터득해서 "나라를 다스리면 그 덕이 풍부해질 것이다."라고 하였다. 천하를 다스리면서 이 절제를 행하면 백성들의 생활에 은택이 미치지 않는 곳이 없게 될 것이므로 "이 도를 닦아 천하를 다스리면 그 덕은 널리 퍼질 것이다."라고 하였다.

자기 몸을 닦는 것, 이것으로써 군자와 소인을 구분한다. 고을을 다스리고 나라를 다스리며 천하를 다스리는 이가 저마다 이것으로써 성쇠와 존망을 살핀다면 만에 하나도 잃지 않을 것이다. 그래서 말하였다.

"한 개인으로써 개인을 관찰하고, 가문으로써 가문을 관찰하며, 고을로써 고을을 관찰하고, 나라로써 나라를 관찰하며, 천하로써 천하를 관찰하라. 내가 어찌 천하의 그러함을 알겠는가? 바로 이에 근거한 것이다."

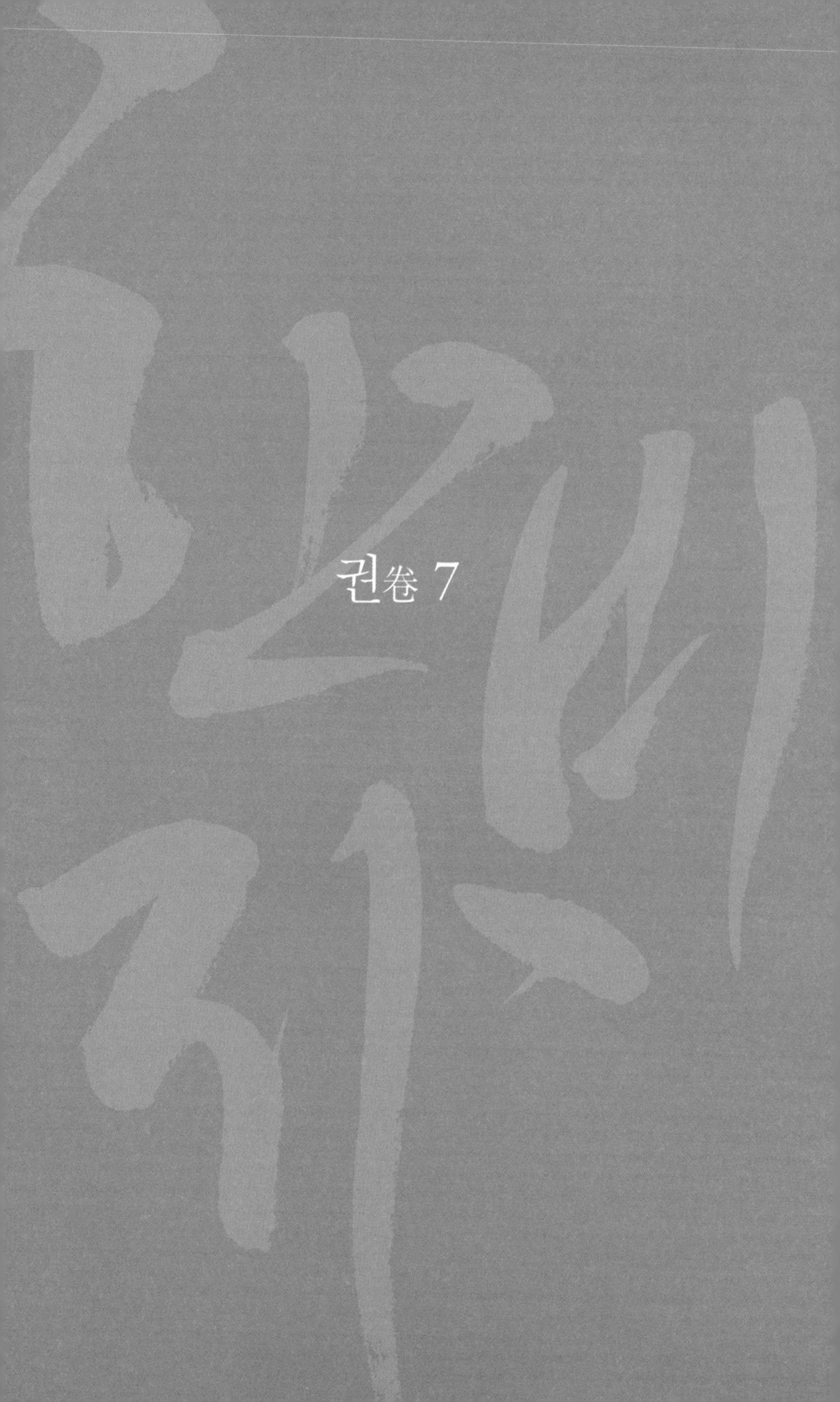

권卷 7

제21편

유로(喩老:《노자》를 비유하다)

【해제】

'유喩'는 비유하다는 뜻이고, '노老'는 《노자》를 뜻한다. 〈유로〉 편은 역사적인 고사들을 《노자》의 사상과 비교해가면서 해설하듯 설명하고 있는데, 한비자가 취한 노자의 문장은 전체가 아닌 부분에 해당되고 순서도 우리가 아는 《노자》와는 다르다.

한비자가 보기에도 노자의 사유는 특유의 모순어법 때문에 언제나 알듯 모를 듯하므로 이것을 더욱 실질적으로 해석할 필요성을 느낀 것이다. 세상의 대립과 모순을 역설적인 언어로 설명해내는 방식을 취하고 있는 노자의 문장이 한비자의 권력론과 맞물려 새롭게 태어난 것이 바로 이 편이다.

〈해로〉 편이 노자 사상의 이론적인 면을 부각했다면, 이 편은 설화의 인용을 통해 해설함으로써 그 실천적인 면을 강하게 드러내고 있다. 물론 두 편 모두 한비자 자신의 철학과 정치 사상을 피력하기 위해 지은 것이다.

〈유로〉 편의 취지는 구체적인 이야기를 통해 노자의 학설을 설명하는 것이며, 그것을 쉽게 이해하고 쉽게 활용하기 위한 것이다. 이 편 역시 법가류의 주장과 다소 다른 면이 드러나 한비자의 작품이 아니라고 보는 견해도 있고, 《회남자淮南子》 〈도응훈道應訓〉과 매우 유사하다는 견해도 있으나 역자는 오히려 《회남자》가 이 편을 모방한 것으로 볼 수 있다고 생각한다.

가죽이 아름다워 재앙을 초래하다

천하에 도道가 있어 급박한 근심이 없으면 고요하다고 말하며, 역마驛馬를 사용할 필요가 없다. 그러므로 말하기를 "[전쟁터를] 달리던 말을 되돌려 [밭을] 일구게 한다."[1]고 하였다. 천하에 도가 없으면 공격이 멈추지 않아 서로 수비하는 일을 멈출 수 없고, 갑옷과 투구에는 이와 서캐가 자라고 막사에는 제비와 참새가 둥지를 틀지만, 병사들은 고향으로 돌아가지 못한다. 그래서 이르기를 "군마가 성곽 밖에서 태어난다."[2]고 하였다.

적翟나라[3] 사람이 진晉나라 문공文公에게 여우 털과 검은표범 모피를 바쳤다. 문공은 손님으로부터 모피를 받으면서 감탄하며 말하였다.

"이 짐승은 가죽이 아름답기 때문에 스스로 재앙을 초래하였구나!"

1) 원문은 '卻走馬以糞(각주마이분)'으로, 46장에 나온다. 전후맥락을 위해 전문을 소개하면 다음과 같다. "천하에 도道가 있으면 [전쟁터를] 달리던 말을 되돌려 [밭을] 일구게 하고, 천하에 도가 없으면 군마가 성곽 밖에서 태어난다. 화는 만족할 줄 모르는 것보다 더 큰 것이 없고, 허물은 얻으려고 욕심내는 것보다 더 큰 것이 없다. 그러므로 만족함을 아는 데서 얻는 만족이야말로 늘 만족하게 되는 것이다.(天下有道, 卻走馬以糞. 天下無道, 戎馬生於郊. 禍莫大於不知足, 咎莫大於欲得. 故知足之足, 常足矣)" 그런데 앞의 두 문장과 뒤의 두 문장 사이에 연관성이 별로 없어 보이므로, 이 장은 원래부터 두 개의 부분으로 구성된 것이 후대에 합쳐진 것이 아닌가 추측되고 있다. 곧 '不知足(부지족)'과 '欲得(욕득)'은 33장의 "자신이 있는 곳을 잃는 사람(失其所者)"의 범주에 들어간다. '知足之足, 常足(지족지족 상족)'은 44장과 연관이 있어 보인다는 점이다. 그러나 한비자가 주석을 달면서 예증을 든 것을 보면 또 앞뒤 문장의 연계성이 일정 부분 나타난다고도 볼 수 있다.

2) 원문은 '戎馬生於郊(융마생어교)'이다. 여기서 '교郊'는 교외로, 전쟁의 의미를 함축하고 있다. 말이 본래 집에서 태어나야 하는데 전쟁터에서 태어나니 천하에 도가 없다는 것이다.

3) '적翟'은 부족 이름이다. 춘추시대 때 오랫동안 제·노·진·위·송·초나라 등과 접촉이 많았다.

무릇 나라를 다스리는 사람 중 명예 때문에 재앙을 초래한 자가 있으니, 서徐나라 언왕偃王[4]이 그러하다. 성과 영토 때문에 재앙을 초래한 자가 있으니, 우虞와 괵虢나라가 이 경우이다. 그래서 말하였다.

"욕심을 내는 것보다 큰 재앙은 없다."[5]

지백智伯은 범씨范氏[6]와 중항씨中行氏[7]를 병합하고 조趙나라를 공격하려고 하였으나, 한韓나라와 위魏나라가 지백에게서 등을 돌려 지백의 군대는 진양晉陽에서 패하였다. 지백 자신은 고량高梁 동쪽에서 죽었으며, 영토는 마침내 세 나라로 갈라졌다. 지백의 머리는 잘려 옻칠이 된 뒤 요강으로 만들어졌다. 그래서 말하였다.

"재앙 중에서 만족할 줄 모르는 것보다 큰 것은 없다."

우나라의 군주는 굴산屈山의 명마와 수극垂棘의 옥을 탐하고 궁지기宮之奇의 말을 듣지 않았기 때문에 나라는 망하고 자신은 죽게 되었다. 그래서 말하였다.

"과오 중에서 욕심내어 얻으려고 하는 것보다 심한 것은 없다."

나라가 유지되면 영원하고 패왕霸王이 될 수도 있다. 개인이 살아 있으면 영원히 부귀해질 수도 있다. 탐욕으로 자신을 해치지 않는다면 나라는 멸망하지 않을 것이고, 자신도 죽지 않을 것이다. 그래

---

4) 서徐나라 왕으로 어질고 의롭게 나라를 다스려 이름을 날렸으나, 마침내 주나라 목왕에게 항복하였다.

5) 원문은 '罪莫大於可欲(죄막대어가욕)'으로, 원래 《노자》의 원문인 '咎莫大於欲得(구막대어욕득)'과는 약간의 차이가 있다.

6) 춘추시대 진晉나라의 대부인 사회士會의 식읍이 범 땅에 있었기 때문에 그의 자손들은 모두 범씨라고 불렸다.

7) 진나라 대부 순언荀偃이 중군中軍의 장수가 되자 진나라에서는 중군을 중항中行이라고 하여 순언의 자손들은 모두 중항씨가 되었다.

서 말하였다.

"만족할 줄 아는 것이 만족한 상태이다."[8)]

초楚나라 장왕莊王이 황하黃河와 형옹衡雍에서 승리하고 돌아와 손숙오孫叔敖에게 상을 주려고 하자, 손숙오는 한수漢水 부근의 모래와 자갈이 있는 토지를 청하였다. 초나라 법에는 신하에게 봉록을 줄 때 두 세대 뒤에는 영토를 회수하도록 되어 있었는데, 오직 손숙오만은 계속 가지고 있었다. 그 토지를 회수하지 않은 까닭은 그 땅이 척박했기 때문이다. 그래서 아홉 세대까지 제사가 끊이지 않았다. 그래서 말하였다.

"잘 세우면 뽑히지 않고 잘 끌어안으면 떨어져나가지 않아, 자손이 대대로 제사가 끊이지 않게 할 것이다."

이는 손숙오를 가리켜 한 말이다.

나라란 군주의 치중이다

제어권이 자신에게 있는 것을 '묵직하다[重]'라고 하고, 자리를 떠나지 않는 것을 '고요하다[靜]'라고 한다. 묵직하면 가벼운 자들을 부릴 수 있고, 고요하면 경박한 자들을 부릴 수 있다. 그래서 말하였다.

"무거운 것은 가벼운 것의 근본이 되고, 고요한 것은 조급함의 임금(주재자)이 된다."[9)]

---

8) 원문은 '知足之爲足矣(지족지위족의)'로서, 노자의 원문인 '知足之足常足(지족지족상족)'과는 약간의 차이가 있다.

나라란 군주의 치중輜重[10]이다. 그러므로 말하기를 "군자는 온종일 가도 치중을 떠나지 않는다."[11]고 하였다. 조나라 주보主父는 살아생전에 나라를 아들에게 물려주었는데, 이것이 바로 치중을 떠난 것이다. 그는 그 뒤 대군代郡이나 운군雲郡에서 즐겁게 지냈지만 이미 조나라를 통제할 권한은 없었다. 주보는 만승의 군주였지만 천하 사람들이 자신을 가볍게 여기도록 처신한 것이다. 권세가 없으면 '가볍다'고 하고, 지위를 떠나면 '경박하다'고 한다. 이 때문에 주보는 산채에 갇혀 있다가 죽게 되었던 것이다. 그래서 말하였다.

"권세가 가벼우면 신하를 잃고, 경박하면 군주를 잃는다."

이는 주보를 가리켜 한 말이다.

권세는 연못과 같다

권세가 무겁다는 것은 군주에게는 연못과 같다. 군주는 신하들 사

9) 원문은 '重爲輕根, 靜爲躁君(중위경근 정위조군)'으로, 《노자》 26장의 핵심 구절이다. 중량감 있게 그리고 조용하게 사는 우직한 삶의 가치를 언급하고 있다. 곧 중후함과 경솔함, 안정됨과 조급함의 우열관계를 언급하면서 노자 특유의 논법이 전개된다. 노자는 '중重'과 '정靜'을 중시하는데, 이 두 글자는 근본이요 영원함이며, 뒤의 '경輕'과 '조躁'는 말단이요 일시성이다. 왕필에 따르면 사물이 가벼우면 무거운 것을 싣지 못하고, 작은 것은 큰 것을 누를 수 없다는 의미를 담고 있다. 그리고 하상공河上公은 이 장을 '중덕重德'이라고 이름 붙였다. 경박하게 부화뇌동하다 보면 그 근본을 잃어버리게 되어 심지어 군주의 자리까지 위태롭게 만들 수 있다는 것을 경고하고 있다.

10) 식량과 짐을 실은 수레로서, 전쟁용 물자를 보급하는 무거운 수레를 말한다.

11) 원문은 '君子終日行 不離輜重(군자종일행 불리치중)'인데, 한비자가 인용한 《노자》 26장에는 '聖人終日行 不離輜重(성인종일행 불리치중)'으로 '군자'가 아닌 '성인'으로 되어 있다.

이에서 엄중한 권세를 잃으면 다시 얻을 수 없다. 간공簡公은 전성田成에게 권력을 잃고, 진공晉公은 육경六卿에게 권력을 잃더니 마침내 나라를 잃고 자신도 죽었다. 그래서 말하였다.

"물고기는 깊은 연못에서 벗어날 수 없다."

상과 벌은 나라를 다스리는 날카로운 무기이다. 이것이 군주에게 있으면 신하를 제압하고, 신하에게 있으면 군주를 이긴다. 군주가 상을 줄 뜻을 보이면 신하는 그것을 줄여서 자신의 덕으로 삼을 것이고, 군주가 벌을 줄 뜻을 보이면 신하는 그것을 더해 자신의 위세로 삼으려고 할 것이다. 군주가 상을 줄 뜻을 보이면 신하는 그 위세를 사용하려고 할 것이고, 군주가 벌을 줄 뜻을 보이면 신하는 그 위세에 올라타려고 할 것이다. 그래서 말하였다.

"나라의 날카로운 무기를 다른 사람들이 볼 수 있게 해서는 안 된다."

월越나라 왕이 오吳나라 신하로 들어와서는 제齊나라를 토벌하도록 권했는데, 이것은 오나라를 피폐시키고자 한 것이었다. 오나라는 애릉艾陵에서 제나라 사람과 싸워 승리하고, 장강長江과 제수濟水까지 영토를 확장했으며 황지黃池까지 강함을 드러냈다. 그런 다음 오호五湖에서 오나라를 제압할 수 있었다. 그래서 말하였다.

"상대방에게서 빼앗고자 한다면 반드시 확장시켜주고, 쇠약해지게 하려고 한다면 반드시 강하게 해주어야 한다."

진晉나라 헌공獻公은 우나라를 치고자 했을 때 그들에게 옥과 말을 보냈고, 지백은 구유仇由를 치려고 했을 때 큰 수레를 보냈다. 그래서 이르기를 "상대방에게 취하고자 하는 것이 있으면 반드시 주어야만 한다."고 하였다. 형태가 드러나지 않는 가운데 일을 시작해 천하에 큰 공을 세우는 것, 이것을 일컬어 미명微明이라고 한다. 약소한 위치에 있는 것처럼 자신을 낮추고 상대는 높이는 것을 '유약함이 강함을 이긴다.'고 하는 것이다.

작은 조짐을 조심하라

형상을 갖춘 물체 중 큰 것은 반드시 작은 것에서 발전해나온 것이고, 오랜 시간을 지나온 사물이 수적으로 많아진 것은 반드시 적은 것에서 발전해나온 것이다. 그러므로 말하기를 "천하의 어려운 일은 반드시 쉬운 것에서 이루어지고, 천하의 큰일은 반드시 작은 일로부터 이루어진다."고 하였다. 이 때문에 사물을 제어하려면 미세할 때 시작해야 한다. 그래서 말하였다.

"어려운 것을 도모할 때는 쉬운 것에서 시작하고, 큰 것을 하고자 할 때는 작은 것에서 시작한다."

천 장이나 되는 제방도 땅강아지와 개미구멍 때문에 무너지고, 백 척이나 되는 집도 굴뚝 틈새의 불씨로 인해 잿더미가 된다. 그래서 백규白圭[12)]는 제방을 순시하다가 작은 구멍을 막았으며, 나이 든

12) 전국시대 위나라 사람으로 이름은 단丹이다. 백규白圭는 물을 다스리는 일에서는 우나라 임금보다 앞선다는 자부심을 가졌던 인물이다.

사람들은 불씨를 막기 위해 굴뚝 틈새를 막았다. 이 때문에 백규는 수해를 당하지 않았고, 나이 든 사람들은 화재를 당하지 않았다. 이것은 모두 쉬운 일을 조심하여 재난을 피한 것이며, 작은 것을 삼가서 큰 재앙을 멀리한 것이다.

편작扁鵲[13]이 채蔡나라 환후桓侯를 만났다. 편작이 잠시 서서 환후를 살펴보고 말하였다.

"왕께서는 피부에 질병이 있습니다. 치료를 하지 않으면 장차 심해질까 두렵습니다."

환후가 말하였다.

"나는 병이 없소."

편작은 물러나왔다.

환후가 말하였다.

"의사는 이득을 좋아해 질병이 없는데도 치료해 자신의 공이라 자랑하려고 한다."

열흘이 지나서 편작은 다시 환후를 만나 말하였다.

"왕의 질병은 살 속에 있으니 치료하지 않으면 장차 더욱 심해질 것입니다."

환후는 응하지 않았다. 편작은 나갔고, 환후는 또 불쾌해하였다.

열흘이 지난 뒤 편작은 또 만나러 와서 말하였다.

13) 고대의 명의로 성은 진秦이고, 이름은 월인越人이다. 편작扁鵲이란 원래 고대 황제黃帝 시대의 신비스런 명의를 가리키는 말이었으므로 그에 대해 존칭한 것이다. 그의 생애에 대한 기록은 분분한데, 춘추시대 말기에서 전국시대 초기에 활동했다는 설이 일반적이다. 진晉나라 왕 간자를 구한 것으로 유명하다. 그는 평생을 의학 연구에 몰두해 진단법을 체계적으로 분류했고, 침이나 뜸 등 중국의학의 기본적인 치료법을 완성하였다. 그러나 같은 시기 의사들의 시기를 받아 진나라에서 의술을 펴던 중 자객에 의해 피살되었다.

"왕의 질병은 장과 위에 있습니다. 치료하지 않으면 장차 더욱 심해질 것입니다."

환후는 또 응하지 않았다. 편작은 나왔고, 환후는 또 불쾌해하였다. 열흘이 지나 편작은 환후를 멀리서 바라보다가 발길을 돌려 달아났다. 그래서 환후는 사람을 시켜 그 까닭을 물었다.

편작이 말하였다.

"질병이 피부에 있을 때는 찜질로 치료하면 되고, 살 속에 있을 때는 침을 꽂으면 되며, 장과 위에 있을 때는 약을 달여 복용하면 됩니다. 그러나 병이 골수에 있을 때는 운명을 관장하는 신이 관여한 것이라서 어찌할 방법이 없습니다. 지금 군주의 질병은 골수까지 파고들었으므로 신이 아무것도 권유하지 않았던 것입니다."

그로부터 닷새 뒤 환후가 몸에 통증이 있어 사람을 시켜 편작을 찾았지만, 편작은 이미 진秦나라로 달아난 뒤였다. 환후는 결국 죽었다.

그러므로 훌륭한 의사가 질병을 치료할 때는 피부에 있을 때 고치려고 하는데, 이것은 모두 작은 것에서 해치우려고 한 것이다. 무릇 일의 화와 복 역시 질병이 피부에 있을 때 치료하는 이치와 같다. 그러므로 성인은 일찍 일을 보고 처리하였다.

싹을 잘라야 후환이 없다

예전에 진晉나라 공자 중이重耳가 나라를 떠나 망명할 때 정鄭나라[14]를 지나게 되었다. 이때 정나라 왕은 중이에게 예의를 갖추어 대접하지 않았다.

숙첨叔瞻이 군주에게 간언하였다.

"이 사람은 현명한 공자입니다. 왕께서는 그를 후하게 예우해 덕을 쌓아둘 만합니다."

정나라 왕은 그의 말을 듣지 않았다.

숙첨이 또 간언하였다.

"그를 후하게 예우하지 않으시려거든 죽여서 후환이 없도록 하는 것이 좋습니다."

정나라 왕은 또 듣지 않았다.

공자는 진나라로 돌아가게 되었고, 이후에 병사를 일으켜 정나라를 크게 격파해서 여덟 성을 차지하였다.

진晉나라 헌공獻公은 수극의 옥을 미끼로 우나라에게 길을 빌려 괵나라를 공격하려고 하였다.

이때 우나라의 대부 궁지기宮之奇가 간언하였다.

"그렇게 해서는 안 됩니다. 입술이 없으면 이가 시리게 됩니다. 우나라와 괵나라가 서로 구원한 것은 서로 덕이 있어서가 아닙니

---

14) 〈유로〉 편에서 중이가 정나라를 지나다가 예우를 받지 못하는데 여기서의 정나라가 〈십과〉 편에서는 조曹나라 군주를 방문하여 숙첨에게 말하는 부분의 내용으로 되어 있다. 숙첨이 건의하는 내용은 유사하나 논란의 여지가 되는 것은 바로 나라명이 다르다는 것이다. 다만 숙첨이 정나라 문공文公 때의 뛰어난 재상임을 감안하면 중이가 정나라를 들렀다고 하는 것이 더 신빙성이 있다.

다. 지금 진나라가 괵나라를 멸망시키면 내일은 반드시 우나라가 괵나라를 따라서 망하게 될 것입니다."

그러나 우나라 왕은 그의 말을 듣지 않고 옥을 받고 길을 빌려주었다. 진나라는 괵나라를 취하고, 돌아오는 길에 우나라를 멸망시켰다.

이 두 신하는 모두 재앙이 피부에 있을 때 서둘러 치료하려고 하였으나, 두 군주는 이를 따르지 않았다. 그러므로 숙첨과 궁지기 또한 우나라와 정나라의 편작이라고 할 수 있지만, 두 군주는 듣지 않았기 때문에 정나라는 파괴되고 우나라는 망한 것이다. 그래서 말하였다.

"안정되었을 때 유지하기가 쉽고, 조짐이 없을 때 계획하기가 쉽다."

미세한 조짐을 관찰하라

옛날 주왕紂王이 상아젓가락을 만들자, 기자箕子[15]가 염려해 이렇게 생각하였다. '상아젓가락은 반드시 흙으로 만든 그릇에 사용할 수 없고 무소뿔이나 옥으로 만든 그릇에 사용할 것이다. 상아젓가락에 옥으로 만든 그릇을 쓰게 되면 반드시 채소로 만든 국을 먹지 않고

15) 주왕紂王의 숙부로, 이름은 서여敍余 또는 수유須臾이다. 태사太師 벼슬을 지냈으며 기箕 땅을 하사받았으므로 기자箕子라고 불렸다. 그는 주왕에게 간언했다가 감옥에 갇혔는데 주周나라 무왕武王이 은나라를 멸망시킨 뒤에 풀려났다. 공자는 일찍이 "은나라에는 어진 이가 세 명 있다."라고 하였는데, 이는 기자·미자微子·비간比干을 지칭하는 말이었다.

쇠고기나 코끼리 고기, 표범 고기만을 먹게 될 것이다. 쇠고기나 코끼리 고기, 표범 고기를 먹으면 반드시 베로 만든 짧은 옷을 입거나 초가집 밑에서 살려고 하지 않을 것이다. 그러면 반드시 비단옷에 구중궁궐이나 고대광실에 살려고 할 것이다. 나는 그 최후가 두렵기 때문에 상아젓가락을 만든 처음을 걱정한다.'[16]

그로부터 5년이 지나자 주왕은 육포肉圃와 포락炮烙[17]을 만들고, 술지게미가 쌓인 언덕을 오르며 술을 채운 연못에서 놀았다. 그래서 주는 드디어 망하게 되었다. 그러므로 기자는 상아젓가락을 보고 천하의 화를 미리 알았던 것이다. 그래서 말하였다.

"작은 것을 꿰뚫어볼 수 있는 것을 가리켜 통찰력이 있다고 한다."

치욕이란 것의 의미

구천句踐은 오나라로 들어가 신하가 되었을 때 직접 방패와 창을 가지고 오나라 왕을 위해 앞장섰다. 그래서 고소姑蘇에서 부차夫差를 죽일 수 있었다. 문왕文王은 주왕紂王에 의해 옥문玉門에 구금되었지만 안색조차 바꾸지 않았으므로, 뒷날 무왕武王이 목야牧野에서 주왕을 사로잡을 수 있었다. 그래서 말하였다.

---

16) 이 문장과 비슷한 문장이 《사기》 〈송미자세가宋微子世家〉에 나온다. "그 사람이 상아젓가락을 사용하면 반드시 옥으로 된 잔을 쓸 것이고, 옥잔을 쓰면 반드시 먼 곳의 진귀하고 기이한 물건들을 그에게 몰고 올 궁리를 할 것이다. 그러니 수레와 말, 궁실의 사치스러움이 이것으로부터 점점 시작될 것이니 [나라는] 흥성할 수 없을 것이다."

17) '포락炮烙'은 '포락지형炮烙之刑'의 준말로, 불에 달군 쇠로 몸을 지지는 형벌을 말한다. 은나라 주왕이 구리기둥에 기름을 발라 숯불에 걸쳐 달군 뒤 그 위로 죄인을 맨발로 걸어가게 했는데, 그렇게 건너다가 미끄러져 불에 떨어지면 죽게 되는 참혹한 형벌이었다.

"유약함을 지키는 것을 강함이라고 한다."

월나라 왕이 패자覇者가 되었던 것은 신하가 되는 치욕을 견뎌냈기 때문이고, 무왕이 군주의 자리에 오른 것은 치욕을 참았기 때문이다. 그래서 말하였다.

"성인에게는 치욕이 없는데, 치욕으로 생각하지 않기 때문에 치욕이 없는 것이다."

가공하지 않은 옥돌을 바치려는 농부

송宋나라의 한 농부가 가공하지 않은 옥돌을 얻게 되자 자한子罕에게 바치려고 하였다. 자한이 받으려고 하지 않자 농부가 말하였다.

"이것은 보옥으로서 마땅히 군자의 물건이 되어야지 소인이 쓰기에는 마땅하지 않습니다."

자한이 말하였다.

"그대는 옥을 보물로 생각하지만, 나는 그대의 옥을 받지 않는 것을 보물로 생각하오."

이것이 바로 농부는 옥을 바라지만 자한은 바라지 않는다는 것이다. 그래서 말하였다.

"욕심을 부려 얻으려고 하지 않으며, 얻기 어려운 재화를 귀하게 여기지 않는다."

왕수王壽가 책을 짊어지고 가다가 주周나라 땅에서 서풍徐馮을 만나게 되었다. 서풍이 말하였다.

"일이란 실행하는 것이고, 실행 결과는 때에 따라서 나타나는데 그 상황이 항상 같지는 않다. 책은 옛사람의 말을 기록한 것이고, 말은 지혜로부터 생겨난 것이다. 그래서 지혜로운 자는 책을 소장하지 않는다. 지금 그대는 어찌해서 책을 짊어지고 가는가?"

이에 왕수는 그 책을 불사르고 춤을 추었다.

따라서 지혜로운 자는 말로써 가르치려 하지 않고, 지혜로운 자는 장서를 소중히 하지 않는다. 책을 불사르고 말로써 가르치려 들지 않는 것을 세상 사람들은 그냥 잘못된 것이라고 하지만, 왕수는 그것을 깨닫고 바른 길로 돌아와 배우지 않은 것을 배운 것이다. 그래서 말하였다.

"다른 사람들이 배우지 않는 것을 배우면 많은 사람들이 잘못되었다고 하는 곳으로 되돌아간다."

무릇 만물에는 저마다 일정한 모양이 있으므로 그 모양에 따라 이끌어가야 한다. 사물의 모양을 따라야 하므로 고요하면 덕을 쌓고, 움직이면 자연의 도리에 순응해야 한다.

군주를 위해 상아로 잎사귀를 만든 자

송나라 사람 중에 그 군주를 위해 상아로 닥나무 잎사귀를 만든 자가 있었다. 그는 3년이 지나서야 완성했는데 잎사귀의 크기, 잎의 자루, 잎이 연결된 작은 가지, 잎 주위의 삐죽삐죽한 잔털과 부드러운 윤기까지 닥나무 잎사귀 속에 섞어놓아도 구별할 수 없었다. 이 사람은 그 공적으로 송나라에서 봉록을 받게 되었다.

열자列子가 이 소식을 듣고 말하였다.

"천지天地가 3년 만에 잎사귀 한 장을 만든다면 식물들은 잎사귀를 가지고 있는 것이 적을 것이다."

그러므로 자연의 성질을 따르지 않고 한 개인의 몸에 의거하거나, 자연의 규율을 따르지 않고 한 개인의 지혜만을 배운다면 이것은 모두 잎사귀 하나를 만드는 행동인 것이다. 그래서 겨울에 곡식을 심으면 후직后稷[18]이라도 넉넉하게 수확할 수 없고, 풍년이 들어 이삭이 여무는 때라면 재능과 지혜가 있는 노비일지라도 흉작을 이룰 수 없다. 한 사람의 능력에만 의지하면 후직이라도 부족하지

18) 후직后稷은 이름이 기棄이다. 그의 어머니는 유태씨有邰氏의 딸로 강원姜原이라 불렸다. 사마천은 《사기》 〈주본기〉에서 "강원이 들에 나갔다가 거인의 발자국이 눈에 띄어 마음이 흔연히 기뻐지면서 그것을 밟고 싶어져, 마침내 그 발자국을 밟으니 마치 아기를 가진 사람처럼 몸이 꿈틀거렸다. 1년이 되자 아들이 태어났는데, 상서롭지 않다고 생각되어 비좁은 골목에 내버렸으나 말과 소가 지나가면서 모두 피하고 밟지 않았다. 아이를 숲속에 버리려고 하니 마침 산속에 사람이 많아 할 수 없이 장소를 옮겨 도랑의 얼음 위에 버렸으나 날짐승들이 날개로 아이를 덮어주고 깔아주었다. 그러자 강원은 이를 신기하게 여겨 마침내 아이를 데려와 키웠다. 처음에 아이를 버리려고 했으므로 이름을 '기'라고 하였다."라고 하였다. 그리고 《사기》 〈귀책열전〉에서도 "주周나라 시조 후직은 어릴 때부터 농사일을 좋아하여 온갖 곡식을 즐겨 심었는데, 그 점괘가 길하므로 주나라가 천하의 왕자가 되었다."라고 하였다.

만, 자연을 따르면 재능과 지혜가 있는 노비일지라도 남음이 있을 것이다. 그래서 말하였다.

"만물은 자연스러움에 의지하고 감히 인위적인 조작을 가하지 않는다."

사람 몸에 뚫린 구멍은 정신의 창이다. 귀와 눈이 소리와 색을 분별하는 데 사용되고, 정신이 겉모습을 분별하는 데 모두 사용되면 몸 가운데 주인이 없게 된다. 몸 가운데 주인이 없게 되면 화와 복이 구릉이나 산과 같이 덮쳐와도 분별할 수 없다. 그래서 말하였다.

"문으로 나가지 않아도 천하를 알 수 있고, 창문으로 내다보지 않아도 자연의 이치를 안다."

이것은 정신이 그 실체를 떠나서는 안 된다는 것을 말한 것이다.

수레 경주에서 뒤처진 까닭

조趙나라 양왕襄王이 왕오기王於期로부터 수레 모는 방법을 배웠다. 오래지 않아 그는 왕오기와 경주를 하게 되었는데, 세 차례나 말을 바꾸었지만 모두 뒤졌다.

양왕이 말하였다.

"그대는 나에게 수레 모는 방법을 가르치면서 그 기술을 다 가르쳐주지 않았소."

왕오기가 대답하였다.

"기술은 모두 가르쳐드렸습니다만 그것을 잘못 사용하셨기 때문입니다. 무릇 수레를 몰 때 중요한 것은 말의 몸과 수레를 일치시켜 안정되게 하고, 수레 모는 자의 마음이 말과 조화를 이룬 이후에 빨리 나아갈 수 있고 멀리 이를 수 있습니다. 그런데 지금 군께서는 뒤졌을 때는 신을 따라잡으려고 조바심하고, 앞서면 신에게 따라잡힐까 초조해하였습니다. 무릇 길에서 경주하며 다투다 보면 앞서지 않으면 뒤처지게 되어 있는데, 군께서는 앞섰을 때나 뒤처졌을 때 마음이 모두 신에게 있었습니다. 그래서야 군께서 어떻게 말과 조화를 이룰 수 있었겠습니까? 이것이 군께서 뒤처진 까닭입니다."

자기 뺨의 찔린 상처도 모르는 자

백공승白公勝[19)]은 내란을 계획하고 있었다. 그는 조정에서 물러나오는 길에 말채찍을 거꾸로 쥐어 채찍의 예리한 부분에 뺨이 찔려 피가 땅에까지 흘렀지만 알지 못하였다.

정나라의 어떤 사람이 이 말을 듣고 이렇게 말하였다.

"자기 뺨의 상처조차 잊었는데, 장차 무슨 일인들 잊지 않겠는가?"

---

19) 초楚나라 태자 건建의 아들이다. 백白은 초나라의 동읍 중 하나이다. 백공승白公勝은 오吳나라에서 불려 들어온 뒤에 반란을 일으켜 영윤令尹 자서子西, 사마司馬 자기子期를 살해하고 초나라 혜왕惠王을 위협해 초나라 수도를 장악하였다. 뒤에 섭공葉公에게 크게 패한 뒤 자살하였다.

그래서 노자는 말하였다.

"먼 곳까지 나가면 나갈수록 그 지혜는 더욱 적어지게 된다."

이 말은 먼 곳에 있는 것까지 생각하면 가까이 있는 것을 빠뜨리게 된다는 것이다. 이 때문에 성인에게는 변하지 않는 행동이란 없으며, 모든 것을 두루 알 수 있다. 그래서 이르기를 "멀리 나가지 않아도 알 수 있다."라고 하였다. 또 모든 것을 두루 알 수 있으므로 "보지 않아도 분명하다."라고 하였다. 시세에 따라 일을 일으키고, 자연의 성질에 따라 공을 이루며, 만물의 능력을 이용해 그 위에서 이익을 얻는다. 그래서 말하였다.

"행동을 하지 않아도 이룰 수 있다."

큰 그릇은 늦게 만들어진다

초나라 장왕莊王은 즉위한 지 3년이 되도록 명령을 내린 적도, 정무를 처리한 적도 없었다. 우사마右司馬가 곁에 모시고 왕에게 수수께끼를 냈다.

그가 말하였다.

"새 한 마리가 남쪽 언덕에 멈추어서는 3년 동안 날갯짓도 하지 않고 날지도 않으며 울지도 않고 소리도 내지 않고 조용히 있습니다. 이 새의 이름을 무엇이라고 하겠습니까?"

왕이 말하였다.

"3년간 날갯짓을 하지 않는 것은 장차 날갯짓을 크게 하고자 함이요, 날지 않고 울지도 않는 것은 장차 백성들을 살피려는 것이오. 지금은 비록 날지 않아도 한번 날면 반드시 하늘을 가를 것이며, 비록 울지 않아도 한번 울면 반드시 사람들을 놀라게 할 것이오. 그대는 그만두시오. 나는 이것을 알고 있소."

반년이 지난 뒤 왕은 직접 정사를 돌보게 되었는데, 쫓겨난 자가 10명이고 승진한 자가 9명이며 주살된 대신이 5명이고 은사로 등용된 자가 6명으로 나라가 크게 다스려졌다. 그리고 병사를 일으켜 제나라를 공격해 서주徐州에서 격파했으며, 황하와 형옹 사이에서 진晉나라와 싸워 승리하고, 제후들을 송나라로 불러 모아 마침내 천하의 패자가 되었다.

장왕은 작은 선행을 하지 않았으므로 위대한 명성을 이룰 수 있었고, 능력을 다른 사람들에게 서둘러 보이지 않았으므로 큰 공을 세울 수 있었다. 그래서 말하였다.

"큰 그릇은 늦게 이루어지며, 음성은 잘 들리지 않는다."

자신의 눈썹은 보지 못한다

초나라 장왕이 월나라를 정벌하려고 하자 두자杜子가 간언하였다.

"왕께서는 무엇 때문에 월나라를 정벌하려고 하십니까?"

왕이 말하였다.

"월나라는 정치가 어지럽고 병력이 약하기 때문이오."

두자가 말하였다.

"저는 사람의 지혜가 눈과 같은 것이 될까 두렵습니다. 지혜는 눈과 같아 백 보 밖은 볼 수 있지만 자신의 눈썹은 볼 수 없습니다. 왕의 병사는 진秦나라와 진晉나라에 패배해 수백 리의 영토를 잃었는데, 이것은 병력이 쇠약한 것입니다. 장교莊蹻가 국내에서 도적질을 하고 있지만 벼슬아치들은 이를 금지할 수 없는데, 이것은 정치가 어지러운 것입니다. 왕의 병력이 쇠약하고 정치가 어지러운 것은 월나라보다 더한데도 월나라를 정벌하려고 하니, 이것은 지혜가 눈과 같은 것입니다."

왕은 월나라를 공격하려는 계획을 멈추었다. 그래서 지식의 어려움은 다른 사람을 보는 데 있는 것이 아니라 자신을 보는 데 있다는 것이다. 그래서 말하였다.

"스스로를 아는 것을 명明이라고 한다."[20]

---

20) 원문은 '自知者明(자지자명)'으로, '知人者智(지인자지)'와 대비되는 말이다. 《노자》 33장의 핵심어이기도 하다. 이 구절의 '지智'의 의미는 다른 장에서도 나오는데, 바로 이 글자에 대해 부정적으로 배척하여 사용한 것이 적지 않다는 점에 주목해야 한다. 예를 들어 19장에서 "성스러움(총명함)을 끊고 지혜를 버리면 백성의 이익이 백배가 된다.〔絶聖棄智 民利百培〕"는 문장이 그렇다. 심지어 65장에서는 "따라서 지혜로 나라를 다스리는 것은 나라의 도적이요.〔故以智治國 國之賊〕"라는 말까지 할 정도였다. 그러므로 노자는 이 둘을 분명히 구분해서 사용한 것으로 보인다. 문제는 '지인자지'의 '지智'는 정반대의 개념으로 사용되었다는 점이고, 한비자도 이런 관점을 적극 수용하였다.

전쟁에서 승리하여 살이 찐 자

자하子夏[21]가 증자曾子[22]를 만났을 때 증자가 말하였다.

"어째서 살이 쪘소?"

자하가 대답하였다.

"전쟁에서 승리했기 때문에 살이 쪘소."

증자가 말하였다.

"무슨 말이오?"

자하가 말하였다.

"나는 선왕의 의義를 보게 되면 영광으로 생각하고, 밖에 나가 부귀의 즐거움을 보게 되면 또 영광으로 생각하였습니다. 이 두 가지가 가슴속에서 싸울 때는 승부를 알지 못했으므로 여위었지만, 지금 선왕의 의가 승리했으므로 살이 찐 것이오."

이 때문에 뜻을 이루기가 어렵다는 것은 다른 사람을 이기는 데 있는 것이 아니라 자기 스스로를 이기는 데 있다고 할 것이다. 그래서 말하였다.

---

21) 위衛나라 사람으로, 이름은 복상卜商이다. 공자보다 44세 어렸으며 공자의 수제자 중 한 사람으로 문학文學에 뛰어났다고 평가받을 정도로 글을 아주 잘 지었다. 위나라 영공을 섬긴 인물로, 위나라 문후文侯 · 전자방田子方 · 단간목段干木 · 이극李克 · 오기吳起 등이 그의 제자들이다. 특히 주목할 점은 그가 《시경》과 《춘추》에 해석〔傳〕을 붙였다는 점인데, 경학을 전수하는 데 상당한 기여를 하였다.

22) 이름은 증삼曾參이며, 자는 자여子輿이다. 공자가 효도에 뛰어나다고 칭찬할 정도로 효심이 지극했으며, 공자가 세상을 떠난 뒤 유약有若을 공자 대신 추대하여 제자들의 참배를 받도록 하였는데, 그는 따르지 않았다고 한다. 공문십철孔門十哲에는 증자曾子가 없지만, 송유宋儒가 도통을 세울 때 그를 극히 높이 받들었고, 명대에는 증자를 '복성復聖'으로 봉하여 유약보다도 앞에 두었으며 그 위상은 안회顔回를 능가할 정도였다. 《효경孝經》을 지었다고 한다.

"스스로를 이기는 것을 강强이라고 한다."[23)]

주周나라에는 옥으로 만든 판版[24)]이 있었다. 주왕은 교격膠鬲을 주나라로 보내 구해오도록 했지만, 문왕은 교격에게 그것을 주지 않았다. 그러나 비중費仲이 와서 구하자 그것을 주었다. 이것은 교격은 현명했지만 비중은 덕행이 없는 자였기 때문이다. 주나라는 현명한 사람이 뜻을 얻는 것을 싫어했기 때문에 비중에게 준 것이다. 문왕이 위수渭水에서 태공太公을 등용한 것은 그를 귀히 여겼기 때문이고, 비중에게 옥으로 만든 판을 준 것은 그 역할을 아꼈기 때문이다. 그래서 말하였다.

"스승을 귀하게 여기지 않고 도움이 되는 자를 아끼지 않는다면, 비록 지혜로울지라도 매우 어리석은 것이다. 이를 일컬어 오묘奧妙한 진리라고 한다."

---

23) 이 문장은 《노자》 33장에 나오는 말로 "勝人者有力 自勝者强(승인자유력 자승자강)"이란 구절의 뒷부분이다. 노자는 유가에서 말하듯 타인과의 관계망 속에서 구축되는 문제, 곧 지인知人-승인勝人-강행强行의 방식을 결코 호의적으로 바라보지 않았다. 오히려 이런 것들에 의해 덧씌워지는 것을 거부하고 자지自知-자승自勝-지족知足의 방식이야말로 진정한 의미가 있다고 강조하였다. 이런 맥락을 한비자는 수용하고 확대해석하여 자신의 것으로 구축하였다.

24) 옥으로 만든 판은 고대 문헌의 여러 곳에 보인다. 이것은 대략 두 가지 의미를 갖는다. 첫째는 책이름이거나 잠언을 기록한 문서를 말하며, 둘째는 황하黃河와 낙수洛水 근처에서 발견했다는 전설 속 보물을 가리킨다. 이 글에서는 후자의 경우로 쓰였다.

제22편

설림 상(說林上: 이야기의 숲 상편)

【해제】

'설림說林'에서 '설說'은 역사책에 기록된 이야기나 입으로 전해져오는 민간의 전설, 그리고 한비자가 지어낸 우화 등의 이야기를 가리킨다. 그리고 '임林'은 자연의 숲을 가리키는 것이 아니라 무림武林이나 유림儒林처럼 갖가지 이야기거리가 숲처럼 모여 있다는 뜻이다. 따라서 〈설림〉편은 춘추전국시대에 널리 유행하던 여러 종류의 이야기를 모아놓은 것으로, 내용은 대체로 군주에 대해 유세하는 것들이다.

〈설림〉 편에 기록된 이야기들은 대부분 옛 역사책에서 따온 것이어서 사료적 가치가 꽤 높은 작품들이다. 각 이야기는 독립적으로 구성되어 있고 그 내용도 서로 다르지만 우리에게 지혜를 일깨워준다는 점에서는 같다. 전국시대의 지혜로운 선비들은 자신의 정치적 무대를 찾기 위해서 유세했고, 유세를 잘하기 위해서 다른 사람이 하는 말들을 경청하였다. 그 내용이 여기에 담겨 있다. 한비자가 살았던 전국시대 말기에는 그러한 유세를 듣는 데 익숙했으며, 한비자는 이것들을 두 개의 편명으로 만들었다. 특히 눈여겨볼 점은 딱딱한 역사 이야기들이 한비자의 손을 거치면서 살아 숨쉬게 되었다는 점이다.

특히 사마천은 《사기》 〈노자한비열전〉에서 구체적으로 〈설림〉 편의 편목을 거론하고 있다. 이는 사마천이 살았던 한漢나라 무제 때 이 편이 한비자의 저작임을 분명하게 인식하고 있었다는 것을 입증하고 있다. 바꾸어 말하면 문학적 색채가 풍부해진 것이다. 따라서 일부 중국문학자들은 이른바 '필기소설筆記小說'이라고 부르는 장르가 여기서 비롯되었다고 말하기도 한다.

한비자는 〈설림〉을 상편과 하편으로 나누어 서술하고 있다. 상편은 한비자 특유의 예리한 통찰력과 비유로 독자들이 생각하지 못한 곳을 짚고 있다. 상편의 여덟 가지 이야기는 《한비자》의 다른 편에도 중복되어 나오는 내용들이므로 서로 비교해보는 것도 괜찮은 독법이다.

무광이 천하를 받지 않다

탕湯은 걸桀을 토벌했지만, 천하 사람들이 자신을 탐욕스럽다고 욕할 것을 두려워하여 무광務光[1]에게 천하를 양보하기로 하였다. 그러나 무광이 [정말로] 천하를 받을까 걱정되어 곧 사람을 보내 설득하여 말하였다.

"탕이 군주를 시해하고 더러운 명성을 당신에게 떠넘기기 위해 천하를 양보한다고 한 것입니다."

그러자 무광은 황하에 몸을 던졌다.

복이 될 것인가, 행인이 될 것인가

진秦나라 무왕武王[2]이 감무甘茂[3]에게 복(僕, 궁정의 수레나 말을 부리는 벼슬)과 행인(行人, 국빈을 대접하는 벼슬) 중에서 하고 싶은 것을 선택하도록 하자, 맹묘(孟卯, 위나라의 재상)가 [감무에게] 말하였다.

---

1) 무광瞀光이라고 부르기도 한다. 무광務光은 은둔지사였다. 그런데 은나라의 탕왕이 천하를 무광에게 물려주려고 하자 다음과 같이 말하며 사양하였다. "위에 있는 왕을 폐지하는 일은 의義가 아니고, 백성을 죽이는 것은 인仁이 아닙니다. 남이 어려움을 무릅쓰고 해냈는데, 그 이득을 받는 것은 청렴한 행동이 아닙니다. '의롭지 않으면 봉록을 받지 않고 도가 없는 세상의 흙은 밟지 않는다.'고 들었습니다. 하물며 저 같은 것을 존중하다니 그대로 보고만 있을 수 없습니다." 그러고는 돌을 짊어지고 여수廬水에 빠져 죽었다.

2) 진秦나라 혜문왕의 아들로, 19살에 왕위에 올라 기원전 311년부터 기원전 307년까지 재위하였다.

3) 초나라 출신으로 혜문왕 때 진나라에 들어와 진나라 무왕 때 좌승상이 되었으나 진나라 소양왕 때 참언을 받아 진나라를 떠나 제나라로 갔다. 이후 초나라 회왕에게 사신으로 갔다가 맨 마지막에는 위나라에서 죽은 인물이다.

"그대는 복이 되는 것이 낫습니다. 당신의 장점은 사신이니, 그대가 비록 복이 되더라도 왕께서는 오히려 행인의 일까지 맡길 것입니다. 그대는 복의 도장을 허리에 차고 행인의 일까지 하게 될 것이니, 벼슬자리를 겸임하는 것입니다."

공자가 벼슬을 맡지 못하다

자어(子圉, 송나라의 대부)가 공자孔子를 태재(太宰, 재상 벼슬)에게 소개하였다. 공자가 [만나고] 나가자, 자어가 들어와서 공자에 대한 평가를 물으니 태재가 말하였다.

"내가 공자를 만나고 나니 당신이 이나 벼룩 같은 소인배로 보이네. 나는 오늘 군주에게 그를 만나보게 할 것이네."

자어는 공자가 군주에게 귀하게 될까 두려워 그 틈에 태재에게 일러 말하였다.

"군주께서 이미 공자를 만나보면 당신 또한 이나 벼룩처럼 여길 것입니다."

그래서 태재는 공자를 다시는 만나지 않았다.

혜왕이 천자를 세우지 못하다

위魏나라 혜왕惠王이 구리臼里에서 회맹을 열고 [새로운] 천자를 자리에 앉히려고 하였다. 팽희彭喜가 정나라 군주[4]에게 말하였다.

"왕께서는 듣지 마십시오. 큰 나라는 천자가 있는 것을 싫어하고, [거꾸로] 작은 나라는 그것이 유리하다고 생각합니다. 만일 군주께서 큰 나라와 더불어 그 제의를 따르지 않는다면, 위나라가 어찌 작은 나라와 함께 천자를 세울 수 있겠습니까?"

환공이 형나라를 구원하러 가지 않다

진晉나라가 형邢나라를 공격하자[5] 제나라 환공桓公이 형나라를 구원하려고 하였다. 포숙鮑叔이 말하였다.

"[구하러 가기에는] 아직 너무 이릅니다. 형나라는 아직 망하지 않았고, 진나라는 지치지 않았습니다. 진나라가 지치지 않는다면 제나라는 위세가 오르지 않습니다. 대체로 위급한 나라를 도와주는 공덕은 멸망하는 나라를 살려내는 덕보다 큰 것이 못 됩니다. 군주께서는 구원할 때를 늦추어 진나라가 지칠 때를 기다리는 것이 좋습니다. 그렇게 하면 [제나라에는] 실제적인 이로움이 있게 되고, 형나

4) 정鄭나라 군주를 '한韓나라 왕'이라고도 한다. 그 이유는 한나라가 정나라를 멸망시키고 그 땅을 차지했으므로, 여기서 '정군鄭君'이라고 부른 것이다.

5) 이 당시 진晉나라는 형나라의 서쪽, 제나라는 형나라의 동쪽에 있었다. 그러므로 형나라는 진나라와 제나라 사이에 끼어 있는 형세였다.

라가 망했을 때 다시 살려내면 높은 명성이 있을 것입니다."

그래서 환공은 구원하러 가지 않았다.

오자서가 잡혔다가 풀려나다

오자서伍子胥가 [초나라에서] 달아나는데, 국경의 수비병이 그를 붙잡았다. 오자서가 말하였다.

"왕이 나를 잡으려고 하는 것은 나에게 아름다운 구슬이 있다고 여겼기 때문인데, 지금 나는 이미 그것을 잃어버렸다. 나를 붙잡으면 장차 그대가 구슬을 빼어 삼켰다고 말할 것이다."

수비병은 오자서를 풀어주었다.

경봉이 월나라로 달아나려고 하다

경봉慶封이라는 자가 제나라에서 난을 일으키고 월나라로 달아나려고 하자, 그의 일족 중 한 사람이 말하였다.

"진晉나라가 가까운데, 어째서 진나라로 가지 않습니까?"

경봉이 말하였다.

"월나라는 멀리 있으니 재난을 피하기에 유리하다네."

일족이 말하였다.

"마음을 바꾸면 진나라에서 살아도 되지만, 그 마음을 바꾸지 않는다면 비록 멀리 있는 월나라라고 하더라도 어찌 안전할 수 있겠습니까?"

탐욕스러운 지백이 땅을 요구하다

지백智伯이 위魏나라의 선자宣子에게 땅을 요구했을 때, 위나라 선자가 내어주려고 하지 않았다. 임장任章[6]이 말하였다.

"무슨 이유로 주지 않으십니까?"

선자가 말하였다.

"이유 없이 땅을 요구했기에 주지 않으려는 것이오."

임장이 말하였다.

"이유 없이 땅을 요구했으므로 이웃 나라들이 반드시 두려워할 것입니다. 그가 욕심이 많아 만족할 줄 모르니 천하가 반드시 두려워할 것입니다. 군주께서 그에게 땅을 주시면 지백은 반드시 교만해져서 적을 가볍게 볼 것이고, 이웃 나라들은 반드시 두려워서 서로 친해질 것입니다. 서로 친해진 병사들로 적을 얕보는 나라에 대항하면 지백의 운명은 길지 않을 것입니다. 《주서周書》[7]에 '장차 상

6) 임장任章은 위나라 가신으로, 〈외저설 좌상外儲說左上〉에 '왕등王登'이라고 되어 있는데 아마도 동일인으로 생각된다. 그의 생몰년도는 확실하지 않다.

7) 《일주서佚周書》를 말한다. 이 책은 주周나라의 역사책으로, 당시의 포고문과 법령을 싣고 있다. 전하는 바로는 소진蘇秦이 읽었다고 전해지는 《음부陰符》라는 책과 비슷한 내용을 담고 있다고 한다.

대를 쳐부수려고 한다면 반드시 잠시 그를 도와주어야 한다. 장차 그것을 취하려고 한다면 반드시 잠시 그에게 주어야 한다.'고 하였습니다. 군주께서는 땅을 주시어 지백이 교만해지도록 하는 것이 더 낫습니다. 또한 군주께서는 어찌하여 천하와 함께 지씨(智氏, 지백)를 도모하려 하지 않고, 유독 우리나라가 지씨의 인질이 되게 하십니까?"

선자가 대답하였다.

"좋소."

그러고는 지백에게 만 가구가 사는 고을을 주니 지백이 대단히 기뻐하였다. 조趙나라에도 땅을 요구했으나 [조나라가] 땅을 주지 않자, [지백이] 진양(晉陽, 조나라의 도읍)을 포위하자 한나라와 위나라가 밖에서 배반하고 조씨(趙氏, 조나라)가 안에서 맞받아치니, 지백은 이로 인해 멸망하였다.

초나라 군대가 행군을 멈추다

진秦나라 강공康公[8]이 누각을 쌓기 시작한 지 3년이나 되었다. [그때] 초나라 사람들이 군대를 일으켜 무력으로 제나라를 공격하려고 하였다. 임망任妄이 말하였다.

"기근이 들어도 적병을 불러들이게 되고, 질병이 돌아도 적병을

8) 춘추시대 진秦나라의 군주로 목공穆公의 아들이다. 이름은 영罃이며 12년 동안 재위하였다.

불러들이게 되며, 혼란스러워도 적병을 불러들이게 됩니다. 군주께서 누각을 쌓기 시작한 지 3년이 지났는데 지금 초나라 사람들이 군대를 일으켜 제나라를 공격하려 하고 있습니다. 신이 보건대 제나라를 공격한다는 것은 소문이고 사실은 진나라를 습격하려는 것이 아닌가 두려우니 이에 대비를 하는 것이 더 낫습니다."

[그래서] 동쪽의 국경을 지키자 초나라 사람들이 행군을 멈추었다.

초나라의 구원병이 송나라에 도착하지 않다

제나라가 송나라를 공격하자 송나라는 장손자(臧孫子, 송나라 신하)를 남쪽의 초나라로 보내 구원을 요청하니 초나라 왕이 크게 기뻐하며 온 힘을 다해 구원해줄 것을 허락하였다.

[그런데] 장손자가 근심스런 표정으로 돌아오자 수레를 몰던 자가 말하였다.

"구원해주기로 약속했는데도 지금 당신께서는 근심스러운 기색이니, 무엇 때문입니까?"

장손자가 말하였다.

"송나라는 작지만 제나라는 크다. 무릇 작은 송나라를 구하려다가는 큰 제나라의 미움을 살 것이다. 이것은 사람들이 우려하는 일인데도, 초나라 왕이 기꺼이 승낙한 것은 반드시 우리를 굳게 수비하게 하려는 것이다. 우리가 굳건히 수비하면 제나라는 지치게 될 것이고, [결국] 초나라에 이롭게 될 것이다."

장손자는 돌아왔다. 제나라 사람이 송나라의 다섯 성을 점령했는데도 초나라의 구원병은 [끝내] 도착하지 않았다.

길을 빌려주더라도 어쩔 수 없는 것처럼 보여야

위魏나라의 문후文侯[9]가 조趙나라의 길을 빌려 중산국中山國을 공격하려고 하였지만, 조나라 숙후肅侯는 이를 허락하지 않으려고 하였다.

[신하] 조각趙刻이 말하였다.

"군주께서는 잘못하고 계십니다. 위나라가 중산을 공격해 빼앗지 못하면 위나라는 반드시 지치게 될 것입니다. 지치게 되면 위나라가 하찮게 될 것이고, 위나라가 하찮게 되면 조나라는 중시될 것입니다. 위나라가 중산을 함락시킨다고 하여도 반드시 조나라를 넘어서서 중산국을 다스릴 수는 없을 것입니다. 그러므로 군대를 동원하는 것은 위나라이지만 이득을 취하는 것은 조나라입니다. 군주께서는 반드시 그렇게 하도록 허락하십시오. 그런데 허락하면서 너무 기뻐하면 그들이 군주께 이로움이 생긴다는 점을 알아채고 반드시 행군을 멈추려고 들 것입니다. 군주께서 만일 그들에게 길을 빌려주더라도 어쩔 수 없는 것처럼 보이는 것이 좋습니다."

9) 이름은 도都이고 위나라 환자桓子의 손자이며 무후武侯의 아버지이다. 전국시대 때 위나라의 첫 번째 군주로서 50년 동안 재위하였다. 또한 오기를 장수로, 자하子夏·전자방·단간목 등을 사우師友로 삼아 위세를 천하에 떨쳤다.

물이 마른 연못을 떠나는 큰 뱀과 작은 뱀

치이자피鴟夷子皮[10]가 전성자田成子를 섬겼는데, 전성자가 제나라를 떠나 연燕나라로 달아날 때 치이자피는 국경 통과 증서를 등에 지고 따라왔다.

망읍(望邑, 국경의 경비를 위해 만든 고을)에 이르자 치이자피가 말하였다.

"당신은 물이 마른 연못에 사는 뱀을 들어본 적이 있습니까? 못에 물이 말라 뱀이 [다른 곳으로] 옮겨가려고 하는데 작은 뱀이 큰 뱀에게 말하기를 '네가 [앞서] 가고 내가 따라가면 사람들은 뱀들이 간다고만 생각하고 반드시 너를 죽일 것이다. 그러나 내가 너의 머리를 물고 네가 나를 업고 지나가면 사람들은 우리를 신군(神君, 신神)으로 여길 것이다.'라고 하였습니다. 그래서 서로 물고 지고서 큰길을 지나가게 되었는데, 사람들은 모두 뱀을 피하며 말하기를 '신군이다.'라고 하였습니다. 지금 당신은 아름답고 저는 초라합니다. 당신이 저를 상객으로 삼으면 [사람들은 당신을] 천승을 가지고 있는 제후로 생각하겠지만, 당신이 저의 시종이 된다면 저를 만승의 수레를 가지고 있는 재상으로 여길 것입니다. 당신께서 저의 사인(舍人, 왕공귀족의 시종이나 빈객)이 되는 것이 훨씬 좋은 방법입니다."

그래서 전성자는 국경 통과 증서를 등에 지고 치이자피를 따랐

10) 본래 치이란 말가죽으로 만든 술자루를 뜻한다. 춘추시대 말기에는 스스로를 치이자피라고 부른 사람이 셋이나 있었다. 첫째가 초나라의 현인으로 《설원說苑》에 나오는 인물이다. 둘째는 월나라의 모사였던 범려가 제나라로 달아나 상인으로 변신해 막대한 재물을 일굴 때 바꾼 이름이다. 셋째는 제나라 사람으로 전성자를 모시던 인물로 간공簡公 살해의 공범자이다. 여기서는 세 번째 인물을 가리킨다.

다. 이들이 여관에 이르자 여관 주인은 매우 정중하게 대접하려고 술과 고기를 바쳤다.

객이오? 주인이오?

온溫 땅 사람이 주周나라에 갔는데 주나라는 빈객을 받아들이지 않았다. [벼슬아치가] 그에게 물었다.

"[당신은] 객(客, 타국 사람)이오?"

그러자 대답하였다.

"주인(主人, 본국 사람)입니다."

마을 사람들에게 [그에 관해 물었지만] 아는 자가 없었으므로 벼슬아치들은 그를 가두었다. 군주가 사람을 시켜 그에게 물었다.

"당신은 주나라 사람도 아니면서 스스로는 객이 아니라고 하였는데, 어찌 된 까닭이오?"

그가 대답하였다.

"신이 젊어서 외운 시에서는 '온 하늘 아래 왕의 땅이 아닌 데가 없고, 모든 땅 끝까지 왕의 신하가 아닌 자가 없다.'고 하였습니다. 지금 왕께서는 천자이시고, 저는 천자의 신하입니다. 어찌 한 개인의 신하이며, 또 객이라고 하겠습니까? 그래서 주인이라고 한 것입니다."

군주는 그를 풀어주도록 하였다.

공중과 공숙, 둘 다 등용하려 하다

한韓나라 선왕宣王[11]이 규류樛留에게 말하였다.

"나는 공중公仲과 공숙公叔[12]을 둘 다 등용하고 싶은데 가능하겠소?"

[규류가] 대답하였다.

"불가합니다. 진晉나라는 육경六卿을 등용했다가 나라가 나뉘었고, 간공은 전성과 감지闞止[13] 두 사람을 등용했다가 자신이 피살되었으며, 위魏나라에서는 서수犀首[14]와 장의張儀를 함께 등용했다가 서하西河 밖의 영토를 잃었습니다. 만일 왕께서 둘 다 임용한다면 세력이 많은 자는 패거리를 지을 것이고, 세력이 적은 자는 다른 나라의 힘을 빌릴 것입니다. 그러면 신하들 중 [어떤 자는] 안으로는 패거리를 만들어 군주를 속일 것이고, 밖으로는 다른 제후와 결탁해서 영토를 떼어줄 것입니다. 그렇게 되면 왕의 나라는 위태로워질 것입니다."

11) 《사기》에 '선혜왕宣惠王'이라고 되어 있다. 한나라 소후昭侯의 아들이며 양왕襄王의 아버지로 21년 동안 재위하였다.

12) 공중公仲은 《한비자》〈십과〉 편에서는 공중붕公仲朋이라고 불렀으며, 진秦나라의 이익을 모색하면서 한나라의 재상을 지낸 사람으로 이름은 치侈이다. 공숙公叔은 공중의 뒤를 이은 재상이다.

13) 전성田成과 함께 좌우승상으로 있었으며 간공의 총애를 받았으나 뒤에 전성에게 살해당하였다.

14) 전국시대 위魏나라 사람 공손연公孫衍의 호이다. 그는 처음에는 진秦나라에서 대량조大良造로 있었으나 후에 위나라로 들어가 장수가 되었으며 합종을 해서 진나라에 대항할 것을 주장하였다. 위나라 혜왕惠王 때 재상으로 임명되었다.

걸이 술에 취해 천하를 잃다

소적매紹績昧가 술에 취해 갖옷을 잃어버렸다. 송나라 군주가 말하였다.

"술에 취했다고 해서 갖옷을 잃어버릴 수 있소?"

대답하였다.

"걸桀은 술에 취해서 천하를 잃었는데 하물며 갖옷을 잃어버린 것임에랴? [《상서》의] 〈강고康誥〉에서 '무이주(毋彝酒, 항상 술을 마시지 말라)'라고 하였는데, 이주彝酒란 항상 술을 마시는 것입니다. 항상 술을 마시면 천자는 천하를 잃고, 필부는 그 자신을 잃게 됩니다."

늙은 말과 개미의 지혜를 쓰다

관중管仲과 습붕隰朋이 환공을 따라 고죽국孤竹國[15]을 정벌하러 갔는데, 봄에 출발했으나 겨울에 돌아오게 되었는데 지리에 어두워 길을 잃고 말았다.

관중이 말하였다.

"늙은 말의 지혜를 쓰면 됩니다."

곧 늙은 말을 풀어 그 뒤를 따라가 마침내 길을 찾았다.

[또] 산속을 가다 보니 물이 없었다.

---

15) 탕왕이 봉한 나라이다. 고죽국孤竹國 군주의 성은 묵태墨胎이고 이름은 초初이며 자는 조朝이다. 그는 청렴하고 고상한 지조를 지킨 백이와 숙제의 아버지로 알려져 있으나 확실하지는 않다.

습붕이 말하였다.

"개미는 겨울에는 산의 남쪽에 살고, 여름에는 산의 북쪽에 산다고 합니다. 개미집이 한 자인데, [그로부터] 여덟 자를 더 파면 물이 있습니다."

곧 땅을 파서 마침내 물을 얻었다.

관중의 총명함과 습붕의 지혜로도 알지 못하는 일에 봉착하면 늙은 말과 개미를 스승으로 삼는 것을 꺼리지 않았다. 지금 사람들은 자신의 어리석음을 알면서도 성인의 지혜를 본받을 줄 모르니, 이 또한 잘못된 것이 아닌가?

초나라 왕의 불사약을 먹은 자의 운명

불사약不死藥을 초나라 왕에게 바친 자가 있었다. 알자謁者[16]가 그것을 가지고 [왕에게] 들어가고 있었는데, 중사사(中射士, 숙직하는 무관)가 물었다.

"먹을 수 있소?"

[알자가] 말하였다.

"가능합니다."

[중사사가] 그것을 빼어 먹었다. 왕은 매우 노여워 사람을 시켜 중사사를 죽이도록 하였다. 중사사는 사람을 보내 왕을 설득시켜 말

16) 군주의 명령을 신하들에게 전달하거나 신하들이 군주를 알현하려고 할 때 알려주는 일을 맡아 하던 벼슬아치이다.

하였다.

"신이 알자에게 물었더니 '먹을 수 있다.'고 대답했으므로 먹은 것입니다. 신에게는 죄가 없고 죄는 알자에게 있습니다. 그리고 나그네가 죽지 않는 약을 바쳤는데, 신이 이것을 먹었다고 해서 왕께서 신을 죽인다면 이것은 죽는 약이니 나그네가 왕을 속인 것입니다. 죄 없는 신을 죽여서 사람들에게 왕이 속았다는 것을 밝히느니 신을 풀어주는 것이 더 낫습니다."

그래서 왕은 그를 죽이지 않았다.

군주를 알현하면서 한쪽 눈을 감는다면

[조나라 사람] 전사田駟가 추鄒나라 군주를 속였다. 추나라 군주가 사람을 시켜 그를 죽이게 하였다. 전사는 두려웠으므로 이 일을 혜자惠子[17]에게 말하였다. 혜자는 추나라 군주를 알현하고 말하였다.

"지금 어떤 사람이 군왕을 알현하면서 그의 한쪽 눈을 감았다면 어찌하겠습니까?"

군주가 말하였다.

"나는 반드시 그를 죽일 것이오."

혜자가 말하였다.

"맹인은 두 눈을 감고 있는데, 군주께서는 어찌 죽이지 않습니까?"

---

17) 혜시惠施를 말하며, 혜자惠子라고도 한다. 송나라 사람으로 위나라 혜왕의 재상으로 임명되어 장의張儀와 함께 망명하였다. 그는 탁월한 변론술로 장자莊子와도 교제했으며, 공손룡公孫龍과 함께 논리학파인 명가名家의 대표적인 인물로 꼽힌다.

군주가 말하였다.

"그들은 눈을 감지 않을 수 없기 때문이오."

혜자가 말하였다.

"전사는 동쪽으로는 제나라 왕을 속이고, 남쪽으로는 초나라 왕을 속였는데, 그가 다른 사람을 속이는 것은 맹인과 같은 경우입니다. 군주께서는 어찌 원망하십니까?"

그래서 추나라 군주는 전사를 죽이지 않았다.

먼 곳의 물로는 가까운 불을 끌 수 없다

노魯나라 목공穆公[18]이 공자들 중 어떤 이는 진晉나라에서 벼슬을 하게 하고, 어떤 이는 초나라에서 벼슬을 하게 하자 여서(犂鉏, 제나라 대부)가 말하였다.

"월나라에서 사람을 빌려 물에 빠진 아들을 구하려고 하는데, 월나라 사람이 비록 수영을 잘하더라도 아들은 반드시 살지 못할 것입니다. 불을 끄려고 바다에서 물을 길으려고 한다면, 바닷물이 비록 많더라도 불은 반드시 꺼지지 않을 것입니다. 멀리 있는 물로는 가까이 있는 불을 끌 수 없습니다. 지금 진나라와 초나라는 비록 강하지만 [적국인] 제나라가 가까이 있으니, 노나라의 근심은 해결하지 못할 것입니다."

18) 당시 선정을 베푼 군주로 유명하며, 특히 공자의 손자인 자사子思를 예우하여 정사를 함께 논의한 군주로 알려져 있다.

미운 자를 제거하는 법

엄수嚴遂[19]가 주周나라[20]의 군왕을 좋아하지 않자 주나라 군왕이 이를 걱정하였다. 풍저馮沮가 말하였다.

"엄수는 재상이지만, 한괴韓傀[21]가 군왕에게 귀해졌으니 자객을 보내 그를 죽이는 것이 좋습니다. 그러면 그 군주는 반드시 엄씨(엄수)의 짓이라고 생각할 것입니다."

재상이 되는 자는 따로 있다

장견張譴이 한韓나라의 재상으로 있었는데, 병으로 위독하였다. 공승무정公乘無正이란 사람이 황금 30근을 품고서 병문안을 갔다. 한 달이 지나자 [한나라] 군왕이 직접 장견에게 물었다.

"만일 그대가 죽는다면 장차 누가 그대를 대신할 수 있겠소?"

[장견이] 대답하였다.

"공승무정은 법도를 중시하고 왕을 경외합니다. 비록 그렇기는 하나 공자인 이아食我가 백성들의 마음을 얻고 있는 것만은 못합니다."

장견이 죽자 [군왕은] 공승무정을 재상으로 삼았다.

19) 일명 엄중자嚴仲子라고도 한다. 한韓나라 애후哀侯의 신하로, 뒤에 애후를 시해하였다.

20) 한韓나라 변방의 작은 제후국을 말한다.

21) 애후의 숙부로, 훗날 자객 섭정聶政에게 살해당하였다.

공을 세웠으나 의심받고, 죄를 짓고도 신임받은 두 사람

악양樂羊이 위魏나라의 장수가 되어 중산을 공격할 때 그의 아들이 중산에 있었다. 중산의 왕은 그의 아들을 삶아 국을 만들어 보냈다. 악양은 막사 안에 앉아 국 한 그릇을 모두 먹었다. [위나라의] 문후文侯가 도사찬堵師贊에게 말하였다.

"악양은 나 때문에 자기 아들의 살점을 먹었소."

도사찬이 대답하였다.

"자기 자식을 먹었으니 또 누군들 먹지 못하겠습니까?"

악양이 중산을 멸망시키고 돌아오자 문후는 그의 공에 상을 내렸지만, 그의 마음은 의심하였다.

[한편] 맹손(孟孫, 노나라 대부 맹손씨)이 어린 사슴을 사냥해 진서파(秦西巴, 맹손의 가신)에게 그것을 가지고 돌아가도록 하였다. 그런데 사슴의 어미가 따라오면서 울부짖는 것이었다. 진서파는 참을 수가 없어서 새끼를 어미에게 주었다. 맹손이 돌아와서 사슴을 찾자 진서파가 대답하였다.

"제가 차마 견딜 수 없어서 사슴의 어미에게 주었습니다."

맹손은 매우 노여워하며 그를 내쫓았다. 석 달이 지나자 맹손은 다시 그를 불러 자식의 스승으로 삼았다. 맹손의 수레를 모는 자가 말하였다.

"지난번에는 그에게 죄를 주더니 오늘은 불러서 자식의 스승으로 삼았는데, 무엇 때문입니까?"

맹손이 말하였다.

"무릇 어린 사슴을 차마 하지 못했는데, 또한 내 아들을 차마 하겠는가?"

그러므로 말한다.

"교묘한 속임은 서툰 성실함만 못하다."

악양은 공이 있었지만 의심을 받았고, 진서파는 잘못을 저질렀지만 더욱 신임을 받았다.

칼 감정가 증종자의 속내

증종자曾從子는 칼 감정에 뛰어난 사람이었다. 위衛나라 군왕이 오나라 왕을 미워하고 있었는데, 증종자가 위나라 왕에게 말하였다.

"오나라 왕은 칼을 좋아하는데, 신은 칼을 감정하는 사람입니다. 신이 오나라 왕을 위해 칼을 감정해준다고 하고, 칼을 뽑아 그에게 보여주다가 그 틈에 왕을 위해 그를 찌르겠습니다."

위나라 왕이 말하였다.

"그대가 이 일을 하려는 것은 정의에 따른 것이 아니라 이익을 위하는 것이다. 오나라는 강하고 부유하며, 위나라는 약하고 가난하다. 그대가 만일 오나라로 간다면 나는 그대가 오나라 왕을 위해 이것을 나에게 사용할까 두렵도다.”

그러고는 그를 내쫓았다.

주가 상아젓가락을 만들자 기자가 두려워한 이유

주紂가 상아젓가락을 만들자 기자가 두려워하면서 생각하였다.

‘상아젓가락을 사용하려면 반드시 흙으로 만든 그릇에 국을 담을 수 없을 것이고, 그러면 무소뿔이나 옥으로 만든 그릇을 사용할 것이다. 또 옥으로 만든 술잔과 상아젓가락을 사용하면 반드시 콩잎 국을 담을 수 없을 것이고, 그러면 털이 긴 소나 코끼리, 표범의 새끼 고기를 먹게 될 것이다. 그리고 털이 긴 소나 코끼리, 표범의 새끼 고기를 먹으면 반드시 짧은 홑옷을 입거나 초가집 아래에 살려고 하지 않을 것이다. 그러면 반드시 비단옷을 입고 높은 누각과 넓은 방에서만 살려고 할 것이다. 이런 식으로 추구하다 보면 천하에 만족할 만한 것이 없을 것이다.’

성인은 미미한 것을 보고도 싹트는 일을 알고, [사물의] 단서를 보고 그 끝을 안다. 그러므로 기자가 상아젓가락을 보고 두려워한 것은 천하라도 주를 만족시켜주지 못할 것임을 알았기 때문이다.

작은 나라를 복종시켜 큰 나라를 겁주다

주공周公 단旦이 은殷나라를 이기고 나서 상개商蓋를 공격하려고 하였다. 이때 신공갑辛公甲이 말하였다.

"큰 나라는 공격하기 어렵지만 작은 나라는 복종시키기 쉽습니다. 그러므로 많은 작은 나라를 복종시켜 큰 나라를 겁주는 방법이 더 좋습니다."

그래서 구이九夷를 공격하여 상개를 복종시켰다.

술에 취해 알지 못한다고 사양한 기자

주왕紂王이 며칠 밤에 걸쳐 연회를 열어 환락에 빠져 날이 가는 줄을 몰랐다. 그는 주위에 있는 자들에게 날짜를 물었지만, 모두 알지 못하였다. 그래서 사람을 시켜 기자에게 물었다. 기자는 자기 시종에게 말하였다.

"천하의 주인 된 자로서 온 나라 사람들이 모두 날이 가는 줄을 모르게 만들었으니 천하가 위태롭구나. 온 나라 사람들이 모두 날짜를 모르는데, 나만 홀로 안다면 내가 위태롭게 될 것이다."

술에 취해 알지 못한다고 하면서 사양하였다.

노나라 사람이 월나라로 이사가려 하다

노나라 사람이 자신은 삼실로 신을 잘 만들고 아내는 흰 비단을 잘 뽑았다. 그들이 월나라로 이사를 가려고 하자 어떤 사람이 말하였다.

"그대는 반드시 궁핍하게 될 것이오."

그러자 노나라 사람이 말하였다.

"무엇 때문이오?"

[어떤 사람이] 말하였다.

"신은 발에 신는 것인데 월나라 사람은 맨발로 다니고, 흰 비단은 관冠을 만드는 것인데 월나라 사람들은 머리카락을 풀어헤치며 살아가오. 당신의 뛰어난 기술이 쓰이지 않는 나라로 간다면, 궁핍하지 않으려고 하여도 그것이 가능한 일이겠소?"

주변관리를 잘하라는 혜자의 충고

진진陳軫이 위魏나라 왕(혜왕惠王)에게 귀하게 되자 혜자(惠子, 혜시惠施)가 말하였다.

"반드시 [왕의] 측근들을 잘 섬기도록 하시오. 무릇 버드나무는 옆으로 심어놓아도 살고 거꾸로 심어놓아도 살며 꺾어서 심어놓아도 또한 산다오. 그러나 열 사람이 심고 한 사람이 뽑는다면 버드나무를 살릴 수 없소. 무릇 열 사람이 살리기 쉬운 나무를 심어도 한 사람을 이기지 못하는 것은 무엇 때문이겠소? 나무를 심는 것은 어렵지만 뽑아버리는 것은 쉽기 때문이오. 당신이 비록 왕에게 자신의 모습을 잘 심었을지라도 당신을 제거하려는 자가 많다면 반드시 위태로울 것이오."

오기가 노나라를 떠나 진나라로 가다

노나라 계손季孫이 도공悼公을 시해했을 때 오기吳起가 벼슬하고 있었다. 어떤 사람이 오기에게 말하였다.

"무릇 죽은 자는 죽기 시작할 때 피가 흐르고, 피가 다 흐르면 말라 오그라들고, 말라 오그라들면 재가 되고, 재가 되면 흙이 됩니다. 흙으로 돌아가면 어떤 일도 할 수 없습니다. 지금 계손이 막 피를 보기 시작했으니, 아마도 어찌 될지는 아무도 알 수 없을 것입니다."

그 말을 듣고 오기는 노나라를 떠나 진晉나라로 갔다.

습사미가 나무 베는 일을 그치게 하다

습사미隰斯彌[22]가 전성자를 알현했을 때 전성자는 [그와] 함께 누각에 올라 사방을 둘러보았다. 삼면이 모두 탁 트였는데, 남쪽을 보자 습사미의 집에 있는 나무가 시야를 가렸다. 전성자는 아무 말도 하지 않았지만 습사미는 돌아와서 사람을 시켜 그것을 베도록 하였다.

도끼질을 하여 나무가 좀 파였을 때, 습사미는 나무 베는 일을 그치게 하였다. 그러자 상실(相室, 집안일을 맡아 하는 집사)이 말하였다.

"어찌 그렇게 빨리 변하십니까?"

습사미가 말하였다.

"옛날 속담에 '깊은 연못 속의 물고기를 아는 사람은 불길하다.'는 말이 있다. 전성자는 큰일을 꾸미고 있는데, 내가 그의 미묘한 부분을 안다는 사실을 보이게 되면 나는 반드시 위험해질 것이다. 나무를 베지 않는 것은 죄가 되지 않지만, 다른 사람이 말하지도 않은 것을 알게 된다면 그 죄는 클 것이다. 그래서 베지 못하게 하는 것이다."

22) 제나라 대부로서, 습붕隰朋의 후손이라고 알려져 있다.

양주가 묵은 여관의 두 하녀

양자(楊子, 양주楊朱)가 송나라를 지나가다가 동쪽의 여관에 묵게 되었다. 그곳에는 두 명의 하녀가 있었는데, 못생긴 여자는 총애를 받고 아름다운 여자는 천대를 받고 있었다. 양주가 그 까닭을 묻자 여관 주인이 대답하였다.

"아름다운 여자는 스스로 아름답다고 생각하지만 나는 그녀의 아름다움을 알지 못합니다. 못생긴 여자는 스스로 못생겼다고 하지만 나는 그녀의 못생김을 알지 못합니다."

양주가 제자들에게 일러 말하였다.

"행동이 현명하면서 스스로 현명하다고 생각하는 마음을 버린다면 어디 간들 칭송되지 않겠는가?"

시집가는 딸을 쫓겨나도록 가르친 아버지

위衛나라 사람이 그 자식을 시집보내면서 다음과 같이 가르쳤다.

"반드시 개인적으로 재산을 모아두도록 하여라. 다른 사람의 부인이 되었다가 내쫓기는 경우는 늘 있는 일이고, 죽을 때까지 함께 사는 것은 요행이다."

그래서 그녀는 은밀하게 재산을 모았으며, 그녀의 시어머니는 며느리의 개인 재산이 많다고 생각하여 내쫓았다. 자식이 친정으로 돌아왔을 때의 재물은 시집갈 때 가지고 간 것의 두 배나 되었다. 그녀의 아버지는 자식을 잘못 가르친 자신을 죄스러워하지 않고 자신이 총명해서 재산을 늘렸다고 생각하였다. 지금 신하들 중 아버지 자리에 있는 자는 모두 이러한 무리이다.

노단이 유세에 성공하고 나서 급히 떠나려 하다

노단魯丹이 중산의 군왕에게 세 차례나 유세했지만 받아들여지지 않았다. 그래서 그는 금 50근을 풀어 왕의 주위 사람들을 구워삶았다. [노단이] 다시 [군왕을] 만났을 때 미처 말도 하지 않았으나 군왕은 그에게 음식을 베풀었다. 노단은 궁궐을 나와 숙소로 돌아가지 않고 그대로 중산을 떠났다.

그의 수레를 모는 사람이 말하였다.

"다시 알현해보니 비로소 우리를 잘 대해주었는데, 무슨 까닭으로 떠나십니까?"

노단이 말하였다.

"무릇 다른 사람의 말을 듣고 나를 잘 대해주었으니, 반드시 다른 사람의 말에 따라 나에게 죄를 줄 것이다."

[그가] 국경을 미처 빠져나가지도 않았는데 공자公子가 그를 헐뜯

어 말하였다.

"노단은 조趙나라를 위해 중산국에 간첩으로 온 것입니다."

군왕은 [그 말을 듣더니] 노단을 붙잡아 벌을 주었다.

같은 일에 종사하는 사람을 살피는 이유

전백정田伯鼎은 인재[23]를 좋아해서 자기 군왕을 온전히 모셨지만, 백공승은 인재를 좋아해서 초나라를 혼란스럽게 하였다. 그들은 똑같이 인재를 좋아했으나 그들을 부려서 하려는 일은 달랐다. 공손지公孫支[24]는 스스로 발을 잘라서 백리해百里奚를 높은 지위에 오르게 하였고, 수조竪刁는 스스로 거세해서 환공桓公에게 아첨하였다. 그들이 자신의 몸에 형벌을 가한 것은 같지만 그것을 통해서 하려는 일은 달랐다.

혜시惠施가 말하였다.

"미치광이가 동쪽으로 달려가면 뒤쫓는 자 또한 동쪽으로 달려간다. 그들이 동쪽으로 달려간 것은 같지만, 동쪽으로 달려가서 하고자 한 일은 다르다."

그래서 말하였다.

"같은 일에 종사하는 사람이라도 상세히 살피지 않을 수 없다."

23) 원문의 '士(사)'를 번역한 것으로, 여기서는 인재라고 번역했는데 식객의 개념으로 보아도 무방하다.

24) 진나라 목공을 섬긴 대부로, 자는 자상子桑이다. 그는 백리해에게 상경의 자리까지 양보하였다. 《춘추좌씨전》에는 '支(지)'를 '枝(지)'라고 썼다.

권卷 8

제23편

설림 하(說林下: 이야기의 숲 하편)

【해제】

〈설림〉 하편은 37가지의 고사로 이루어져 있다. 그 내용은 대체로 한비자의 예리한 통찰력과 상상력으로 사람들의 지혜를 일깨우는 것들이다.

하편의 특이한 점은 그 당시 논리학파이자 궤변가로 알려진 혜시惠施의 말을 자주 인용해 사물을 다양한 시각에서 분석할 수 있음을 제시했다는 것이다.

한비자가 〈설림〉 하편에서도 상당히 풍부한 이야기의 소재를 활용하고 있는데, 제목에서도 시사되듯 일관되거나 핵심적인 주제도 없고, 정치·군사적인 내용부터 철학적 사고 등 제목 그대로 다양한 이야기 숲을 형성하고 있다는 점이 특징이다. 또한 각 항목 사이에는 연관 관계도 없으며 표현하고자 하는 내용이 너무나 다양하여 이야기 사이의 공통점을 찾기 어려운 것이 적지 않아 일종의 자료총집이라고 할 만한 것들이다.

백락伯樂[1]이 두 사람에게 뒷발질하는 말을 감정해보도록 하였다. 두 사람은 함께 조간자趙簡子의 마구간으로 가서 말을 관찰하였다. 한 사람이 뒷발질하는 말을 고르자, 다른 한 사람이 뒤를 따라가며 말의 엉덩이를 세 번이나 쳤지만 그 말은 뒷발질을 하지 않았다. 이리하여 말을 고른 사람은 자기가 말을 잘못 감정했다고 생각하였다.

그중 한 사람이 말하였다.

"당신이 잘못 감정한 것이 아니오. 이 말은 어깨가 굽고 무릎이 부어올랐소. 무릇 뒷발질하는 말은 뒷발을 들어 앞발에 기대기 마련인데, 무릎이 부어올라 기댈 수 없으니 뒷발을 들지 못한 것입니다. 당신은 뒷발질하는 말을 보는 데는 뛰어나도 부은 무릎을 보는 데는 서투르군요."

무릇 일에는 반드시 귀결되는 바가 있으나, 무릎이 부어오른 다리로는 무거운 몸을 감당할 수 없음은 오로지 지혜로운 자만이 알 수 있다. 혜시惠施가 [이렇게] 말하였다.

"원숭이를 우리 속에 가두면 돼지처럼 된다."

그러므로 정세가 불리하면 능력을 발휘하지 못하는 이유가 된다.

1) 고대에 말의 식별과 부리기에 탁월한 재능을 보인 사람이다. 옛 책에 보이는 '백락'은 한 사람이 아니라 두 사람이다. 한 명은 춘추시대 중기 진秦나라 목공穆公 때의 사람으로, 성은 손孫이고 이름은 양陽이며 자는 백락이다. 그 당시 노년의 나이였다. 또 다른 한 명은 춘추시대 말 조간자의 마부 왕량王良이다. 여기서 말하는 백락은 왕량을 가리킨다.

문자가 증자를 만나다

위衛나라 장군 문자文子가 증자曾子를 만났을 때, 증자는 일어나지 않은 채 문자에게 자리를 권하면서 자신은 상석에서 몸을 바르게 하고 [위의를 갖추고] 있었다.

문자가 수레를 모는 자에게 말하였다.

"증자는 어리석은 사람이구나! 나를 군자라고 생각했다면 어째서 군자에게 존경을 표하지 않을 수 있겠는가? 나를 포학한 사람으로 생각했다면 어찌 포학한 사람에게 모욕을 줄 수 있겠는가? 증자가 죽지 않은 것은 운이 좋기 때문이다."

머리가 무겁고 꽁지가 굽은 새

도도翢翢라는 새가 있는데, 머리가 무겁고 꽁지가 굽어 물가에서 물을 마실 때마다 반드시 고꾸라진다. 그래서 다른 한 마리가 깃털을 물어주고 있는 상태에서 물을 마신다.

사람도 혼자 물을 마실 수 없다면 반드시 깃털을 받쳐주는 자를 찾아야 한다.

장어를 잡고 누에를 치는 이유

장어는 뱀과 비슷하고 누에는 나비의 애벌레와 비슷하다. 사람들은 뱀을 보면 놀라고 나비의 애벌레를 보면 소름이 돋는다. 그러나 어부들은 아무렇지도 않게 손으로 장어를 잡고 부녀자들은 태연히 누에를 친다. 이익이 있는 일이라면 모두 맹분孟賁이나 전제專諸[2)]와 같이 용감해진다.[3)]

백락의 천리마 감정법 가르치기

백락은 미워하는 자에게는 천리마를 감정하는 방법을 가르쳐주었고, 좋아하는 사람에게는 둔하고 느린 말을 감정하는 방법을 가르쳐주었다. 천리마는 한 번 나오므로 그 이익을 더디게 얻지만, 둔하고 느린 말은 날마다 사고팔므로 그 이익을 빨리 얻기 때문이다. 이는《주서周書》에서 말한 것과 같은 이치이다.

"하찮은 말[言]일지라도 괜찮게 쓰이는 일이 더러 있다."

---

2) 맹분孟賁과 전제專諸는 모두 용감한 자들로 용사의 전형이다. 맹분은 쇠뿔을 맨손으로 뽑았고, 전제는 공자 광光을 위해 단신으로 오나라 왕 요僚를 시해하였다.

3) 이 문장은 제30편의 〈내저설 상內儲說上〉과 거의 비슷하게 중복된다. "장어는 뱀과 비슷하고, 누에는 나비의 애벌레와 비슷하다. 사람들은 뱀을 보면 놀라고, 나비의 애벌레를 보면 소름이 끼친다. 그러나 부인들이 누에를 치고 어부들이 장어를 잡는다. 이는 이익이 있는 곳에서는 싫은 것을 잊고 모두 맹분孟賁과 전제專諸처럼 되기 때문이다."

코는 크게 하고 눈은 작게 해야 하는 이유

환혁桓赫이 말하였다.

"새기고 깎는 원칙은 코는 무엇보다도 크게 하고, 눈은 무엇보다도 작게 하는 것이다. 큰 코는 작게 할 수 있지만 작은 코는 크게 할 수 없고, 작은 눈은 크게 할 수 있지만 큰 눈은 작게 할 수 없다. 세상의 일 또한 그러하다. 고칠 수 있다면 일을 실패하는 경우가 적을 것이다."

군주의 마음과 일의 형세를 다 알아야 하는 이유

[간신] 숭후崇侯[4]와 악래惡來[5]는 은殷나라 주왕紂王에게 처벌받지 않을 것은 알았지만, 주왕이 주周나라 무왕武王에게 멸망당할 줄은 몰랐다. 비간比干과 오자서伍子胥는 자신의 군주가 반드시 망할 것은 알았지만, 자신들이 죽게 될 줄은 몰랐다.

그래서 말하였다.

"숭후와 악래는 군주의 마음을 알 수 있었지만 일의 형세는 알지 못했고, 비간과 오자서는 일의 형세는 알았지만 군주의 마음은 몰랐다. 그러나 성인은 이 두 가지를 다 갖추고 있다."

---

4) 은나라 주왕紂王의 간신으로, 이름은 호虎이다. 숭崇은 나라 이름이고 후侯는 작위이다. 주나라 문왕文王을 모함했다가 도리어 문왕에게 죽임을 당하였다.

5) 폭군 주왕의 간신이며, 비렴蜚廉의 아들이다. 뒤에 무왕에 의해 그 아버지와 함께 죽임을 당하였다.

양자가 송나라 군주를 만나려는 계자에게 던진 말

송宋나라의 태재(太宰, 재상)가 신분이 높아지자 일을 마음대로 처리하였다. 계자季子가 송나라의 군주를 만나려고 하였다.

양자梁子가 이 소식을 듣고 계자에게 말하였다.

"[송나라 왕과] 말을 하려면 반드시 태재와 함께 세 사람이 같은 자리에 있을 때 하도록 하십시오. 그렇지 않으면 [화를] 피하지 못할 것입니다."

계자가 [왕에게] 한 말은 [송나라] 목숨을 귀하게 여기고 국정을 가벼이 하도록 한 것이다.

개를 매질하려는 동생에게 한 말

양주楊朱의 동생 양포楊布가 흰옷을 입고 나갔다가 비를 만나자 흰옷을 벗고 검은 옷으로 갈아입고 돌아왔다. 그의 개가 양포를 알아보지 못하고 짖었다. 양포는 화가 나서 개를 때리려고 하였다.

양주가 말하였다.

"너는 때리지 마라. 너 또한 이렇게 할 것이다. 너의 개가 나갈 때는 하얀색이었는데 검은색이 되어 돌아왔다면, 네가 어찌 괴이하게 여기지 않을 수 있겠느냐?"

어머니가 방문을 걸어잠그고 어린 자식을 피하는 이유

혜자惠子가 말하였다.

"하夏나라 때의 명궁인 예羿가 깍지를 [엄지에] 끼고 [가죽]팔찌를 둘러 활시위를 당기면 관계가 소원했던[6] 월越나라 사람들도 다투어 과녁을 잡을 것이다. 그런데 어린 자식이 활을 잡으면 이 아이의 어머니라도 방 안으로 들어가 문을 닫을 것이다."

그러므로 말한다.

"확실하면 월나라 사람도 예를 의심하지 않고, 확실하지 못하면 어머니도 어린 자식을 피한다."

부유함의 한계

환공桓公이 관중管仲에게 물었다.

"부유함에도 한계가 있습니까?"

[관중이] 대답하였다.

"물이 한계에 이르면 그 물은 없다는 것이고, 부유함이 한계에 이르면 넉넉함에 만족하게 됩니다. 사람들이 만족한 데에서 스스로 그치지 못한다면 그 부유함의 한계란 없는 것이겠지요!"

---

6) 월나라 사람들은 습속이 중원과 달라 이족異族으로 취급되었을 뿐만 아니라 중원인 하夏나라와 거리가 멀어 소원하다고 한 것이다.

부유한 장사치 감지자가 돈을 버는 방식

송나라의 부유한 장사치 감지자監止子가 다른 사람들과 금 백 냥어치의 박옥(璞玉, 다듬지 않은 덩어리 옥)을 사려고 다투다가 거짓으로 떨어뜨려 옥을 훼손시킨 뒤 황금 백 냥을 물어주고 훼손된 흠을 가공해서 [황금] 천 일(鎰, 중량의 단위로 금金이라고도 함)을 벌었다.

일을 하다 보면 실패를 하기도 하지만 그것을 하지 않는 것보다 나은 경우가 있으니, 물어준 것이 시의時宜에 맞는 경우가 있다.

시샘하는 자들을 고발한 자의 이야기

초楚나라 왕에게 말을 모는 방법을 보여주고 싶어하는 자가 있었는데, 많은 수레꾼들이 그를 시샘하였다. 그래서 [그가] 말하였다.

"신은 사슴을 잡을 수 있습니다."

이렇게 해서 비로소 왕을 만나보게 되었는데, 왕이 수레를 몰았을 때는 사슴을 잡지 못했으나 그가 몰자 따라잡았다. 왕이 말을 모는 기술을 칭찬하자 비로소 [그는] 사람들이 자신을 시샘한 일을 말하였다.

어떤 노인장이 공자에게 던진 말

초나라 왕이 공자公子로 하여금 진陳나라를 정벌하도록 명령하였다. 한 노인장이 그를 전송하며 말하였다.

"[진陳나라의 배후에 있는] 진晉나라는 강성하니 신중히 하지 않으면 안 됩니다."

공자가 말하였다.

"노인장께서는 어찌 걱정하십니까? 저는 노인장을 위해 진晉나라를 무찌를 것입니다."

노인장이 말하였다.

"가능합니다. 저는 진陳나라의 수도 남쪽 문밖에 오두막집을 짓겠습니다."

공자가 말하였다.

"이는 무슨 이유 때문입니까?"

노인장이 말하였다.

"저는 구천句踐을 비웃을 것입니다. 남을 위하는 일이 이처럼 쉬운 법이거늘, [구천은] 자기 홀로 어찌하여 10년 동안 그 어려움을 겪으며 애를 쓴 것입니까?"

천하를 버린 허유, 가죽 갓을 감춘 집주인

요堯가 천하를 허유許由에게 양보하려고 하자,[7] 허유는 달아나 서민의 집에 머물렀다. [그런데] 그 집 주인은 허유의 가죽 갓을 감추어 버렸다. 허유는 천하를 버렸건만 그 집 주인은 가죽 갓을 감추었으니 허유라는 사람을 [제대로] 알아보지 못한 것이다.

이 세 마리가 다툰 이유

이 세 마리가 돼지를 놓고 다투고 있었다. 이 한 마리가 이들 곁을 지나다가 말하였다.

"다투는 것은 무엇 때문인가?"

세 마리 이가 말하였다.

"살이 통통한 곳을 [차지하려고] 다투는 것이다."

한 마리 이가 말하였다.

7) 허유가 천하를 양보했다는 설은 널리 알려져 있으나 한번 따져볼 필요가 있다. 《서경》에서는 요가 순舜에게 양위했다고 하였는데, 여기서는 요가 허유에게 양위하려 했다고 하였으니 진위의 문제가 있다. 허유는 《장자莊子》에 나오는 허구의 인물로서 고대의 은둔지사로, 허요許繇라고도 한다. 요임금이 군주의 자리를 그에게 양도하려고 하자 기산箕山 아래로 달아나 농사를 지으며 생활하였다. 또 아홉 주州의 장관이 되어 줄 것을 요청하자 영수潁水로 가서 더러운 말을 들었으니 귀를 씻는다고 하며 원치 않음을 분명히 나타냈다. 사마천은 그를 "요가 허유에게 천하를 물려주려고 하자, 허유는 받지 않고 오히려 그러한 말을 들은 것을 부끄러워하며 달아나 숨어버렸다."(〈백이열전〉)라고 하면서 그가 추앙받는 이유가 양보에 있다고 단언하였다. 그러나 그에 관한 대표적 문헌들인 《시경》과 《서경》의 문장에서는 "그들에 관한 대략적인 기록조차 없으니 무슨 까닭인가?"(〈백이열전〉)라고 반문하였다.

"너희들은 또 섣달 고삿날이 되면 돼지가 띠풀에 그을려 [죽게] 될 것을 걱정하지 않고 또 무엇을 걱정하는가?"

이리하여 세 마리 이는 함께 모여서 그 어미(돼지를 가리킴)를 물어뜯고 피를 [빨아]먹었다. 돼지는 여위었으므로 사람들이 바로 죽이지 않았다.

몸 하나에 입이 둘인 벌레

벌레 중에서 훼蜿라는 놈은 몸 하나에 입이 둘이어서 먹을 것을 다투며 서로 물어뜯기 때문에 함께 죽고 만다. 신하들이 일[권력]을 다투다가 그 나라를 망하게 하는 것은 모두 훼와 같은 무리이다.

품행이란 궁실에 칠하고 그릇 씻듯이

궁실宮室은 흰 가루를 발라 칠하고 그릇은 씻으면 깨끗해진다. 품행도 또한 그러하니, 씻거나 흰 가루를 바를 여지가 없게 되면 잘못하는 일도 적어질 것이다.

환공이 공자 규를 죽인 이유

[제齊나라의] 공자 규糾[8]가 반란을 일으키려고 하자, 환공이 사신을 보내 그를 감시하도록 하였다.

사신은 이렇게 보고하였다.

"웃고 있어도 즐거워 보이지 않고, 보고 있으면서도 보는 것 같지 않습니다. 반드시 반란을 일으킬 것입니다."

[환공은] 곧 노魯나라 사람을 시켜 그를 죽이게 하였다.

나는 너와 형제가 아니다

공손홍公孫弘이 머리카락을 자르고 월나라 왕의 기사(騎士, 말탄 무사)가 되었다. [그의 형] 공손희公孫喜는 사람을 시켜 그와 의절한다는 뜻으로 말하였다.

"나는 너와 형제가 아니다."

공손홍이 말하였다.

"나는 머리카락을 잘랐지만, 너는 목숨을 바쳐 다른 사람을 위해 싸우고 있으니 내가 너에게 무슨 말을 하겠는가?"

주남周南의 싸움에서 공손희는 죽고 말았다.

---

8) 제환공齊桓公의 이복형으로, 반란을 도모하다가 피살되었다.

흉악한 자의 이웃이 집을 팔고 이사가다

흉악한 자와 이웃하고 있는 사람이 집을 팔고 그를 피하려고 하자, 누군가가 말하였다.

"이 자는 많은 죄를 쌓았으니, 당신은 잠시 기다려보시오."

[그러자] 대답하였다.

"나는 그가 나에게 해를 끼쳐 죄가 더 쌓일까 걱정이 됩니다."

[그러고는] 마침내 떠나버렸다.

그러므로 이렇게 말한다.

"사물의 조짐이 있으면 머뭇거리지 말라."

자서가 죽임을 당하다

공자가 제자들에게 일러 말하였다.

"누가 자서子西[9]가 명성을 낚으려는 것을 충고해줄 수 있겠는가?"

자공子貢[10]이 말하였다.

"제가 할 수 있습니다."

[자공은] 충고했지만, [자서는] 더 이상 의심하지 않았다. 공자가 말하였다.

9) 초楚나라 평공平公의 서자로 소왕昭王의 서형 자신子申을 말한다. 그는 뒤에 초나라의 영윤이 되었다가 반란에 연루되어 죽었다.

10) 위나라 사람으로 본래 이름은 단목사端木賜이며 공자보다 31세가 적다. 자공子貢은 말주변이 좋아 논쟁을 잘했으므로 공자는 항상 말주변만 믿고 논쟁하는 것을 경계하였다.

"너그럽구나, 이익에 빠지지 않았구나! 고결하구나, 성품은 늘 이렇구나! 굽은 것은 굽었다 하고, 곧은 것은 곧다고 하고 있으니 자서는 [화를] 면하지 못할 것이다."

백공白公이 반란을 일으켰을 때 자서는 [이 일에 연루되어] 죽었다.

그러므로 말한다.

"행동을 [입으로는] 올바르게 한다고 하여도 욕망에 의해 굽어질 수 있다."

두 번이나 선물을 보낸 자를 피해간 이유

진晉나라의 중항문자中行文子[11]가 [자기 나라에서] 도망쳐 나오다가 어떤 현의 고을을 지나게 되었다. 따르는 자가 말하였다.

"이곳의 색부(嗇夫, 고을의 낮은 벼슬아치로 주로 민사를 다룸)는 공께서 이전부터 아는 사람입니다. 공께서는 어찌하여 쉬었다가 [주인을] 뒤따라오는 수레를 잠시 기다리지 않으십니까?"

문자가 말하였다.

"내가 일찍이 음악을 좋아했을 때 이 사람은 나에게 잘 울리는 거문고를 보냈고, 내가 패물을 좋아했을 때는 옥반지를 보내주었으니 이 사람은 나의 허물을 구해주려는 자가 아니다. 내 마음에 들려고 그렇게 한 자이니, 나는 그가 나를 이용해서 다른 사람에게 등용

---

11) 춘추시대 진晉나라의 재상이었던 순림荀林의 아버지가 중항이라는 벼슬자리에 있었는데, 뒤에 이것이 성씨가 되었다. 그의 증손자 순인荀寅의 시호가 문文이기 때문에 중항문자라고 하였다.

되기를 바랄까 두렵다."

그래서 그곳을 떠나갔다. 과연 그는 문자의 뒤를 따라오던 수레 두 대를 빼앗아 자신의 군주에게 바쳤다.

두 군대의 세력을 동시에 얻다

주조(周趮, 위魏나라 사람)가 궁타(宮他, 제나라 사람)에게 말하였다.

"제齊나라 왕께 '제가 제나라의 힘으로 위魏나라에서 권력을 잡도록 도와주신다면 위나라가 왕을 섬기도록 하겠습니다.'라고 말씀해 주십시오."

궁타가 말하였다.

"할 수 없습니다. 그것은 당신께서 위나라에서 세력이 없다는 것을 보여주는 것입니다. 제나라 왕은 결코 위나라에서 세력이 없는 자를 등용시켜 위나라 사람들의 원망을 사지는 않을 것입니다. 차라리 '왕께서 원하신다면, 신은 위나라가 왕을 섬기게 하기를 청합니다.'라고 하는 것이 낫습니다. 제나라 왕은 틀림없이 당신을 위나라에서 세력이 있는 자라고 생각하여 당신에게 의지할 것입니다. 이것이 당신이 제나라에서 세력을 얻는 방법이고, 이로써 제나라에 의지해 위나라에서 세력을 얻게 될 것입니다."

계속 존경받고 높은 자리를 차지하는 법

백규白圭가 송나라의 대윤大尹[12]에게 말하였다.

"군주께서 어른이 되어 직접 정치를 하게 되면 공께서는 일이 없게[13] 될 것입니다. 지금 군주는 어려서 명성을 [얻으려] 힘쓰고 있으니, 초나라가 군주의 효심을 칭찬하게 주선하는 것이 좋습니다. 그러면 군주는 공의 자리를 빼앗지 않을 것이고, 공을 매우 존경하고 높은 자리에 임용할 것이며, 공은 항상 송나라에서 쓰이게 될 것입니다."

관중도 포숙의 도움을 기다려 재상이 되다

관중과 포숙鮑叔이 서로 말하였다.

"군왕의 난잡함이 더욱 심해지니 반드시 나라를 잃게 될 것이네. 제나라의 여러 공자들 중 보좌할 만한 자는 공자 규糾가 아니면 소백小白[14]이네. 그대와 내가 한 사람씩 섬겨 먼저 성공하는 자가 서로를 거두도록 하세."

관중은 곧 공자 규를 따랐고, 포숙은 소백을 따랐다. [제]나라 사람들이 과연 군왕(양공)을 시해하였다. 소백이 먼저 들어와 군주가 되자 노나라 사람들은 관중을 붙잡아 제나라로 보냈는데, 포숙이

---

12) '대윤大尹'은 '영윤令尹'과 같은 말이다. 어떤 판본에는 후자로 되어 있다.

13) 원문의 '無事(무사)'를 번역한 것으로, '실권失權'의 의미이다.

군주에게 말해서[15) [관중을] 재상으로 삼았다.

그래서 속담에 [이런] 말이 있다.

"무함(巫咸, 은나라 때의 신비로운 무당)이 비록 주술에 뛰어날지라도 자신에게 닥칠 재앙을 막지는 못했고, 진秦나라 의사[편작을 말함]는 비록 남의 병을 치료하는 데는 뛰어났지만 자신을 치료할 수는 없었다."

관중과 같이 뛰어난 재능을 가진 인물도 포숙의 도움에 기대야만 했으니,[16) 이는 비속한 속담에서 말하듯 "포로는 직접 가죽옷을 팔려고 해도 팔지 못하고, 선비가 스스로 아무리 훌륭하다고 칭찬해도 믿는 사람이 없다."라는 것이다.

14) 소백은 제나라 환공의 이름이다. 양공이 타당한 이유 없이 사람을 무수히 죽이자, 소백과 규를 비롯한 그의 동생들은 두려움에 떨며 다른 나라로 도망쳤다. 소백의 형인 규는 노나라로 가고, 소백은 고高로 달아났다. 얼마 뒤 양공이 피살되었다는 소식을 듣고 소백이 먼저 돌아와 임금 자리에 올랐다. 《사기》〈제태공세가〉에 이와 관련된 이야기가 나오고, 이 문장과 관련된 내용이 〈관안열전管晏列傳〉에 다음과 같이 나온다. "시간이 지난 뒤 포숙은 제齊나라 공자公子제후의 아들 소백小白을 섬기고, 관중은 공자 규糾를 섬겼다. 소백이 왕위에 올라 환공桓公이 되고 이에 맞서던 규는 싸움에서 져 죽었다. 관중은 옥에 갇히는 몸이 되었으나 포숙은 [환공에게] 관중을 마침내 추천하였다. 관중이 등용되고 제나라에서 정치를 맡게 되자 제나라 환공은 천하의 우두머리가 되어 제후들을 아홉 차례나 모아 천하를 바르게 이끌었다. 모두 관중의 지모에 따른 것이었다."

15) 이때 포숙은 관중을 추천하면서 다음과 같이 말했다고 한다. "주군께서 장차 제나라만을 다스리고자 하면 고혜高傒와 저 포숙아면 충분할 것입니다만, 주군께서 패왕이 되려고 하신다면 장차 관이오가 아니면 불가능합니다. 관이오가 그 나라에 머물면 그 나라는 강성해질 것이니, 놓치면 안 됩니다."《사기》〈제태공세가〉.

16) 관중은 포숙의 헌신에 대해 "나를 낳아준 이는 부모이지만 나를 알아준 이는 포자(鮑子, 포숙)이다."(〈백이열전〉)라고 하였고, 사마천 역시 "포숙은 관중을 추천하고 자신은 그의 아랫자리에 있었다. [포숙의] 자손들은 대대로 제나라의 봉록을 받으며 봉읍지를 10여 대 동안 가졌으며 늘 이름 있는 대부가 되었다. 세상 사람들은 관중의 현명함을 칭송하기보다는 사람을 알아보는 눈을 가진 포숙을 더 찬미하였다."(〈백이열전〉)라고 하였다.

초나라 왕이 오吳나라를 정벌하려고 하자, 오나라에서는 저위(沮衛, 관직 이름)인 궐융蹶融을 보내 초나라 군대를 달래려 하였다.

초나라 장군이 말하였다.

"이 자를 붙잡아 죽여서 그 피를 북에 칠하라."

그에게 물었다.

"너는 이곳으로 오면서 점을 쳤느냐?"

[궐융이] 대답하였다.

"쳤습니다."

[초나라 장군이] 물었다.

"점괘가 길하였느냐?"

[궐융이] 말하였다.

"길하였습니다."

초나라 사람이 말하였다.

"지금 초나라 장군은 너의 피를 북에 바르려고 하는데, 어떻게 된 일이냐?"

[궐융이] 대답하였다.

"이러하기 때문에 그것이 길한 것이오. 오나라에서 나를 보낸 것은 장군이 노여워하는지를 보려고 한 것이었소. 장군이 노여워한다면 [오나라는] 도랑을 깊게 파고 방어벽을 높이 쌓을 것이고, 장군이 노여워하지 않는다면 게으르고 나태해질 것이오. 지금 장군이 나를 죽이면 오나라는 반드시 경계하며 지킬 것이오. 또한 나라에서 점친 것은 [나] 한 사람의 신하를 위한 것이 아니었소. 무릇 한 명의 신하를 죽여 한 나라가 보존된다면 어찌 길하다고 하지 않겠소? 죽은 자에게 지각知覺이 없다면 나의 피를 북에 칠해도 이로움이 없을 것이고, 죽은 자에게 지각이 있다면 나는 전쟁을 할 때 북이 울리지 않게 할 것이오."

초나라 사람들은 그로 인해 죽이지 않았다.

큰 종 때문에 나라를 잃다

지백知伯은 구유仇由를 정벌하려고 하였지만, 길이 험해서 [군대가] 통과하지 못하자 큰 종을 만들어 구유의 군주에게 선물로 보냈다.[17] 구유의 군주는 매우 기뻐하며 길을 내어 받아들이려고 하였다.

[이때] 적장만지赤章曼枝가 말하였다.

"안 됩니다. 이것은 작은 나라가 큰 나라를 섬기는 방법입니다. 그런데 지금은 큰 나라에서 [종을] 보내왔고, 군대가 반드시 뒤따라 올 것이니 받아들여서는 안 됩니다."

구유의 군주는 이를 듣지 않고 마침내 그것을 받아들였다. 적장

17) 이에 관한 내용이 유등游騰이라는 유세객이 주나라를 위해 초나라 왕을 다음과 같이 달래며 한 말에 나온다. "지백知伯은 [오랑캐 나라인] 구유仇猶를 칠 때 그 나라에 [큰 종을] 폭이 넓은 큰 수레에 실어 보내고 난 뒤 군대가 [그 길을] 따라가게 하자 구유는 마침내 멸망하였습니다. 무엇 때문에 그렇게 되었겠습니까? 구유는 대비하지 않았기 때문입니다."(《사기》〈저리자감무열전〉)

만지는 [빨리 달리기 위해] 수레 굴대 끝을 자르고 제나라에 이른 지 7개월 만에 구유는 멸망하였다.

5백 리 땅을 뇌물로 바치다

월나라가 이미 오나라를 이기고 나서 다시 초나라에서 병사를 빌려 진晉나라를 공격하려고 하였다.

좌사(左史, 초나라의 사관) 의상倚相이 초나라 왕(혜왕惠王을 가리킴)에게 말하였다.

"무릇 월나라는 오나라를 쳐부수었지만 용사들은 죽었고, 정예병사들은 힘이 다했으며, 중무장한 병사들도 부상을 입었습니다. 지금 또다시 [월나라가] 병사를 빌려 진나라를 공격하려는 것은 우리에게 [자신들이] 피폐하지 않았음을 보이려는 것입니다. 군대를 일으켜 [월나라와] 오나라를 나누어가지는 편이 낫습니다."

초나라 왕이 말하였다.

"좋소."

그래서 군대를 일으켜 월나라 군대의 뒤를 추격하였다. [그러자] 월나라 왕은 노하여 초나라 병사를 공격하려고 하였다. 대부 문종文種[18]이 말하였다.

"안 됩니다. 우리의 중무장한 병사들도 부상을 입었으니, 우리가

18) 성은 '문文' 이름은 '종種'이며 자는 소금少禽이다. 본래는 초나라 사람인데 월나라의 대부가 되었다. 훗날 구천句踐의 원수인 부차夫差에게 복수하는 데 일등공신이 되었으나 주변의 참언에 의해 구천이 내린 검으로 자살하였다. 자세한 내용이 《사기》 〈월왕구천세가越王句踐世家〉에 실려 있다.

맞서 싸운다면 반드시 패할 것입니다. [땅을 나누어] 뇌물로 주는 편이 낫습니다."

그래서 노산露山의 북쪽 5백 리 땅을 뇌물로 주었다.

행군에 지친 오나라 군대를 패배시키다

초나라가 진陳나라를 정벌하자 오나라는 진나라를 구원하려고[19) 하였다. 양쪽 군대는 서로 30리 떨어져 있었다. 열흘 동안 비가 내리더니 [날이 개어] 밤에 별이 떴다. 좌사 의상이 자기(子期, 초나라 소왕昭王의 이복형으로 훗날 백공승에게 피살됨)에게 말하였다.

"비가 내리는 열흘 동안 무기와 병사들을 모두 모으십시오. 오나라 군대가 반드시 공격할 것이니 대비하는 것이 더 낫습니다."

그래서 진을 치는데, 진이 구축되기 전에 오나라 군대가 쳐들어왔으나 초나라의 진지를 보고는 되돌아갔다. 좌사가 말하였다.

"오나라는 왕복 60리를 행군했으므로 그 군관軍官들은 반드시 쉴 것이고, 병사들은 반드시 먹고 있을 것입니다. 우리가 30리만 행군하여 그들을 친다면 반드시 패하게 할 수 있습니다."

그래서 그 뒤를 쫓아가 마침내 오나라 군대를 무찔렀다.

19) 당시 상황은 이렇다. 《사기》 〈진기세가陳杞世家〉에 의하면 진陳나라의 민공湣公 16년(초나라 혜왕 3년, 기원전 486)의 일로, 그 당시 오나라 왕 부차가 사람을 보내 진나라 제후를 소환하여 두려운 나머지 오나라에 가니, 초나라가 자신을 거스르는 것에 분노하여 정벌한 것이다.

위나라 문후가 한나라 왕과 조나라 왕을 조회 들게 하다

한韓나라와 조趙나라가 서로 적대관계가 되어 한나라가 위魏나라에 군사를 요청하며 말하였다.

"원컨대 [당신의] 군사를 빌려 조나라를 정벌하고자 합니다."

위나라 문후文侯가 말하였다.

"과인은 조나라와는 형제지간이므로 [그 뜻을] 따를 수 없습니다."

조나라 또한 군사를 빌려서 한나라를 공격하려고 하였다.

문후가 말하였다.

"과인은 한나라와는 형제지간이므로 감히 따르지 못하겠습니다."

두 나라는 모두 병사를 얻지 못해 노여워하면서 돌아갔다. 얼마 뒤 문후가 자신들을 화해시키려고 한 것임을 알고 곧 모두 위나라 왕에게 조회 들었다.

저 역시 신의를 아낍니다

제나라가 노나라를 정벌한 뒤 참정讒鼎[20]을 요구하자 노나라에서는 가짜 정을 가져가도록 하였다. 제나라 사람이 말하였다.

---

20) 잠정岑鼎·숭정崇鼎으로 되어 있는 판본도 있다. 우禹임금이 하늘에 제사 지낼 때 사용하는 그릇인 구정九鼎을 만들 때 감참甘讒 땅에서 만들었기 때문에 참정讒鼎이라고 한다. 구정은 본래 구주九州를 상징하여 대대로 보물로 받들었다. 탕왕은 하나라를 멸망시키고 그것을 상읍商邑으로 옮겼고, 주나라 무왕은 상나라를 멸망시키고 낙읍洛邑으로 옮겼다. 진秦나라는 서주를 멸망시키고 구정을 취하였는데, 하나는 사수泗水에 빠뜨리고 나머지 여덟 개는 소재가 분명하지 않다.

"가짜입니다."

그러자 노나라 사람이 말하였다.

"진짜입니다."

제나라 사람들이 말하였다.

"악정자춘(樂正子春, 증자曾子의 제자)을 불러와 그 사람에게 들어봅시다."

노나라 왕은 악정자춘에게 [진짜라고 말하도록] 부탁하였다.

악정자춘이 말하였다.

"어째서 진짜를 가져가게 하지 않았습니까?"

왕이 말하였다.

"내가 그것을 아끼기 때문이오."

[악정자춘이] 대답하였다.

"저 역시 저의 신의를 아낍니다."

한나라의 공자 구 이야기

한나라의 구咎[21]가 군주로 즉위했지만 아직 [지위가] 안정되지 않았다. 그때 그의 동생이 주周나라에 있어 주나라는 그를 중용하려고 하면서도 한나라 [신하들이] 그를 세우지 않을까 두려웠다.

기무회綦毋恢가 말하였다.

---

21) 한나라 양왕襄王의 아들이다. 양왕은 태자 영嬰과 공자 기슬蟣蝨을 두었는데, 태자 영이 죽자 공자 구咎는 태자 자리를 놓고 기슬과 다투어 결국 태자가 되었다. 자세한 내용은 《사기》〈한세가韓世家〉에 나온다. 당시 기슬은 초나라에 있어 돌아올 수 없었으므로 양왕은 구를 태자로 삼았다. 양왕이 죽자 태자 구가 군주가 되었으니 바로 이왕釐王이다.

"전차 백 대로 그를 호송하는 편이 낫습니다. [한나라에서 그를] 군주로 세울 때에는 호위하기 위해서라고 하고, 세우지 않을 때는 반역자를 바치러 왔다고 하십시오."

빈객이 던진 세 글자 말로 정곽군을 안정시키다

정곽군靖郭君[22)]이 설薛 땅에 성을 쌓으려고 하자 빈객들 중 [이 일에 대해] 간언하는 사람들이 많았다.

정곽군이 알자謁者에게 말하였다.

"빈객들이 오지 못하게 하라."

제나라 사람 중 만나기를 청하는 자가 있었는데, 이렇게 말하였다.

"신은 세 글자만 말하기를 청합니다. 세 글자를 넘으면 신을 삶아 죽이십시오."

정곽군은 그래서 그를 만나보았다.

빈객은 종종걸음으로 나아가 말하였다.

"해대어海大漁."

그러고는 돌아가려고 하였다.

정곽군이 말하였다.

"그 말의 뜻을 듣고 싶소."

빈객이 말하였다.

22) 전국시대 전영田嬰의 시호이다. 제나라 위왕의 작은아들이며, 선왕의 배다른 동생으로 맹상군의 아버지이다. 처음에는 장수로 임명되어 전기와 손빈 등과 마릉전투에 참전해 위魏나라 군대를 크게 무찔렀다. 그 뒤 제나라 선왕 9년에 재상이 되었고, 민왕 때 설 땅에 봉해져 설공薛公이라 불렸으며, 죽은 뒤 정곽군靖郭君이라는 시호가 내려졌다.

"저는 감히 죽음을 장난으로 생각하지 않습니다."

정곽군이 말하였다.

"원하건대 과인을 위해 말해주시오."

[빈객이] 대답하였다.

"군왕께서는 대어大漁에 대해 들어보셨습니까? 대어는 그물로도 붙잡을 수 없고 작살로도 잡을 수 없지만, 튀어올라 물에서 벗어나게 되면 개미라도 제 마음대로 할 수 있지요. 지금 제나라는 군왕에게는 바다와 같습니다. 군왕께서 오랫동안 제나라에 있다면 설 땅으로 무엇을 하겠습니까? 군왕께서 제나라를 잃는다면 비록 설 땅의 성을 높인다 해도 오히려 이익이 없을 것입니다."

정곽군이 말하였다.

"옳소."

그러고는 [공사를] 멈추게 하고 설 땅에 성을 쌓지 않았다.

초왕의 아우를 진나라에서 돌아오게 하다

초나라 왕의 동생이 진秦나라에 있었는데, 진나라에서는 [그를] 돌아가지 못하게 하였다. 중사(中射, 제왕을 모시는 측근)라는 무사가 말하였다.

"신에게 백 금을 준다면 신이 능히 그를 [오게] 할 수 있습니다."

그래서 백 금을 싣고 진晉나라로 가서 숙향叔向[23]을 만나 말하였다.

"초나라 왕의 동생이 진秦나라에 있는데, 진나라에서 보내주지 않습니다. 백 금으로 부탁드립니다."

숙향은 금을 받고 진晉나라의 평공平公을 만나 말하였다.

"호구성壺丘城을 쌓는 것이 좋겠습니다."

평공이 말하였다.

"무엇 때문입니까?"

[숙향이] 대답하였다.

"초나라 왕의 동생이 진나라에 있는데, 진나라에서 보내주지 않는다고 합니다. 이것은 진나라가 초나라를 미워하기 때문이니 반드시 우리가 호구성을 쌓아도 [진나라가] 막지 못할 것입니다. 만일 막는다면 우리는 '우리를 위해 초나라 왕의 동생을 보내라. 그러면 우리는 성을 쌓지 않겠다.'고 하고, 만일 그렇게 해서 보내준다면 초나라의 마음을 얻을 수 있습니다. 그런데도 진나라가 그를 보내지 않는다면 끝까지 [초나라를] 미워하는 것이니 반드시 우리가 호구성을 쌓는 것을 막지 못할 것입니다."

공이 말하였다.

"옳소."

그러고는 곧 호구성을 쌓았다. [그러고 나서] 진秦나라의 군주에게 말하였다.

"우리를 위해 초나라 왕의 동생을 보내준다면 우리는 성을 쌓지

23) 춘추시대 진晉나라의 대부 양설힐羊舌肸을 가리킨다. 식읍食邑이 양楊에 있었기 때문에 양힐이라고도 한다. 마음이 곧고 예의범절이 뛰어나 진나라 도공悼公 때 태자 표彪의 사부가 되었고, 표가 진나라 평공平公이 되자 태부太傅로 임명되었다.

않을 것이오."

진나라는 그래서 그를 돌려보냈다. 초나라 왕은 매우 기뻐하며 정련한 금 백 일鎰을 진晉나라에 보내주었다.

오자서가 합려에게 던진 한 마디

합려闔廬[24]가 영郢 땅을 공격해 세 번 승리하자 오자서에게 물었다.

"이제 퇴각시켜도 좋겠소?"

오자서가 대답하였다.

"사람을 물에 빠뜨려 죽이려고 하는데 물을 한 번만 먹이고 그만 두면 결코 죽지 않습니다. 그러므로 쉬지 않고 해야 합니다. 이 기회를 틈타 완전히 빠뜨리는 것이 좋습니다."

같은 말도 대상에 따라 다르다

정鄭나라 사람에게 아들이 한 명 있었는데, 벼슬을 찾아가려 하면서 그의 집안사람들에게 말하였다.

---

24) 합려闔閭라고도 한다. 춘추시대 말기 오나라의 군주이다. 오자서와 손무의 보좌를 받아 여러 나라를 정벌해 중원에 힘을 떨쳤으나 월나라 왕 구천과의 전투에서 크게 다쳐 죽었다. 그의 아들인 부차가 이어받아 복수했으며, 부차는 다시 구천에 의해 보복당하고 자결하였다. 합려는 진시황만큼이나 사후세계에 대해 애착이 있었다. 그는 호구산虎丘山 아래에 땅을 파고 냇물을 만들고 흙을 쌓아 산을 만들었으며, 세 겹으로 된 동관銅棺을 두고 6자 길이의 연못을 지었으며, 황금과 주옥으로 기러기를 만들었다. 아직도 그 유물이 보존되어 있다.

"꼭 무너진 담을 다시 쌓으십시오. [그대로 두면] 착하지 않은 사람이 훔쳐갈 것입니다."

그 마을 사람들도 같은 말을 하였다.

그러나 제때 담을 쌓지 않아 과연 도둑을 맞았다. 그런데 가족들은 자기 아들은 지혜롭다고 생각하면서 알려준 마을 사람은 훔쳐간 것이라고 의심하였다.

제24편

관행(觀行 : 행동을 관찰하다)

【해제】

'관행觀行'이란 사람의 행동 혹은 행위를 관찰한다는 의미로, 주로 군주가 신하의 행동을 살핀다는 뜻이다.

〈관행〉 편의 취지는 군주가 신하의 행위를 관찰하여 그것에 합당한 법칙을 찾아내는 데 있다. 한비자는 두 번째 단락에서 지智·력力·강强 등의 단어를 통해 이 세 가지로도 군주가 되기는 부족하다고 설명하면서 구체적인 사례를 통해 이 세 단어의 의미에 대해 부연 설명하고 있다. 한비자는 군주가 자신을 돌아보거나 신하들의 행동을 관찰할 때는 마치 거울을 통해 자신의 모습을 비추어보듯이 도道와 같은 객관적인 원칙에 의거해야 한다고 서술하고 있다. 이런 분명한 이치를 알고 법술法術과 세勢에 의해 다스리는 방법을 쓴다면 군주가 행동을 살피는 일이 완벽해지리라는 것이다.

한편, 〈관행〉 편이 도가道家 사상에 가깝다면서 한비자의 작품이 아닐 것이라고 의문을 품는 이도 있다. 그 주된 근거로 본문에 신선가神仙家가 즐겨 사용하는 '장생長生'과 같은 말이 나오기 때문이라는 것이다. 그러나 이 '장생'이란 글자가 '장승長勝'의 오기라고 보는 주석가들도 있어 그들의 말이 설득력이 있으므로 오히려 한비자의 작품이라는 데 더 무게 중심이 실린다.

허리에 가죽을 찬 자, 활을 맨 자

옛날 사람들은 자기 눈으로 자신의 모습을 볼 수 없었으므로 거울로 얼굴을 보았고, 자기 지혜로는 자신을 알지 못했으므로 도道로써 자신을 바로잡았다. 거울이 자신의 흉터를 비췄다고 해서 거울에 죄가 있는 것이 아니며, 도가 허물을 밝혔다고 해서 도를 탓할 수는 없는 것이다. 눈이 있어도 거울이 없으면 수염과 눈썹을 바르게 하지 못하고, 몸이 있어도 도가 없으면 미혹되는 것을 알 길이 없다.

서문표西門豹는 성격이 조급하여 [허리에] 가죽을 차고 다니며 스스로를 느긋하게 하였고, 동안우董安于는 성격이 느긋하여 활을 매서 스스로를 긴장시켰다. 그러므로 여유가 있는 것으로 부족한 것을 채우고, 긴 것으로 짧은 것을 이어주면 현명한 군주라고 한다.

천하의 확실한 세 가지 도리

천하에는 정해진 이치가 세 가지 있다. 첫째는 지혜롭다고 해서 공적을 세울 수 있는 것이 아닌 점이고, 둘째는 힘이 있다고 해서 들어올릴 수 있는 것이 아닌 점이며, 셋째는 강하다고 해서 이길 수 있는 것이 아닌 점이다.

그러므로 비록 요堯임금의 지혜가 있더라도 뭇사람들의 도움이 없으면 큰 공을 세우지 못할 것이고, 오획烏獲[1] 같은 강한 힘이 있더라도 사람들의 도움을 받지 못하면 혼자 들어올리지 못할 것이며, 맹분孟賁과 하육夏育[2] 같은 강함이 있을지라도 법술法術이 없다면 영원히 승리할 수 없을 것이다.

그래서 형세에 따라 얻을 수 없는 것도 있고, 일에 따라 이룰 수 없는 것도 있다. 그러므로 오획이 천 균(鈞)[3]이나 되는 것을 가벼워하면서도 자기 몸을 무겁게 여기는 것은 그 몸이 천 균보다 무거워서가 아니라 형세가 불리하기 때문이다. 이주離朱가 백 보 밖의 것을 쉽게 보면서도 [자기] 눈썹 보는 것을 어려워한 것은 백 보가 가깝고 눈썹이 멀어서가 아니라 이치상 할 수 없었기 때문이다. 그래서 현명한 군주는 오획이 자신을 들어올리지 못하는 것을 몰아세우지 않고, 이주가 스스로를 보지 못하는 것을 곤란하게 만들지 않는다. 좋은 형세를 따르면 쉬운 방법을 구할 수 있으므로 힘을 적게 쓰고도 공과 이름을 세운다.

때에는 가득 찰 때와 텅 빌 때가 있고, 일에는 이로울 때와 해로울 때가 있으며, 만물에는 태어날 때와 죽을 때가 있다. 군주가 이 세 가지 때문에 기뻐하고 노여워하는 기색을 나타내면 쇠와 돌처럼 굳건한 마음을 가지고 있는 벼슬아치라도 마음이 떠날 것이고, 성현이라 할 만한 신하들도 하는 일을 의심하게 될 것이다. 그래서 현명한 군주는 다른 사람을 살펴보지, 다른 사람이 자신을 살펴보

1) 진秦나라의 힘센 용사로, 무왕武王을 섬겼다고 알려져 있다.

2) 위衛나라 사람으로, 천 근의 쇠를 들어올리는 힘을 가진 역사力士이다.

3) 고대의 도량형으로, 균鈞이란 지금의 30근이다.

게 하지 않는다. 요임금이라도 홀로 성공할 수 없고, 오획도 자신의 몸을 들 수 없으며, 맹분과 하육조차 혼자서는 [적을] 이길 수 없었던 이치를 깨닫고, 명백히 알고 법술로 [나라를] 다스린다면 [신하의] 행위를 관찰하는 방법이 완전히 갖추어진다.

제25편

안위(安危: 안정과 위험)

【해제】

'안위安危'란 안정과 위험이라는 뜻으로, 〈안위〉 편 속의 '안술유칠安術有七, 위도유육危道有六'이라는 구절을 가지고 편명으로 삼은 것이다.

〈안위〉 편을 통해 한비자는 국가가 오랫동안 안정을 유지하면서 위험과 멸망에서 벗어날 수 있는 길을 일곱 가지 행동과 혼란스럽게 하는 여섯 가지 행동을 통해 제시하고 있다. 한비자의 시각에서 보면 안정과 위험의 관건은 법도의 문제로 귀결되는데, 법도에 의지해야만 편안하고 법도에 의지하지 않으면 위험하게 된다는 것이다. 곧 상과 벌, 화와 복, 생과 사, 현명함과 어리석음 등을 판단할 때 개인적인 억측을 배제하고 일정한 기준을 세워야 한다고 주장하고 있다. 한비자는 군주가 법도를 세워 따른다면 만대까지 덕을 드리울 수 있다고 하면서 법치사상을 기본 골자로 하되 유가사상과 도가사상을 취사선택하는 방식을 취하였다.

군주가 신하보다 앞서 요임금과 같은 성군이 되기 위해 뼈를 깎는 노력을 해야 그 백성들 또한 자연스럽게 오자서나 비간 같은 충신이 될 것이다. 그러면 군주는 나라를 잃는 일도 없을 것이고 백성들은 목숨을 잃지 않을 것이니, 결국 나라의 안정과 혼란은 그 나라가 강한가 약한가, 혹은 백성들의 수가 많은가 적은가에 달려 있는 것이 아니라 기준을 얼마나 엄격히 적용하는가의 여부에 좌우된다는 취지이다.

한편, 〈안위〉 편에서 한비자가 선왕을 본받고 요임금과 순임금으로서 그 이상의 극치를 다룬 내용이 한비자의 사상과 그다지 어울리지 않는다는 입장을 견지하여 이 편 역시 한비자의 저작이 아니라는 의심을 제기하는 견해도 있다.

나라를 평안하게 하는 방법, 위태롭게 하는 방법

[나라를] 평안하게 하는 방법에는 일곱 가지가 있고, 위태롭게 하는 방법에는 여섯 가지가 있다. 나라를 평안하게 하는 방법은 다음과 같다.

첫째, 상과 벌은 옳고 그름에 따라 준다.

둘째, 화와 복은 선과 악에 따라 내린다.

셋째, 죽이고 살리는 일은 법도에 따라 결정한다.

넷째, 현명한지 어리석은지를 판단할 때는 애정과 증오에 따르지 않는다.

다섯째, 어리석음과 지혜로움을 가릴 때는 [다른 사람의] 비난과 칭찬에 좌우되는 일이 없다.

여섯째, 잣대가 있어서 마음대로 헤아리는 일이 없다.

일곱째, 신의가 있어서 거짓이 없다.

나라를 위태롭게 하는 방법은 다음과 같다.

첫째, 법도의 테두리에서 자기 마음대로 일을 처리한다.

둘째, 법도 밖에서 마음대로 일을 재단하고 처리한다.

셋째, 다른 사람이 해롭게 되는 것을 이롭게 생각한다.

넷째, 다른 사람이 화를 당하는 것을 즐거워한다.

다섯째, 다른 사람이 편안해하는 것을 위태롭게 만든다.

여섯째, 사랑해야 할 사람을 아끼지 않고, 미워해야 할 사람을 멀리하지 않는다.

이와 같이 하면 사람들은 살아가는 즐거운 이유를 잃게 되고, 죽음에 대한 중압감을 잊게 된다. 사람들이 삶을 즐거워하지 않으면 군주도 존중받지 못하고, 죽음에 대한 중압감이 없으면 명령은 시행되지 않는다.

편작의 의술, 오자서의 충언

천하 사람들이 모두 지혜를 다해 규범을 따르게 하고, 법도에 따라 능력을 모두 발휘하게 하면, 움직이면 승리할 것이고 조용히 있으면 안정될 것이다. 잘 다스려지는 세상에서는 사람들이 옳은 일을 행하며 삶을 즐기고, 그른 일을 하는 것에 자신을 아끼도록 만들면 소인은 줄어들고 군자는 많아지게 된다. 그렇게 되면 사직은 늘 서게 되고 나라는 오래도록 평안하다. 미쳐 질주하는 수레에는 공자도 없을 것이며, 뒤집히는 배 아래에는 백이伯夷도 없을 것이다. 그래서 호령號令은 나라의 배나 수레와 같은 것이다. 이것이 안정되면 지혜롭고 청렴한 사람이 생겨나고, 위태로우면 다툼과 비루함이 일어나게 된다.

그러므로 나라를 평안하게 하는 법은 마치 굶주리면 먹이고 추위에 떨면 옷을 입히는 것처럼, 호령하지 않아도 저절로 그렇게 되도록 하는 것이다. 선왕은 다스리는 방법을 대나무나 비단에 기록했는데도 그 방법이 [이치에] 맞으므로 후세 사람도 복종하는 것이다.

만일 사람들에게 굶주림과 추위 속에서 음식과 옷을 버리라고 한다면 비록 맹분이나 하육일지라도 [명령을] 실행할 수 없을 것이다. 자연스러움을 버리면 비록 선왕의 법도에 따르더라도 설 수 없을 것이다. 강하고 용감한 사람이라도 해낼 수 없는 일을 억지로 하게 하면 군주는 평안할 수 없다. 군주가 만족하지 않고 질책해서 이미 다 짜냈다면 백성들은 있는 것도 없다고 대처할 것이고, 있는 것도 없다고 하면 법을 가볍게 여길 것이다. 법은 나라를 다스리는 수단인데, 그것을 가볍게 여기면 공은 세워지지 않고 명성은 이루어지지 않는다.

듣기로 옛날에 편작扁鵲이 질병을 치료할 때는 칼로 뼈를 찔렀고, 성인이 위태로운 나라를 구할 때에는 충성스러운 말로 [군주의] 귀를 거슬렀다고 한다. 뼈를 찔렀으므로 작은 통증이 몸에 있었지만 오랫동안의 이로움이 몸에 있었으며, 귀를 거스르는 말을 했으므로 약간의 거슬림이 마음에 있었지만 오랫동안의 복이 나라에 있게 되었다. 그러므로 심한 질병에 걸린 사람은 통증을 참아내야 이롭고, 용맹하고 강인한 군주는 귀에 거슬리는 것이 복이다. 통증을 참아냈으므로 편작이 의술을 다 펼칠 수 있었고, 귀에 거슬렸으므로 오자서가 [충언을] 놓치지 않았던 것이다. 이것이 몸이 오래 살고 나라가 평안해지는 방법(術)이다. 질병이 있으면서도 고통을 참지 못한다면 편작의 의술을 놓치게 될 것이고, [나라가] 위태로운데도 귀를 거스르지 않게 한다면 성인의 뜻을 놓치게 될 것이다. 이처럼 하면 장기적인 이익은 멀리까지 오래 드리우지 못하고, 공적과 명성은 오랫동안 서지 않을 것이다.

나라의 안위를 구분하는 기준

군주가 스스로 요임금처럼 되려고 각고의 노력을 쏟지 않으면서 신하들에게 오자서가 되라고 요구한다면, 이는 요행으로 은나라 사람이 모두 [충신] 비간처럼 되기를 바라는 것과 같다. [만일 백성들이] 모두 비간처럼 된다면 군주는 나라를 잃지 않을 것이고, 신하는 목숨을 잃지 않을 것이다. 군주가 신하들의 힘을 헤아리지 못하고 [역적인] 전성자田成子가 있는데도 모두가 비간처럼 되기를 바라므로, 나라는 일시적인 안정도 얻지 못할 것이다. 요임금과 순舜임금을 쫓아내고 걸桀과 주紂를 세운다면, 사람들은 자신의 장점을 즐기지 못하고 자신의 단점을 근심하게 된다. 자신의 장점을 놓치게 되면 국가는 공적이 없게 되고, 자신의 단점을 고수하고 있으면 백성들은 삶을 즐기지 못하게 된다. 공로를 세우지 못하는데도 사는 것이 즐겁지 않은 백성들을 통제한다는 것은 보통 백성들에게는 행할 수 없는 것이다. 이처럼 하면 군주는 아랫사람을 부릴 수 없게 되고, 아랫사람은 군주를 섬기지 않게 된다.

[나라의] 평안함과 위태로움은 옳고 그름을 구분하는 기준에 달려 있지 [국력이] 강한가 약한가에 달려 있지 않다. [나라의] 보존과 패망은 [군주가] 비어 있는지 꽉 차 있는지에 달려 있지 [백성의] 많고 적음에 달려 있는 것이 아니다. 그러므로 제나라는 만승의 나라임에도 명분과 실질이 어울리지 않아서 군주가 나라에서는 텅 빈 이름만 지키고, 아래에 있는 자는 명분과 실질을 모두 쥐고 있으므로 신하가 군주의 자리를 빼앗을 수 있었던 것이다. 은나라는 천자의 나라인데도 옳고 그름을 구분하지 않아 공로가 없는데도 상을 주고, 아첨하는 자가 거짓수단으로 귀한 신분이 되도록 하였으며, 죄 없는 자를 처형하고 태어날 때부터 꼽추인 자의 등을 가르려고 하였고, 거짓을 옳다고 하고 선천적인 본성을 그르다고 했으므로 작은 나라(주나라)가 큰 나라(은나라)를 이길 수 있었던 것이다.

현명한 군주는 나라 안을 굳건히 하므로 대외적으로 실패하지 않는다. 가까운 곳에서 실패하고 먼 곳에서 낭패 보지 않는 이는 없다. 그러므로 주나라가 은나라를 빼앗은 것은 정원에서 잃어버린 물건을 주운 것과 같다. 은나라가 조정에 [물건을] 떨어뜨리지 않았다면 주나라가 어찌 가을 터럭만큼이라도 국경을 넘었겠으며, 하물며 감히 군주의 자리를 바꿀 수 있었겠는가? 현명한 군주의 도道는 법을 충실히 하고, 그 법은 [백성들의] 마음에 충실하므로 백성들에게 다가서면 잘 다스리고 그들을 떠나더라도 생각나게 하는 것이다. 요임금은 아교나 옻칠 같은 [굳은] 약속을 하지는 않았지만 [자신이 다스리는] 당대에 도가 행해졌고, 순임금은 송곳 하나 꽂을 땅이 없어도 후세까지 공덕이 [백성들의 마음에] 맺어졌다. 오랜 옛날에 도道를 세워 만세까지 덕을 드리우는 자를 현명한 군주라고 일컫는 것이다.

제26편

수도(守道:나라를 지키는 길)

【해제】

'수도守道'란 '나라를 지키는 길' 또는 '나라를 보존하는 이치'라는 뜻으로, 이 편의 말미에 나오는 '수국지도필비의守國之道畢備矣'라는 구절을 가지고 편명으로 삼은 것이다. 〈수도〉 편에서 한비자가 다루고자 한 내용은 바로 나라와 군주의 권력을 보존하는 방법이다.

한비자는 군주가 나라를 통치하기 위해서는 법도를 세우는 일이 매우 중요하다고 보았다. 법이야말로 선을 드러내고 악을 억제하는 역할을 하기 때문이다. 그래서 그 구체적인 방법으로 상을 두텁게 하고 형벌을 엄중히 하는 것이 가장 좋음을 시사하였다. 그 실례로 고대의 명군은 목숨을 바쳐 공을 세운 자에게는 포상과 승진을 시켜 선행을 권장하고, 죄를 지은 자에게는 무거운 형벌을 내려 범죄를 방지했다는 점을 들어 이야기하고 있다. 이는 어떠한 행동이 이로운지 백성 스스로 깨닫게 해서 군주가 백성을 쉽게 다스릴 수 있도록 하는 방법이다. 군주가 아름다운 궁전 안에서 한숨을 내쉬지 않게 되고, 신하들은 단단한 성안에서 옷자락을 끌며 팔짱을 끼고 노닐게 되는 것은 모두 이런 기본기에 충실해야 가능하다는 설명이다.

또한 한비자는 〈수도〉 편에서 법은 객관적이고 표준이 있으며 보편성이 있되 강제성도 수반되어야 함을 강조하면서 군주는 법과 대비되는 개인의 능력을 없애야만 나라가 잘 다스려지게 된다는 주장을 펴고 있다. 한편, 이 편은 〈안위〉 편과 마찬가지로 요임금과 순임금을 칭송하고 있어 후세 사람의 위작이라는 설도 제기되어 있다.

성왕聖王이 법을 제정할 때 그 상은 선善을 권장하기에 충분하고, 권위는 포악함을 누르기에 충분하며, 그 대비는 법을 완성하기에 충분하도록 하였다.

잘 다스려지는 세상에서는 공적이 많은 신하의 지위가 높아지고, 끝까지 힘쓴 자가 상이 두터워지며, 정성을 다한 자가 명성이 세워진다. [그러면] 선한 행동이 [생동하는] 봄처럼 생겨날 것이고, 악한 행동은 [시들어가는] 가을처럼 죽을 것이므로 백성들은 권장하고 힘써 노력하고 정성을 다하는 것을 즐거워할 것이니, 이것을 가리켜 군주와 신하가 서로 뜻이 맞는다고 한다.

군주와 신하가 서로 뜻이 맞으므로 힘쓰는 자는 법의 범위 안에서 스스로의 능력을 극대화해 [진나라] 임비(任鄙, 진秦나라의 역사力士) 같은 사람이 되려고 힘쓰고, 전쟁에 출전한 병사는 죽음을 무릅쓰고 뛰어나가며 맹분과 하육 같은 용사가 되기를 원하며, 도道를 지키는 자는 모두 쇠와 돌같이 굳은 마음을 품고서 오자서와 같은 절개를 지키며 죽을 것을 생각한다. 힘쓰는 자가 임비처럼 되려 하고, 싸움터에서는 맹분과 하육처럼 되려고 하며, 쇠와 돌처럼 굳은 마음으로 지키려고 한다면 군주는 베개를 높이 베면서도 [나라를] 지키는 것은 이미 완벽한 것이다.

금령을 지켜야 천하가 공평해진다

옛날에 [나라를] 잘 지켰던 자는 백성들이 무겁게 여기는 것[형법]으로 가볍게 여기는 죄를 금지했으며, [견디기] 어려운 형벌로 소홀히 저지르는 죄를 멈추게 하였다. 그래서 군자와 소인이 모두 바르게 되었고, [탐욕스런] 도척盜跖[1]이나 증삼曾參과 사어史魚[2]와 같이 정직한 사람들도 모두 청렴해졌다. 이것을 어떻게 아는가?

무릇 탐욕스러운 도둑이라도 깊은 계곡까지 달려가서 금을 줍지는 않는데, 이는 깊은 계곡으로 달려가 금을 주우면 자신을 보존하지 못하기 때문이다. 맹분과 하육이라도 적의 역량을 헤아려보지 않고 싸웠다면 용감하다는 명성이 남았을 리 없고, 도척이라도 손익을 계산하지 않았다면 이익을 얻지 못했을 것이다.

현명한 군주가 금령을 지킬 때는 맹분과 하육이라도 그들이 이길 수 없는 곳에서는 제재를 받게 되고, 도척이라도 그가 빼앗지 못할 곳에서는 해를 입게 된다. 그래서 맹분과 하육이 침범할 수 없는 바를 금하고, 도척이 훔칠 수 없는 바를 지키게 하면 포악한 자는 삼가고 사악한 자는 바르게 돌아간다. 아주 용감한 자가 삼가고 큰 도둑이 바르게 되면 천하는 공평해질 것이며, 백성들의 마음도 바르게 될 것이다.

1) 춘추시대 유하혜柳下惠의 동생으로, 반란을 일으킨 9천여 명의 졸개를 거느린 도적떼의 우두머리이다. 《장자》에 〈도척〉이란 편이 있을 정도로 탐욕스럽고 포악한 도둑의 대명사로 알려져 있다.

2) 위衛나라 신하로 공자는 그의 정직한 태도를 칭찬하였다.

법을 가까이하고 인재를 잘 쓰는 길은 나라를 지키는 완전한 방법

군주가 법을 멀리하고 인재를 잘못 쓰면 백이처럼 함부로 [군주 자리를] 취하지 않는 데도 [나라가] 위태롭게 되고, 전성자나 도척이 [군주의 자리를 뺏는] 화를 면하지 못하는 것은 무엇 때문인가?

지금 천하에는 백이 같은 사람은 한 명도 없고 간사한 사람들만 세상에 끊이지 않으므로 법을 세우고 기준을 확립해야 하는 것이다. 법도가 확실해지면 백이는 옳은 길을 잃지 않고, 도척은 그른 일을 저지르지 못할 것이다. 법이 분명하면 현명한 자가 우둔한 자에게서 빼앗지 못하고, 강한 자가 약한 자를 침해하지 못하며, 많은 수가 적은 수를 억누르지 못한다. 천하를 요임금의 법에 따라 맡겨 다스리면 곧은 선비는 [자신의] 직분을 잃지 않을 것이고, 간사한 사람은 요행을 바라지 않을 것이다. 그러므로 천금을 예羿의 화살에 매달아 날려 보내도 백이는 잃을 것이 없고, 도척은 함부로 줍지 못할 것이다. 요임금이 간사한 자들을 놓치지 않는 법에 밝았으므로 천하에 사악함이 없어졌고, 예는 화살을 쏠 때 실수를 하지 않았으므로 천금을 잃지 않았던 것이다. 사악한 자는 오래 살지 못하고, 도척 같은 자는 [악행을] 그만두었을 것이다.

이처럼 하면 도록圖錄에 재여宰予[3] 같은 현인이 실리지도 않을 것이고, 육경六卿 같은 벼슬[4]도 거론되지 않을 것이며, 오자서 같은 충

3) 제나라 간공의 신하로, 전상에 의해 죽임을 당하였다.

4) 육경六卿, 곧 우사右師·좌사左師·사마司馬·사도司徒·사성司城·사구司寇의 하나로, 사공司空에 해당하는 벼슬이다.

신도 기록되지 않을 것이고, 부차夫差 같은 군주도 명시되지 않을 것이다. 또 손자孫子[5]와 오기吳起의 전략이 없어지고, 도척의 나쁜 마음도 수그러질 것이다. 군주는 옥으로 장식한 궁전 안에서 음식을 즐기며 먹는 것을 달가워하고 옷을 입는 것을 아름답게 입으며 눈을 부릅뜨고 이를 악문 채 머리를 흔들며 한탄하는 우환이 없어지게 될 것이고, 신하들은 쇠로 만든 성벽 안에서 옷자락을 끌며 팔짱을 낀 채 분노하거나 입술을 꼭 다무는 근심이 없어질 것이다.

호랑이를 굴복시키려고 하면서 우리에 가두지 않고, 간사함을 금지하려고 하면서 법에 따르지 않고, 거짓을 막는다고 하면서 부절(符節, 증표)을 사용하지 않는 것은 맹분이나 하육도 근심했던 것이며, 요임금과 순임금도 어려워했던 일이다.

그러므로 우리를 설치하는 것은 쥐를 막기 위해서가 아니라 겁 많고 약한 자가 호랑이를 굴복시킬 수 있도록 하기 위함이고, 법을 세우는 것은 증삼이나 사어를 대비하는 것이 아니라 평범한 군주로 하여금 도척 같은 자를 금할 수 있도록 하기 위해서이다. 부절을 만드는 것은 미생尾生[6] 같은 사람을 예비하기 위해서가 아니라 많은 사람들로 하여금 서로 속이지 못하게 하기 위함이다. 비간처럼

5) 손무孫武와 손빈孫臏을 가리킨다. 이들은 모두 춘추시대 제나라의 병법가이다. 각기 《손자병법孫子兵法》과 《손빈병법孫臏兵法》이라는 병법을 지어 군사전략에 획을 그은 인물들이다. 《손자병법》은 그대로 전해져서 널리 읽혔지만 《손빈병법》은 이름만 전해지다가 1970년대에 발굴되어 세상에 나오게 되었다. 손빈은 손무의 후손이다.

6) 미생고微生高라고도 한다. 다리 밑에서 사랑하는 여인과 만날 약속을 하였다. 그런데 그가 다리 밑에서 기다릴 때 갑자기 폭우가 쏟아져 물이 차오르는데도 기둥을 끌어안고 그녀가 올 때까지 기다리다가 죽었다. 그래서 우직할 정도로 약속을 굳게 지킨 전형적인 인물로 이름을 남겼다. 저 유명한 미생지신尾生之信의 고사이고, 사마천도 《사기》 〈소진열전〉에서 그의 행위를 긍정적으로 평가하였다.

절개를 지키기 위해 죽는 것을 기대하지 말고, 난신亂臣이 속이지 않는 것을 다행으로 여기지 말라. 겁 많고 나약한 사람이 복종시킬 수 있는 방법에 의지하고, 어리석은 군주도 쉽게 지킬 수 있는 것을 장악해야만 한다.

요즘 세상에서 군주를 위해 충심으로 계획하고 천하를 위해 덕을 베푼다면 이와 같이 하는 것보다 더 이로운 것은 없다. 그러므로 다른 사람의 군주 된 자는 나라를 멸망시키는 시도를 하지 않을 것이고, 충신은 자신을 망치는 기획을 하지 않을 것이다.

지위를 존중하고 반드시 상을 주는 데 분명히 하면 사람들로 하여금 힘을 다해 법도에서 온 힘을 다할 수 있게 하고, 관직에 있는 자가 목숨을 바쳐 절개를 지키게 하는 것이다. 맹분과 하육 같은 심정을 이해해도 [자신의] 삶을 죽음으로 바꾸지 않고, 도척과 같은 탐욕에 빠져도 [자신의] 생명을 재물과 바꾸지 않고도 나라를 지키는 방법은 완전히 갖추어지는 것이다.

제27편

용인(用人 : 인재를 사용하다)

【해제】

'용인用人'이란 인재를 사용한다는 뜻으로, 이 편의 첫머리 '문고지선용인자聞古之善用人者'라는 문구에서 나온 말이다. 등용이라는 말과 달리 군주가 인재를 자신의 것으로 부리고 통제하는 요령이라는 의미가 강하다.

한비자는 인재 발탁에 뛰어난 자는 반드시 하늘의 이치를 따르고 사람의 본성에 순응해 상벌을 명확히 했다는 사실을 강조한다. 제 아무리 훌륭한 인재가 등용되었다고 해도 법으로 통치하지 않는다면 나라를 바르게 할 수 없는 것이다. 이는 아무리 대단한 목수라도 곡척을 사용하지 않고는 수레 한 대도 만들 수 없고, 줄자를 사용하지 않고는 길이의 절반을 정확히 끊을 수 없는 것과 매한가지이다. 만일 군주가 법으로 나라를 다스리는 방법을 배제하고 제멋대로 다스린다면 어떤 다른 방식을 취하더라도 나라를 바로잡을 수 없다. 오히려 평범한 군주라도 법으로 나라를 다스리고 상벌을 공평하게 시행하면 쉽게 다스릴 수 있다.

현명한 군주는 보기 쉽게 표지판을 만들고, 알기 쉽게 가르침을 베풀며, 따르기 쉽게 법을 만들어 지혜나 능력이 뛰어나지 않은 평범한 백성이라도 그것을 지킬 수 있게 해야 한다. 그러면 윗사람이 사사로이 권위를 이용해 해를 끼치는 일이 없게 되고, 아랫사람이 어리석게 죄를 범해 처벌받는 일이 없게 될 것이다.

〈용인〉 편에서 한비자는 이유여하를 막론하고 상벌을 명확히 함으로써 인재를 사용할 것을 주장하고 있으며, 상벌의 표준은 합리적인 근거가 있어야 하므로 상은 능력에 따라 주어야 하고 벌은 가볍게 해서는 안 된다고 강조하고 있다.

사람을 사용하려면

듣건대, 옛날에 사람을 사용하는 데에 뛰어난 자는 반드시 하늘의 이치를 따르고 사람의 본마음에 순응했으며, 상과 벌을 분명히 하였다고 한다. 하늘의 이치를 따르면 힘을 조금만 써도 공을 세울 수 있고, 사람의 본마음에 순응하면 형벌을 줄여도 법령이 시행되며, 상과 벌을 분명히 하면 [청렴한] 백이나 [탐욕스런] 도척이 뒤섞이는 일이 없게 된다. 이처럼 하면 흑백이 뚜렷이 구별된다. 잘 다스려지는 나라의 신하는 나라의 공적을 세워 작위를 받고, 벼슬아치는 재능을 발휘해 직책을 받으며, 법도에 따라 힘을 다함으로써 일을 맡게 된다. 신하들은 모두 자신의 능력에 알맞은 벼슬자리에 있으면서 그 벼슬을 잘 지키며 그 임무를 가볍게 해내어 남는 힘을 마음에 두어 부담을 느끼지 않아도 되고, 벼슬자리를 겸임해 그 책임을 군주에게 지도록 하는 이도 없게 된다. 그러므로 안으로는 [백성들의] 원한 쌓인 반란이 없게 되고, 밖으로는 마복(馬服, 마복군馬服君)[1]과 같은 근심거리가 없게 된다.

현명한 군주는 일을 할 때 서로 간섭하지 못하게 해서 소송이 없도록 하고, 벼슬아치들은 벼슬자리를 겸임하지 못하게 해서 재능이 신장되며, 사람들은 같은 일을 시켜 똑같은 공을 노리지 못하게

---

1) 마복馬服은 전국시대 조趙나라 땅이다. 전국시대 조나라의 명장 조사趙奢는 공을 세워 마복군에 봉해졌다. 여기서는 조사의 아들 조괄趙括을 가리킨다. 조괄은 병서를 많이 읽었으나 이론적으로만 병법에 통달했을 뿐이었다. 기원전 260년 진秦나라 장수 백기가 조나라를 공격하자 장평에서 싸우게 되었다. 이때 조나라 왕은 조괄을 대장으로 삼아 염파廉頗 대신 싸우게 했는데, 조괄은 이 싸움에 져서 화살에 맞아 죽었다. 이 당시 조나라 왕은 반간계에 휘말려 조괄의 어머니와 인상여藺相如의 반대에도 무릅쓰고 조괄을 등용했다가 무려 40만 명의 군대가 생매장당하는 치욕을 겪게 되었다.

함으로써 다툼이 없게 된다. 다툼과 소송이 그치고 재능이 신장되고 확립되면 강자와 약자가 힘을 겨루지 않게 되고, 얼음과 숯처럼 상반된 것이 없게 되며, 천하에 서로 상하게 하는 일이 없으니, [이것이] 최상의 다스림이다.

받을 수 있는 상, 피할 수 있는 형벌

법술을 내버려두고 마음에 따라 다스리는 데에 내맡기면, 요임금이라도 한 나라를 바르게 할 수 없을 것이다. 직각자와 규구規矩를 버리고 헛되이 마음으로 헤아린다면 해중奚仲[2]도 수레바퀴 한 개 만들 수 없을 것이다. 잣대를 없애고 길고 짧음을 견주어보면 왕이王爾라도 길이의 절반을 정확히 자를 수 없을 것이다. 그러므로 평범한 군주가 법술로 나라를 다스리는 방법을 지키도록 하고, 서투른 장인이 규구와 잣대를 잡도록 한다면 만에 하나도 실수가 없을 것이다.

다른 사람의 군주 된 자는 현인과 명장도 일을 이룰 수 없는 방법은 버려야 하고, 평범한 군주나 서투른 장인이라도 만에 하나의 실수도 없을 방법을 지킨다면 사람들은 힘을 다하게 되어 공명을 세울 수 있을 것이다.

현명한 군주는 받을 수 있는 상을 만들고, 피할 수 있는 형벌을

2) 하夏나라 우임금 때 수레 제작에 뛰어난 장인이었다. 역사적으로 기술자의 전형으로 꼽히는 인물이다.

설치한다. 그러므로 현명한 자가 상을 좇더라도 오자서와 같은 화를 입지 않으며, 어리석은 자도 죄를 적게 받도록 하여 꼽추의 등을 가르는 일을 당하지 않고, 맹인은 평지에서 살게 되어 깊은 계곡으로 떨어지지 않으며, 어리석은 자는 고요함을 지켜 어렵고 위험한 데로 빠지지 않는다. 이와 같으면 윗사람(군주)과 아랫사람(신하)의 은덕이 맺어지게 된다. [그래서] 옛사람은 이렇게 말하였다.

"그 마음이란 알기 어려운 것이라 기뻐하고 노여워하는 감정을 맞추기가 어렵다."

그래서 표식으로 눈으로 볼 수 있게 하였고 북으로 귀에 들리게 하였으며 법으로 마음을 가르치게 하였다.

군주 된 자가 [이] 세 가지 쉬운 방법(수數, 술수)을 놓아두고 알기 어려운 마음 하나만을 따라 행동하려고 하면 노여움이 윗사람에게 쌓이고 원망이 아랫사람에게 쌓이게 된다. 쌓인 노여움으로 쌓인 원망을 다스리면 양쪽이 위험해질 것이다. 현명한 군주의 표식은 쉽게 보이므로 약속이 잘 지켜지고, 그 가르침은 쉽게 알 수 있으므로 말이 잘 통하게 되며, 그 법은 쉽게 만들었으므로 명령이 잘 시행된다.

이 세 가지가 확립되면 윗사람은 사사로운 마음이 없어지고, 아랫사람은 법에 따라 다스려지며, 표식을 바라보고 행동하며 먹줄을 따라 자르게 되고, 재단에 따라 꿰매게 될 것이다.

이와 같이 하면 윗사람이 사사로운 위엄으로 해독을 끼치는 일이 없게 되고, 아랫사람은 어리석고 졸렬하다고 하여 형벌받는 일이 없게 될 것이다. 그래서 윗사람은 현명함에 머물러 노여워하는 일을 적게 해야 아랫사람이 충성을 다해 죄가 적어질 것이다.

군주가 고립되지 않으려면

다음과 같은 말을 들었다.

"일을 하면서 근심이 없게 하는 것은 요임금이라도 하지 못한다."

더구나 세상에는 일찍이 일이 없었던 적은 없었다. 군주 된 자가 작위와 봉록을 가볍게 여기지 않고 부귀를 사소하고 쉽게 여기지 않으면, 위급한 나라를 구할 수 없다. 그래서 현명한 군주는 염치廉恥를 권하고, 인의仁義를 내세운다.

옛날 개자추介子推[3]는 작위와 봉록이 없었지만 의義로써 문공文公을 수행했으며, [문공이] 굶주림을 견디지 못하자 인仁으로써 자신의 허벅지를 베어 먹였다. 그래서 군주는 그의 덕을 마음에 새기고 책이나 도록에 기록하게 되었다.

군주는 사람들이 공적인 일로 힘을 다하는 것을 즐거워하지만, 사사로이 [군주의] 권위를 찬탈하게 될까 고통스러워한다. 신하는 [자기의] 능력으로 직책을 받는 것을 편안해하지만, 혼자 두 가지 일

---

3) 춘추시대 진晉나라의 충신으로 개지추介之推라고도 불렸다. 그는 여희驪姬의 난 때 중이重耳를 따라 망명하던 중 중이가 허기를 견디지 못할 때는 자신의 허벅살까지 베어 먹이며 봉양하였다. 그런데 중이는 19년 동안의 망명생활을 청산하고 고국으로 돌아와 문공文公이 되었을 때 개자추를 소홀히 대하였다. 그래서 개자추는 개산介山으로 들어가 숨어 살았다.

을 책임지는 것을 고통스러워한다. 그래서 현명한 군주는 신하들이 고통스러워하는 것을 없애주고 군주가 즐거워하는 것을 세우니, 군주와 신하의 이익으로 이보다 좋은 것은 없다.

[그런데도] 사적인 가문(신하를 비유)에서 벌어지는 일을 살피지 않고, 중대한 일을 가볍게 생각하고 가벼운 죄에 무거운 벌을 내리며, 작은 잘못을 오랫동안 원망하고, 잠시의 쾌락을 끝없이 추구하며, 덕을 환란을 일으킨 자에게 여러 차례 베풀면 이는 손을 절단하고 옥으로 된 손을 잇는 것과 같은 일이다. 그래서 세상에는 [군주와 신하의] 신분이 바뀌는 환란이 있게 되는 것이다.

군주가 실행하기 어려운 것을 세워 그것에 미치지 못하는 자에게 죄를 내린다면 사사로운 원망이 생길 것이고, 신하가 장점으로 생각하는 것을 놓치고 해내기 어려운 직무를 받들게 되면 잠복된 원한이 맺힐 것이다. 노고가 있어도 위로하지 않고, 근심스러워 하며 슬퍼해도 슬퍼하거나 가엽게 여기지 않고, [군주가] 기쁘면 소인을 칭찬하며 현명한 자와 어리석은 자를 함께 상 주고, 노여우면 군자를 헐뜯으며 백이와 도척을 함께 모욕하기 때문에 신하들이 군주를 모반하는 것이다.

연燕나라 왕이 안으로는 자신의 백성을 미워하고 밖으로는 노魯나라 사람을 사랑한다면 연나라 사람들은 [힘을] 쓰지 않게 될 것이고, 노나라 사람들은 [군주에게] 기대려 하지 않을 것이다. [연나라] 백성들은 [군주에게] 미움을 샀으니 힘을 다해 공을 세우려 하지 않고,

노나라 백성들은 사랑을 받았지만 죽음을 무릅쓰고 다른 나라 군주를 친하게 할 수는 없다.

이렇게 되면 신하는 [군주와] 틈과 구멍이 생기게 되고 군주는 [신하로부터] 고립된다. 틈과 구멍이 있는 신하로 고립된 군주를 섬기게 하는 것, 이것을 가리켜 위태롭다고 하는 것이다.

가까운 세상일로 옛날 현인을 흠모하지 않게

바른 과녁을 무시하고 마음대로 활을 쏜다면 비록 적중하더라도 활 솜씨가 뛰어나다고 하지 않으며, 법과 제도를 버리고 망령되게 노여워하면 비록 죽이더라도 간사한 사람은 두려워하지 않는다. 죄는 갑이 지었는데 을에게 재앙이 돌아가면 잠복된 원한이 맺히게 된다.

그러므로 지극히 잘 다스려지는 나라에는 상과 벌은 있어도 즐거워하고 노여워하는 것은 없다. 그래서 성인은 형법을 기준으로 징벌을 가하는 일은 있어도 독충과 같은 것으로 [잔혹하게] 죽이는 형벌을 내리는 일은 없으므로 간사한 사람도 복종했던 것이다. 화살을 쏘아 과녁을 적중시키듯 상을 주고 벌을 주는 것이 합당하면 요임금이 다시 소생한 것과 같고, 예가 다시 온 것과 같을 것이다.

이와 같으면 군주는 은나라와 하나라와 같은 [멸망할] 근심이 없고, 백성들은 비간과 같은 [죽임을 당한] 화가 없어 군주는 베개를 높이 베고 신하들은 생업을 즐기며, 도는 천지를 덮고 덕은 만세에 이를 것이다.

무릇 군주가 틈과 구멍을 메우지 않고 [벽에] 붉은 흙과 흰 흙을 칠하는 일에만 힘써 노력하면 사나운 바람과 거센 비가 반드시 무너뜨릴 것이다. 눈썹과 속눈썹 같은 눈앞의 재앙을 제거하지 않고 맹분과 하육 같은 죽음을 흠모하고, 궁궐 내부에서의 근심에는 삼가지 않고 멀리 변방에 견고한 성을 쌓으며, 가까이 있는 현명한 사람의 지모를 사용하지 않으면서 천 리 밖에서 만승이나 되는 나라와 외적으로 교분을 맺으려고 한다. [이러한 상황에서] 회오리바람이 한번 일어나면 맹분과 하육이라도 구하지 못할 것이고, 교분이 있는 외국도 미치지 못할 것이니 재앙으로 이보다 큰 것은 없다.

지금 세상에 군주를 위해 충심으로 계책을 세우는 자는 반드시 연나라 왕이 노나라 사람을 아끼지 못하게 하고, 가까운 세상의 일로 옛날의 현인들을 흠모하지 않게 하며, 월나라 사람이 중국(中國, 중원中原)[4]의 물에 빠진 자를 구하지 않도록 하여야 한다. 이와 같으면 위아래가 친해져 안으로는 공이 세워지고, 밖으로는 명성이 이루어지게 될 것이다.

---

4) 그 당시 황하유역의 중원中原지역에 있던 여러 나라를 가리켜 부르던 말이다. 그 밖의 변두리지역에 위치한 나라를 이적夷狄이라고 하였다.

제28편

공명(功名 : 공적과 명성)

【해제】

‘공명功名’이란 ‘공적과 명성’이라는 뜻이다. 〈공명〉 편의 목적은 공을 세우고 이름을 이루는 ‘입공성명立功成名’의 길을 제시하는 데 있다. 한비자는 군주가 대업을 이루기 위한 조건을 하늘의 때〔天時〕, 백성의 마음〔人心〕, 재능과 능력〔技能〕, 권세와 지위〔勢威〕 등 네 가지로 구분해 설명하였고, 이 중 권세와 지위를 특히 강조하였다. 그것이 군주가 통치하는 데 결정적인 요소이기 때문이다. ‘지위가 높고’ ‘권세가 무거워야’ 비로소 천하를 통제할 수 있다. 군주가 천시天時와 민심을 얻고 재능까지 뛰어나다고 해도 권세와 지위가 없으면 군주로서의 역량을 제대로 발휘할 수 없다. 이것은 천 균鈞이나 되는 물건도 배에 실으면 뜨지만, 아무리 가벼운 것이라도 배를 잃으면 가라앉는 것과 같은 이치이다.

한비자가 군주의 조건 중 무엇보다 권세와 지위를 중시한 이유는 군주야말로 백성들이 힘을 모아 떠받드는 존재이기 때문이다. 군주가 설령 어리석다고 해도 현명하고 능력 있는 자를 지배할 수 있는 것은 그에게 권세와 지위가 있기 때문이다. 비유하자면 어린아이가 높은 곳에서 천 길이나 되는 골짜기를 내려다볼 수 있는 것은 어린아이의 키가 크기 때문이 아니라 서 있는 위치가 높기 때문이라는 점을 생각하면 쉽게 이해될 것이다.

요컨대 한비자가 추구하는 세 가지 강령은 법을 숭상하고 권세에 맡기며 술術을 사용하는 것이다.

군주가 공을 세우는 네 가지 방법

현명한 군주가 공적을 세우고 이름을 떨치는 방법에는 네 가지가 있으니, 첫째는 천시(天時, 하늘의 때)이고, 둘째는 인심(人心, 백성의 마음)이며, 셋째는 지능(技能, 재능과 능력)이고, 넷째는 세위(勢位, 권세와 지위)이다.

천시를 거스르면 비록 요임금이 열 명 있어도 겨울에 벼 한 포기도 소생시킬 수 없고, 인심을 거스르면 비록 맹분이나 하육일지라도 사람들의 힘을 다하게 할 수 없을 것이다. 그래서 천시를 얻으면 힘쓰지 않아도 저절로 자라고, 인심을 얻으면 재촉하지 않아도 저절로 부지런해진다. 지능을 이용하면 서두르지 않아도 저절로 신속하게 되고, 세위를 얻으면 나아가지 않아도 명성이 이루어진다. 마치 물이 흘러가고 배가 떠가는 것처럼 자연의 이치를 지키며 다함이 없는 명령을 행하므로 현명한 군주라고 하는 것이다.

요임금과 순임금이 공적을 세울 수 있었던 까닭

무릇 재능이 있어도 권세가 없다면 현명하더라도 어리석은 자를 제어할 수 없다. 그래서 한 자밖에 안 되는 나무라도 높은 산 위에 서 있으면 천 길의 계곡을 내려다볼 수 있게 되는데, [그것은] 나무가 높기 때문이 아니라 [서 있는] 위치가 높기 때문이다.

걸桀이 천자가 되어 천하를 제압할 수 있었던 것은 현명해서가 아니라 권세가 무거웠기 때문이다. 요임금이 필부였더라면 세 가구도 바르게 다스릴 수 없었을 것인데, [이는] 어리석어서가 아니라 지위가 낮기 때문이다. 천 균鈞[1]의 무게나 되는 물건도 배에 실으면 뜨지만, 치수錙銖[2]처럼 가벼운 물건이라도 배가 없으면 가라앉는 것은 천 균이 가볍고 치수가 무거워서가 아니라 권세가 있는 것과 없는 것의 차이이다. 그래서 짧은 것이 높은 곳에서 내려다보는 것은 위치 때문이고, 어리석은 자가 현명한 자를 제어할 수 있는 것은 권세 때문이다.

군주란 천하가 한결같은 힘으로 함께 떠받드는 존재이므로 [지위가] 안정되고, 사람들이 같은 마음으로 함께 지켜주므로 존중받는다. 신하는 자신의 장점이 되는 것을 지켜서 능력을 다함으로 충성하게 된다. 존중받는 군주가 충성스런 신하를 통제하면 영원히 즐겁게 살고 공명을 이루게 된다. 명분과 실제는 서로 기대면서 이루어지고 형체와 그림자가 서로 호응해 세워지듯이 신하와 군주는 욕망은 같이하면서 일을 달리하는 자이다.

군주의 근심은 [어떤 일을 할 때] 그에게 아무도 호응하는 자가 없다는 데 있다. 그러므로 말한다.

"한 손으로만 박수를 치면 비록 빠르게 칠지라도 소리가 나지 않는다."

---

1) 1균이 30근이므로 천 균은 3만 근이다.

2) 치錙는 6수銖이고, 1수는 1냥兩의 24분의 1에 해당한다. 그러므로 치수는 대단히 가볍다는 것을 나타낸다.

신하의 근심은 한 가지 일에 전념하지 못하는 데 있다. 그러므로 말한다.

"오른손으로 원을 그리면서 왼손으로 네모를 그리면 둘 다 완성할 수 없다."

그러므로 말한다.

"잘 다스려지는 나라에서 군주는 북채와 같고 신하는 북과 같으며, 재능은 수레와 같고 일은 말과 같다."

그러므로 사람들에게 남아 있는 힘이 있으면 호응하기 쉽고, 재능에 남는 기교가 있으면 일하기에 편리하다. [군주를 위해] 공을 세우려는 자는 능력이 부족하고, [군주를] 친하고 가까이하는 자는 신의가 부족하며, 명성을 이루려는 자는 권세가 부족하다.

가까이 있는 자와는 이미 친하지만 멀리 있는 자와는 [교분을] 맺고 있지 않으면 명분이 실제와 들어맞지 않는 것이다. 성인으로 덕은 요순과 같고, 행동은 백이와 같을지라도 지위가 권세에 실리지 않으면 공은 세워지지 않고 이름도 성취될 수 없다. 그래서 옛날에 공명을 이룰 수 있었던 자는 사람들이 그에게 힘으로 도와주고, 가까이 있는 자가 성의로써 [교분을] 맺으며, 멀리 있는 자가 명성으로 칭찬하고, 존귀한 자가 권세로써 받들었기 때문이다. 이와 같이 했으므로 태산 같은 공이 길이 나라에 세워지고 해와 달 같은 명성이 오래도록 천지(天地, 천하)에 빛나게 되었다. 이것이 요임금이 남면(南面, 천자의 자리)해서 명성을 지킬 수 있었던 까닭이고, 순임금이 북면(北面, 신하의 자리)하여 공적을 세울 수 있었던 까닭이다.

제29편

대체(大體: 정치의 요점)

【해제】

'대체大體'란 사물의 대국적 견지 혹은 관건, 일의 요점과 요령이라는 뜻으로, 정치의 요점을 가리킨다. 이 편의 맨 앞 구절을 편의 제목으로 삼았다.

〈대체〉 편에서는 정치란 반드시 대국적인 견지에서 군주가 큰 강령을 가지고 세상을 다스리는 이치를 장악하고 있어야만 한다는 것을 말하고 있다. 보충하면 대체란 바로 '도道'이다. 도는 우주의 자연 규율이며, 공평하지 않음이 없고 사사로운 호오好惡의 감정이 없다. 따라서 이러한 대략을 지니고 있는 것이 바로 호오의 감정을 드러내지 않는 것이다. 물론 한비자는 치란治亂의 기본은 법술에 있고 시비에는 상벌이 있다는 것을 강조함으로써, 이 편에서도 역시 법치의 중요성을 강조하고 있다.

따라서 〈대체〉 편에서도 한비자는 '도법道法'의 개념을 거론하고 있는데, '화와 복은 도에서 생겨난다.'는 말이 그것이다. 도는 물론 노자의 사상이지만 이 편에서도 한비자 사상의 핵심이 되어 그 연원을 이루고 있다. 이미 〈주도〉 편에서 군주의 도에 대해 말하였는데, 도가에서 말하는 도란 냄새도 없고 맛도 없고 형체도 없고 색깔도 없으며, 어떠한 조짐도 없다. 따라서 군주는 도를 체득해야만 하며, 어떠한 조짐을 누구에게도 내보이지 않고 개인의 좋고 싫은 감정을 표출해서도 안 된다. 이는 바로 〈주도〉 편에서 주로 신하의 엿봄을 방지함으로써 '술術'에 편중되어 있음을 설명한 것이다. 요컨대 이 편에서 한비자는 군주의 분노가 통치에 얼마나 심각한 해악이 되는지를 말하고 있다.

털을 불어서 작은 흠을 찾으려 말라

옛날에 [나라를 다스리는] 요체를 온전하게 한 자는 하늘과 땅을 바라보고 강과 바다를 보았으며, 산과 골짜기에 따라 덕을 베풀었고, 해와 달이 비추며 네 계절이 따라가듯 구름이 펼쳐지고 바람이 움직이듯 하였다. [소소한] 지혜로써 [요체인] 마음을 수고롭게 하지 않았으며, 사사로움으로써 자신을 괴롭히지 않았다. 잘 다스려지고 어지러운 것을 법술法術에 기대고 옳고 그름을 상벌에 의탁하며 경중(輕重, 가볍고 무거움)을 저울에 맡겼다. 하늘의 이치를 거스르지 않았고 사람의 정서를 상하게 하지도 않았으며, 털을 불어서 작은 흠을 찾아내지 않았고 때를 씻어서 어려운 것을 살피려고 하지도 않았으며, 정해진 줄 밖으로 끌어내지도 않았고 안으로 줄을 밀어내지도 않았으며, 법 이외의 것을 급하게 하지 않았고 법 안의 것을 느슨하게 하지도 않았다. 정해진 원리를 지키고 자연을 따랐다.

화와 복은 도와 법에서 생겨나지 사랑과 미움에서 나오는 것이 아니며, 명예와 치욕의 책임은 자기에게 있지 다른 사람에게 있는 것이 아니다. 그러므로 지극히 편안한 시기에 법은 마치 아침이슬과 같아 순수하고 소박하여 흐트러지지 않았으며, 마음에는 맺힌 원한이 없고 입에는 불평하는 말이 없었던 것이다. 그러므로 수레와 말은 먼 길을 달려오느라 피로하거나 피폐하는 일이 없게 되고, 깃발들은 큰 늪에서 어지러워지지 않았으며, 백성들은 도적들에게 목숨을 잃지도 않았고 영웅 준걸들은 깃발 아래에서 목숨을 다치는 일도 없었다. 호걸들은 서적에 이름을 적어두지도 않았고, 쟁반과 그릇에 공을 새겨 넣지도 않았으며 연도를 기록한 보첩은 텅 비어 있었다. 그러므로 이르기를 "이익은 간략한 것보다 더 긴 것이 없고, 복은 편안한 것보다 더 오래된 것이 없다."고 하였다.

만일 돌을 다루는 장인으로 하여금 천 년의 목숨을 얻게 하여 곡척曲尺을 잡게 하고 규구를 눈으로 보게 하고 먹줄을 써서 태산을 바로잡게 하거나, 맹분과 하육으로 하여금 간장(干將, 명검을 비유함)을 가지고 온 백성을 가지런히 길들이게 한다고 하면 비록 교묘하게 온 힘을 다하거나 위험으로 목숨을 다 바쳐도 태산은 바로잡히지 않을 것이며, 백성도 가지런하게 할 수 없을 것이다. 그러므로 이르기를 "옛날에 천하를 길들이는 자는 돌을 다루는 장인으로 하여금 기교를 다하게 함으로써 태산의 모습을 망가지게 하지 않았고, 맹분과 하육으로 하여금 위세를 다하게 함으로써 온 백성의 품성을 손상시키지도 않았다."고 하였다.

도道에 따라 법을 온전히 함으로 군자는 즐거워하고 크나큰 간사함이 멈추게 된다. [그러므로] 맑고 한가롭고 고요하면서 하늘의 명에 따르고 치국의 요체를 지니고 있으므로 사람들로 하여금 법에 저촉되는 죄를 없게 만들며, 물고기(군주를 비유)로 하여금 물을 잃는 화禍가 없게 하니, 이와 같으므로 천하는 불가능한 것이 거의 없게 된다.

윗사람은 하늘 같아야

윗사람이 하늘 같지 않으면 아랫사람은 두루 감싸지지 않으며, 마음이 땅과 같지 않으면 만물은 모두 실어지지 않는다. 태산은 좋거나 싫은 것을 세우지 않기에 그 높음을 이룰 수 있었고, 강과 바다는 작은 도움을 가리지 않기에 그 풍성함을 만들 수 있었다. 이와 같이 큰 인물은 몸을 하늘과 땅에 맡겨 만물이 갖추어지게 하며, 마음을 산과 바다처럼 높고 넓게 가지는 까닭에 나라를 부유하게 한다. 윗사람이 분노하는 해독이 없으면 아랫사람은 원한을 쌓는 우환이 없게 되니, 윗사람과 아랫사람이 서로 순박하여 도道로써 집을 삼는 것이다. 따라서 오래도록 이득은 쌓이고 크나큰 공적이 세워지며, 살아서는 명성이 빛나고 죽어서는 덕의 감화가 지속되니 이것이 다스림의 최상인 것이다.

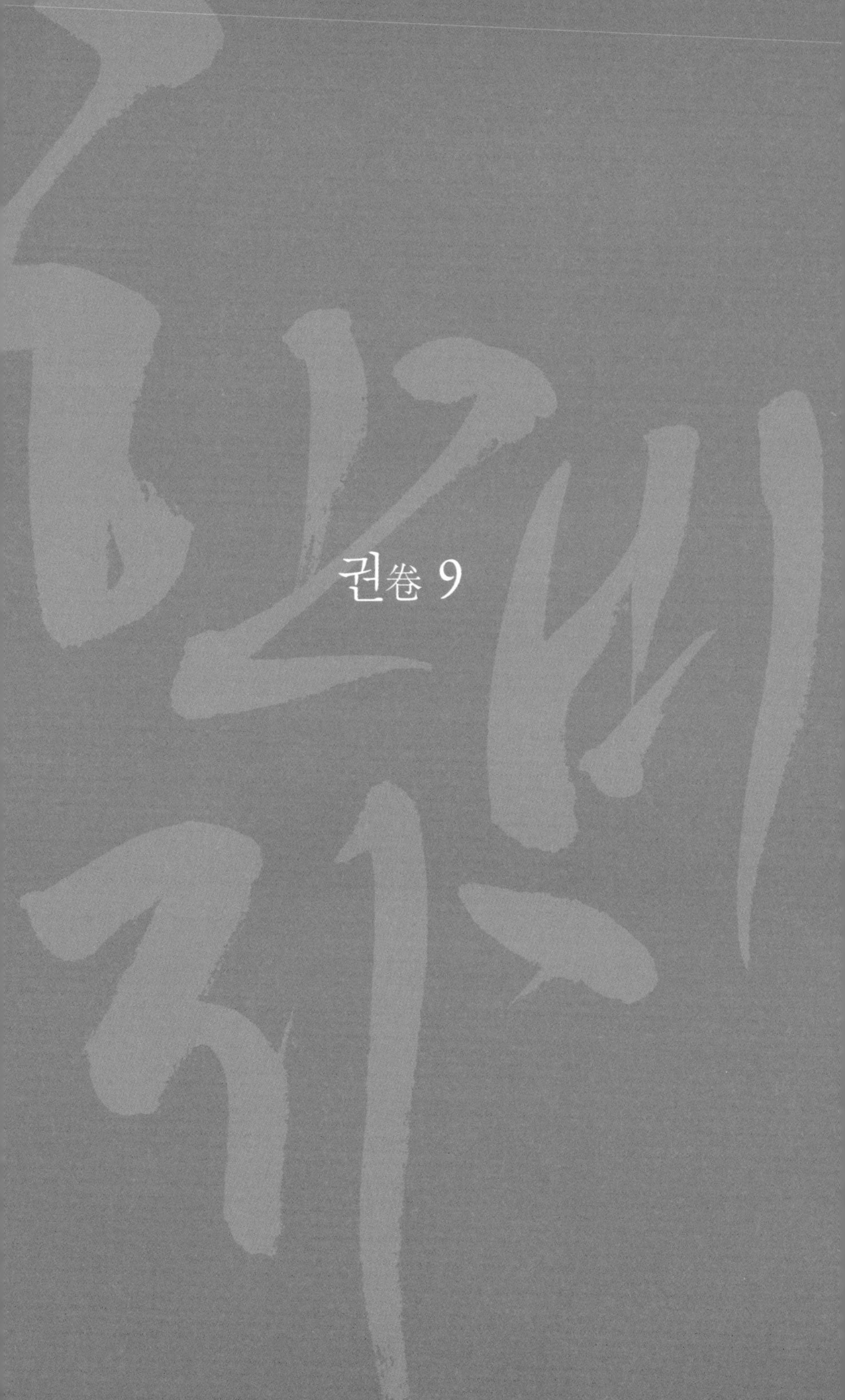

권卷 9

제30편

내저설 상 칠술
(內儲說上七術 : 신하를 통솔하는 일곱 가지 방법)

【해제】

'저儲'는 '비축하다, '준비하다'는 뜻이고, '설說'은 어떤 사실을 설명하기 위한 사례를 말한다. 곧 '내저설內儲說'은 설화의 내용을 항목별로 분류·정리한 편명으로 보면 무리가 없다. 《한비자》의 편들 중 설화가 많은 편이 〈십과〉, 〈유로〉, 〈설림〉 등인데, 〈설림〉 편이 체재상 정리되지 않은 설화집이라면 〈십과〉와 〈내저설〉 편은 항목별로 정리되어 있어 체계를 갖춘 것으로 볼 수 있다.

내용상 〈십과〉 편이 《한비자》의 법술적 특징 중심으로 교훈적인 내용을 항목으로 설정했다면, 〈내저설〉 편은 상벌이나 술術의 가치를 사례별로 제시해 분명히 나타내고 있다. 사마천이 《사기》의 〈노자한비열전〉에서 《한비자》의 중요한 세 편 중 하나로 〈내저설〉 편을 꼽은 이유도 여기에 있으니, 이 편의 위상이 낮지 않음을 알 수 있다.

〈내저설〉 편은 체재 면에서 경經과 설說, 강목綱目과 설화說話로 구성되어 있는데, 경이라고 부르는 부분에 항목 해설이 없고 뒤의 서두에 강목만을 열거했다는 점이 〈외저설外儲說〉 편과 다르다.

〈내저설 상 칠술〉 편에서 한비자는 군주가 나라를 다스리면서 신하들을 통제하는 일곱 가지 방법을 여러 사례를 들어 설명하고 있다. 기본적인 내용은 군주가 신하를 통제하는 일곱 가지 법술을 말했기 때문에 '칠술七術'이라고 하였다.

경은 강령이 되는 해설이고, 전傳은 사례가 되는 예증이다. 이 체재는 《묵자》의 〈경상經上〉·〈경하經下〉·〈경설상經說上〉·〈경설하經說下〉와 유사하다.

경經: 신하를 통솔하는 일곱 가지 방법

군주가 [신하를 거느리기 위해] 활용해야 하는 것으로 7술(術, 방도)이 있고, [그들을] 관찰해야 하는 것으로 6미(微, 기미)가 있다. 7술은 다음과 같다.

첫째, 여러 신하의 말을 두루 참조하고 관찰한다.

둘째, [죄를 지은 자는] 반드시 벌을 내려 [군주의] 위엄을 밝힌다.

셋째, [공을 세운 자는 반드시] 상을 주어 능력을 다하게 한다.

넷째, 신하가 한 말을 하나하나 들어서 실적을 따진다.

다섯째, 의심하는 신하들을 계책으로 부린다.

여섯째, 알고 있는 것을 모르는 척하고 물어본다.

일곱째, 말을 거꾸로 하여 반대되는 일을 한다.

이 일곱 가지는 군주가 신하를 다스릴 때 활용해야 하는 것이다. 다시 살펴보면 다음과 같다.

1. 참관參觀: 여러 신하의 말을 참조하고 관찰하라

[행동을] 보고 [의견을] 들을 때 [여러 사람의 말을] 참조하지 않으면 진실로 듣지 못하게 되고, 한 사람의 말만 들으면 [군주의 눈과 귀는] 신하들에 의해 가로막히게 될 것이다. 그 예증으로는 난쟁이가 꿈에 아궁이를 보았던 이야기와 애공哀公이 여러 사람들과 상의하면 미궁에 빠지지 않는다고 말한 것이 있다. 그래서 제齊나라의 어떤 사

람이 하백河伯[1]을 [왕에게] 보여주겠다고 하였고, 혜시惠施가 [위나라 왕은 백성 중] 절반을 잃었다고 하였다. 그 폐해가 되는 증거는 수우(竪牛, 궁궐의 내시 이름)가 숙손표(叔孫豹, 노나라의 재상)를 굶겨 죽인 일이나 강을江乙[2]이 초楚나라 풍속을 말한 일이다. 사공嗣公[3]은 나라를 잘 다스리려고 했지만 그 방법을 알지 못했으므로 적이 생기게 되었다. 이 때문에 현명한 군주는 쇠를 쌓아 화살을 막는 일을 유추해서 나라의 근심거리를 살펴야 한다.

2. 필벌必罰: 죄 있는 자는 반드시 벌하라

자애로움이 많으면 법령이 서지 못하고, 위엄이 적으면 아랫사람이 윗사람을 침해하게 된다. 이 때문에 형벌을 확실히 시행하지 못하면 금령이 실행되지 않는다.

그 예증으로는 동자(董子, 동안우董安于)가 석읍石邑을 순시하고, 자산子産[4]이 유길游吉[5]을 가르친 일이 있다. 그래서 중니仲尼는 서리[가 내려도 초목이 시들지 않는]의 이치에 관해 이야기했으며, 은殷나라 법에서는 길가에 재를 버린 자를 벌주었고, 행렬을 통솔하는 자는 [상

1) 황하의 신으로, 제나라 사람이 물고기를 잡아서 그에게 보여주었다는 이야기이다.

2) 위魏나라 사람으로 초나라를 섬겼는데, 그는 초나라 속담을 인용하여 백공白公의 난을 일으켰다는 오해를 받았다.

3) 위衛나라 평후平侯의 아들로, 신하와 다투다가 유폐된 인물이다. 그는 42년 동안 재위했으나 겨우 복양濮陽이라는 봉토 하나를 받았다.

4) 정鄭나라 대부로, 26년 동안 정나라 재상으로 있으면서 치세를 잘하여 그가 죽었을 때 온 나라 사람들이 울면서 다음과 같이 말하였다. "자산子産이 우리를 버리고 죽다니 백성은 누구를 믿고 산단 말인가."(《사기》 〈순리열전循吏列傳〉)

5) 자산의 뒤를 이어 정나라의 재상이 되었으나, 자산의 충고를 듣지 않고 나라를 다스리다 결국 제대로 된 재상 자리를 맡지 못하였다.

벌의 권력이 없었기 때문에] 악지樂池를 떠났으며, 공손앙(公孫鞅, 상앙)은 가벼운 죄라도 엄히 벌주었다. 형벌을 완전히 실시할 수 없었기 때문에 여수麗水의 금을 지키지 못하고, [사냥하느라] 적택積澤의 불을 끄지 못했던 것이다.

성환成歡은 군주가 너무 인자해서 제나라를 약하게 만들 것이라고 하였고, 복피卜皮는 지혜로움 때문에 위魏나라 왕이 망할 것이라고 하였다.

관중管仲은 이것을 알고 있었으므로 죽은 사람도 시신을 절단했으며, 사공은 이것을 알고 있었으므로 도망친 죄인을 [다시] 사오기도 하였다.

3. 상예賞譽: 상을 주고 칭찬하라

상과 칭찬을 내리는 것이 인색하고 함부로 하면 아랫사람은 명령에 따르지 않고, 상과 칭찬을 내리는 것이 후하고 믿음이 있으면 아랫사람은 죽음도 무릅쓰고자 한다.

그 예증으로는 문자文子가 "신하는 마치 숲에 뛰노는 사슴과 같다."고 말한 것이 있다. 그래서 월越나라 왕은 궁실에 불을 질렀고, 오기吳起는 수레의 끌채를 걸쳐놓게 했으며, 이회李悝[6]는 활쏘기 재주로 소송을 판결했고, 송宋나라 숭문崇門에 사는 사람들은 [부모상을 치르느라] 수척해져 죽었다.

---

6) 전국시대 위나라 초기의 정치가로, 기원전 406년 위魏나라 문후의 재상이 되어 변법과 개혁을 주도하였다. 농민들의 토지를 분배했으며, 곡물을 수매하여 농업 생산을 발전시켰다. 정치적인 측면에서는 노동을 한 자만이 먹을 수 있고, 공로가 있는 자만이 봉록을 받으며, 어진 사람만이 상을 받고, 형벌을 시행함에는 타당성이 있어야 한다는 입장을 견지하고 시행하여 세습 귀족의 특권을 폐지하였다.

구천句踐은 이런 이치를 알았으므로 뽐내는 듯한 두꺼비에게 경례했고, 소후昭侯는 이것을 알았으므로 낡은 바지를 간수하였다. 후한 상을 주면 사람들은 맹분孟賁이나 전제專諸처럼 된다. 아낙네들이 누에를 치고 어부가 장어를 잡는 것이 이를 증명한다.

4. 일청一聽: 하나하나 들어라

하나하나 듣고 판단하면 어리석은 것과 지혜로운 것을 혼동하지 않으며, 아랫사람들에게 진언하도록 질책하면 신하들이 [유능한 자와 무능한 자가] 섞이지 않게 될 것이다.

그 예증으로는 [위魏나라 왕이] 정鄭나라를 합병하려고 한 이야기나 피리를 불도록 한 이야기가 있다. 그 근심이 되는 것으로는 신자申子가 조소趙紹와 한답韓沓에게 한韓나라 왕의 의향을 미리 알아보도록 한 이야기가 있다. 그래서 공자公子 사汜는 하동河東을 분할해줄 것을 건의했고, 응후應侯는 상당上黨으로 [군대를] 옮길 것을 논의한 것이다.

5. 궤사詭使: 계책을 쓰라

자주 불러보고 오랫동안 기다리게 했다가 일을 맡기지 않으면 간사한 사람은 [민첩한] 사슴처럼 흩어질 것이고, 사람에게 일을 시키면서 탐문하면 사사로운 것을 팔 수 없을 것이다.

이 때문에 방경龐敬은 시장을 관리하는 공대부公大夫를 [불렀다가]

돌려보냈고, 대환戴讙은 이사(李史, 사법 관리자)의 집을 살피면서 온거(輼車, 덮개가 있어 누울 수도 있는 수레)를 감시하도록 명했으며, 주周나라 왕은 옥비녀를 [일부러] 잃어버렸고, 상商나라의 태재는 쇠똥이 많다고 꾸짖었던 것이다.

6. 협지挾智: 모르는 척 물어라

알고 있으면서 모르는 척 물어보면 알지 못했던 일까지 알게 되고, 한 가지 일에 대해 깊이 알게 되면 가려졌던 모든 것들이 모두 변하게 된다.

그 예증으로는 소후가 [자신의 손톱을 찾게 하기 위해] 손톱 한 개를 쥔 일이 있다. 그래서 남문南門의 일을 살펴 [나머지] 세 마을의 모습을 알 수 있었으며, 주周나라 왕은 굽은 지팡이를 찾도록 해서 신하들을 두렵게 만들었고, 복피는 서자(庶子, 시중드는 측근)에게 [신하들을 살피도록] 시켰으며, 서문표西門豹는 거짓으로 수레 빗장을 잃어버린 척하였다.

7. 도언倒言: 반대되는 말을 하라

상반된 일을 거꾸로 말하고 반대되는 일을 하여 의심스러운 것을 살피면 간사한 사람의 실정을 알게 된다.

그래서 산양군山陽君은 규樛라는 내시를 [일부러 비방해] 자신을 의심한다는 것을 알아냈으며, 요치淖齒는 자신의 심복을 진秦나라의 사신으로 [위장]했고, 자지子之는 거짓으로 백마가 달려갔다고 말해 측근을 시험했으며, 자산은 소송하는 자를 떼어놓[고 진상을 가려냈]고, 사공은 측근에게 변방의 시장으로 지나가도록 하였던 것이다.

전傳 1: 여러 신하의 말을 참조하고 관찰하라

한 신하에게 막혀서는 안 된다

위衛나라 영공靈公 때 미자하彌子瑕가 군주의 총애를 받아 나라의 정치를 좌지우지하고 있었다.

한 난쟁이[7]가 영공을 만나 이렇게 말하였다.

"신의 꿈은 영험이 있습니다."

영공이 말하였다.

"무슨 꿈인가?"

난쟁이가 대답하였다.

"꿈에 아궁이를 보았는데, 공을 만날 징조였습니다."

영공은 노여워하며 말하였다.

"내가 듣기로 군주를 알현하려는 자는 꿈에 해(日)를 본다는데, 너는 어찌하여 과인을 만나면서 꿈에 아궁이를 보았다고 하느냐?"

난쟁이가 대답하였다.

"무릇 태양은 천하를 비추므로 한 사물로는 가릴 수 없고, 군주는

7) 말 그대로 몸이 왜소한 사람인데, 옛날에는 잡기나 공연에 종사하는 자가 많아 주로 웃음거리를 제공하였다.

한 나라를 비추므로 한 사람으로는 가로막을 수 없습니다. 그래서 군주를 알현하려는 자는 꿈에 해를 본다는 것입니다. 그러나 아궁이는 한 사람이 불을 쬐고 있으면 뒷사람은 그 불빛을 보지 못합니다. 지금 누군가 군주 앞에서 불을 쬐고 있지 않습니까? 그러니 신이 꿈에 아궁이를 본 것은 당연하지 않겠습니까!"

한 신하에게 힘이 몰려서는 안 된다

노魯나라 애공哀公이 공자孔子에게 물었다.

"속담에 여러 사람과 의논하면 미혹되지 않는다는 말이 있소. 지금 과인은 사안을 처리하면서 신하들과 그것을 상의하는데도 나라가 더욱더 혼란스러워지니, 그 까닭은 무엇이오?"

공자가 대답하였다.

"현명한 군주가 신하에게 물을 경우 어떤 사람은 그 뜻을 알지만, 어떤 사람은 알지 못합니다. 이와 같으면 현명한 군주는 위에 있고 신하들은 아래에서 곧이곧대로 의견을 내놓을 것입니다. [그러나] 지금 신하들은 한마디 말을 하더라도 계손季孫과 뜻을 같이하여 그와 행동을 같이하지 않는 자가 없으니, 온 나라가 모두 하나로 바뀌었습니다. 비록 군주께서 나라 사람들에게 물어보더라도 오히려 혼란에서 벗어나지 못할 것입니다."

일설에는 이런 말이 있다.

안자晏子[8]가 노나라에 사신으로 갔는데 애공이 물었다.

8) 제나라 영공靈公·장공莊公·경공景公에 걸쳐 재상을 지낸 안영晏嬰을 말한다. 제나라를 부강하게 만든 명재상으로 유명하다.

"속담에 말하기를 '세 사람이 모여서 의논하면 아무도 미혹됨이 없다.'고 하였소. [그런데] 지금 과인은 온 나라 사람들과 상의하고 있는데도 노나라가 혼란에서 벗어나지 못하는 것은 무엇 때문이오?"

안자가 말하였다.

"옛날에 '세 사람이[모여서 의논하]면 아무도 미혹됨이 없다.'고 한 것은 한 사람이 틀려도 두 사람은 맞으므로 세 사람이면 충분히 여러 사람이 될 만하다고 생각한 것입니다. 그래서 세 사람이면 미혹됨이 없다고 한 것입니다. [그런데] 지금 노나라의 신하들은 수천 수백 명을 헤아리지만 계씨의 사사로운 이익에 말을 하나로 맞추고 있습니다. 사람의 수가 많지 않은 것은 아니지만 말하는 것은 한 사람이 하는 것과 같으니 어찌 세 사람이 상의했다고 할 수 있겠습니까!"

제나라 사람이 제나라 왕에게 말하였다.

"하백(강의 신)은 위대한 신입니다. 왕께서는 어찌하여 그를 만나보려 하지 않습니까? 신은 왕께서 그를 만나보시기를 청합니다."

그러고는 [물가에] 제단을 세우고 왕과 함께 서 있었다. 잠시 뒤 큰 물고기가 움직이자 그 틈을 타서 [제나라 사람이] 말하였다.

"저것이 하백입니다."

간신은 반대 의견을 없앤다

장의張儀는 진秦나라·한韓나라·위魏나라의 세력을 이용해 제나라와 초나라를 정벌하자고 하고, 혜시惠施는 제나라·초나라와 동맹을 맺어 전쟁을 그만두게[9] 하자고 해서 두 사람은 논쟁을 벌였다. 주위의 신하들은 모두 장의의 말이 옳다며 제나라와 초나라를 공격하는 것이 유리하다고 보고 아무도 혜시의 말을 따르지 않았다. 왕은 장자(張子, 장의)의 말을 듣고 혜자(惠子, 혜시)의 말이 불가능하다고 생각하였다. 그리하여 제나라와 초나라를 공격하는 일이 결정되었고, 혜자는 [궁궐로] 들어와 왕을 알현하였다.

왕이 말하였다.

"선생께서는 말하지 마시오. 제나라와 초나라를 공격하는 일이 과연 이롭소. 온 나라가 전부 그러하다고 생각하고 있소."

혜시가 말하였다.

"살펴보지 않을 수 없는 일입니다. 무릇 제나라와 초나라를 공격하는 일이 진실로 이로운 것이며, 온 나라 사람들이 전부 이롭다고 생각하면 어찌 지혜로운 자가 많아서 그렇겠습니까! 제나라와 초나라를 공격하는 일이 진실로 불리한 일인데도 온 나라 사람들이 전부 이롭다고 생각하면 어찌 어리석은 자가 많아서 그렇겠습니까! 무릇 모의한다는 것은 의심하는 것이며 의심하는 것이란 진실로 의심스럽기 때문이니, 의심스러운 점이 진실로 의심스럽다면 옳다고 생각하는 자가 절반이고 그르다고 생각하는 자가 절반일 것입니다. 지금 한 나라가 전부 옳다고 생각하니 이것은 왕께서 [나라의] 절반을 잃은 것입니다. 겁박받는 군주란 진실로 그 절반을 잃은 것입니다."

9) 원문의 '偃(언)'을 번역한 것으로, '쓰러뜨리다', '눕히다'는 뜻이다. 여기서는 무기를 눕히는 것이니 전쟁을 그만두게 한다는 의미이다.

한 사람의 말만 믿지 말라

숙손표叔孫豹는 노나라의 재상으로 신분이 귀하게 되자 전권을 휘두르고 있었다. 그가 총애하는 사람으로 수우竪牛라는 자가 있는데, 그 역시 숙손표의 명령을 멋대로 도용하였다. 숙손표의 아들 중에는 임壬이라는 자가 있는데, 수우는 그를 질투해서 죽이려고 하였다.

그래서 임과 함께 노나라 군주의 행궁에서 노닐게 되었는데, 노나라 군주가 그에게 옥환을 하사하였다. 임은 절을 하고 그것을 받기는 했지만 감히 차지 못하고 수우를 시켜 숙손표에게 허락을 구하도록 하였다.

수우는 거짓말로 이렇게 말하였다.

"내가 벌써 당신을 위해 허락을 청했더니, 당신으로 하여금 그것을 차도록 하였습니다."

임은 그래서 그것을 찼다.

수우가 숙손표에게 말하였다.

"어찌하여 임에게 군주를 만나도록 하지 않습니까?"

숙손표가 말하였다.

"어린아이를 어찌 만나게 할 수 있겠소?"

수우가 말하였다.

"임은 참으로 이미 여러 차례 군주를 알현하였습니다. 군주는 그에게 옥환을 하사했고, 임은 그것을 차고 있습니다."

숙손표가 임을 불러 보니 과연 옥환을 차고 있었다. 숙손표는 노여워하며 임을 죽였다.

임의 형은 병丙이라고 한다. 수우는 또 그를 시기해 죽이려고 하였다. 숙손표가 병을 위해 종을 만들도록 하여 완성했지만, 병은 감히 그것을 치지 못하였다. 그는 수우에게 숙손표의 허락을 받아주기를 청하였다. 수우는 허락을 청하지 않고 또 병을 속여 이렇게 말하였다.

"내가 벌써 당신을 위해 허락을 청했더니, 당신으로 하여금 그것을 치도록 하였습니다."

그래서 병은 종을 쳤다. 숙손표는 이것을 듣고 말하였다.

"병이 [허락을] 청하지도 않고 마음대로 종을 치는구나."

[숙손표는] 노여워하며 병을 내쫓았다.

병은 제나라로 달아났다. 1년간 머물다가 수우를 시켜 숙손표에게 사죄하도록 하였다. 숙손표는 수우를 시켜 그를 불러오도록 했으나 [수우는] 또다시 병을 부르지도 않고 숙손표에게 보고하였다.

"저는 이미 그를 부르러 갔었습니다만, 병은 크게 화를 내며 오지 않으려고 하였습니다."

숙손표는 매우 노여워하여 사람을 시켜 그를 죽였다.

두 아들이 벌써 죽고 숙손표가 병들자, 수우는 혼자 그를 돌보며 주위 사람들을 물리고 사람을 안으로 들이지 않고 말하였다.

"숙손표는 사람들의 말을 들으려고 하지 않는다."

그래서 [숙손표는] 먹지도 못하고 굶어 죽었다. 숙손표가 죽고 나서 수우는 발상(發喪, 죽음을 알리는 의식)을 하지도 않고 그 창고의 중요한 보물을 모두 옮겨서 그곳을 텅 비우고는 제나라로 달아났다.

무릇 믿는 자의 말만 듣다가 두 아들과 아버지가 죽게 되었으니, 이는 [사람들의 의견을] 살펴서 맞춰보지 않은 데서 온 재앙이다.

서로 비판하게 하라

강을江乙이 위魏나라 왕을 위해 초나라 사신으로 가서 초나라 왕에게 이렇게 말하였다.

"신이 왕의 국경 안으로 들어와서 왕의 나라의 풍속에 관해 들으니 '군자는 다른 사람의 아름다운 점을 가리지 않고, 다른 사람의 못된 점을 말하지 않는다.'고 하였습니다. 진실로 이런 풍속이 있습니까?"

왕이 말하였다.

"그렇습니다."

강을이 말하였다.

"그렇다면 백공白公의 반란과 같은 불상사는 어찌 위험하지 않겠습니까! 진실로 이와 같다면 신도 죽을죄를 짓고도 면할 수 있을 것입니다."

서로 살피도록 하라

위衛나라의 사군嗣君[10]은 여이如耳[11]를 중용하고 세희(世姬, 세世라는 성을 가진 희첩)를 총애했는데, 그들이 모두 총애받고 중용되는 것에 기대어 자기를 가리게 될까 두려워 곧 박의薄疑[12]를 귀하게 하여 여의에게 맞서게 하고, 위희魏姬를 높여서 세희와 맞서게 하고는 이렇게 말하였다.

"이 방법으로 서로 살피도록 하라."

사군은 [신하들이] 가리지 않도록 하는 것만 알았지 스스로 가려지지 않는 술術을 터득하지는 못하였다. 만일 지위가 천한 자가 귀한 자를 비평하게 하고, 아랫사람이 윗사람과 엮으려 하지 않고 반드시 세력을 동등하게 한 뒤에 감히 서로 비판하도록 한다면 이는 [군주의 이목을] 가로막는 신하를 심는 것이다. 사군이 [신하들에게] 가려진 것은 이렇게 시작된다.

모든 방향을 전부 방비하라

무릇 화살이 일정한 방향에서 날아오면 쇠를 쌓아 한 방향만 방어하면 되지만, 화살이 날아오는 방향이 일정하지 않으면 [사방이] 쇠로 된 방을 만들어 전부 방비해야 한다. 그렇게 방비해야만 몸이 상하지 않게 된다. 그러므로 그들이 모든 방향에서 방비하면 다치지

---

10) 42년 동안 재위하였다. 위衛나라는 성후成侯 16년부터 시작해 공公이 후侯로 폄호貶號되었고, 사군嗣君 5년에 이르러 또 후가 군君으로 폄호되었다. 자세한 내용은 《사기》 〈위강숙세가衛康叔世家〉에 실려 있다.

11) 전국시대 위魏나라 사람으로 일찍이 위나라에서 벼슬하였다.

12) 사람 이름으로, 자세한 사적은 알려져 있지 않다. 다만, 조趙나라에서 머물다가 나중에 위衛나라에서 벼슬한 것으로 추정된다.

않고, 모두를 적으로 여기고 대처하면 간사한 일이 없어질 것이다.

이구동성이면 믿게 된다

방공龐恭은 태자와 함께 한단邯鄲에 인질로 가면서 위魏나라 왕에게 일러 말하였다.

"지금 어떤 한 사람이 시장에 호랑이가 있다고 말하면 왕께서는 믿으시겠습니까?"

[왕이] 말하였다.

"그렇지 않소."

방공이 말하였다.

"두 사람이 시장에 호랑이가 있다고 말하면 왕께서는 믿으시겠습니까?"

[왕이] 말하였다.

"그렇지 않소."

방공이 말하였다.

"세 사람이 시장에 호랑이가 있다고 말하면 왕께서는 믿으시겠습니까?"

왕이 말하였다.

"그렇소."

방공이 말하였다.

"무릇 시장에 호랑이가 나타나지 않을 것은 분명합니다. 그런데도 세 사람이 말하자 호랑이가 나타난 것이 되었습니다. 지금 한단은 위나라에서 시장보다 멀리 떨어져 있고, 신을 비난하는 자는 세 사람보다 많을 것이니 원컨대 왕께서는 이 점을 살펴주십시오."

방공은 한단에서 돌아왔지만 끝내 [왕을] 만나지는 못하였다.

전傳 2: 죄 있는 자는 반드시 벌하라

법을 엄격히 하면 다스려진다

동안우가 조趙나라 상지上地의 태수로 부임해 석읍石邑 산속을 순시하게 되었다. 산의 계곡은 깊고 장벽처럼 가팔랐으며, 깊이가 백 인仞[13]이나 되었다. 그래서 그 근처 마을의 주변 사람에게 물었다.

"사람들 중 일찍이 이 계곡에 빠진 자가 있는가?"

대답하여 말하였다.

"없습니다."

[동안우가] 말하였다.

"어린아이, 장님, 귀머거리, 미친 사람으로 일찍이 이 계곡에 빠진 자가 있는가?"

대답하여 말하였다.

"없습니다."

[동안우가] 말하였다.

13) 인仞은 어른이 두 팔을 좌우로 벌린 길이를 말하는데, 일반적으로 7자를 가리킨다.

"소·말·개·돼지가 일찍이 이 계곡에 빠진 적이 있는가?"

대답하여 말하였다.

"없습니다."

동안우는 한숨을 크게 쉬며 말하였다.

"나는 다스릴 수 있을 것이다. 내가 법을 엄격히 하여 마치 계곡에 빠지면 반드시 죽게 된다는 것과 같이 한다면, 사람들 중 감히 죄를 짓는 자가 없을 것이니 어찌하여 다스리지 못하겠는가?"

엄한 태도로 다스려라

자산子產은 정鄭나라의 재상이었는데, 병이 들어 죽으려고 하자 유길游吉에게 말하였다.

"내가 죽으면 반드시 당신이 정나라를 맡도록 하시오. 반드시 엄한 태도로 사람들을 다스려야 하오. 무릇 불의 형세는 엄하므로 타 죽는 자가 드물고, 물의 모양은 유약하므로 사람들 중에 빠져 죽는 자가 많소. 당신은 반드시 당신의 모습을 엄하게 해서 당신의 유약함에 빠져 죽게 하지 말아야 하오."

자산이 죽고서 유길은 엄격한 모습을 보이려 들지 않았다. 정나라의 젊은이들은 서로 무리를 지어 도적이 되어 갈대 늪을 거점 삼아 장차 반란을 일으키려고 하였다. 유길은 수레와 기병을 거느리고 그들과 하루의 낮과 밤을 꼬박 싸워서 겨우 그들을 이길 수 있었다.

유길이 탄식하며 말하였다.

"내가 일찍부터 자산의 가르침을 실행했다면 틀림없이 이 지경에 이르러 후회하지는 않았을 것이다."

도를 어기지 않도록 하라

노나라 애공이 중니(仲尼, 공자)에게 물었다.

"《춘추》 기록에 '겨울 12월에 내린 서리가 콩잎을 시들게 하지 않았다.'고 하였는데, 어찌하여 이것을 기록하고 있습니까?"

중니가 대답하였다.

"이것은 시들어야 하는데 시들지 않은 것을 말한 것입니다. 무릇 마땅히 시들어야 하는데 시들지 않으면 복숭아와 오얏이 겨울에 열매를 맺게 됩니다. 하늘이 도를 잃으면 초목도 거스르는 현상이 있는데, 하물며 군주의 경우는 말할 나위가 없을 것입니다."

쉬운 것을 행하게 하여 법을 지키도록 한다

은나라의 법에는 재를 거리에 버리는 자에게 형벌을 내리게 되어 있었다. 자공子貢은 [이 형벌이] 무겁다고 생각해 그 까닭을 중니에게 물었다.

중니가 대답하였다.

"다스리는 방법을 알고 있는 것이다. 무릇 재를 거리에 버리게 되면 반드시 사람에게 화상을 입힐 수 있고, 사람에게 화상을 입히면 사람들은 반드시 노여워하게 된다. 노여워하면 싸우게 되고, 싸우면 반드시 삼족(三族, 온 집안)이 서로 죽이게 된다. 이것이 삼족을 죽이게 되는 길이니 비록 형벌에 처하더라도 마땅하다. 무릇 중벌은 사람들이 싫어하는 것이고, 재를 버리지 않는 것은 사람들이 쉽게 하는 것이다. 사람들이 쉬운 것을 행하게 하여 싫어하는 것에서 벗어나게 하는 것, 이것이 다스리는 방법이다."

일설에는 은나라의 법에 재를 큰 거리에 버리는 자는 그 손을 잘랐다고 하였다.

자공이 말하였다.

"재를 버리는 죄는 가벼운 것이지만, 손을 잘리는 형벌은 무거운 것이니 옛사람들은 어찌하여 지나칠 정도로 가혹했습니까?"

[중니가] 말하였다.

"재를 버리지 않는 것은 쉬운 일이지만, 손을 잘리는 것은 싫어하는 것이다. 쉬운 것을 실행해 싫어하는 것에 연관되지 않는 것은 옛사람들도 쉬운 것으로 생각했으므로 그 법을 시행한 것이다."

위엄이 있어야 다스릴 수 있다

중산中山의 재상 악지樂池가 수레 백 대를 이끌고 조나라의 사신으로 가게 되자 그는 빈객들 중에서 지혜와 능력이 있는 자를 선발해 장행(將行, 행렬을 통솔하는 것을 감독하는 관직)으로 삼았다. 그런데 도중에 행렬이 흐트러졌다.

악지가 말하였다.

"나는 그대가 지혜롭고 능력이 있다고 생각해 그대로 하여금 장행으로 삼았는데, 도중에 흐트러졌으니 어찌 된 일이오?"

빈객이 이 때문에 그만두고 떠나며 말하였다.

"공께서는 다스리는 이치를 알지 못합니다. 위엄이 있어야만 다른 사람을 복종시킬 수 있고, 이득이 풍족해야 그들에게 권할 수 있어서 그들을 다스릴 수 있습니다. 지금 저는 [나이가] 젊은 빈객[14]입니다. 젊은 자가 연장자를 바로잡으려 하고, 천한 자가 귀한 자를 다스리려고 하면 그 이롭고 해로움의 칼자루를 쥐고서 통제할 수 없으니, 이것이 바로 흐트러지게 된 원인입니다. 일찍이 저로 하여금 시험 삼아 저들 중에서 선한 사람을 [골라] 제가 경상卿相으로 삼을 수 있고, 저들 중에서 악한 사람을 [골라] 제가 그들의 머리를 벨 수 있다면 무슨 까닭으로 다스리지 못하였겠습니까?"

형벌로 형벌을 없앤다

공손앙(公孫鞅, 상앙)의 법에서는 가벼운 죄를 무겁게 처리하였다. 무거운 죄는 사람들이 범하기 어려운 것이지만, 작은 허물은 사람들이 쉽게 피해갈 수 있는 것이다. 사람들이 쉽게 피해갈 수 있는 것을 피하도록 하고 범하기 어려운 것에 걸리지 않도록 하는 것, 이것이 [나라를] 다스리는 방법이다. 무릇 작은 허물이 생기지 않게 하고 큰 죄에 이르지 않게 하면, 사람들은 죄를 짓지 않게 되고 혼란이 생기지 않게 된다.

---

14) 원문의 '少客(소객)'을 번역한 것으로, 여기서의 의미는 나이도 젊고 지위가 하찮은 것을 말한다.

일설에는 이런 말이 있다. 공손앙이 말하였다.

"형벌을 시행할 때 가벼운 죄를 무겁게 벌하면 가벼운 죄를 저지르는 자가 없게 되고 무거운 죄를 저지르는 자가 나오지 않게 되니, 이것을 일컬어 형벌로 형벌을 없앤다고 한다."

잘못은 반드시 처벌해야 한다

초나라 남쪽 땅 여수麗水에서 금이 나오자 사람들 대다수가 몰래 금을 채취하였다. 금을 채취하지 못하게 하는 금령에 의해 붙잡히게 되면 즉시 시장에서 찢어 죽이는 형벌을 가하였다. [그 수가] 대단히 많아서 [시체가] 냇물을 막아 갈라지게 할 정도였으나 사람들은 금 훔치는 행동을 멈추지 않았다.

무릇 죄란 시장에서 찢어 죽이는 형벌을 당하는 것보다 무거운 것이 없는데도 오히려 그치지 않는 것은 반드시 체포되지 않는다고 생각하기 때문이다. 그러므로 지금 어떤 사람이 여기에서 "너에게 천하를 주고 너의 몸을 죽이겠다."고 말한다면 평범한 사람조차 [받아들이려고] 하지 않을 것이다. 천하를 갖게 되는 것은 커다란 이익이지만, 그것을 받아들이는 것은 곧 죽는 일임을 알기 때문이다. 그러므로 반드시 체포되지 않는다고 한다면 비록 찢어 죽이는 형벌에 처한다고 해도 금을 훔치는 것이 그치지 않을 것이고, 반드시 죽는다는 것을 안다면 비록 그에게 천하를 준다 하더라도 받지 않을 것이다.

상을 줄 수 없으면 벌을 내려라

노나라 사람이 적택積澤[15]에 [사냥하려고] 불을 질렀는데 하늘에 북풍이 일자 불길은 남쪽으로 번져 도성을 태울 것 같았다. 애공은 두려워서 직접 사람들을 거느리고 불을 끄려고 달려갔다. [그런데] 주위에는 사람이 아무도 없고 모두 짐승을 쫓느라 불길을 잡을 수 없었다. 그래서 중니를 불러 물었다.

중니가 말하였다.

"무릇 짐승을 쫓는 것은 즐거우면서도 벌을 받지 않지만, 불길을 잡는 것은 고달프면서도 상이 없기 때문에 이것이 불을 끄지 못하는 까닭입니다."

애공이 말하였다.

"옳소."

중니가 말하였다.

"사태가 긴급하여 상을 줄 여유가 없습니다. 불길을 잡는 자에게 모두 상을 준다면 나라의 재력으로는 부족할 것입니다. 청컨대 벌을 내려보십시오."

애공이 말하였다.

"좋소."

그래서 중니는 곧 명령을 내려 말하였다.

"불길을 잡지 않는 자는 적군에게 항복하거나 도망친 죄로 다스리고, 짐승을 쫓는 자는 금지한 땅을 침범한 죄로 다스릴 것이다."

---

15) 지명으로, 지금 어디인지는 알 수 없으나 혹자는 노나라 북쪽의 늪지라고 하기도 한다.

[그러자] 명령이 끝까지 내려지기도 전에 불길은 잡혔다.

지나치게 인자하면 안 된다

성환成驩[16]이 제나라 왕에게 말하였다.

"왕께서는 너무 어질어서 사람에게 잔인하지 못하십니다."

왕이 말하였다.

"너무 어질어서 사람에게 잔인하지 않다면 좋은 이름을 남기지 않겠소?"

[성환이] 대답해 말하였다.

"이것은 신하 된 자로서는 선한 것이지만 군주가 행할 것은 아닙니다. 무릇 신하는 반드시 인자해진 뒤에 함께 도모할 수 있고, 남에게 잔인하지 않게 된 뒤에 가까이할 수 있습니다. 인자하지 않으면 함께 도모할 수 없고, 남에게 잔인하면 가까이할 수 없습니다."

왕이 말하였다.

"그러면 과인은 어떤 면이 너무 인자하고, 어떤 면이 잔인하지 못하다는 것이오?"

대답하여 말하였다.

"왕께서는 설공薛公[17]에게는 너무 인자하고, 전씨田氏 일족에게는 너무 잔인하지 못하였습니다. 설공에게 너무 인자하면 대신들의 권위가 막중해지게 되고, 전씨 일족에게 지나치게 잔인하지 못하면 부모 형제가 법을 어기게 됩니다. 대신들이 막중해지면 군대가 밖

16) 사람 이름으로, 자세한 사적은 알려져 있지 않다.

17) 전국시대의 사공자 중 한 사람인 맹상군孟嘗君 전문田文의 아버지 전영田嬰을 가리킨다.

에서 약해질 것이고, 부모 형제가 법을 어기면 나라 안의 정치는 안에서 혼란스럽게 될 것입니다. 군대가 밖에서 약해지고, 정치가 안에서 혼란스럽게 되면 이것은 나라를 망하게 하는 근본입니다."

상과 벌이 뚜렷해야 한다

위魏나라 혜왕惠王[18]이 복피卜皮[19]에게 말하였다.

"그대는 과인에 대한 명성을 들었는데, 그대가 들은 과인에 대한 소문은 과연 어떠하오?"

[복피가] 대답하여 말하였다.

"신은 왕께서는 자비롭고 은혜롭다고 들었습니다."

왕이 흐뭇해하며 기뻐서 말하였다.

"그러면 그 효과는 장차 또 어디까지 이르겠소?"

[복피가] 대답하여 말하였다.

"왕의 효과는 망하는 데까지 이를 것입니다."

왕이 말하였다.

"자비롭고 은혜롭다는 것은 선을 행한다는 것이오. 그것을 행했는데 망한다는 것은 무엇 때문이오?"

복피가 대답하여 말하였다.

"무릇 자비로운 자는 차마 하지 못하며 은혜로운 자는 주는 것을 좋아합니다. 차마 하지 못하면 허물이 있는 자를 처벌하지 못하고,

18) 양梁나라 혜왕惠王을 말한다. 원래의 도읍은 안읍安邑이었으나 나중에 대량大梁으로 도읍을 옮겼으므로 양혜왕의 명칭을 얻었다.

19) 위魏나라의 신하로 478쪽에 보면 그가 위나라의 현령을 역임했다고 되어 있다. 그는 아마도 일찍이 위나라 문후文侯의 스승이었던 자하(子夏, 복상卜商)의 후손일 것이다.

주는 것을 좋아하면 공을 세우기를 기다리지도 않고 상을 줍니다. 허물이 있지만 죄를 받지 않고, 공이 없는데 상을 받으면 비록 망한다고 하더라도 또한 옳지 않겠습니까?"

사람은 이익과 명예를 위해 행동한다

제나라에서는 장례를 후하게 치르는 것을 좋아하여 삼베나 비단은 모두 죽은 자의 옷과 이부자리를 만드는 데 사용되었고, 재목은 모두 내관과 외관으로 사용되었다.

환공은 이것을 걱정하여 관중에게 알려 말하였다.

"삼베와 비단이 모두 사용되면 [몸을] 가릴 것이 없게 되고, 재목을 다 사용하면 방비시설을 갖출 수 없게 되오. 그런데도 사람들이 장례를 후하게 치르는 것을 그치지 않는데, 그것을 금지하려면 어찌하면 되겠소?"

관중이 대답하였다.

"무릇 사람이 [어떤 일을] 하는 것은 명예 때문이거나 이익 때문입니다."

그래서 곧 명령을 내려 말하였다.

"내관과 외관을 지나치게 하면 시체를 도륙할 것이고, 무릇 해당 상주喪主에게도 죄를 내릴 것이다."

무릇 시신을 도륙하는 것은 명예를 없애는 것이며, 해당 상주에게 벌을 가하는 것은 이롭지 못한 것이니 사람들이 무슨 까닭으로

이 일을 하겠는가!

법이 서지 않으면 땅도 소용없다

위衛나라 사군 때 죄수 중에 위魏나라로 달아나 양왕襄王의 왕후를 위해 질병을 치료해준 자가 있었다. 위衛나라 사군은 이 소식을 듣고 사람을 시켜 50금으로 그를 사오도록 하였다. [사자가] 다섯 차례나 [죄수를 사려고] 왕복했지만 위魏나라 왕은 내주지 않았다. 그래서 사군은 좌씨左氏라는 도읍을 주고 그와 바꾸기로 하였다.

그러자 신하들과 측근들이 말하였다.

"무릇 도읍 하나로 죄인을 사는 것이 옳은 일입니까?"

사군이 말하였다.

"여러분이 알 바가 아니오. 무릇 [나라를] 다스림에는 작은 일이 없고, 난에 대처함에는 큰 일이 없소. 법률이 확립되지 않고 형벌이 반드시 행해지지 않으면 비록 열 개의 좌씨 도읍이 있어도 이익이 없지만, 법이 세워지고 처벌이 반드시 행해지면 비록 열 개의 좌씨 도읍을 잃는다고 해도 해로울 것이 없소."

위魏나라 왕은 이 말을 듣고 말하였다.

"군주가 [나라를] 다스리려고 하는데 들어주지 않는 것은 상서롭지 못한 것이다."

그래서 [죄수를] 수레에 태우고 가서 보상 없이 그를 내주었다.

전傳 3: 상을 주고 칭찬하라

상이 후한 곳으로 몰린다

제나라 왕이 문자에게 물었다.

"나라를 다스리려고 하면 어떻게 해야 하오?"

문자가 대답하였다.

"상과 벌의 원칙을 행하는 것이 예리한 무기입니다. 군주께서 그것을 굳게 쥐고 다른 사람에게 보여서는 안 됩니다. 신하들의 행동은 사슴과 같아서 오직 풀이 무성한 곳에만 나아갑니다."

상벌이 명확하면 용감해진다

월越나라 왕이 대부大夫 문종文種에게 질문하였다.

"내가 오吳나라를 정벌하려고 하는데, 가능하겠소?"

문종이 대답하였다.

"가능합니다. 상을 두텁게 확실히 내리고 벌을 엄하게 하시면 됩니다. 군주께서 이것을 알고 싶다면 어찌하여 궁실을 태워보지 않으십니까?"

그래서 마침내 궁궐에 불을 질렀으나 사람들 중에 불을 끄려는 자가 아무도 없었다.

이에 왕은 영을 내려 말하였다.

"백성들 중 불을 끄다가 죽은 사람은 적과 싸우다가 죽은 자와 비슷하게 상을 줄 것이고, 불을 끄고도 죽지 않은 자에게는 적을 무찌른 자와 비슷하게 상을 줄 것이며, 불을 끄지 않은 사람은 적에게 항복한 자와 비슷하게 벌을 내릴 것이다."

그러자 몸에 진흙을 바른 채 젖은 옷을 입고 불을 끄는 자가 왼쪽에 3천 명, 오른쪽에 3천 명이나 되었다. 이것을 보고 오나라와 싸우면 반드시 승리할 형세임을 알게 되었다.

이익을 주어 움직이게 하라

오기吳起는 위魏나라 무후武侯의 서하西河 태수로 있었다. 진秦나라가 서하 국경에 인접해 있었으므로 오기가 공격하려고 하였다. [진나라 성을] 제거하지 않으면 농민들에게 해가 되기 때문이었는데, 그것을 취하려니 병력이 부족하였다. 그래서 수레 한 대를 북문北門 밖에 세워두고 영을 내려 말하였다.

"이것을 남문 밖으로 옮기는 자가 있으면 그 사람에게 좋은 땅과 좋은 택지를 주겠다."

사람들 중에 아무도 옮기는 자가 없었다. [나중에] 그것을 옮긴 자가 있어 영을 내린 대로 상을 주었다.

얼마 뒤 또 붉은 콩 한 섬을 동문 밖에 두고 영을 내려 말하였다.

"이것을 서문 밖으로 옮기는 자가 있으면 그 사람에게 이전과 같이 상을 내리겠다."

[그러자 이번에는] 사람들이 앞다투어 그것을 옮겼다. 그래서 영을

내려 말하였다.

"내일 [진나라] 성을 공격할 것인데, 먼저 오르는 자에게는 국대부(國大夫, 대부의 하나로 도성에서 벼슬하는 자리)에 임명하고 좋은 땅과 좋은 택지를 내리겠다."

[그러자] 사람들이 앞다투어 달려나갔다. 그래서 성을 공격한 지 하루 만에 함락시켰다.

이회는 위魏나라 문후文侯의 상지上地 태수가 되자 사람들이 궁술을 연마하도록 하기 위해 영을 내려 말하였다.

"시비곡직을 가리기 어려운 경우에는 두 사람에게 활을 쏘게 하여 맞힌 자를 승소로 할 것이며, 맞히지 못한 자를 패소로 하겠다."

영이 내려지자 사람들은 모두 밤낮없이 활쏘기 연습을 하였다. 그 후 진秦나라와 싸워 크게 이겼으니, 사람들이 활을 잘 쏘게 된 결과였다.

상을 주면 목숨도 바친다

송나라의 숭문 쪽 마을에 사는 한 사람이 상喪을 치르느라 몸이 상해 매우 여위었다. 송나라 군주는 그가 어버이에 대한 효심이 지극하다고 생각하여 하급관리로 발탁하였다. 그런데 이듬해부터 친상親喪 때문에 말라죽는 사람이 한 해에 10여 명이나 되었다. 자식이 어버이의 상을 치르는 것은 사랑하기 때문이다. 그런데도 오히려 상을 주어 권장할 수 있다. 하물며 군주가 백성에게 있어서랴?

추켜세우면 목숨도 바친다

월나라 왕은 오나라를 토벌하려 하고 있었다. 그래서 백성들이 죽음을 무릅쓰고 싸워주기를 바라고 있었다. 그러던 중 외출을 했다가 뽐내는 듯한 두꺼비를 보고 수레 위에서 경례를 하였다.

시종이 어처구니가 없어 물었다.

"어찌하여 두꺼비에게 경례를 하십니까?"

왕이 말하였다.

"저 놈에겐 기개가 있기 때문이다."

[그러자] 다음 해부터 스스로 제 목을 베어 왕에게 바치겠다는 자가 한 해에 10명이 넘었다. 이렇듯 칭찬을 하는 것으로도 사람의 목숨을 바치게 할 수 있다.

일설에는 이런 말이 있다. 월나라 왕 구천이 뽐내는 듯한 두꺼비를 보고 경례를 하자 시종이 어처구니가 없어 말하였다.

"어찌하여 두꺼비에게 경례를 하시는 것입니까?"

왕이 말하였다.

"두꺼비가 저렇게 기개가 있는데, 어찌 예를 갖추지 않을 수 있겠는가?"

신하들이 그 말을 듣고 말하였다.

"두꺼비조차 기세가 있어 보이면 왕께서 예를 갖추시는데, 하물며 용기가 있는 사람은 얼마나 극진히 대하시겠는가!"

이 해에 사람들 중에서 스스로 제 목을 왕에게 바치겠다는 자가 나타났다. 이처럼 월나라 왕은 오나라에 보복하려고 자신의 가르침을 시험하였다. 누대에 불을 지르고 북을 울려 백성들에게 불을 끄러 달려가도록 한 것은 불 속에 상이 있었기 때문이고, 강가에서 북을 울려 백성들에게 물속으로 뛰어들도록 한 것은 물속에 상이 있었기 때문이며, 백성들이 싸움에 임해 머리가 잘리고 배가 갈라지면서도 [뒤를] 돌아볼 마음이 없게 한 것은 전쟁에 상이 있었기 때문이다. 또 하물며 법에 근거해 현명한 자를 나아가게 한다면 그 도움은 이보다 클 것이다.

이유 없이 주어서는 안 된다

한韓나라의 소후昭侯가 사람을 시켜 낡은 바지를 간수해두도록 하였다.

모시는 자가 말하였다.

"군주께서는 역시 인자하지 않으십니다. 낡은 바지를 주위 사람에게 주지 않고 감추어두시는군요."

소후가 말하였다.

"그대가 알 바 아니다. 나는 현명한 군주란 노여워하고 웃는 것을 아껴야 한다고 들었다. 군주가 노여워하는 데는 노여워하는 까닭이 있어야 하고, 웃는 데는 웃는 까닭이 있어야 한다. 옷가지를 주는 것은 노여워하고 웃는 것에 비할 바가 아니다. 나는 앞으로 공을 세운 자가 나오면 그것을 주려고 지금은 주지 않고 간수해두는 것이다."

이익이 있으면 싫은 일도 한다

장어는 뱀과 비슷하고, 누에는 나비의 애벌레와 비슷하다. 사람들은 뱀을 보면 놀라고, 나비의 애벌레를 보면 소름이 끼친다. 그러나 부인들이 누에를 치고 어부들이 장어를 잡는다. 이는 이익이 있는 곳에서는 싫은 것을 잊고 모두 맹분과 전제처럼 되기 때문이다.

전傳 4: 하나하나 들어라

자기 위주로 말한다

위魏나라 왕이 정나라 왕에게 말하였다.

"원래 정나라와 양梁나라[20]는 한 나라였다가 나뉜 것이니, 지금 정나라를 얻어 양나라와 합치려고 합니다."

정나라 왕은 이를 걱정하다가 신하들을 불러 위나라에 대처할 방법을 의논하였다. 정나라 공자公子가 군주에게 말하였다.

"이에 대한 대응은 매우 쉽습니다. 군주께서는 위나라에 대해서 '우리 정나라가 본래 위나라 땅이었기 때문에 위나라에 합병시키겠다면, 우리도 양나라를 얻어 그것을 정나라와 합치기를 원합니다.'라고 하십시오."

그러자 위나라 왕은 바로 그만두었다.

20) 위魏나라 혜왕 9년(기원전 361)에 수도를 안읍에서 대량으로 옮겼기 때문에 나라 이름을 양梁나라라고도 불렀다.

분리하여 살펴보라

제나라 선왕宣王이 사람을 시켜 피리를 불도록 할 때는 반드시 3백 명이 함께 불도록 하였다. 남곽南郭이라는 처사(處士, 벼슬하지 않은 선비)가 왕을 위해 피리 불기를 청하였다. 선왕은 그 점에 기뻐하여 곡식창고에서 [부양미를] 수백 사람에게 내렸다.

선왕이 죽고 민왕湣王이 즉위하였다. 그는 한 사람 한 사람 연주하는 것을 듣기 좋아하였다. 그러자 [남곽] 처사가 달아났다.

일설에는 이런 말이 있다. 한韓나라 소후가 이런 말을 하였다.

"피리를 부는 자가 많으므로 나는 그들 중 누가 뛰어난 자인지 알지 못하겠다."

전엄田嚴이 대답해 말하였다.

"한 사람씩 불도록 하여 들어보십시오."

떠볼 수 없게 하라

조趙나라는 사람을 시켜 신자(申子, 신불해)를 통해 한韓나라에 병사를 청하여 위魏나라를 공격하려고 하였다. 신자는 이것을 군주에게 말하려고 했지만 군주가 자신이 외국에서 이익을 얻고 있다고 의심할 것이 두려웠고, 말하지 않으면 조나라의 미움을 받게 될까 걱정스러웠다. 이에 조소趙紹와 한답韓沓을 시켜 군주의 동태를 살피도록 한 이후에 말을 하였다. 그래서 안으로는 소후의 마음을 알 수 있었고, 밖으로는 조나라에 공이 있게 되었다.

두 갈래의 말을 하지 못하게 하라

세 나라(제·한·위) 병사들이 한韓나라에 이르자 진秦나라 왕이 누완樓緩에게 말하였다.

"세 나라의 병사들이 나라 깊숙이 공격해 들어왔소. 과인은 하동河東을 떼어주고 강화하려고 하는데 어떻겠소?"

누완이 대답하였다.

"하동을 떼어주는 것은 커다란 손실이지만, 나라를 재앙에서 벗어나게 하는 큰 공입니다. 이것은 부모 형제에게도 책임이 있는 일입니다. 왕께서는 어찌해서 공자公子 사汜를 불러 묻지 않으십니까?"

왕은 공자 사를 불러 이 일을 말하였다.

사가 대답하여 말하였다.

"강화해도 후회하고, 강화하지 않아도 후회하실 것입니다. 왕께서 지금 하동을 떼어주어 강화하면 세 나라가 반드시 돌아갈 것이므로, '세 나라는 진실로 돌아갔을 텐데, 내가 순순히 세 성을 내주었구나.'라고 하실 것이고, 강화하지 않아 세 나라가 한나라로 들어오면 도성이 반드시 함락당할 것이므로 왕께서는 틀림없이 크게 후회하며 '세 성을 바치지 않았기 때문이다.'라고 하실 것입니다. 신은 그래서 왕께서는 강화를 해도 후회하고, 강화를 하지 않아도 후회하신다고 말씀드린 것입니다."

왕이 말하였다.

"내가 후회할 바에는 차라리 세 성을 잃고 후회하지, 어찌 나라를 위험하게 하고 후회하겠소. 나는 강화하기로 결정하였소."

돌려 말하지 못하게 하라

응후가 진秦나라 왕에게 말하였다.

"왕은 원宛·섭葉·남전藍田·양하陽夏를 얻었고, 하내河內를 잘라 받았으며, 양梁과 정鄭을 곤궁하게 했는데도 아직 왕 노릇을 하지 못한 까닭은 조趙나라가 복종하지 않고 있기 때문입니다. 상당에 배치한 병사들을 이동시켜 동양東陽까지 다다르게 하면 한단은 입안의 이(虱)와 같을 것입니다. 그러면 왕은 팔짱을 끼고 천하 제후들의 조공을 받게 될 것이고, 복종하지 않는 자는 병사로 치면 됩니다. 그렇지만 상당은 안락하고 그 처한 곳도 험한 곳입니다. 신은 군대를 이동시키자는 저의 말을 받아들이지 않을까 걱정됩니다. 어떻게 하시겠습니까?"

왕이 말하였다.

"반드시 군대를 옮길 것이오."

전傳 5: 계책을 쓰라

서로 결탁하지 못하게 하라

방경은 현령이었다. 그는 시자(市者, 시장을 감독하는 벼슬아치)를 파견하고는 공대부를 불러 들어오게 해서 잠시 세워두었다가 [어떠한] 명령도 내리지 않고 갑자기 순시하러 가도록 하였다. 시자들은 현령이 공대부에게 어떤 말을 했다고 생각해 서로 믿지 않았기 때문에 간사한 행동을 하지 않게 되었다.

아는 척 지시하라

대환戴驩은 송나라의 태재였는데, 밤에 사람을 보내며 말하였다.

"나는 요사이 며칠 밤 온거가 이사의 문에 드나들었다고 들었다. 나를 위해서 그를 주의 깊게 살피도록 하라."

얼마 뒤 보냈던 사람이 돌아와 말하였다.

"온거는 보지 못했지만 상자를 받들고 이사와 말하는 자는 보았는데, 얼마 있다가 이사가 상자를 받았습니다."

모르는 척 말하라

주周나라의 군주가 옥비녀를 잃어버려 벼슬아치들에게 찾도록 했지만 사흘이 지나도 찾을 수가 없었다. 주나라 왕이 다른 사람에게 찾도록 명령하여 민가의 건물 사이에서 발견하였다.

군주가 말하였다.

"나는 벼슬아치들이 일을 [제대로] 하지 않는다는 것을 알게 되었다. 비녀를 사흘 동안이나 찾고도 찾지 못했지만, 내가 사람에게 명해 찾게 하자 하루가 가기 전에 찾았다."

이에 벼슬아치들은 모두 두려워하게 되었고, 군주가 신명스럽다고 생각하였다.

넘겨짚어 말하라

상(商, 송나라)나라 태자가 소서자少庶子[21]를 시장에 보냈는데, 그가 돌아오자 물었다.

"시장에서 무엇을 보았는가?"

소서자가 대답하여 말하였다.

"본 것이 없습니다."

태자가 말하였다.

"비록 그렇다고 해도 무엇이든 보았을 것 아닌가?"[22]

소서자가 대답하여 말하였다.

"시장 남문 밖은 소가 끄는 수레가 매우 많아 겨우 다닐 수 있었을 뿐입니다."

태자는 소서자에게 경계시키며 말하였다.

"다른 사람에게는 내가 너에게 물은 것을 함부로 말하지 말라."

그러고는 시장 관리들을 불러 꾸짖으며 말하였다.

"시장 남문 밖에는 어찌하여 소똥이 많으냐?"

시장 관리들은 태자가 이 사실을 빨리 안 것을 괴이하게 여기며 두려운 나머지 자신들의 소임을 다하였다.

21) 궁궐의 수위守衛에 해당하는 벼슬자리로, 경대부卿大夫의 자제들에게 주었다.

22) 원문의 '雖然(수연), 何見(하견)'을 번역한 것으로, 번역의 뉘앙스를 살려 반문 부정문으로 번역하였다. 다음의 소후가 질문하는 장면에도 다시 나온다.

알아도 모르는 척하라

한韓나라의 소후昭侯가 손톱을 움켜쥔 채 거짓으로 손톱 하나를 잃었다며 매우 급하게 찾자, 주위에 있던 신하가 자신의 손톱을 잘라 바쳤다. 소후는 이것으로써 주위에 있는 자가 성실한지의 여부를 살필 수 있었다.

추측하여 말하라

한韓나라의 소후가 기사騎士를 사자로 삼아 현에 보냈다. 사자가 돌아와 보고를 하자 소후가 그에게 물었다.

"무엇을 보았는가?"

그가 대답하였다.

"본 것이 없습니다."

소후가 말하였다.

"비록 그렇다고 해도 무엇이든 보았을 것 아닌가?"

그가 말하였다.

"남문 밖에서 황소가 길 왼쪽의 벼 모종을 먹고 있었습니다."

소후가 사자에게 말하였다.

"내가 너에게 물은 것을 함부로 발설하지 말라."

그러고는 명령을 내려 말하였다.

“모를 낼 시기에는 소나 말이 농민들의 모밭으로 들어가는 것을 금지하는 법령이 있다. 그런데 벼슬아치들이 이 소임을 다하지 않아 소나 말이 농민들의 밭으로 들어가는 일이 매우 많다. 빨리 그 수를 헤아려 보고하도록 하라. 조사하지 않을 경우에는 그 죄를 무겁게 할 것이다.”

그래서 세 마을에서 조사하여 보고하였다.

소후가 말하였다.

“전부 다가 아니다.”

다시 나가 조사하고서야 남문 밖의 황소에 관한 보고를 하였다. 벼슬아치들은 소후가 밝게 살핀다고 생각했고, 모두 두려워하며 맡은 일에 힘쓰고 감히 나쁜 짓을 하지 않았다.

꾸며서 파악하라

주나라 왕이 굽은 지팡이를 찾도록 명령하였다. 벼슬아치들이 며칠 동안 찾아도 찾지 못하자, 주나라 왕은 따로 사람을 시켜 그것을 찾도록 했는데 하루가 가기 전에 찾았다.

그래서 벼슬아치들에게 말하였다.

“나는 그대들이 일을 [제대로] 하지 않는다는 것을 알게 되었소. 굽은 지팡이를 찾는 일은 매우 쉬운데도 그대들은 찾을 수 없었지만, 내가 사람을 시켜 찾도록 하니 하루가 가기 전에 찾았소. 어찌 충실하다고 할 수 있겠소!”

벼슬아치들은 이에 모두 두려워한 나머지 소임에 힘쓰고 군주가 신명스럽다고 생각하였다.

복피는 현령으로 있었다. 그의 어사御史[23]가 부정한 행동을 하고 애첩까지 두었다. 복피는 곧 소서자를 시켜 애첩을 거짓으로 사랑하는 척해서 어사의 비밀스런 일을 알았다.

서문표는 업鄴의 현령이 되었다. 거짓으로 수레 굴대의 쐐기를 잃어버린 척하고는 벼슬아치들을 시켜 그것을 찾도록 했으나 찾지 못하였다. 사람을 시켜 찾도록 했더니 민가의 지붕 사이에서 찾아냈다.

전傳 7: 반대되는 말을 하라

본심을 파악하라

산양군山陽君은 위衛나라의 재상이었는데, 왕이 자기를 의심한다는 말을 듣고는 곧 거짓으로 왕의 총애를 받고 있던 규수樛豎를 비방해 노하게 만들어 사실을 알아냈다.

요치는 제나라 왕이 자기를 미워한다는 말을 듣고는 곧 [누군가를] 진秦나라의 사자로 가장시켜 왕의 마음을 알아냈다.

제나라 사람 중 난을 일으키려는 자가 있었는데, 왕이 이것을 알까 두려워 거짓으로 총애하는 자를 쫓아내어 왕이 있는 곳으로 달려가도록 해서 그 실정을 알아냈다.

---

23) 처음에는 고대 법률에 관한 문서를 담당했지만, 뒤에는 시정을 감찰하는 벼슬아치가 되었다.

엉뚱한 말로도 파악할 수 있다

자지子之가 연燕나라의 재상이 되어 방 안에 앉아서 거짓으로 말하였다.

"방금 문으로 달려나간 것은 무엇인가, 백마인가?"

주위에 있는 자들은 모두 보지 못했다고 말했는데, 어떤 한 사람이 쫓아나갔다가 들어와 말하였다.

"그렇습니다. 백마였습니다."

자지는 이 일로 주위에 있는 자들이 성실과 신의가 없음을 알았다.

서로 소송하는 자가 있었는데, 자산은 이들을 따로 떼어놓아 서로 한 말을 알지 못하게 하고는 거꾸로 바꾸어 일러줌으로써 사실을 알 수 있었다.

위衛나라의 사공은 어떤 자를 나그네로 분장시켜 관시(關市, 관문 저잣거리)를 지나게 하였다. 관문 저잣거리의 벼슬아치가 그를 가혹하게 대하여 그로 인해 일거리가 생겼다. 금을 관문 벼슬아치에게 주고 풀려났다.

사공이 관문 벼슬아치에게 말하였다.

"언제 나그네가 지나면서 너에게 금을 주자, 너는 그 때문에 그를 보내주었지."

관문 벼슬아치는 매우 두려워하며 사공이 밝게 살핀다고 생각하였다.

권卷 10

제31편

내저설 하 육미
(內儲說下六微:신하들의 여섯 가지 기미)

【해제】

'육미六微'의 의미는 이미 〈내저설〉 상편의 앞부분에서 말한 바 있는데, '미微'는 신하들에게 감추어진 기미를 뜻하는 것으로, 군주는 이 미묘한 낌새를 명확히 관찰해야 한다. 군주와 신하의 이해利害는 상반되어 신하에게 이로운 것은 군주에게 해롭고, 군주에게 이로운 것은 신하에게 해롭다. 육미의 '육六'은 칠술七術의 칠七과 상대적인 숫자로 취해져 아래의 경經의 설명에 여섯 가지가 있고, 묘공廟攻의 항목이 더해져 실질적으로는 일곱 가지가 된다. 여기서는 단지 상편과의 중복을 피하기 위해서 생략했을 뿐이다.

〈내저설〉의 상편에서는 군주가 사용하는 방법에 관해 서술했지만, 하편에서는 군주가 관찰해야 할 신하들의 기미에 관해 언급하고 있다. 하편에는 여섯 항목이 있는데, 그중에서 두 번째 '이해가 달라 외국에서 힘을 빌리는 것(利異外借)'과 네 번째 '이해가 상반되는 것(利害有反)'은 신하의 이해관계를 대상으로 삼은 점에서 유사성이 있고, 두 번째와 여섯 번째 '적국이 대신의 폐출과 등용에 관여하는 것(敵國廢置)'은 신하가 자신의 목적을 추구하기 위해서 외국 세력과 결탁하거나 외국 인사에 간섭한다는 점에서 또한 유사성이 있다. 첫 번째 '권력이 신하의 손안에 있는 것(權借在下)'은 신하가 권력을 빼앗으려고 하는 점을 총체적으로 지적했고, 다섯 번째 '윗사람과 세력이 비슷한 자가 있어 내부에 다툼이 일어나는 것(參疑內爭)'은 하층 권력 탈취의 구체적인 현상을 나타냈다.

여섯 가지 기미가 있다.

첫째, [군주의] 권력이 신하의 손안에 있는 것이다.

둘째, [군주와 신하의] 이해가 달라 [신하들이] 외국에서 힘을 빌리는 것이다.

셋째, [신하가] 유사한 부류에 의탁하여 속이는 것이다.

넷째, 이해가 상반되는 것이다.

다섯째, 윗사람과 세력이 비슷한 자가 있어 내부에 다툼이 일어나는 것이다.

여섯째, 적국이 대신의 폐출과 등용에 관여하는 것이다.

이 여섯 가지는 군주가 살펴보아야 할 일이다.

1. 권차權借: 권세를 신하에게 넘기지 말라

권세는 다른 사람에게 빌려줄 수 없다. 군주가 그 하나라도 잃게 되면 신하는 그것을 백배로 삼을 것이다. 그러므로 신하가 권력을 빌리면 세력이 강해지고, 세력이 강해지면 [조정] 안팎으로 사용하게 되며, 안팎으로 사용하게 되면 군주가 가려지게 될 것이다. 그 예증으로는 노담(老聃, 노자老子)이 말한 놓친 물고기가 있다.

이 때문에 군주가 [신하와] 오랫동안 이야기를 나누면 주위 사람들은 이를 핑계로 군주의 은총을 팔게 된다. 그 근심거리로는 서동

胥僮이 여공厲公에게 간언한 일, [초楚나라 양공襄公이] 주후州侯에게 한 똑같은 말,[1] 연燕나라 사람이 똥으로 목욕한 일[2]이 있다.

2. 이이利異: 임금과 신하의 이익은 서로 다르다

군주와 신하의 이익이 다르므로 신하들 중 충성을 다하는 자가 없으며, 그러므로 신하가 이로움을 얻으면 군주는 이로움을 잃게 된다. 이 때문에 간사한 신하는 적국의 병사를 불러들여 나라 안 [경쟁자를] 제거하려고 하고, 나라 밖의 일을 들어 군주를 어둡게 한다. 진실로 이들은 개인적인 이익만을 이루려고 할 뿐 나라의 근심은 돌아보지 않는다. 그 예증으로는 위衛나라의 부부가 기도를 하면서 서로 다른 내용의 복을 빈 일이 있다.[3] 그래서 대헐戴歇은 왕의 자제들을 비판했고,[4] 삼환三桓[5]은 소공昭公[6]을 공격했으며, 공숙公叔은 제齊나라 군대를 안으로 끌어들였고, 적황翟璜[7]은 한韓나라 군대를

1) 초나라 양공이 주후를 의심하자 주후에 대한 신하들의 평가가 한결같이 좋았다.

2) 일종의 마귀를 쫓는 풍습인데, 똥을 몸에 뒤집어쓰는 것이다.

3) 가장 가까운 사이라는 부부조차 서로 원하는 것이 달라 기도할 때 제각각의 내용으로 기도한다는 의미이다.

4) 초나라 대헐戴歇이란 자가 왕의 자제들마저 믿어서는 안 된다고 비판한 것을 말한다.

5) 삼환이란 춘추 후기에 노나라의 국정을 좌우했던 맹손씨孟孫氏·숙손씨叔孫氏·계손씨季孫氏의 세 집안을 말한다. 이들은 노나라 환공桓公의 아들인 맹씨孟氏·숙아叔牙·계우季友의 후예이다. 그중 계손씨의 세력이 가장 강하였다.

6) 어진 사람으로 평가되는 자로 사마천도 "소공 석은 어질다고 말할 수 있구나! 팥배나무 밑 사람들이 그것(팥배나무)을 그리워하는데 하물며 그 사람[소공]에게는 어떠하겠는가? 연나라는 밖으로는 만맥蠻貊과 붙어 있고 안으로는 제나라·진晉나라와 국경이 맞닿아 있어 강대국 사이에 끼어 근근이 살아가는 가장 약소국이어서, 거의 멸망할 뻔한 적도 여러 번이었다. 그러나 사직에 제사를 받든지 800~900년이 되어, 희씨 성들 가운데 가장 늦게 멸망하였으니, 어찌 소공의 공적 때문이 아니겠는가!"(《사기》〈연소공세가〉)라고 극찬하였다.

불러들였으며, 태재太宰 백비伯嚭는 대부 문종文種을 설득했고,[8] 대성오大成午는 신불해申不害[9]에게 [서로 존중하는 방법을] 가르쳤고, 사마희司馬喜는 조趙나라 왕에게 중산의 계책을 보고했으며, 여창呂蒼은 진秦나라와 초楚나라가 공격해온 것을 틈타 자신의 지위를 두텁게 했고, 송석宋石은 위군衛君에게 편지를 보내 싸움을 피하도록 했으며, 백규白圭는 포견暴譴에게 화합하는 일을 가르쳤다.

3. 사류似類: 애매한 점을 이용하라

비슷하여 혼동하기 쉬운 일은 군주가 처벌을 잘못하게 되는 까닭이고, 대신이 사사로운 이익을 만들게 되는 까닭이 된다.

이 때문에 궁궐의 문지기는 물을 뿌려 이야夷射가 오줌을 쌌다고 해서 처형당하게 했고, 제양군濟陽君은 스스로 군주의 명령을 꾸며 [반란을 일으키게 한다는 죄목으로] 두 신하를 벌받게 하였다.

사마희司馬喜는 원건爰騫을 죽이고 계신季辛의 짓이라 해서 그를 처형했고, 정수鄭袖는 새로운 애첩이 왕의 냄새를 싫어한다고 말해 그녀의 코가 잘리게 하였다. 비무기費無忌는 극완郄宛[10]에게 무기를

---

7) 전국시대 위魏나라 문후文侯의 신하로 오기吳起·서문표西門豹 등과 같은 뛰어난 인재를 추천해 군주를 보필하였다.

8) 군주는 자신의 이익을 이루고 나면 반드시 신하를 버리게 된다고 한 말이다.

9) 전국시대의 법가 중 한 사람으로, 상앙商鞅과 더불어 신상申商이라 불릴 정도로 변법을 주장하였다. 사마천은 다음과 같이 언급했다. "신불해申不害는 경읍京邑 사람으로, 본래는 정나라의 하찮은 신하였다. [법가의] 학술을 배워 한韓나라 소후에게 유세하여 재상이 되었다. 그는 15년 동안 안으로는 정치와 교육을 바로 세우고, 밖으로는 제후들을 상대하였다. 결국 신자(申子, 신불해)가 자리에 있을 때 나라는 다스려지고 군대가 강하여 한韓나라로 쳐들어오는 자가 없었다. 신자의 학문은 황로黃老에 근본을 두고 형명刑名을 내세웠다. 그는 글 두 편을 썼는데 그것을 〈신자申子〉라고 한다."(《사기》 〈노자한비열전老子韓非列傳〉)

전시하도록 해서 영윤에게 처벌받게 했고, 진수陳需는 장수張壽를 죽이고는 서수犀首가 죽였다고 모함해 그를 달아나게 하였다. 그래서 여물 곳간이 불타자 중산왕中山王은 공자公子를 처형했고, 식객이 늙은 유생을 죽이자 제양군은 상을 내렸다.

4. 유반有反: 상반되는 이해를 살펴라

어떤 일이 일어나 이익이 발생할 경우에는 그 일에서 이익을 얻는 자가 주재자이고, 그것이 해로움을 준 경우라면 반드시 이익을 얻은 자를 살펴야 한다. 이 때문에 현명한 군주가 일을 논의할 때 나라에 해로움이 생기면 그 이익을 가져간 자를 살피고, 신하에게 해로움이 생기면 그 이익을 얻은 자를 조사해야 한다.

그 예증으로는 초楚나라 병사가 쳐들어왔을 때 진수가 재상에 오른 일이 있고, 기장 씨앗이 비싸지자 창고 담당 벼슬아치를 조사한 일이 있다. 그래서 소해휼昭奚恤은 사료가 불타자 건초 파는 자를 붙잡아 들였고, 소희후昭僖侯는 요리사의 조수를 문책했으며, 진晉나라 문공文公은 내시를 추궁했고, 양후穰侯는 왕에게 제위에 오를 것을 요청하였다.

5. 참의參疑: 세력을 살펴라

아랫사람들이 위에 있는 자와 세력이 비슷한 상황은 혼란이 발생할 원인이 되므로 현명한 군주는 이 점에 신중히 대처한다.

---

10) 춘추시대 초나라의 좌상左相으로 정직하고 온순한 인물이었다. 그러나 비무극費無極의 모함으로 처형당하였다.

이 때문에 진晉나라의 여희驪姬는 태자 신생申生을 죽였고,[11] 정鄭나라의 부인夫人은 독약으로 왕을 죽였으며, 위衛나라의 주우州吁는 군주 완完을 죽였고, 공자 근根은 동주東周를 취하였다. 왕자 직職이 총애를 받았기 때문에 태자 상신商臣이 과연 난리를 일으켰고, 엄수嚴遂와 한외韓廆가 다투었기 때문에 애후哀侯는 적의 손에 죽게 되었으며, 전상田常과 감지闞止, 대기戴驩와 황희皇喜가 서로 다투었으므로 송군宋君과 간공簡公이 살해되었다. 그 예증으로는 호돌狐突[12]이 두 가지를 좋아했을 때의 위험을 서술한 일과 정소鄭昭가 태자는 아직 출생하지 않았다고 대답한 일이 있다.

6. 폐치廢置: 신하의 등용을 밝게 하라

적국이 힘쓰는 일은 상대국 군주의 명석함을 어지럽히고 사치스런 풍조를 조장하는 것이다. 군주가 이러한 사실을 알아차리지 못하면 적국이 신하의 임용과 면직을 주관하게 될 것이다. 그래서 문왕文王은 아첨 잘하고 재물을 탐내는 비중費仲에게 옥판玉版[13]을 주어 주왕紂王을 홀렸고, 진秦나라 왕은 초나라 사자의 현명함을 걱정했으며, 여저黎且는 공자를 제거했고, 간상干象은 감무甘茂[14]를 진秦나라로 보내지 못하도록 하였다. 그래서 자서子胥는 역으로 말을 퍼뜨려 자상子常을 등용시켰으며, 진晉나라는 미인을 바쳐 우虞나라와 괵虢

11) 헌공은 여희驪姬를 아껴 그녀의 아들 해제奚齊를 태자로 세우려고 하면서 신생申生을 곡옥曲沃에 있게 하였다. 신생은 그로부터 얼마 뒤 여희의 비방을 받아 스스로 목숨을 끊었다.

12) 진晉나라 문공文公 중이重耳의 외할아버지이다. 여기서 호돌狐突의 말은 그가 태자 신생과 함께 동산東山으로 정벌하러 갔을 때 태자에게 권고한 말이다.

13) 옥돌로 만든 판으로, 법률이나 계명과 같은 글을 새겨 후세에 전하였다.

나라를 멸망시켰고, 숙향叔向이 거짓으로 편지를 보내 장홍萇弘[15]이 죽게 되었으며, 환공桓公은 닭과 수퇘지로 회鄶나라의 호걸들을 죽게 하였다.

참의參疑와 폐치廢置의 일은 현명한 군주라면 국내에서 근절시키고 국외에서 그렇게 되도록 한다. 적국에 있는 자로 권세가 가벼운 자는 도와주고 세력이 약한 자는 지원하는데, 이것을 일컬어 묘공廟攻이라고 한다. 여러 가지 증거를 종합적으로 판단해 국내에서 사용하고, 한편으로는 시각과 청각을 이용해 국외에서 일어나는 일을 살피면 적의 속임수가 드러나게 될 것이다.

그 예증으로는 진秦나라의 난쟁이가 혜문군惠文君에게 초나라의 정보를 알려준 경우이다. 그래서 양자襄疵는 조趙나라 왕이 업鄴 땅을 습격한다는 정보를 말했고, 사공嗣公은 현령縣令에게 방석을 보냈던 것이다.

---

14) 전국시대 초나라 하채下蔡 사람으로 사거史擧선생을 모시면서 백가百家의 술책을 배웠다. 장의와 저리자樗里子를 통해 진秦나라 혜왕을 만났으며, 혜왕은 그를 만나보고 기꺼이 장군으로 삼아 위장魏章을 도와서 한중漢中 땅을 정벌하도록 하였다. 그의 활약에 대해 사마천은 "감무는 하채의 미천한 집안 출신으로 몸을 일으켜 그 이름을 제후들 사이에 떨치고 강한 제나라와 초나라에서 중용되었다."(《사기》 〈저리자감무열전〉)라고 긍정적으로 평가하였다.

15) 춘추시대 주나라 경왕敬王의 대부로, 집정대신인 유문공劉文公을 섬겼다. 공자는 일찍이 그에게 음악을 가르치는 문제를 상의하였다. 그 당시 진晉나라는 공족들의 내부다툼이 있었고 유문공과 진나라의 범씨와는 대대로 혼인관계에 있었으므로 장홍은 범씨와 중항씨를 지지하였는데, 진나라 경卿인 조앙趙鞅이 이 때문에 주나라 왕실을 비난하자 주나라 왕실은 마침내 장홍을 죽였으니 이렇게 본다면 장홍은 희생양이 된 것이다. 그로 인해 장홍의 원혼이 쌓여 눈이 3년 동안 쌓여 있다가 변하여 구슬이 되었다는 전설이 있다.

물고기를 놓치지 말라

세력은 군주에게 있어 연못이고, 신하는 그 세력 속의 물고기이다. 물고기가 연못을 잃으면 다시 얻을 수 없고, 군주가 그 세력을 신하에게 잃으면 다시 거둘 수 없다. 옛사람들은 직언을 하기 어려웠기 때문에 이 이치를 물고기에 의탁해서 말한 것이다.

상벌賞罰은 예리한 무기이다. 군주가 이것을 장악하면 신하들을 제압할 수 있지만, 신하가 이것을 얻으면 군주의 눈과 귀를 막는다. 그러므로 군주가 먼저 상을 줄 사람을 드러내면 신하는 이것을 팔아 자신의 덕으로 삼으려 할 것이고, 군주가 먼저 처벌할 사람을 알려주면 신하는 이것을 팔아 자신의 위세로 삼을 것이다. 때문에 "나라를 다스리는 예리한 무기는 다른 사람에게 보여서는 안 된다."고 하는 것이다.

가깝다는 것만으로도 이익이 생긴다

정곽군靖郭君이 제나라 재상으로 있을 때 옛 친구와 오랫동안 이야기를 나눈 일이 있었다. 사람들은 그가 정곽군의 신임을 받는다고 생각해 뇌물을 보내 옛 친구는 부유해졌다. 정곽군이 주위에 있는 자들에게 수건을 주자 그들은 이로 인해 강한 세력을 이루게 되었다. 오랫동안 이야기를 나누거나 수건을 내리는 것은 하찮은 일인데도 오히려 부자가 되었으니, 하물며 벼슬아치가 군주의 세력을 빌린다면 어떠하겠는가?

화근을 남기지 말라

진晉나라 여공 때에는 육경六卿의 벼슬자리가 높았다. 서동胥僮과 장어교長魚矯가 군주에게 간언해 말하였다.

"대신들이 귀중해지면 군주를 적대시하고 일을 다투며, 외세와 결탁하고 당파를 만들며, 아래로는 국법을 어지럽히고 위로는 군주를 위협하게 됩니다. 이렇게 하고도 나라가 위태롭지 않은 경우는 일찍이 없었습니다."

진나라 여공이 말하였다.

"옳소."

그러고는 육경 중 세 사람을 죽였다.

서동과 장어교는 또 간언하였다.

"똑같이 죄를 지은 사람인데 일부만 주살하고 모두 처벌하지 않는다면, 이것은 그들에게 원망을 품고 보복할 틈을 주게 됩니다."

진나라 여공이 말하였다.

"나는 하루아침에 삼경三卿을 멸하였소. 차마 모두 벌하지는 못하겠소."

장어교가 대답하였다.

"공께서는 차마 모두 벌하지 못한다고 하시지만 그들은 장차 공을 시해할 것입니다."

진나라 여공은 이 권고를 듣지 않았다. 석 달이 지나자 남아 있던 삼경이 반란을 일으켜 여공을 죽이고 그의 영지를 나누었다.

이구동성으로 말하면 속는다

주후州侯는 초나라의 재상이었는데, 지위가 높아지자 정무를 제멋대로 주관하였다. 초나라 왕은 그를 의심해 주위의 신하들에게 물었다.

주위에 있는 자들은 이렇게 대답하였다.

"그런 일은 없었습니다."

그들의 말은 한 입에서 나오는 것과 같이 똑같았다.

연나라 사람이 정신적으로 이상이 없는데도 일부러 개똥으로 목욕을 하였다. 그 연나라 사람의 아내는 젊은 남자와 사통을 하고 있었다. 그 남편이 일찍이 밖에서 왔는데 마침 젊은 남자가 문밖으로 나오고 있었다.

남편이 말하였다.

"저 손님은 누구요?"

그의 아내가 말하였다.

"손님은 없습니다."

주위에 있는 사람들에게 묻자 그들은 이렇게 대답하였다.

"아무도 없었습니다."

마치 한 입에서 나오는 것과 같이 똑같이 말하였다.

그의 아내가 말하였다.

"공께서는 이상하군요."

그러고는 개똥으로 목욕을 하도록 하였다.

일설에는 이런 말이 있다. 연나라 사람 이계李季가 멀리 나가는 것을 좋아하자 그의 아내가 젊은 남자와 사통을 하였다. 이계가 갑자기 돌아왔을 때 젊은 남자는 집 안에 있었으므로 아내는 곤란해졌다.

그 집의 하녀가 이렇게 말하였다.

"공자를 발가벗기고 머리를 흐트러뜨려 곧장 문을 나가도록 하십시오. 저희들은 보이지 않는 것처럼 가장하겠습니다."

그래서 공자가 그 계략대로 문밖으로 달려나갔다.

이계가 말하였다.

"저 사람은 누구냐?"

집의 하녀가 말하였다.

"아무도 없습니다."

이계가 말하였다.

"내가 귀신을 본 것이냐?"

부인이 말하였다.

"그렇습니다."

이계가 말하였다.

"이 일을 어찌하오?"

부인이 말하였다.

"희생으로 쓰는 다섯 가지 가축의 똥을 모아서 목욕을 하십시오."

이계가 말하였다.

"알았소."

그러고는 똥으로 목욕을 하였다. 일설에는 난초를 끓여서 목욕을 했다고도 한다.

전傳 2: 임금과 신하의 이익은 서로 다르다

이익에 따라 생각이 다르다

위衛나라 사람 부부가 기도를 드리는데 축원하며 이렇게 말하였다.

"저희가 무사하게 해주시고 삼베 백 필을 얻게 해주십시오."

그 남편이 말하였다.

"어찌 그리 적은 것이오?"

대답하여 말하였다.

"이보다 많으면 당신은 첩을 살 것이기 때문입니다."

초나라 왕이 공자들을 사방 이웃 나라로 보내 벼슬아치가 되게 하려고 하자 대헐이 말하였다.

"안 됩니다."

[왕이 말하였다.]

"공자들을 사방 이웃 나라에 보내면 사방 이웃 나라에서는 그들을 반드시 중용할 것이오."

[대헐이 말하였다.]

"공자들이 이웃 나라로 나가면 중용될 것입니다. 그들은 중용되면 반드시 중용되는 나라를 위할 것입니다. 그렇게 되면 공자들이 외국과 결탁하게 만드는 것입니다. 우리에게 유리한 것이 아닙니다."

이익이 있으면 뭉친다

노魯나라의 맹손孟孫·숙손叔孫·계손季孫이 서로 힘을 합쳐 소공昭公을 협박하여 결국 그 나라를 빼앗아 마음대로 권력을 휘둘렀다. 노나라의 삼환三桓이 왕실에 압력을 가하자 소공은 계손씨를 공격하였다.

맹손씨와 숙손씨는 서로 모의해 말하였다.

"계손을 구원해야 하겠소?"

숙손씨의 수레 모는 자가 말하였다.

"저는 가신家臣입니다. 어찌 군주의 집안일을 알겠습니까? 무릇 계손이 있는 것과 계손이 없는 것 어느 쪽이 우리에게 유리하겠습니까?"

모두가 말하였다.

"계손이 없어지면 반드시 숙손도 망할 것이오. 그렇다면 구해야 하오.”

그래서 숙손은 서북쪽을 뚫고 중앙으로 들어갔으며, 맹손은 숙손의 깃발이 들어오는 것을 보고 또한 구원하러 갔다. 이렇게 하여 삼환이 하나가 되었으므로 소공은 이기지 못하고 달아나 건후乾侯에서 죽었다.

이익 앞에서는 나라도 없다

공숙公叔은 한韓나라의 재상이면서 제나라에도 공로가 있었고, 공중公仲은 한나라 왕에게도 매우 중시되고 있었다. 공숙은 왕이 공중을 재상으로 삼을까 두려워 제나라와 한나라가 약속을 해서 위魏나라를 공격하도록 하였다. 공숙은 제나라 군대를 한나라로 불러들여 군주를 위협해서 자신의 지위를 공고히 하고 두 나라(한나라와 제나라)의 맹약을 확실하게 하였다.

적황翟璜은 위魏나라 왕의 신하였으나 한韓나라와도 친하였다. 그래서 한나라의 군대를 불러들여 위나라를 공격하도록 하였다. 그러고는 위나라 왕을 위해 한나라와 화평을 맺어 자신의 지위를 두텁게 하였다.

어느 것이 이익인가

월越나라 왕이 오吳나라 왕을 공격하자 오나라 왕은 사죄를 하고 항복을 알렸으므로 월나라 왕은 이를 허락하려고 하였다.

[이때] 범려范蠡[16]와 대부 문종이 말하였다.

"그렇게 할 수 없습니다. 옛날 하늘이 월나라를 오나라에 주려고 했으나 오나라는 받지 않았습니다. 지금 하늘이 그 반대로 한 것은 부차夫差 역시 하늘의 재앙을 받는 것입니다. 오나라를 월나라에게 주려고 하니 두 번 절하고 받아야 합니다. 허용해서는 안 됩니다."

태재 백비가 대부 문종에게 편지를 보내 말하였다.

"교활한 토끼가 다 잡히면 훌륭한 개는 삶아 먹히게 되고, 적국이 멸망하면 지혜로운 신하는 버려지게 되오. 대부께서는 어찌해서 오나라를 풀어주어 [도리어] 월나라를 근심하도록 하지 않소?"

대부 문종은 편지를 받아서 그것을 읽고는 크게 탄식하며 말하였다.

"죽여라. 월나라도 오나라와 같은 운명이다."

사욕을 위해 나라를 판다

대성오大成午는 조趙나라로부터 한韓나라의 신불해申不害에게 요청해 말하였다.

"당신이 한나라의 힘으로 내가 조나라에서 중용되게 해주면, 나는 조나라의 힘으로 당신이 한나라에서 중용되도록 하겠습니다. 이것은 당신이 두 개의 한나라를 갖는 것이고, 내가 두 개의 조나라를 갖는 것입니다."

사마희司馬喜는 중산군中山君의 신하였는데, 조나라와도 잘 지내면

---

16) 춘추시대 말 초楚나라 사람으로 뒤에는 월越나라 대부大夫가 되었다. 그는 월나라가 오吳나라에게 패했을 때 2년 동안 인질로 오나라에 있었다. 월나라로 돌아온 뒤에는 월나라 왕 구천을 도와 오나라를 멸망시켰다. 그 뒤 제齊나라를 돌아다니며 도주공陶朱公으로 이름을 바꾸고 장사를 해서 부자가 되었다.

서 일찍이 중산의 계략을 조나라 왕에게 은밀히 보고하였다.

여창呂倉은 위魏나라 왕의 신하인데 진秦나라·초나라와 잘 지내며 은밀히 진나라와 초나라를 부추겨 위나라를 공격하도록 하고는 위나라를 대신해 강화를 요청함으로써 스스로를 높였다.

이익이 있으면 적끼리도 돕는다

송석宋石은 위魏나라 장군이고, 위군衛君은 초나라 장군이다. 두 나라가 전쟁을 벌이기 시작했을 때 두 사람은 모두 [군대를] 거느리게 되었다.

송석은 위군에게 편지를 보내 말하였다.

"두 나라 군대는 서로 대적하여 양쪽 깃발이 서로 마주보고 있소. 오직 한바탕 싸운다면 반드시 양쪽 모두 온전하지 못할 것이오. 이것은 양쪽 군주의 일이오. [나는] 당신에게 사사로운 원한이 없소. 좋다고 생각되면 서로 [싸움을] 피합시다."

백규白圭는 위魏나라 재상이고, 포견은 한韓나라 재상이다.

백규는 포견에게 일러 말하였다.

"당신은 한나라의 힘을 이용해 위나라에서 나를 도와주고, 나는 위나라의 힘을 이용해 한나라에서 당신의 [예우를] 돕겠소. 그러면 나는 영원히 위나라를 다스리게 될 것이고, 당신은 영원히 한나라를 다스리게 될 것이오."

대신 죽이게 하다

제나라의 중대부中大夫[17] 중에 이야夷射라는 자가 있어 왕을 모시고 술을 마시다가 매우 취해 밖으로 나가 회랑문에 기대어 있었다.

[그때] 발이 잘린 문지기가 무릎을 꿇고 말하였다.

"어르신께서는 남은 술이 있으면 저에게 내리실 뜻이 없습니까?"

이야가 꾸짖어 말하였다.

"물러가라. 형벌을 받은 자가 어찌해서 감히 장자長者에게 술을 구걸하느냐?"

발이 잘린 자는 빨리 물러났다. 이야가 그곳을 떠나자 발이 잘린 자는 회랑문의 난간 아래에 물을 뿌려 소변을 본 모양을 만들었다.

다음 날 왕이 나오다가 이를 꾸짖으며 말하였다.

"누가 이곳에 소변을 보았느냐?"

발이 잘린 자가 대답하여 말하였다.

"신은 보지 못했습니다. 그렇지만 어젯밤 중대부 이야가 이곳에서 있었습니다."

왕은 그래서 이야를 벌해 죽였다.

위나라 왕의 신하 중 두 사람은 제양군濟陽君[18]과 사이가 좋지 않았다. 그래서 제양군은 사람을 시켜 거짓으로 왕의 명령을 꾸며 자신을 공격할 모략을 꾸미게 하였다.

17) 궁궐 안의 일을 처리하는 벼슬아치이다.

18) 전국시대 때 위나라의 관원으로, 성명이나 사적은 모두 자세히 알려져 있지 않다.

[이 일이 왕의 귀에 들어가자] 왕은 사람을 시켜 제양군에게 물었다.

"그대는 누구와 원한이 있소?"

[제양군이] 대답하였다.

"감히 누구와 원한을 맺은 일이 없습니다. 그렇지만 일찍이 두 사람과는 사이가 좋지 않았는데, 이 지경에 이를 정도는 아닙니다."

왕이 주위에 있는 자들에게 이 점에 대해 물어보니 주위에 있는 자들이 말하였다.

"진실로 그러합니다."

왕은 그래서 두 사람을 주살하였다.

계신季辛과 원건爰騫[19]은 서로 원한을 품고 있었다. 최근에 사마희가 계신과 사이가 나빠지자 은밀히 사람을 시켜 원건을 죽이도록 하였다. 중산국中産國의 군주는 계신이 한 짓으로 생각하여 계신을 죽였다.

돕는 척 제거한다

초나라 왕[20]의 사랑을 받는 첩으로 정수鄭袖라는 자가 있었다. 초나라 왕이 새로 미녀를 얻었다.

그래서 정수는 그녀에게 가르쳐 말하였다.

"왕은 사람들이 입을 가리는 것을 매우 좋아하십니다. 왕을 곁에서 섬길 때는 반드시 입을 가리도록 하세요."

미녀는 [궁궐 안으로] 들어가 왕을 알현해 가까이 있을 때는 입을

19) 두 사람의 사적은 자세히 알려져 있지 않다.

20) 여기서는 초나라 회왕을 가리킨다.

가렸다. 왕이 그 까닭을 물으니 정수가 말하였다.

"이는 정녕 왕의 냄새를 싫어해서라고 하였습니다."

왕과 정수, 미녀 세 사람이 앉아 있을 때 정수는 미리 모시는 신하에게 경계시키며 말하였다.

"만약 왕이 어떤 말씀을 하시면 반드시 왕의 말을 듣고 빨리 행하도록 하시오."

미녀는 앞으로 나아가 왕 가까이 갈 때는 여러 번 심하게 입을 가렸다. 왕이 불끈 노여워해 말하였다.

"코를 베어라."

모시고 있던 자가 칼을 뽑아 미인의 코를 베었다.

일설에는 이런 말이 있다. 위魏나라 왕이 초나라 왕에게 미인을 보내자 초나라 왕은 매우 기뻐하였다. 부인 정수는 왕이 그녀를 아끼는 것을 알고 자신 역시 그녀를 왕보다 더 좋아하는 체하며 의복과 완구를 그녀가 가지고 싶은 대로 고르도록 하였다.

왕이 말하였다.

"부인은 내가 새로 온 사람을 좋아한다는 것을 알고 과인보다 더 아끼고 있으니, 이것은 효자가 부모를 봉양하고 충신이 군주를 받드는 방법이오."

부인은 왕이 자신이 질투하지 않는다고 생각하게 되었으므로 새로 온 사람에게 말하였다.

"왕께서는 당신을 매우 사랑하오. 그렇지만 당신의 코는 싫어하오. 당신이 왕을 뵐 때마다 항상 코를 가리면 왕께서는 영원히 당신을 총애하게 될 것이오."

그래서 새로 온 사람은 그 말에 따라 왕을 뵐 때마다 항상 코를 가렸다.

왕은 부인에게 말하였다.

"새로 온 사람이 과인을 볼 때마다 항상 코를 가리는데, 무엇 때문이오?"

그녀가 대답하였다.

"저는 알지 못합니다."

왕이 다그쳐 묻자 [그녀가] 대답해 말하였다.

"일전에 왕의 냄새를 맡는 것이 싫다고 말하였습니다."

왕은 노여워하며 말하였다.

"그녀의 코를 잘라라."

부인은 이보다 앞서 모시는 자에게 미리 말해두었다.

"왕이 만일 어떤 분부를 내리면 반드시 명령대로 따라 하시오."

모시는 자는 그래서 칼을 뽑아 미인의 코를 잘랐다.

돕는 듯 제거하다

비무극費無極[21]은 초나라 영윤令尹의 측근이다. 극완郄宛이 새로 영윤을 섬기게 되었는데, 영윤은 그를 매우 아꼈다.

그래서 비무극이 이틈에 영윤에게 일러 말하였다.

---

21) 춘추시대 초나라의 대부로, 평왕平王이 즉위하는 데 공로가 있는 조오朝吳를 무고하고 태자 건建을 모함해서 실권을 잡지만 결국 영윤에게 죽임을 당하였다.

"당신은 극완을 매우 아끼시는군요. 어째서 그의 집에서 주연을 열도록 하지 않습니까?"

영윤이 말하였다.

"좋소."

그러고는 비무극을 시켜 극완의 집에서 [주연을] 준비하도록 하였다. 비무극은 극완에게 가르쳐 말하였다.

"영윤은 매우 오만하며 병기를 좋아하니 당신은 반드시 신중하고 공경스럽게 하여야 합니다. 먼저 빨리 당 아래와 앞뜰에 병기를 진열해놓도록 하십시오."

그래서 극완은 그렇게 하였다.

영윤은 [극완의 집에] 와보고는 크게 놀라서 말하였다.

"이것이 무엇이냐?"

비무극이 말하였다.

"군주께서는 위험하니 빨리 떠나십시오. [무슨] 사태인지 아직은 알 수 없습니다."

영윤은 매우 노여워하며 군대를 일으켜 마침내 그를 죽였다.

서수犀首는 장수張壽와 원한을 맺고 있었다. 진수陳需가 새로 [조정에] 들어왔을 때 [그 또한] 서수와 잘 지내지 못하였다. 그래서 사람을 시켜 은밀히 장수를 죽이도록 하였다. 위나라 왕은 서수가 한 짓으로 생각하고 곧 그를 죽였다.

중산국에 신분이 낮은 공자가 있었는데, [그의] 말은 매우 여위었고 수레는 매우 낡았다. [왕의] 측근 중에 사사로이 그와 사이가 나쁜 자가 있었다.

그가 왕에게 그를 도와줄 것을 요청해 말하였다.

"공자는 가난하고 말은 매우 여위었습니다. 왕께서는 어찌해서 말의 먹이를 더 주지 않습니까?"

왕은 이를 허락하지 않았다. 그 측근은 밤중에 은밀히 꼴풀 마구간에 불을 지르도록 하였다. 왕은 신분이 낮은 공자의 짓으로 생각하고 그에게 벌을 내렸다.

남의 이익을 빌려 자기 이익을 도모한다

위魏나라에 나이 든 유생이 있었는데 제양군과 사이가 좋지 않았다. [제양군의] 문객으로 늙은 유생과 사사로이 원한을 맺은 자가 있었는데 늙은 유생을 쳐서 죽이고는 제양군에게 은덕을 팔아 말하였다.

"신은 그가 당신을 좋아하지 않았기 때문에 당신을 위해 그를 죽였습니다."

제양군은 [사정을] 살피지도 않고 상을 주었다.

일설에는 이런 말이 있다. 제양군의 소서자少庶子[22]로 있는 사람 중에 인정을 받지 못해서 그의 총애를 받으려고 하는 자가 있었다. [이때] 제나라에서는 늙은 유생을 보내 마리馬梨라고 하는 산에서 약초를 캐오도록 하였다.

22) 여기서는 적자와 다른 측실의 소생을 말하는 것이 아니다. 전국시대 진秦나라와 위魏나라 등에서는 가신家臣을 서자庶子라고 불렀다. 한편, 소서자를 귀족의 직속 측근인 관직명으로 보기도 한다.

제양군의 소서자는 [이를 계기로] 공을 세우려고 생각하여 제양군이 있는 곳으로 들어가서 말하였다.

"제나라에서 늙은 유생을 시켜 마리라고 부르는 산에서 약초를 캐오도록 했는데, 명분은 약초를 캐러 왔다고 하지만 사실은 당신 나라를 엿보려는 것입니다. 당신은 그를 죽이십시오. 당신이 그를 죽이지 않으시면 장차 제양군께서는 제나라에서 내리는 벌을 받게 될 것입니다. 청컨대 신이 그를 찔러 죽이도록 해주십시오."

제양군이 말하였다.

"그렇게 하시오."

그래서 다음 날 성 북쪽에서 그를 찾아내어 죽였다. 제양군은 그가 돌아온 뒤 [더욱] 가까이하였다.

전傳 4: 상반되는 이해를 살펴라

반대급부를 노린다

진수陳需는 위나라 왕의 신하이면서도 초나라 왕과 잘 지냈으므로 초나라로 하여금 위나라를 공격하게 하였다. 초나라가 위나라를 공격하자 진수는 이때 위나라 왕 대신 가서 강화를 맺었다. 그래서 그는 초나라의 세력을 이용해 위나라의 재상이 되었다.

한韓나라 소후昭侯 때 기장 씨앗이 매우 귀해 값이 오르자 소후는 사람을 시켜 창고 벼슬아치를 조사하도록 했는데, 과연 그가 기장 씨앗을 훔쳐 매우 많은 양을 팔았다.

소해휼昭奚恤이 초나라에 등용되었을 때, 곡물과 사료 창고에 불을 지른 자가 있었는데, 그 사람이 누구인지 알지 못하였다. 소해휼은 벼슬아치를 시켜 띠풀 파는 자를 잡아들이도록 해서 심문하니, 과연 그가 불을 지른 것이었다.

이익이 있는 자가 범인이다

소희후昭僖侯 때 요리사가 음식을 올렸는데, 고깃국 속에 생간이 들어 있었다.

소희후는 요리사의 조수를 불러들여 질책하여 말하였다.

"그대는 어찌하여 과인의 고깃국 속에 생간을 넣었느냐?"

요리사의 조수는 머리를 조아리며 사죄를 하며 말하였다.

"남모르게 요리사를 없애고 싶었습니다."

일설에는 이런 말이 있다. 희후가 목욕을 하는데 탕 속에 작은 돌이 있었다.

희후가 말하였다.

"나의 목욕 일을 맡은 벼슬아치를 면직시킨다면 이 일을 대신 맡을 자가 있는가?"

주위에 있는 자들이 대답하였다.

"있습니다."

희후가 말하였다.

"불러오도록 하라."

[희후는] 그를 질책해 말하였다.

"어찌하여 탕 속에 작은 돌을 넣었느냐?"

대답하여 말하였다.

"목욕 일을 맡은 벼슬아치가 면직되면 신이 대신 그 자리를 얻게 될 것이기 때문에 탕 속에 작은 돌을 넣었습니다."

세 가지 죽을 죄

문공文公 때 요리사가 고기를 구워 바쳤는데 머리카락이 감겨 있었다. 문공은 요리사를 불러 꾸짖었다.

"너는 과인이 목이 막혀 죽도록 하려고 하였느냐? 어찌해서 구운 고기에 머리카락을 감았느냐?"

요리사가 머리를 조아리고 재배하고는 청원하여 말하였다.

"저는 죽을죄 세 가지를 지었습니다. 숫돌에 칼을 갈아 간장干將[23] 처럼 예리하게 해서 고기는 잘랐지만 머리카락은 자르지 못한 것이 신의 첫 번째 죄이고, 나무로 고기를 꿰면서 머리카락을 보지 못한 것이 신의 두 번째 죄이며, 숯을 가득 채운 화로를 준비해서 불이 발갛게 달았는데, 고기가 다 익도록 머리카락을 태우지 못한 것이 신의 세 번째 죄입니다. 당 아래 시중드는 사람들 속에 신을 미워하는 자가 있을 것입니다."

---

23) 춘추시대 오나라의 간장干將과 그의 부인 막야莫邪는 보검 두 개를 만들었다. 그래서 만든 사람의 이름을 따서 양검陽劍을 간장이라 하고, 음검陰劍을 막야라고 불렀다.

공이 말하였다.

"옳구나."

그러고는 당 아래에 있는 자를 불러 문책을 했더니 과연 그러하였다. 그래서 그를 벌주었다.

일설에는 이런 말이 있다. 진晉나라 평공平公이 객에게 주연을 열었다. 소서자가 구운 고기를 바쳤는데 머리카락이 감겨 있었다. 평공은 요리사를 죽여서 이 명령을 위반하지 못하도록 하였다.

요리사는 하늘에 외치며 말하였다.

"아아, 신에게는 죄가 세 가지 있지만 죽게 되어도 제 자신도 알지 못하겠습니다."

평공이 말하였다.

"무슨 말이냐?"

대답하여 말하였다.

"신의 칼은 예리해 바람을 일으킬 정도인데, 뼈는 자르면서 머리카락은 자르지 못했으니 이것이 신의 첫 번째 죽을죄입니다. [가장 좋은] 뽕나무 숯으로 고기를 구워 고기가 붉은빛에서 흰빛이 될 때까지 [잘 구워졌는데] 머리카락은 타지 않았습니다. 이것이 신의 두 번째 죽을죄입니다. 고기가 익어 또 몇 차례 주의해 살펴보았지만 고기에 머리카락이 감겨 있는 것을 눈으로 보지 못했으니 이는 신의 세 번째 죽을죄입니다. 아마도 당 아래에 있는 자가 신을 미워해 한 짓으로 생각됩니다. 신을 죽이는 것은 또한 너무 이르지 않습니까?"

양후穰侯[24)]가 진秦나라의 재상으로 있을 때 제나라는 강성하였다. 양후는 진나라 왕을 세워 황제로 삼으려고 했지만 제나라는 이를 듣지 않았으므로 제나라 왕을 세워 동제東帝로 삼을 것을 요청했으나 일을 이룰 수 없었다.

전傳 5: 세력을 살펴라

가까운 사람을 경계하라

진晉나라 헌공獻公 때 여희驪姬는 총애를 받아 정부인 못지않게 기세가 등등하였다. 그래서 그녀는 자신의 아들 해제奚齊로 태자 신생申生을 대신하게 하려고, 군주에게 신생을 헐뜯어 자살하게 하고 마침내 해제를 세워 태자로 삼았다.

정나라 군주는 이미 태자를 세웠지만 그의 총애를 받는 미녀가 자신의 아들로 뒤를 잇게 하려고 하자 정부인은 두려워했으므로 독약을 먹여 군주를 죽였다.

위衛나라의 주우州吁[25)]는 위나라에서 막강한 권력을 가져 군주와

---

24) 진秦나라 소왕昭王 때 백기白起를 장수로 추천해서 여러 나라를 정벌해 나라의 위세를 드높인 사람으로, 이름은 위염魏冉이다. 처음에 장군으로 임명되었다가 뒤에 큰 공을 세워 양 땅에 봉해졌기 때문에 양후로 부르게 되었다. 양후는 재상이 되어 백기를 장수로 삼아 한·위·제·초를 차례로 쳐서 진나라의 세력을 더욱 키웠다. 그는 세 번이나 진나라 재상이 되어 소왕이 서제西帝가 되도록 한 인물이다. 그러나 양후의 공과 권력이 커져 가면서 범저의 비방을 받고 소왕과 사이가 멀어지더니 결국 울분 속에 살다가 죽었다.

25) 위나라 장공莊公이 낳은 자식으로 대단히 총애를 받았고, 군대 일을 좋아하였다. 장공이 죽은 뒤 태자 완完이 옹립되었으니 이 자가 환공桓公이다. 그러자 주우州吁는 교만하고 전횡을 일삼아 환공을 죽이고 스스로 왕이 되었다. 결국 위나라 대부 연합에 의해 주우는 주살되었다.

어깨를 나란히 하였다. 신하들과 백성들 모두는 그의 권세가 무거운 것을 두려워하였다. 주우는 과연 군주를 살해하고 정권을 빼앗았다.

공자 조朝는 주周나라의 태자이고, 동생 공자 근根은 군주에게 깊은 총애를 받았다. 군주가 죽자 마침내 근은 동주東周를 세워 반란을 일으켰고, [주는] 두 나라로 갈라졌다.

주었다가 빼앗지 말라

초나라 성왕成王은 상신商臣을 태자로 삼았다. 얼마 지나자 또 공자 직職을 그 자리에 세우려고 하자 상신이 난을 일으켜 마침내 성왕을 공격해 죽였다.

일설에는 이런 말이 있다. 초나라 성왕은 상신을 태자로 삼았는데 그 뒤에 공자 직을 다시 태자로 세우려고 하였다. 상신은 그 소식을 들었으나 [그 일의 진위를] 살피지 못해서 그의 스승 반숭潘崇에게 물었다.

"어찌해야 사실 여부를 알 수 있습니까?"

반숭이 말하였다.

"강미(江芈, 초나라 성왕의 애첩)에게 술 마시기를 청해서 불경스럽게 해보십시오."

태자가 그 말대로 하자 강미가 말하였다.

"오호라, 이 하찮은 놈아! 군왕이 너를 폐하고 직을 세우려고 하는 것이 마땅하다."

상신이 반숭에게 말하였다.

"사실이었습니다."

반숭이 말하였다.

"그를 섬길 수 있습니까?"

[상신이] 말하였다.

"할 수 없습니다."

반숭이 물었다.

"그러면 외국의 제후에게로 달아날 수 있습니까?"

[상신이] 말하였다.

"할 수 없습니다."

반숭이 물었다.

"큰일을 일으킬 수 있습니까?"

[상신이] 말하였다.

"할 수 있습니다."

그래서 곧 숙소에 있는 병사들을 일으켜 성왕을 공격하였다. 성왕은 곰발바닥 요리를 먹고 죽게 해달라고 요청했으나 허락하지 않자 마침내 자살하였다.

좋아하면 위태롭다

한외韓廆는 한韓나라 애후哀侯의 재상이다. 엄수嚴遂가 군주에게 중용되자 두 사람은 서로 매우 시기하였다. 그래서 엄수는 사람을 시켜 조정에서 한외를 암살하도록 하였다. 한외는 군주에게 달려가 끌어안았지만 [자객은] 한외를 찌르고 애후까지 죽였다.

전항(田恒, 전상田常)은 제나라의 재상이고, 감지闞止는 간공簡公에게 중임되었는데, 두 사람은 미워하여 서로를 해치려고 하였다. 전항은 개인적인 은혜를 펴서 나라를 취하고 마침내 간공을 살해하고 정권을 빼앗았다.

대환戴驩은 송宋나라 재상이고, 황희皇喜는 왕에게 중용되었다. 두 사람은 권력을 다투며 서로 해치려고 하였다. 황희는 마침내 송나라 왕을 죽이고 정권을 빼앗았다.

호돌狐突이 말하였다.

"나라의 군주가 여색을 좋아하면 태자가 위태롭게 되고, 총애하는 신하들을 좋아하면 상실(相室, 집정대신)이 위태롭게 된다."

정나라 왕이 정소鄭昭에게 이렇게 물었다.

"태자는 과연 어떠하오?"

[정소가] 대답하여 말하였다.

"태자는 아직 태어나지 않았습니다."

군주가 말하였다.

"태자는 이미 정해졌는데 태어나지 않았다는 말은 무엇이오?"

[정소가] 대답하여 말하였다.

"태자는 비록 정해졌지만 군주께서는 여색 좋아하기를 멈추지 않습니다. 사랑하는 이에게 아들이 있게 되면 군주는 반드시 그 아이를 사랑하게 될 것이고, 그 아이를 사랑하게 되면 반드시 뒤를 잇도록 하려고 할 것입니다. 신은 이 때문에 태자가 아직 태어나지 않았다고 한 것입니다."

전傳 6: 신하의 등용을 밝게 하라

주어서 쓰러뜨려라

[주나라] 문왕文王은 비중費仲에게 재물을 주어 주왕紂王 곁에서 벼슬하게 하고, 주왕의 기색을 살펴서 그의 마음을 어지럽히게 하였다.

초나라 왕이 어떤 사람을 사자로 삼아 진秦나라로 보냈다. 진나라 왕은 그를 매우 예우하여 대접하였다. [진나라] 왕이 말하였다.

"적국에 현명한 사람이 있는 것은 나라의 근심거리인데, 지금 초나라 왕의 사자는 매우 현명하니 과인은 이것이 걱정되오."

신하들이 말하였다.

"왕의 현명함과 우리나라의 풍부한 물자를 이용해 초나라 왕의 현명한 사람을 원하십시오. 왕께서는 어찌 그와 긴밀한 교분을 맺어 은밀히 우리 쪽에 있게 하지 않습니까? 초나라에서 그가 외국에 이용당하고 있음을 알게 된다면 반드시 그를 주살할 것입니다."

중니(공자)가 노나라에서 정치를 할 때는 [백성들이] 길에 떨어진 물건을 줍지 않았다. 제나라 경공景公은 이것을 알고 걱정하였다.

여저黎且가 경공에게 말하였다.

"중니를 떠나게 하는 것은 털을 부는 것처럼 쉽습니다. 당신은 어째서 중니에게는 두터운 봉록과 높은 지위를 주고, 애공哀公에게는 음악을 할 줄 아는 여자를 보내 마음을 어지럽히고 미혹되게 하지 않습니까? 애공이 이것을 새롭게 즐기게 되면 반드시 정치에는 게을러질 것입니다. 그러면 중니는 반드시 간언하게 될 것이고, 간언하면 노나라에서 반드시 쉽게 [인연이] 끊어지게 될[26] 것입니다."

경공이 말하였다.

"좋소."

그래서 여저로 하여금 여악女樂 16명을 애공에게 보냈다. 애공은 과연 그것을 즐기며 정치를 게을리했고, 공자는 간언했으나 들어주지 않자 [그곳을] 떠나 초나라로 갔다.

적국의 인재는 아국의 근심거리이다

초나라 왕이 간상干象에게 일러 말하였다.

"나는 초나라의 힘으로 감무甘茂를 도와 진秦나라의 재상이 되게 하려는데 가능하오?"

간상이 대답하였다.

"불가능합니다."

왕이 말하였다.

"무엇 때문이오?"

---

26) 이 말은 공자가 노나라를 떠나게 되어 두 사람과의 관계가 끊어진다는 말이다.

[간상이] 말하였다.

"감무는 어릴 때 사거史擧 선생을 모셨습니다. 사거는 상채上蔡 땅의 성문지기였는데, 크게는 군주를 섬기지 않았고 작게는 대부를 섬기지 않았으며, 가혹함과 각박함으로 천하에 알려졌습니다. 그런데 감무는 순종하며 그를 섬겼습니다. 혜왕惠王의 현명함, 장의張儀 같은 말솜씨를 감무가 섬겼기 때문에 많은 벼슬자리를 두루 거치면서도 죄를 받지 않았으니 이는 감무가 현명했기 때문입니다."

왕이 말하였다.

"사람을 시켜 감무를 적국의 재상이 되도록 돕고 현명한 사람을 재상으로 삼는 것이 어찌하여 불가능하오?"

간상이 말하였다.

"이전에 왕은 소활邵滑을 월越나라로 보내 5년 뒤에 월나라를 망하게 할 수 있었습니다. 그렇게 된 까닭은 월나라는 혼란스럽고 초나라는 다스려졌기 때문입니다. 지난날 월나라에 이것을 사용하는 것은 알았으면서 지금 진나라에 이것을 사용하는 것을 잊으셨으니, 또한 너무 빨리 잊으신 것이 아닙니까?"

왕이 말하였다.

"그러면 이를 어찌하면 되겠소?"

간상이 대답하여 말하였다.

"공립共立을 재상으로 하는 것만 못합니다."

왕이 말하였다.

"공립을 재상으로 세우는 것이 좋다는 것은 무엇 때문이오?"

대답하여 말하였다.

"공립은 어려서는 [진나라 왕의] 총애를 받았고, 장성해서는 귀한 경卿이 되어 왕실의 옷을 입고 두약(杜藥, 여름에 황적색 꽃이 피는 향초)을 머금고는 옥가락지를 끼고 조정에서 정사를 보고 있습니다. 장차 진나라를 혼란스럽게 하는 데 이로울 것입니다."

먼저 흐트러뜨려라

오나라가 초나라를 정벌하였다. 오자서伍子胥는 사람을 시켜 초나라에 이런 소문이 퍼지도록 하였다.

"자기子期[27]를 등용하면 공격할 것이고, 자상子常[28]을 등용하면 물러날 것이다."

초나라 사람들은 이 말을 듣고 자상을 임명하고 자기를 물러나게 하였다. 오나라 사람들은 초나라를 공격해 마침내 승리했다.[29]

진晉나라 헌공獻公은 우나라와 괵나라를 토벌하기 위해 굴산屈產의 말과 수극垂棘의 옥, 여악 16명을 보내 그의 마음을 미혹시켜 정치를 혼란스럽게 하였다.

숙향叔向이 장홍萇弘을 참소할 적에 편지를 위조하여 말했는데, 그

27) 공자 결結을 말한다. 초나라 평왕平王의 아들이며 성왕成王의 동생이다.

28) 성은 낭囊이고 이름은 와瓦이다. 그의 조부는 자낭子囊으로 초나라 장왕莊王의 아들이 된다. 자상은 초나라 평왕과 소왕 때 영윤이 되었다. 오나라의 오자서가 군대를 이끌고 초나라를 공격해오자 그는 군대를 거느리고 세 번이나 출전했으나 모두 패하여 정나라로 떠났고, 오나라 군대는 마침내 영郢으로 들어갔다.

29) 이때가 초나라 소왕 10년으로 기원전 506년이다. 이때 오자서는 오나라 군대를 이끌고 초나라를 정벌하여 수도인 영으로 들어가 평왕의 시체를 채찍질하는 역할을 담당하였다. 보다 자세한 내용은《사기》〈초세가楚世家〉에 실려 있다.

내용은 장홍이 숙향에게 보내는 것으로 다음과 같이 쓰여 있었다.

"'당신이 나를 위해 진晉나라 군주에게 약속을 한 때가 되었소. 어찌하여 병사가 빨리 오지 않는 것이오.'라고 말해주시오."

[숙향은] 일부러 그 편지를 주나라 군주의 조정에 떨어뜨리고 급히 나갔다. 주나라에서는 장홍이 주나라를 팔아넘기려고 하는 것으로 생각하여 장홍을 죽였다.

정나라 환공桓公은 회나라를 습격하려고 하였다. 먼저 회나라의 호걸, 훌륭한 신하, 변설가, 지혜로운 자, 용감한 선비를 물어 그들의 성과 이름을 모두 적고는 회에서 좋은 땅을 택해 그들에게 주고, 벼슬자리와 작위 이름을 정해주어 기록하였다. 그러고는 외성의 문밖에 제단을 만들어 맹세를 하고 그것을 땅에 묻은 다음 닭과 돼지 피를 칠해 맹약을 하는 것처럼 꾸몄다. 회나라 군주는 내란으로 생각하고 자신의 훌륭한 신하들을 모두 죽였다. 환공은 회나라를 습격해 마침내 그것을 차지하였다.

밀정을 이용하라

진秦나라의 난쟁이 광대는 초나라 왕에게 잘 보이고, 은밀히 초나라 왕의 측근과도 친했을 뿐만 아니라 나라 안에서는 혜문군惠文君의 신임을 받았다. [그래서] 초나라에서 마침 모의라도 하면 난쟁이는 항상 먼저 그것을 듣고 혜문군에게 보고하였다.

업 땅의 현령 양자襄疵는 조나라 왕의 측근들과 은밀히 친하게 지냈다. 조나라 왕이 업을 습격하려는 계획을 꾸밀 때마다 양자는 항상 듣자마자 먼저 위魏나라 왕에게 말하였다. 위나라 왕은 이것에 대비했고, 조나라는 결국 그만두고 돌아갔다.

위衛나라 사군嗣君은 나라를 다스릴 때 현령 주변에 사람을 두는 방법을 썼다. 현령이 이불을 걷었는데 그 밑에 깐 자리가 매우 낡아 있었다.

사군이 즉시 사람을 시켜 자리를 보내며 말하였다.

"나는 그대가 오늘 편 자리가 매우 낡았다는 말을 들었기에 그대에게 자리를 보내오."

현령은 매우 놀라 사군이 신통하다고 생각하였다.

권卷 11

제32편

외저설 좌상

(外儲說左上: 법으로 다스릴 때 잊어서는 안 될 여섯 가지)

【해제】

'저설儲說'이란 〈내저설〉에서도 밝혔듯이 사례가 되는 이야기를 모아서 쌓아둔다는 의미이다. 한비자는 실제 이익이 되는 효용성에 중점을 두어 서술하고 있다.

내편과 외편의 구분은 분류상의 편의를 위한 것으로, 내용상 약간의 차이점이 있을 뿐 서술방식은 비슷하다. 형식 면에서 볼 때 〈내저설〉은 그 편의 첫머리 경經 중에 항목을 드러냈지만, 이러한 형식은 〈외저설〉에는 나타나지 않는다. 내용상 〈내저설〉은 군주와 신하 양쪽에 대한 법술사상의 이론과 방법을 체계적으로 나타내려는 의도를 담았으나, 〈외저설〉에서는 찾아볼 수 없다. 다만, 법술사상에서 중요하다고 여겨지는 항목을 하나하나 별개의 것으로 정리해 구분한 점이 다르다.

한비자는 〈내저설〉을 상·하 두 편으로 구분해 군주의 술術과 신하의 미微를 설명함으로써 그의 시각을 통해 총체적으로 체계화하였다. 이에 비해 〈외저설〉은 전체적으로 한비자 자신의 법술사상을 전개하며 중점적인 항목만을 취하였다.

〈외저설 좌상〉 편에서는 먼저 언행의 효용성을 강조하여 서술하였다. 한편으로는 그것과 역행하는 변설가 혜시·송견·묵자나 심원한 이론가인 위모·진병·장자 그리고 은둔지사 무광·변수·개지추 등의 구체적인 인물을 예시하면서 서술하였다. 또 한편으로는 나라의 일을 처리하면서 선왕의 도를 맹목적으로 모방하는 것을 배제해야 한다고 말하고 있다.

1. 칭찬의 말을 살펴라

현명한 군주의 도道는 마치 유약有若이 복자宓子[1]에게 응답한 것과 같다. 군주가 [신하의] 말을 들을 경우에는 변설의 교묘함을 칭찬하고, 그 행동을 볼 경우에는 그 심원함을 훌륭하게 여긴다. 그래서 여러 신하들이나 사민士民이 말하는 언어는 빙빙 돌리는 듯하고 과장되지만, 그들의 행동은 세상으로부터 떨어져 있다. 이런 것에 대한 예로서 전구田鳩가 초楚나라 왕에게 대답한 것이 있다. 그래서 묵자墨子가 나무로 된 연[木鳶]을 만들었을 때의 이야기, 노래를 불러 무궁(武宮, 무예를 강의하는 장소)을 쌓았을 때의 말을 예로 들 수 있다. 약이 되는 술과 충고의 말은 명군明君이나 현명한 군주와 성스러운 주군만이 홀로 알고 있는 것이다.

2. 실제 효용을 목표로 삼아라

군주가 [신하의] 말을 들을 경우 [실제] 효용을 목표로 삼지 않으면 말하는 자는 대부분 가시나무로 조각을 한다거나 백마가 말이 아니라는 설을 펼 것이며, 정해진 과녁을 맞추게 하지 않으면 활을 쏘는 자가 모두 예羿와 같이 될 것이다.[2]

군주의 유세에 대한 태도는 모두 연燕나라 왕이 도道를 배우는 것

---

1) 유약有若은 공자의 제자로, 공자 사후 스승으로 추대되었다. 복자宓子는 노나라 사람으로 이름은 부제不齊이고, 자는 자천子賤이다. 그 또한 공자의 제자이며 공자보다 13세 연하이다. 그는 일찍이 선보單父의 재상으로 있으면서 많은 업적을 남겼다. 공자는 자천을 "군자로다! 그러나 노나라에 군자가 없었다면 이 사람이 어떻게 군자가 될 수 있었겠는가?"라고 평가하였다.

과 같고,[3] 장황하게 유세하는 자는 모두 정鄭나라 사람이 나이를 가지고 다투는 것과 같다.[4] 이 때문에 말을 섬세하고 세세하며 미묘하고 어렵게 하는 것은 급한 일이 아니다. 그래서 계진季眞·혜시惠施·송견宋鈃[5]·묵적墨翟[6]의 학설은 대쪽에 그린 그림과 같다. [이들의] 논의는 심원하고 광대하지만 실용적이지 못하다. 그래서 위모魏牟·장로자長盧子·첨하瞻何·진병陳駢·장주莊周의 학설은 모두 [그림 속의] 귀신과 같다. [이들의] 행동은 인정에 거슬리고 완고하며 효과가 없다. 그래서 무광務光·변수卞隨·포초(鮑焦, 주나라 은둔지사)·개지추介之推·묵적은 모두 단단한 박과 같다. 또한 우경虞慶[7]은 장인匠人을 궁지로 몰았지만 집이 무너졌고, 범저范雎는 기술자를 궁지로 몰았지만 활이 부러졌다. 이 때문에 진실된 것을 구한다면 집으로 돌아와 밥을 먹어야 한다고[8] 말한 것이다.

2) 천제의 아들 예羿가 분노를 못 이겨 하늘의 해 열 개를 쏘아 떨어뜨리려고 했으나, 세상이 암흑천지가 될 것을 우려한 천제가 그의 화살통에서 화살 하나를 빼내 아홉 개만 떨어지고 하나의 해가 남았다는 중국의 고대 신화를 말한다.

3) 연燕나라 왕이 죽지 않는 도를 가르쳐준다는 빈객의 말에 속아 애꿎은 신하들을 죽인 이야기를 말한다.

4) 정나라의 두 사람이 서로 나이가 많다고 다투었는데, 결국 끝까지 우긴 사람이 이긴 일화를 말한다.

5) 송견宋鈃은 전국시대 송나라 사람으로, 송경宋牼·송영자宋榮子라고도 한다. 그는 황로학파 쪽 사람으로 모욕을 당해도 치욕스럽게 생각하지 않고 비공非攻을 주장한 인물이다. 참고로 계진季眞과 혜시惠施도 동시대 사람이다.

6) 사마천은 다음과 같이 기록하였다. "묵적墨翟은 송나라의 대부로 전쟁에 대비하고 성을 지키는 기술에 뛰어났으며, 비용을 절약해야 한다고 주장하였다. 어떤 이는 그가 공자와 같은 시대 사람이라고도 하고 나중 사람이라고도 한다."(《사기》〈맹자순경열전孟子荀卿列傳〉)

7) 전국시대 조나라 사람으로, 조나라 효성왕孝成王에게 유세에 성공하여 황금 백일과 백벽白璧 한 쌍을 받았으며, 다시 만나 상경上卿이 되었다. 다시 또 만나 재상의 인印을 받고 만호후에 봉해져 우경이라고 불렸다. 자세한 내용은《사기》〈평원군우경열전平原君虞卿列傳〉에 실려 있다.

3. 선왕을 모방하지 말고 나랏일을 살펴라

서로 남을 위해주는 것이라 여기면 책망하게 되지만, 자신을 위하는 것이라고 여기면 일이 잘 실행된다. 그래서 아버지와 아들 사이에는 원망하고 책망하는 경우가 있고, 사람을 고용해서 경작을 하게 하려면 맛있는 고깃국을 내놓는다. 이에 대한 예로는 문공文公이 [송나라를 토벌하면서] 먼저 [그 나라] 왕의 죄를 퍼뜨린 일과 구천句踐이 [오吳나라를 토벌할 때] [군주가] 여황대如皇臺[9]를 건축한 이야기가 있다. 그러므로 환공은 채蔡나라에 대한 노여움을 [마음속에] 감추고 초나라를 공격했고, 오기吳起는 전쟁에서 실적을 생각하면서 [부하의] 상처를 [입으로] 빨았던 것이다.

또 선왕의 부송賦頌이나 종鐘, 정鼎에 주조된 잠명箴銘은 모두 자신의 족적을 전파한 것으로 화산華山의 바둑판과 마찬가지이다. 그러나 선왕이 기대하였던 것은 [자신의] 이익이지만, 사용한 것은 [백성들의] 힘이다. [진晉나라 문공文公이] 사당을 지을 때의 속담은 스스로 변호하기 위해서였다. 학자들에게 선왕의 이름을 빌려 막막한 방법을 실행하게 한다면 아마도 오늘날에는 맞지 않을 것이 아니겠는가? 이와 같이 해서는 고칠 수 없는 일이다. [마치] 정나라 시골 사람이 소의 멍에를 손에 든 이야기, 위衛나라 주살 쏘는 자를 도와준 이야기, 복자卜子의 처가 해진 바지를 [새 바지로] 만든 이야기, 그리

---

8) 원문의 '歸餉(귀향)'을 번역한 것으로, 어린아이가 밖에서 놀다가 집에 돌아와 밥을 먹는 것을 비유한 것이다.

9) 여황대女皇臺는 고소대姑蘇臺라고도 한다. 부차가 쾌락을 즐기던 장소인데, 본래는 합려闔閭 11년에 고소산에서 대를 지을 때 산으로 이름을 삼았다. 나중에 그가 죽고 아들 부차가 높이 세우고 꾸몄는데 월나라 구천이 오나라를 공격하여 부차는 자살하고 이 누대는 불타버렸다.

고 나이 어린 자의 이야기[10]와 같은 것이다.

선왕의 말 중 작은 것으로 생각한 것을 세상에서는 큰 의미가 있다고 여기고, 그들이 큰 것으로 생각하는 것을 세상에서는 작은 의미가 있다고 여긴다. 이는 틀림없이 알지 못하기 때문이다.

이에 대한 예로는 송宋나라 사람이 글자를 [잘못] 이해한 이야기와 양梁나라 사람이 [옛날] 기록을 잘못 읽은 것이 있다. 그러므로 선왕 때 영郢 땅의 사람이 편지를 남겼는데 후세 사람 중에 [잘못 해석한] 연燕나라 사람이 많았다. 무릇 나랏일에 적합한 일은 하지 않고 선왕만을 모방해 도모한다면, 이는 모두 집으로 돌아가 발의 치수를 잰 자와 같다.[11]

4. 실질에 맞게 예우하라

이익이 있는 곳에는 백성이 돌아오고, 명성이 드러나는 곳에서는 선비들이 목숨을 바친다. 이 때문에 공적이 법에 어긋나는데도 상을 더해주면 군주는 아랫사람에게 이득을 얻을 수 없고, 명성이 법에 어긋나는데도 명예를 더해주면 선비는 명성을 빛내는 데 힘쓰고 군주를 섬기지 않는다. 그러므로 중장中章과 서기胥己가 벼슬하자 중모中牟의 백성들은 밭을 버리고 학문을 따라 배우려는 자가 고을의 절반이나 되었고, 평공平公이 [숙향叔向을 모실 때] 장딴지에 통증이 오고 발이 저려도 감히 자리를 흐트리지 않자 진晉나라에서는 벼슬자리를 버리고 몸을 기탁하는 자가 나라의 절반이나 되었다. 이 세 명의

10) 나이 어린 자가 어른을 따라 술을 마시는 것을 배운 이야기를 말한다.

11) 신발가게에서 직접 발의 치수를 재지 않고 예전에 집에 재둔 발의 치수를 찾으러 간다는 의미이다.

선비라는 자는 말한 것이 법에 부합하면 관부의 서적에 실려 있을 것이고, 행동이 일에 맞는다면 법령에 따르는 백성과 같다.

[그런데] 두 군주의 예우는 너무 심한 것이었다. 만일 [그들의] 말이 법을 떠났고 행동이 공과 멀다면 법도를 지키지 않는 백성인 것이다. 두 군주는 또 어찌하여 그들을 예우하는가? 그들을 예우할 마땅한 것이 없다. 또한 학문에 몸담고 있는 선비는 나라에 일이 없을 때는 힘을 사용해 농사를 짓지 않고, 나라에 어려움이 발생했을 때는 갑옷을 입지 않는데, 그들을 예우한다면 농사와 전쟁을 게을리하게 될 것이고, 예우하지 않으면 군주의 법을 해칠 것이다. [이들은] 나라가 안정될 때는 존경을 받고 이름을 빛내지만, 위태로워지면 굴공屈公처럼 두려워할 것이다. [그렇다면] 군주가 어찌 학문에 몸담고 있는 선비에게서 무엇을 얻을 수 있겠는가! 그러므로 현명한 군주는 이자李疵가 중산을 정찰한 뒤 보고한 것[12)]을 선택한 것이다.

5. 솔선수범도 적절해야 한다

《시경詩經》에서 말하였다.

"[군주가] 몸소 행하지 않고 직접 행하지 않으면 서민들은 믿지 않는다."

이에 대한 예로는 [관중管仲이 제나라 환공에게] 자주색 옷을 입지 못하게 하고, 정나라 간공簡公과 송나라 양공襄公의 이야기를 인용하여 밭을 가는 것과 전쟁하는 것을 존중하고 두터히 여기도록 한 것

12) 조나라의 주보와 이자에게 학자와 선비만을 존대하게 하여 군사력이 약해지자 중산국을 칠 것을 논의한 것을 말한다.

이 있다.

무릇 [군주가 신하와] 각자의 직분을 명백히 하지 않고 일의 성과를 추궁하지 않으며 [오히려] 자신이 몸소 아랫자리(신하가 할 일을 비유함)에 임한다면 반드시 [수레를] 내려 달려가고, [위나라 소왕昭王이] [법전을 읽다가] 앉아서 잠이 들고, 자신의 신용을 가리기 위해 평민 복장을 한 꼴이 된다. 공자孔子는 [이 일을] 알지 못했으므로 [군주는] 사발과 같고 백성은 사발에 채운 물과 같다고 하였다. 추군鄒君도 [이 일을] 알지 못했으므로 먼저 자신을 다스렸다. 현명한 군주의 도는 숙향叔向이 사냥해온 짐승을 나눈 방식[13]과 [한나라] 소후昭侯가 청탁을 들어주지 않는 것과 같다.

6. 작은 믿음을 지켜라

작은 믿음이 이루어져야 큰 믿음이 세워지므로 현명한 군주는 믿음을 쌓는다. 상벌에 믿음이 없으면 금령은 시행되지 못한다. 이에 대한 예로는 [진나라] 문공文公이 원原[14]을 공격한 일과 기정(箕鄭, 진나라의 대부)이 기근을 구한 방법[15]이 있다. 이 때문에 오기吳起는 [식사하기로 한] 옛 친구를 기다렸다가 식사를 했고, [위나라] 문후文侯는 약속한 사냥터 관리인을 만나 사냥을 하였다.[16] 그러므로 현명한

13) 공이 많고 적음에 따라 나눈 것을 말한다.

14) 서주西周 초년의 주나라 문왕의 아들의 봉국으로, 전국시대에 읍뭅이 되었다.

15) 《좌전左傳》의 기록에 의하면 진나라 문공의 도피 길에 동행한 사람이 조쇠趙衰인데, 기정은 훗날 그가 장군이 되었을 때 부장으로 있었다고 한다. 그는 문공이 기근을 구하는 방법을 물었을 때 가장 중요한 것이 믿음이라고 강조하였다.

16) 위나라 문후는 사냥 약속을 어기지 않기 위해서 강한 바람이 부는데도 사냥터 관리인을 만나 사냥이 가능한지 여부를 묻고는 사냥을 했다고 한다.

군주가 믿음을 나타내는 일은 증자曾子가 돼지를 잡은 일과 같다. 그 근심이 되는 예로 초나라 여왕이 경계하는 북을 울린 일과 이회李悝가 [좌우의] 군문을 지키는 병사들에게 적이 온다고 속인 일이 있다.

전傳 1: 칭찬의 말을 살펴라

술을 가져야 이익을 얻는다

복자천宓子賤이 선보單父라는 읍을 다스리고 있었을 때 유약有若이 그를 보고 말하였다.

"그대는 어찌하여 여위었소?"

복자천이 말하였다.

"군주께서는 제가 어리석다는 것을 모르고 선보를 다스리게 하였으니, 관청의 일은 바쁘고 마음이 근심스럽기 때문에 여윈 것입니다."

유약이 말하였다.

"옛날에 순舜임금은 다섯 현의 금슬을 타고 남풍南風의 시를 노래부르면서도 천하를 다스렸소. 지금 선보처럼 작은 곳을 다스리면서도 근심을 하니 천하를 다스리면 장차 어찌할 것이오? 그러므로 술術을 익혀서 다스려나가면 몸은 묘당 위에 앉아 처녀와 같은 안색을 하고서도 다스리는 데는 해로움이 없지만, 술을 익히지 않으면 몸은 비록 여위더라도 오히려 이익이 없게 될 것이오."

말을 꾸미면 실질을 잃게 된다

초나라 왕이 전구田鳩에게 일러 말하였다.

"묵자墨子는 이름이 빛난 학자이다. 그의 행동은 옳지만 말은 많고 능변이 아닌 것은 무엇 때문인가?"

[전구가] 말하였다.

"옛날 진백秦伯이 자신의 딸을 진晉나라의 공자에게 시집보낼 때 딸의 옷차림새는 진나라에 가서 꾸미도록 하고, 몸종 70명을 화려한 옷을 입혀 따라가게 하였습니다. 진나라에 도착하자 진나라 사람은 그 몸종만을 아끼고 공녀公女는 천대하였습니다. 이것은 몸종을 잘 시집보냈다고 할 수 있지만, 딸을 잘 시집보냈다고는 말할 수 없습니다. [또] 초나라 사람으로 정나라에서 진주를 파는 자가 있었는데, 목란木蘭으로 상자를 만들고 계수나무와 초椒로 향기를 냈으며, 주옥을 달고 붉은 보석으로 장식하고 비취 깃을 달았습니다. [그러자] 정나라 사람은 그 상자만 사고 그 진주는 돌려보냈습니다. 이것은 상자를 잘 팔았다고 할 수 있지만 진주를 잘 팔았다고는 할 수 없는 것입니다.

오늘날의 세상 사람들의 담론이란 모두 교묘한 말솜씨이거나 장식적인 말인데도 군주는 그 꾸민 면만을 보고 실용적인 면은 잊고 있습니다. 묵자의 주장은 선왕의 도를 전하고 성인의 말을 논해서 사람들에게 널리 알리는 것입니다. 만일 말을 교묘하게 한다면 사람들이 그 꾸민 면만을 마음에 담아두고 그 실용을 잊을까 두려우니 [이것은] 단지 꾸밈으로 실용적인 면을 해치는 것입니다. 이는 초나라 사람이 진주를 팔려고 한 것이나 진백이 딸을 시집보낸 것과 같은 종류의 일이므로, 그는 말은 많아도 능변은 아닌 것입니다."

화려함보다 실질이 중요하다

묵자는 나무로 솔개연을 만드는 데 3년이 걸렸지만 하루 만에 부러뜨리고 말았다.

제자가 말하였다.

"선생님의 훌륭하신 기예로 마침내 연을 날게 할 수 있었습니다."

묵자가 말하였다.

"나는 수레 끌채를 만드는 자의 기예만 못하다. 그들은 아주 짧은 나무를 사용해 하루아침의 일거리도 되지 않고 수레를 만드니, 그 수레는 30석이나 되는 짐을 끌고 멀리 갈 만큼 힘이 세고 긴 세월을 견딘다. 그러나 나는 지금 나무로 연을 만드는 데 3년이나 걸렸고, 그나마 하루 날리고 부러뜨렸다."

혜자(惠子, 혜시)가 이 말을 듣고 말하였다.

"묵자는 대단한 기예의 소유자이니 수레 끌채〔輗〕를 만드는 데는 교묘하지만 솔개연을 만드는 데는 서툴다."

좋은 약은 입에 쓰다

송나라 왕이 제齊나라와 적대관계일 때 무궁(武宮, 무술을 연습하는 곳)을 짓게 하고는 계癸라는 사람에게 노래를 부르게 하자 지나가는 자들이 멈춰서 구경을 하고, 일꾼들은 피곤해하지 않았다. 왕은 이 소식을 듣고 [계를] 불러 상을 내렸다.

[계가] 대답하였다.

"신의 스승인 사계射稽의 노래는 또한 저보다 더 낫습니다."

[그래서] 왕은 사계를 불러 노래를 하도록 하였다. 그러나 지나가는 자들은 멈추지 않았고 일꾼들은 피곤해하였다.

왕이 말하였다.

"지나가는 자들은 멈추지 않았고 일꾼들은 피곤해하니 그대의 노래가 계의 것보다 낫지 못한 것은 무엇 때문인가?"

[사계가] 대답해 말하였다.

"왕께서는 일을 한 공로를 헤아려보십시오. 계가 [노래했을 때는] 네 판板[17]을 쌓았고, 제가 [노래했을 때는] 여덟 판을 쌓았습니다만, 그 견고함을 살펴보십시오. 계가 노래했을 때는 다섯 치(寸)가 패였지만, 제가 노래했을 때는 두 치만 패였을 뿐입니다."

무릇 좋은 약은 입에 쓰지만 지혜로운 자가 억지로 그에게 먹이는 것은 그것이 [몸에] 들어가면 병을 치료할 수 있다는 것을 알기 때문이다. 충성스런 말은 귀에 거슬리지만 현명한 군주가 듣는 것은 그 말이 공을 이룰 수 있음을 알기 때문이다.

17) 길이를 재는 단위인데, 이설이 좀 있다. 8척을 1판이라고도 하며 1장丈을 1판이라고도 한다. 한편, 《예기禮記》〈단궁 상檀弓上〉 편에 나와 있는 정주鄭注에 의하면 1판은 길이가 1장이고, 너비가 2척이라는 주가 붙어 있기도 하다.

쓸모없는 것에 연연해하지 말라

송나라 사람 중에 연나라 왕을 위해 대추나무 가시 끝에 원숭이를 조각하겠다고 청해온 자가 있었는데 반드시 석 달 동안 재계齋戒[18] 한 뒤에야 볼 수 있다고 하였다. 연나라 왕은 그에게 삼승三乘의 땅[19]을 주어 돌보았다.

오른쪽에서 모시는 대장장이가 왕에게 말하였다.

"신이 듣기로 군주가 열흘이나 연회를 열지 않으면서 재계한 일은 없었다고 합니다. 지금 왕께서는 오랫동안 재계하면서 쓸모없는 물건을 볼 수 없으리라는 것을 알고 [억지로] 석 달을 기한으로 정한 것입니다. 대개 조각하는 칼은 조각물보다 반드시 작습니다. 지금 신은 금을 주조하는 사람이지만, 그처럼 작은 칼은 만들지 못합니다. 이것은 실제로 존재할 수 있는 물건이 아니니 왕께서는 반드시 이 점을 살피십시오."

그래서 왕은 그를 잡아다가 심문했더니 과연 거짓이었으므로 그를 바로 죽였다.

대장장이가 왕에게 말하였다.

"어떤 일을 하기를 원하는 자들의 계획을 살피지 않으면, 말하는

---

18) 고대 제사나 의식을 거행할 때 그 일을 주관하는 사람은 먼저 목욕을 한 뒤 옷을 갈아입고 여인과 잠자리를 하지 않고 혼자 기거하며, 술을 경계하고 냄새나는 것을 먹지 않음으로써 공경과 정중함을 나타냈다. 대부분 닷새 정도 하는데 여기서는 다소 과장된 것으로 보인다.

19) 여기서 승乘이란 사방 6리里의 땅을 말하는데, 3승이란 18리의 땅이다. 이 땅으로 봉록을 주는 것이다.

사람들은 대부분 대추나무 가시 끝에 [원숭이를 새긴다는 식의] 유세를 하게 될 것입니다."

일설에는 이런 말이 있다. 연나라 왕이 정교한 세공품을 좋아하자 위衛나라 사람 중에 대추나무 가시 끝에 원숭이를 새길 수 있다고 청하는 자가 있어 연나라 왕이 그 말을 듣고 기뻐하여 오승五乘의 봉록을 내려 돌보았다.

왕이 말하였다.

"나는 그대가 대추나무 가시 끝에 원숭이를 만드는 것을 보고 싶소."

객이 말하였다.

"군주께서 그것을 보시려면 반드시 반 년 동안 후궁에 들어가지 마시고 술을 마시거나 고기를 드시지 말아야 합니다. 비가 그치고 해가 났을 때 양지와 음지 사이로 보면 대추나무 가시 끝의 원숭이를 보실 수 있을 것입니다."

연나라 왕은 그래서 위衛나라 사람을 돌봐주었지만 원숭이 조각은 볼 수 없었다.

정나라 대하(臺下, 정나라의 지명)의 대장장이가 연나라 왕에게 말하였다.

"신은 조각칼을 만드는 자입니다. 대부분 미세한 물건이라도 반드시 조각칼로 그것을 깎아야 하므로 깎인 것은 반드시 조각칼보다 커야 합니다. 지금 대추나무 가시 끝은 작은 조각칼 끝을 받아들이지 못하므로 대추나무 가지 끝에 조각칼 끝으로 조각한다는 것은 어려운 일입니다. 왕께서는 객의 조각칼을 살펴보십시오. 왕께서 살펴보시면 [그 일을] 할 수 있는지 없는지 아실 수 있을 것입니다."

왕이 말하였다.

"좋다."

위나라 사람에게 말하였다.

"객은 무엇으로 대추나무 가시 끝에 [원숭이를] 만들었소?"

그가 대답하였다.

"조각칼로 하였습니다."

왕이 말하였다.

"나는 그것이 보고 싶소."

객이 말하였다.

"신이 숙소에 가서 가져오겠습니다."

그러고는 달아났다.

원칙이 있으면 함부로 말하지 못한다

예열兒說은 송나라 사람으로 변론을 잘하였다. [그는] '백마는 말이 아니다.'[20]라는 말을 가지고 제나라 직하稷下[21]의 변론가들을 설복

20) '백마는 말이 아니다.(白馬非馬)'는 색을 나타내는 흰 것(白)과 형체를 나타내는 말(馬)을 합쳐 백마白馬라고 했기 때문에 순수한 말(馬)과는 다르다는 이론이다. 공손룡公孫龍의 주장으로 알려져 있으나, 사실 사마천도 말했듯이 "조나라에서는 공손룡이라는 자가 나타나 견백동이堅白同異의 변辯을 주장하였으며"(《사기》〈맹자순경열전〉)라고 한 것을 보면 공손룡은 견백론堅白論을 주장한 것으로 보인다. 한비자의 시각은 그보다 앞선 인물인 예열兒說이 주장했다고 본다. 보충해서 설명하면 '백마비마설'이란 "말이란 것은 형체를 명명하려는 것이며, 백白이란 것은 색채를 명명하는 것이다. 색채를 명명하는 것은 형체를 명명하는 것이 아니다. 그러므로 백마는 말이 아니다."라는 것이다. 곧 '희다'라는 형용어로 인해 '흰말'은 더 이상 '말'이라는 일반 개념과는 일치하지 않는다는 것이다.

시켰지만, 백마를 타고 관문을 지날 때마다 백마에 할당된 세금을 내야만 하였다. 그러므로 허황된 말에 기대면 온 나라 사람을 이길 수 있지만, 사실을 고찰하고 형상에 근거해서 살피면 한 사람도 속일 수 없다는 것이다.

무릇 숫돌에 간 날카로운 화살촉이 달린 [수렵용] 화살은 활시위를 당겨 쏘면 비록 눈을 감고 마구 쏘더라도 그 끝이 가을 터럭 끝만한 것이라도 적중시키지 않은 적이 없다. 그러나 다시 그곳을 맞힐 수 없으면 잘 쏜다고 할 수 없는데, [그것은] 고정된 표적이 없기 때문이다. 다섯 치의 과녁을 설치하고 그로부터 10보 떨어진 먼 곳에서 활을 쏘면 예羿나 그의 제자 봉몽逢蒙이 아니고는 반드시 명중시킬 수 없는데, 이것은 고정된 표적이 있기 때문이다. 법도가 있으면 어렵지만 법도가 없으면 쉽다. 고정된 표적이 있으면 예나 봉몽이 다섯 치의 과녁을 맞혀도 교묘하다고 하고, 고정된 표적이 없으면 마구 쏘아 가을 터럭 끝을 적중시켜도 서툴다고 한다.

그러므로 법도 없이 응대하면 변설하는 인사들은 번잡하게 말하지만, 법도를 세우고 상대하면 비록 지혜로운 자라도 오히려 실수할까 두려워하여 감히 함부로 말하지 못할 것이다. 지금 군주가 유세를 들으면서 법도에 따라 그들에게 대응하지 않고 그 변론만을 기뻐하며, 법도에 근거해서 공을 헤아리지 않으면서 그들의 행동을 기린다면 균형에 맞지 않는 것이다. 이것이 군주가 길이 속게 되는 이유이고, 유세하는 자들이 길이 봉양을 받는 까닭이다.

---

21) 직하는 제나라의 성문이라는 뜻이다. 제나라 선왕이 이곳에 학문의 전당(學宮)을 세워 천하의 선비들을 불러모았는데, 이들을 직하선생 또는 직하학사稷下學士라고 불렀다. 이들이 중국 고대사상 논쟁의 출발점이 된다.

있을 수 없는 일을 믿어 신하를 죽이다

빈객 중에 연나라 왕에게 죽지 않는 방법을 가르쳐줄 수 있다고 하자 왕이 사람을 시켜 그것을 배우도록 하였다. 그런데 배우러 간 자들이 방법을 다 배우기도 전에 빈객이 죽었다. 왕은 매우 노여워하며 그들을 죽였다. 왕은 빈객이 자기를 속인 줄도 모르고 배우는 자들이 늦어진다고 벌한 것이다.

무릇 불가능한 일을 믿고 죄 없는 신하들을 죽인 것은 [군주가] 살피지 않은 데서 온 재앙이다. 또한 사람이 긴요하게 생각하는 것은 자기 몸만 한 것이 없는데 스스로 자신의 몸도 죽지 않게 할 수 없으면서 어찌 왕을 영원히 살 수 있도록 할 수 있었겠는가!

정나라 사람으로 서로 나이를 다투는 자들이 있었는데, 한 사람이 말하였다.

"나는 요堯임금과 같은 나이요."

다른 한 사람이 말하였다.

"나는 황제黃帝의 형과 같은 나이요."

이 일은 소송으로도 해결하지 못하는 것으로, 마지막까지 우기는 자가 승자가 될 뿐이다.

귀신을 그리는 것이 쉽다

빈객으로 주周나라 군주[22]를 위해 젓가락에 그림을 그리는 자가 있었다. 3년이 지나서야 그림이 완성되었다. 그것을 보니 옻칠한 것

22) 동주東周의 군왕과 서주西周의 군왕을 가리킨다. 주나라 말년에 제후국들이 동과 서 두 나라로 나뉘어 동주군과 서주군이라는 명칭이 생겨났다. 서주는 기원전 256년에 멸망했고, 동주는 7년 뒤인 249년에 멸망하였다.

가락과 같은 [보통] 모양이었으므로 주나라 군주는 크게 노여워하였다.

젓가락에 그림을 그리는 자가 말하였다.

"판版을 열 겹 높이로 해서 담을 쌓고 여덟 척의 창문을 내어 해가 나기 시작할 때 그 위에 놓고 보십시오."

주나라 군주가 그렇게 하기로 하고 그 모습을 멀리서 바라보니 용·뱀·새·짐승·수레·말 등 만물의 형상이 모두 갖추어져 있어 주나라 군주는 매우 기뻐하였다. 이 젓가락에 그림을 그리는 일은 정미하고 어려운 일이지만, 그 효용성에서는 보통의 옻칠한 젓가락과 같다.

빈객으로 제나라 왕을 위해 그림을 그리는 자가 있었다. 제나라 왕이 물었다.

"무엇을 그리는 것이 가장 어려운가?"

[빈객이] 말하였다.

"개와 말이 가장 어렵습니다."

왕이 물었다.

"무엇이 가장 쉬운가?"

[빈객이] 대답하였다.

"귀신이 가장 쉽습니다. 무릇 개와 말은 사람들이 알고 있는 것으로, 아침저녁으로 사람들 눈앞에 보여 그것을 비슷하게 그릴 수 없기 때문에 어려운 것입니다. 귀신은 형체가 없는 것으로 사람들 눈앞에 보이지 않기 때문에 그리기 쉬운 것입니다."

구멍 뚫을 수 없는 표주박은 쓸모가 없다

제나라에 전중田仲[23]이라는 은둔지사가 있었는데 송나라 사람 굴곡屈穀이 그를 방문해 이렇게 말하였다.

"제가 듣기로 선생은 다른 사람에게 기대어 먹어서는 안 된다고 주장했다고 합니다. 지금 저는 표주박 심는 방법을 알고 있는데, 그것은 돌처럼 단단하고 두꺼워서 뚫지 못합니다. 저는 그것을 선생님께 드리겠습니다."

전중이 말하였다.

"무릇 표주박이 귀한 까닭은 물건을 채울 수 있기 때문입니다. 지금 그것이 두껍지만 뚫지 못하면 물건을 채울 수 없습니다. 돌처럼 단단하면 그것을 갈라서 [물에] 띄울 수도 없습니다. 나는 그런 표주박은 필요 없습니다."

[굴곡이] 말하였다.

"그렇습니다. 저도 표주박을 버리려고 하였습니다."

지금 전중은 다른 사람에게 의지하여 먹지는 않지만, 그렇다고 다른 사람의 나라에 이로움도 없으니 역시 단단한 표주박의 부류라고 할 수 있다.

23) 《맹자》에 보이는 진중자陳仲子를 가리킨다. 학식과 기예가 뛰어났다. 그러나 벼슬을 버리고 제나라 오릉於陵에 은둔하여 자신은 신발을 만들고, 부인은 삼베를 짜면서 살았다고 한다.

전문가의 말을 들어라

우경虞慶이 집을 짓게 되었는데, 장인匠人에게 말하였다.

"집을 더 높이 지으시오."[24]

장인이 대답하여 말하였다.

"이것은 새로운 집이므로 진흙은 축축하고 서까래는 생나무입니다. 축축한 진흙은 무겁고 생나무 서까래는 휩니다. 휜 서까래로 무거운 진흙을 받치면 이것은 당연히 낮아지게 됩니다."

우경이 말하였다.

"그렇지 않다. 다시 날이 오래되면 진흙은 마르고 서까래는 건조해진다. 진흙이 마르면 가벼워지고, 서까래가 건조해지면 곧게 되니, 곧은 서까래로 가벼운 진흙을 받치면 이것은 더욱 높아진다."

장인은 묵묵히 그의 말대로 했으나 집은 무너졌다.

일설에는 이런 말이 있다. 우경이 장차 집을 지으려고 하자 장인이 말하였다.

"목재는 생나무이고 진흙은 축축합니다. 무릇 목재가 생나무이면 휘게 되고, 진흙이 축축하면 무겁습니다. 휜 것으로 무거운 것을 받치면 지금은 비록 집을 완성할지라도 오래되면 반드시 무너지게 됩니다."

우경이 말하였다.

"목재는 마르면 곧게 되고, 진흙은 마르면 가벼워진다. 만약 집을 지어 마르게 되면 날이 지나면 가벼워지고 곧아져서 비록 오랜 시

24) 원문의 '屋太尊(옥태존)'을 번역한 것으로, 이 부분을 "집이 너무 높다."라고 거꾸로 번역할 수 있으나 전후의 문맥으로 보았을 때 이렇게 번역하는 것이 타당하다고 본다.

간이 지나도 반드시 무너지지 않을 것이다."

장인은 묵묵히 시키는 대로 지었고, 얼마 지나지 않아 집은 끝내 무너졌다.

범저(范且, 범저范雎)[25]가 말하였다.

"활이 부러지는 것은 반드시 마지막에 일어나지 처음에 일어나지 않는다. [공인工人이] 활을 늘일 때는 나무를 30일 동안 도지개에 끼워두었다가 발로 밟아서 현을 늘이고 하루가 지나서 화살을 쏜다. 이것은 처음에는 조심하지만 마지막에는 긴박하게 하니 어찌 부러지지 않겠는가? 나 범저가 활을 늘이는 방법은 그렇지 않다. 활을 하루 동안 도지개에 끼워두었다가 발로 밟아서 현을 늘이고, [그로부터] 30일이 지난 뒤에 화살을 쏜다. 이것은 처음에는 서두르지만 마지막에는 신중을 기하는 것이다."

공인은 반박을 하지 못하고 범저의 말대로 했는데 활이 부러졌다.

실정에 맞지 않는 말은 막아라

범저나 우경의 말은 모두 화려한 변론이고 말솜씨가 뛰어나지만 일의 실정과는 상반된다. 군주는 [이런 것을] 기뻐하여 금하지 않기 때문에 이것이 패망하는 이유이다. [나라를] 강하게 다스리는 일을 도모하지 않고 변설과 화려한 소리만을 좋아하는 것, 이것이 술術을 터득한 인사를 물러나게 하고 집을 무너뜨리고 활을 부러뜨리

---

25) 전국시대 위나라 사람으로, 위나라 중대부인 숙오를 섬겼다. 숙오에 의해 제나라에 사신으로 가 제나라 왕에게 소와 술 등을 바쳤다가 위나라 재상 위제에게 두들겨 맞아 목숨까지 잃을 뻔했다. 이후 이름을 장록張祿으로 바꾸었다. 진나라로 달아나 원교근공遠交近攻 전략으로 진나라 소양왕에게 유세하여 재상으로 등용되었고, 나중에 응후에 봉해졌다.

는 사람을 임용하는 것이다. 그래서 군주가 나라의 일에 대해서 모두 공인이나 장인이 집을 짓고 활을 늘이는 지경에 이르지 못한다. 그렇지만 인사들이 범저나 우경에게 궁색하게 된 것은 허황된 말이 쓸모가 없는데도 오히려 이기고, 실제적인 일은 변함이 없는데도 궁색해진 것이다. 군주가 쓸모없는 변설을 중시하고 바뀌지 않는 말을 경시하는 것, 이것이 혼란스럽게 되는 까닭이다.

지금 세상에는 범저나 우경 같은 자가 끊이지 않고, 군주가 이런 자를 좋아하는 경우가 그치지 않으니 이는 [집을] 무너뜨리고 [활을] 부러지게 하는 부류를 귀하게 여기는 것이며, 술을 아는 사람을 공인이나 장인처럼 생각하는 것이다. 공인과 장인이 그 기예를 발휘할 수 없으므로 집이 무너지고 활이 부러지는 것이며, 술을 아는 사람이 그 방법을 실행하지 못하므로 나라가 혼란스럽고 군주가 위태로워진다.

소꿉장난으로는 배부를 수 없다

무릇 어린아이들이 서로 장난칠 때 흙덩어리를 밥이라 하고 진흙을 국이라고 하며 나무를 고기라고 하다가도 날이 저물면 반드시 돌아가 밥을 먹는 것은, 흙으로 만든 밥과 진흙으로 만든 국은 가지고 놀 수는 있어도 먹을 수는 없기 때문이다. 무릇 상고시대의 전설과 송가는 교묘한 말이지만 확실하지는 않고, 선왕들의 인의仁義를 이야기하지만 나라를 바르게 할 수는 없으니, 이 역시 재미 삼을 수는 있어도 다스리는 것으로 삼을 수는 없다. 무릇 인의를 흠모해 약해지고 혼란스러워진 나라로는 삼진三晉이 있다. 또한 인의를 흠모하지 않았지만 강하게 다스려진 나라로는 진秦나라가 있다. 그러나 진나라가 강성했지만 제왕 노릇을 하지 못한 것은 통치술이 완비되지 않았기 때문이다.

전傳 3: 선왕을 모방하지 말고 나랏일을 살펴라

모두가 자기 위주로 생각한다

사람이 어린아이였을 때 부모가 소홀하게 기르면 자식은 자라서 원망하게 된다. 자식이 자라 성인이 되어 그들이 부모를 박정하게 봉양하면 부모들은 노여워하고 화를 내며 꾸짖는다. 아들과 아버지는 가장 가까운 사이이지만 어떤 때는 꾸짖기도 하고 어떤 때는 원망하기도 하는데, 이것은 모두 상대방을 위하는 것이라 생각하고 자기를 위하는 것이라는 생각이 철저하지 않기 때문이다.

무릇 품 파는 사람을 사서 씨를 뿌리고 밭을 가는 경우 주인이 집안의 재산을 들여가면서 맛난 음식을 제공하며 돈이나 베로 노임을 잘 주는 것은 품 파는 사람을 사랑하기 때문이 아니다. 이와 같이 해야 밭을 가는 사람이 깊이 갈고 김매는 사람이 완전히 뽑기 때문이다. 품 파는 사람이 힘을 다하고 빨리 밭을 갈고 풀을 뽑으며 공을 다하여 밭두둑과 논길을 바르게 하는 것은 주인을 사랑해서가 아니다. 이와 같이 해야 국이 맛있고 돈이나 베 또한 쉽게 벌 수 있기 때문이다. 이런 경우 힘들여 일한 자를 봉양하는 데는 아버지와 아들 사이 같은 은택이 있다. 그래서 반드시 하는 일에 주도면밀한 것은 모두 자기 자신만을 위하려는 마음이 자리잡고 있기 때문이다. 그러므로 사람들이 일을 할 때 베풀면서 [다른 사람을] 이롭게 하는 마음을 가지면 월越나라 사람이라도 쉽게 화답하고, [다른 사람을] 해치려는 마음을 가지면 아버지와 아들이라도 멀어지고 원망하게 된다.

명분을 만들어 이익을 챙긴다

문공文公이 송나라를 정벌하려고 하면서 먼저 다음과 같이 선언하여 말하였다.

"내가 듣건대 송나라 군주가 도가 없어 장로들을 멸시하고 업신여기며 재산 분배가 공평하지 않으며, 교령(教令, 군주의 명령)도 신뢰를 얻지 못한다고 하였다. [그래서] 나는 [송나라] 백성들을 위해 그를 주살하러 온 것이다."

월나라가 오吳나라를 정벌하려고 하면서 먼저 다음과 같이 선언하여 말하였다.

"내가 듣건대 오나라 왕은 여황如皇이라는 누대를 짓고 깊은 연못을 파서 백성들을 피폐하게 하고 수고롭게 하며, 재화를 낭비하고 백성들의 힘을 다 쓰게 하였다고 하였다. [그래서] 나는 [오나라] 백성들을 위해 그를 주살하러 온 것이다."

명분 없는 싸움은 하지 말라

채蔡나라의 공주가 제나라 환공桓公의 아내가 되었다. 환공은 그녀와 함께 배를 탔다. 부인이 배를 흔들자 환공은 매우 두려워 이를 멈추도록 했지만 그만두지 않아서 노여워하며 그녀를 내쫓았다. 얼마 있다가 다시 그녀를 불러오려고 했을 때는 [채나라에서] 이미 그녀를 다른 사람에게 개가시킨 뒤였다. 환공은 매우 노여워서 채나라를 정벌하려고 하였다.

중보仲父가 간언하였다.

"무릇 잠자리에서의 희롱으로 나라를 정벌하기에는 충분한 이유가 되지 못하므로 공적을 기대할 수도 없으니, 청컨대 이런 것을 명목으로 일을 도모하지 마십시오."

환공은 듣지 않았다.

중보가 말하였다.

"반드시 그만둘 수 없다고 생각한다면 초나라는 천자에게 3년간이나 정모菁茅[26]를 바치지 않았으니, 군주께서는 천자를 위해 군대를 일으켜 초나라를 정벌하는 것이 낫습니다. 초나라가 항복하면 그대로 돌아와 채나라를 습격하고 '나는 천자를 위해 초나라를 정벌했는데, 채나라는 병사를 보내지 않았으므로 그 때문에 정벌하는

26) 삼척모三脊茅라고도 한다. 장강과 회하 사이에서 생산되는 풀로, 고대의 제사나 봉선封禪의식이 있을 때 이것을 이용해 술을 걸렀다.

것이다.'라고 하십시오. 이는 명분상으로도 의롭고 실질적으로도 이익이 있습니다. 그러므로 반드시 천자를 위해 주살했다는 명분을 세운 뒤에 복수를 하는 실리가 있게 해야 합니다."

고맙지만 고맙지 않은 이유

오기吳起가 위魏나라의 장수가 되어 중산中山을 공격할 때 병사들 중에 악성 종기를 앓는 자가 있었다. 오기는 무릎을 꿇고 앉아 직접 종기를 빨았다. 상처가 있는 자의 어머니가 그 자리에서 바로 울음을 터뜨렸다.

사람들이 그녀에게 물었다.

"장군이 당신의 아들에게 이와 같이 했는데, 오히려 우는 것은 무엇 때문인가!"

[그녀가] 대답하였다.

"오기가 저 아이 아버지의 등창을 빨아주어 그 아버지는 싸움터에 나가 죽었습니다. 오늘 이 아들 또한 장차 죽게 될 것이므로 나는 이 때문에 우는 것입니다."[27)]

가식을 없애라

조趙나라 주보主父[28)]가 공인에게 명해 사다리를 타고 [조나라의] 파오산播吾山에 올라가 그 정상에 사람 발자국을 새기게 했는데, 너비

---

27) 이 병사의 어머니가 한 말은《사기》〈손자오기열전孫子吳起列傳〉에 약간 다르지만 비슷하게 나온다. "예전에 오공吳公 오기께서 우리 애 아버지의 종기를 빨아준 적이 있는데 그 사람은 자기 몸을 돌보지 않고 용감히 싸우다가 적진에서 죽고 말았습니다. 오공이 지금 또 제 자식의 종기를 빨아주었으니 소첩은 이 아이가 [어느 때 어디서] 죽게 될지 모릅니다. 이 때문에 소리내어 우는 것입니다."

석 자에 길이 다섯 자로 만들고 거기에다 다음과 같이 새기도록 하였다.

"주보가 일찍이[29] 이곳에서 노닐었다."

진秦나라 소왕昭王[30]은 공인에게 명해 사다리를 타고 화산華山에 올라가 소나무와 잣나무의 심(心, 심芯)으로 박博[31]을 만들도록 했는데, 전(箭, 대나무 젓가락 모양)의 길이는 여덟 자에 기(綦, 박혁博奕에 사용했던 기자棋子)의 길이는 여덟 치로 해서 다음과 같이 새기도록 하였다.

"소왕이 일찍이 천신天神과 함께 이곳에서 박을 즐겼다."

진나라 문공文公이 나라로 돌아오게 되었는데, 황하에 이르러 영을 내렸다.

"변두籩豆[32]를 버려라. 석욕席蓐[33]도 버려라. 손발에 못이 박힌 자와 그 얼굴색이 검고 누렇게 된 자는 뒤로 가게 하라."

구범咎犯[34]은 이 말을 듣고 한밤중에 소리내어 울었다.

---

28) 조나라 무령왕武靈王으로 전국시대 조나라의 군주이다. 몸소 호복胡服을 입고 말을 타고 화살을 쏘아 국력을 신장시켜 영토를 넓혔으며, 27년 동안 재위하면서 스스로 주보라고 하였다. 맏아들을 잘못 두어 훗날 굶어 죽었다.

29) 원문의 '常(상)'을 번역한 것으로, 여기서는 '상(嘗)'이라고 풀이하는 것이 마땅하다.

30) 진秦나라 소양왕昭襄王으로 이름은 직稷이고 혜왕惠王의 아들이다. 무왕武王의 의붓어머니 동생으로 효문왕孝文王의 아버지이기도 하다. 기원전 306년에 즉위하여 56년 동안 재위하였으며 여섯 나라의 용병을 하여 국세를 천하에 떨쳤다.

31) 고대 오락의 일종으로, 주사위를 던지는 쌍륙雙六이나 장기·바둑 등을 두는 행위를 말한다.

32) '변籩'은 과일을 담는 그릇이고, '두豆'는 육류로 만든 음식을 담는 그릇이다. 고대에는 이 변두를 제사 기물로 사용하였다. 또 그릇을 제작 재료에 따라 대나무로 만든 것을 '변'이라 하고, 나무로 만든 것을 '두'라고 하였다.

33) 눕기 위해 바닥에 까는 풀로 만든 방석으로 몸을 덮고 자는 일종의 거적때기로 보면 된다. 욕蓐은 욕褥과 통한다.

문공이 말하였다.

"과인이 망명길에 오른 지 20년 만에 비로소 오늘 나라로 돌아오게 되었는데, 구씨咎氏께서는 이 소식을 듣고도 기뻐하지 않고 울었으니 아마도 과인의 나라로 돌아오는 것이 기쁘지 않으십니까?"

구범이 대답해 말하였다.

"변두는 식사하는 도구인데 군주께서는 그것을 버렸고, 석욕은 눕는 도구인데 군주께서는 그것을 버리라고 하셨습니다. 손발에 못이 박힌 자와 그 얼굴색이 검고 누렇게 된 자는 고생하며 공적을 세운 자들인데, 군주께서는 그들을 뒤에 오게 하셨습니다. 지금 신 또한 뒤에 있게 되었으니 마음속의 그 슬픔을 이기지 못해 이 때문에 소리내어 운 것입니다. 게다가 신은 군주를 위해 속임수와 거짓을 써서 나라로 돌아오도록 시도한 일도 많았습니다. 신은 오히려 저 자신을 미워하는데 하물며 군주께서야 어떠하시겠습니까?"

그는 두 번 절하고 떠나려고 하였다. 문공이 그를 제지하며 말하였다.

"속담에 이르기를 '사직을 세우는 자는 옷을 걸어 그것을 두고 일했다가 [완성되면] 단정한 예복을 입고 제사 지낸다.'고 하였소. 지금 그대는 나와 함께 나라를 얻었으면서 나와 함께 다스리지 않으려고 하는데, 그것은 나와 함께 사직을 세우고는 나와 함께 제사 지내지 않는 것과 같은 것이니 어찌 옳다고 하겠소?"

그러고는 곧바로 왼쪽 곁말을 베어 황하의 신에게 맹세하였다.[35]

34) 진秦나라 문공의 외삼촌으로 춘추시대 진나라의 대부였다. 진 문공이 유랑할 때 중대한 일을 처리하였고, 그의 힘이 많이 작용했다.

융통성이 없는 것은 병이다

정현(鄭縣, 춘추시대 정나라의 도성) 사람 중에 수레의 멍에를 얻은 자가 있었는데, 그 이름을 몰라 어떤 사람에게 물었다.

"이것은 어떤 물건입니까?"

[그 사람이] 대답하였다.

"이것은 수레의 멍에요."

얼마 뒤 또다시 하나를 얻게 되어 그 사람에게 물었다.

"이것은 어떤 물건입니까?"

대답하였다.

"이것은 수레의 멍에요."

물어본 자가 매우 성을 내며 말하였다.

"지난번에 수레의 멍에라고 했다가 지금 또 수레의 멍에라고 하니, 이것이 어찌 이렇게 많을 수 있습니까? 이것은 당신이 나를 속인 것이로구나!"

마침내 그와 싸웠다.

처지가 다르다

위衛나라 사람 중에 주살잡이를 도와주는 자가 있었는데, 새가 다가오자 먼저 두건 끝을 휘둘러 유인하려고 했으나 새가 놀라 날아가는 바람에 쏘지 못하였다.

---

35) 여기서 '베어'라는 말은 원문의 '解(해)' 자를 번역한 것으로, 군주 왼쪽에 있는 참마驂馬, 곧 곁말을 베어 죽여서 황하의 신에게 구범을 버리지 않겠다고 맹세한 것이다. '驂(참)'이란 4필의 말이 수레 1대를 끄는 것으로, 중간에 2필의 말을 복마服馬라고 했고 양쪽에 있는 것을 참마라고 했으며 왼쪽을 좌참左驂이라고 했고, 오른쪽을 우참右驂이라고 하였다.

정현 사람 중에 복자(卜子, 복선생이라는 의미)라는 사람이 아내에게 바지를 만들도록 하였다.

그 아내가 물었다.

"오늘 [새로운] 바지는 어떻게 만들까요?"

남편이 말하였다.

"나의 헌 바지처럼 만드시오."

아내는 그래서 새 옷을 해지게 해서 [그것으로] 하여금 헌 바지처럼 만들었다.

정현 사람 복자의 아내가 시장에 갔다가 자라를 사가지고 돌아오다가 영수潁水를 지나는데 [자라가] 목이 마를 것이라고 생각하여 놓아주고 그것에게 물을 마시게 했는데, 마침내 그 자라가 달아나게 하고 말았다.

무릇 젊은이가 연장자를 모시고 술을 마실 때는 연장자가 마시면 또 자신도 마신다.

일설에는 노魯나라 사람으로 자애심이 많은 자가 있었는데, 연장자가 술을 마시다가 넘길 수 없어 토하는 것을 보고 역시 따라서 토했다고 한다.

일설에는 송나라 사람으로 젊은이가 역시 좋은 것을 본받으려고 했는데, 연장자가 남김없이 마시는 것을 보고 감당하지도 못하면서 술을 전부 마셔버리려고 했다고 한다.

옛글에 연연해하지 말라

옛 책에 "띠를 두르고 또 두르라."라는 말이 있다. 송나라 사람으로 [고서를] 연구하는 자가 있었는데, 허리띠를 두 겹으로 묶었다.

사람들이 말하였다.

"이렇게 한 것은 무엇 때문인가?"

그가 대답하였다.

"옛날 책에 그렇게 하도록 적혀 있소."

옛날 책에는 "새기고 나서 또 갈고 맨 나중에는 그 원상태로 돌아간다."라는 말이 있다. 양나라 사람으로 [고서를] 연구하는 자가 있었는데, 그는 동작을 취하고 학문을 말하고 일을 거론할 때마다 이 글에 근거를 두었다.

그가 말하였다.

"이것은 하기 어렵다. 그러고 나서 돌아보니 도리어 그 실질을 잃게 되었다."

어떤 사람이 말하였다.

"이렇게 한 것은 무엇 때문인가?"

대답해 말하였다.

"옛날 책에 그렇게 적혀 있었소."

표시를 믿을까, 발을 믿을까

영 땅 사람으로 연나라 재상에게 편지를 보내려는 자가 있었다. 밤에 편지를 쓰는데 불이 밝지 않았으므로 촛불을 드는 자에게 촛불을 들라고 말하였다.

그러고는 '촛불을 들어라.'라고 편지에 잘못 썼는데 '촛불을 들어라.'는 말은 편지의 [본래] 뜻이 아니었다. 연나라 재상은 편지를 받고 [오히려] 기뻐하며 말하였다.

"촛불을 들라고 하는 것은 밝음을 존중한 것이다. 밝음을 존중하는 것은 현명한 사람을 추천하여 그를 임용한다는 것이다."

연나라 재상은 왕에게 아뢰었고 왕은 매우 기뻐했으며, 나라는 이 때문에 다스려졌다. 다스려지긴 다스려졌지만 편지의 [본래] 뜻은 아니었다. 지금 세상의 학자들 중에는 이런 부류와 비슷한 자가 많다.

정나라 사람으로 신발을 사려는[36] 자가 있었는데, 먼저 스스로 자신의 발을 재어 치수를 그 자리에 두었다. 시장에 도착해서야 치수 잰 것을 잊고 왔음을 알았다.

신발장수를 만나자 곧 이렇게 말하였다.

"나는 발을 잰 것을 잊고 왔소. 돌아가서 그것을 가져오겠소."

그가 다시 돌아왔을 때는 시장이 끝나서 끝내 신발을 구할 수 없었다. 어떤 사람이 말하였다.

"어째서 발을 재보지 않았소?"

[그가] 말하였다.

"차라리 치수 잰 것은 믿을 수 있어도 자신은 믿지 못하기 때문이오."

36) 원문의 '且置履(차치리)'를 번역한 것으로, '차且' 자를 장차의 의미를 가진 '장將'으로 보고 '치置' 자를 '매買'로 본 주석가들의 의견에 따라 '장차 신발을 사려고 하다.'라는 의미로 번역하였다. 이와 달리 '차치리'라는 인명으로 번역하자는 의견도 있다.

공적 없이 상 주지 말라

임등壬登[37]이 중모현中牟縣의 현령이 되었을 때 양주(襄主, 조양자)에게 진언하였다.

"중모에는 중장中章과 서기胥己라는 선비가 있습니다. 그들은 자신의 몸을 열심히 수양했고 그들의 학문도 매우 해박한데, 당신은 어찌하여 그들을 천거하지 않습니까?"

양주가 말하였다.

"그대가 그들을 만나보시오. 나는 장차 그들을 중대부中大夫로 임명하겠소."

상실(相室, 가신)이 간언하였다.

"중대부는 진晉나라의 중요한 서열인데 지금 공적이 없는데도 받게 되면 진나라의 옛 법이 아닙니다. 군주께서는 소문만 들었을 뿐 직접 보지 않으셨습니다."

양주가 말하였다.

"내가 임등을 임용할 때에는 이미 귀로 듣고 눈으로 보았소. 지금 임등이 취하려는 자 또한 귀로 듣고 보아야만 한다면 이는 사람들을 듣고 보는 일이 끊이지 않을 것이오."

임등은 하루 만에 두 명의 중대부를 만나보고 그들에게 토지와 집을 주었다. [그래서] 중모현 사람들 중 그들의 밭 가는 일을 버리

37) 임등壬登을 왕등王登으로 교정해야 한다는 설도 있다. 그러나 《여씨춘추呂氏春秋》〈지도知度〉에는 '任(임)' 자로 되어 있어 여기에 맞추어야 한다는 것이 역자의 견해이다.

고 집을 팔아 학문을 따라하는 자들이 고을의 절반이나 되었다.

[진나라] 숙향叔向이 평공平公을 모시고 앉아 나랏일을 돌보았다. 평공은 장딴지가 아프고 발이 저려도 근육만 움직일 뿐 앉은 자세를 무너뜨리지 않았다.

진晉나라 사람들이 이 소식을 듣고 모두 말하였다.

"숙향은 현인이다. 평공은 그를 예우해 근육만을 움직일 뿐 감히 앉은 자세를 무너뜨리지 않은 것이다."

진나라 사람으로 벼슬자리와 몸을 기탁하던 곳을 버리고 숙향에게 배우려는 자가 나라의 삼분지일[38)]이나 되었다.

쓸모 있는 자를 예우하라

정현 사람으로 굴공屈公이라는 자가 있었다. 그는 적군이 온다는 말을 듣고 두려워 거의 죽을 지경이었다가 적이 달아나면 그제서야 살아났다.

조나라 주보가 이자李疵에게 중산을 칠 수 있는지 없는지를 관찰하도록 하였다.

[그가] 돌아와서 보고하였다.

"중산은 정벌할 만합니다. 군주께서 서둘러 정벌하지 않으면 장차 제나라와 연나라보다 뒤처지게 될 것입니다."

주보가 말하였다.

"무슨 까닭으로 정벌할 만한가?"

38) 원문의 '錘(추)'를 번역한 것으로, 추는 고대의 중량을 세는 단위이다. 24수銖를 1냥兩이라고 하고 8수를 1추라고 했으니 1추는 1냥의 3분의 1이다.

이자가 대답하였다.

"그 나라의 군주는 깊은 동굴이나 바위에 사는 은사 만나는 것을 좋아하여 수레 덮개를 벗겨버리고 좁고 천한 길거리 인사를 만난 일이 열 번이며, 벼슬 없는 베옷 입은 인사를 예우한 것이 백 번이나 됩니다."

군주가 말하였다.

"그대의 말과 논리대로라면 이는 현명한 군주이거늘 어째서 공략할 수 있다고 하는가?"

이자가 말하였다.

"그렇지 않습니다. 무릇 깊은 동굴이나 바위에 집을 짓고 사는 인사를 드러내어 조정에 세운다면 군대의 행렬에서 나태해집니다. 위로는 학자를 존중하고 아래로는 거사(居士, 벼슬하지 않는 인사)를 조정에 들게 하면 농부들은 농사일에 게으르게 됩니다. 전쟁터의 병사가 싸움에서 나태해지면 병사는 약해지고, 농부가 밭에서 게을러지면 나라는 가난해집니다. 병사가 적에게 약하고 나라가 안으로 가난하면서도 망하지 않은 경우는 없습니다. 그러니 그들을 정벌하는 것 역시 가능하지 않겠습니까?"

주보가 말하였다.

"옳소."

군대를 일으켜 중산국을 쳐서 마침내 멸망시켰다.

먼저 바뀌어라

제나라 환공이 자주색 옷 입기를 좋아하자 온 나라 사람들이 모두 자주색 옷을 입었다. 그래서 그 당시는 흰색 비단 5필로도 자주색 1필을 얻지 못하였다.

환공이 이를 걱정해 관중管仲에게 말하였다.

"과인이 자주색 옷을 좋아해서 자주색 옷감이 매우 비싸졌소. 온 나라 백성들이 자주색 옷 입기를 좋아하는 것이 멈추지 않고 있으니 과인이 어찌해야만 하오?"

관중이 말하였다.

"군주께서는 이것을 멈추려고 하면서 어찌하여 자주색 옷을 그만 입지 않으십니까? 주위 사람들에게 '나는 자주색 옷의 냄새를 매우 싫어한다.'고 하십시오."

환공이 말하였다.

"좋소."

그러고는 주위 사람들 중에 자주색 옷을 입고 앞으로 나오는 자가 있으면 환공은 반드시 이렇게 말하였다.

"조금 물러서라. 나는 자주색 옷의 냄새를 싫어한다."

그리하여 그날로 궁궐에는 자주색 옷을 입은 자가 없어졌고, 다음 날에는 수도에 자주색 옷을 입은 자가 없어졌으며, 사흘째가 되자 국경 안에서 자주색 옷을 입은 자가 없어졌다.

일설에는 이런 말이 있다. 제나라 왕이 자주색 옷 입기를 좋아했으므로 제나라 사람들도 모두 [그런 옷을 입기] 좋아하였다. 그래서 제나라에서는 흰색 옷감 5필로도 자주색 옷감 1필을 사지 못하였다. 제나라 왕은 자주색 옷감이 비싸진 것을 걱정하였다. 사부師傅가 왕에게 설득하여 말하였다.

"《시경》에 이르기를 '스스로 하지 않고 몸소 하지 않으면 많은 백성들은 믿지 않는다.'고 하였습니다. 지금 왕께서 백성들이 자주색 옷을 입지 않기를 바라신다면 왕 자신부터 자주색 옷을 벗고 조정으로 나가시기를 청합니다. 신하들 중 자주색 옷을 입은 자가 앞으로 나오면 '어찌하여 멀리 가지 않는가. 과인은 자주색 옷 냄새를 싫어한다.'고 하십시오. 그날로 가까이 있는 신하들 중 자주색 옷을 입은 자가 없어질 것이고, 그달 안에 수도에 자주색 옷을 입은 자가 없어질 것이며, 그해 안에 국경에 자주색 옷을 입은 자가 없어질 것입니다."

각자의 직분을 다하면 우환이 없다

정나라 간공簡公이 자산子産에게 일러 말하였다.

"[정나라는] 나라가 작고 초나라와 진晉나라 사이에 끼어 있는데다가 지금 성곽이 완전하지 않고 병사와 무기도 갖추지 않았으니, 뜻하지 않은 사태에 대비할 수가 없소."

자산이 말하였다.

"신이 나라 밖 먼 곳까지 방어하고 있으며, 나라 안은 이미 견고하게 지키고 있습니다. 비록 나라는 작지만 위태롭게 되지는 않을 것입니다. 군주께서는 걱정하지 마십시오."

이렇게 해서 간공은 죽을 때까지 걱정할 일이 없었다.

일설에는 이런 말이 있다. 자산은 정나라의 재상이 되자 간공이 자산에게 일러 말하였다.

"술을 마시는 즐거움이 없고, 제수祭需 그릇이 크지 않으며, 종이나 북, 피리와 거문고 소리가 울리지 않는 것은 과인의 죄이다. 나라가 안정되지 않고 백성들이 잘 다스려지지 않으며, 농사를 지을 때나 전쟁을 할 때 힘이 합쳐지지 않는 것은 그대의 죄이다. 그대에게는 그대의 직분이 있고, 과인 또한 [과인의] 직분이 있다. 저마다 자신의 직분을 지키도록 하자."

자산이 물러나와 정치를 한 지 5년이 지나자 나라에는 도적이 없어졌고, 길에서 떨어뜨린 물건을 줍지 않았으며, 복숭아나 대추가 길가에 가득해도 따가는 자가 없게 되었고, 송곳을 길에 떨어뜨려도 사흘 안에 다시 찾을 수 있었으며, 3년간 흉년이 들어도 백성들 중에 굶주리는 자가 없었다.

쓸데없는 어짊을 베풀지 말라

송나라 양공襄公이 초나라 군대와 탁곡涿谷 강가에서 전쟁을 벌였다. 송나라 군대는 이미 전열을 갖추고 있었지만, 초나라 군대는 아직 물을 건너지 못하고 있었다. 우사마右司馬[39] 구강購强이 달려나와 간언해 말하였다.

"초나라 군대는 많고 송나라 군대는 적으니 청컨대 초나라 군대가 아직 강의 절반도 건너지 못해 대열을 갖추지 못했을 때 이들을 공격하면 반드시 쳐부술 수 있을 것입니다."

양공이 말하였다.

"과인이 듣기로는 군자란 부상당한 자를 두 번 다치게 하지 않고, 백발이 듬성듬성한 중노인을 잡지 않으며, 상대방을 위험한 곳으로 밀어붙이지 않고, 상대방을 곤궁한 곳에서 추격하지 않으며, 전열을 갖추지 못한 적을 공격하지 않는다고 하였소. 지금 초나라가 아직 강을 건너지 않았는데 이들을 공격하면 의로움을 해치는 것이니 초나라 군대가 모두 건너 전열을 갖춘 뒤에 북을 울려 병사들을 진격시키도록 하시오."

우사마가 말하였다.

"왕께서는 송나라 백성을 아끼지 않고 자기 병사들의 안전을 생각하지 않으면서 단지 도의만을 실행하려고 하십니까?"

양공이 말하였다.

"대오로 돌아가지 않으면 군법을 발동하겠소."

우사마는 대오로 돌아왔는데 초나라 군대가 이미 전열을 갖추고 진지를 구축하고 난 뒤에 비로소 양공은 공격에 나섰다. 송나라 군

39) 군대의 사령관이다. 그 당시 군을 통솔하는 최고 장군으로 대사마大司馬가 있고, 그 밑에 좌사마左司馬와 우사마右司馬가 있었다.

대는 크게 패했으며, 양공은 넓적다리에 부상을 당하고 사흘 만에 죽었다. 이것은 바로 자신이 인의도덕을 실천하는 것을 흠모한 데서 온 재앙이다.

무릇 반드시 군주가 스스로 직접 솔선한 뒤에야 백성들이 듣고 따르게 될 것이라고 기대한다면, 이는 군주가 농사를 지어 먹고 전쟁터로 나가 싸워야만 백성들도 따라서 농사짓고 싸운다는 것이 된다. 이렇게 되면 군주는 너무 위험하게 되지 않겠는가? 그러나 신하는 너무 편안하지 않겠는가?

말보다 빨리 달릴 수는 없다

제나라 경공景公[40]이 소해少海[41]에서 노닐고 있었는데 수도로부터 역驛 말이 달려와 공에게 알려 말하였다.

"안영晏嬰의 병세가 심각하여 곧 죽으려고 하는데 공께서 시간에 늦게 도착할까 두렵습니다."

경공이 곧바로 일어났을 때 또 역 말이 도착하였다.

경공이 말하였다.

"급히 번저煩且[42]가 끄는 수레와 마부 한추韓樞에게 수레를 몰도록 하라."

수백 보를 가다가 [경공은] 한추가 말을 빨리 몰지 못한다고 생각

---

40) 제나라 군주로 영공靈公의 아들이며, 장공莊公의 배다른 어머니의 동생이다. 이름은 저구杵臼로 최서가 장공을 시해하여 저구를 세웠는데 이 사람이 곧 경공景公이다. 그는 궁실 짓기를 좋아하여 세금을 무겁게 거두고 형벌을 남용하였으나 다행스럽게도 현명한 재상인 안영의 도움을 받아 전국을 안정시키고 무려 58년 동안이나 재위하였다.

41) 《산해경山海經》에 나오는 유해幼海, 곧 발해渤海를 가리킨다.

42) 빨리 달리는 좋은 말을 말한다.

해 고삐를 빼앗아 그 대신 몰았고, 수레가 수백 보쯤 가서는 말이 나아가지 않는다고 생각해 수레를 버리고 달려가기 시작하였다. [경공은] 번저라는 훌륭한 말과 마부 한추의 기교에도 불구하고 자신이 말에서 내려 달려가는 것만 못하다고 생각한 것이다.

각자 할 일이 다르다

위魏나라의 소왕昭王[43]은 벼슬아치들이 하는 일에 관여하고 싶어서 맹상군孟嘗君[44]에게 일러 말하였다.

"과인은 벼슬아치들의 일에 관여하고 싶소."

맹상군이 말하였다.

"왕께서 벼슬아치들의 일에 관여하고 싶다면, 어찌 법전을 되풀이하여 읽지 않으십니까?"

소왕은 법전을 10여 장 읽다가 졸려 누웠다.

왕이 말하였다.

"과인은 이 법전을 읽을 수 없소."

군주 자신이 몸소 나라의 권력을 잡지 못하고 신하들이 마땅히 해야 하는 일을 하려고 하니, 졸리는 것 또한 당연하지 않은가!

물의 형태는 그릇을 따른다

공자孔子가 말하였다.

43) 전국시대 위나라의 군주로, 애왕의 아들이다. 19년 동안 재위하였다.

44) 전국시대 제나라의 귀족으로 이름은 문文이며, 성은 전田이다. 아버지 전영田嬰의 봉지를 계승해 설薛 땅을 봉지로 받았기 때문에 설공薛公이라고도 하며, 맹상군孟嘗君은 그의 시호이다. 제나라 민왕 때 제나라 재상으로 문하에 수천 명의 식객을 두었다. 그 뒤 전갑田甲의 반란으로 위나라로 달아나 위나라 소왕昭王의 재상이 되었다.

"군주 된 자는 마치 사발과 같고 백성은 물과 같아, 사발이 네모지면 물도 네모지게 되고 사발이 둥글면 물도 둥글게 된다."

추鄒나라 군주가 갓끈을 길게 매는 것을 좋아하자, 주위에 있는 자들도 모두 갓끈을 길게 매어 갓끈이 매우 비싸졌다. 군주가 이를 걱정하며 주위 사람들에게 그 까닭을 물으니 주위에 있는 자들이 말하였다.

"군주께서 [갓끈을 길게] 매는 것을 좋아해서 백성들 또한 대부분 [갓끈을 길게] 매기 때문에 비싸진 것입니다."

군주가 먼저 스스로 그 갓끈을 자르고 나오자 나라 안의 사람들이 모두 갓끈을 길게 매지 않았다. 군주가 명령만 내려서는 백성들의 복장을 규정하고 금지할 수 없으므로 곧바로 갓끈을 자르고 나와 백성들에게 보인 것이다. 이것은 먼저 자신을 다스린 뒤에 백성을 다스린 것이다.

상은 공적과 능력에 따라 내려라

숙향叔向이 사냥한 짐승을 나눌 때 공이 많은 자에게는 많이 주고, 공이 적은 자에게는 적게 주었다.

한韓나라 소후昭侯가 신자(申子, 신불해)에게 말하였다.

"법도는 실행하기가 매우 어려운 것이오."

신자가 말하였다.

"법이란 공을 세우면 상을 주고 능력에 따라 벼슬자리를 주는 것입니다. 지금 군주께서는 법도를 세웠지만 주위 사람들의 청탁을 듣고 있으니 이것이 시행하기 어려운 까닭입니다."

소후가 말하였다.

"나는 오늘에서야 법을 시행하는 방법을 알게 되었소. 과인이 어찌 [청탁을] 듣겠소?"

어느 날 신자가 자신의 당형을 벼슬자리에 임명해주기를 부탁하자 소후가 말하였다.

"그대에게 배운 것이 아니지 않은가? 그대의 청탁을 들어주고 그대의 도道를 깰 것인가, 아니면 그대의 도를 써서 그대의 청탁을 깰 것인가?"

신자는 숙소로 물러나 죄를 청하였다.

전傳 6: 작은 믿음을 지켜라

의를 지켜라

진나라 문공文公이 원原이라는 곳을 공격하기로 했을 때 열흘분의 식량을 준비시키면서 대부들과는 열흘 안으로 함락시키기로 기한을 정하였다. 그러나 원에 이른 지 열흘이 지났지만 원을 함락시키지 못하자 [문공은] 징을 쳐서 물러나게 한 뒤 군대를 거두어 떠나려고 하였다.

그때 원의 대부가 성에서 나와 말하였다.

"원은 사흘이면 함락됩니다."

여러 신하들이 주위에서 간언하여 말하였다.

"원은 식량이 떨어지고 힘이 다했으니 주군께서는 잠시 기다리십시오."

공이 말하였다.

"나는 대부들과 열흘을 기한으로 정했으니, 떠나지 않는다면 이는 나의 신의를 잃게 될 것이오. 나는 원을 얻고도 신의를 잃는 일은 하지 않겠소."

[문공은] 마침내 병사를 거두어 떠났다.

원의 사람들은 이 소식을 듣고 말하였다.

"군주가 있는데 저와 같이 신의가 있다고 한다면 귀의하지 않을 수 있겠는가!"

그러고는 공에게 항복하였다.

위衛나라 사람들도 소문을 듣고 말하였다.

"군주가 있는데 저와 같이 신의가 있다고 한다면 따르지 않을 수 있겠는가!"

그러고는 공에게 항복하였다.

공자가 이 소문을 듣고 기록하여 말하였다.

"원을 공격해 위나라까지 얻은 것은 신의 때문이다."

[진나라] 문공이 기정(箕鄭)에게 물었다.

"굶주림을 구제하려면 어떻게 해야 하오?"

기정이 대답하여 말하였다.

"신의입니다."

공이 말하였다.

"신의는 어떻게 지키는 것이오?"

기정이 대답하여 말하였다.

"명분에 대해 신의를 지키십시오. 명분에 대해 신의를 지키면 신하들은 [자기 직분을] 지킬 것이고, 선과 악의 기준을 어기지 않을 것이며, 모든 일을 게을리하지 않을 것입니다. 일에 대해 신의를 지킨다면 하늘의 때를 잃지 않을 것이고, 백성들은 [본분을] 어기지 않을 것입니다. 도의에 대해 신의를 지킨다면 가까이 있는 자들은 힘써 노력하게 되고 멀리하던 자들은 귀의하게 될 것입니다."

약속을 지켜라

오기吳起가 외출했다가 친구를 만나게 되자 가던 길을 멈추고 밥을 먹기로 하였다.

친구가 말하였다.

"좋아. 금방 돌아와서 먹겠네."

오기가 말하였다.

"자네를 기다렸다가 먹겠네."

친구는 저녁이 되어도 오지 않았다. 오기는 밥을 먹지 않고 기다렸다. 다음 날 아침 사람을 시켜 친구를 찾게 하여 친구가 오자 비로소 그와 함께 밥을 먹었다.

위魏나라 문후文侯는 우인(虞人, 산림과 정원을 관장하는 관원)과 함께 사냥을 하기로 약속하였다. 그런데 다음 날 마침 하늘에 거센 바람이 불어 주위 사람들이 그만두라고 했으나 문후는 그 말을 듣지 않고 말하였다.

"안 되오. 바람이 거세다는 이유로 신의를 잃는 일을 나는 할 수 없소."

마침내 몸소 수레를 몰고 가서 거센 바람을 무릅쓰고 결국 우인과 만났다.

증자曾子의 아내가 시장에 가는데 그 아들이 따라오며 울자 아이의 어머니가 말하였다.

"너는 돌아가거라. 시장에서 돌아오면 너를 위해 돼지를 잡아주마."

[증자의] 아내가 마침 시장에서 왔을 때 증자가 돼지를 붙잡고 죽이려고 하니 아내가 만류하며 말하였다.

"단지 아이를 달래려고 한 말일 뿐입니다."

증자가 말하였다.

"아이에게는 빈말을 할 수 없는 것이오. 아이는 지식이 없으므로 부모에 기대어 배우고, 부모의 가르침을 듣소. 지금 당신이 아이를 속이면 이는 아이에게 거짓말을 가르치는 것이오. 어머니가 아들을 속이면 아들은 그 어머니를 믿지 않을 것이오. 그것은 가르치는 방법이 아니오."

마침내 돼지를 잡아 삶았다.

신용을 잃으면 망한다

초나라 여왕厲王은 긴급한 일이 생기면 북을 쳐서 백성들과 나라를 지킬 것을 약속하였다. [하루는] 술을 마시고 취해 실수로 북을 쳤다. 백성들은 매우 놀랐다.

그는 사람을 시켜 백성들을 저지하며 말하였다.

"내가 술에 취해 신하들과 장난하다가 북을 잘못 쳤소."

그러자 백성들은 모두 진정되었다.

몇 달 뒤 [여왕은] 긴급한 일이 있어 북을 쳤지만 백성들은 달려오지 않았다. 이에 다시 명령을 내리고 호령을 분명히 한 뒤에야 백성들이 그를 믿게 되었다.

이회(李悝, 이극李克)가 양쪽 군영을 지키는 병사들에게 경고하여 말하였다.

"엄히 경계하라. 적이 조만간 공격하러 올 것이다."

이와 같은 말을 두세 번 했지만 적은 오지 않았다. 양쪽 군문을 지키는 병사들은 게을러졌으며 이회를 믿지 않았다. 몇 달 뒤 진秦나라 군대가 습격해 와서 그 군대는 거의 전멸할 지경에 이르렀다. 이것은 믿지 않은 데서 온 재앙이다.

일설에는 이런 말이 있다. 이회가 진나라 병사와 싸울 때 왼쪽 군영의 병사들에게 말하였다.

"빨리 [성벽으로] 올라가라. 오른쪽 군영의 병사들은 이미 올라갔다."

또 오른쪽 군영의 병사들에게 이르러서 말하였다.

"왼쪽 군문의 병사들은 이미 올라갔다."

왼쪽과 오른쪽의 병사들이 말하였다.

"올라갑시다."

그러고는 모두 다투어 올라갔다. 그다음 해 진나라 병사와 싸우게 되었다. 진나라 병사가 습격해오자 군대는 거의 전멸할 지경에 이르렀다. 이것은 믿지 않은 데서 온 재앙이다.

권卷 12

제33편

외저설 좌하

(外儲說左下 : 훌륭한 통치를 위한 여섯 가지 규칙)

【해제】

〈외저설〉의 '좌상'과 '좌하'는 사상적인 입장이 기본적으로 같다. 단지 '좌상'의 내용이 행위와 언변의 실용성 및 공리성을 강조한 것이라면, 이 편은 표현상 공리성을 구체적으로 현실화하는 방법에 관한 문제를 다루었다는 점이 다르다. 곧 군주가 나라를 다스리는 방법은 객관적이고 필연적인 세勢와 술術, 그리고 공적인 것에 의지해야 한다는 것이다.

춘추전국시대는 씨족과 귀족 체제가 붕괴되고, 제후국들이 통일왕국을 건설하기 위해 앞다투는 혼란의 시대였다. 때문에 그 당시에는 군주가 어떻게 술을 확립할 것인가 하는 문제가 절대적으로 중요하였다. 이 편은 여섯 개의 경經과 그 해설인 전傳으로 구성되어 있다.

구체적으로 살펴보면 현명한 군주는 법률에 따라 상벌을 시행하는 것을 기본으로 해야 한다고 한비자는 말하고 있다. 그리고 '술'과 '세'를 강조하며, 신하의 충성에 기대지 말고 아울러 군신 간의 존비관념을 충분히 강화시켜야 한다고 하면서 상은 능력에 따라 내려야지 정실情實에 따라서 내려서는 안 된다고 하고 있다. 마지막으로 직언과 충간을 권장해야 한다고 하면서 이 편을 마무리하고 있다.

경에서는 고사를 간략하게 서술하여 다소 이해하기가 어렵다. 그러나 전에서 경에 언급된 고사를 구체적으로 설명하고 있어 경과 전을 연결해서 살펴보면 이해되지 않는 부분이 쉽게 풀린다. 간혹 어떤 고사는 경 또는 전 어느 한쪽에서만 언급되고 있어 〈외저설 좌하〉 편의 상당 부분이 훼손된 것으로 생각된다.

1. 상벌의 이치

죄를 지었기 때문에 벌을 받는다면 사람들은 위에 있는 자를 원망하지 않으므로 발꿈치를 잘리는 형벌을 받은 자가 자고子皐를 살려준 것이다. 공 때문에 상을 받으면 신하는 군주를 덕이라고 생각하지 않으므로 적황翟璜은 우계右契[1]를 쥐고 대부의 수레를 탄 것이다. 양왕襄王은 [이러한 상벌의 이치를] 알지 못했으므로 소묘昭卯가 수레 오승五乘의 영지를 받아도 [부자가] 짚신을 신은 것과 같은 꼴로 만든 것이다. 군주는 임용을 잘못하지 않고 신하는 자기 능력을 속이지 않으면 저 소실주少室周와 같은 신하가 될 것이다.

2. 술術에 의지해야지 신의를 믿어서는 안 된다

[군주는] 세勢에 의지해야지 신의를 믿어서는 안 되므로 동곽아東郭牙가 관중管仲을 비판한 것이다.[2]

[군주는] 술術에 의지해야지 신의를 믿어서는 안 되므로 혼헌渾軒이 문공文公에게 잘못을 간언했던 것이다.[3] 그러므로 술을 장악한

---

1) 오늘날 사용하는 어음과 비슷한 것으로, 둘로 나눠서 제각기 한 장씩 가지고 있다가 뒤에 맞추어 신표로 삼았다.

2) 동곽아東郭牙는 관중이 나라의 권력을 잡고 있는 것이 관중 스스로는 충성을 다한다고 생각하겠지만 오히려 나라를 위험에 빠뜨릴 것이라고 생각하였다. 그래서 관중은 바깥일을 처리하게 하고, 습붕은 안을 다스리도록 한 것이다.

3) 진문공晉文公은 기정箕鄭이라는 사람이 믿음이 있고 성실하다고 생각하여 원 땅의 현령으로 삼았다. 진문공은 "반드시 나를 배반하지 않을 것이다."라고 말했지만 혼헌은 "군주된 자가 술로써 신하를 제어하지 않고 그가 배반하지 않을 것을 믿는다면 어찌하겠는가."라고 하였다.

군주는 확실하게 상을 주어 능력을 다할 수 있도록 하고, 반드시 벌을 주어 사악함을 금지한다면 비록 순수하지 못한 행동을 하더라도 반드시 이로움을 얻게 될 것이다. 그래서 조간주趙簡主는 양호陽虎[4]를 재상으로 삼았고, 애공哀公이 '발 하나'[5]를 물었던 것이다.

3. 군주와 신하 사이의 예절

군주와 신하 사이의 예절을 잃으면 문왕文王이 직접 신을 신으면서도 엄숙했던 일이 있게 된다. 조정에 있을 때나 집에 있을 때 처신을 바꾸지 않아 계손季孫은 죽을 때까지 엄정하게 살았으나 해害를 당했다.[6]

4. 금지해야 할 일을 이롭게 여기고, 이롭게 여길 바를 금지한다면

금지해야 할 일을 이롭게 여기고, 이롭게 여길 바를 금지한다면 비록 신神이라고 할지라도 [제대로] 행하지 못할 것이다. 죄 지은 자를 칭찬하고 상 받은 자를 헐뜯으면 비록 요堯임금일지라도 다스리지 못할 것이다. 무릇 문을 만들어놓고도 들어가지 못하게 하고, 이익을 쌓을 수 있는 일인데도 나아가 얻지 못하게 하는 것은 혼란이 생기는 원인이다. 제齊나라의 군주가 주위 사람들의 말을 듣지 않

---

4) 춘추시대 노나라 계손씨季孫氏의 가신이었으나, 계손씨의 권력을 빼앗고 이어서 삼환三桓을 제거하려다가 실패하자 제나라로 달아났다.

5) 노나라 애공哀公이 공자에게 음악에 능통한 기夔라고 하는 자의 발이 왜 하나였는지에 대해 물은 것이다.

6) 계손季孫은 계환자季桓子를 가리키는데, 《사기》 〈공자세가孔子世家〉의 기록에 의하면 "가을에 계환자가 병이 나 …… 며칠이 지나 계환자가 죽었다."고 기록되어 있으므로 여기서 말하는 것처럼 해를 당해 죽은 것은 아니다.

고, 위魏나라의 군주가 칭찬하는 말을 듣지 않으면서 신하들을 분명하게 살필 수 있었다면 거(鉅, 제나라의 유명한 처사)라는 자가 돈을 낭비하지 않았을 것이고, 잔(孱, 위나라의 유명한 처사)이라는 자가 옥을 이용해 벼슬을 구하지 않았을 것이다.

서문표西門豹가 다시 업鄴 땅을 다스리기를 청한 일에서도 그것을 충분히 알 수 있다. 마치 도적의 아들이 갖옷을 가지고 뻐기며, 다리 잘리는 형벌을 받은 자의 아들이 [아버지의] 덧바지를 영화롭게 여기는 것과 같다. 자작子綽이 왼손과 오른손으로 그림을 그리고, [고기로] 개미를 쫓고 [물고기로] 파리를 쫓으려고 한 것과 같다. 어찌 환공桓公이 벼슬자리를 구하는 자가 많은 것을 걱정하고, 한韓나라 선왕宣王이 말이 마르는 것을 근심하지 않게 할 수 있겠는가?

5. 군주가 고립되지 않으려면

신하가 겸손과 검소함을 덕행으로 삼는다면 작위로 상을 내리려는 것은 권하기에 족하지 않다. 총애와 영광에 절도가 없다면 신하는 [군주를] 침해하고 핍박할 것이다.

그 예증으로는 묘분황苗賁皇[7]이 헌백獻伯을 비난하고, 공자가 안영晏嬰을 비판했던 것이 있다. 그래서 중니仲尼는 관중管仲과 손숙오孫叔敖[8]를 논란거리로 삼았으나 서로 같지 않은 용모가 [한 명은] 사치스럽고 [한 명은] 검소한 모습이 달랐다. 양호가 신하를 추천한 뒤 보고한 말에 대해 간주(簡主, 조간자趙簡子)가 직접 신하들을 응대해

---

7) 초나라 영윤 투초鬪椒의 아들이다. 그는 투초가 피살되자 진晉나라로 달아났는데, 묘苗 지방을 봉읍으로 받자 이를 성씨로 삼았다.

개인적인 신하로 만들어 법을 지도한 일은 군주가 술術을 잃은 것이다. [신하들이] 패거리를 지어 서로 결탁하고 신하들이 욕망을 좇으면 군주는 고립되지만, 신하들이 공정하게 추천하고 아랫사람들이 서로 결탁하지 않으면 군주는 밝게 될 것이다. 그러면 양호는 조무趙武같이 현명해지고 해호解狐같이 공정해지려고 할 것이다. 그런데 간주는 양호가 자신의 부하를 천거한 방법을 탱자나무와 가시나무처럼 [나쁘게] 여겼으니, 나라 사람들을 지도할 방법이 아니다.

6. 공실의 권위가 떨어지면

공실의 권위가 낮으면 [신하들은] 직언을 꺼리게 되고, 사사로운 행동이 기승을 부리면 공적이 적어질 것이다.

그 예증으로는 문자(文子, 범문자范文子)가 직언을 했으나 [아버지] 무자武子는 지팡이로 때렸고, 자산子産이 충심으로 간언을 하자 자국子國이 꾸짖으며 노여워했으며, 양거梁車가 법률을 적용하자 성후成侯는 그의 관인官印을 회수했고, 관중이 공정한 입장을 견지하자 변방을 지키는 벼슬아치들의 비방과 원망을 샀던 일이 있다.

8) 초나라 사람으로, 일찍이 초나라 장왕의 재상을 세 번이나 지냈다. 그는 세 번 재상이 되었지만 기뻐하지 않았는데 그것은 자신의 재능으로 얻었다고 생각했기 때문이다. 그리고 재상 자리에서 세 번 쫓겨났지만 서운하게 생각하지 않았는데, 이는 자기 죄가 아님을 알았기 때문이다. 손숙오는 이런 행동으로 재앙을 피할 수 있었다. 그의 이런 인품에 대해 사마천은 다음과 같이 기록하였다. "손숙오孫叔敖는 세 번 재상 자리에서 물러나도 후회하지 않았고, 오릉於陵의 자중子仲은 삼공의 벼슬도 마다하고 남의 집에서 정원에 물 주는 일을 하였다."(《사기》〈노중연추양열전魯仲連鄒陽列傳〉)

공평함을 잃어서는 안 된다

공자가 위衛나라의 재상으로 있을 때, 제자 자고子皐는 옥리獄吏가 되어 어떤 자에게 발꿈치를 자르는 형벌을 내렸다. 발꿈치를 잘린 자는 문지기가 되었다.

어떤 사람이 위나라 군주에게 공자를 험담해 말하였다.

"공자가 난을 일으키려고 합니다."

위나라 군주는 공자를 잡아들이려고 했으므로 공자가 달아나자 제자들도 모두 달아났다. 자고가 뒤따라 문을 빠져나오려고 하는데, 발꿈치 잘린 자가 그를 이끌어 문 근처의 집으로 피신시켜주었으므로 벼슬아치들이 추격했으나 그를 붙잡지 못하였다.

한밤중이 되자 자고가 발꿈치 잘린 자에게 물었다.

"나는 군주의 법령을 허물 수 없어 그대의 발꿈치를 직접 잘랐소. 지금은 그대가 원수를 갚을 때이거늘 그대는 어찌하여 나를 달아날 수 있게 한 것이오? 내가 어찌 그대에게 이러한 대접을 받을 수 있겠소?"

발꿈치 잘린 자가 말하였다.

"제가 발꿈치를 잘리게 된 것은 당연히 저의 죄에 합당한 것으로 어찌할 수 없는 것이었습니다. 그런데 당신은 저의 죄를 판결할 때 다방면으로 법령을 살피고 앞뒤로 저를 변호하시며 죄를 면하게 해주시려고 무던히 애쓰셨는데, 저는 그것을 알고 있었습니다. 재판이 결정되고 죄가 확정되자 당신께서는 애처롭게 여기시고 내키지 않는 모습이 얼굴에 나타났습니다. 저는 그것을 보고 또 알았습니다. 그것은 저에 대한 사사로운 편견이 아니라 당연한 일이었던 것이며, 천성이 어질고 마음이 진실로 그러했던 것입니다. 이것이 제가 기꺼이 당신을 덕망 있다고 여기는 까닭입니다."

공자가 말하였다.

"벼슬아치 노릇을 훌륭히 하는 이는 덕을 쌓지만, 벼슬아치 노릇을 잘못하는 자는 원망을 심는다. 개槪[9]는 양을 재는 도구이고, 벼슬아치는 법을 공평하게 하는 자이다. 나라를 다스리는 자는 공평함을 잃어서는 안 된다."

공적에 맞는 상

전자방田子方[10]이 제齊나라에서 위나라로 가는 길에 적황翟璜이 헌(軒, 수레)[11]을 타고 기병을 앞세워 나오는 것을 보게 되었다. 전자방은 문후文侯일 것이라고 생각하여 수레를 다른 길로 피해서 보니 바로 적황이었다.

전자방이 물었다.

"당신이 어떻게 이런 수레를 타시오?"

[적황이] 말하였다.

---

9) 양개量槪 혹은 평목平木이라고도 하는데, 되나 말로 곡식의 양을 잴 때 위를 고르게 하는 방망이의 일종이다.

10) 전국시대 위나라 사람으로, 위나라 문후는 그를 스승으로 예우하였다.

11) 고대에 대부大夫 이상의 고관이 타던 수레로, 사방으로 휘장이 쳐져 있으며 수레 앞부분이 높은 편이다. 뒷날에는 수레를 지칭하는 말로 바뀌었다.

"군주께서 중산中山을 토벌하려고 할 때 신이 적각翟角을 천거해 계획을 얻었고, 뒤에 토벌할 때는 악양樂羊을 추천해 중산을 얻게 되었으며, 중산을 얻은 뒤 군주가 그곳을 다스리는 문제를 걱정했을 때 제가 이극李克[12]을 추천해서 중산이 다스려졌습니다. 이 때문에 군주께서 이 수레를 하사한 것입니다."

전자방이 말하였다.

"당신을 총애함이 그 세운 공에 견주어볼 때 오히려 박하오."

상이 불공평하면 원한이 생긴다

진秦나라와 한韓나라가 위나라를 공격하려고 할 때 소묘昭卯가 서쪽 진나라에 가서 설득해 진나라와 한나라는 [전쟁을] 그만두었다. 제齊나라와 초楚나라가 위나라를 공격하려고 할 때 소묘가 동쪽으로 가서 설득해 제나라와 초나라는 [전쟁을] 그만두었다. 그래서 위나라 양왕襄王은 소묘를 오승五乘의 영지를 갖는 장군에 봉하였다.

소묘가 말하였다.

"백이伯夷가 장군의 신분으로 수양산首陽山 아래에 묻히자 천하 사람들이 말하기를 '무릇 백이의 밝음과 그 높은 인덕으로도 장군의 예우로 묻혔으니, 이것은 손과 발을 가리지 않은 꼴이다.'라고 하였습니다. 지금 신은 네 나라의 군대를 물러가게 했는데도 왕께서는

12) 전국시대 위나라 사람으로, 본래 자하子夏의 문인이었다가 뒤에 문후의 재상이 되었다. 그는 조나라 무령공을 굶겨 죽인 자로 널리 알려져 있으며, 문후에게 장군 오기吳起를 추천한 인물로도 유명하다. 그 내용은 다음과 같다. "문후는 이극(李克, 이회李悝)에게 물었다. "오기는 어떠한 사람이오?" 이극이 말하였다. "오기는 탐욕스럽고 여색을 밝히지만 병사를 다루는 일만은 사마 양저도 능가할 수 없습니다." 이에 위나라 문후는 [오기를] 장군으로 삼아 진秦나라를 쳐서 성 다섯 개를 함락시켰다."(《사기》 〈손자오기열전〉)

신에게 오승의 영지만을 내렸으니, 이것은 공적에 견주어보면 오히려 행전行纏[13)]을 차고서 짚신을 신은 것과 같습니다."

힘으로써 군주를 섬긴 자

소실주少室周는 옛날에 정직하고 청렴한 사람으로 조趙나라 양왕襄王의 역사力士[14)]를 지냈다. 한번은 중모中牟의 서자徐子와 힘을 겨루었으나 지고 말았다. [그는] 조정으로 들어가서 양왕에게 이 사실을 말하고 그에게 자신의 자리를 대신하도록 하겠다고 하였다.

양주襄主가 말하였다.

"그대의 자리는 사람들이 부러워하는 자리이다. 무엇 때문에 서자에게 자신의 지위를 대신하도록 하려는가?"

[소실주가] 말하였다.

"신은 힘으로써 군주를 섬기는 자입니다. 지금 서자의 힘이 신보다 강합니다. 그에게 저를 대신하게 하지 않는다면, 아마도 다른 사람들이 이 일을 말하게 되어 저에게 벌을 주려고 할 것입니다."

일설에는 이런 말이 있다. 소실주는 양주의 참승驂乘[15)]이었다. 그는 진양晉陽에 이르러 역사 우자경牛子耕과 힘을 겨루었으나 이기지 못하였다.

13) 걸음걸이와 행동을 간편하게 하려고 정강이에 감아 무릎 아래에 매는 베로 널리 사용된 것이다.

14) 글자 그대로 풀이하면 힘이 장사인 사람을 말한다. 고대에는 이러한 역사力士를 고관의 수레 오른쪽에 타는 호위병인 거우車右로 임명하는 경우가 많았다. 여기서의 역사도 거우를 가리킨다.

15) 고대에는 수레를 탈 때 말을 모는 자가 수레 가운데에 앉고 왕은 그 왼쪽에 앉았으며, 오른쪽에 또 한 사람을 태워 수레의 균형을 잡았다고 한다. 이때 수레 오른쪽에 타는 사람은 임금의 남다른 신뢰를 받는 신하인데, 그를 참승驂乘이라고 한다.

이에 소실주가 군주에게 말하였다.

"군주께서 신을 참승으로 삼은 까닭은 신이 힘이 강했기 때문입니다. 지금 신보다 힘이 센 자가 있으니, 원컨대 그를 천거하고 싶습니다."

전傳 2: 신의가 아닌 술에 의지하라

권력이 집중되지 않게 하라

제나라 환공桓公이 관중을 세워 중보仲父로 삼으려고 하면서 신하들에게 명령해 말하였다.

"과인은 관중을 세워 중보로 삼으려고 하는데, 괜찮다고 생각하는 사람은 문으로 들어와 왼쪽에 서고 괜찮지 않다고 생각하는 사람은 문으로 들어와 오른쪽에 서시오."

동곽아東郭牙는 문 중간에 섰다.

환공이 말하였다.

"과인은 관중을 세워 중보로 임명하려고 하면서 괜찮다고 생각하는 사람은 왼쪽에, 괜찮지 않다고 생각하는 사람은 오른쪽에 서도록 명령하였소. 지금 그대는 어째서 문 중간에 서 있는 것이오?"

동곽아가 말하였다.

"관중의 지혜로 천하를 도모할 수 있다고 보십니까?"

환공이 말하였다.

"할 수 있소."

동곽아가 말하였다.

"그의 결단력으로 과감하게 큰일을 할 수 있다고 보십니까?"

환공이 말하였다.

"과감하게 할 수 있소."

동곽아가 말하였다.

"만일 그의 지혜가 천하를 도모할 수 있고 결단력이 큰일을 감당할 수 있다면, 군주께서는 나라의 권력을 그 한 사람에게 주려고 하시는 것입니까? 관중의 능력을 가지고 공의 권세 위에 타서 제나라를 통치한다면 위험하지 않겠습니까?"

환공이 말하였다.

"옳소."

이에 습붕隰朋에게는 나라 안의 일을 다스리도록 하고, 관중에게는 나라 밖의 일을 담당하게 해서 서로 견제하도록 하였다.

배반당하지 않게 하는 것이 중요하다

진晉나라 문공文公이 망명할 때 기정箕鄭이 항아리에 담은 음식을 가지고 따라갔는데 길을 잃어 문공과 헤어지게 되었다. [기정은] 배가 고파 길에서 눈물을 흘릴 지경이 되었지만 허기를 참으며 감히 음식을 먹지 않았다. 문공이 나라로 돌아온 뒤 병사를 일으켜 원原을 공격해 승리하자 문공이 말하였다.

"굶주림의 고통을 가볍게 참아내며 항아리 속을 온전히 지켜냈으니, 이 자는 장차 원을 맡겨도 모반하지 않을 것이다."

그러고는 그를 원의 현령으로 삼았다.

그러자 대부 혼헌渾軒이 그것이 잘못된 일이라며 말하였다.

"항아리 속의 음식에 마음이 흔들리지 않았다는 이유만으로 원 땅을 가지고 반란을 일으키지 않을 것이라고 믿는 것은 역시 술이 없는 것이 아닙니까? 그러므로 현명한 군주는 다른 사람이 나를 배반하지 않을 것이라고 믿지 않고 내가 배반당하지 않게 할 것을 믿으며, 다른 사람이 나를 속이지 않을 것을 믿지 않고 내가 속임을 당하지 않게 할 것을 믿습니다."

반골도 쓰기 나름이다

양호陽虎가 논의하여 말하였다.

"군주가 현명하면 [신하는] 마음을 다해 섬기지만, 현명하지 않으면 간계를 꾸며 시험할 것입니다."

[양호는] 노魯나라에서 쫓겨나고 제나라에서는 의심을 받아 조趙나라로 달아났다.

조나라 간주가 그를 맞아들여 재상으로 삼으려고 하자 주위 사람들이 말하였다.

"양호는 남의 나라 정권을 잘 훔치는 자인데, 무슨 까닭으로 재상으로 삼으려고 하십니까?"

간주가 말하였다.

"양호는 그것을 취하려고 힘쓰겠지만 나도 그것을 지키려고 힘쓸 것이오."

마침내 [간주가] 술術을 잡고 그를 제어했으므로 양호는 감히 그릇된 행동을 하지 못하였다. 양호는 간주를 잘 섬기면서 군주를 강하게 만들어 거의 패주가 되도록 하였다.

한 가지 재주면 족하다

노나라 애공哀公이 공자에게 물었다.

"내가 듣건대 옛날에 기夔라는 자의 발이 하나였다고 하는데, 그가 과연 정말로 발이 하나뿐이었소?"

공자가 대답해 말하였다.

"아닙니다. 기의 발이 하나였다는 말이 아닙니다. 기라는 자는 화를 잘 내고 어그러져 있으며, 사악한 마음이 있어 사람들이 대부분 좋아하지 않았습니다. 그가 비록 그러했지만 다른 사람으로부터 해를 입지 않은 것은 그에게 신의가 있었기 때문입니다. 사람들이 모두 말하기를 '오로지 이 한 가지면 족하다.'고 하였습니다. 바로 기의 발이 하나라는 것이 아니라 하나면 족하다는 것입니다."

애공이 말하였다.

"실로 이와 같다면 이것은 참으로 충분한 것이다."

일설에는 이런 말이 있다. 애공이 공자에게 물었다.

"나는 기라는 자가 발이 하나라고 들었는데, 믿을 만하오?"

[공자가] 말하였다.

"기도 사람인데 무슨 이유로 발이 하나이겠습니까? 그는 다름이 아니라 오로지 소리에만 정통하였습니다. 요堯임금이 말하기를 '기는 한 가지만으로 충분하다.'고 하고, 그를 음악을 관장하는 악정(樂正, 음악을 관장하는 벼슬아치)으로 임명하였습니다. 그래서 군자가 기는 한 가지면 충분하다고 한 것이지, 발이 하나라는 것이 아닙니다."

전傳 3: 군주와 신하 사이의 예절

시킬 것은 시켜라

[주周나라] 문왕文王이 숭崇을 정벌할 때 봉황鳳黃[16] 언덕에 이르러 대님이 풀리자 직접 매었다.

태공망太公望이 말하였다.

"어찌 된 일입니까?"

문왕이 말하였다.

"최상의 군주 곁에 있는 자는 모두 스승이며, 중등의 군주 곁에 있는 자는 모두 친구이고, 하등의 군주 곁에 있는 자는 모두 시종들이오. 지금 [이곳에 있는 신하들은] 모두 선왕의 신하들이기 때문에 이

16) 바로 뒤의 '일설에는'의 일설에 나오는 황봉黃鳳이라는 말과 봉황鳳黃이라는 말은 같은 말이다.

일을 시킬 수 없는 것이오."

일설에는 이런 말이 있다. 진晉나라 문공이 초나라와 전쟁을 하다가 황봉黃鳳 언덕에 이르러 대님이 풀리자 몸소 그것을 매었다. 주위에 있는 자가 말하였다.

"다른 사람에게 시킬 수 없는 일입니까?"

문공이 말하였다.

"내가 듣건대 최상의 군주와 함께 있는 자는 모두 군주가 경외하는 자들이고, 중등의 군주와 함께 있는 자는 모두 군주가 아끼는 자들이며, 하등의 군주와 함께 있는 자는 모두 군주가 업신여기는 자라고 하오. 과인은 비록 현명하지는 않지만 선왕 때부터 모시던 사람들이 모두 여기에 있기 때문에 그들을 어렵게 여긴 것이오."

함께 기거하는 자, 함께 도모하는 자

계손季孫은 선비를 좋아했고, 죽을 때까지 엄정하게 살았으며, 집에 있을 때도 항상 조정에서와 같은 차림새를 하였다. 그러나 계손 또한 항상 그럴 수만은 없었으니 때때로 마음이 해이해져 그런 태도를 잃기도 하였다. 그래서 그러한 경우를 당한 빈객들은 계손이 자기를 싫어하고 하찮게 여긴다고 생각해서 원망하다 마침내 계손을 살해하였다. 그러므로 군자는 지나친 것도 버리고 심한 것도 버려야 할 것이다.

일설에는 이런 말이 있다. 남궁경자南宮敬子[17]가 안탁취에게 물

17) 노魯나라의 권력자 맹희자孟僖子의 아들 남궁경숙南宮敬叔으로, 공자의 제자였다.

었다.

"계손은 공자의 제자들을 공양하면서 조정에서 입는 예복을 입고 좌담한 자가 수십 명이나 되었는데도 해를 입은 것은 무엇 때문입니까?"

[안탁취가] 말하였다.

"옛날 주周나라 성왕成王은 배우나 음악을 연주하는 사람을 가까이 두고 마음 내키는 대로 했으나 군자들과 더불어 [나랏]일을 상의해서 결단을 내렸으므로 천하를 다스릴 수 있었습니다. 지금 계손은 공자의 제자들을 공양하면서 조정에서 입는 복장을 하고, 함께 좌담을 한 자가 수십 명이나 되면서도 배우나 음악을 연주하는 사람들과 일을 상의하고 결정했으므로 이 때문에 해를 입은 것입니다. 그래서 '[일의 성패는] 함께 기거하는 사람에게 있는 것이 아니라 함께 도모하는 자에게 있다.'고 한 것입니다."

공자가 복숭아보다 기장을 먼저 먹은 까닭

공자가 노나라 애공을 모시고 앉아 있을 때 애공이 그에게 복숭아와 기장을 내리고는 먹어보라고 청하였다. 공자는 먼저 기장을 먹은 뒤에 복숭아를 먹었다. 그러자 주위 사람들이 모두 입을 가리고 웃었다.

애공이 말하였다.

"기장은 먹는 것이 아니오. 그것으로 복숭아를 닦으라는 것이오."

공자가 대답해 말하였다.

"저도 알고 있습니다. 무릇 기장이란 오곡 중 으뜸으로 선왕께 제사 지낼 때 상등의 제물입니다. 중요한 과일로는 여섯 가지가 있지만, 복숭아는 하품이므로 선왕의 제사 때 묘당에 들여놓을 수 없습니다. 저는 군자는 천한 것으로 귀한 것을 닦는다는 말은 들었지만, 귀한 것으로 천한 것을 닦는다는 말은 듣지 못하였습니다. 지금 오곡의 으뜸인 기장으로 과일 중 하품인 복숭아를 닦는 것은 상등품으로 하등품을 닦는 것입니다. 저는 의義를 해치는 것이라고 생각했기 때문에 종묘의 상등 제물보다 먼저 먹을 수 없었던 것입니다."

관은 머리에 써야 하고 신발은 발에 신어야 한다

간주簡主가 측근에게 말하였다.

"수레의 깔개가 참으로 아름답소. 무릇 관은 비록 낡았을지라도 머리에 반드시 그것을 써야 하고, 신발은 비록 귀할지라도 발에 반드시 그것을 신어야 하오. 지금 수레의 깔개가 이처럼 지나치게 아름다우니 나는 장차 무엇을 신고 그것을 밟아야 하오? 무릇 아래의 것을 아름답게 하여 위의 것을 소모하는 것은 도리를 해치는 근본이오."

비중이 세 번이나 간하다

비중費仲이 주왕紂王을 설득하여 말하였다.

"서백창西伯昌[18]은 현명한 사람이라 백성들이 그를 좋아하고 제후

18) 주나라 문왕文王을 말한다. 그는 은나라 말기 서쪽 제후의 우두머리였기 때문에 서백西伯으로 불린다. '백伯'은 '패霸'의 의미이다. 백이와 숙제가 서백창이 노인을 잘 모신다는 소문을 듣고 찾아가 몸을 의탁하려고 했다는 기록이 사마천의 《사기》 〈백이열전〉에 나온다.

들도 그에게 복종하고 있으니 주살하지 않으면 안 됩니다. 만일 주살하지 않으면 반드시 은殷나라의 우환이 될 것입니다."

주왕이 말하였다.

"그대의 말에 따르면 서백창은 의로운 군주인데, 어째서 죽이라고 하는가?"

비중이 말하였다.

"관은 비록 찢어졌을지라도 반드시 머리에 쓰고, 신은 비록 다섯 가지 색채가 나더라도 반드시 땅을 밟는 것입니다. 지금 서백창은 신하인데, 의를 닦아 사람들이 그에게로 향하고 있으니 끝내 천하의 우환이 되는 것은 아마도 반드시 서백창일 것입니다. 신하 된 자가 그 현명함으로써 군주를 위하지 않는다면 죽이지 않을 수 없습니다. 또 군주 된 자로서 신하를 죽이는 것이 어찌 허물이 되겠습니까?"

주왕이 말하였다.

"무릇 인의仁義란 군주가 신하들에게 권하는 것이오. 지금 서백창이 인의를 잘 실행한다고 해서 그를 주살하는 것은 옳지 않소."

[비중이] 세 번이나 설득했지만 [주왕은] 듣지 않았기 때문에 [은나라는] 망하게 되었다.

유학자들이 박과 익을 하지 않는 이유

제나라 선왕宣王[19]이 광천匡倩에게 물었다.

---

19) 제나라 위왕威王의 아들로, 성은 진陳이며 이름은 벽강辟疆이다. 일찍이 연나라를 공격하여 멸망시켰다. 그는 직하궁稷下宮에 강당을 설치해놓고 학자들이 의논하는 장소로 삼을 정도로 학술을 좋아하였으며, 19년 동안 재위하였다.

“유학자들도 박(博, 중국의 전래 노름)을 하오?”

[광천이] 말하였다.

“하지 않습니다.”

왕이 말하였다.

“무엇 때문이오?”

광천이 대답하였다.

“박이란 올빼미 말을 귀하게 여기면서도 승리하려면 반드시 올빼미 말을 죽입니다. 올빼미 말을 죽이는 것, 이것은 귀한 것을 버리는 일입니다. 유학자들은 이것이 의로움을 해치는 것이라고 생각하기 때문에 박을 하지 않습니다.”

[선왕이] 또 물었다.

“유생들은 익(弋, 활을 쏘아 새를 잡는 놀이)을 하오?”

[광천이] 말하였다.

“하지 않습니다. 익이란 아래에서 위를 해치는 것으로, 이것은 신하가 군주를 해치는 것과 같습니다. 유학자들은 이것이 의로움을 해치는 것이라고 생각하기 때문에 익을 하지 않습니다.”

[선왕이] 또 물었다.

“유생들은 거문고를 연주하오?”

[광천이] 말하였다.

“하지 않습니다. 무릇 거문고는 작은 현으로 큰 소리를 내고 큰 현으로 작은 소리를 냅니다. 이것은 크고 작은 것의 순서가 바뀐 것이며, 귀한 것과 천한 것의 자리가 바뀐 것입니다. 유학자들은 이것이 의로움을 해치는 것이라고 생각하기 때문에 연주하지 않습니다."

선왕이 말하였다.

"옳소."

중니(공자)가 말하였다.

"백성들로 하여금 신하들에게 아첨하도록 하느니 차라리 백성들로 하여금 군주에게 아첨하도록 하는 것이 낫겠다."

전傳 4: 금지해야 할 바와 이롭게 여길 바

금과 옥으로 벼슬을 산 두 사람

거鉅는 제나라의 거사(居士, 학자이면서 벼슬에 나아가지 않는 사람)이고, 잔孱은 위나라의 거사이다.[20] 제나라와 위나라의 군주는 현명하지 못해서 직접 나라를 살필 수가 없었으므로 주위 사람들의 말만 들었다. 그래서 이 두 사람은 금과 옥을 뇌물로 써서 벼슬자리를 구해 조정으로 들어갔다.

문후가 관인을 빼앗았다가 돌려주다

서문표西門豹는 업의 현령으로 있을 때 청렴하고 성실한 태도를 견

20) 거鉅와 잔孱은 실제 사람의 이름을 빗대서 쓴 것이다. 거는 경직된 성품의 소유자를 가리키고, 잔은 유약한 성품의 소유자를 가리킨다. 모두 벼슬아치가 되기에는 부적절한 사람이라는 것을 비유적으로 나타낸다.

지해서 가을 터럭 끝만큼도 사사로운 이익을 도모하지 않았으며, 군주의 측근들에게도 매우 소홀히 대하였다. 군주 측근에 있는 자들은 이 때문에 서로 결탁해서 그를 미워하였다. [서문표가 현을 다스린 지] 한 해가 지나 회계 보고를 하자 군주는 그의 관인官印을 회수하였다.

서문표는 직접 간청하며 말하였다.

"신이 옛날에는 업을 다스리는 방법을 알지 못했지만 이제야 터득하게 되었으니, 원컨대 관인을 주시어 다시 업을 다스리도록 해주십시오. 만일 잘 다스리지 못한다면 부질斧鑕의 참형에 처해주시기를 청합니다."

문후는 차마 하지 못하여 다시 그에게 관인을 주었다.

서문표는 백성들에게 세금을 무겁게 거두어들이고 군주의 측근들을 후하게 섬겼다. 한 해가 지나 회계 보고를 할 때 문후는 직접 나와 허리를 굽혔다.

서문표가 대답하여 말하였다.

"지난해에 저는 군주를 위해 업을 다스렸으나 군주는 도리어 저의 관인을 빼앗더니, 올해에는 신이 군주의 주위 사람들을 위해 업을 다스렸더니 군주께서는 신에게 절을 하시는군요. 신은 더 이상 다스릴 수 없습니다."

그러고는 관인을 반납하고 떠나려고 하였다.

문후는 받지 않으며 말하였다.

"과인이 이전에는 그대를 알지 못했지만 지금은 알게 되었소. 원컨대 그대는 과인을 위해 그곳을 다스려주시오."

[문후는] 끝내 [서문표의] 관인을 받지 않았다.

개도둑질하는 자의 아들, 다리 잘린 자의 아들

제나라에 개도둑질하는 자의 아들과 다리 잘린 자의 아들이 있었는데, 같이 놀다가 서로 자랑을 하게 되었다.

개도둑질하는 자의 아들이 말하였다.

"우리 아버지의 갖옷에만 유독 꼬리가 달려 있어."

다리 잘린 자의 아들이 말하였다.

"우리 아버지만이 유독 겨울에도 덧바지를 버리지 않아."[21)]

왼손으로 사각형을 그리면서 오른손으로 원을 그릴 수 없다

자작子綽이 말하였다.

"사람은 왼손으로 사각형을 그리면서 오른손으로 원을 그릴 수 없다. 고기로 개미를 쫓으려고 하면 개미는 더욱 많아지고, 물고기로 파리를 쫓으려고 하면 파리가 더욱 몰려들게 된다."

자리는 능력과 공에 따라

제나라 환공桓公이 관중에게 말하였다.

"벼슬자리는 적은데 구하는 자는 많아 과인은 이것이 걱정이오."

---

21) 다리 잘리는 형벌을 받은 자가 겨울에 덧바지를 입는 것은 보온을 위해서이고, 잠을 잘 때도 바지를 벗지 않는다는 뜻이다. 또한 이러한 사람은 부역을 해야 하는데, 겨울이면 관청으로부터 덧바지를 지급받는다는 말도 전해진다.

관중이 말하였다.

"군주께서는 주위 사람들의 청을 들어주지 마시고 능력에 따라 봉록을 주고 공을 기록해 벼슬자리를 준다면 감히 벼슬자리를 구하는 자가 없어질 것입니다. 군주께서는 무엇을 근심하십니까?"

많이 주어도 말이 여위는 이유

한韓나라 선왕宣王이 말하였다.

"나의 말은 콩과 곡물을 많이 주는데도 더욱 여위니, 어찌 된 일이오? 과인은 이것이 걱정이오."

주시周市[22]가 대답해 말하였다.

"말을 관리하는 벼슬아치에게 곡물을 전부 먹이도록 했다면, 비록 살이 찌지 않게 하려고 해도 할 수 없을 것입니다. 명목상으로는 말에게 많이 주는 것 같지만 실제로는 적게 준다면 여위지 않게 하려고 해도 할 수 없을 것입니다. 군주께서는 그 실정을 살피지 않으시고 앉아서 걱정만 하시니 말이 여전히 살찌지 않는 것입니다."

사람마다 쓰임새가 다르다

[제나라] 환공이 관중에게 벼슬아치를 임명하는 문제에 관해 묻자,[23] 관중이 말하였다.

"판결할 일이 있으면 분명하게 살피고 재물에 청렴하며 백성의 마음을 익숙하게 살피는 점에서는 제가 현상絃商[24]만 못하니, 청컨

22) 사람 이름으로, 자세한 사적은 알려져 있지 않다.

23) 이 부분은 《관자》의 내용과 거의 비슷하다. '경經' 부분에도 언급되어 있지 않고 앞뒤의 내용상 연관성도 없는 것으로 볼 때, 후대 사람이 그 일부를 여기에 실은 것으로 생각된다.

대 그를 세워 대리(大理, 나라의 사법司法을 관장하는 벼슬)로 삼으십시오. 당堂을 오르내리며 공손하게 예의를 밝히며 빈객을 응대하는 점에서는 신이 습붕만 못하니, 청컨대 그를 세워 대행(大行, 외국의 귀빈을 접대하는 장관)으로 삼으십시오. 잡초를 뽑아 밭을 일구고 농지를 넓혀 곡물을 생산하는 점에서는 제가 영척甯戚[25]만 못하니, 청컨대 그를 대전(大田, 나라의 농사일을 관장하는 벼슬)으로 삼으십시오. 삼군三軍[26]을 지휘해서 진영을 만들고 병사들로 하여금 집으로 돌아가는 것처럼 죽음을 바라보게 하는 점에서는 제가 공자 성보成父만 못하니, 청컨대 그를 대사마(大司馬, 나라의 군사일을 관장하는 벼슬)로 삼으십시오. 군주의 안색을 거스르면서 간곡히 간언하는 점에서는 제가 동곽아만 못하니, 청컨대 그를 세워 간신諫臣으로 삼으십시오. 제나라를 다스리는 데는 이 다섯 사람이면 충분합니다. 장차 패왕覇王이 되고자 하신다면 저 이오(夷吾, 관중)가 여기 있습니다."

전傳 5: 군주가 고립되지 않으려면

맹헌백의 검소함이 비난받는 이유

맹헌백孟獻伯은 노나라의 재상으로 있었는데 마당에는 콩과 명아주가 자라고, 문밖에는 가시덤불이 자라고 있었다. 그는 식사를 할 때

---

24) 사람 이름으로, 자세한 사적은 알려져 있지 않다.

25) 영무甯武로 되어 있는 판본도 있다. 그는 춘추시대 위나라 사람으로 집안 형편이 궁색해 소 먹이는 일을 했는데, 제나라 환공의 눈에 들어 대부로 임명되었다.

26) 춘추시대에 큰 나라들은 대부분 상·중·하의 삼군을 두었으며, 중군이 이 삼군을 통솔하였다.

두 가지 반찬을 두지 않았고, 자리는 두 겹으로 하지 않았으며, 첩에게 비단을 입히지 않았고, 집안의 말에게는 곡식을 먹이지 않았으며, 외출할 때는 수레가 따르지 못하게 하였다.

숙향叔向이 이 소식을 듣고 묘분황苗賁皇에게 말하자, 묘분황은 그를 비난하여 말하였다.

"이것은 군주께서 주신 작위와 봉록을 버리고 아랫사람들에게 환심을 사려는 것입니다."

일설에는 이런 말이 있다. 맹헌백이 상경上卿으로 임명되었을 때 숙향이 축하하러 갔다. 그의 집 문앞에는 보통 수레를 끄는 말이 있었는데, 곡물을 먹이지 않았다.

숙향이 말하였다.

"당신이 말 두 필과 수레 두 대를 가지고 있지 않은 것은 무엇 때문이오?"

헌백이 말하였다.

"나는 백성들이 여전히 굶주린 기색이 있는 것을 보았기 때문에 말에게 곡식을 주지 않는 것이고, 백발이 듬성한 노인들이 대부분 걸어다니고 있기 때문에 수레 두 대를 사용하지 않는 것이오."

숙향이 말하였다.

"나는 처음에는 당신이 상경이 된 것을 축하하러 왔는데, 지금은 당신의 검소함을 축하하오."

숙향은 나와서 묘분황에게 [맹헌백의] 검소함에 대해 말하고, 이어서 말하였다.

"나를 도와 맹헌백의 검소함을 축하합시다."

묘분황이 말하였다.

"무엇을 축하한다는 것이오? 무릇 작위와 봉록과 깃발과 관인은 공적을 달리하고 현명함과 현명하지 못함을 구별하려는 것이오. 그래서 진晉나라의 법에 상대부上大夫는 수레 두 대와 말 이 승(二乘, 말 네 필이 끄는 것이 일승), 중대부中大夫는 수레 두 대와 말 일 승一乘, 하대부下大夫는 오직 일 승만을 갖게 하였소. 이것은 등급을 분명히 한 것이오. 또 무릇 경卿은 반드시 군사 일을 맡고 있을 것이니 이 때문에 수레와 말을 정비하고 병졸과 말을 갖추어서 전쟁에 대비해야 하오. [나라에] 난이 발생했을 때는 예측하지 못한 사태에 대비하고, 평상시는 조정의 일로 사용하는 것이오. 지금 진나라의 정치를 혼란스럽게 하고 뜻밖의 일에 대한 준비를 소홀히 하며 절약과 검소함을 이루어 사사로운 명예만을 닦고 있으니, 헌백의 검소함이 옳은 것이겠소? [그러니] 또 무엇을 축하하겠소?"

관중이 환공에게 내건 세 가지 요구

관중이 제나라의 재상이 되었을 때 [환공에게] 말하였다.

"신의 벼슬자리는 높아졌지만 신은 가난합니다."

환공이 말하였다.

"그대가 세 곳에서 얻는 수입[27]을 봉록으로 받을 수 있게 하겠소."

---

27) 원문의 '三歸(삼귀)'를 번역한 것으로 '삼'이 무엇을 가리키는지에 대한 해설이 여러 가지이다. 대략 세 가지로 나눌 수 있다. 첫째, 성이 각기 다른 세 여자를 세 집에서 아내로 거느리는 것이다. 둘째, 화려한 누각의 이름으로 사치를 누릴 수 있게 해준다. 셋째, 세 곳의 시장에서 얻는 수입을 봉록으로 받을 수 있다. 여기서는 세 번째의 해석을 따랐다.

[관중이] 말하였다.

"신은 부자가 되었지만 지위는 낮습니다."

환공은 관중을 고씨高氏와 국씨國氏보다 위의 자리에 서게 하였다.

[관중이] 말하였다.

"신은 존중을 받고 있지만 군주와는 소원합니다."

그래서 [환공은] 그를 중보仲父로 삼았다.

공자가 이 말을 듣고 비난하며 말하였다.

"사치가 지나쳐 군주를 핍박하였다."

일설에는 이런 말이 있다. 관중보(管仲父, 관중)는 외출할 때 수레에 붉은색 덮개에 푸른색 가리개를 했고, 식사를 할 때는 북을 울리고 정원에는 솥을 늘어놓았으며, 집은 세 곳에서 걷는 수입이 있었다.

공자가 말하였다.

"훌륭한 대부이지만 그 사치스러움은 군주를 위협할 정도이다."

손숙오의 검소함이 빛바랜 이유

손숙오孫叔敖가 초나라 재상이 되었다. 그는 암말이 끄는 잔거棧車[28]를 타고 거친 밥과 야채국, 말린 생선을 먹었다. 겨울에는 양가죽 옷을 입고 여름에는 갈포옷을 입었으며, 얼굴은 굶주린 기색이었다. 그는 비록 훌륭한 대부이지만 검소함은 아랫사람을 핍박할 정도였다.

---

28) 나무나 대나무를 얽어서 대충 만든 수레로, 장식이 없고 평범하다.

사람을 천거하는 데 신중한 이유

양호陽虎가 제나라를 떠나 조趙나라로 달아나자 조간주가 물었다.

"나는 그대가 사람을 천거하는[29] 데 뛰어나다고 들었소."

양호가 말하였다.

"신은 노나라에 있으면서 세 사람을 천거해 모두 영윤令尹이 되게 했는데, 제가 노나라에서 죄를 짓자 그들은 모두 저를 체포하려고 하였습니다. 신은 제나라에 있으면서 세 사람을 천거해 한 명은 왕 가까이에 있게 되었고, 한 명은 현령이 되었으며, 한 명은 후리(候吏, 국경에서 적의 동정을 살피는 벼슬아치)가 되었는데 신이 죄를 짓자 왕 가까이에 있던 자는 신을 만나지도 않았고, 현령은 신을 맞이하여 묶으려고 했으며, 후리는 신을 추격해 국경까지 왔지만 미치지 못하자 멈추었습니다. 저는 사람을 잘 천거하지 못합니다."

간주가 고개 숙여 웃으며 말하였다.

"무릇 귤나무를 심은 자는 그것을 맛있게 먹고 향긋한 냄새를 맡을 수 있지만, 가시나무를 심은 자는 그것이 성장하면 찔리게 되오. 그러므로 군자는 [사람을] 천거하는 데 신중을 기하는 것이오."

정당한 추천이라면 원수도 자식도 피하지 않는다

중모中牟에 현령이 없어 진晉나라 평공平公이 조무趙武에게 물었다.

"중모는 [우리] 진나라의 넓적다리와 같은 것이고 한단邯鄲[30]으로

---

29) 원문의 '樹人(수인)'을 번역한 것으로, 사람을 심는다라고 번역해야 마땅하지만 여기서는 추천한다는 의미로 번역하였다. 물론 심는다는 말과 천거한다는 말 사이에는 미묘한 어감의 차이가 존재한다.

30) 처음에는 위衛나라의 영토였으나 뒤에 진晉나라가 차지했고, 진나라가 삼국으로 분열된 뒤에는 조趙나라의 수도가 되었다.

가는 관문이오. 과인은 그곳에 훌륭한 현령을 두고 싶소. 누구를 시키면 좋겠소?"

조무가 말하였다.

"형백邢伯의 아들이 좋겠습니다."

평공이 말하였다.

"그대의 원수가 아니오?"

[조무가] 말하였다.

"저는 공적인 일에 사사로운 원한을 들이지 않습니다."

평공이 또 물었다.

"중부(中府, 군주의 재물을 보관하는 곳)의 장관으로는 누구를 시키는 것이 좋겠소?"

[조무가] 말하였다.

"신의 아들이 좋겠습니다."

그래서 [어떤 사람이] 말하였다.

"친척 이외의 사람을 추천할 때는 원수라도 피하지 않고, 친척 중에서 추천할 때는 아들도 피하지 않는다."

조무가 추천한 자는 46명인데, 조무가 죽자 각기 빈객의 자리에 있었다. 그가 사사로운 은정을 펴지 않은 것은 이와 같았다.

조무가 현명한 이유

평공平公이 숙향에게 물었다.

"신하들 중 누가 현명하오?"

[숙향이] 말하였다.

"조무입니다."

평공이 말하였다.

"그대는 자신이 섬기는 사람이라 지지하는 것이오?"

[숙향이] 말하였다.

"조무는 서 있을 때는 마치 입은 옷을 감당할 수 없을 만큼 허약했고, 말할 때는 마치 입을 벌릴 줄도 모르는 사람처럼 눌변이었습니다. 그러나 그가 천거한 인사 수십 명은 모두 그가 추천한 의도에 이르렀고, 나라에서도 이들을 매우 신뢰하고 있습니다. 조무는 살아서는 집에 이로운 일을 하지 않았고, 죽어서는 자식을 부탁하지도 않았습니다. 신은 감히 그가 현명했다고 생각합니다."

사적인 원한을 공무에 개입시키지 않는다

해호解狐는 자신의 원수를 간주簡主에게 추천해 재상으로 삼도록 하였다. 그 원수는 또 해호가 자신을 용서했다고 생각하고 가서 감사의 인사를 하려고 하였다.

그런데 해호는 곧 활시위를 당겨 화살을 쏘며 말하였다.

"그대를 천거한 것은 공적인 일로, 그대가 그 일을 감당할 수 있으리라 생각했기 때문이다. 그대를 원수로 생각하는 것은 나의 사적인 원한이다. 그대에 대한 사적인 원한 때문에 우리 군주에게 그대를 천거하지 않을 수 있겠는가? 그래서 사적인 원한은 공무에 개입시킬 수 없는 것이다."

일설에는 이런 말이 있다. 해호가 형백류邢伯柳를 추천해서 상당上黨의 군수가 되게 하였다. 형백류는 가서 감사의 인사를 하며 말하였다.

"그대가 저의 죄를 용서하니 감히 두 번 절하지 않을 수 있겠습니까?"

해호가 말하였다.

"그대를 추천한 것은 공적인 것이고, 그대를 원망하는 것은 사적인 것이다. 그대는 가라. 그대를 원망하는 마음은 처음 그대로이다."

정현鄭縣 사람이 돼지를 팔고 있었는데, 어떤 사람이 그 값을 묻자 대답하였다.

"길은 멀고 날은 저물었으니, 어찌 그대와 말할 틈이 있겠소?"

전傳 6: 조정의 권위가 떨어지면

직언은 위험하다

범문자范文子가 직언하기를 좋아하자, 그의 아버지 범무자范武子가 지팡이로 때리며 말하였다.

"무릇 직언하는 자는 사람들에게 받아들여지지 못한다. 받아들여지지 못하면 제 한 몸 위태롭게 할 뿐만 아니라 또 장차 아비까지 위태롭게 만들 것이다."

자산子產은 자국子國의 아들이다. 자산이 정鄭나라 군주에게 충심을 다하자 자국은 그를 꾸짖고 노여워하며 말하였다.

"다른 신하들과 달리 혼자만 군주에게 충성할 때 군주가 현명하면 너의 말을 들어줄 수 있지만, 현명하지 못하면 너의 말을 들어주지 못할 것이다. [군주가] 너의 말을 들어줄지 들어주지 않을지 분명하게 알 수 없는데 너는 벌써 신하들과 떨어져 있다. 신하들과 떨어지면 반드시 너의 몸이 위태롭게 될 것이고, 너만 위태로운 것이 아니라 또 아비도 위태롭게 할 것이다."

고지식하면 해롭다

양거梁車가 업의 현령이 되어 그의 누이가 가서 그를 만나려고 했는데, 날이 저문 뒤라 문이 닫혀 있었다. 그래서 성곽을 넘어 들어갔는데, 양거는 그 자리에서 그녀의 발을 잘랐다. 조성후趙成侯는 그가 무자비하다고 생각하여 관인을 빼앗고 현령의 직위에서 면직시켰다.

관중을 구해준 봉인의 한 마디

관중管仲이 포박되어 노나라에서 제나라로 가는 도중에 허기지고 갈증이 나서 기오綺烏의 변방을 지나며 먹을 것을 구걸하였다. 그곳을 지키던 봉인(封人, 국경의 관문을 지키는 벼슬아치)이 무릎을 꿇고 먹을 것을 주었는데, 매우 공경하였다.

봉인이 은밀히 관중에게 말하였다.

"만일 다행히 제나라에 이르러 죽지 않고 임용되면 무엇으로 저에게 보답하겠습니까?"

[관중이] 말하였다.

"그대의 말과 같이 된다면 나는 현명한 자를 쓰고 능력 있는 자를 등용하며 공이 있는 자를 평가할 것이거늘, 내가 무엇으로 그대에게 보답하겠는가?"

그러자 그 봉인은 관중을 원망하였다.

권卷 13

제34편

외저설 우상

(外儲說右上: 신하를 다스리는 세 가지 원칙)

【해제】

〈외저설 우상〉 편의 내용은 주로 군주가 가져야 할 권세〔勢〕와 통치술〔術〕에 관한 설명이다. 곧 군주는 신하들을 다스릴 때 중요한 세 가지 원칙을 견지해야 한다. 그것은 위엄 있는 권세, 무위無爲를 이용해서 다스리는 법, 그리고 엄격한 법률이다. 현명한 군주는 자신만이 가지고 있는 권세를 이용해 신하를 제압해야 하는데, 특히 간신을 어떻게 척결하고 법치를 실행하느냐에 따라 군주의 통치 성패가 결정된다고 보았다. 뒤이어 나오는 우하편에서는 상벌을 통한 그 구체적인 방법을 설명했는데, 이 점은 '좌상'이 이론을 설명하고 '좌하'가 그 구체적인 방법을 설명한 것과 비슷하다.

전체적으로 볼 때 〈외저설〉 우편은 〈외저설〉 좌편의 내용과 마찬가지로, 경經의 각 항목 앞에 짧은 분량의 총괄적인 내용이 실려 있다. 항목은 세 가지에 지나지 않아 저설儲說 중 가장 적지만, 설화의 분량은 우상과 우하 편이 좌상과 좌하 편에 비해 길고 많다.

좌편이 상벌의 기준과 공용의 필요성을 주장하는 기술적 성격을 띠고 있다면, 우편은 백성들의 이해를 바탕으로 군주의 권세와 지위 확립을 도모하고자 하는 정치적 성격을 나타내고 있다.

어떤 사람은 〈외저설 우상〉 편에 "당계공堂谿公이 [한韓나라] 소후昭侯에게 일러 말하"는 구절을 들어 한비자의 작품이 아니라는 견해를 주장하기도 한다. 당계공이 소후의 신임을 얻은 시점과 한비자가 살아 있을 시기 및 당계공과의 만남의 시점에 차이가 난다는 이유인데, 일리가 없지는 않다.

1. 권세를 잘 장악하는 자는 간사한 싹을 일찍 자른다

군주가 신하를 다스리는 방법에는 세 가지가 있다.

첫째, 권세로 변화시키기에 부족하면 제거한다. 사광師曠의 대답과 안자晏子의 설명은 모두 권세로 쉽게 다스리는 방법을 버리고 어려운 방법을 실행하도록 한 것이다. 이것은 마차에서 내려 맨발로 짐승을 쫓는 것처럼 화근을 제거하는 방법을 알지 못한 것이다. 화근을 제거할 수 있는 방법은 자하子夏가《춘추春秋》를 해설한 말 속에 있다.

"권세를 잘 장악하는 자는 간사한 싹을 일찍 잘라버린다."

그래서 계손季孫은 공자를 꾸짖어 그 권세가 [자신과] 맞부딪힌다고 하였다. 하물며 군주에게 권세를 잘못 침해하는 것은 어떠하랴!

이 때문에 태공망太公望은 [군주를 섬기지 않은] 광휼狂矞을 살해했고, 노예들도 천리마를 타지 않았던 것이다. 사공嗣公은 이것을 알았으므로 사슴을 타지 않았고, 설공(薛公, 맹상군孟嘗君)도 이것을 알았으므로 왕의 두 아들과 함께 박博을 했던 것이다.

이들은 모두 [신하와 군주의] 이해利害가 상반된다는 것을 알고 있었다. 그러므로 현명한 군주가 신하를 양성하는 방법은 까마귀를 기르는 고사로 설명할 수 있다.

2. 군주는 이해관계를 불러들이는 과녁

군주는 이해관계를 불러들이는 과녁이므로 쏘려고 하는 자가 많아 [신하들에게] 둘러싸이게 된다.[1] 이 때문에 [군주가] 좋아하고 싫어하는 것을 드러내면 신하들은 그에 따라 바뀔 것이고, 군주는 갈피를 못 잡게 될 것이다. [군주에게] 고한 말이 누설되면 신하들은 말하기 어려워할 것이고, 군주는 신통력을 발휘할 수 없게 될 것이다.

그 예증으로는 신자(申子, 신불해)가 말한 육신(六愼, 군주로서 신중히 해야 할 여섯 가지 일)과 당이唐易가 말한 주살을 쏘아 새를 잡는 일에 관한 것이 있다.

[그러한 일이] 환난이 된 예증으로는 국양國羊[2]이 잘못을 고쳐주기를 청했던 일이나 선왕(宣王, 한나라 선혜왕)이 [진언에] 크게 탄식한 것이 있다.

이 이치를 분명히 한 것으로는 정곽씨(靖郭氏, 정곽군靖郭君)가 귀고리 열 개를 바친 것, 그리고 서수犀首와 감무甘茂가 구멍으로 진나라 왕의 말을 엿들은 것이 있다.

당계공堂谿公은 술術을 알았으므로 옥 술잔 속에 물을 담을 수 있는지 물었고, 소후昭侯는 술術에 능했으므로 그 말을 듣고 혼자 잠을 잤던 것이다. 현명한 군주의 도道는 신자가 독단적으로 결정해야 한다고 권유한 데에 있다.

---

1) 원문의 '共(공)'을 번역한 것으로, 이 문장의 의미는 군주의 권력을 빼앗으려는 자들이 많아, 군주의 권력을 어떻게든 공유하려는 신하들이 많다는 의미이다.

2) 사람 이름으로, 자세한 사적은 알려져 있지 않다.

3. 술이 행해지지 못하는 이유

[군주의] 술術이 행해지지 못하는 데는 이유가 있으니 [술집의] 개를 죽이지 않으면 술은 쉬어버린다. 무릇 나라에도 또한 개와 같은 존재가 있으며, 군주의 주위에 있는 자들은 모두 사당의 쥐이다. 요堯임금이 두 차례나 주살하고,[3] 장왕莊王처럼 태자를 엄히 꾸짖지 않는다면 모두 박온薄媼의 경우처럼 채蔡라는 무당에 의해 [집안일을] 결정하게 되는 것이 있다. 만일 능력이 없는 자를 버릴 줄 알려면 노래를 가르치는 방법으로 먼저 능력을 헤아려보아야 한다. 오기吳起가 사랑하는 아내를 내쫓고 문공文公이 전힐顚頡을 죽인 것은 모두 인정에 어긋난 일이다. 그러므로 다른 사람으로 하여금 자신의 종기를 터뜨릴 수 있게 하는 자는 반드시 고통을 참아내는 자이다.

전傳 1: 간사한 싹을 자른다

제거해야 할 신하

[군주가] 상을 내리고 칭찬을 해줘도 힘쓰려 하지 않고, 벌을 주고 비난을 해도 두려워하지 않으며, 이 네 가지를 가해도 바뀌지 않는 신하라면 제거해야 한다.

3) 천하를 순임금에게 전하는 일을 반대한 두 사람을 말한다. 곧 곤鯀과 공공共工이다.

경공이 베풀어서 민심을 얻다

제齊나라 경공景公이 진晉나라에 갔을 때 평공平公과 술을 마셨다. 그리고 사광師曠이 곁에 모시고 앉았다.

연회가 시작되자 경공이 사광에게 정치에 관해 물었다.

"태사太師[4]는 장차 과인에게 무엇을 가르쳐주겠소?"

사광이 말하였다.

"군주께서는 반드시 백성들에게 은혜를 베풀 따름입니다."

연회가 한창 무르익어 술기운이 올라 자리를 뜨려고 하다가 [경공이] 또다시 사광에게 정치에 관해 물었다.

"태사는 과인에게 무엇을 가르쳐주겠소?"

[사광이] 말하였다.

"군주께서는 반드시 백성들에게 은혜를 베풀 따름입니다."

경공이 연회장을 나와 숙소로 가는데, 사광이 그를 전송하자 또 사광에게 정치에 관해 물었다.

사광이 말하였다.

"군주께서는 반드시 백성들에게 은혜를 베풀 따름입니다."

경공이 돌아와서 생각하다가 술이 깨기 전에 사광이 말한 것을 [이렇게] 깨달았다.

"공자미公子尾와 공자하公子夏는 나의 두 동생인데, 제나라 백성들의 마음을 크게 얻고 있었다. 집안이 부유하고 백성들이 그들을 좋아하여 위엄이 공실公室에 버금갔다. 이것은 나의 지위를 위태롭게

4) 태사太師는 문서의 초안이나 제후와 경대부에게 내리는 책명을 작성하며, 역사를 기록하고 편찬하는 일을 주관하고, 천문과 역법을 관리하는 관직이다.

하는 것이다. 오늘 나에게 백성들에게 은혜를 베풀라고 한 것은 나로 하여금 두 동생과 백성들의 마음 얻는 일을 다투라고 한 것이 아닌가?"

그래서 [경공은] 제나라로 돌아오자 창고의 곡식을 풀어 가난한 자들에게 나누어주고, 국고의 재물을 풀어 고아와 과부에게 나누어주었다. 창고에는 쌓아놓은 곡식이 없게 되었고, 국고에는 남은 재산이 없게 되었다. 궁궐의 부녀자들 중 [군주를] 모시지 못한 자는 출가시켰으며, 일흔 살이 된 자는 쌀을 봉록으로 받게 하였다. [이렇게] 백성들에게 덕과 은혜를 베풀어 두 동생과의 다툼을 끝냈다. [이로부터] 두 해가 지나자 두 동생은 나라 밖으로 달아났는데 공자하는 초楚나라로 달아났고, 공자미는 진晉나라로 달아났다.

열 명의 전씨가 있어도 나라를 차지하지 못하는 까닭

경공이 안자晏子와 더불어 소해少海로 놀러 나갔다가 백침栢寢이라는 누대에 올라 자신의 나라를 둘러보며 말하였다.

"아름답구나, 넓고 넓구나. 당당하구나. 후세에는 장차 누가 이 나라를 가지게 될 것인가!"

안자가 대답하였다.

"아마도 전씨(田氏, 전상田常)일 것입니다."

경공이 말하였다.

"과인이 이 나라를 가지고 있는데 전씨가 가지게 될 것이라고 말한 것은 무슨 까닭이오?"

안자가 대답하였다.

"무릇 전씨는 제나라 백성들의 마음을 크게 얻었습니다. 그는 백성들에게 있어서 위로는 작위와 봉록을 청해 대신들에게 나누어주고, 아래로는 사사로이 두斗·곡斛·구區·부釜 등의 용기를 크게 하여 곡식을 빌려주고 두·곡·구·부의 용기를 작게 하여 그것들을 거두어들입니다. 소 한 마리를 잡으면 [자신은] 한 두(斗, 말)의 고기만을 취하고 나머지는 모두 사람들에게 나누어줍니다. 연말에 공납받은 삼베나 비단은 [자신이] 석 장丈 여섯 자(尺)만을 가지고 나머지는 사람들에게 입혀줍니다. 그래서 시장의 목재 가격은 산 근처보다 비싸지 않고, 연못으로 옮겨온 물고기·소금·거북·자라·소라·가재는 바닷가보다 비싸지 않습니다.

군주께서는 세금을 무겁게 걷고 있지만, 전성씨는 [은혜를] 두텁게 베풀고 있습니다. 제나라에 일찍이 큰 흉년이 들었을 때 길가에서 굶어 죽는 자는 그 수를 헤아릴 수 없을 정도였는데, 아버지와 자식이 서로 이끌며 전성씨에게 가서 살지 못했다는 말은 듣지 못하였습니다. 그러므로 진주(秦周, 제나라를 가리킴)의 백성들은 서로 함께 노래하며 말합니다. '노래하세, 기장을 따세. 전자(전성자)에게 돌아가세.'

《시경詩經》에서 이르기를 '비록 그대에게 은덕이 미치지는 않았으나 노래하고 춤을 추네.'라고 하였습니다. 지금 전성씨가 덕을 베풀어 백성들이 노래하고 춤추는 것은 백성들이 덕을 따라 그에게 돌아간다는 것입니다. 그래서 '아마도 전씨일 것입니다.'라고 한 것입니다."

경공은 눈물을 줄줄 흘리며 말하였다.

"또한 슬프지 않은가! 과인이 나라를 가지고 있는데 전씨도 그것을 갖게 된다면 지금 이 일을 어찌하면 되겠소?"

안자가 대답하였다.

"군주께서는 무엇을 근심하십니까? 만일 군주께서 이 나라 사람들의 마음을 돌려받기 원하신다면 현명한 사람은 가까이하고 현명하지 못한 사람은 멀리하며, 번잡스럽고 혼란스런 일을 다스리고, 형벌을 가볍게 늦추어주며, 가난하고 곤궁한 자를 구제하고, 고아와 과부를 어여삐 여기며 은혜를 베풀어 부족한 곳에 주면 백성들은 장차 군주께 돌아올 것이니, 그렇게 되면 비록 열 명의 전씨가 있다 하더라도 그들이 군주를 어떻게 하겠습니까?"

어떤 사람(가상의 인물인데 여기서는 한비를 가리키는 것으로 봄)이 말하였다.

"경공은 권세를 사용할 줄 모르고, 사광과 안자는 환난을 제거할 줄 모른다. 무릇 사냥하는 자는 수레의 편안함에 의지하고 여섯 마리 말의 다리 힘을 사용하여 왕량(王良, 뛰어난 수레 몰이꾼)이 고삐를 잡도록 한다면, 몸은 수고롭게 하지 않으면서도 빠른 짐승을 쉽게 잡을 수 있다. 만일 수레의 이로움을 버리고, 여섯 마리 말의 다리

힘과 왕량의 수레 모는 기술을 버리고 수레에서 내려 달려서 짐승을 쫓는다면 비록 누계樓季[5]의 빠른 발일지라도 제때에 짐승을 따라잡지 못할 것이다. [그러나] 훌륭한 말과 견고한 수레에 맡긴다면 종일지라도 충분히 잡을 수 있을 것이다. 나라는 군주의 수레이고, 권세는 군주의 말이다. 권세를 이용해서 마음대로 은덕을 베푸는 신하를 엄히 주살하지 못하고 많은 덕을 베풀어 천하 사람들과 행동을 같이해서 백성의 마음을 다투려고 하니, 이는 모두 군주가 수레를 타지 않고 말의 이로움을 따르지 않으며 수레를 버리고 내려서 달리는 것과 같은 것이다. 그래서 경공은 권세를 사용할 줄 모르는 군주이고, 사광과 안자는 환난을 제거할 줄 모르는 신하라고 한 것이다."

권세를 잘 장악하고 있는 자는 간사한 싹을 일찍 잘라버린다

자하子夏가 말하였다.

"《춘추》의 기록에는 신하가 군주를 살해하고 아들이 아버지를 살해한 것이 십여 차례나 된다고 했는데, 모두 하루에 쌓인 것이 아니라 점점 쌓여서 이루어진 것이다."

무릇 간사함이란 행해진 지 오래되어 세력이 쌓이고, 세력이 쌓이면 힘이 많아지고, 힘이 많아지면 군주나 아버지를 죽일 수 있게 된다. 그래서 현명한 군주는 일찍 이것을 끊어버린다.

지금 전상田常이 반란을 일으킨 것은 [조짐이] 서서히 나타난 일이

5) 고대에 달리기를 아주 잘하는 사람을 상징적으로 말할 때 쓰던 이름이다. 《사기》에는 위나라 문후文侯의 아우로 기록되어 있다.

지만 군주가 주살하지 않았다. 안자는 그 군주로 하여금 [권력을] 침해하고 능멸하는 신하를 금지하도록 하지 않고 그 군주로 하여금 은혜를 베풀도록 했으므로 간공簡公은 그 화를 입게 된 것이다.

그래서 자하子夏가 말하였다.

"권세를 잘 장악하고 있는 자는 간사한 싹을 일찍 잘라버린다."

사사로이 인심 쓰지 못하게 하라

계손季孫이 노魯나라의 재상이 되었을 때 자로子路가 후郈의 현령이 되었다. 노나라에서는 5월이면 사람들을 징집해서 긴 물길을 만드는데, 이 일을 할 때 자로는 자신의 봉록으로 받은 곡물로 죽을 쑤어 오보五父라는 큰 거리[6]에서 수로를 만드는 자들에게 먹였다.

공자는 이 소식을 듣고 자공子貢을 시켜 달려가 죽을 엎고 그릇을 쳐서 깨고는 말하도록 하였다.

"노나라 군주 소유의 백성들인데, 네가 어찌하여 밥을 주는가?"

자로는 불끈 화를 내며 팔꿈치를 걷어붙이고 [공자가 있는 곳으로] 들어와 청하여 말하였다.

"선생님께서는 저 자로가 인의仁義를 실행하는 것을 미워하시는군요! 선생님께 배운 것이 인의입니다. 인의란 천하와 더불어 소유한 것을 함께 나누는 것이며, 이로움을 함께 갖는 것입니다. 지금 제가 봉록으로 받은 곡물을 백성들에게 먹인 것이 옳지 않다고 하시는 것은 무엇 때문입니까?"

6) 곡부의 동남쪽에 있던 거리를 말한다.

공자가 말하였다.

"유야, 거칠구나! 나는 네가 도리를 안다고 생각했는데, 너는 곧 [여기에] 미치지 못하는구나. 네가 이렇게 하는 것이 예의를 알지 못하는 것이로다! 네가 그들에게 먹을 것을 준 것은 그들을 사랑하기 때문이다. 무릇 예란 천자는 천하 사람을 사랑하고, 제후는 국경 안의 사람을 사랑하며, 대부는 벼슬자리에 있는 자를 사랑하고, 선비는 그 집안 식구를 사랑하는 것이다. 그 사랑하는 바를 넘는 것을 '침(侵, 침해)'이라고 한다. 지금 노나라 군주 소유의 백성들인데 네 멋대로 그들을 사랑함으로써 침해한 것이니, 이 또한 잘못된 것이 아니겠느냐!"

말이 채 끝나기도 전에 계손의 사자가 도착해서 꾸짖어 말하였다.

"내가 백성들을 일으켜서 그들을 부렸을 때 선생은 제자에게 명해 사람들을 불러 먹을 것을 주도록 하였소. 장차 나의 백성들을 빼앗으려는 것이오?"

공자는 수레를 타고 노나라를 떠났다. 공자의 현명함으로도 [제어하지 못한 일을] 계손은 노나라 군주가 아닌데도 신하 된 자의 자격으로 군주의 술을 빌려 [재앙이] 나타나기도 전에 일찍 금지하여 자로가 그 사사로운 은혜를 시행하지 못하게 했고, 재앙이 발생하지 않게 했으니 하물며 군주에게 있어서랴! 경공의 권세를 이용해서 전상의 침해를 금지했더라면 틀림없이 시해당하는 재앙은 없었을 것이다.

태공망이 거사 두 명을 주살한 까닭

태공망太公望이 동쪽의 제나라에 봉해졌다. 제나라 동쪽 바닷가에는 두 거사居士가 살고 있었는데, 광휼狂矞과 화사華士라는 형제였다.

그들은 논의거리를 세워 말하였다.

"우리는 천자의 신하도 아니고 제후를 벗하지도 않으며 밭을 갈아 음식을 먹고 우물을 파서 물을 마시며 다른 사람에게 바라는 것이 없다. 위로부터 [받은] 명예도 없고 군주의 봉록도 없으며 벼슬살이 할 뜻도 없고 우리의 힘만으로 살아간다."

태공망은 영구營丘에 이르자 벼슬아치를 시켜 그들을 잡아죽여 맨 처음 주살한 선례로 삼았다.

주공周公 단旦은 노나라에서 이 소식을 듣고 급히 사람을 보내 물었다.

"이 두 사람은 현명한 사람이오. 오늘 봉국封國을 받고 현명한 사람을 죽이다니, 어찌 된 일이오?"

태공망이 말하였다.

"이 두 형제는 논의거리를 세워 말하기를 '우리는 천자의 신하도 아니고 제후를 벗하지도 않으며 밭을 갈아 음식을 먹고 우물을 파서 물을 마시며 다른 사람에게 바라는 것이 없다. 위로부터 [받은] 명예도 없고 군주의 봉록도 없으며 벼슬살이 할 뜻도 없고 우리의 힘만으로 살아간다.'고 하였습니다. 그들이 천자의 신하가 아니라고 했기 때문에 저는 신하로 임명할 수 없고, 제후를 벗하지도 않는다고 했기 때문에 저는 부릴 수 없습니다. 또 밭을 갈아 음식을 먹고 우물을 파서 물을 마시며 다른 사람에게 바라는 것이 없다고 했기 때문에 제가 상을 주어 권하거나 벌을 내려 금지하지 못합니다. 또 위로부터 [받은] 명예도 없다고 하니 비록 지혜롭다고 할지라도 저에게 등용되지 않을 것이고, 군주의 봉록도 바라지 않으니 비록 현명할지라도 저를 위해 공을 세우지는 않을 것입니다.

벼슬살이 하려고 하지 않는다는 것은 다스리지 않는다는 것이고, 임명되지 않으려고 한다는 것은 충성하지 않는다는 것입니다. 또한 선왕이 그 신하와 백성을 부릴 수 있는 까닭은 작위와 봉록이 아니면 형과 벌입니다. 그런데 지금 이 네 가지로 그들을 부리기에 족하지 않다면 누가 군주가 되기를 바라겠습니까? 전쟁에 나가 싸우지 않았는데 빛이 나고, 직접 밭을 갈지 않았는데 명성을 얻는 것도 나라 사람들을 가르치는 방법이 아닙니다.

지금 여기에 말이 있어 천리마의 모습을 하고 있다면 천하에 가장 훌륭한 말일 것입니다. 그러나 그것을 몰려고 해도 앞으로 나아가지 않고, 고삐를 당겨도 멈추지 않으며, 왼쪽으로 가게 해도 왼쪽으로 가지 않고, 오른쪽으로 가게 해도 오른쪽으로 가지 않는다면 천한 노예일지라도 그 [빠른] 발에 의탁하지 않을 것입니다. 노예가 천리마에게 그 발을 의탁하기를 원하는 것은 천리마에게서 이로움을 구하고 해를 피할 수 있기 때문입니다.

지금 사람에게 부려지지 않으려고 한다면 천한 노예라도 그 발에 의지하지 않을 것입니다. 이미 스스로 세상의 현명한 선비라고 생각하면서도 군주에게 쓰이려고 하지 않으며, 행동이 지극히 현명해도 군주에게 쓰이지 않는다면 이것은 현명한 군주의 신하 되는 바가 아니며, 또한 천리마를 왼쪽이나 오른쪽으로도 할 수 없는 것과 같으니 이 때문에 그들을 주살한 것입니다."

일설에는 이런 말이 있다. 태공망이 동쪽의 제나라에 봉해졌다. 바닷가에 현인 광휼이 있었다. 태공망이 이 소식을 듣고 가서 만나기를 청하였다. 세 번이나 문 앞에서 말을 내렸지만 광휼은 만나주지 않았다. 그래서 태공망은 그를 주살하였다. 이때 마침 주공 단은 노나라에 있었는데, 긴급히 말을 달려서 이를 만류하려고 했으나 도착했을 때는 이미 주살된 뒤였다.

주공 단이 말하였다.

"광휼은 천하의 현인이거늘 선생께서는 어째서 그를 죽였습니까?"

태공망이 말하였다.

"광휼은 천자의 신하가 되지도 않고, 제후를 벗하지도 않겠다고 주장하여 나는 그가 법을 어지럽히고 가르침을 해칠까 두려웠습니다. 그래서 맨 처음의 주살로 삼은 것입니다. 지금 여기에 말이 있는데 그 모습은 천리마를 닮았으나 그를 달리게 해도 가지 않고, 그를 당겨도 나아가려 하지 않으면 비록 노예일지라도 그 발에 의지해서 수레를 끌려고 하지는 않을 것입니다."

위나라 사공이 여이를 재상으로 임명하지 않은 이유

여이如耳가 위衛나라 사공嗣公에게 유세하였다. 위나라 사공은 기뻐하면서도 길게 탄식하였다.

그러자 주위 사람들이 말하였다.

"공께서는 어째서 [여이를] 재상으로 임명하지 않습니까?"

공이 말하였다.

"말(馬)이 사슴을 닮았다면 그것은 천금의 가치가 있소. 그러나 백금의 가치가 있는 말은 있어도 일금의 가치가 있는 사슴이 없는 것은, 말은 사람을 위해 쓰이지만 사슴은 사람을 위해 쓰이지 못하기 때문이오. 지금 여이는 만승萬乘 나라의 재상이 될 만하지만, 밖으로는 큰 나라에서 벼슬할 뜻을 가지고 있을 뿐 위나라에 마음을 두고 있지 않소. 그는 비록 언변이 뛰어나고 지혜로울지라도 또한 과인에게 등용되려고 하지 않소. 나는 이 때문에 재상으로 임명하지 않는 것이오."

까마귀를 길들이려는 자는 그 날개 끝을 잘라주라

설공薛公이 위魏나라 소후昭侯의 재상이 되었다. 왕의 주위에는 쌍둥이가 있었는데, 양호陽胡와 양반陽潘이라고 하였다. 그들은 왕(설공)에게 대단히 중용되었으나 설공을 위하지는 않았으므로 설공은 이를 근심하였다. 그래서 그들을 불러 함께 박博을 하기로 하였다. 그는 그들에게 각각 백 금을 나누어주고 그 형제들에게 박을 시켰는데, 조금 있다가 그들에게 2백 금을 더 주었다.

박을 하고 있는 사이에 알자謁者가 "빈객 중에 장계張季란 사람이 문밖에 와 있습니다."라고 말하자 공이 갑자기 노여워하며 무기를 어루만지다가 알자에게 주며 말하였다.

"그를 죽여라. 나는 그가 나를 위하지 않는다고 들었다."

잠시 서 있자 그때 장계와 친분이 두터운 자가 옆에 있다가 말하였다.

"그렇지 않습니다. 저는 장계가 공을 매우 위한다고 들었습니다. 단지 그 사람이 은밀히 행동해서 공께서 그 사실을 듣지 못했을 뿐입니다."

그래서 공은 그를 죽이지 말라 하고 빈객으로 크게 예우하며 말하였다.

"이전에는 그대가 나를 위하지 않는다고 들었기 때문에 죽이려고 한 것이오. 지금은 진실로 나를 위한다고 하니 어찌 그대를 잊겠소!"

그러고는 창고를 지키는 벼슬아치에게 명해서 곡물 천 섬을 주도록 하고, 금고를 관리하는 자에게 명해서 5백 금을 주도록 하며, 마구간을 지키는 자에게 명해서 좋은 말과 견고한 수레 이 승乘을 주도록 하고, 환관에게 명해서 아름다운 궁녀 20명을 보내게 하여 합쳐서 장계에게 보냈다.

쌍둥이 형제는 이 때문에 서로 말하였다.

"공을 위하는 자는 반드시 이롭고, 공을 위하지 않는 자는 반드시 해를 입을 것이다. 우리는 어찌하여 애석하게도 공을 위하지 않았는가!"

이로부터 이들은 다투어 설공을 위하게 되었다. 설공은 신하 된 자의 권세로 군주의 술을 빌려 재앙이 발생하지 않도록 한 것이다. 하물며 군주의 지위에 있으면서 [술을] 두게 된다면 어떠하겠는가!

무릇 까마귀를 길들이려는 자는 그 날개 끝을 잘라주어야 한다. 날개 끝을 잘라주면 반드시 사람에게 의지해 먹게 되니, 어찌 사람에게 길들여지지 않겠는가? 현명한 군주가 신하를 기르는 경우 또한 그러하다. 신하가 군주로부터 받는 봉록을 이롭다고 생각하게 하고, 군주로부터 받는 관직을 달게 받게 해야 한다. 군주가 내린 봉록을 이롭게 여기고 군주가 내린 관직에 따라 일한다면 어찌 복종하지 않겠는가?

전傳 2: 군주는 이해관계를 불러들이는 과녁

무위로 신하들을 엿보라

신자申子가 말하였다.

"군주의 명찰함이 드러나면 사람들은 대비할 것이고, 그 명찰하지 못함이 드러나면 사람들은 현혹시키려고 들 것이다. 군주의 지혜로움이 드러나면 [자신들을] 꾸밀 것이고, 지혜롭지 못함을 드러내면 사람들은 숨기려고 할 것이다. 군주가 바라고자 하는 것이 없음을 드러내면 사람들은 그를 엿보려고 할 것이고, 바라고자 하는 것이 있음을 드러내면 사람들은 그것을 미끼로 군주를 유인할 것이다. 그러므로 말하기를 '나는 알지 못하게 하고 단지 무위無爲로써만 그들을 엿볼 수 있다.'고 한다."

일설에는 이런 말이 있다.

신자가 말하였다.

"신중하게 말을 하면 사람들 또한 당신에게 맞추려고 할 것이고, 신중하게 행동하면 사람들 또한 당신을 따를 것이다. 당신이 지혜가 있음을 드러내면 사람들은 또 당신에게 숨기려고 할 것이고, 당신이 지혜가 없음을 드러내면 사람들은 당신을 자기 뜻대로 하려고 할 것이다. 당신이 지혜가 있으면 사람들은 당신에게 감추려고 할 것이고, 당신이 지혜가 없으면 사람들은 당신에게 자기의 생각을 실행하려고 할 것이다. 그러므로 말하기를 '오직 무위의 방법으로만 엿볼 수 있다.'고 하였다."

무위로 자신의 속을 숨겨라

전자방田子方이 당이국唐易鞠에게 물었다.

"주살로 새를 잡는 자는 무엇을 신중히 해야 하오?"

당이국이 대답해 말하였다.

"새는 수백 개의 눈으로 당신을 보지만 당신은 두 개의 눈으로 새를 주시합니다. 그러므로 당신은 몸을 숨기는 일에 신중을 기해야 합니다."

전자방이 말하였다.

"옳소. 당신은 이 방법을 주살 쏘는 일에 사용하지만, 나는 나라를 다스리는 데 사용하겠소."

정鄭나라의 장자長子가 이 말을 듣고 말하였다.

"전자방은 몸을 숨기는 장소를 만들어야 한다는 사실은 알았지만 몸을 숨기는 장소를 만드는 방법은 몰랐습니다. 무릇 마음을 비운 태도로 드러나 보이지 않게 하는 것이 몸을 숨기는 방법입니다."

일설에는 이런 말이 있다. 제齊나라 선왕宣王이 당이자唐易子에게 주살로 새를 쏘아 잡는 일에 대해 물었다.

"주살로 새를 잡는 자는 무엇을 귀하게 여겨야 하오?"

당이자가 말하였다.

"몸을 가리는 장소에 삼가야 합니다."

왕이 말하였다.

"무엇을 장소에 삼가라는 말이오?"

당이자가 말하였다.

"새는 수십 개의 눈으로 사람을 보지만, 사람은 두 눈으로 새를 봅니다. 어찌 몸을 숨기는 장소에 삼가야지 않겠습니까? 그러므로 몸을 숨기는 장소에 삼가야 한다고 말한 것입니다."

왕이 말하였다.

"그러면 천하를 다스릴 경우에는 이러한 몸을 숨기는 장소를 어떻게 달리해야 하오? 지금 군주는 두 눈으로 온 나라를 보지만, 온 나라는 만 개의 눈으로 군주를 보고 있으니 내가 장차 어떻게 해야 스스로 몸을 숨길 장소를 만들 수 있겠소!"

대답하여 말하였다.

"정나라의 어떤 장자가 말하기를 '무릇 허무虛無와 무위無爲와 무현無見, 드러나지 않게 함으로 할지니, 그렇게 되면 숨을 장소로 삼을 수 있다.'고 하였습니다."

국양이 군주의 미움을 받자 한 말

국양國羊이 정나라 군주에게 중용되었는데, 군주가 자기를 미워한다는 말을 듣게 되어 연회석에서 군주를 모시게 되었을 때 먼저 틈을 타 군주에게 말하였다.

"신이 불행히 잘못을 범했다면 군주께서 은총을 베푸시어 일러주시기 바랍니다. 그러면 신은 잘못을 고칠 것이고, 죽을죄를 면하게 될 것입니다."

선왕이 크게 감탄하다

어떤 유세객이 한韓나라 선왕宣王에게 말을 했는데, 선왕은 기뻐하면서 크게 감탄을 하였다. 주위에 있는 자가 선왕이 기뻐한 사실을 먼저 유세객에게 알려주며 은덕을 베푼 것처럼 하였다.

귀고리로 왕의 의중을 떠보다

정곽군靖郭君이 제나라의 재상으로 있을 때 왕후가 죽자 [그 자리에] 누구를 세워야 할지 몰랐으므로 곧 옥 귀고리를 왕에게 바쳐 의중을 알게 되었다.

일설에는 이런 말이 있다. 설공薛公이 제나라의 재상으로 있을 때 제나라 위왕威王[7]의 부인이 죽었다. 궁궐 안에는 10명의 유자孺子[8]가 있었는데, 모두 왕의 총애를 받고 있었다. 설공은 왕이 세우려고 하는 자를 미리 알아내어 [이들 중] 한 명을 부인으로 삼도록 권할 생각이었다. 왕이 그것을 들어주게 되면 이는 왕에게 유세가 행해지는 것이고 [새로 세워진] 부인을 세우는 것으로 말미암아 중용될 것이지만, 왕이 들어주지 않으면 이는 유세가 행해지지 않는 것이고 [새로 세워진] 부인을 세우는 것에 경시될 것이다. [그래서] 먼저 왕이 세우려고 하는 자를 알아내어 왕에게 그녀를 세우도록 권유하고자 하였다. 그리하여 옥 귀고리 열 개를 만들면서 그중 하나를 특히 아름답게 해서 바쳤다. 왕은 10명의 유자들에게 그것을 나누어 주었다. 다음 날 설공은 아름다운 귀고리를 하고 있는 자를 살펴보고 왕에게 [그녀를] 부인으로 삼기를 권유하였다.

7) 37년 동안(기원전 356~기원전 320) 재위하면서 추기鄒忌를 재상으로 삼고 전기田忌를 장수로 삼았으며 손빈孫臏을 군사로 삼아 강력한 개혁 성향의 부국강병책을 시행하였다.

8) 본래는 어린아이라는 의미인데, 여기서는 고대 귀족의 첩에 대한 통칭으로 쓰였다.

벽에도 귀가 있다

감무甘茂는 진秦나라 혜왕惠王의 재상이었다. 혜왕은 공손연公孫衍을 총애했는데, 그와 은밀한 대화를 나누다가 말하였다.

"과인은 장차 당신을 재상으로 삼으려고 하오."

감무의 벼슬아치가 벽의 구멍을 통해 이 말을 듣고 감무에게 보고하였다. 감무는 궁궐로 들어와 왕을 알현하고 말하였다.

"왕께서 어진 재상을 얻었다고 하기에 신이 감히 재배하며 축하드립니다."

왕이 말하였다.

"과인은 나라를 그대에게 의탁하려고 하는데, 어찌 또 현명한 재상을 얻겠소?"

[감무가] 대답해 말하였다.

"장차 서수(犀首, 공손연)를 재상으로 삼으려고 하신다면서요."

왕이 말하였다.

"그대는 어떻게 그 말을 들었소?"

[감무가] 대답해 말하였다.

"서수가 신에게 말하였습니다."

왕은 서수가 누설한 것에 노여워하면서 곧바로 그를 쫓아냈다.

일설에는 이런 말이 있다. 서수는 천하의 명장으로 양梁나라 왕의 신하였다. 진秦나라 왕은 서수를 얻어 함께 천하를 다스리려고 하였다.

서수가 말하였다.

"저는 [양나라 왕의] 신하이므로 감히 군주의 나라를 떠나지 못합니다."

한 해가 지나 서수가 양나라 왕에게 죄를 짓고 도망쳐 진나라로 들어오니 진나라 왕은 그를 대단히 우대하였다. 저리질樗里疾[9]은 진나라의 장수인데, 서수가 자기를 대신해 장수가 될까 두려워하였다. 그래서 왕이 항상 은밀한 말을 나누는 곳에 구멍을 뚫어놓았다. 오래지 않아 왕은 과연 서수와 일을 도모하며 말하였다.

"내가 한韓나라를 공격하려고 하는데, 어떻겠소?"

서수가 말하였다.

"가을이면 가능합니다."

왕이 말하였다.

"나는 나라의 일을 그대에게 맡겨 누를 끼치려 하오. 그대는 반드시 누설하지 마시오."

서수는 뒤로 물러나 재배하고 말하였다.

"명을 받들겠습니다."

저리질은 구멍으로 그 말을 듣게 되었다. 조정의 사람들이 모두 말하였다.

"가을이 되면 병사를 일으켜 한나라를 공격할 것인데, 서수를 대장으로 삼는다고 한다."

그날 안으로 조정에서는 모두 이 사실을 알게 되었고, 그달 안으

9) 전국시대 진秦나라 사람으로, 문혜왕文惠王의 이복동생이다. 진나라 사람들이 그를 가리켜 '지낭(智囊, 지혜주머니)'이라고 할 정도로 꾀가 많은 사람이었다.

로 온 나라가 모두 이 사실을 알게 되었다.

왕은 저리질을 불러 말하였다.

"무엇 때문에 이렇게 소란스럽소? 이 말은 어디에서 나왔소?"

저리질이 말하였다.

"아마도 서수인 듯합니다."

왕이 말하였다.

"나는 서수와 말한 적이 없소. 서수로부터 나왔다는 것은 어찌 된 일이오?"

저리질이 말하였다.

"서수는 다른 고장 사람으로 막 죄를 짓고 도망쳐온 자이므로 마음이 외로웠을 것입니다. 이런 말을 해 스스로 많은 사람들의 환심을 사려고 한 것 같습니다."

왕이 말하였다.

"그럴 것이오."

사람을 시켜 서수를 불렀지만, 서수는 이미 [다른] 제후에게 달아난 뒤였다.

소후가 혼자 잠자리에 든 까닭

당계공堂谿公이 [한韓나라] 소후昭侯에게 일러 말하였다.

"지금 천금의 가치가 있는 옥 술잔이 있는데, 아래위로 뚫려 있다면 물을 채울 수 있겠습니까?"

소후가 말하였다.

"할 수 없소."

"그러면 흙으로 만든 그릇이 있는데 물이 새지 않는다면 술을 담을 수 있겠습니까?"

소후가 말하였다.

"할 수 있소."

당계공이 대답하여 말하였다.

"흙으로 만든 그릇은 지극히 보잘것없는 것이지만 새지 않으니 술을 담을 수 있으나, 천금의 가치가 있는 옥 술잔은 지극히 귀한 것이지만 밑이 없어 새기 때문에 물을 담을 수 없으니 누가 마실 것을 담으려고 하겠습니까? 사람들 중에 누가 지금 군주로서 신하들의 말을 누설한다면 이것은 밑이 없는 옥 술잔과 같습니다. 비록 성스러운 지혜가 있어도 그 술術을 다하지 못하는 것은 군주가 [신하의 말을] 누설하기 때문입니다."

소후가 말하였다.

"그러하오."

소후는 당계공의 말을 듣고 이후부터는 천하의 큰일을 하려고 할 때는 일찍이 혼자 잠자리에 들지 않은 적이 없었으니, 이는 꿈속에서 말을 하여 사람들이 그 계획을 알게 될까 두려웠기 때문이다.

일설에는 이런 말이 있다. 당계공이 소후를 알현하고 말하였다.

"지금 백옥 술잔은 밑이 없고 흙 술잔은 밑이 있는데, 군주께서는 목이 마르면 장차 무엇으로 마시겠습니까?"

소후가 말하였다.

"흙 술잔을 사용하겠소."

당계공이 말하였다.

"백옥 술잔은 아름답지만 군주께서 [이것으로] 마시지 않는다는 것은 그 밑이 없기 때문입니다."

군주(소후)가 말하였다.

"그렇소."

당계공이 말하였다.

"군주 된 자로 그 신하들의 말을 누설하는 것은 비유하자면 옥 술잔에 밑이 없는 것과 같습니다."

당계공이 알현하고 나갈 때마다 소후는 반드시 혼자 잠을 잤으니, 혼자 꿈속에서 말을 하여 처첩들에게 누설될까 두려웠기 때문이다.

신자가 말하였다.

"혼자만 보는 것을 명(明, 밝음)이라 하고, 혼자만 들을 수 있는 것을 총(聰, 총명)이라고 하니, 능히 혼자 결단을 할 수 있으면 천하의 주인이 될 수 있을 것이다."

전傳 3: 술이 행해지지 못하는 이유

술집의 술이 늘 쉬게 되는 까닭, 그리고 사당 속의 쥐를 잡지 못하는 까닭

송宋나라 사람으로 술을 파는 자가 있었는데 말[升]을 되는 데도 매우 공정하고, 손님을 대우하는 것도 대단히 삼갔으며, 술을 만드는 재주가 대단히 뛰어났다. 또 그는 깃발을 매우 높이 내걸어 깃발이 뚜렷이 보였다. 하지만 술이 팔리지 않아 늘 쉬었다. 그 이유를 이상히 여겨 평소 알고 지내던 마을 어른 양천楊倩에게 물었다.

양천이 말하였다.

"당신네 개가 사납구려!"

말하였다.

"개가 사나운데 술은 어찌하여 팔리지 않는 것입니까?"

[양천이] 말하였다.

"사람들이 두려워하기 때문이오. 어떤 사람이 어린 자식을 시켜 돈을 주고 호리병에 술을 받아오게 하면, 개가 달려와서 그 아이를 물 것이오. 이것이 술이 팔리지 않고 쉬는 이유요."

무릇 나라에도 이처럼 개와 같은 자들이 있다. 도道를 아는 인사가 나라를 다스리는 그 술을 품고 만승의 군주에게 밝히려고 하는데, 대신이 사나운 개가 되어 달려들어 그를 물어뜯는다면 이것이 군주가 [이목이] 가려지고 위협을 당하는 원인이며, 도를 알고 있는 인사가 등용되지 못하는 까닭이다.

그러므로 환공이 관중에게 물었다.

"나라를 다스리는 데 무엇을 가장 걱정해야 하오?"

대답하여 말하였다.

"사당의 쥐를 가장 걱정해야 합니다."

공이 말하였다.

"무엇 때문에 사당의 쥐를 걱정해야 하오?"

대답하여 말하였다.

"군주께서도 사당 세우는 것을 보신 적이 있으시지요? 나무를 세우고 칠을 하는데 쥐가 그 사이에 구멍을 뚫고 들어가 그 안에서 삽니다. 그것을 불태우자니 나무가 탈까 두렵고, 그곳에 물을 대자니 칠이 벗겨질까 두렵습니다. 이것이 사당의 쥐를 잡지 못하는 이유인 것입니다. 지금 군주의 좌우에 있는 자들이 밖에서는 권세를 부려 백성들로부터 이익을 거두어들이고, 안에서는 패거리를 지어 군주에게 사악함을 감춥니다. 궁궐 안에서 군주의 사정을 엿보아 궁궐 밖으로 알리고, 안팎으로 권세를 키워 모든 신하와 벼슬아치들에게 기대어 부유해지고 있습니다. 벼슬아치가 그들을 주살하지 못하면 법을 어지럽힐 것이고, 그들을 주살하면 군주가 불안해하므로 이에 근거해서 그대로 두는 것입니다. 이 또한 나라의 사당 속 쥐인 것입니다. 그러므로 신하 된 자가 권력을 잡고 멋대로 금령을 행사하며 자기를 위하는 자는 반드시 이롭게 되고 자기를 위하지 않는 자는 반드시 해로울 것임을 밝히고 있으니, 이 또한 사나운 개입니다. 무릇 신하가 사나운 개가 되어 도에 정통한 인재를 물어 버리고, 주위에 있는 자들이 또 사당의 쥐가 되어 군주의 사정을 엿보고 있는데도 군주는 깨닫지 못하고 있습니다. 이와 같다면 군주가 어찌 가려지지 않겠으며, 나라가 어찌 망하지 않겠습니까!"

일설에는 이런 말이 있다. 송나라에 술을 파는 사람 중에 장씨莊氏라는 자가 있었는데, 그 집 술이 늘 맛이 있었다. 어떤 사람이 하인을 시켜 장씨의 술을 사오도록 했는데, 장씨의 개가 그 사람을 물려고 하여 심부름하는 자는 감히 장씨의 집으로 들어가지 못하고 다른 집의 술을 샀다.

[주인이 심부름꾼에게] 물었다.

"어째서 장씨의 술을 사오지 않았는가?"

[심부름꾼이] 대답하였다.

"오늘 장씨의 술은 쉬었습니다."

그래서 말하였다.

"개를 죽이지 않으면 술이 쉬게 될 것이다."

일설에는 이런 말이 있다. 환공이 관중에게 물었다.

"나라를 다스릴 때에는 무엇을 근심해야 하오?"

대답하여 말하였다.

"가장 괴로운 것이 사당 속의 쥐입니다. 사당이란 나무를 세우고 거기에 칠을 하므로 쥐가 그곳에 살게 됩니다. 그것을 태우면 나무가 탈 것이고, 물을 넣으면 칠이 벗겨질 것이니 이것이 사당의 쥐에게 괴롭힘을 당하는 까닭입니다. 지금 군주 주위에 있는 자들은 궁궐 밖으로는 권세를 무겁게 하여 백성들로부터 이익을 거두어들이고, [궁궐] 안으로는 패거리를 지어 기만하고 사악한 일을 숨겨 군주를 속입니다. [그들을] 주살하지 않으면 법을 어지럽히는 것이고, 그들을 주살하면 군주가 위태롭게 되니 이에 근거하여 그대로 두는 것입니다. 이것이 또한 사당의 쥐입니다. 그래서 신하들은 권력을 쥐고 금령을 멋대로 휘두르며 자기를 위하는 자는 반드시 이로울 것이고 자기를 위하지 않는 자는 반드시 해로울 것임을 밝히고 있으니, 또한 사나운 개인 것입니다. 그러므로 주위에 있는 자들이 사당의 쥐가 되고, 권력을 잡은 자들이 사나운 개가 된다면 술術은 실행되지 못할 것입니다."

반대를 무릅쓰고 관철시키기는 어렵다

요堯임금이 순舜임금에게 천하를 전해주려고 하자, 곤鯀[10]이라는 신하가 간언하여 말하였다.

"상서롭지 못한 일입니다. 어찌하여 천하를 필부에게 전해주려고 하십니까?"

요임금은 [그의 말을] 듣지 않고 군대를 일으켜 우산羽山의 근교에서 곤을 주살하였다.

공공共工[11]이란 신하가 또 간언하여 말하였다.

---

10) 하夏왕조를 세운 우禹임금의 아버지로 요堯임금 때 치수사업에 등용되었다가 실패하여 우산羽山에서 죽임을 당하였다. 곤이 물을 다스리는 방식은 둑을 쌓는 방식이었으므로 실패했다는 것이다.

11) 고대 전설 속의 악인으로, 환두驩兜·삼묘三苗·곤鯀과 함께 사흉四凶으로 불렸다.

"어찌하여 천하를 필부에게 전해주려고 하십니까?"

요임금은 [그의 말을] 듣지 않고 또다시 군대를 일으켜 유주幽州의 도성에서 공공을 주살하였다. 그래서 세상에는 천하를 순에게 전해주어서는 안 된다고 감히 말하는 자가 없게 되었다.

중니(공자)가 이 소식을 듣고 말하였다.

"요임금이 순임금의 현명함을 안 것은 어려운 일이 아니다. 간언하는 자를 죽이면서까지 반드시 천하를 순임금에게 전해주는 것이 어려운 것이다."

일설에는 이런 말이 있다.

"다른 사람이 의심을 하는데도 자신이 살핀 것을 단념하지 않는 것이 어려운 것이다."

법은 예외가 없어야 한다

초나라 장왕莊王이 모문茅門[12]에 대해 정한 법이 있어서 말하였다.

"여러 신하와 대부, 여러 공자들이 조회하러 들어올 때 말발굽이 처마의 빗물받이를 밟으면 정리(廷理, 법을 집행하는 벼슬아치)가 그의 수레 끌채를 끊고 그 마부의 목을 벤다."

그리하여 태자가 조회하러 들어올 때 말발굽이 빗물받이를 밟게 되었는데, 정리는 그의 수레 끌채를 끊고 마부의 목을 베었다. 태자는 노여워하며 [궁궐 안으로] 들어가 왕에게 울면서 말하였다.

"저를 위해 정리를 죽여주십시오."

12) 궁궐에 여러 개의 문이 있는데, 그중에서 조정의 안과 밖을 사이에 두고 있는 중간 문인 남문南門을 가리킨다.

왕이 말하였다.

"법이란 종묘를 공경하고 사직을 존경하는 까닭이므로, 법을 세우고 명령을 따르고 사직을 존경할 수 있는 자가 사직의 신하인데 어찌 죽일 수 있겠는가? 무릇 법을 거스르고 명령을 어기며 사직을 존경하지 않는 자는 신하로서 군주에게 대항하고, 아랫사람으로서 [윗사람을] 업신여기는 것이다. 신하로서 군주를 이기려고 들면 군주는 권위를 잃게 되고, 아랫사람으로서 윗사람을 업신여기면 군주의 지위가 위태롭게 될 것이다. 권위를 잃고 자리가 위태로우면 사직은 지켜지지 않으니 내가 장차 무엇을 자손에게 남기겠는가!"

이에 태자는 곧 돌아나와 숙소에 들어가지 않고 사흘을 노숙하다가 왕이 계신 곳에 북면北面해 재배하고는 사죄를 청하였다.

일설에는 이런 말이 있다. 초나라 왕이 긴급히 태자를 불렀다. 초나라 법에는 수레를 묘문茆門에까지 이르게 할 수 없었다. [그날은 마침] 하늘에서 비가 내려 궁궐 안에 물이 고여 있었으므로 태자는 그대로 수레를 몰아 묘문에 이르렀다.

정리가 말하였다.

"수레를 묘문에 이르게 해서는 안 됩니다. 법도에 어긋납니다."

태자가 말하였다.

"왕이 긴급히 부르시어 고인 물이 마를 때까지 기다릴 수가 없었소."

그러고는 끝내 수레를 몰았다. 그러자 정리는 무기를 뽑아 들어 그 말을 치고 그 수레를 부수었다.

태자는 [궁궐로] 들어가 왕에게 울면서 말하였다.

"궁궐 안에 물이 많이 고여 있어 수레를 몰고 묘문에 이르자 정리가 '법도에 어긋납니다.'라고 말하며 무기를 뽑아 신의 말을 치고 신의 수레를 부수었습니다. 왕께서 반드시 그를 죽여주십시오."

왕이 말하였다.

"눈앞에 늙은 군주가 있어도 법을 위반하는 일을 하지 않았고, 뒤에 대를 이을 군주가 있어도 아첨하지 않았으니 자랑할 만하구나. 이는 진정으로 나의 법을 지키는 신하이다."

그러고는 그의 작위를 두 등급 높여주고 후문으로 태자를 보내며 다시는 잘못을 저지르지 말도록 하였다.

결정한 것에 대해서는 단호해야 한다

위衛나라 사군嗣君이 박의薄疑에게 일러 말하였다.

"그대는 과인의 나라를 하찮게 여겨 벼슬하기에 부족하다고 생각하지 않소? 과인의 힘으로 그대에게 벼슬을 줄 수 있소. 그대에게 작위를 주어 상경上卿으로 삼고자 하오."

그리고 1만 경頃[13]의 토지를 주었다.

박자(薄子, 박의)가 말하였다.

"저의 어머니는 제가 만승의 재상이 되어도 그 임무를 충실히 다할 수 있다고 생각하고 있습니다. 그런데 저의 집에는 채구蔡嫗라는

---

13) 토지를 헤아리는 단위로, 1경頃은 백 무畝, 곧 백 이랑을 뜻한다.

무당이 있어 어머니는 그녀를 매우 아끼고 신임하면서 집안일을 맡기고 있습니다. 저의 지혜는 충분히 집안일을 말할 만하고, 저의 어머니는 저의 의견을 모두 들어주십니다. 그러나 저와 상의한 의견은 또 반드시 채구에게 다시 결정을 받습니다. 그러므로 저의 지혜와 재능으로 논하면 저는 만승의 재상이 되어 충분히 그 임무를 다할 수 있고, 친분상으로 논하면 어머니와 아들 사이이지만 오히려 채구에게 의논하는 것에서 벗어나지 못하고 있습니다. 지금 저와 군주는 아들과 어머니 사이의 친분이 없으며, 군주에게는 채구 같은 자가 있습니다. 군주의 채구는 반드시 권세가 있는 사람일 것인데, 권세가 있는 사람은 사사로이 행동할 수 있는 자입니다. 무릇 사사로이 행동하는 자는 법 밖에 있고, 제가 말하는 것은 법 안에 있는 일입니다. 법 밖에 있는 것과 법 안에 있는 것은 원수가 되어 서로 받아들이지 못합니다."

일설에는 이런 말이 있다. 위나라 군주가 진晉나라로 갈 때 박의에게 일러 말하였다.

"나는 그대와 함께 가고 싶소."

박의가 말하였다.

"늙은 어머니가 집에 있으니 돌아가서 늙은 어머니와 함께 상의하고 싶습니다."

위나라 군주가 직접 박의의 늙은 어머니에게 부탁을 하였다.

박의의 늙은 어머니가 말하였다.

"박의는 군주의 신하이며, 군주에게 [그를 데려갈] 뜻이 있어 그를 데리고 간다면 매우 좋은 일입니다."

위나라 군주가 말하였다.

"내가 그대의 늙은 어머니에게 청했더니 늙은 어머니는 나에게 허락을 하였소."

박의는 돌아와서 늙은 어머니에게 말하였다.

"위나라 군주가 저를 아끼는 것이 어머니와 비교할 때 어떻습니까?"

늙은 어머니가 말하였다.

"내가 너를 사랑하는 것만 못하다."

"위나라 군주가 저를 현명하게 여기는 것이 어머니와 비교할 때 어떻습니까?"

[어머니가] 말하였다.

"내가 너를 현명하게 여기는 것만 못하다."

"어머니는 저와 집안일을 의논해서 이미 결정을 내리고는 다시 점쟁이 채구에게 가서 결정을 청합니다. 지금 위나라 군주는 저를 데리고 간다고 하면서 저와 계획을 결정하셨지만, 반드시 다른 채구가 훼방을 놓을 것입니다. 이와 같으므로 저는 오랫동안 신하 노릇을 하지 못할 것입니다."

해진 허리띠 그대로 고치라는 오기의 말

무릇 노래를 가르치는 자는 [노래를 배우는 자에게] 먼저 부르게 하고는 곡절이 있게 하여 그 소리가 맑은 청치淸徵로 돌아오면 비로소 그에게 가르쳤다.

일설에는 이런 말이 있다. 노래를 가르치는 자는 먼저 기본음에 따라 소리를 잰다고 한다. 빠르게 소리를 내게 해서 궁조宮調에 들어맞게 하고, 느리게 소리를 내게 해서 치徵에 들어맞는지를 본다. 빠르게 소리를 내어 궁조에 들어맞지 못하고, 느리게 소리를 내어 치에 들어맞지 않으면 가르친다고 말할 수 없다.

오기吳起는 위나라 좌씨左氏 땅의 사람이다. 그의 아내에게 실로 허리띠를 짜게 했는데, 폭이 치수보다 좁자 오기는 그것을 고치게 하였다.

그의 아내가 말하였다.

"알았어요."

허리띠가 완성되어 다시 재보니 여전히 치수에 맞지 않았다. 오기는 매우 화를 냈다.

그의 아내가 대답해 말하였다.

"제가 시작할 때 날줄(經)을 매어놓았기 때문에 고칠 수 없어요."

오기는 그녀를 내쫓았다. 그의 아내는 오라비에게 부탁해 [집으로 다시] 들어갈 방법을 찾아달라고 하였다.

그녀의 오라비가 말하였다.

"오기는 법을 실행하는 자이다. 법을 실행하는 것은 만승의 나라를 위해 공을 이루려는 것이다. 반드시 먼저 처첩에게 실천한 뒤에 [국가에] 실행하려는 것이므로 너는 집으로 들어가기를 기대하지 마라."

오기 아내의 동생 또한 위나라 군주에게 중용되었으므로 위나라 군주의 권세로 오기에게 다시 부탁하였다. 오기는 듣지 않고 마침내 위나라를 떠나 초나라로 갔다.

일설에는 이런 말이 있다. 오기는 그의 아내에게 허리띠를 보여주면서 말하였다.

"당신은 나를 위해 허리띠를 만들되 이것과 똑같이 하시오."

오기의 아내가 허리띠가 완성되자 가져왔는데, 그 허리띠는 매우 훌륭하였다.

오기가 말하였다.

"당신에게 허리띠를 만들도록 하면서 이것과 똑같게 하라고 하였소. 그런데 지금 것이 더욱 훌륭하니 어찌 된 일이오?"

그의 아내가 말하였다.

"사용한 재료는 똑같은 것이지만, 공을 더했더니 훌륭하게 되었습니다."

오기가 말하였다.

"[내가] 말한 것과 다르오."

그러고는 그녀를 친정으로 돌아가게 하였다. 그녀의 아버지가 가서 딸을 받아주기를 요청하였다.

오기가 말하였다.

"저의 집안은 빈말을 못합니다."

측근부터 가차없이 처벌하라

진晉나라 문공文公이 호언狐偃에게 물었다.

"과인이 맛있고 살찐 고기를 당상에 두루 두고서, 술과 고기를 궁안에 모아놓아도 술병 속에 술은 맑아지지 않고, 날고기를 말릴 여유 없이 소 한 마리를 잡아 도성 사람들에게 나누어주고, 한 해 동안 공납한 직물은 모두 병사들에게 입히려고 하오. 이러면 백성들을 충분히 전쟁하도록 할 수 있겠소?"

호언이 말하였다.

"충분하지 않습니다."

문공이 말하였다.

"내가 관청이나 시장의 세금을 가볍게 하고 형벌을 느슨하게 한다면 백성들을 충분히 전쟁하도록 할 수 있겠소?"

호언이 말하였다.

"충분하지 않습니다."

문공이 말하였다.

"나의 백성들 중 상을 당한 자가 있으면 과인이 직접 낭중을 시켜 일을 살피게 하고, 죄가 있는 자는 사면해주며, 가난하고 궁색한 자를 구제한다면 백성들을 충분히 전쟁하도록 할 수 있겠소?"

호언이 대답하여 말하였다.

"충분하지 않습니다. 이러한 것들은 모두 생업을 따르는 경우이지만 백성들에게 전쟁을 하도록 하는 것은 백성을 죽이는 일입니다. 백성들이 공을 따르는 것은 생업을 따르기 위해서입니다. 그런데 군주께서 그렇게 하시어 거꾸로 그들을 죽이면 공을 따르는 이유를 잃게 되는 것입니다."

[문공이] 말하였다.

"그러면 어떻게 하면 백성들을 충분히 전쟁하도록 할 수 있겠소?"

호언이 대답하여 말하였다.

"[백성들로] 하여금 전쟁을 하지 않을 수 없게 해야 합니다."

문공이 말하였다.

"전쟁을 하지 않을 수 없게 하려면 어떻게 해야 하오?"

호언이 대답해 말하였다.

"공로가 있으면 상을 주고 죄가 있으면 반드시 벌을 내리면 충분히 싸우도록 할 수 있습니다."

공이 말하였다.

"형벌은 궁극적으로 어디까지 이르러야 하오?"

대답하여 말하였다.

"친한 자와 귀한 자를 가리지 말고 아끼는 자에게도 공정하게 법을 시행하는 것입니다."

문공이 말하였다.

"좋소."

다음 날 포륙圃陸이라는 곳에서 사냥을 하기로 명령하고, 정오를 집합 시간으로 정하되 시간보다 늦게 오는 자는 군법에 따라 다스리겠다고 하였다. 이에 문공이 아끼는 전힐顚頡이라는 자가 시간보다 늦게 오자 벼슬아치가 그 죄를 요청했으므로 문공은 눈물을 흘리며 걱정하였다.

벼슬아치가 말하였다.

"일을 처리할 수 있도록 해주십시오."

그래서 전힐의 등을 베어 백성들에게 두루 보여 법이 확실하다는 것을 명백히 하였다.

이후 백성들은 모두 두려워하며 말하였다.

"군주가 전힐을 귀중하게 여기는 것이 그렇게 대단한데도 군주는 오히려 법을 집행하였다. 하물며 우리라면 어떠하겠는가?"

문공은 백성들이 전쟁을 할 수 있을 것이라고 판단하였다. 그래서 마침내 병사를 일으켜 원原을 정벌하여 그곳을 함락시키고, 위나라를 정벌해 동쪽으로 밭두렁을 향하게 하여 오록五鹿 땅을 빼앗았으며, 양陽을 공격하였고, 괵虢을 이겼으며, 조曹를 정벌하였다. 남쪽으로는 정나라를 포위해 성벽을 무너뜨렸다. 또 송나라를 포위했던 것을 그만두고 [방향을] 돌려 초나라 군대와 성복城濮에서 싸워 초나라 사람들을 크게 패배시켰다.[14] 돌아오는 도중에 천토踐土에

14) 기원전 631년에 진秦나라의 목공은 진晉나라의 문공이 초나라를 정벌하려고 전쟁을 일으켰을 때 구해주었다. 이 싸움이 유명한 성복지전城濮之戰이다.

서 회맹을 맺어 마침내 형옹衡雍에서 의義를 이루게 되었다. [문공은] 한 번 병사를 일으켜 여덟 가지 공적을 세웠으니, 그렇게 할 수 있었던 까닭은 다른 이유나 특이한 것이 있어서가 아니라 호언의 책략을 따라 전힐의 등을 빌렸기 때문이다.

고통을 견뎌야 평안이 온다

독창과 등창의 고통이란 [침으로] 골수를 찌르지 않고는 마음의 번민을 견딜 수 없을 것이다. 만약 이것을 알지 못한다면 반치(半寸)의 돌침으로도 그것들을 터뜨려 없애버릴 수 없을 것이다. 지금 군주가 다스리는 것 역시 그러하니 고통이 있어야 편안해진다는 것을 모르지 않고, 그 나라를 다스리려고 하면서 이와 같은 것을 알지 못한다면 그 성스럽고 지혜로운 말을 듣고도 [나라를] 어지럽히는 신하를 죽이지 못할 것이다.

어지럽히는 신하란 반드시 권력을 잡은 사람으로, 권력을 잡은 사람이란 반드시 군주가 매우 친애하는 자이다. 군주가 매우 친애하는 자란 견백堅白을 같이 생각하는 것이다.[15] 무릇 벼슬하지 않는 자질로 군주가 사랑하는 자를 떼어놓으려고 하는 것은 왼쪽 넓적다리를 해체시키고 오른쪽 넓적다리를 대신하도록 설득시키는 것과 같으니, 이는 자신은 반드시 죽임을 당하고 유세는 행해지지 못하는 것이다.

15) 무릇 단단함과 흰색은 다른 개념이지만, 하나의 같은 도를 가리키는 개념으로 군신이 서로 떨어질 수 없는 관계를 비유한다.

권卷 14

제35편

외저설 우하

(外儲說右下:상벌의 원칙과 다스리는 방식 다섯 가지)

【해제】

〈외저설 우하〉 편은 〈외저설 좌상〉 편의 내용과 유사하다. 한비자는 군주가 상벌의 법을 엄격히 시행하여 최상의 효과를 거두기 위해서는 다음의 다섯 가지를 철저히 지켜야 한다고 주장하였다. 그 내용을 요약하면 다음과 같다. 첫째, 현명한 군주는 백성들에게 내리는 상벌의 권한을 신하들과 공유하지 않는다. 둘째, 엄격한 법으로 다스리는 것을 원칙으로 하며 인정仁政을 버려야 한다. 셋째, 군주는 간사한 신하의 찬탈 행위를 방지해야 한다. 넷째, 현명한 군주가 다스려야 할 대상은 벼슬아치이지 백성이 아니다. 다섯째, 모든 일은 '술術'의 이치를 파악한 뒤 사리에 맞게 처리해야 한다.

〈외저설 우하〉 편의 체재 역시 다섯 가지의 경經과 그에 대한 전傳으로 구성되어 있으며, 원래 '하下' 자가 없었으나 나중에 보충되었다.

1. 군주와 신하가 상벌을 함께 시행하면 안 된다

상을 주고 벌을 내리는 것을 [군주와 신하가] 함께 결정할 경우에는 금령이 시행되지 못한다. 무엇으로 이것을 입증하겠는가? 조보造父와 왕오기王於期의 일로써 입증할 수 있다. 자한子罕은 왕오기의 말을 제어하기 위해 뛰쳐나온 돼지의 일을 꾸몄고, 전항田恒은 농장에 연못을 만들었다. 그래서 송宋나라 왕과 간공簡公이 시해된 것이다. 재난은 왕량王良과 조보가 함께 수레를 몰고, 전련田連과 성규成竅[1]가 함께 거문고를 연주한 데에 있다.

2. 법이 제대로 행해져야 다스려지고 강성해진다

[나라가] 다스려지고 강성해지는 것은 법이 제대로 행해지는 데서 생겨나고, [나라가] 약해지고 혼란스럽게 되는 것은 [법을] 사사로이 행함으로써 생겨난다. 군주가 이것을 명확히 알면 상과 벌을 바르게 시행하고 아랫사람을 인仁으로 대하지 않을 것이다. 작위와 봉록은 공에 따라 생겨나며 주살과 형벌은 죄에 따라 생겨난다. 신하가 이 점을 분명히 알면 [공을 세우기 위해] 죽을힘을 다할 뿐 [사사로이] 군주에게 충성하지는 않을 것이다.

군주가 인으로 대하지 않는 원칙에 통달하고 신하가 [사사로이] 군주에게 충성하는 것의 불필요함을 깨닫는다면 왕 노릇을 할 수 있

1) 전련田連과 성규成竅는 모두 춘추시대의 뛰어난 음악가이다. 백아伯牙 같은 거문고의 명인도 이들에게 배웠다고 한다.

을 것이다. 소양왕昭襄王은 군주의 도리를 알았으므로 다섯 곳의 정원에서 가꾼 채소나 과실을 [궁궐 밖으로] 방출하지 않았고, 전유田鮪는 신하의 도리를 알았으므로 전장田章[2]을 가르쳤으며, 공의公義[3]는 선물로 주는 물고기를 사양하였다.

3. 외국의 일을 본받으려 하지 말고, 옛것을 모범 삼으려 하지도 말라

군주는 외국을 본받으려고 하지만 외국의 일은 [국내 정서에] 맞지 않아 성공할 수 없으므로, 소대蘇代는 [연나라를 상대로] 제齊나라 왕을 비난했던 것이다. 군주가 고대의 일을 모범 삼아 은자의 주장을 본받으려고 하지만 은자의 주장이 [당시 상황에] 적합하지 않아 명성을 드러내지 못한다. 그래서 반수潘壽는 우禹임금의 일을 말했지만, 군주는 그 이치를 깨닫지 못하였다. 방오方吾는 그것을 알았으므로 같은 옷을 입거나 동족과 함께하는 것을 두려워하였다. 하물며 권세를 [신하에게] 빌려줌에 있어서랴! 오장吳章은 이것을 알았으므로 거짓으로 유세하였다. 하물며 성심을 빌려줌에 있어서랴! 조趙나라 왕은 호랑이의 눈을 미워했으면서도 [신하들로부터는] 눈이 가려졌다. 현명한 군주의 도道는 주周나라의 행인行人[4]이 위후衛侯를 거절한 것과 같다.[5]

2) 사람 이름으로, 자세한 사적은 알려져 있지 않다.

3) 노魯나라 목공穆公 때의 재상으로 공의휴公義休를 가리키며, 법도를 준수하였다. 《사기》 〈혹리열전酷吏列傳〉에 공의휴가 물고기를 사양한 이야기가 실려 있다.

4) 다른 나라의 귀빈을 접대하는 벼슬아치를 말한다.

5) 그의 이름이 천자와 같다는 이유로 입궐을 거절당하였다.

4. 나무뿌리를 흔들고 그물의 벼리를 당겨라

군주는 법을 지키고 성취에 대해 책임을 지며 공을 세우는 자이다. 나는 벼슬아치가 [나라를] 혼란스럽게 할지라도 홀로 선한 백성이 있다는 말은 들었지만, 백성들이 혼란을 일으키는데 [나라를] 홀로 다스릴 수 있는 벼슬아치가 있다는 말은 듣지 못하였다. 그러므로 현명한 군주는 벼슬아치를 다스리지 백성을 다스리지 않는다.

[이 이치에 대한] 설명으로 나무뿌리를 흔들고, 그물의 벼리를 당기는 예가 있다. 이 때문에 불길을 잡으려고 한 낮은 벼슬아치를 논하지 않을 수 없다.

불길을 잡으려는 자가 물 항아리를 들고 불 속으로 달려간다면 한 사람을 부린 것이고, 채찍을 쥐고 사람들을 재촉한다면 만 사람을 부린 것이다. 그러므로 술術을 부릴 줄 아는 자는 조보趙父가 놀란 말을 잘 부리는 것과 같이,[6] 말을 잡아끌고 수레를 밀면 나아가게 할 수 없으나 수레꾼을 대신하여 고삐를 잡고 채찍을 들면 말이 모두 빨리 달린다. 그래서 이에 대한 예증으로 몽치와 숫돌로 [사물을] 평평하게 하고, 도지개로 [나무를] 곱게 펴는 것이 있다. 이와 반대되는 폐해로는 요치淖齒가 제나라에 등용되어 민왕湣王을 도륙한 것이나, 이태李兌가 조나라에 등용되어 주보主父를 굶어 죽게 한 것이 있다.

6) "택고랑宅皐狼은 형보衡父를 낳았고, 형보는 조보造父를 낳았다. 조보는 마차를 잘 몰았으므로 주나라 목왕의 총애를 받았다."라는 기록이 《사기》〈진본기〉에 실려 있다.

5. 군주가 수고롭지 않고도 성과를 이루게 하는 방법

사물의 이치에 따르면 수고롭지 않아도 성과를 이루게 된다. 그래서 자정兹鄭은 수레 끌채에 앉아서 노래만 부르고도 높은 다리 위로 올라갈 수 있었다. 그렇지 않은 폐해로는 조나라 간주의 세금 징수관이 세금을 가볍게 거두어들일 것인지 아니면 무겁게 거두어들일 것인지에 관해 물은 것[7]과, 박의薄疑가 나라의 백성이 배부르게 될 것이라고 말하자 간주가 기뻐했으나, 이것은 창고는 텅 비고 백성은 굶주리며 간사한 벼슬아치만 부유해지는 것이라고 한 사례가 있다. 그러므로 환공桓公이 백성들이 사는 곳을 순시하자 관중管仲은 조정에는 썩어가는 재물과 원망하는 여자를 줄였던 것이다. 그렇지 못한 폐해로는 연릉탁자延陵卓子가 말을 타고 앞으로 나아갈 수 없었을 때 조보가 그곳을 지나며 눈물을 흘린 사례가 있다.

전傳 1: 군주와 신하가 상벌을 함께 시행해서는 안 된다

군주와 신하는 어떤 이유로도 권력을 공유해서는 안 된다

조보造父는 네 마리의 말이 끄는 수레를 몰아 달려갔다 돌아왔다 하며 자신의 뜻대로 말을 몰았다. 그가 자기 마음대로 말을 조정한 것은 고삐와 채찍을 제 마음대로 사용해 제어했기 때문이다. 그러나 갑자기 뛰쳐나온 돼지를 보고 말이 놀라자 조보도 통제할 수 없었

---

7) 원문의 '輕重경중'을 번역한 것으로, 세율을 말하는 것인데 가볍거나 무거운 정도를 말한다.

던 것은 고삐와 채찍의 위력이 부족해서가 아니라 그 위력이 갑자기 뛰쳐나온 돼지 때문에 분산되었기 때문이다. 왕오기王於期는 수레를 몰면서 고삐와 채찍을 사용하지 않고 말이 하고자 하는 대로 두어 훈련시켰는데, 이것은 여물과 물의 이로움을 제 마음대로 이용한 것이다. 그러나 말이 농지나 연못을 지날 때마다 말을 제대로 통제할 수 없었던 것은 여물과 물의 이로움이 부족해서가 아니라 그의 은덕이 농지와 연못 때문에 분산되었기 때문이다.

그러므로 왕량과 조보는 천하의 훌륭한 수레몰이꾼이지만 왕량에게 왼쪽 고삐를 쥐고 말을 채찍질하도록 하고, 조보에게는 오른쪽 고삐를 쥐고 채찍질하도록 하면 말은 10리도 나아갈 수 없으니, [이는 두 사람이 함께] 수레를 몰기 때문이다.

전련田連과 성규成竅는 천하에서 거문고를 잘 연주하는 자이다. 그러나 전련에게는 위쪽을 연주하게 하고 성규에게는 아래쪽을 누르도록 하면 곡을 이룰 수 없는 것 또한 [두 사람이] 함께 연주하기 때문이다.

무릇 왕오기와 조보의 기교로도 함께 고삐를 쥐고 말을 몰면 말을 부릴 수 없는데, 군주가 어찌 그 신하들과 함께 권력을 공유하면서 [나라를] 다스릴 수 있겠는가? 전련과 성규의 기교로도 거문고를 함께 연주하면 곡을 이룰 수 없는데, 군주가 또 어찌 신하와 권세를 공유하면서 공을 이룰 수 있겠는가?

일설에는 이런 말이 있다. 조보가 제나라 왕의 수레 끄는 곁말을 부리게 되었는데, 말에게 물을 마시지 못하도록 훈련을 시켰다. [한 번은] 농지 안에서 수레를 끄는 시험을 하였다. 갈증이 난 말은 농지의 연못을 보자 수레를 버리고 연못으로 달려가 수레 끄는 일에 실패하였다. 왕오기는 조간주를 위해 천 리 밖의 목표 지점까지 다투어 달려갔다. 그가 출발하려고 할 때 돼지가 도랑 속에 엎드려 있었다. 왕오기가 고삐를 틀어쥐고 채찍을 휘두르며 앞으로 나아가는데 돼지가 갑자기 도랑 속에서 뛰쳐나와 말이 놀라 수레를 모는 데 실패하게 되었다.

상벌을 함께 가지고 있어야 한다

사성司城[8] 자한子罕이 송宋나라 군주에게 말하였다.

"칭찬하여 상을 내리는 것은 백성들이 좋아하는 것이므로 군주께서 직접 시행하시고, 사형에 처하거나 벌을 주는 것은 백성들이 싫어하는 것이므로 신이 그 일을 담당하겠습니다."

송나라 군주가 말하였다.

"허락하노라."

그래서 위엄 있는 명령을 내리거나 대신들을 처형할 때 군주는 [이렇게] 말하였다.

"자한에게 물어보시오."

이 때문에 대신들은 자한을 두려워하게 되었고, 일반 백성들도 자한을 따르게 되었다.

---

8) 송나라의 관직인 육경六卿, 곧 우사右師·좌사左師·사마司馬·사도司徒·사성司城·사구司寇의 하나로 사공司空에 해당하는 직책이다. 송나라 무공武公의 이름이 사공이었기 때문에 송나라에서는 사성으로 고쳐 불렀다. 토목과 건축을 담당하는 벼슬아치였다.

한 해가 지나자 자한은 송나라 군주를 살해하고 정권을 빼앗았다. 그러므로 자한은 갑자기 튀어나온 돼지가 되어 그 군주의 나라를 빼앗은 것이다.

권력을 나누어주지 말라

[제나라] 간공簡公은 군주 자리에 있을 때 벌을 무겁게 하고 형벌을 엄하게 하였으며, 세금을 지나치게 부과하고 백성들을 살해하였다. 그러나 전성항(田成恒, 전항田恒)은 [백성들에게] 자비와 사랑을 베풀고 너그러움과 후덕한 태도를 보였다. 간공은 제나라 백성들을 갈증나는 말이 되게 하고 백성들에게 은혜를 베풀지 않았지만, 전성항은 인자함과 후덕함으로 농지의 연못 구실을 하였다.

일설에는 이런 말이 있다. 조보가 제나라 왕의 수레를 모는 자가 되자, 말에게 물을 마시지 않도록 훈련을 시켜 백 일 만에 길들였다고 한다. 길들여지고 나서 제나라 왕에게 수레 끄는 시험을 청하였다. 왕이 말하였다.

"농장에서 수레 끄는 시험을 해보시오."

그래서 조보는 수레를 몰고 농장으로 들어갔다. 그러자 농장의 연못을 본 말은 질주했고, 조보는 이를 제어할 수 없었다. 조보가 물을 마시지 못하도록 하면서 말을 훈련시킨 지 오래되었지만, 지금 말이 연못을 보고 날뛰듯 달려가자 조보도 다스릴 수 없었다. 지금 간공이 엄한 법으로 백성들을 억압한 지 오래되었으나, 전성항은 백성들을 이롭게 하였다. 이것은 전성항이 농장의 연못을 기울여 갈증이 난 백성들에게 보여준 것과 같은 일이다.

일설에는 이런 말이 있다. 왕오기가 송나라 군주를 위해 천 리 밖 멀리까지 말달리기 경주를 하였는데, 말 부리기가 끝나자 손에 침을 묻혀 비비고는[9] 출발하려고 하면서 말을 몰아 앞으로 가게 하였다. 수레바퀴는 곧게 들어맞았으며, [고삐를] 당겨 말을 뒤로 물러서게 하자 말이 제자리걸음을 하였다. 채찍질을 해서 출발하려고 할 때 돼지가 갑자기 도랑 속에서 뛰쳐나오자 말은 물러나 뒷걸음쳤고, 채찍질을 해도 앞으로 나아가게 할 수 없었다. 말이 날뛰듯 달아나 고삐로도 제지할 수 없었다.

일설에는 이런 말이 있다. 사성 자한이 송나라 군주에게 일러 말하였다.

"칭찬하여 상을 내리는 것은 백성들이 좋아하는 것이므로 군주께서 직접 시행하시고, 사형에 처하거나 벌을 주는 것은 백성들이 싫어하는 것이므로 신이 그 일을 담당하겠습니다."

그래서 일반 백성들을 처형하고 대신들을 벌줄 때면 군주는 이렇게 말하였다.

"자한과 상의하시오."

한 해가 지나자 백성들은 [자신을] 죽이고 살리는 명령이 자한에 의해서 통제되고 있다는 것을 알게 되었으므로 온 나라가 그에게 돌아가게 되었고, 이 때문에 자한은 송나라 군주를 위협해 그 정권

9) 손바닥을 마찰시켜 손에 침을 묻힌다는 말이다. 손이 젖어 있어야만 두 손이 미끄럽지 않게 되어 말고삐를 잡을 수 있다. 이러한 일은 농부가 호미를 잡거나 목수가 도끼를 잡을 때 손바닥에 침을 바르는 것과 같은 이치이다.

을 빼앗았지만 법으로 금지할 수 없었다. 그래서 말하였다.

"자한은 갑자기 뛰쳐나온 돼지이고, 전성항은 농장의 연못이다."

지금 왕오기와 조보에게 수레를 함께 몰도록 하여 말고삐 한쪽씩을 조정하며 마을 어귀로 들어서게 한다면 수레 모는 일은 반드시 실패해 길을 가지 못할 것이다. 전련과 성규로 하여금 함께 거문고를 타게 하여 각기 한 현씩을 맡아 연주하도록 한다면 연주는 반드시 실패하고, 곡조도 이루어내지 못할 것이다.

전傳 2: 법이 제대로 행해져야 나라가 다스려진다

인의의 정치를 하지 말라

진秦나라 소왕昭王이 병들자 백성들은 마을에서 소를 사서 집집마다 왕을 위해 기도하였다. 공손술公孫述이 외출했다가 그것을 보고 조정으로 들어와 왕에게 축하하며 말하였다.

"백성들이 모두 마을에서 소를 사서 왕을 위해 기도를 드리고 있습니다."

왕이 사람을 시켜 이것을 조사해보니 과연 그런 일이 있었다. 왕이 말하였다.

"사람들에게 벌로 갑옷 두 벌을 바치도록 하라. 무릇 명령을 내리지도 않았는데 마음대로 기도를 했으니, 이것은 과인을 사랑하는 것이다. 과인을 사랑하니 과인 또한 법을 고쳐 마음으로 그들과 서로 따라야 하지만, 이것은 법이 세워지지 않는 것이다. 법이 세워지지 않으면 [나라는] 혼란과 멸망의 길로 가게 된다. 사람들에게 갑옷 두 벌을 바치도록 하는 벌을 주어 다시 다스리는 이치를 세우는 것만 못하다."

일설에는 이런 말이 있다. 진나라 양왕襄王이 병들자 백성들은 그를 위해 기도하였다. 왕의 병이 낫자 소를 잡아 제를 지내며 기도했다. 낭중郎中 염알閻遏과 공손연公孫衍이 외출했다가 이 모습을 보고 말하였다.

"사제社祭나 납제臘祭[10]의 시기가 아닌데 어째서 소를 잡아 제를 지내며 기도하는가?"

이들이 이상하게 여기고 묻자, 백성들이 말하였다.

"군주께서 병이 나서 그를 위해 기도했더니 지금 병이 나으셨으므로 소를 잡아 제사를 지내는 것입니다."

염알과 공손연은 기뻐하며 왕을 알현해 축하의 말을 하였다.

"[왕께서는] 요순堯舜 임금보다 뛰어나십니다."

왕이 놀라 말하였다.

"무엇을 말하는 것이오?"

대답해 말하였다.

"요임금과 순임금도 백성들이 그들을 위해 [제를 지내며] 기도하게는 못하였습니다. 지금 왕이 병들자 백성들은 소를 바쳐 제사를 지

10) 사社란 원래 토지신을 가리키므로 사제는 풍년을 기원하는 제사를 말한다. 납제는 동짓달 세 번째 술戌일에 모든 신에게 지내는 제사이다.

냈고, 병이 낫자 소를 잡아 제를 지내며 기도하였습니다. 그러므로 신들은 왕께서 요임금과 순임금보다 뛰어나다고 생각하게 된 것입니다."

왕은 그래서 사람을 시켜 이 사실과 어느 마을에서 이런 일을 했는지 탐문하게 하였다. 그리고 그곳의 이장과 장로에게 갑옷 두 벌씩을 바치도록 벌을 내렸다. 염알과 공손연은 부끄러워하며 감히 말을 하지 못하였다.

몇 달 뒤 왕이 술을 마시며 즐거워하였다. 염알과 공손연이 왕에게 일러 말하였다.

"일전에 신들이 사사로이 왕께서 요임금과 순임금보다 뛰어나다고 생각한 것은 결코 감히 아첨하기 위한 것이 아닙니다. 요임금과 순임금이 병에 걸렸을 때 백성들은 그를 위해 기도하지 않았습니다. 지금 왕이 병이 나자 백성들은 소를 바쳐 기도하더니 병이 낫자 소를 잡아 제를 지내며 기도했습니다. 지금 이장과 장로에게 갑옷 두 벌씩을 바치도록 벌을 내렸는데, 저희들은 이것이 이상합니다."

왕이 말하였다.

"그대들은 어째서 이 까닭을 알지 못하는가? 저 백성들이 나를 위해 쓰이는 까닭은 내가 그들을 사랑한다고 여겨서 나를 위해 일해주는 것이 아니라 내 권세가 나를 위해 일해주게 하기 때문이오. 내가 권세를 버리고 백성들과 서로 [마음을] 주고받는다고 합시다. 이와 같이 하고도 내가 마침 [그들을] 아끼지 않는다면 백성들은 이 때문에 나를 위해 일해주지 않을 것이오. 그래서 마침내 사랑하는 방법을 끊은 것이오."

무차별한 상은 안 된다

진秦나라에 큰 기근이 들자 응후應侯[11]가 [진나라 왕에게] 요청해 말하였다.

"다섯 곳의 [왕실] 정원의 풀·채소·상수리·대추·밤으로 백성들을 살리기에 충분하니 청컨대 그것을 꺼내십시오."

소양왕昭襄王이 말하였다.

"우리 진나라 법에는 백성들에게 공로가 있으면 상을 받게 하고 죄가 있으면 벌을 받게 하오. 그런데 지금 다섯 정원의 채소와 과실을 꺼낸다는 것은 백성들 중에 공로가 있는 자와 공로가 없는 자 모두에게 상을 주게 되는 것이오. 백성들이 공로가 있든 없든 간에 모두 상을 받도록 하는 것, 이는 [나라를] 혼란스럽게 하는 이치이오. 다섯 정원을 꺼내어 혼란스럽게 하느니 과실나무와 채소를 버리고 다스리는 것만 못하오."

일설에는 왕이 다음과 같이 말했다고도 한다.

"지금 다섯 정원의 풀·채소·대추·밤을 꺼내면 백성들을 살리기에 충분해도, 이것은 백성들 중에 공이 있는 자와 공이 없는 자가 서로 가지려고 다투게 하는 것이오. [백성들을] 살리고 [나라가] 혼란해진다면 차라리 [그들을] 죽이고 다스리는 것만 못하다. 대부大夫는

11) 범저范雎를 말한다. 그는 본래 위魏나라 사람이었으나 모함을 받아 이름을 장록張祿으로 바꾸고 진秦나라로 들어가 재상이 되어 20여 년 동안 천하를 좌우하였다. 응應지방에 봉해졌기 때문에 응후라고 부른다.

이 문제를 거론하지 마시오."

임금과 신하는 거래관계이다

전유田鮪가 그의 아들 전장田章을 가르치며 말하였다.

"너의 몸을 이롭게 하고자 하면 먼저 너의 군주를 이롭게 하고, 너의 집을 부유하게 하려면 먼저 너의 나라를 부유하게 하라."

일설에는 이런 말이 있다. 전유가 그의 아들 전장에게 가르쳐 말하였다.

"군주는 벼슬자리와 작위를 팔고, 신하는 지혜와 능력을 판다. 그러므로 스스로를 믿고 다른 사람을 믿지 말라."

다른 사람을 믿지 말고 자신을 믿어라

공의휴公儀休[12]는 노魯나라의 재상으로 물고기를 좋아하였다. 온 나라 사람들이 다투듯 물고기를 사서 그에게 바쳤으나 공의휴는 받지 않았다. 그러자 그의 동생이 간언하였다.

"무릇 당신[13]이 물고기를 좋아하면서 받지 않는 것은 무엇 때문이오?"

대답해 말하였다.

"무릇 물고기를 좋아하기 때문에 받지 않는 것이다. 물고기를 받게 되면 반드시 천하 사람들에게 낮추는 태도를 가지게 될 것이고,

---

12) 공손의公孫儀라고 되어 있는 판본도 있다. 경經에는 공의公儀로만 되어 있고 다음 글에 보면 공의자公儀子라고 되어 있다.

13) 원문의 '부자夫子'를 번역한 것으로, 여기서는 '부夫' 자가 어조사이고 '자子' 자가 '그대'라는 의미이다.

천하 사람에게 낮추는 태도를 가지게 되면 법을 왜곡시켜야 할 것이다. 법을 왜곡시키게 되면 재상 자리에서 면직될 것이다. 재상 자리에서 면직되면 비록 물고기를 좋아하지만 반드시 [그들은] 나에게 물고기를 줄 리 없을 것이고, 나 또한 물고기를 스스로 공급할 수 없게 될 것이다. 물고기를 받지 않으면 재상 자리에서 면직되지 않을 것이고, 물고기를 좋아해도 내가 오랫동안 스스로 물고기를 공급할 수 있을 것이다."

이것은 분명 다른 사람을 믿는 것이 자신을 믿는 것만 못하며, 다른 사람이 자신을 위하는 것보다 자기 스스로 위하는 것이 낫다는 사실을 밝힌 것이다.

전傳 3: 외국이나 옛것을 모범 삼으려 하지 말라

외부 인사의 말을 믿지 말라

자지子之는 연燕나라의 재상으로 지위가 높아 나랏일을 휘둘렀다. 소대蘇代[14]가 제나라를 위해 연나라에 사신으로 왔는데, 연나라 왕이 그에게 물었다.

"제나라 왕은 또한 어떠한 군주요?"

대답하여 말하였다.

"반드시 패왕이 되지 못할 것입니다."

14) 소진蘇秦의 동생으로, 당시의 외교정책을 다투던 종횡가縱橫家 중 한 사람이다.

연나라 왕이 말하였다.

"무엇 때문이오?"

대답하여 말하였다.

"옛날 환공桓公이 패왕이 되었을 때에는 나라 안의 일은 포숙鮑叔에게 맡기고 나라 밖의 일은 관중管仲에게 맡겼습니다. 환공은 머리를 풀어헤치고 부인을 태우고 날마다 시장에서 노닐었습니다. 지금의 제나라 왕은 대신을 믿지 않고 있습니다."

그래서 연나라 왕은 자지를 더욱더 크게 신뢰하게 되었다. 자지는 이 소식을 듣고 사람을 시켜 소대에게 금 백 일(百鎰, 2천 냥)을 주어 그 마음대로 쓰게 하였다.

일설에는 이런 말이 있다. 소대가 제나라를 위해[15] 연나라에 사신으로 갔다. 그는 사신으로 가서 자지에게 이익을 주지 않으면 반드시 일을 이루지 못하고 돌아올 것이며, 포상 또한 나오지 않을 것을 알았다. 그래서 연나라 왕을 만나서 곧 제나라 왕을 칭찬하였다. 연나라 왕이 말하였다.

"제나라 왕이 어찌 이처럼 현명하다면 장차 반드시 [천하의] 왕 노릇을 할 것이겠소?"

소대가 말하였다.

"멸망하는 것을 구할 겨를이 없으니 어찌 왕 노릇을 할 수 있겠습니까?"

연나라 왕이 말하였다.

15) 원문에는 '爲秦(위진)'으로 되어 있는데, 앞의 원문에는 '爲齊(위제)'로 되어 있어 앞의 원문에 따라 '제나라를 위하여'라고 번역하였다.

"무엇 때문이오?"

[소대가] 말하였다.

"자신이 총애하는 신하에 대한 신임이 고르지 않습니다."

연나라 왕이 말하였다.

"그가 멸망한다는 것은 무엇 때문이오?"

[소대가] 말하였다.

"옛날에 제나라 환공은 관중을 사랑해 그를 중보仲父로 삼아 나라 안의 일을 처리하도록 하고 나라 밖의 일을 결정짓도록 해서 온 나라를 그에게 맡겼습니다. 그래서 천하를 하나로 만들고 제후들을 아홉 차례나 회합하도록 한 것입니다. 지금 제나라 왕은 총애하는 자에 대한 신임이 고르지 못하므로 그가 이 때문에 망하게 될 것을 아는 것입니다."

연나라 왕이 말하였다.

"지금 내가 자지를 신임하고 있는데, 천하 사람들은 아직 듣지 못했소?"

그래서 다음 날 조회를 열고 자지에게 정사를 맡겼다.

선례에 얽매이지 말라

반수潘壽가 연나라 왕에게 일러 말하였다.

"왕께서는 나라를 자지에게 양도하는 것이 좋습니다. 사람들이 요임금을 어진 사람이라고 하는 까닭은 천하를 허유許由에게 양도

하려고 했기 때문입니다. 허유가 받지 않았으므로 요임금은 허유에게 천하를 양도했다는 명성을 얻으면서 사실상 천하를 잃지 않았습니다. 지금 왕께서 나라를 자지에게 양도한다고 하면 자지는 반드시 받지 않을 것입니다. 그러면 왕은 자지에게 [천하를] 양도하려고 했다는 명성을 얻고 요임금과 똑같이 행동한 것이 됩니다."

그래서 연나라 왕은 국정을 자지에게 위임했고, 자지의 권세는 더욱 커졌다.

일설에는 이런 말이 있다. 반수는 은자인데, 연나라에서 사람을 시켜 그를 초빙하였다. 반수는 연나라 왕을 알현하고 말하였다.

"신은 자지가 익(益, 우임금 때 산과 연못을 관리하던 신하)과 같이 될까 걱정입니다."

왕이 말하였다.

"어째서 익과 같이 된다고 말하는가?"

대답하여 말하였다.

"옛날 우임금은 죽게 되자 천하를 익에게 전하려고 하였습니다. 그런데 계(啓, 우임금의 아들)의 사람들이 서로 결탁해서 익을 치고 계를 그 자리에 앉혔습니다. 지금 왕께서는 자지를 신임하고 아끼시어 장차 그에게 나라를 전하려고 하십니다. 그런데 태자의 사람들은 전부 관인을 가지고 벼슬아치가 되어 있지만, 자지의 사람은 조정에 한 명도 없습니다. 왕께서 불행하게도 신하들을 버리시면 자지 또한 익의 처지가 될 것입니다."

왕은 그래서 벼슬아치들의 관인을 거두어들여 3백 석 이상의 자들의 것을 모두 자지에게 건네주니 자지의 권세는 대단히 막중해졌다.

무릇 군주가 [자신을] 비추어보는 거울로 삼는 사람은 제후를 섬기는 선비들이다. 그런데 지금 제후를 섬기는 인사들은 모두 사가私家의 무리가 되었다. 군주가 스스로 자신을 빛나게 하려고 도움을 받는 사람은 바위나 동굴에 사는 은자들이다. 지금 바위나 동굴에 사는 은자들은 모두 사가의 측근들이 되었다. 이는 무엇 때문인가? 그것은 벼슬자리를 박탈하거나 주는 권력을 자지 같은 신하가 쥐고 있기 때문이다. 그래서 오장吳章이 말하였다.

"군주는 거짓으로 다른 사람을 증오하거나 사랑하지 않으니, 거짓으로 다른 사람을 사랑하면 또 다른 사람을 증오할 수 없게 되고, 거짓으로 다른 사람을 증오하면 또 다른 사람을 사랑할 수 없게 된다."

일설에는 이런 말이 있다. 연나라 왕이 나라를 자지에게 전하려고 하면서 반수에게 이에 관해 묻자 이렇게 대답하였다.

"우임금은 익을 아껴 천하를 익에게 맡기고 나서 얼마 있다가 계啓의 사람들을 벼슬아치로 임명하였습니다. [우임금이] 늙자 천하를 계에게 맡기기에는 부족하다고 생각되어 천하를 익에게 전해주려고 하였습니다. 그러나 세력의 막강함은 모두 계에게 있었습니다. 얼마 있다가 계는 그의 무리들과 함께 익을 공격해 천하를 빼앗았습니다. 이는 우임금이 명분상으로만 익에게 천하를 전해준 것이며 실제로는 계로 하여금 스스로 취하도록 한 것으로, 이는 우임금이 요임금과 순임금의 현명함에 미치지 못하는 것입니다. 지금 왕께서는 천하를 자지에게 전하려고 하면서 벼슬아치들 중에 태자의 사람이 아닌 자가 없게 하였습니다. 이것은 명분상으로만 자지에게 전하려고 한 것일 뿐 실제로는 태자로 하여금 스스로 그것을 취하도록 하는 것입니다."

연나라 왕은 곧 벼슬아치들의 관인을 거두어들여, 삼백 석 이상의 자들의 것을 모두 자지에게 건네주니 자지는 마침내 [세력이] 막중해졌다.

권위와 권력을 빌려주지 말라

방오자方吾子[16]가 말하였다.

"내가 듣건대 옛날의 예법에 의하면 '행차할 때는 같은 옷을 입은 자와 같은 수레를 타지 않고, 거처할 때는 동족과 함께 같은 집에 살지 않는다.'고 하는데, 하물며 군주가 그 권력을 빌려주고 그 세력을 버리면 어떠하겠습니까?"

애증을 표시하지 말라

오장吳章[17]이 한韓나라 선왕宣王에게 말하였다.

"군주가 거짓으로 사람을 아낄 수 없는 것은 다른 날 다시 증오할 수 없기 때문이고, 거짓으로 사람을 증오할 수 없는 것은 다른

16) 사람 이름으로, 자세한 사적은 알려져 있지 않다.

17) 사람 이름으로, 자세한 사적은 알려져 있지 않다.

날 다시 아낄 수 없기 때문입니다. 그러므로 거짓으로 사랑하거나 거짓으로 증오하는 조짐이 나타나면 아첨하는 자들은 이를 기회로 헐뜯거나 칭찬할 것입니다. 그렇다면 비록 현명한 군주가 있다고 할지라도 다시 이전의 상태로 되돌릴 수 없습니다. 하물며 성실함으로 다른 사람들에게 드러냈을 때는 어떠하겠습니까?"

호랑이 눈보다 사나운 평양군

조나라 왕(효성왕孝成王)이 정원에서 노닐고 있었는데, 주위에 있는 자들이 토끼를 호랑이에게 주려다가 멈추자 호랑이가 사납게 그 눈동자를 굴렸다. 왕이 말하였다.

"보기 싫도다, 호랑이의 눈이여!"

주위에 있는 자들이 말하였다.

"평양군平陽君의 눈은 이보다 보기 싫습니다. 이 호랑이의 눈빛을 보면 해로움을 입지 않지만, 평양군의 눈빛이 이와 같다면 반드시 죽게 될 것입니다."

다음 날 평양군이 이 말을 듣고 사람을 시켜 말한 자를 살해했으나 왕은 그를 주살하지 않았다.

호칭도 빌려주어서는 안 된다

위衛나라 군주(위나라 문공文公)가 주周나라에 조회하러 들어갔다. 주나라의 행인行人이 그의 이름을 묻자 이렇게 대답하였다.

"위나라 제후 벽강辟疆입니다."

주나라 행인이 그를 제지하며 말하였다.

"제후는 천자와 같은 이름을 사용하지 못합니다."

위나라 군주가 바로 이름을 바꿔서 말하였다.

"제후 훼燬입니다."[18]

이렇게 한 뒤에야 안으로 들어가게 되었다. 공자가 이 말을 듣고 말하였다.

"멀리까지 생각하여 [천자의 자리에] 다가서는 것을 금지하는구나! 헛된 이름도 다른 사람에게 빌려주지 못하거늘, 하물며 실제 권력에 있어서랴!"

전傳 4: 핵심을 장악하라

성인은 벼슬아치를 다스릴 뿐 백성을 다스리지 않는다

나무를 흔들 경우 한잎 한잎 그 잎을 끌어당기면 힘만 들 뿐 전체에 미치지 못하지만, 좌우에서 그 뿌리를 친다면 잎이 모두 흔들릴 것이다. 연못가에 가서 나무를 흔들면 새들은 놀라 높이 날아갈 것이고, 물고기는 두려워 물속으로 내려갈 것이다. 그물을 잘 치는 사람은 그물의 벼리를 끌어당긴다. 만일 [그물의] 만 개의 눈을 하나하나 끌어당겨 얻으려고 한다면 이것은 힘만 들고 어렵지만, 그물의

18) 천자가 다스리는 만승의 나라인 주나라에 대한 겸허한 의미의 호칭이다. 본래 제후는 함부로 군대를 일으켜 다른 나라를 침범할 수 없었으므로 자신의 이름을 훼라고 한 것이다.

벼리를 당기면 물고기는 이미 그물 속으로 들어와 있을 것이다. 이와 같이 벼슬아치는 백성들의 나무뿌리이며 벼리이므로, 성인은 벼슬아치를 다스릴 뿐 백성을 다스리지 않는 것이다.

직접 다스리지 말라

불길을 잡으려는 자가 물 항아리를 들고 불 속으로 달려간다면 한 사람을 부린 것이고, 채찍을 쥐고 사람들을 재촉한다면 만 사람을 부린 것이다. 이 때문에 성인은 모든 백성을 직접 다스리지 않으며, 현명한 군주는 사소한 일을 직접 처리하지 않는다.

나라는 군주의 수레이고 권세는 군주의 말과 같다

조보造父가 마침 김을 매고 있는데, 아들과 아버지가 수레를 타고 지나가는 것이 보였다. 말이 놀라서 가려고 하지 않자 아들은 수레에서 내려 말을 끌고, 아버지도 내려서 수레를 밀며 조보에게 수레 미는 것을 도와달라고 청하였다. 조보는 그래서 농기구를 수습해 묶어 수레에 올려놓고 그 부자에게 손을 뻗어 수레에 올라타도록 하였다. 그리고 고삐를 당기며 채찍을 들기만 하고 사용하지도 않았는데 말이 일제히 달려나갔다. 만일 조보가 말을 다스릴 수 없었다면 비록 힘을 다하고 몸을 수고롭게 하여 그들을 도와 수레를 밀었다고 하더라도 말은 오히려 가려고 하지 않았을 것이다. 지금 몸을 수고롭게 하지 않고 [농기구를] 수레에 싣고 사람들에게 덕을 베풀었던 것은 [수레 모는] 술術이 있어서 그것을 제어할 수 있었기 때문이다.

그러므로 나라는 군주의 수레이고 권세는 군주의 말과 같다. 술 없이 그것을 다스리면 자신은 비록 수고로울지라도 오히려 [나라는] 혼란을 면치 못하게 될 것이다. 술이 있어 나라를 다스리면 몸은 편안하고 안락한 곳에 있으면서 제왕의 공적을 이룰 수 있을 것이다.

성인이 법을 만드는 이유

몽치와 숫돌은 고르지 않은 사물을 평평하게 만드는 도구이고, 도지개는 곧지 않은 사물을 교정하는 도구이다. 성인이 법을 만드는 것은 고르지 못한 것을 평평하게 하고, 곧지 않은 것을 교정하려 하기 때문이다.

요치淖齒는 제나라에 등용되자 민왕湣王의 힘줄을 뽑아버렸고, 이태李兌는 조趙나라에 등용되자 주보主父를 굶어 죽게 하였다. 이 두 군주는 모두 몽치와 숫돌, 도지개를 사용할 줄 몰랐던 것이다. 그래서 자신은 죽고 치욕을 당해 천하의 웃음거리가 된 것이다.

일설에는 이런 말이 있다. 제나라로 들어가면 단지 요치의 소문만 들을 수 있을 뿐 제나라 왕에 관해서는 들을 수 없으며, 조나라로 들어가면 단지 이태의 소문만 들을 수 있을 뿐 조나라 왕에 관해서는 들을 수 없다. 그래서 말하였다.

"군주가 술術을 조정하지 못하면 위세가 쇠약해져 신하가 멋대로 명성을 떨치게 된다."

일설에는 이런 말이 있다. 전영田嬰이 제나라 재상으로 있을 때 왕에게 이렇게 유세하는 자가 있었다.

"한 해의 회계 보고에 대해 왕이 며칠의 짬을 내어 스스로 직접 듣지 않으면 벼슬아치의 간사함과 사악함, 그리고 부당함을 알 수 없습니다."

왕이 말하였다.

"좋소."

전영은 이 소식을 듣고 즉시 왕에게 자신의 회계 보고를 듣도록 하였다. 왕도 장차 그것을 듣기로 했고, 전영은 벼슬아치를 시켜 곡물의 두斗·석石·구區·승升 단위의 회계장부를 갖추도록 하였다. 왕은 직접 회계 보고를 듣기는 했지만 끝까지 참고 듣지는 못하였다. 식사를 마친 뒤에 다시 앉았지만 일은 끝나지 않았다. 전영이 다시 일러 말하였다.

"신하들은 일 년간 아침저녁으로 게으름을 피운 적이 없습니다. 왕께서 하룻저녁 동안 만이라도 이것을 들으시면 신하들은 부지런히 일을 하게 될 것입니다."

왕이 말하였다.

"알았소."

그러나 잠시 뒤 왕은 잠이 들었다. 그러자 벼슬아치들은 모두 칼을 들고 왕이 서명한 문서의 곡식 기록을 삭제하여 없애버렸다. 그리하여 왕이 직접 회계 보고를 듣기 시작한 이후로는 혼란만 생겨나게 되었다.

일설에는 이런 말이 있다. 무령왕武靈王이 혜문왕惠文王에게 정치를 하도록 하고 이태를 재상으로 삼았다. 무령왕은 자신이 직접 죽이고 살리는 권한을 행사하지 않았으므로 이태에게 위협받게 되었다.

전傳 5: 군주가 성과를 이루는 방법

자정이 술術을 가지고 사람들을 끌어들이다

자정자玆鄭子[19)]가 손수레를 끌고 높은 다리를 올라가려는데 버틸 수가 없었다. 자정이 수레 끌채에 올라 노래를 부르자 앞에 가던 자가 멈춰 서고 뒤에 오던 자가 달려와서 손수레가 바로 올라가게 되었다. 자정이 술術 없이 사람들을 끌어들이려고 했다면 몸은 힘을 다해 죽을 지경에 이르렀더라도 손수레는 여전히 올라가지 못했을 것이다. 지금 몸이 수고로움에 이르지 않아도 손수레가 위까지 올라갈 수 있었던 것은 술을 가지고 사람들을 끌어들였기 때문이다.

창고가 텅 비어 있고 백성들은 가난한데, 간사한 벼슬아치가 잘사는 이유

조간주趙簡主가 세금 징수관을 내보냈는데, 그 벼슬아치가 세금을 가볍게 거두어들일 것인지 아니면 무겁게 거두어들일 것인지에 관

19) 앞의 경오經五에 '자정玆鄭'으로 되어 있는 것으로 볼 때 여기서 '자子'는 남자에 대한 미칭으로 보아야 한다.

해 말해주기를 청하였다. 조간주가 말하였다.

"가볍게도 하지 말고 무겁게도 하지 말라. 무거우면 이익이 군주에게 들어오지만, 만일 가벼우면 이익이 백성들에게 돌아가게 된다. 벼슬아치는 사사로운 이익이 없게 하면 그만일 뿐이다."

박의薄疑가 조간주에게 일러 말하였다.

"군주의 나라 안이 배부릅니다."

조간주는 매우 기뻐하며 말하였다.

"어째서 그러한가?"

대답해 말하였다.

"창고가 위로는 텅 비어 있고 아래로는 백성들이 가난하고 굶주려 있지만, 간사한 벼슬아치들은 잘살기 때문입니다."

고루 누리게 하라

제나라 환공桓公이 미복[20] 차림으로 민가를 순시하게 되었는데, 백성들 중에 나이가 많은데도 스스로 봉양하는 자가 있었으므로 환공은 그 까닭을 물었다. [그가] 대답하여 말하였다.

"신에게는 자식 셋이 있는데, 집안이 가난해서 아내를 얻지 못하고 고용살이를 하느라 아직 돌아오지 못하고 있습니다."

환공은 돌아와서 [이 일을] 관중에게 알렸다. 관중이 말하였다.

"조정에 쌓여서 썩어가는 재물이 있으면 사람들은 굶주리고, 궁궐에 나이는 많고 시집 못 가 독수공방하는 여자가 있으면 백성들

20) 미복微服은 지위가 높은 사람이 남루한 옷차림으로 백성들을 살펴보는 것이다.

은 아내를 얻지 못합니다."

환공이 말하였다.

"옳소."

그러고는 궁궐 안의 부녀자들을 선별해 출가시키고, 백성들에게 명령을 내려 말하였다.

"남자는 스무 살이 되면 아내를 얻고, 여자는 열다섯 살이면 시집을 가게 하라."

일설에는 이런 말이 있다. 환공이 미복 차림으로 민간을 지나게 되었는데, 녹문직鹿門稷이라는 자가 나이 일흔이 되도록 아내가 없었다.

환공이 관중에게 물었다.

"백성들 중에 늙었는데도 아내가 없는 자가 있소?"

관중이 말하였다.

"녹문직이라는 자는 나이가 일흔인데 아내가 없습니다."

환공이 말하였다.

"어떻게 하면 그로 하여금 아내를 얻게 할 수 있소?"

관중이 말하였다.

"신이 듣기로 위로는 재물을 쌓아두면 백성들은 반드시 아래에서 궁핍하게 되고, 궁궐에 나이는 많고 시집 못 가 독수공방하는 여자가 있으면 늙었어도 아내를 얻지 못한 자가 있게 된다고 합니다."

환공이 말하였다.

"옳소."

궁궐에 명령해 여자 중에서 일찍이 [왕을] 모시지 않은 자는 출가시키고, 또 남자에게 명하여 남자는 나이 스무 살이 되면 아내를 얻고, 여자는 나이 열다섯 살이 되면 시집을 가도록 명령하였다. 그러자 궁궐에 나이는 많고 시집 못 가 독수공방하는 여자가 없게 되었고, 밖으로는 아내를 얻지 못한 남자가 없게 되었다.

확고한 기준을 세워야 한다

연릉탁자延陵卓子가 푸른색의 꿩 꼬리 무늬의 준마가 끄는 수레를 탔는데, 앞에는 갈고리 달린 장식 띠가 있고 뒤에는 날카로운 쇠끝 채찍이 있었다. 그래서 말이 앞으로 나아가려고 하면 재갈이 제지하고, 물러나려고 하면 쇠끝 채찍이 찔러 말이 옆으로 달려나갔다. 조보가 지나다가 그것을 보고 눈물을 흘리며 말하였다.

"옛날 백성을 다스리는 것 또한 그러하였다. 무릇 상이란 사람들에게 권장하는 바이지만 다른 사람의 비방을 받는 자가 받았고, 벌은 사람들에게 금지시키는 바이지만 칭찬받는 자가 받았다. 백성들은 그 안에 서서 어찌할 바를 몰랐으니 이 또한 성인이 눈물을 흘리게 된 바이다."

일설에는 이런 말이 있다. 연릉탁자가 푸른색의 꿩 꼬리 무늬의 준마가 끄는 수레를 탔는데, 앞에는 그물 같은 재갈이 있고 뒤에는 날카로운 채찍이 있었다. 앞으로 가려고 하면 말고삐를 끌어당기고 물러서려고 하면 채찍질을 하니, 말이 앞으로 가려고 해도 나아갈 수 없었고 뒤로 가려고 해도 물러설 수 없었으므로 마침내 [재갈과 채찍을] 피해 달아났다. 그러자 [연릉탁자는] 수레에서 내려 칼을 뽑아 말의 다리를 잘랐다. 조보는 이것을 보고 눈물을 흘리며 온종일 먹지도 않고 하늘을 우러러 탄식하며 말하였다.

"채찍은 앞으로 나아가게 하는 도구이지만 앞에는 그물 같은 재갈이 있고, 말고삐는 뒤로 물러서게 하는 도구이지만 뒤에는 날카로운 채찍이 있다. 오늘 군주는 청렴한 자로서 [벼슬길에] 나아가게 했지만 주위의 신하들과 맞지 않는다고 하여 그를 물러나게 하고, 공정하다고 칭찬하면서도 자신의 말을 따르지 않는다고 하여 폐출시킨다. 백성들은 두려워하며 중간에 서서 갈 바를 알지 못하니 이것이 성인이 눈물을 흘리는 이유이다."

권卷 15

제36편

난일(難一: 권세의 운용과 통제에 관한 논박 1)

【해제】

'난難'이란 힐문詰問 혹은 변박辨駁이라는 의미로 논박하는 것이고, 일一·이二·삼三·사四 등은 순서를 말한다. 법가의 학설은 스스로 체계를 이룬 것이므로 기본적인 관념이 다른 학파들과는 다르다. 한비자는 법가 학설을 주장하면서 자신의 주장을 펼치기 위해 다른 한편으로 타인의 견해에 대해서 논박하고 있는데, 바로 〈난일〉 편이 그에 해당한다. 한비자는 각 학파의 주요한 이론에 대해서 새로운 해석을 하거나 세속의 기존 관점에 대해서 날카로운 비판을 가하고 있다.

〈난일〉 편은 옛사람의 언행을 이야기한 뒤 세상 사람들의 관점, 그리고 그 잘못에 대한 비판과 자신의 견해를 드러내는 서술방식을 취하고 있다. 분량이 비교적 많아서 네 편으로 구분되어 일·이·삼·사로 이루어져 있다.

〈난일〉 편에는 유가적인 내용이 많고, 아홉 개의 항목이 모두 춘추시대 때의 설화를 다룬 것으로, 그중 세 가지 항목이 제나라 환공에 대한 것이다. 유가의 이론적 모순에 대한 지적과 시야의 협소함에 대한 비판이 주를 이룬다고 볼 수 있다.

또한 한비자는 주로 적에게 대응할 때 거짓이나 술수로 이기는 것을 아끼지 말아야 하며, 천하를 다스릴 때에도 몸소 백성들을 감호하지 말고 권세를 운용하고 모든 관리들을 통제해야 한다고 주장하고 있다. 특히 군주는 엄격히 상벌을 시행해야 관리들이 함부로 난을 일으키지 못할 것이며, 현명한 군주는 공이 없는 자에게는 상을 주어서는 안 되고 죄가 없는 자에게는 벌을 내려서는 안 된다는 엄정함을 강조하고 있다. 군주는 군주의 도를 잃어서는 안 되며 신하 역시 신하의 예를 잃어서는 안 되고, 법률을 존중해 죄인을 가볍게 사면해서는 안된다는 것을 말하고 있다. 결론적으로 한비자는 군주가 술術을 가지고 있어야 하고 술이 없으면 결국 통치에 어려움이 있다는 점을 강조하고 있다.

진晉나라 문공文公이 초楚나라 사람과 전쟁을 하려고 구범舅犯을 불러 그에게 물었다.

"내가 초나라 사람과 전쟁을 하려고 하오. 저들은 많고 우리는 적으니 이를 어찌하면 좋겠소?"

구범이 대답하여 말하였다.

"신이 듣건대 예의를 번잡하게 따지는 군자는 충성과 믿음을 싫어하지 않지만, 전쟁에서는 진을 구축하는 사이에 속임과 거짓을 마다하지 않으니 군주께서는 그 속임수를 부리면 될 뿐입니다."

문공이 구범을 물러나게 하고 옹계雍季[1]를 불러 그에게 물었다.

"내가 초나라 사람과 전쟁을 하려고 하는데, 저들은 많고 우리는 적으니 이를 어찌하면 좋겠소?"

옹계가 대답하여 말하였다.

"숲에 불을 지르고 사냥을 하면 많은 짐승을 잡을 수 있으나 훗날에는 반드시 짐승이 사라지게 될 것입니다. 속임수로 백성들을 마주하면 한순간의 이익을 얻을 수 있으나 나중에는 반드시 없게 될 것입니다."

문공이 말하였다.

"옳은 말이오."

문공은 옹계를 물러나게 하고 구범의 계략에 따라 초나라 사람

---

1) 《춘추좌씨전》의 문공 6년조에 나오는 공자公子 옹雍일 것으로 추정된다. 문공의 아들이며 양공襄公의 이복동생이다.

과 전쟁을 치러 그들을 쳐부수었다. 그리고 돌아와 작위를 내리는데, 옹계를 앞자리에 두고 구범을 뒷자리에 두었다.

여러 신하들이 말하였다.

"성복城濮에서 승리한 일은 구범의 계략일진대, 구범을 뒤에 두면 되겠습니까?"

문공이 말하였다.

"그것은 그대들이 알 바 아니오. 무릇 구범이 말한 것은 한때의 권모술수이지만, 옹계의 말은 만대에 걸친 이로움이 있기 때문이오."

중니(공자)가 이 말을 듣고 말하였다.

"문공이 패업을 이루게 되는 것은 마땅하구나! 한때의 권모술수를 이미 알았고, 또다시 만대의 이익을 알고 있으니."

옹계의 답변이 문공의 질문에 합당한가, 그렇지 않은가

어떤 사람이 말하였다.[2)]

"옹계의 답변은 문공의 질문에 타당하지 않다. 무릇 질문하고 대답하는 것은 인과관계가 있어야 하니, 크고 작음과 느슨함과 빠름에 따라 대답해야만 한다. 질문한 것이 높고 큰데 대답한 것은 낮고 좁은 내용이면 현명한 군주는 받아들이지 않을 것이다. 지금 문공은 적은 수로 많은 무리를 대적하는 것에 대해 물었는데, 옹계는

2) 원문의 '或曰(혹왈)'을 번역한 것으로, 여기서는 한비자가 자신의 말을 입증하기 위해 제3자의 시각을 빌려 말하는 방식을 취하고 있다. 특히 이런 설화에 포함되어 있는 이론적 모순을 날카롭게 지적하고 있는데, 주로 객관성을 입증하기 위한 방식의 언어로 되어 있다.

'나중에는 반드시 없게 될 것입니다.'라고 대답하였다. 이렇게 응대하는 것은 옳은 방법이 아니다. 게다가 문공은 일시적인 권모술수를 알지도 못하고 만대의 이익도 알지 못한다. 싸워서 이기면 나라가 안정되고 몸도 안정되며 병력이 강해지고 위엄이 세워지니, 설령 나중에 다시 있게 되더라도 아무것도 이보다 더 큰 것은 없을진대 만대의 이익이 이르지 않을 것을 어찌 근심하겠는가? 싸워서 이기지 못하면 나라가 망하게 되고 병력도 약해지며 몸은 죽고 명성은 식어버려 오늘의 죽음을 떨쳐버리려고 해도 미칠 수 없으니 어느 겨를에 만대의 이익을 기다릴 수 있겠는가? 만대의 이익이란 오늘의 승리에 달려 있는 것이며, 오늘의 승리는 적을 속이는 데에 달려 있을 뿐이다. 그러므로 '옹계의 대답은 문공의 질문에 합당하지 않다.'고 말할 수 있다.

하물며 문공은 또 구범의 말을 이해하지 못하였다. 구범이 일컬은 속임수와 거짓을 싫어하지 않는다고 한 것은 그 백성을 속이는 것을 일컫은 것이 아니라 그 적을 속이라고 일컬은 것이다. 적이란 정벌해야 하는 나라이며 나중에 다시 없다 하더라도 어찌 상심하겠는가! 문공이 옹계에게 먼저 상을 준 까닭은 그 공 때문이었는가? 그렇다면 초나라를 이겨 군대를 쳐부순 것은 구범의 모략 덕분이었으니 아마도 더 훌륭한 것이 아니겠는가. 그래서 옹계는 곧 나중에 두 번 다시 없다고 말한 것이니 이는 잘한 말이 되지 못한다. 구범은 이미 이것들을 다 갖추었다.

구범이 '예의를 번잡하게 따지는 군자는 충성과 믿음을 싫어하지 않는다.'라고 말한 것은, 충심이란 그 아랫사람을 사랑하는 까닭이며 믿음이란 그 백성들을 속이지 않는 까닭이기 때문이다. 무릇 이미 사랑하면서 속이지 않았으니 말 중에서 어떤 것이 이보다 더 잘할 수 있겠는가? 그러나 반드시 속임수와 거짓에서 나와야 한다고 말한 것은 군대에서의 계략이었기 때문이다. 구범이 앞에서 잘한 말이 있었고, 나중에 전쟁에서 승리한 공이 있었으므로 구범에게 두 가지 공이 있는데도 논공을 뒤로한 것에 비해서 옹계는 [공이] 하나도 없는데도 상을 먼저 받았다. '문공이 패업을 이루게 되는 것은 마땅하구나!'라고 하였으니 중니(공자)는 '상을 잘 주는 법을 알지 못하는 것이다.'라고 한 것이다."

창과 방패 이야기

역산歷山의 농민이 밭이랑을 침범하여 다투었으나, 순舜임금이 가서 밭을 갈자 1년 만에 밭도랑의 경계가 바르게 되었다. 황하 가의 어부가 모래사장을 두고 다투었으나, 순임금이 가서 물고기를 잡으니 1년 만에 나이 든 사람에게 양보하였다. 동이東夷의 도공이 도자기를 힘들게 구웠는데, 순임금이 가서 도자기를 굽자 1년 만에 그릇이 단단해졌다.

중니가 감탄하여 말하였다.

"밭을 가는 일과 고기 잡는 것과 도자기 굽는 것은 순임금의 직분이 아니었는데, 순임금이 몸소 가서 그 일들을 하니 잘못된 것을 구제할 수 있었다. 순임금은 정녕 어질구나! 몸소 밭을 갈고 고생을 겪으니 백성들이 그를 따랐던 것이기에 성인의 덕으로 감화시킨 것이구나!"

어떤 사람이 유자(儒者, 유가에 속한 선비)에게 물었다.

"바야흐로 그때 요堯임금은 어디에 있었는가?"

그 사람이 말하였다.

"요임금은 [그때] 천자였다."

그렇다면 중니가 요임금을 성인이라고 부른 것은 어찌 된 까닭인가? 성인이란 윗자리(군주)에서 현명하게 살펴 천하로 하여금 간사함이 없게 하는 사람이다. 만일 밭 갈고 고기 잡는 때에 다툼이 없고 도자기가 일그러지지 않았다면 순임금이 또다시 어떻게 덕망으로써 감화시킬 수 있었겠는가? 순임금이 잘못된 것을 구제할 수 있었다는 것은 요임금에게 과실이 있었다는 의미이다. 순임금을 현인이라고 한다면 요임금의 명찰함을 버렸어야만 하고, 요임금을 성인이라고 한다면 순임금의 덕화를 버렸어야만 하니, 두 가지를 [동시에] 얻을 수는 없는 것이다.

초나라 사람 중에 방패와 창을 파는 자가 있었는데, 그것을 자랑하여 말하였다.

"내 방패는 견고하여 사물 중에 이것을 뚫을 수 있는 것은 아무것도 없다."

또다시 창을 가리키며 말하였다.

"내 창은 날카로워 사물 중에 뚫지 못하는 것은 아무것도 없다.

그러자 어떤 사람이 말하였다.

"그대의 그 창으로 그대의 그 방패를 뚫으면 어찌 되는가?"

그 사람은 대답할 수가 없었다. 무릇 뚫을 수 없는 방패와 뚫지 못함이 없는 창은 함께 존립할 수가 없다.

지금 요임금과 순임금이 둘 다 기려질 수 없는 것은 창과 방패의 이론과 같다. 하물며 순임금이 잘못된 것을 구제했다 하는 것도 1년이 걸려 한 가지 잘못이 고쳐지고 3년 만에 세 가지 잘못이 고쳐졌다는 것이니, 순임금의 목숨에는 다함이 있어서 천하에 잘못이 그칠 때가 없는 것이며, 다함이 있는 것으로 그침이 없는 것을 좇게 되면 그치길 바라는 것은 적어질 것이다. 상벌이란 천하 사람들을 반드시 하도록 만드는 것이니 법령에서 이렇게 말하였다.

"법도에 맞는 자는 상을 주고 법도에 맞추지 못하는 자는 주벌할 것이다."

명령이 아침에 이르렀다가 저녁에 변하고 저녁에 이르렀다가 아침에 변하면 열흘 만에 온 천하에 다 미치게 될 것인데, 어찌하여 1년 동안 기다릴 수 있겠는가? 순임금이 오히려 이러한 논리를 가지고 요임금을 설득하여 백성들로 하여금 자신을 따라오게 하지 않고 몸소 친히 하였으니, 이 또한 술術을 터득하지 못한 것이 아니겠는가? 또 자신을 수고롭게 하고 나서 백성들을 교화한 것은 요임금과 순임금도 어렵게 생각한 바이니, 권세 있는 자리에 처해 있으면서 아랫사람을 바로잡는 것은 용렬한 군주도 쉽게 하는 것이다. 장차 천하를 다스리려고 하면서 용렬한 군주가 할 수 있는 쉬운 일을 내버려두고 요임금과 순임금도 하기 어려운 일을 따르려고 하는 사람과는 정사를 함께할 수가 없을 것이다.

관중이 죽으면서 환공에게 제거하라고 한 세 신하들

관중管仲이 병이 들어 환공桓公이 가서 그에게 물었다.

“중보仲父께서 병으로 불행하게도 세상을 뜨게 되면 과인에게 무엇을 알려주시겠소?”

관중이 말하였다.

“주군께서 말씀하지 않아도 신이 일부러 말씀드리려고 하였습니다. 원컨대 군주께서는 수조豎刁를 제거하고 역아易牙를 버리시며, 위衛나라 공자 개방開方[3]을 멀리하셔야 합니다. 역아는 주군을 위해 맛난 음식을 마련하였는데, 주군께서 사람 고기를 맛보지 않으셨다고 하자 자기 아들의 머리를 삶아서 바쳤습니다. 무릇 사람 된 자의 마음으로 자기 아들을 사랑하지 않는 자는 아무도 없거늘, 자기 아

3) 위衛나라의 천승을 받는 제후를 사양하고 제나라를 섬긴 인물이다.

들을 사랑하지 않으면서 어찌 주군을 사랑할 수 있겠습니까? 또한 주군께서 질투가 많으셔서 궁녀들을 좋아한다고 하자, 수조는 자신을 거세하고 궁궐 여자들을 단속하였습니다. 무릇 사람 된 자의 마음으로 자신의 몸을 사랑하지 않는 자는 아무도 없거늘, 자신조차 사랑하지 않는데 어찌 주군을 사랑할 수 있겠습니까? 개방은 주군을 섬긴 지 15년이 되었습니다. 제齊나라와 위나라는 며칠이면 갈 수 있거늘, 어머니를 내버려두고 오랫동안 벼슬자리에 머물면서 돌아가지 않았으니, 그 어머니를 사랑하지 않으면서 어찌 주군을 사랑할 수 있겠습니까? 신이 듣건대 거짓에 힘쓰는 것은 오래가지 못하고 안이 비어 있는 것을 덮으려는 것도 오래가지 못할 것이니, 주군께서는 이 세 사람을 버리시기 바랍니다."

결국 관중이 죽었으나 환공은 [관중의 권고를] 행동으로 옮기지 못하였다. 환공이 죽은 뒤에는 시체에서 벌레가 문밖으로 기어 나올 때까지 시신을 안장하지도 못하였다.

어떤 사람이 말하였다.

"관중이 환공을 만나 알려준 까닭은 법도를 갖춘 자의 말이 아니다. 수조와 역아를 제거하라고 한 까닭은 그 몸을 사랑하지 않고 군주의 욕망을 따르려고 했기 때문이다. [관중은] '자신조차 사랑하지 않는데 어찌 주군을 사랑할 수 있겠습니까?'라고 하였다. 그렇다면 신하는 죽을힘을 다해 자신의 주군을 위하더라도 관중은 장차 쓰지 않으려고 할 것이다. [그리고] '그 죽을힘을 아끼지 않으면서 어찌 주군을 사랑할 수 있겠는가?'라고 말했다. 이는 군주가 충성스런 신하를 제거하기 바라는 것이다. 또한 그 몸을 사랑하지 않는다고 하여 자신의 주군을 사랑하지 않는다고 헤아린 것, 이는 관중이 공자 규糾를 위해 죽을 수 없던 것을 가지고 그가 환공을 위해 죽지 않을 것임을 헤아리는 것과 같은 이치이니, 이는 관중 또한 제거될 수 있는 범위에 놓여 있는 것이다. 현명한 군주의 도는 그렇지 않다. 백성이 하고자 하는 바를 설치하여 그들에게 공적을 요구하므로 작위와 봉록을 만들어서 그들에게 권유하는 것이다. 백성들이 싫어하는 것들을 설치하고 난 뒤 그들이 악하게 하는 것을 금지함으로 형벌과 포상을 만들어 그들을 을러댄다. 상을 내리는 것이 믿음을 주고 형벌을 내리는 것이 필연적이므로 군주는 공을 세운 자를 신하로부터 등용하고 간악한 자를 윗자리에 쓰지 않는 것이다. 비록 수조 같은 자가 있다 하더라도 그가 군주를 어찌할 수 있겠는가?"

또한 말하였다.

"더욱이 신하는 죽을힘을 다해 군주와 거래를 하고, 군주는 작위와 봉록을 보이면서 신하와 거래한다. 군주와 신하 사이란 부자와 같은 친근한 관계가 아니라 수(數, 법도)를 따져서 나온 사이이다. 군주에게 도가 있으면 신하는 능력을 다하게 되어 간악함은 생겨나지 않을 것이며, 도가 없으면 신하는 위에서는 군주의 밝음을 가리고 아래에서는 사사로움을 만들 것이다. 관중은 이러한 법도와 술수를 환공에게 설명하지 않고 수조를 물리치도록 했으나, 또 다른 한 명의 수조를 오게 만들었으니 이는 간악함을 끊는 방법이 못 되는 것이다. 게다가 환공 자신이 죽어 시신에서 벌레가 집 밖으로 기어 나왔는데도 시신을 안장하지 못한 이유는 신하의 강한 권세 때문이니, 신하의 권세가 강하여 군주를 제멋대로 한 것이다. 군주를 제멋대로 하는 신하로 인해 군주의 명령은 아래로 도달하지도 못하고 신하의 실정이 군주에게도 통하지 않게 된다. 한 사람의 힘으로 군주와 신하 사이를 벌려놓을 수 있고, 일이 잘되고 못됨이 들리지 않고 화와 복이 통용되지 못하게 되므로 안장하지 못하는 근심거리가 생기게 되는 것이다. 현명한 군주의 길이란 한 사람이 관직을 거듭하게 하지 않고, 하나의 관직에 일을 거듭하게 하지도 않는 것이다. 신분이 비천한 자도 존귀한 자에게 기대하지 않고 [군주에게] 나아갈 수 있으며, 대신들은 주변을 통하지 않고도 만날 수 있다. 모든 관리들이 [군주와] 통하고 모든 신하들도 [군주에게] 수레 바퀴살이 바퀴통에 모이듯 한다. 상을 받는 자가 있으면 군주가 그 공적을 지켜보고, 벌을 받는 자가 있으면 군주는 그 죄를 안다. 아는 데에 있어 앞에서는 어그러짐이 없게 하고, 상 주고 벌줌에 있어 뒤에서 가려지지 않는다면 어찌 장례를 치르지 못하는 근심거리가 있었겠는가? 관중은 이 말을 환공에게 설명해주지 않고 세 사람을 물리치라고 한 것이므로 '관중은 법도를 갖추지 못한 것이다.'라고 말한 것이다."

상 주는 것이 잘못된 경우

[조趙나라] 양자襄子가 진양晉陽의 성안에 포위되었는데, 포위망을 벗어나게 되자 공을 세운 다섯 사람에게 상을 내렸다. 고혁高赫[4]이라는 사람이 상을 으뜸으로 받았다. 장맹담張孟談이 말하였다.

"진양의 전쟁에서 고혁은 이렇다 할 큰 공도 세우지 못했거늘, 지금 상을 으뜸으로 주는 것은 무슨 이유입니까?"

양자가 말하였다.

"진양에서의 전쟁으로 과인의 국가와 사직이 위태로운 상태였다. 나의 여러 신하들 중 교만하고도 함부로 하려는 생각을 갖지 않은 자가 없었으나, 고혁만은 군주와 신하 간의 예를 잃지 않아 그에게 상을 먼저 준 것이다."

중니(공자)가 그 말을 듣고 말하였다.

"훌륭하게 내린 상이로구나! 양자가 한 사람에게 상을 주어 천하에 신하 된 자들이 아무도 감히 예를 잃지 못하게 하였으니!"

어떤 사람이 말하였다.

"중니(공자)는 상을 잘 주는 방법을 알지 못하는 것이다. 무릇 상과 벌을 훌륭하게 하면 모든 관리들이 함부로 직분을 넘보지 못하고, 여러 신하들도 함부로 예를 벗어나지 못한다. 윗사람(군주)이 그 법을 두면 아랫사람들은 간사한 마음이 없게 되니, 이와 같이 하면 상벌을 훌륭히 한다고 말할 수 있다. 진양에서 양자가 명령을 내려

4) 조씨의 가신으로, 《사기》에 나오는 고공高共이라는 자와 동일 인물이다.

도 행해지지 않고, 금령도 그쳐지지 않았다면 이는 양자에게는 나라가 없게 되고 진양에는 군주가 없게 되는 것이니, 하물며 누가 함께 지키겠는가? 지금 양자가 진양에 있을 때 지씨(知氏, 지백)가 물을 대어 절구통처럼 패인 부엌 아궁이에 맹꽁이가 살 지경이었으나 백성들이 이반할 생각을 갖지 않은 것은 군주와 신하 사이가 그만큼 가까웠기 때문이다. 양자에게 군주와 신하 간의 친밀한 은택이 있어 명령을 마음대로 행하고 금지하면 그쳐지는 법을 손에 쥐고서도 오히려 오만하고 업신여기는 신하가 있게 되니, 이는 양자가 벌을 잘못 내렸기 때문이다. 남의 신하 된 자에게는 일을 도모하여 공을 세우면 상을 내린다. 지금 양자는 고혁이 겨우 교만하거나 오만하지 않았다는 것으로 그에게 상을 내렸으니 이는 상을 잘못 내린 것이다. 현명한 군주는 공을 세우지 않은 자에게 상을 주지 않고, 죄 없는 자에게 벌을 내리지 않는다. 지금 양자는 오만하게 군주를 업신여기는 신하를 주살하지 않고 공이 없는 고혁에게 상을 주었으니 어디에 양자가 상을 잘 주는 방법이 있겠는가? 그러므로 말하기를 '중니(공자)는 상을 훌륭하게 주는 방법을 알지 못하는 것이다.'라고 한 것이다."

군주의 도인가, 신하의 예인가

진晉나라 평공平公이 여러 신하들과 술을 즐기다가 한숨을 쉬며 말하였다.

"군주가 된 것보다 즐거운 것은 아무것도 없구나! 오직 그 말을 하더라도 아무도 어기지 않는구나."

사광師曠이 앞에서 모시고 앉아 있다가 거문고를 끌어와 치려고 하니 공이 옷소매를 풀어헤쳐 피하여 거문고가 벽에 [부딪혀] 부서졌다. 공이 말하였다.

"태사는 누구를 치려 하였는가?"

사광이 말하였다.

"지금 소인 곁에서 말을 지껄이는 자가 있었으므로 친 것입니다."

공이 말하였다.

"과인이었느니라."

사광이 말하였다.

"아! 이는 군주 되시는 분의 말씀이 아니십니다!"

좌우에 있는 자들이 그를 죽이려고 하자 공이 말하였다.

"그를 풀어주어라. 과인의 경계로 삼겠노라."

어떤 사람이 말하였다.

"평공은 군주의 도를 잃었고 사광은 신하의 예를 잃었다. 무릇 그 행동이 잘못되었다고 하여 그 자신을 주살하려는 것은 신하에 대한 군주의 태도이다. 그 행위가 잘못되었다고 여긴다면 말을 아뢰고 만일 간언해도 듣지 않으면 [신하] 그 자신이 멀리하는 것이 군주에 대한 신하의 태도이다. 지금 사광은 평공의 행위를 그릇되었다고 하면서 신하로서 간하는 말을 진술하지 않고 군주 된 자의 벌을 행하여 거문고를 들어 그 몸을 친압하였으니, 이는 위아래의 지위를 거스른 것이며 남의 신하 된 예를 잃은 것이다. 무릇 남의 신하가 된 자는 군주에게 잘못이 있으면 간언하고 간언해도 듣지 않으면 작위와 봉록을 가볍게 여기고 기다려야만 하니, 이것이 남의 신하가 되는 예의이다. [그런데] 지금 사광은 평공의 허물을 그릇되었다고 하면서 거문고를 들어 그 몸을 범하였으니, 비록 엄격한 아버지라도 자식에게 가할 수 없는 것을 사광이 군주에게 행한 것이다. 이는 중대한 반역의 술수이다. 또 신하가 중대한 반역을 행하였는데도 평공은 좋아하고 들어주었으니, 이는 군주의 도를 잃은 것이다. 그러므로 평공의 행적을 명시해서는 안 된다. 군주 된 자로 하여금 듣는 데에 과민하고도 그 실수를 깨닫지 못하게 하였으니, 사광의 행동 또한 명시해서는 안 된다. 간사한 신하로 하여금 엄히 간하여 군주를 시해한 죄를 꾸미게 하는 방법을 답습하게 하기 때문에 둘 다 현명하다고 말할 수 없다. 이것을 둘 다 잘못된 것이라고 말한다. 그러므로 '평공은 군주의 도를 잃었고 사광도 신하의 예를 잃었다.'라고 말하는 것이다."

제나라 환공桓公 때 처사가 있었는데 소신직小臣稷[5]이라고 하였다. 환공이 세 번이나 가도 만나볼 수가 없었다. 환공이 말하였다.

"내가 듣건대 벼슬하지 않은 선비가 작록을 가볍게 여기지 않는다면 만 대의 수레를 낼 수 있는 군주를 갈아치울 수 없고, 만 대의 수레를 낼 수 있는 군주가 인의仁義를 좋아하지 않는다면 벼슬하지 않는 선비를 겸허하게 할 리가 없다고 한다."

이에 다섯 번을 찾아가서 비로소 만나볼 수 있었다.

어떤 사람이 말하였다.

"환공은 인의를 알지 못하니, 무릇 인의란 천하의 해악을 근심스러워하고 한 나라의 환난에 달려가 비굴과 모욕을 마다하지 않는 것을 일컫는 것이다. 그러므로 이윤伊尹은 중원이 어지럽다고 생각하여 [스스로] 요리사가 되어 탕왕湯王을 섬기려 하였고, 백리해百里奚는 진秦나라가 어지럽다고 생각하여 노예가 되어 목공穆公을 섬기려고 하였으니, 모두 천하의 해로움을 근심스러워하고 한 나라의 우환 속으로 치달아 비굴과 모욕을 마다하지 않았기 때문에 이를 일컬어 인의라고 한 것이다. 지금 환공은 만 대의 수레를 낼 수 있는 세력으로 필부 같은 선비에게 자신을 낮추고 제나라를 근심하려고 하는데도 소신은 나아가서 만나 뵈려고 하지 않으니, 이는 소신이 백성임을 잊은 것이고 백성임을 잊어버렸으니 이를 일컬어

5) '소신小臣'은 성이며, '직稷'이 이름이다. 소신을 신분이 낮은 신하라고 번역하는 경우가 있는데, 옳지 않다.

인의라고 할 수 없다. 인의란 남의 신하 된 예를 잃지 않고 군주와 신하의 지위를 어그러뜨리지 않는 것이다. 이 때문에 나라 안에서 [사냥한] 날짐승을 받들고서 조정에 조회하러 가는 것을 이름하여 '신臣'이라고 한다. 신 중에서 벼슬아치가 되어 직책을 분담하여 일을 맡은 자를 이름하여 '맹萌'이라고 한다. 지금 소신은 백성[6]의 무리 속에 있으면서 군주의 바람을 거스르고 있으므로 이를 일컬어 인의라고 할 수 없다. 인의가 없는데도 환공이 또한 그를 쫓아가서 예우하였던 것이다. 만일 소신이 지혜와 능력을 갖추고서도 환공을 피했다면 이는 숨은 것이니 형벌을 받아야 한다. 만약 지혜나 능력도 없으면서 헛되이 환공에게 교만을 부리고 자랑하려 들었다면 이는 속인 것이니 도륙해야 마땅하다. 곧 소신은 형벌을 받거나 아니면 도륙되어야 한다. [그러나] 환공은 신하와 군주의 이치를 이해하지 못하고 형벌받거나 도륙될 사람을 예우하였으니 이는 환공이 윗사람을 가볍게 여기고 군주를 업신여기는 습속을 제나라 사람에게 가르친 것이므로 잘 다스리는 까닭이 아니다. 그러므로 '환공은 인의를 알지 못한다.'라고 말하는 것이다."

극헌자 이야기

미계靡笄의 전쟁에서 한헌자韓獻子[7]가 어떤 사람의 목을 베려고 하

6) 원문의 '民萌(민맹)'을 번역한 것으로, 여기서 '맹萌'은 '민民'과 같다.

7) 한궐韓厥을 말하며, '헌자獻子'는 시호이다. 한씨의 삼대손으로서 사마 벼슬을 하고 있었다.

였다. 극헌자郤獻子[8]가 그 소식을 듣고 말을 달려가 그를 구하려고 하였다. 그러나 이르렀을 무렵에는 이미 그를 베고 난 뒤였다. 극헌자가 이 때문에 말하였다.

"어찌하여 [시신을] 내걸어 보이지 않았는가?"

그 종이 말하였다.

"지난번에는 그를 구하려고 하지 않았습니까?"

극헌자가 말하였다.

"내가 감히 [한헌자 때문에] 그 비방誹謗한다는 것을 나누어가지지 않을 수 있겠는가?"

어떤 사람이 말하였다.

"극헌자의 말은 살피지 않을 수 없으니, 비방을 나누어가진 것이 아니다. 한헌자가 베어버린 사람이 만약 죄를 지은 사람이었다면 구할 수 없는 것이다. 죄를 지은 사람을 구하면 법이 무너지는 까닭이 되니, 법이 무너지면 나라는 어지러워진다. 만약 죄를 지은 사람이 아닌데도 그를 내걸어 보이라고 권한다면 이는 무고한 사람을 두 번 죄짓게 하는 것이다. 무죄를 중복시키면 백성이 원망을 일으키는 까닭이 되니, 백성이 원망하면 나라가 위태로워진다. 극헌자의 말은 위태롭게 하지 않으면 어지럽게 하는 것이니 살피지 않을 수 없다. 또 한헌자가 베어버린 사람이 만일 죄를 지은 사람이었다면 극헌자가 어찌 [비방을] 나누어갖겠는가. 베임을 당한 사람이 만일 죄인이 아니었더라도 이미 그를 베어버린 뒤에 극헌자가 여기

8) 극극郤克을 말하며, '헌자'는 시호이다. 극흠郤欠의 아들이다.

에 이르렀던 것이다. 이는 한헌자에 대한 비방이 이미 만들어지고 극헌자 또한 나중에 도착한 것이 된다. 무릇 극헌자가 '[그것]으로 내걸어 보이라.'고 말한 것은 [죄 없는] 사람을 베었다는 비방을 나누어 받기에 부족하며, 또한 내걸어 보이게 했다는 비방을 낳았을 것이니, 이런데도 극헌자가 비방을 나누어갖겠다고 말한 것이라고 할 수 있는가?

옛날에 주紂가 포락炮烙이라는 형벌을 만들자 숭후崇侯와 악래惡來는 물 건너는 자의 정강이를 잘라보라고 말하였다. 어찌 주에 대한 비방을 나누어갖겠는가. 또한 백성이 윗사람에게 바라는 것은 대단하다. 한헌자가 [기대를] 얻을 수 없으면 극헌자가 그것을 얻을 수 있기를 바랄 것이다. 지금 극헌자도 함께할 수 없다면 백성은 윗사람에게 절망할 것이다. 그러므로 '비방을 나누어갖지 않은 것이며 비방을 덧붙이는 것이다.'라고 하는 것이다. 또한 극헌자가 달려가서 죄인을 구하려고 한 것은 한헌자가 잘못했다고 생각했기 때문이다. 그 잘못된 까닭을 말하지 않고서 그에게 내걸어 보이라고 권한 것은 한헌자로 하여금 그 잘못을 알지 못하도록 한 것이 된다. 무릇 아래로는 백성으로 하여금 윗사람에 대해 절망하도록 하고, 또 한헌자로 하여금 자신의 실수를 알아차리지 못하도록 한 것이다. 나는 극헌자가 비방을 나누어갖게 되는 까닭이란 것이 납득되지 않는다."

관중이 환공에게 요청한 세 가지 조건

[제나라] 환공桓公이 관중管仲을 묶은 포승줄을 풀어주고는 재상으로 삼았다. 관중이 말하였다.

"신은 총애를 받고 있습니다만, 신의 신분이 낮습니다."

공이 말하였다.

"그대로 하여금 고씨高氏와 국씨國氏보다 윗자리에 서도록 하겠소."

[그러자] 관중이 말하였다.

"신의 신분이 귀해졌습니다만, 신은 가난합니다."

공이 말하였다.

"그대로 하여금 삼귀三歸[9]의 집을 갖도록 하겠소."

관중이 말하였다.

"신이 부유하게 되었습니다만, 신은 [폐하와] 성글고 멉니다."

이에 [환공은] 그를 세워 중보仲父로 삼았다.

소략霄略[10]이 말하였다.

"관중은 미천한 신분으로 나라를 다스릴 수 없다고 생각했기 때문에 고씨와 국씨보다 윗자리에 서기를 요청했던 것이며, 가난해서는 부유한 자들을 다스릴 수 없다고 생각했기 때문에 삼귀의 집을 청했던 것이고, 성글고 먼 관계로는 친족을 다스릴 수 없다고 생각했기 때문에 중보를 청했던 것이다. 관중이 탐욕을 부린 것이 아니라 그래야 다스리는 데 편리했기 때문이다."

9) '歸(귀)'는 여자가 시집을 가는 것을 말하니, '삼귀'란 세 명의 여자를 둔다는 의미이다.

10) 《춘추좌씨전》 장공莊公 12년조에 나오는 소숙대심蕭叔大心이라는 인물과 동일인일 가능성이 높다.

어떤 사람이 말하였다.

"지금 노비와 비첩[11]으로 하여금 군주의 영을 받들게 하여 공경과 재상에게 명령하고 조서를 내리면 그 누구도 감히 듣지 않을 수 없으니, 공경과 재상의 [신분이] 낮고 노비와 비첩이 존중받아서가 아니라 군주의 영을 감히 따르지 않을 수 없기 때문이다. 만일 관중의 다스림으로써 환공을 따를 수 없게 한다면 이는 [나라에] 군주가 없게 되는 것이니, 나라에 군주가 없으면 다스릴 수 없는 것이다. 만일 환공의 위세를 등에 업고 환공의 영을 내린다면 이는 노비와 비첩일지라도 [정치를] 펼칠 수 있는 까닭이 될지니, 어찌 고씨와 국씨나 중보 같은 존귀함을 기다린 뒤에야 행해진다는 말인가! 오늘날 행사行事나 도승都丞[12]과 같은 관리들이 징집 명령을 내리게 되더라도 신분이 존귀하다고 해서 피하지 않고, 비천하다고 해서 나아가지 않으므로 그것을 집행하여 법대로 할 경우 비록 항백巷伯[13]일지라도 공경과 재상에게 권력을 행사하고, 만일 집행하여 법에 들어맞지 않게 되면 설령 높은 관리일지라도 백성에게 굽혀지는 것이다. 지금 관중은 군주를 높이고 법을 밝히는 데 힘쓰지 아니하고 총애를 늘리고 작록을 더하는 것을 일거리로 삼고 있으니, 이는 관중이 부귀를 탐내는 것이 아니라면 반드시 어리석어 법술法術을

11) 원문의 '臧獲(장획)'을 번역한 것으로, 《방언方言》에 의하면 초나라와 회수 일대에 팔려온 사내종을 '장臧'이라 하고, 계집종을 '획獲'이라고 하였으며, 연나라와 제나라 일대에는 사내종을 '장'이라 하고, 도망쳐온 계집종을 '획'이라 불렀다고 한다. 일설에는 재물을 취하다가 붙잡힌 자를 '장'이라 하고, 그냥 사로잡힌 자를 '획'이라고 하였으나, 이들은 모두 죄를 짓고 떠돌아다니다가 노비가 된 사람들임은 분명하다. 따라서 '노비'라고 번역한다.

12) 행사行事나 도승都丞은 관직명으로, 관장하는 것이 무엇인지는 자세히 알 수 없다.

13) '항巷'은 궁궐 안의 길을 의미하며, '백伯'은 '장長'과 같은 의미이다.

알지 못하는 것이다. 그러므로 '관중은 행동을 잘못하였으며, 소략은 칭찬을 잘못한 것이다.'라고 하는 것이다."

두 사람을 등용할 것인가, 한 사람만 등용할 것인가

한韓나라 선왕宣王이 규류(樛留, 한나라의 신하)에게 물었다.

"내가 공중公仲과 공숙公叔 두 사람을 등용하고 싶은데, 그렇게 하는 것이 괜찮겠소?"

규류가 대답하였다.

"옛날에 위魏나라가 누비樓鼻와 적강翟强 두 사람을 [함께] 등용하고서 서하西河 땅을 잃었고, 초楚나라는 소씨昭氏와 경씨景氏 두 사람[14]을 [함께] 등용하여 언鄢과 영郢 땅을 잃었습니다. 만일 주군께서 공중과 공숙 두 사람을 함께 등용하시면 반드시 앞으로 정사를 다투고 다른 나라와 거래하게 될 것이니, 나라에 반드시 근심거리가 될 것입니다."

어떤 사람이 말하였다.

"옛날에 제나라 환공은 관중과 포숙鮑叔 두 사람을 등용했으며, 성탕(成湯, 탕왕의 미칭)은 이윤과 중훼仲虺 두 사람을 등용하였다. 무릇 신하 두 사람을 등용하는 것이 나라의 근심거리라고 한다면 환공은 [천하를] 제패하지 못했으며, 성탕도 왕 노릇을 할 수 없었을

14) '소씨昭氏'는 소해휼昭奚恤을 가리키고, '경씨景氏'는 경사景舍를 가리킨다.

것이다. 민왕湣王은 요치淖齒 한 명만 등용했지만 자신은 동묘東廟에서 죽임을 당했고, 주보主父는 이태李兌 한 명만 등용했지만 먹는 것마저 줄임을 당하다가 굶어 죽었다. 군주가 술術을 갖추고 있으면 둘을 함께 등용하더라도 우환이 생기지 않을 것이다. 술을 갖추고 있지 못하면서 둘을 함께 등용할 경우 권력을 다투고 다른 나라와 거래하게 될 것이며, 한 명을 등용할 경우 멋대로 휘둘러 [군주를] 겁박하고 시해하게 될 것이다. 지금 규류는 군주를 바로잡을 술이 없고 군주로 하여금 둘을 버리고 하나를 등용하도록 하고 있으니, 이는 서하와 언 및 영 땅을 잃는 근심거리가 생기지 않으면 반드시 자신이 죽임을 당하거나 음식의 줄임을 당하는 우환을 초래할 것이다. 이는 규류가 지언(知言, 말을 잘 이해하는 것)을 잘하지 못하는 것이 된다."

제37편

난이(難二:권세의 운용과 통제에 관한 논박 2)

【해제】

〈난이〉 편은 앞 〈난일〉 편의 연속으로, 내용상 모두 일곱 단락으로 되어 있다. 첫 번째 단락은 형벌의 타당성 여부와 관련된 것으로, 형벌이 느슨하거나 관대하면 안 된다고 논박하고 있다. 두 번째 단락에서는 공이 없는데 상을 주는 것과 허물이 있는데 벌을 내리지 않는 것이 혼란의 근본이 됨을 말하고 있다. 세 번째 단락에서는 지혜로운 자가 화를 피하는 것은 무위의 도를 체득했기 때문이라는 것이며, 네 번째 단락에서는 다섯 패권자의 공이 모두 군주와 신하 간에 힘을 합쳐서 이루어진 것임을 밝히고 있다. 다섯 번째 단락은 군주가 사람을 다루려면 반드시 법도에 의해야 한다고 언급하고 있다. 여섯 번째 단락은 관직에 있는 자는 술術이 있어 아랫사람의 거짓됨을 살펴보아야 한다는 것이며, 마지막 단락은 많은 사람을 다루는 길은 역시 신상필벌信賞必罰에 있음을 밝히고 있다.

한비자는 유가의 윤리규범에 얽매이는 것이야말로 대단히 위선적이며 소극적인 것이라고 비판하면서 법가의 현실 논리로서 효율성과 필연성을 자신의 논지의 기본틀로 삼고 있다. 한비자의 기본적인 시각은 인간의 이해관계에 따라 모든 것이 결정되므로 유가의 윤리규범에 얽매이지 말아야 한다는 것인데, 그가 주장하는 내용 중에는 역설적으로 묵가墨家의 내용도 간혹 들어가 있다.

안자가 본 것과 경공이 보지 못한 것

경공景公이 안자(晏子, 안영晏嬰)의 집을 지나가다 말하였다.

"그대의 집[1]은 작고 저잣거리에 가까우니 그대 집을 예복豫木과 장목章木이 있는 남새밭 쪽으로 옮기는 것이 어떠하오?"

안자가 두 번 절하고 마다하며 말하였다.

"지금[2] 저 안영의 집은 가난하여 저자가 서기를 기다려 먹고 아침저녁으로 그곳으로 달려가야 하므로 멀어서는 안 됩니다."

경공이 웃으며 말하였다.

"그대의 집이 저잣거리와 가깝다면 [어떤 것이] 값싸고 비싼지를 알고 있소?"

당시 경공이 형벌을 자주 내리던 터라 안영은 이렇게 대답하였다.

"용踊신[3] 값은 비싸고 짚신 값은 쌉니다."

경공이 말하였다.

"무엇 때문이오?"

[안영이] 대답하였다.

"형벌을 받는 자가 많기 때문입니다."

경공이 놀라 얼굴빛을 바꾸며 말하였다.

"과인이 그렇게 포악했던가!"

그래서 다섯 종류의 형벌을 감형하기로 하였다.

---

1) 원문의 '宮(궁)'을 번역한 것으로, 당시에는 귀천을 막론하고 거주하는 집을 '궁'이라고 하였다. 진나라와 한나라 이후에 제왕이 사는 높고 큰 집을 '궁'이라고 하였다.

2) 원문의 '且(차)'를 번역한 것으로, '금今'의 의미이다.

3) 발목이 잘리는 형벌을 받은 사람이 신는 신발로, 값이 비싸다.

어떤 사람이 말하였다.[4)]

"안자가 용신 값이 비싸다고 한 것은 진실이 아니다. 말을 꾸며서 많은 형벌을 그치게 하려는 것이었으니, 이는 정치의 근심거리를 살피지 못한 것이다. 무릇 형벌이 합당하다면 [많아도] 많은 것이 아니며, 합당치 못하다면 [적어도] 적은 것이 아니다. 합당치 않다는 말이 없는데도 너무 많다고 유세하는 것은 술術이 없는데서 오는 근심거리이다. 패전한 자를 주살하는 것은 천이나 백을 헤아린다고 해도 오히려 달아나는 자를 또한 막지 못한다. 곧 어지러움을 다스리는 형벌을 마치 다 쓰지 못할까 두려워하더라도 간악함은 오히려 다 사라지지 않는다. 지금 안자는 그 합당한지 아닌지를 살펴보지도 않고 너무 많다는 것을 가지고 유세하고 있으니 황당하지 않은가! 무릇 잡초와 띠풀을 아끼느라 벼이삭에 손해를 끼치고, 도적에게 은혜를 베푸는 자는 선량한 백성을 상하게 한다. 만일[5)] 형벌을 느슨하게 하고 너그러운 은혜를 행한다면 이는 간악하고 사악한 자들을 이롭게 하여 선한 사람을 해치는 것이니, 이것은 다스리기 위한 방법이 아니다."

술 취한 환공이 관을 잃어버리고 난 뒤 일어난 일

제齊나라 환공桓公이 술에 취하여 자신의 관을 잃어버리자, 그 일을

4) 앞의 다른 편명에서도 그렇지만 아래의 인용문은 확실한 출처 없이 인용문으로 처리하는 것이 합당한가 하는 반론이 제기될 수 있으나, 편의상 인용문으로 처리하였다.

5) 원문의 '今(금)'을 번역한 것으로, 여기서는 '만일[若]'이라는 단어로 번역하였다.

부끄러워하여 사흘 동안 조회를 들지 않았다. 관중管仲이 말하였다.

"이것은 나라를 가진 자의 부끄러움이 아닌데, 공께서는 어찌하여 [좋은] 정치를 하셔서 그것을 씻으려고 하지 않으십니까?"

환공이 말하였다.

"옳은 말이오."

이 때문에 곡식창고를 열어 가난하고 궁핍한 자들에게 나누어주고, 감옥에 있는 죄수들을 심판하여 죄가 가벼운 사람을 내보냈다. 사흘이 지나자 백성들은 그것을 노래하여 말하였다.

"공이여! 공이여! 어찌하여 다시 그 관을 잃어버리지 않으시나이까!"

어떤 사람이 말하였다.

"관중은 환공의 부끄러움을 소인에게 씻었으나 환공의 부끄러움을 군자에게 생기게 한 것이다. 환공으로 하여금 곡식창고를 열어 가난하고 궁핍한 자들에게 나누어주고, 감옥에 있는 죄수들을 심판하여 죄가 가벼운 사람을 내보낸 것이 의로움이 아니라면, 부끄러움을 씻어 그것으로 하여금 의로움을 삼을 수 없을 것이다. 환공이 의로움을 묵혀두었다가 관 잃어버리기를 기다린 뒤에야 행한 것이 되니, 곧 이는 환공이 의로움을 행한 것이 아니라 관을 잃어버리기 위한 것이다. 이는 비록 관을 잃어버린 부끄러움을 소인에게 씻었다 하더라도 의로움을 묵혀둔 부끄러움을 군자에게 생기게 한 것이 된다. 하물며 곡식창고를 열어 가난하고 궁핍한 자에게 나누어

준다는 것은 공도 세우지 못한 자에게 상을 주는 일이고, 감옥에 있는 죄수들을 심판하여 죄가 가벼운 사람을 내보내는 것은 허물 있는 자를 주살하지 않는 것이다. 무릇 공을 세우지 못한 자에게 상을 준다면 백성들은 요행만을 기다리면서 군주에게 바라는 것만 있을 것이고, 허물 있는 자를 주살하지 않는다면 백성들은 경계하지 않고 쉽게 잘못을 저지를 것이니, 이는 혼란의 근본이거늘 어찌 부끄러움을 씻을 수 있으리오!"

공자가 문왕을 지혜롭다고 여긴 이유

지난날 [주周나라] 문왕文王이 우盂나라를 침략하고 거莒나라를 제압하고 풍酆읍을 손에 넣어 세 번이나 전쟁을 일으켰으므로 주왕紂王은 그를 미워하였다. 문왕은 이에 두려워 낙수洛水의 서쪽 땅인 비옥한 국토 사방 천 리를 바치겠다고 함으로써 포락炮烙의 형벌을 없애도록 청하자 천하가 모두 기뻐하였다. 중니(공자)가 그 소문을 듣고 말하였다.

"어질구나, 문왕이여! 천 리나 되는 국토를 가볍게 여기고 포락이라는 형벌을 없애도록 청하였구나. 지혜롭구나, 문왕이여! 천 리나 되는 땅을 내주고 천하의 민심을 얻었구나."

어떤 사람이 말하였다.

"중니가 문왕을 지혜롭다고 생각한 것은 또한 잘못이 아니겠는가. 무릇 지혜로운 자는 화근과 환난의 소재를 알고 그것을 피하는 자이다. 이 때문에 자신은 화에 도달하지 않는다. 문왕이 주왕에게 미움받는 까닭이 그가 백성의 마음을 얻지 못하였기 때문이겠는가? 비록 사람의 마음을 구하여 미움을 해소하더라도 괜찮을 것이다. 주왕은 그가 크게 사람의 마음을 얻었기 때문에 이미 미워할 뿐이었으며, 또 땅을 가볍게 여김으로써 사람의 마음을 거두어들였으니 이는 거듭 의심을 받게 된 것이므로 진실로 그가 차꼬에 채워진 채 유리羑里에 갇힌 까닭인 것이다. 정鄭나라의 장자長者가 한 말 중에 '도를 체득하게 되면 하는 일도 없고 드러내는 일도 없다.'고 하였으니, 이것은 문왕에게 가장 마땅한 것인데 남들로 하여금 의심하지 않게 하는 것이다. 중니가 문왕을 지혜롭다고 여긴 것은 이런 의론에 미치지 못한 것이다."

신하의 능력인지 군주의 능력인지

진晉나라 평공平公이 숙향叔向에게 물었다.

"옛날에 제나라 환공이 제후들을 아홉 번이나 회합하여 한 번에 천하를 바로잡았으나, 신하의 능력인지 군주의 능력인지 알지 못하였습니까?"

숙향이 대답하였다.

"관중이 재단하는 일에 뛰어나고 빈서무賓胥無는 바느질에 뛰어나며, 습붕隰朋은 옷 가장자리 두르는 일에 뛰어나 옷이 만들어지자 군주가 그것을 가져다가 입었으니, [이는] 역시 신하의 능력이지 군주에게 무슨 능력이 있겠습니까!"

사광師曠이 거문고에 엎드려서[6] 웃었다.

평공이 말하였다.

"태사太師[7]는 어찌하여 웃는 것인가?"

사광이 대답하였다.

"신은 숙향이 군주께 대답하는 것을 보고 웃었습니다. 무릇 남의 신하가 된 자는 마치 요리하는 자가 다섯 가지 맛을 조화롭게 하여 군주에게 바치는 것과 같습니다. 군주가 먹지 않는데 누가 감히 억지로 먹이겠습니까? 신이 그것을 비유하여 말씀드리면 군주는 흙이고 신하는 풀과 나무입니다. 반드시 흙이 아름답고 난 뒤에야 풀과 나무가 크게 되는 것이니, 이 또한 군주의 능력이지 신하가 무슨 능력이 있겠습니까!"

어떤 사람이 말하였다.

"숙향과 사광의 대답은 모두 치우친 말이다. 무릇 한 번에 천하를 바로잡고 제후들을 아홉 번이나 회합한 것은 훌륭하게 잘한 것이므로 군주의 능력만도 아니며 또 신하만의 능력도 아니다. 옛날에 궁지기宮之奇는 우虞나라에 있었고 희부기僖負羈[8]는 조曹나라에 있었

6) 원문의 '伏(복)'을 번역한 것으로, '복' 자는 '언偃'이라는 글자와 같은 의미로 거문고를 뉘어놓듯이 내려놓는다는 의미이다.

7) 악관의 우두머리를 뜻하며 삼공의 하나이다.

다. 두 신하의 지혜가 말하는 것마다 일에 적중했고 행하는 것마다 공을 차지하였으나, 우나라와 조나라가 둘 다 멸망한 것은 무엇 때문인가? 이것은 그 나라에 신하만 있고 그 군주가 없었기 때문이다. 또한 건숙蹇叔[9]이 우나라에 있었으나 우나라는 망하였고, 진秦나라에 있었으나 진나라는 패권을 차지하였다. 건숙이 우나라에서는 어리석었고 진나라에서는 지혜로웠던 것이 아니라 이것은 [제대로 된] 군주가 있는 것과 [제대로 된] 군주가 없는 것 때문이다. 숙향이 '신하의 능력입니다.'라고 말한 것은 옳지 않다. 옛날에 환공이 궁궐 안에서 저잣거리를 두 개나 만들고 부인의 처소를 2백 개나 두면서, 머리카락을 풀어헤치며 부인의 종 노릇을 했으나 관중을 얻고 나서 오패의 우두머리가 되었다. [그러나] 관중을 잃고 수조豎刁를 얻게 되자 자신도 죽어 벌레가 방 밖으로 기어 나올 때까지 시신의 장례도 치르지 못하였다. 신하의 능력이 아니라고 생각한다면 반드시[10] 관중 때문에 패자霸者가 되지 못했을 것이다. 군주의 능력

8) 조曹나라 공공共公의 어진 신하로, 〈십과〉 편에 나오는 '이부기'라는 자와 동일인이다.

9) 건숙蹇叔은 백리해의 막역한 친구로서 그의 추천에 의해 목공의 대부로 등용되었다. 바로 그 건숙의 뛰어남에 대한 오고대부五羖大夫라 불린 백리해의 말이 있다. "신은 제 친구 건숙에 미치지 못합니다. 건숙은 현명한데도 세상 사람들이 그를 알아주지 않았습니다. 일찍이 신이 세상을 떠돌다가 제나라에서 곤경에 빠져 질銍 땅의 사람들에게 걸식했는데 건숙이 신을 거두어주었습니다. 신은 이 일로 인해 제나라 왕 공손무지를 섬기고자 했으나 건숙이 신을 말렸습니다. 그래서 신은 제나라의 난을 벗어나 마침내 주나라로 갈 수 있었던 것입니다. 주나라 왕자 퇴頹가 소를 좋아한다기에 신은 소 기르는 재주로 그에게 다가갔습니다. 퇴가 신을 쓰려고 할 때 건숙이 신을 말렸기에 신은 떠나서 죽지 않을 수 있었습니다. 우나라 임금을 섬기자 건숙이 다시 신을 말렸습니다. 그러나 신은 우나라 임금이 신을 쓰지 않을 것을 알면서도 사사로이 녹봉과 관직이 탐나 잠시 머물렀습니다. 두 번은 그의 말을 들어 재난에서 벗어날 수 있었고, 한 번은 듣지 않아 우나라 임금의 재난을 당하기에 이르렀습니다. 이 때문에 그가 현명하다는 것을 압니다."(《사기》〈진본기〉)

10) 원문의 '且(차)'를 번역한 것으로, 여기서는 '필必'의 의미로 번역하였다.

이 아니라고 생각한다면 반드시 수조 때문에 어지럽게 되지 않았을 것이다. 옛날에 진晉나라 문공이 제나라 여자를 흠모하는 마음이 있어 돌아갈 것마저 잊어버리자, 구범咎犯이 극력으로 간언하였으므로 진나라로 돌아가게 할 수 있었다. 그러므로 환공은 관중으로 말미암아 제후들을 회합할 수 있었고, 문공은 구범으로 말미암아 패자가 될 수 있었던 것이다. 그런데도 사광이 '군주의 능력입니다.'라고 말한 것은 또한 옳지 않은 것이다. 무릇 다섯 패자가 천하에 공적과 명성을 이룰 수 있었던 이유는 반드시 군주와 신하 모두가 능력을 지니고 있었기 때문이다. 그러므로 '숙향과 사광의 대답은 모두 치우친 말이다.'라고 하는 것이다."

환공이 어리석은 군주인 까닭

제나라 환공桓公 때 진晉나라에서 빈객이 오자, 담당 관리가 예우하는 문제를 청하였다. 이에 환공이 말하였다.

"중보仲父께 물어보라."

세 번이나 이렇게 하였다. [왕의 곁에서 시종하던] 광대가 웃으며 말하였다.

"군주 노릇은 참 쉽군요. 이 일도 중보, 저 일도 중보라고 하시니 말입니다."

환공이 말하였다.

"내가 듣건대 남의 군주 된 자는 사람을 찾는 일에는 수고스럽지만 사람을 부리는 일에는 편안하다고 한다. 나는 중보를 얻기까지 이미 어려움을 겪었으니 중보를 얻고 난 뒤로는 어찌 [부리는 것이] 쉽지 않겠는가?"

어떤 사람이 말하였다.

"환공이 광대의 말에 대답한 것은 군주 된 자의 말이 아니다. 환공은 군주 된 자가 사람을 찾는 일에 수고스럽다고 여기지만, 어찌 사람 찾는 일이 수고스럽겠는가. 이윤伊尹은 스스로 요리사가 되어 탕왕에게 [등용되기를] 청했고, 백리해百里奚[11]는 스스로 노복이 되어 목공穆公에게 [등용되기를] 청하였다. 노복이란 욕된 것이며 요리사는 수치스러운 것인데, 부끄러움과 욕됨을 무릅쓰고 군주에게 다가서려는 것은 어진 자가 세상을 근심하는 것이 그만큼 급한 까닭이다. 그렇다면 남의 군주 노릇 하는 자는 어진 자를 저버리지 않으면 그만일 뿐이니, 어진 자를 찾는 것이 군주의 어려움이 될 수는 없는 것이다. 또한 관직은 어진 자를 임용하는 까닭이며, 작위와 봉록

11) 진나라 목공 때의 망국의 인물로 초나라 변방에서 감옥살이를 하다가 목공이 "나의 잉신인 백리해가 여기 있는데, 청컨대 검정 숫양 가죽 다섯 장으로 그의 몸값을 치르고자 한다."라고 하면서 초빙된 인물로서 그 당시 이미 나이가 일흔이 넘었다. 이 당시 망한 나라의 신하에게 무슨 국사를 논하느냐는 주위의 반대에도 불구하고 목공은 그와 사흘 밤을 이야기하고 그에게 나라 일을 맡기려 했을 때 그는 뜻밖에도 건숙을 추천하였다. 이에 관한 자세한 내용은《사기》〈진본기〉에 있다. 그리고 공자孔子가 노나라 경공에게 한 대화 중에도 이 이야기가 있다. "진秦나라는 비록 작아도 그 뜻은 원대하였고, 처한 곳은 비록 외져도 정치하는 것이 정도에 맞았습니다. [목공은] 몸소 오고五羖 백리해를 등용하여 그에게 대부大夫라는 작위를 주고 오랏줄로 간힌 몸을 풀어주고는 그와 더불어 사흘 동안 이야기를 나누고서 그에게 정사를 맡겼습니다. 이로써 천하를 다스릴 수 있게 되었으니 [천하의] 왕 노릇 하는 것이 가능했을진대 패자가 된 것은 자그마한 일입니다."(《사기》〈공자세가〉)

은 공을 상 주는 까닭이다. 관직을 설치하고 작위와 봉록을 펼쳐놓으면 선비들이 제 발로 이르니, 남의 군주 노릇 하는 자가 어찌 그것이 수고스럽겠는가! 사람을 부리는 것 또한 편안한 바는 아니다. 군주가 사람을 부린다고 해도 반드시 법도만을 헤아려 기준을 삼아야 하고, 형명形名으로써 참조해야 한다. 사업이 법에 들어맞으면 실행하고 법에 들어맞지 않으면 그만두어야 한다. 공적이 그 말에 타당하면 상을 내리고 타당하지 않으면 벌을 주어야 한다. 형명으로 신하를 거두어들이고 법도로써 아랫사람을 재는 이러한 일들은 느슨하게 할 수 없는 것인데, 군주 된 자가 어찌 편안할 것인가! 사람을 구하는 것은 수고스럽지 않고 사람을 부리는 것은 편안하지 않은데도 환공이 '사람을 찾는 일에는 수고스럽고 사람을 부리는 일에는 편안하다.'라고 한 것은 옳지 않다. 하물며 환공이 관중을 얻은 일 또한 어려운 일이 아니었다. 관중은 그 군주를 위해 죽지도 않고 환공에게 돌아왔으며 포숙은 관직을 하찮게 여기고 능력 있는 자(관중을 말함)에게 양보하여 그를 임명하게 하였으니, 환공이 관중을 얻은 것 또한 어렵지 않은 것이 분명하다. 이미 관중을 얻고 난 뒤에도 어찌 쉬웠겠는가! 관중은 주공周公 단旦이 아니다. 주공 단은 대리로 7년 동안 천자가 되었다가 성왕成王이 장성하자 그에게 정사를 넘겨주었으니, 천하를 위한 계책이 아니라 그 직무를 행한 것이다. 무릇 세자 자리를 빼앗아 천하에 [정치를] 행사하려고 하지 않는 자는 반드시 죽은 군주를 배신하여 그 원수를 섬기지도 않는다. 죽은 군주를 배신하고 그 원수를 섬기는 자는 반드시 태자 자리를 빼앗아 천하에 [정치를] 행사하기를 어려워하지 않는다. 태자 자리를 빼앗아 천하에 [정치를] 행사하기를 어려워하지 않는 자는 반드시 그 군주의 나라를 빼앗는 것을 어려워하지 않는다. 관중은 공자 규糾의 신하로 환공을 모략으로 죽이려고 했으나 할 수 없었는데, 그의 군주가 죽게 되자 환공의 신하가 되었다. 관중이 취하고 버린 것은 주공 단이 아니므로 [이 또한] 알 수가 없다. 그러나 그가 현명한지 현명하지 않은지는 알 수 없다. 만약 관중이 현명했다면 또한 탕이나 무왕처럼 되려고 했을 것이다. 탕과 무왕은 걸왕桀王과 주왕紂王의 신하였으나 걸왕과 주왕이 난을 일으키자 탕과 무왕이 그 자리를 빼앗은 것이다. 지금 환공은 쉽게 그 윗자리에 있는데, 이는 걸왕과 주왕 같은 행동으로 탕이나 무왕의 윗자리에 머무는 것이니 환공이 위태로운 것이다. 만일 관중이 어리석은 사람이었다면 또한 전상田常처럼 되려고 했을 것이고, 전상은 간공簡公의 신하인데도 자신의 군주를 시해하였다.[12] 지금 환공이 쉽게 그 윗자리에 있는 것은 간공의 편안함으로 전상보다 윗자리에 있는 것이니 환공 또한 위태로운 것이다. 관중이 주공 단이 아니라는 것은 분명하지만 탕이나 무왕이 될지 전상처럼 될지는 알 수 없다. 탕이나 무왕이 된다면 걸과 주 같은 위태로움이 있을 것이고, 전상같이 된다면 간공 같은 혼란이 생기게 될 것이다. 이미 중보(관중)를 얻고 난 뒤라도 환공이 어찌 편안하겠는가! 만일 환공이 관중을 임명하

12) 사마천의 기록에 의하면 "[도공悼公] 12년 제나라의 전상田常이 간공을 시해하고 그 아우 평공平公을 세웠다. 전상이 제나라의 상국이 되었다."(《사기》 〈진본기〉)는 것이다.

면서 반드시 자기를 속이지 않는다는 것을 알았다고 한다면, 이것은 주군을 속이지 않는 신하라는 것을 알아차렸던 것이다. 그러나 비록 주군을 속이지 않은 신하임을 알게 되었더라도 오히려 환공이 관중에게 맡긴 전권을 수조나 역아易牙에게 빌려주어 벌레가 방 밖으로 기어 나올 때까지 장례조차 치르지 못하였으니, 환공이 군주를 속이는 신하와 군주를 속이지 않는 신하를 알아차리지 못하는 것은 이미 분명해졌고 [그가] 신하를 임명하는 데서 그처럼 전횡했으니, 이런 이유로 '환공은 어리석은 군주이다.'라고 말하는 것이다."

회계 보고를 그만두게 한 까닭

이극李克이 중산中山을 다스릴 때 고형苦陘의 현령이 회계를 보고하는데, 거두어들인 재물이 많았다. 이극이 말하였다.

"말하는 것이 달변이면 듣기에는 좋으나 의로움에서 벗어난 것을 일컬어 허황된 말이라고 한다. 산림과 소택과 계곡의 이로움이 없는데 수입이 많은 것을 일컬어 허황된 재물이라고 한다. 군자는 허황된 말을 듣지 않고, 허황된 재물을 받지 않으니 그대는 잠시 면직이다."

어떤 사람이 말하였다.

"이자(李子, 이극)가 문사를 설정하여 '말하는 것이 달변이면 듣기에는 좋으나 의로움에서 벗어난 것을 일컬어 허황된 말이라고 한다.'는 것에서 달변은 말하는 자에 있고 기뻐하는 것은 듣는 자에게 있다. 말하는 자가 듣기 좋은 것이 아니라면 '의로움에서 벗어났다.'라고 하는 것은 듣는 자를 일컫는 말이 아니라 반드시 들리는 바를 일컫는 것이다. 듣는 자는 소인이 아니면 군자이다. 소인에게는 의로움이 없으므로 헤아릴 수 있는 의로움이 없다. 군자는 의로움을 헤아리므로 반드시 달가워하려고 하지 않는다. 무릇 '달변이면 듣기에는 좋으나 의로움에서 벗어난다.'고 말한 것은 반드시 성실하지 않은 말이다. '수입이 많은 것을 허황된 재물이라고 한다.'고 말한 것도 멀리 통용되는 말이 아니다. 이자(이극)가 간사함을 일찌감치 금지하지 못하고 회계 보고를 하도록 한 이것이 잘못을 따르는 것이다. 술術을 알지 못했는데도 수입이 많아졌으니, 수입이 많아진 것은 풍년 때문이다. 비록 두 배로 수입이 들어오더라도 장차 어찌할 것인가!

농사짓는 일은 음양의 조화에 따라 하고 나무 심는 일은 사계절의 적당한 시기에 맞추며 이르거나 늦어지는 실수나 춥거나 따뜻한 재난이 없다면 수입이 많아질 것이다. 작은 공적 때문에 큰 업무를 방해하지 않고 사사로운 욕심 때문에 농사짓는 일[13]을 해치지 않으며 사내는 밭 갈고 농사짓는 일에 힘을 다하고 아낙은 베 짜는 일에 힘쓰면 수입이 많아질 것이다. 가축을 기르는 이치에 힘쓰고 토지의 알맞음을 살펴 육축(六畜, 소·말·돼지·양·개·닭)이 잘 자라고

13) 원문의 '人事(인사)'를 번역한 것으로, '인위人爲'와 같으며 농사짓는 일을 지칭한다.

오곡이 불어나면 수입이 많아질 것이다. 계량을 명확히 하고 지형과 배와 수레·기계와 같은 이로움을 살피며 힘을 적게 쓰고 효과를 크게 하면 수입이 많아질 것이다. 저잣거리나 관문 교량의 통행을 이롭게 하여 남는 것을 없는 곳에 이르게 하고 객상이 모여들게 하고 외화가 그곳에 남아 있게 하고 재물의 쓰임새를 줄여 입고 먹는 것을 절약하며 집과 도구는 쓸 만큼 갖추어져 있고 노닥거리는 일을 일삼지 않으면 수입이 많아질 것이다. 수입이 많아진다는 것은 모두 사람이 하는 일이다. 만일 자연과 같은 일도 때에 맞춘 바람과 비, 적당한 추위와 더위, 더 넓어지지 않은 토지, 풍년의 공적이 있다면 수입이 많아질 것이다. 사람이 하는 일과 자연의 공, 이 둘이 모두 있어야 수입이 많아지는 것이지 산림과 소택과 계곡의 이로움 때문만은 아니다. 무릇 '산림과 소택과 계곡의 이로움이 없는데 수입이 많은 것을 일컬어 허황된 재물이라고 한다.'고 하는 것은 술이 없는 말이다."

병사들이 지쳤는가, 군주가 능력이 없는가

조간자趙簡子가 위衛나라[14]의 성곽을 에워싸고는 적의 화살이나 돌이 닿지 않는 곳에 무소가죽으로 만든 견고한 큰 방패를 세워두고 병사들을 독려하는 북을 쳤다. 그러나 병사들은 별로 움직이지 않

14) 주周나라 문왕의 막내아들 강숙康叔의 봉국으로, 수도는 조가朝歌에 있었다.

았다. 조간자가 북채를 놓으며 말하였다.

"아아! 병사들이 지쳤구나!"

행인(行人, 임금 곁에서 빈객을 접대하는 관리) 촉과燭過가 투구를 벗으면서 말하였다.

"신이 보건대 군주께 힘이 없으실 뿐이지 병사들이 지치지는 않았습니다. 지난날 저의 선군이신 헌공獻公께서 열일곱 나라를 병합하시고 서른여덟 나라를 복속시켰으며 열두 번 싸워서 이기셨는데, 바로 이 백성들로 그리하셨습니다. 헌공 이후 혜공惠公이 자리에 올랐는데, 음란함이 많고 난폭하며 혼란스러운데다 미녀를 좋아하였습니다. 그래서 진秦나라 군대가 멋대로 침입하여 강絳 십칠 리 거리까지 이르렀으니, 이때도 역시 이 백성들로 그리하였습니다. 혜공 이후 문공이 자리에 오르자 위를 포위하여 업鄴을 빼앗고 성복城濮의 전투에서 초나라 군대를 다섯 차례나 패배시켜 천하에 높은 이름을 떨치셨는데, 이 또한 이 백성들로 그리하셨습니다. 지금도 이와 마찬가지로 군주께 힘이 없으실 따름이지 병사들이 지친 것은 아닙니다."

간자가 이에 방패를 화살과 돌이 닿는 곳까지 옮기고 북을 치니 병사들의 기세가 올라 적을 크게 무찔렀다. 조간자가 말하였다.

"혁거(革車, 가죽으로 무장한 전투용 수레) 천 대를 얻는 것보다 행인 촉과의 한 마디 말이 낫구나."

어떤 사람이 말하였다.

"행인은 아직 어떤 유세도 하지 않았는데, 바로 혜공은 이 사람들을 가지고도 이렇게 패했으니 문공은 이 사람들을 가지고 패자覇者가 된 것을 말한 것이지 사람을 쓰는 방법을 보여준 것은 아니다. 조간자가 서둘러서 견고한 큰 방패를 없앨 수는 없다. 부친이 포위당했을 때 화살이나 돌 맞는 것을 가볍게 여김은 효자가 어버이를 사랑하는 까닭이다. [그러나] 효자가 어버이를 사랑하는 경우는 백 명 중의 한 명이다. 지금 자신이 위험에 처하면 백성이 오히려 싸울 것이라고 생각한다. 이 때문에 모든 족속의 자식이 위에 있고 모두 효자가 어버이를 사랑하는 것처럼 하니, 이것이 바로 행인의 속임수이다. 이로움을 좋아하고 해로움을 싫어하는 것이란 무릇 사람이 가지고 있는 바이다. 상이 두텁고 믿음이 있으면 사람들은 적을 가볍게 여길 것이며, 형벌이 무겁고 분명하면 사람들은 달아나지 않을 것이다. 오랫동안 싸우면서 군주를 따르는 이는 백을 세어 한 명도 못 되니 이로움을 좋아하고 죄를 두려워하는 것은 사람 중에 아무도 그렇지 않은 사람이 없다. 무리(병사를 지칭)를 거느리는 사람은 아무도 그렇게 할 수 없는 수(數, 법도)에서 나오는 것이 아니라, 백 명 중에 한 사람도 하지 않는 행동에 따르려고 하였으니, 행인은 아직 무리를 다루는 방법을 알지 못한다."

권卷 16

제38편

난삼(難三 : 상과 벌을 내림에 관한 논박 1)

【해제】

〈난삼〉 편은 주로 상벌에 관한 논의로 구성되어 있는데, 내용상 모두 여덟 개의 단락으로 이루어져 있다.

첫 번째 단락은 죄악을 숨기는 자는 마땅히 처벌해야 하고, 간사함을 알아차리는 자에게는 반드시 상을 내려야 한다는 것이다. 두 번째 단락은 군주는 신하가 꾸미는 말을 함부로 믿어서는 안 된다는 것이며, 세 번째 단락은 군주는 신하로 하여금 자신을 침범하지 못하게 하고 신하들로 하여금 군주의 권위에 도전하지 못하게 해야 하며, 첩의 지위가 만일 황후에 버금가거나 서자의 지위가 장자의 지위에 버금가게 해서는 안 된다는 것이다. 네 번째 단락은 군주는 마땅히 시급한 업무에 임하여 신하들을 통찰해야만 하며 간사함을 금지하고 백성들을 유지해야만 한다는 것이고, 다섯 번째 단락은 군주는 마땅히 사물로써 사물을 대하듯 다스리고 사람으로서 사람을 알아야 한다는 것이다. 여섯 번째 단락은 현명한 군주가 국가를 다스리는 요체는 권력을 사용하는 것인데, 군주에 대한 다른 사람의 도전을 용납해서는 안 된다는 점을 말하고 있다. 일곱 번째 단락에서는 군주가 신하의 꾸민 행위에 의지하여 상벌을 결정해서는 안 된다는 것을 말하고 있으며, 여덟 번째 단락에서는 법이란 공개되어야 하고 술術이란 은밀해야 한다는 점을 말하고 있다.

목공이 이상한 이유

노魯나라의 목공穆公이 자사子思에게 물었다.

"내가 듣기로 방간씨龐梘氏의 자식이 불효자라고 하는데, 그의 행실이 어떠한가?"

자사가 대답하였다.

"군자는 어진 자를 존중하여 덕을 숭상하고 선한 사람을 추천하여 백성들에게 권장합니다. 만일 행동을 잘못하는 것은 바로 소인이나 아는 바로서, 신은 알지 못합니다."

자사가 나가자 자복려백子服厲伯이 들어갔다. 목공은 이번에도 방간씨의 자식에 대해 물었다. 자복려백이 대답하였다.

"그 자식의 잘못이 세 가지인데, 모두 군주께서 일찍이 들어보지 못한 것들입니다."

이로부터 군주는 자사를 귀하게 여기고 자복려백을 천하게 여겼다.

어떤 사람이 말하였다.

"노나라의 공실이 삼대에 걸쳐 계씨季氏에게 겁박당한 것은 너무나 당연하다. 현명한 군주는 선한 사람을 구하여 상을 내리고 간악한 자를 찾아내어 그를 주살하니, 찾아낸다는 점에서는 마찬가지이다. 그러므로 선을 보고하여 알게 하는 자는 선을 좋아하는 것이 군주와 같은 자이며, 간사함을 보고하여 알리는 자는 악을 미워하는 것이 군주와 같은 자이다. 이것은 마땅히 상과 명예가 미치는 바이다. 간사함을 보고하여 알리지 않는 것은 군주와 달리하여 아래로 간악한 자와 한 패거리가 되는 것이니, 이는 마땅히 비난과 처벌이 미치는 바이다. 지금 자사는 잘못을 보고하여 알리지 않았는데도 목공이 그를 귀하게 여기고, 여백은 간악함을 보고하여 알렸는데도 목공이 그를 천하게 여겼다. 사람의 감정이란 모두 귀하게 여겨지기를 좋아하고 천하게 여겨지는 것을 싫어하므로 계씨의 반란이 성공할 때까지 군주에게 알려지지 않은 것이니, 이것이 노나라 군주가 겁박당한 까닭이다. 또한 이것은 멸망한 군왕의 습속으로 추鄒나라와 노나라 백성들이 스스로 아름답게 여기는 데도 목공만이 그를 귀하게 여기는 것은 또한 거꾸로 된 것이 아니겠는가?"

군주의 마음에 두 마음이 없는 이유

문공文公이 망명에 나섰는데, 헌공獻公이 사인(寺人, 환관)[1] 피披로 하여금 포성蒲城을 공격하여 [문공을 쫓아] 피가 그의 소맷자락을 베어 버리자 문공은 적翟으로 달아났다. 혜공惠公이 자리에 오르자 또 혜독(惠竇, 위수渭水 부근)을 치게 하였으나 소득을 얻지 못하였다. 문공이 본국으로 돌아오게 되자 피가 뵙기를 청하니, 공(문공)이 말하였다.

1) 사인寺人은 궁정 내에서 군주 가까이에 있는 환관으로, 동한 이후에 환관으로 바뀌었다. '사寺'는 '시侍'와 통한다.

"포성의 싸움에서 군주가 하룻밤 지난 뒤에 나를 공격하라고 명했는데 너는 곧 나를 공격해왔다. 혜독의 싸움에서도 군주는 3일 후에 치라고 명했는데 너는 하룻밤 뒤에 나를 체포하려고 하였다. 어찌 그리 급할 수 있는가?"

피가 대답하였다.

"군주의 명에 대해서는 두 마음이 있을 수 없습니다. 군주께서 미워하시는 자를 없애는 데는 다만 제 힘이 부족하지 않을까 두려울 따름이었습니다. 포성 사람과 적 사람이 저와 무슨 관계가 있겠습니까. 지금 공께서 자리에 올랐지만 포성이나 적 같은 일이 없으시겠는지요! 또한 환공桓公은 띠쇠 쏜 것을 내버려두고 관중管仲을 재상으로 삼았습니다."

군주(문공)는 곧 그를 만났다.

어떤 사람이 말하였다.

"제齊나라와 진晉나라의 후사가 단절된 것은 당연한 일이다. 환공은 관중의 재능을 쓰고 띠쇠 쏜 원한을 잊을 수 있었으며, 문공도 환관의 말을 들어 소맷자락을 베어버린 죄를 버릴 수 있었다. 환공과 문공은 두 사람을 용서할 수 있었던 사람이다. 후세의 군주는 밝음이 두 공들에게 미치지 못했고, 후세의 신하는 현명함이 두 사람만 같지 못하였다. 충성스럽지 못한 신하로 밝지 못한 군주를 섬기게 되었으니 군주가 알아채지 못하면 연조燕操·자한子罕·전상田常 같은 역적이 나타날 것이고, 알아차리면 관중과 환관의 일로써 스스로 해결했을 것이다. 군주는 반드시 주살하지 않고 스스로 환공이나 문공의 덕을 지니고 있다고 생각할 것이다. 이는 신하가 군주를 원수로 삼아도 그 밝음이 능히 비출 수 없고 [도리어] 자본을 많이 빌려주며 스스로 어질다고 여기고 삼가지 않는 것이 되니, 그렇다면 비록 후사가 없게 되더라도 또한 옳지 않겠는가! 또한 환관의 말은 단지 군주의 명령을 집행하여 어길 수 없다는 것이니, 이는 군주에 대한 충정인 것이다. 죽은 군주가 다시 살아나더라도 신하가 부끄럽지 않은 다음에야 충정이 되는 것이다. 지금 혜공이 아침에 죽었는데 저녁에 문공을 섬기니, 환관에게 두 마음이 없다던 말은 어찌 된 것인가?"

환공이 맞출 수 없었던 세 가지 수수께끼

어떤 사람이 환공에게 수수께끼를 냈다.

"첫 번째 어려움, 두 번째 어려움, 세 번째 어려움은 무엇입니까?"

환공이 맞출 수 없어서 관중에게 물었다.

관중이 대답하였다.

"첫 번째 어려움이란 광대를 가까이하고 선비를 멀리하는 것이요, 두 번째 어려움이란 그 나라를 떠나 자주 바다로 가는 것이며, 세 번째 어려움이란 군주가 연로하여 태자를 늦게 두는 것이 아닐

지요."

환공이 말하였다.

"옳은 말이오."

그러고는 택일도 거치지 않고 종묘에서 태자를 옹립하는 예를 행하였다.

어떤 사람이 말하였다.

"관중이 수수께끼를 푼 것은 적중하지 못한 것이다. 선비를 임용하는 일은 가깝거나 먼 것에 달려 있는 것이 아니고 광대와 난쟁이나 배우는 본래 군주가 함께하며 즐기는 일이니, 곧 광대를 가까이하고 선비를 멀리하더라도 다스리는 일이 그리 어려운 것은 아니라고 생각된다. 무릇 군주의 자리에 있으면서도 가지고 있는 것을 쓰지도 못하고 단지 나라를 떠나지 못한다는 것은 한 사람의 힘으로 한 나라를 금제하려는 것이다. 한 사람의 힘으로 한 나라를 금제하려는 자는 능히 그것을 이길 수 있는 경우가 적다. 밝음으로 먼 곳에 있는 간악함을 비추어보고 숨겨져서 미세한 것을 알아내어 명령을 반드시 행할 수 있도록 하면 비록 바다보다 더 멀리 나간다 하여도 궁궐 안에 반드시 변란이 없을 것이다. 그렇다면 나라를 떠나 바다로 가더라도 겁박당하거나 살해되지 않을 것이니 그것은 어려운 일이 아니다. 초楚나라 성왕成王은 상신商臣을 두어 태자로 삼고 또 공자 직職을 두려하였기 때문에 상신이 환란을 꾸며 드디어 성왕을 시해한 것이다. 공자 재宰는 주周나라의 태자였으나 공자 근根이 총애를 받았으므로 드디어 동주東州 땅을 가지고 모반하여 두 나라로 나뉘게 된 것이니, 이는 모두 태자를 늦게 둔 데에서 말미암은 환란이 아닌 것이다. 무릇 권세는 둘로 나뉘지 않고 서자들은 [신분이] 낮추어지고 총애받는 자들은 권세를 빌려주지 못하게 되고 대신들이 처신하기 어렵게 된다면 태자를 늦게 세워도 괜찮은 것이다. 그렇다면 태자를 늦게 세우더라도 서자들이 난을 일으키지 않는 것 또한 어렵지 않은 것이다.

만물 중에서 이른바 어렵다는 것은 반드시 다른 사람을 빌려 세력을 만들더라도 자기를 침범하여 해치지 못하도록 하는 것이 첫 번째 어려움이라고 일컬을 수 있다. 첩을 귀하게 여기더라도 왕후와 나란히 하지 않는 일이 두 번째 어려움이다. 서자를 사랑한다고 하더라도 적자의 자리를 위태롭게 하지 않으며 신하 한 사람의 말만 듣고 감히 군주와 필적할 수 없도록 하는 일을 가리켜 세 번째 어려움이라고 일컬을 수 있다."

정치란 현명한 신하를 뽑는 데 있으니

섭공葉公 자고子高가 중니(공자)에게 정치에 관해 묻자 중니가 말하였다.

"정치란 가까운 곳에 있는 사람을 기쁘게 하고, 먼 곳에 있는 사람을 오게 하는 데 있습니다."

애공哀公이 중니에게 정치에 관해 묻자 중니가 말하였다.

"정치란 현명한 신하를 뽑는 데 있습니다."

제나라 경공景公이 중니에게 정치에 관해 묻자 중니가 말하였다.

"정치란 재물을 절약하는 데 있습니다."

세 명의 공이 밖으로 나가자, 자공子貢이 물었다.

"세 명의 공이 선생님께 물은 것은 한 가지인데, 선생님께서 대답하신 것이 같지 않으니 무슨 이유입니까?"

공자가 말하였다.

"섭 땅은 크나 나라가 작아 백성들은 모반할 마음을 가지고 있으므로 '정치란 가까운 곳에 있는 사람을 기쁘게 하고, 먼 곳에 있는 사람을 오게 하는 데 있습니다.'라고 말한 것이다. 노나라 애공에게는 대신大臣 세 사람이 있는데 밖으로는 제후나 사방 이웃의 인사들을 가로막고, 안으로는 패거리를 만들어 그 군주를 어리석게 하고 있다. 종묘의 청소도 하지 못하고 사직에도 희생을 올리지 못하게 되는 것은 반드시 이 세 사람 때문일 것이다. 그러므로 '정치란 현명한 신하를 뽑는 데 있습니다.'라고 말한 것이다. 제나라 경공은 옹문雍門을 쌓고 노침(路寢, 천자나 제후가 머무는 정전正殿)을 만들며 하루아침에 삼백 대의 수레를 내는 가문에 봉록을 내려주는 일이 세 차례나 있었다. 그러므로 '정치란 재물을 절약하는 데 있습니다.'라고 유세한 것이다."

어떤 사람이 말하였다.

"중니의 대답은 나라를 망하게 하는 말이다. [섭 땅의] 백성들이 모반하는 마음을 갖는다고 두려워하여 '가까운 곳에 있는 사람을 기쁘게 하고, 먼 곳에 있는 사람을 오게 하라.'고 설득한다는 것은 백성들에게 은혜를 그리워하도록 가르치는 것이다. 은혜로써 정치를 하면 공적을 세우지도 않은 사람이 상을 받게 되고 죄를 지은 자가 [벌을] 사면받게 될 것이니, 이렇게 되면 법이 무너지는 까닭이 된다. 법이 무너지면 정치는 어지러워지니, 어지러워진 정치로써 패악스런 백성들을 다스린다는 것을 아직 보지 못하였다. 또한 백성들 중에 배신하는 마음을 품게 되는 것은 위로는 군주의 밝음이 미치지 못하는 곳이 있기 때문이다.

섭공의 밝음을 이어받지 못하고 그들로 하여금 가까운 곳에 있는 사람을 기쁘게 하고 먼 곳에 있는 사람을 오게 하라고 하였는데, 이는 자신의 권세가 능히 금지할 수 있는 것을 내버려두고 아랫사람과 신하들에게 은혜를 베풀어 민심을 다투도록 하는 것이니, 권세를 가진 자가 할 수 있는 일이 아니다. 무릇 요堯임금의 현명함은 육왕(六王, 요·순·우·탕·문주문왕·무주무왕) 중에서 으뜸이지만, 순舜임금이 한번 이사를 하게 되자 고을을 이루었고, 요임금은 천하를 잃게 되었다.

어떤 사람이 있는데 아랫사람[백성]의 배신을 금할 수 없고 단지 순임금을 본받아 의지하면서 그 백성을 잃지 않으려고 한다면 또한 술術이 없는 것이 아니겠는가? 현명한 군주는 작은 간사함을 은미함에서 발견하기 때문에 백성에게는 큰 모략이 없게 되고, 아무리 작은 범법도 처벌되기 때문에 백성들에게 큰 변란이 없게 되는 것이다. 이것을 일컬어 '어려운 것은 쉬운 곳에서 도모하며, 중대한 것은 작은 일에서 대처해야 한다.'고 일컫는 것이다.

지금 공을 세운 사람이 있어 상을 받게 된다면, 상을 받은 자는 군주로부터 받은 은덕이라고 생각하지 않을 것이다. [그것은] 노력이 이룩한 바이기 때문이다. 죄를 지은 자가 있어 주살된다면, 주살된 자는 군주를 원망하지 않을 것이다. [그것은] 죄로 생겨난 바이기 때문이다. 백성은 벌 받고 상을 받는 것이 모두 자신에게서 일어난다는 것을 알기 때문에 일에 있어 공적과 이익에 힘쓰며 군주로부터 은혜를 입으려고 하지 않는다. '가장 뛰어난 자는 그가 있다는 것을 알지 못한다.'[2)]라고 하니, 이것은 최상의 군주 밑에 있는 백성은 기뻐함이 없다는 말이다. 어찌 은혜를 그리는 백성을 취하겠는가. 훌륭한 군주의 백성은 이로움과 해로움을 따지지 않고, 가까운 곳에 있는 사람을 기쁘게 하고, 먼 곳에 있는 사람을 오게 한다는 유세는 또한 그만두어야 할 것이다."

---

2) 《노자》 제17장에 나온다. "가장 뛰어난 자(통치자)는 그가 있다는 것을 알지 못한다. 그 다음은 [아랫사람들이] 그를 가깝게 여기고 기린다. 그다음은 그를 두려워한다. 그다음은 그를 업신여긴다. [윗사람의] 믿음이 부족하기에, [아랫사람들도] 믿지 못하는 일이 생기게 되는 것이다. [가장 뛰어난 자는] 느긋하여, 그 말을 귀하게 여기고 있으니, 공이 이루어지고 일이 완수되어도 백성들은 모두 내가 스스로 그렇게 된 것이라고들 말한다.(太上, 不知有之.其次, 親而譽之.其次, 畏之.其次, 侮之.信不足焉, 有不信焉.悠兮其貴言, 功成事遂, 百姓皆謂我自然)" 이 장은 노자가 생각하는 통치자의 수준과 이에 따른 백성의 반응, 그리고 통치자가 백성의 신뢰를 얻는 방법에 대해 이야기하고 있다. 통치자에 대한 신뢰는 결코 먼 곳에 있지 않다는 것이 노자의 시각이다. 백성은 자신이 통치자를 믿는 정도에 따라 통치자에 대한 태도도 바꾼다.

“[노나라] 애공에게는 권신이 있어 밖으로는 제후나 사방 이웃의 인사들을 가로막고, 안으로는 패거리를 만들어 그 군주를 어리석게 하고 있다. [중니는 애공에게] 현명한 신하를 뽑으라고 유세했는데, 이것은 공적을 근본으로 하는 평가가 아니라 군주 스스로의 주관에 의해 어진 자라고 일컫는 자를 뽑는 것이 된다. 만일 애공이 세 사람이 밖으로 사람을 막고 안으로 패거리를 만든다는 것을 알았다면, 세 사람은 단 하루도 [조정에] 설 수 없었을 것이다. 애공은 어진 신하를 뽑을 줄도 모르고 그 마음속에 어진 신하로 일컫는 자를 뽑았으므로 세 사람[3]이 정치를 할 수 있었던 것이다. 연燕나라의 자쾌子噲는 자지子之를 어질게 여기고 손경孫卿을 비난했기 때문에 몸은 죽고 치욕마저 당하였다. 부차夫差는 태재太宰 백비伯嚭[4]를 지혜롭다 여기고 오자서吳子胥를 어리석다고 여겼으므로 월越나라에게 멸망당한 것이다. 노나라의 군주가 반드시 어진 사람를 알아보지 못했는데도 어진 신하를 뽑으라고 유세했으니, 이는 애공에게 부차나 연나라의 자쾌와 같은 우환을 겪게 하는 것이다. 현명한 군주는 직접 신하를 천거하지 않고 신하들이 서로 승진하게 하며, 직접 공을 거두어들이지 않고 공적이 자연스럽게 따라오게 만든다. 그 맡은 일에 대해 논의하고 사안에 따라 시험하며 공적을 통해 순위를 결정한다. 따라서 신하들은 공정하고 사사로운 마음이 없어 어진 자를 숨기려고 하지 않으며, 어리석은 자를 승진하지 않게 한

3) 맹손씨·숙손씨·계손씨를 말한다.

4) 춘추시대 초나라 사람으로, 백주리伯州犁의 손자이다. 초나라가 백주리를 주살하자 백비伯嚭는 오吳나라로 달아났고, 오나라는 그를 대부로 삼았다. 훗날 태재에 임명되어 '태재 비太宰嚭'라고 불렸다. 백비는 오나라 대부로서 왕의 비위를 잘 맞추어 총애를 받았다. 그는 오나라가 멸망하자 월나라로 투항했는데, 일설에는 구천에 의해 죽었다고도 한다.

다. 그렇다면 군주가 어진 사람을 뽑아서 쓰는 데 어찌 수고로움이 있겠는가?

[제나라] 경공은 백 대의 수레를 내는 가문의 봉록을 [세 사람에게] 내려주었다고 생각하여 재물을 절약하라는 것으로 유세하였다는 소문이 있었으니, 이는 경공으로 하여금 술을 써서 부유하더라도 사치에 빠지지 않도록 하고 혼자서만 위에 있는 자리에서 검약하라고 시키는 것이니 가난에서 벗어나지는 못할 것이다. 어떤 군주가 사방 천 리나 되는 땅으로 입과 배를 채운다면 비록 걸桀왕이나 주紂왕이라 할지라도 [이보다] 사치스럽지 않을 것이다. 제나라는 사방이 3천 리인데, 환공이 그 절반을 자신을 부양하는 데 썼으니 이는 걸왕이나 주왕보다 더한 사치를 한 것이다. 그럼에도 불구하고 오패五覇 중에서 으뜸이 될 수 있었던 것은 사치와 검약의 시행을 가릴 줄 알았기 때문이다. 군주가 되어 신하를 억제하지 못하고, 스스로를 금하는 것을 가리켜 겁(劫, 겁박)이라 하고, 신하를 바로잡지 못하면서 스스로를 바로잡는 것을 가리켜 난(亂, 어지러움)이라고 하며, 아랫사람을 절약하게 하지 못하고 스스로를 절약하는 것을 가리켜 빈(貧, 가난함)이라고 한다. 현명한 군주는 사람들로 하여금 사사롭지 않게 하며, 거짓을 부려 먹는 것을 금한다. 능력을 일에 다 쓰고 이득을 윗사람에게 돌아가게 하는 것은 반드시 소문이 나게 되고, 소문이 난 자는 반드시 상을 받게 되며, 더러운 행위로 사사로운 욕심을 부린 자는 반드시 알려지게 되고, 알려진 자는 반드시

처벌받는다. 그렇기 때문에 충신은 공적인 일에 충심을 다하게 되고 백성이나 선비는 집안일에 힘을 다하며 백관들은 윗사람을 위해 부지런하게 된다. 사치스러움이 경공보다 배가 된다 하더라도 나라의 환란거리는 아니다. 그렇다면 재물을 절약하라고 유세하는 것은 다급하지 않은 것이다.

무릇 삼공에 대한 대답을 한마디로 삼공이 우환을 당하지 않게 할 수 있다고 한 것은 아랫사람을 알아야 한다는 말을 일컫는 것이다. 아랫사람을 아는 것이 분명하면 일을 미세한 곳에서 금할 수 있고, 일을 미세한 부분까지 금할 수 있다면 간악한 일이 쌓일 수가 없으며, 간악한 일이 쌓일 수 없다면 [백성들이] 모반하는 마음도 없게 된다. 또한 아랫사람을 분명히 알게 되면 공적인 일과 사적인 일이 구분되고, 공적인 일과 사적인 일이 구분되면 패거리들이 흩어질 것이고, 패거리들이 흩어지면 밖으로는 선비를 막지 못하고 안으로는 패거리 짓는 우환이 없어지게 된다. [군주가] 아랫사람들을 분명히 알게 되면 보는 것이 세밀하고 맑아져 처벌과 포상이 분명해지며, 처벌과 포상이 분명해지면 나라가 가난하지 않게 될 것이다. 그래서 말하였다.

'한마디 대답으로 삼공이 우환이 없게 된 것은 아랫사람을 밝게 아는 것이다.'라고 일컫는 것이다."

정鄭나라 자산子産이 새벽에 출타하여 동장東匠이라는 마을을 지나가다가 부인의 곡소리를 들었다. 자산은 마부의 손을 눌러 [수레를] 멈추게 하고는 그 소리를 듣다가 한참 뒤에 관리를 시켜 그녀를 다그쳐 물으니, 그녀의 남편을 손으로 목 졸라 죽인 것이었다. 다른 날 마부가 자산에게 물었다.

"대부께서는 어떻게 그 일을 알 수 있었습니까?"

자산이 말하였다.

"그 소리가 두려움에 떨고 있었기 때문이다. 무릇 사람이란 친애하는 사람이 처음 병에 걸리면 걱정을 하고 죽을 지경이 되면 두려워하며 죽고 나면 슬퍼한다. 지금 이미 죽은 자에 대한 곡소리가 슬프지 않고 두려운 바가 있었으니, 이 때문에 그녀가 간악한 일을 저질렀다는 것을 알았다."

어떤 사람이 말하였다.

"자산의 다스림은 또한 일거리만 많지 않은가? 간악한 것을 반드시 눈과 귀로 직접 보기를 기다린 다음에 알게 된다면, 정나라에서 간사한 자들을 붙잡는 경우는 적어질 것이다. 송사를 주관하는 관리에게 [소송을] 맡기지 않고, 위아래로 검증하는 정사를 명확하게 하지 않으며, 법도의 테두리를 명확하게 하지 않고 총명함만을 다하고 지혜와 계략을 수고롭게 하는 것만을 믿어 간악한 것을 안다고 하는 것은 또한 술術이 없는 것이 아니겠는가?

하물며 사물은 많지만 지혜는 적으니 적은 것으로는 많은 것을 이기지 못하므로 지혜는 사물에 의거하여 사물을 다스리는 것이다. 아랫사람은 많고 윗사람은 적으므로 적은 것(군주)이 많은 것(신하)을 이기지 못하는 것이다. 그러므로 사람에 의지하여 사람을 알아낼 일이다. 이런 까닭으로 몸은 수고롭게 하지 않으면서 일은 다스려지고, 지혜와 계략을 쓰지 않으면서 간악한 짓을 찾아낼 수 있다.

그러므로 송나라 사람들의 속담에서 '한 마리 참새가 예(羿, 활쏘기의 명인) 위를 지날 때마다 예가 반드시 그것을 잡는다면 그것은 예의 망상인 것이다. 천하로 그물을 삼아야만 예는 [참새를] 놓치지 않을 것이다.'라는 말이 있다. 무릇 간사한 짓을 찾아내는 일도 역시 큰 그물이 있어 그 하나라도 놓치지 않게 할 따름이다. 그 그물을 수리하지 않고 자기의 억측으로 화살을 쏜다면 자산의 망상인 것이다. 노자가 말하기를 '지혜로써 나라를 다스리는 것은 나라를 해치는 일이다.'[5]라고 하였으니, 이는 자산을 가리켜 한 말이다."

왕께서 천하를 판단하시는 것이 지나치십니다

진秦나라 소왕昭王이 측근들에게 물었다.

"오늘날 한韓나라와 위魏나라는 처음 강했을 때에 비하면 누가 더

5) 《노자》 65장에 나오며, 원문은 "以智治國, 國之賊(이지치국 국지적)"이다. 노자는 백성들을 어리석게 하는 것이야말로 오히려 통치자가 지향해야 하는 바라고 보았다. 물론 여기서의 노자의 시각은 매우 역설적이다. 바로 백성을 가르치지 않으면서 통치하라는 것은 단순한 우민정책의 차원이 결코 아니라 덕을 행하는 심오한 이치를 내포하고 있기 때문이다.

강한가?"

측근들이 대답하였다.

"처음보다 약해졌습니다."

[왕이 또 물었다.]

"오늘날의 여이如耳와 위제魏齊는 지난날의 맹상孟常이나 망묘芒卯에 비하여 어떠한가?"

대답하였다.

"미치지 못합니다."

왕이 말하였다.

"맹상이나 망묘가 강한 한나라와 위나라의 군사를 거느리고 있었으면서도 오히려 과인을 어찌할 수 없는 것은 무엇 때문인가?"

측근들이 대답하였다.

"지당한 말씀이십니다."

중기中期[6]가 거문고를 밀치고 대답하였다.

"왕께서 천하를 판단하시는 것이 그릇되십니다. 무릇 육진(六晉, 육경)의 시대에는 지씨가 가장 강하여 범씨范氏와 중항씨中行氏를 멸망시켰고, [그다음으로는] 한나라와 위나라의 군대를 이끌고 조趙나라를 쳤을 때 진수晉水의 물길을 터서 성의 잠기지 않았던 부분은 삼판(三板, 여섯 자) 정도였습니다. 지백知伯이 밖에 나가서 보니 위선자魏宣子가 말을 부리고 한강자韓康子가 함께 타고 있었습니다.

'처음에는 내가 물로써 남의 나라를 멸망시킬 수 있다는 것을 알

---

6) 사람 이름으로, 자세한 사적은 알려져 있지 않다. 진나라 때의 악관으로 추정된다.

지 못했는데 나는 지금에야 그 이치를 알게 되었소. 분수汾水를 터서 안읍(安邑, 위나라 도읍)을 물로 공격할 수 있고, 강수絳水를 터서 평양(平陽, 한나라 도읍)을 물로 공격할 수가 있겠소.'

[이 말을 듣고 있던] 위선자는 팔꿈치로 한강자를 쳐서 조심하라 하고, 한강자는 위선자의 발을 밟아 알았다고 하고는 수레에서 팔꿈치와 발로 마음을 맞춘 결과 지씨는 진양성 아래 [싸움에 패하여] [나라가 셋으로] 쪼개지는 변을 당하였습니다. 지금 왕께서 비록 강하다 하더라도 지씨만 같지 못하며, 한나라와 위나라가 비록 약해졌더라도 진양성 아래에 있었던 것과 같은 상황에는 이르지 않았습니다. 이는 천하가 지금이야말로 팔꿈치와 발을 사용하듯이 마음을 통하는 시기이니, 원컨대 군왕께서는 [남을] 쉽게 생각하지 마십시오."

어떤 사람이 말하였다.

"소왕의 질문에도 잘못이 있고 측근들과 중기의 대답에도 허물이 있다. 무릇 현명한 군주가 나라를 다스릴 때에는 그 권세에 맡기기 때문이다. 그 권세가 허물어지지 않는다면 비록 천하의 강성한 제후라도 어찌할 도리가 없다. 그런데 맹상이나 망묘가 거느리는 한나라와 위나라가 능히 나를 어찌할 수 있겠는가! 그러나 그 권세가 허물어지지 않는다면 여이와 위제 같은 [어리석은] 사람이 한나라·위나라와 같은 군대를 거느리더라도 오히려 손해를 입힐 수 있을 것이다. 그렇듯 손해를 입거나 침해를 당하지 않는 것은 스스로 의지하는 데 달려 있을 뿐이니, 어찌 물어보는 것인가? 스스로 침해당하지 않는 권세에 의지한다면 강하건 약하건 어찌 가려 뽑을 수 있겠는가. 만일 스스로 [권세에] 의지하지 않는 데에 있으면서 그것을 어찌하겠다고 묻는다면, 그것을 침해당하지 않는 것만으로도 다행스러운 일일 것이다. 신자(申子, 신불해)가 '법술을 놓아두고 믿음을 구하려고 한다면 미혹되기 마련이다.'라고 말한 것은 소왕을 일컫는 말이다. 지백은 법술을 터득하지 못했으면서 한강자와 위선자를 거느리고 물을 터서 그들의 두 도성을 멸망시키려고 하였다. 이것이 지백이 나라를 망치고 자신도 죽게 된 까닭이며 그의 두개골이 술잔으로 만들어지게 된 까닭이다. 지금 소왕이 바로 '처음 강했을 때에 비하면 누가 더 강한가?'라고 물은 것은 남이 물로 공격한다는 걱정 때문에 두려워하는 것이겠는가. 비록 측근들은 있었으나 한나라와 위나라의 두 군주는 아니거늘 어찌 팔꿈치와 발을 맞대어 음모를 꾸미겠는가. 그런데도 중기가 '[남을] 쉽게 생각하지 마십시오.'라고 말하였으니 이것은 허황된 말이다.

또한 중기가 맡은 일은 거문고와 비파를 타는 일인데 가락이 맞지 않고 타는 소리가 맑지 않으면 중기의 책임으로, 이는 중기가 소왕을 섬기는 까닭이다. 중기가 그 임무를 잘 수행한다고 해도 아직 소왕을 흡족하게 하지 못하면서 잘 알지 못하는 것까지 나서니 어찌 망령된 일이 아니겠는가. 측근들이 '처음보다 약해졌습니다.'라고 말하거나 '미치지 못합니다.'라고 말한 것은 괜찮은 것이지만, 그들이 '지당한 말씀이십니다.'라고 말한 것은 아첨한 것이다. 신자가 '다스리는 일은 직분을 넘지 말며 비록 알고 있다 하더라도 말하지 않아야 한다.'라고 말하였다. 지금 중기는 알지도 못하면서 오히려 말을 하였으므로 '소왕의 물음에 놓친 부분이 있고 측근들과 중기의 대답에도 모두 허물이 있다.'고 하는 것이다."

군주의 눈이 가려지는 이유

관자管子가 말하였다.

"그(신하를 비유)가 옳으면 그를 좋아한다는 증거를 보여야 하며, 그를 옳다고 보지 않으면 그를 미워한다는 모습을 보여야 한다. 상과 벌이란 드러나 보이는 것에 확실해야 하는데, 비록 보이지 않는 곳이라 하더라도 그것을 감히 하겠는가? 그가 옳은데도 옳다는 증거를 보이지 않고 그가 옳지 않은데도 미워하는 모습을 보이지 않으며, 상과 벌이 드러나 보이는 것에 확실하지 않으면 보이지 않는 그 밖의 것에서 구하여도 얻을 수가 없다."

어떤 사람이 말하였다.

"넓은 조정의 위엄이 있는 곳에서는 모든 사람들의 생각이 엄숙해지는 바이고, 편안한 방이나 혼자 있는 처소에서는 증자曾子나 사추史鰌[7]라도 게으르게 되는 바이다. 사람이 엄숙하게 여기는 바를

7) 위나라의 명신으로, 자는 자어子魚이다. 헌공獻公·상공殤公·양공襄公·영공靈公 등을 잘 보필하였다. 영공이 미자하를 총애하여 충고했지만 듣지 않아 그가 죽을 때 아들에게 일러 정당正堂 안에서 장례를 치르지 말라고 하였다. 영공이 이를 보고 깨달아 거백옥을 등용하고 미자하를 파면하였다. 옛사람들은 그의 이런 충성을 높게 보아 "시신이 간한다.〔屍諫〕"라고 하였다.《한시외전韓詩外傳》권 7에 자세한 내용이 실려 있다.

살펴본다고 하여 그 행동과 감정을 아는 것은 아니다. 또한 군주란 신하가 꾸며 보여야 하는 바이기 때문이다. 좋고 싫음이 드러나면 신하들이 간악한 일을 꾸며 그 군주를 어리석게 만드는 것이 필연적이다. [군주의] 밝음으로도 먼 곳의 간사함을 비추어 숨겨진 미미한 것을 볼 수 없으며 꾸민 행동을 보는 것을 기다려 상과 벌을 결정한다면 또한 [군주의 눈이] 가려진 것이 아니겠는가?"

군주의 큰일은 법 아니면 술

관자가 말하였다.

"방 안에서 말을 하면 [소리는] 방 안에 가득 차고, 당堂에서 말을 하면 당에 가득 차게 되니 이런 것을 천하의 왕이라고 일컫는다."

어떤 사람이 말하였다.

"관중이 이른바 '방 안에서 말을 하면 [그 소리가] 방 안에 가득 차고, 당에서 말을 하면 당에 가득 차게 된다.'고 말한 것은 다만 농짓거리나 먹거리를 먹을 때를 일컫는 말이 아니고, 반드시 큰일을 일컬어 하는 말이다. 군주의 큰일이란 법法 아니면 술術이다. 법이란 문서를 엮어 관청 창고에 비치해두고 그것을 백성들에게 널리 알리는 것이다. 술이란 [군주의] 가슴속에 감추어두고 많은 실마리에 맞추어 아무도 모르게 여러 신하들을 부리는 것이다. 따라서 법이란 분명하게 드러나는 것만 못하며, 술은 드러내 보이지 않게 한다. 이 때문에 현명한 군주가 법을 말하면 나라 안의 [신분이] 낮고 미천한 사람들까지 들어서 알지 못함이 없으니, 다만 당 안에 차 있는 사람만 들을 수 있는 것이 아니다. 술을 사용한다면 가까이의 사랑하고 친한 사람들도 들을 수 없으니 당 안이라고 해도 가득 찰 수 없다. 그런데 관자는 오히려 '방 안에서 말을 하면 [그 소리가] 방 안에 가득 차고, 당에서 말을 하면 당에 가득 차게 된다.'고 말했으니, 법과 술을 터득한 말이 아니다."

제39편

난사(難四: 상과 벌을 내림에 관한 논박 2)

【해제】

〈난사〉 편은 앞의 세 편과는 다른 체재를 가지고 있다. 앞의 편들이 설화를 대상으로 하여 '혹왈或曰'이 한 번 나오지만, 여기서는 '혹왈'이 두 번 나온다. 첫 번째 '혹왈'에서는 한비자가 제시한 명제인 설화를 비판하고 있고, 두 번째 '혹왈'에서는 앞의 '혹왈'을 다시 비판하는 방식을 취하고 있다. 물론 한비자의 비판방식은 엄격하며, 유가의 인간관과 군신관을 타파할 것을 입증하기 위해 노력하고 있는 점이 엿보인다.

〈난사〉 편은 내용상 모두 네 단락으로 구분된다. 첫 번째 단락은 군주와 신하는 서로의 본분을 지켜야 한다는 내용이며, 두 번째 단락은 군주는 분명한 것과 미묘한 것을 알고, 엄격해야 하고 사면을 함부로 해서는 안 된다는 점을 말하고 있다. 세 번째 단락은 군주가 노여우면 반드시 죄를 내리지만 처벌이라는 것은 민심을 거스르지 않아야 하며, 노여워한다고 해서 노여워하는 기색을 띠어서는 안 되고 처벌하려 한다고 해서 처벌한다는 마음을 가져서는 안 된다는 내용이다. 네 번째 단락에서는 군주가 사람을 등용할 때 자기가 아끼는 사람은 등용을 꺼려 한다는 것을 말하고 있다.

의를 넘어뜨리고 덕을 거역하는 경우

위魏나라의 손문자孫文子가 노魯나라에 문안사절로 왔는데 공이 계단을 오르면 [무례하게] 또 올라섰다. 숙손목자叔孫穆子가 잰걸음으로 나아가 말하였다.

"제후들의 회합에서 일찍이 우리 군주께서 위나라 군주보다 뒤에 선 일은 없었습니다. 지금 당신께서는 우리 군주와 한 계단도 뒤로하지 않으려 하고 있으니, 우리 군주께서 허물이 있는지는 모르겠으나 선생께서는 걸음을 조금 늦추어 걸으십시오."

손문자는 사양하지도 않았고 뉘우치는 기색도 없었다. 숙손목자가 물러나서 다른 사람에게 알려 말하였다.

"손문자는 반드시 망할 것이다. 멸망한 나라의 신하이면서도 군주 뒤에 서려고 하지 않고, 허물이 있어도 고치려고 하지 않으니 멸망의 근본인 것이다."

어떤 사람이 말하였다.

"천자가 도를 잃으면 제후들이 그를 대신하는 법이므로 탕왕湯王과 무왕武王이 있는 것이다. 제후가 도를 잃으면 대부가 그를 대신하였으므로 제齊나라의 전씨와 진晉나라의 삼경三卿이 있는 것이다. 신하이면서 군주를 대신한 자가 반드시 망한다면 탕왕이나 무왕은 왕 노릇을 할 수 없었을 것이며, 제나라나 진나라도 세워질 수 없었을 것이다. 손문자는 위나라에서 군주에 버금갔으므로 [사신으로]

노나라에 와서도 신하의 예를 취하지 않았던 것이다. 신하로서 군주를 대신한다는 것은 군주가 [도를] 잃었기 때문에 신하가 [권세를] 얻게 된 것이다. 의義를 잃은 군주에 대해 망할 것이라고 하지 않고 권세를 얻은 신하에 대해 망할 것이라고 하는 것은 밝지 못한 것이다. 노나라는 위나라의 대부를 주살할 수 없었고, 위나라 군주의 밝음으로는 뉘우칠 줄 모르는 신하를 알아내지 못하였다. 손문자가 이 두 가지 잘못을 저질렀다 하더라도 어찌 그것 때문에 망했겠는가. 망한 원인은 그가 군주 자리를 얻을 수 있는 이유를 잃었기 때문이다."

또 어떤 사람이 말하였다.

"신하와 군주는 신분에 따라 분수가 정해진 것이다. 신하가 군주 자리를 빼앗는다는 것은 서로의 세력이 [한쪽으로] 기울어져 있기 때문이다. 그러므로 자신의 본분이 아닌데도 취할 경우는 백성이 빼앗는 바가 된다. 이런 이유로 걸桀왕이 민산岷山의 아름다운 두 딸을 얻고, 주紂왕이 비간比干의 심장을 구하자[1] 천하 [민심이] 떠나갔으며, 탕왕이 몸소 이름을 바꾸고[2] 무왕은 몸소 굴욕을 받자 온 천하가 복종하게 되었으며, 조선(趙咺, 조선자趙咺子)이 산속으로 도망

---

1) 비간과 관련된 이야기 중에서 사마천의 기록을 참고할 만하다. "주紂가 더욱 음란해져 그칠 줄 몰랐다. 미자微子가 여러 번 간언했지만 듣지 않자, 태사太師 및 소사少師와 상의한 뒤 마침내 떠나버렸다. 그러나 비간은 '신하 된 자는 목숨을 바쳐 간언하지 않을 수 없다'면서 강하게 간언하였다. 주가 화를 내면서 말하였다. '나는 성인의 심장에는 일곱 개의 구멍이 있다고 들었다.' 그러고는 비간의 배를 갈라 그 심장을 꺼내 보았다. 기자箕子는 두려워서 미친 척하여 노비가 되었지만 주왕이 다시 그를 가두었다. 이에 은나라의 태사와 소사가 은나라의 제기와 악기를 들고 주나라로 달아났다."(《사기》〈은본기〉) 공자 역시 《논어》〈미자微子〉에서 "비간은 간언하다가 죽었다.〔比干諫而死〕"고 하면서 그를 은나라의 은자 3인방 중 한 명으로 꼽았다.

2) 탕왕의 본래 이름은 '이履'였는데 걸왕의 이름을 피휘하여 '을乙'로 바꾸었다.

치고 전씨(田氏, 전성자田成子)가 타국에서 종 노릇을 하자 제나라와 진晉나라 사람들이 따르게 된 것이니, 탕왕과 무왕이 왕 노릇 하게 된 이유와 제나라와 진나라가 [그 자리에] 설 수 있게 된 이유는 꼭 그 군주 때문만은 아니다. 그들은 [군주] 자질을 얻고 난 뒤에 군주에 앉은 것이다. 지금 [손문자는] 자질을 갖추고 있지 않은데도 그 자리에 앉아 있으니 이는 의義를 넘어뜨리고 덕德을 거스르는 것이다. 의를 넘어뜨리면 일이 실패하는 이유가 되고, 덕을 거스르면 원한이 모여들게 하는 이유가 된다. 패배와 멸망을 살펴보지 못한 이유는 무엇 때문인가?"

천금을 가진 집은 그 자식이 어질지 못하다

노나라의 양호陽虎가 삼환三桓[3]을 공격하려 했다가 이기지 못하여 제나라로 망명하니, 경공景公이 그를 예우하였다. 포문자鮑文子[4]가 간언하여 말하였다.

"그렇게 해서는 안 됩니다. 양호는 계씨季氏에게 총애를 입었으나 계손을 치려고 하고 있으니 그 부유함을 탐내고 있는 것입니다. 지

---

3) 공자가 살던 때 노나라의 귀족 중에서 삼환이 가장 위세를 떨치고 있었다. 삼환 중에서도 계씨季氏가 가장 세력이 컸다. 성인 공자도 "공자께서 계씨에 대해 말씀하셨다. '팔일무八佾舞를 뜰에서 추게 했으니, 이것을 참을 수 있다면 무엇인들 참아낼 수 없을까.'(孔子謂季氏. "八佾舞於庭, 是可忍也, 孰不可忍也?")(《논어》〈팔일八佾〉)라고 한탄했듯이, 당시 그들은 팔일무도 출 정도였다. 이는 가로와 세로 여덟 줄로 서서 64명이 추는 춤으로 천자에게만 허용되는 의식이다. 공자는 계씨가 팔일무를 추게 한 것을 제 분수를 모르는 것이자, 사회질서를 어지럽히는 행위로 보았다.

4) 제나라 대부 포국鮑國을 말한다. 그는 노나라 대부 시씨施氏를 섬겼던 인물이다.

금 군왕께서는 계손보다도 부유하며, 제나라는 노나라보다 큰데 양호가 속임수를 다 부리고 있습니다."

경공이 바로 양호를 가두었다.

어떤 사람이 말하였다.

"천금을 가진 집은 그 자식이 어질지[5] 못하니, 사람들이 이익을 다급하게 여기는 것이 심하기 때문이다. 환공桓公이 오패五霸의 으뜸인데도 나라를 다투어 그의 형을 죽였던 것은 그 이득이 컸기 때문이다. 신하와 군주의 관계에는 형과 아우 같은 친밀함이 없다. 협박하고 죽인 공적이 만승의 나라를 제압하여 큰 이득으로 통하게 된다면 여러 신하들 중 누가 양호처럼 하지 않겠는가? 일이란 은밀하고 교묘하게 추진하면 성공하게 되고, 성글고 졸렬하면 실패하게 된다. 여러 신하들이 아직 난을 일으키지 않은 것은 그 준비를 하고 있지 않기 때문이다. 여러 신하들이 모두 양호 같은 마음을 품고 있어도 군주가 알지 못하면 이는 은밀하고 교묘한 처신 때문이다. 양호가 천하를 탐내어 군주를 치려고 했다면 이는 바로 성글고 졸렬하게 처신한 것이다. 경공으로 하여금 졸렬한 양호를 처벌하게 하였으니, 이것은 바로 포문자의 가설과는 반대로 된 것이다. 신하가 충심인가 속이는가 하는 문제는 군주가 하는 바에 달려 있다. 군주가 밝고 엄정하면 여러 신하들은 충심을 다할 것이며, 군주가 나약하고 어리석으면 여러 신하들이 속일 것이다. 숨어서 드러나지 않는 일을 알아내는 것을 명(明, 밝게 살핌)이라고 하며, 용서하지 않는

5) 원문의 '仁(인)'을 번역한 것이다. 본래의 의미는 자비롭거나 베푸는 마음이 깃들어 있다는 것인데 적어도 이 글자의 원의를 그대로 살려 번역하기란 어려우나 여기서는 편의상 '어짊'이라는 글자의 의미를 그대로 적용하여 역어로 선택하였다.

것을 가리켜 엄(嚴, 엄격함)이라고 한다. 제나라의 간교한 신하들을 알아내지 못하고 노나라에서 이루어진 반란을 처벌하는 것은 또한 엉터리 같은 일이 아닌가?”

어떤 사람이 말하였다.

“어짊과 탐욕스러움은 같은 마음이 아니다. 그러므로 공자 목이目夷[6]는 송宋나라의 임금 자리에서 물러났고, 초楚나라의 [공자인] 상신商臣은 아버지를 시해했으며,[7] 정鄭나라의 거질去疾은 형에게 [자리를] 물려주었으나 노나라의 환공은 형을 시해하였다.[8] 오패는 모든 나라를 병합했으나 환공을 기준으로 사람을 가늠한다면 신하들은 모두 곧거나 청렴한 사람은 없는 것이다. 또한 군주가 밝고 엄정하면 신하들은 충심을 다할 것이다. 양호는 노나라에서 반란을 일으켰으나 성공하지 못하고 달아나 제나라로 들어왔는데, 처벌되지 않는다면 이는 난을 일으킨 자를 이어받는 꼴이 되는 것이다. 군주가 밝다면 [양호를] 처벌함으로써 난을 멈추게 할 수 있다는 것을 안다. 이것이 미묘함을 드러내 보이는 정황이다. 옛 속담에서 말하기를 ‘제후들은 나라로서 친교를 맺는다.(諸侯以國爲親)’고 한다. 군주가 엄정하다면 양호의 죄를 놓칠 수 없으니 이것이야말로 용서할 수 없는 실정이다. 그렇게 되면 양호를 처벌하는 것은 여러 신하들

6) 환공의 이복형으로, 인자한 인물로 평이 났다. 송나라 환공이 죽었을 때 태자인 자부茲父에 의해 왕위에 추천되었으나 목이目夷는 오히려 순리가 아니라고 하면서 사양하여 그 자리를 태자, 곧 자부가 이어받았으니 그가 바로 양공이다.

7) 초나라 성왕成王이 어린아이를 자리에 세우려고 하자 상신商臣이 태자로서 아버지를 죽이고 목왕穆王이 된 일을 가리킨다.

8) 정나라 영공靈公이 시해되니 아우인 거질去疾이 추대되었는데, 이복형인 견堅에게 물려주어 양공襄公이 된 일을 가리킨다.

로 하여금 충심을 다하도록 하는 까닭이 된다. 제나라의 간사한 신하들을 알아내지 못하면서 분명하게 난을 일으킨 사람들도 처벌하지 못하고 아직 일어나지 않은 죄를 꾸짖으면서도 밝게 드러난 죄를 처벌하지 않으니 이것이 바로 망(妄, 망령됨)이다. 지금 노나라에서 난을 일으킨 죄를 처벌하여 여러 신하들 중 간사한 마음을 가진 자를 위협한다면 계손季孫·맹손孟孫·숙손叔孫[9] 사이의 친교를 맺을 수 있을 것이니, 포문자의 설이 어째서 거꾸로 된 것인가?"

소공은 미워할 바를 안 것이다

정백鄭伯이 고거미高渠彌를 경으로 삼으려고 하자, 소공昭公이 그를 미워하여 한사코 간언하였으나 듣지 않았다. 소공이 자리에 오르자 그(고거미)가 자신을 죽일까 두려워 신묘辛卯일에 소공을 시해하고 공자 단亶을 세웠다. 군자가 말하였다.

"소공은 미워할 바를 안 것이다."

공자 어圉가 말하였다.

"고백(高伯, 고거미)은 아마도 도륙을 당할 것이다. 미움을 앙갚음하는 것이 너무 심하기 때문이다."

어떤 사람이 말하였다.

"공자 어가 한 말도 [사리에] 어긋나지 않은가. 소공이 환란에 이

9) 이들은 계손씨·맹손씨(중손씨)·숙손씨를 말하며 당시 집정대신으로 환공의 후손들이므로 '삼환三桓'이라고 부른다.

르게 된 것은 미움을 앙갚음한 것이 늦었기 때문이다. 그렇다면 고백이 늦게 죽은 것도 미움을 앙갚음한 것이 심했기 때문이다. 현명한 군주는 노여움을 드러내 보인 채로 내버려두지 않는다. 노여움을 드러내 보인 채로 내버려두면 죄를 지은 신하들이 경솔하게 계획을 꾸미게 되므로 군주가 위태로워지게 된다. 그러므로 영대靈臺에서의 연회 때 위후衛侯가 노여워하면서도 처벌을 하지 않았으므로 저사褚師가 난을 꾸밀 수 있었던 것이다. 큰 자라국을 먹을 때 정나라의 군주가 노여워하면서도 처벌하지 않았기 때문에 자공子公이 그 군주를 죽이니, 군자가 '미워할 바를 안 것이다.'라고 지적한 것은 심하지 않다. 아는 것이 이와 같이 분명한데도 처벌하지 않았으므로 죽게 된 것이라고 말한 것이다. 그러므로 '미워할 바를 안 것이다.'라고 함은 그가 권력〔權〕이 없음을 보여준 것이다. 군주는 단지 환란을 알 수 있는 능력이 없을 뿐만 아니라 때로는 결단하고 제어할 능력도 부족하다. 지금의 소공은 미움을 드러내 보이면서도 죄를 내버려둔 채 처벌하지 않았으며, 거미渠彌로 하여금 미움을 품고 죽음을 두려워하면서도 요행을 바라게 하였기 때문에 죽음을 면하지 못하게 한 것이니, 이는 소공이 미움을 앙갚음한 것이 심하지 않았기 때문이다."

또 어떤 사람이 말하였다.

"미움을 앙갚음한 것이 심하다는 것은 크게 처벌함으로써 작은 죄를 앙갚음한 것이다. 크게 처벌함으로써 작은 죄를 갚는 것은 옥사獄事의 지극함이다. 옥사의 근심거리는 본래 처벌하는 까닭에 있지 않고 원수가 많아지는 데에 있다. 진晉나라 여공厲公이 삼극三郤을 멸했으므로 난(欒, 진나라 대부 난서欒書)과 중항씨(中行氏, 진나라 대부)가 환란을 일으켰고, 정나라 자도子都[10]가 백선伯咺을 죽였으므로 식정食鼎[11]이 환란을 일으켰으며, 오왕吳王이 자서子胥를 처벌하였으므로 월越나라 구천句踐이 패업霸業을 이루게 된 것이다. 그렇다면 위후가 쫓겨나고 정나라 영공이 시해당한 일은 저사가 죽지 않고 자공이 처벌당하지 않았기 때문이 아니라, 아직은 노여워할 수 없는데도 노여워하는 기색을 띠었고, 아직은 처벌할 수 없는데도 처벌하려는 마음을 지녔기 때문이었다. 노여움은 그 죄를 받아야 마땅하며 처벌하는 것이 민심을 거슬리지 않으면 비록 드러내더라도 무슨 해가 되겠는가? 무릇 아직 서지도 못하면서 죄가 있다고 하여 즉위한 뒤에 케케묵은 죄로 처벌한다면, [이것이] 제나라 호공胡公이 멸망당한 까닭이 된다. 군주가 신하에게 그것을 행해도 오히려 뒤탈이 있거늘, 하물며 신하가 되어 군주에게 행할 수 있겠는가? 처벌이 이미 이치에 맞지 않은데도 [미워하는 마음을] 다하겠다고 마음을 먹게 되면 이는 천하 사람들과 원수가 되는 것이다. 그렇다면 비록 죽음을 당한다 하더라도 또한 옳지 않겠는가!"

10) 정나라 여공厲公인 돌突이라는 인물로, 장공의 아들이며 소공의 아우이다.

11) 이름이 자세하지 않아 문헌을 뒤져도 알 수 없는 인물이다.

위나라 영공靈公 때 미자하彌子瑕가 총애를 받았다. [궁중의] 난쟁이가 공(영공)을 뵙고 말하였다.

"신의 꿈은 들어맞습니다."

공이 말하였다.

"무엇을 꾸었는가."

"꿈에서 아궁이를 보았으니, [이는] 공을 뵙게 되는 것이었습니다."

공이 노여워하며 말하였다.

"내가 듣건대 군주를 만나려는 자는 꿈속에서 태양을 본다고 한다. 어찌 과인을 만나보려고 꿈속에서 아궁이를 보았다는 말인가?"

광대가 말하였다.

"무릇 태양은 천하를 골고루 비추므로 어떤 물건도 그것을 가릴 수가 없습니다. 군주는 한 나라를 골고루 비추고 있으므로 한 사람도 가로막을 수가 없으니 군주를 뵈려면 태양을 꿈꾸게 되는 것입니다. 무릇 아궁이는 한 사람이 불을 쬐면 뒷사람은 그 불빛조차 볼 수가 없습니다. 혹여 어떤 사람이 군주 앞에서 불을 쬐고 있지는 않습니까? 그렇다면 신이 비록 아궁이 꿈을 꾸었다 하더라도 또한 괜찮지 않습니까?"

공이 말하였다.

"옳은 말이다."

마침내 옹저雍鉏를 물리치고 미자하를 물러나게 했으며, 사공구司空狗를 등용하였다.

어떤 사람이 말하였다.

"난쟁이는 꿈에 잘 기대어 군주의 도를 보여주었으나, 영공은 난쟁이가 한 말을 [제대로] 알아듣지 못하였다. 옹저를 물리치고 미자하를 물러나게 했으며, 사공구를 등용하였으니 이런 일은 총애하던 자를 제거하고 어질다고 생각하는 자를 등용한 것이다. 정나라의 자도는 경건慶健을 어진 자로 생각했으므로 자신이 가려지게 되었고, 연燕나라의 자쾌子噲는 자지子之를 어진 자라 생각하였으므로 스스로를 가린 것이다. 무릇 총애하는 자를 물리치고 어질다고 생각하는 자를 등용한다고 해도 한 사람이 주군 앞에서 불을 쬐게 하는 데서 벗어나지 못할 것이다. 어리석은 신하가 군주 앞에서 불을 쬔다고 해서 [군주의] 명찰함을 손상시키기에는 부족한 것이다. 지금 더 [명찰함을] 더하지는 않고, 어진 사람으로 하여금 자기 앞에서 불을 쬐게 한다면 반드시 [군주를] 위태롭게 할 것이다."

어떤 사람이 말하였다.

"굴도屈到는 마름을 즐겨 먹었고[12] 문왕文王은 창포 절임을 즐겼다. 제대로 된 맛은 아니지만 두 어진 자는 그것을 높이 평가하여 맛을 보기는 했으나 훌륭한 맛은 아니다. 진晉나라의 영후靈侯는 참무휼參無恤을 좋아하고, 연나라의 자쾌는 자지를 어진 사람이라고 생각하였는데 올바른 인사는 아니지만 두 군주는 그들을 받들었다.

---

12) 초나라의 굴도屈到가 마름을 매우 좋아하여 자신의 제사에도 마름을 쓰도록 당부하였다는 설이 있다. 나중에 정말로 제사에 마름을 쓰자 자건子建이 이를 보고 사사로운 욕심으로 나라의 의례를 범하는 것은 옳지 않다고 하여 마름을 치웠다는 고사가 나왔다고 한다.

어질다고 생각하는 자가 꼭 어진 것만은 아니다. 어질지 않은데도 어진 사람이라고 생각하여 등용하는 것은 총애하기 때문에 등용하는 것과 같다. 어진 사람이 진실로 어진 자라서 천거하는 것은 총애하는 자를 등용하는 것과 다른 것이다. 따라서 초나라 장왕莊王은 손숙오를 추천하여 [천하의] 우두머리가 되었으나, 상신은 비중費仲을 등용하고도 멸망하였다. 이러한 일은 모두 어진 자라고 생각하는 자를 등용했으면서도 일은 서로 거꾸로 된 것이다. 연나라 자쾌가 비록 어질다고 생각하는 자를 천거해 등용했다고 하더라도 [결국] 총애하는 자를 등용하는 것과 같은 이치이다. 위나라가 어찌 그러했겠는가? 그렇다면 난쟁이가 뵙기도 전에 군주가 가려졌는데도 [군주는] 자신이 가려진 것조차 몰랐으며, 뵙고 나온 뒤에야 자신이 가려진 것을 알게 된 것이다. 그러므로 [군주를] 가린 신하를 물러나게 한 것은 바로 아는 것을 더 보태주었기 때문이다. '지금 더하지 않으면서 어진 사람으로 하여금 자기 앞에서 불을 쬐게 한다면 반드시 [군주는] 위태롭게 될 것이다.'라고 말했으나, 지금은 아는 것이 더 더해진 것이니 비록 자신을 불 쬐게 하더라도 반드시 위태롭지 않을 것이다."

권卷 17

제40편

난세(難勢: 권세를 논란거리로 삼다)

【해제】

'세勢', 곧 권세를 논란거리로 삼아 논의한 것으로, 기본적인 관점은 세치勢治의 중요성을 변론하는 것이다. 여기서 '난難'이란 힐문詰問을 뜻하고, '세勢'는 권세와 권위를 말한다. 먼저 신도愼到가 제시한 정치의 제1요건인 '세'에 관한 논의로서 한비자는 현명하고 능력 있는 정치의 입장에서 신도의 논지를 반박한 뒤 그 자신의 논점을 세우는 방식으로 글을 전개하고 있다. 〈난세〉 편을 읽어보면 전체적으로 권세를 부정하는 내용은 아니며, 신도의 관점을 말하고 어떤 사람이 말했다는 식의 구성은 앞의 〈난사〉 편과 다르지 않다.

우리는 〈난세〉 편을 통해서 법가가 정치의 본질을 권력으로 파악하고 있음을 알 수 있다. 군주가 권력을 장악하고 있으면 다른 사람에 의해서 굴복되지 않으며, 정치 또한 추동력을 얻게 되고 정책의 일관성도 확보된다. 권력의 본질이 위엄이라고 가정한다면 이 편의 제목에서 알 수 있듯이 군주의 위세를 세우는 것이 얼마나 어려운지를 알 수 있다. 결국 이 편의 핵심 내용은 권력론이라고 할 수 있다.

한비자는 〈난세〉 편에서 주로 현명한 자를 등용하고 권세를 맡기는 두 가지 주장에 대해 논의하면서 세 단락으로 구분하고 있다. 신도의 말을 인용하여 권력이 현덕보다 더 중요하다는 것을 보여주고 있고, 유가의 입을 빌려 권세가 왜 통치에서 필요한지 논박조로 주장하고 있다. 특히 한비자는 유가를 반박하면서 인仁과 권세는 서로 용납될 수 없으므로 현명한 사람을 임명하는 것보다 권세에 맡기는 것이 정치의 중요한 이치임을 다시 한 번 강조하면서 끝을 맺고 있다.

구름이 걷히고 안개가 개면 용과 뱀도 지렁이나 개미와 같아지는 법

신도愼到가 말하였다.

"날아다니는 용은 구름을 타고, 오르는 뱀은 안개를 노닐지만, 구름이 걷히고 안개가 개고 나면 용과 뱀은 지렁이나 개미와 같아지니, 탈것을 잃었기 때문이다. 현명한 사람이 못난 사람에게 굴복하게 되는 것은 권세(權)는 가볍고 지위는 낮기 때문이다. 못난 사람이 현명한 사람을 복종시키는 것은 권세는 무겁고 지위는 높기 때문이다. 요堯임금이 보통 사내라고 한다면 세 사람도 다스리지 못하였을 것이며, 걸桀왕도 천자가 되었으므로 천하를 혼란스럽게 할 수 있었으니, 나는 이런 사례로 권세나 지위만은 충분히 믿을 수 있어도 현명함과 지혜를 흠모하기에는 부족하다는 것을 알게 된 것이다. 무릇 활이 약한데도 화살이 높이 나는 것은 바람의 힘을 탔기 때문이며, 자신은 못났지만 명령이 행해지는 것은 백성들의 도움을 얻었기 때문이다. 요임금도 노예에 예속되어 명하면 백성들은 듣지 않으니, 군주의 자리에 있으면서 천하에 왕 노릇 하는 데 이르러야 명령은 행해지고 금령이 멈추게 되는 것이다. 이로부터 본다면 현명함과 지혜로움으로는 백성들을 복종시키기에 부족하며, 권세나 지위로는 현명한 사람을 굴복시키기에 충분한 것이다."

왕량이 말을 부리면 하루에도 천 리를 달리게 한다

[어떤 사람이] 신도에게 대답하여 말하였다.

"날아다니는 용은 구름을 타고, 오르는 뱀은 안개 속을 노닌다고 하는데, 나는 용과 뱀이 구름과 안개라는 권세에 탈 수 없다고는 생각하지 않는다. 비록 그렇더라도 어진 자를 버려두고 권세에만 맡겨두고서 충분히 다스릴 수 있다고 생각하는가? 나는 [그런 경우를] 보지 못하였다. 무릇 구름이나 안개가 있어 그것을 타고 노닐 수 있다는 것은 용과 뱀의 재능이 아름답기 때문이거늘, 지금 구름이 왕성하게 일어나더라도 지렁이가 탈 수 없고 안개가 짙게 끼더라도 개미가 노닐 수 없다. 무릇 성한 구름과 짙은 안개라는 권세가 있더라도 타고 노닐 수 없는 것은 지렁이나 개미의 재주가 빈약하기 때문이다. 지금 걸과 주가 군주가 되어 천하에 왕 노릇 하면서 천자의 위세로 구름과 안개가 된다 하더라도 천하가 커다란 혼란에서 벗어나지 못하는 것은 걸왕과 주왕의 재주가 빈약하기 때문이다. 하물며 그 사람이 요임금과 같은 권세로 천하를 다스린다고 하여도, 그 권세가 걸왕의 권세로 천하를 어지럽게 한 것과 무엇이 다르겠는가?

무릇 권세란 반드시 어진 자로 하여금 그것을 사용하게 하고, 어리석은 자로 하여금 그것을 사용하지 못하게 할 수 있는 것이 아니다. 어진 자가 그것을 사용하면 천하는 다스려지게 되고 어리석은 자가 그것을 사용하면 천하는 어지럽게 된다. 사람의 감정과 본성이란 어진 자는 적고 어리석은 자는 많다. 그러므로 권위와 권세라는 이로움으로 세상을 어지럽히는 어리석은 자를 도우면 이는 권세로써 천하를 어지럽히는 자가 많아지게 되고, 권세로써 천하를 다스리는 자가 적어지게 될 것이다. 무릇 권세란 다스림에는 편하지만 혼란스럽게 하는 데에도 이롭다. 그러므로《주서周書》에서 '호랑이를 위해 날개를 붙여주지 말라 하니, 날아서 고을로 들어가 사람을 골라 잡아먹으려고 들 것이다.'라고 했으니, 무릇 어리석은 자에게 권세를 타게 한다는 것, 이는 호랑이를 위해 날개를 붙여주는 격이다. 걸왕과 주왕은 높은 누대와 깊은 연못으로 백성의 힘을 다하게 하고, 포락炮烙이라는 형벌을 만들어 백성의 목숨을 앗아갔다. 걸왕과 주왕이 온갖 악행을 저지를 수 있었던 것은 군주의 자리에서 위세가 날개 노릇을 했기 때문이다. 걸왕과 주왕이 보통 사내였다면 악행 한 가지도 해보지 못하고 도륙되는 형벌에 놓이게 되었을 것이다. 권세란 호랑이와 시랑 같은 심성을 길러 포악하고 혼란스런 일을 만드는 것이니, 이는 천하의 큰 우환이 되는 것이다.

권세란 다스림과 어지러움에 대해 본래부터 고정된 자리가 있는 것이 아니며, 오로지 권세로 천하를 충분히 다스릴 수 있다고 말하는 것은 그 지혜로움이 이르는 바가 천박한 것이다.

무릇 좋은 말과 견고한 수레를 노예로 하여금 그것들을 부리도록 한다면 다른 사람의 웃음거리가 되지만, 왕량王良이 그것들을 부리면 하루에도 천 리를 달릴 수 있게 될 것이다. 수레와 말이 차이가 없으니 어떤 경우는 천 리에 이르고 어떤 경우는 남의 웃음거리가 되는 것이니, [이는] 교묘함과 졸렬함 사이의 거리가 멀기 때문이다. 지금 나라의 군주 자리로 수레를 삼고 권세로 말을 삼으며, 호령으로 고삐를 삼고 형벌로 채찍을 삼아 요임금과 순임금으로 하여금 그것들을 부리도록 한다면 천하를 다스릴 수 있을 것이며, 걸왕과 주왕이 그것들을 부린다면 천하는 어지러워질 것이니, 현명함과 어리석음 사이의 거리가 멀기 때문이다. 무릇 빠른 것을 쫓고 먼 곳에 이르려고 하면서 왕량에게 맡겨야 한다는 점을 알지 못하고, 이익이 있는 데로 나아가고 해로움을 제거하면서도 현명하고 능력 있는 사람에게 맡기는 것을 알지 못한다면 이는 구분할 줄 모르는 근심이다. 무릇 요임금과 순임금도 백성을 다스리는 왕량과 같은 존재였다."

창과 방패의 역설

다시 대답하여 말한다.

"그 사람(신도)은 권세로써 충분히 믿어 관리를 다스릴 수 있다고 생각하지만, 객[1]이 말하기를 '반드시 현명한 사람을 기다려야 다스려진다.'고 하고 있으나 옳은 것은 아니다. 무릇 권세란 명칭은 하

1) 여기서 말하는 객은 신도를 반박하는 유가를 가리킨다.

나이지만 내용의 변화는 헤아릴 수 없는 것이다. 권세가 반드시 스스로 그러한 것에 있다면 권세에 대하여 할 말이 없다. 내가 말하고자 하는 권세란 사람들이 세워놓은 것을 말한다. 지금 말한다. '요임금과 순임금은 권세를 얻어서 다스렸고 걸왕과 주왕은 권세를 얻었으나 어지럽혔다고 하니, 나는 요임금이나 순임금이 그렇지 않다고는 생각하지 않는다. 비록 그렇다 하더라도 사람이 세워놓은 권세가 아니다. 무릇 요임금과 순임금이 태어나면서 군주 자리에 있었다면, 비록 열 명이나 되는 걸왕과 주왕이 있었을지라도 혼란스럽게 할 수 없다고 하는 것은 권세가 다스렸기 때문이다. 걸왕과 주왕도 태어나면서 군주 자리에 있었다면 비록 열 명이나 되는 요임금과 순임금이 있었을지라도 다스릴 수 없다고 하는 것은 권세가 어지럽게 했기 때문이다. 그러므로 말한다.

'권세가 다스려질 수 있으면 어지럽힐 수 없고, 권세가 어지러우면 다스릴 수 없다.'라고 한 것이다.

이는 자연스런 권세이지 사람이 세운 바가 아니다. 만일 내가 말하는 바와 같은 권세는 사람이 세워놓은 것을 가리켜 말할 따름이니, 어찌 어진 사람을 일삼겠는가?"

무엇으로써 그것이 옳다는 것을 밝히겠는가. 객이 말한다.

"사람들 중에 창과 방패를 함께 파는 자가 있었는데, 방패의 견고함을 자랑하여 말하기를 '사물 중에 이 방패를 뚫을 수 있는 것은 아무것도 없다.'라고 하였다.

얼마 있다가 또 그 창을 자랑하여 말하기를 '나의 창이 날카로워 어떤 물건도 뚫지 못할 것이 없다.'라고 하였다.

사람들 중에서 이 말에 호응하여 말하였다.

'너의 창으로 너의 방패를 뚫으면 어떻겠는가?'

그 사람은 대답을 할 수가 없었다. 뚫을 수 없는 방패와 뚫지 못할 것이 없는 창은 명분상으로는 함께 설 수 없는 것이 된다. 무릇 어진 사람이 권세를 부리면 금할 수 없으며, 권세라는 길이란 금하지 못할 것이 없게 된다. 금할 수 없는 어짊과 금할 것이 없는 권세를 가지고 [함께 서게 하는 것], 이것이 창과 방패의 가설이다. 무릇 어진 사람과 권세가 서로를 용납할 수 없다는 것도 분명한 일이다."

또한 요임금·순임금과 같은 성왕, 걸왕·주왕과 같은 폭군은 천 세대 만에 한 번 나타나더라도 어깨를 나란히 하여 발뒤꿈치를 좇듯이 이어진 것이다. 세상의 통치자란 중급 정도의 인물에서 끊어지지 않으니, 내가 말하려고 하는 권세는 중급 정도가 되는 군주이다. 중급 정도란 위로는 요임금·순임금에 미치지 못하지만, 아래로도 걸왕·주왕이 되지는 않는 경지로서 법을 지키고 권세에 처하면 다스리게 되고, 법을 어기고 권세를 버리면 어지럽히게 된다. 지금 권세를 버리고 법을 어기면서 요임금이나 순임금을 기다렸다가 요임금·순임금이 이르게 되면 곧 다스려지지만, 이는 천 세대 동안 어지러웠다가 한 세대 만에 다스려지는 것이다. 무릇 천 세대를 다스리다가 한 세대를 어지럽게 하는 것과 한 세대를 다스리다가 천 세대를 어지럽게 하는 것은 마치 천리마를 타고 [반대 방향으로] 달리는 것과 같아 서로 간의 거리가 멀어지게 되는 것이다. 무릇 굽은 나무를 곧게 바로잡는 법을 없애고, 척도와 양을 재는 치수를 버린다면 해중奚仲과 같은 명인에게 수레를 만들게 해도 바퀴 한 개도 만들 수 없을 것이다. 포상을 권장하는 것과 형벌이라는 위세 없이 권세에만 놓아두고 법을 버린다면 요임금·순임금이 집집마다 찾아다니며 달래고 사람마다 변호해주어도 세 집도 다스릴 수 없을 것이다. 무릇 권세가 충분히 쓰임이 있다는 것은 분명한데도 '반드시 어진 자를 기다려야 한다.〔必待賢〕'고 말하는 것 또한 옳지 않은 것이다."

지금의 마부가 옛날의 왕량보다 나은 법

"게다가 백 일 동안 먹지 않다가 곡식과 고기를 기다린다면 굶주린 자를 살릴 수는 없다. 지금 요임금·순임금과 같은 어진 군주를 기다려 오늘날 세상의 백성들을 다스리게 한다면 이는 마치 곡식과 고기를 기다리다가 굶주림을 구제하겠다는 가설과 같은 것이다. '무릇 좋은 말과 견고한 수레를 노예로 하여금 그것들을 부리도록 한다면 다른 사람의 웃음거리가 되지만, 왕량이 그것들을 부리면 하루에도 천 리를 달릴 수 있게 될 것이다.'라고 말했으나, 나는 옳다고 생각하지 않는다. 무릇 월越나라 사람 중에 바다에서 수영을 잘하는 자를 기다려서 중원 땅의 물에 빠진 사람을 구한다고 한다면, 월나라 사람이 수영을 잘한다 하더라도 물에 빠진 자를 구제하지는 못할 것이다. 무릇 옛날의 왕량을 기다려 지금의 말을 부리는 것은 또한 월나라 사람이 물에 빠진 자를 구한다는 가설과 같은 것으로, 할 수 없다는 것 또한 분명하다. 무릇 좋은 말과 견고한 수레를 50리마다 하나씩 설치해두고 중간 정도의 마부로 하여금 그것을 부리도록 한다면, 빠른 것을 쫓아가서 먼 곳에 이르려고 하는 것을 이룰 수 있어 하루 동안 천 리를 갈 수 있을 것인데, 어찌 반드시 옛날의 왕량을 기다려야 하겠는가! 게다가 부리는 데 왕량을 시키지 않으면 반드시 노예를 시키게 되어 실패할 것이며, [천하를] 다스리는 데 요임금이나 순임금을 시키지 않으면 반드시 걸왕·주왕을 시켜 어지럽히게 될 것이라고 한다. 이것은 물건의 맛이란 엿이나 꿀처럼 달지 않으면 반드시 씀바귀나 쓴 미나리라고 하는 것과 같다. 이것은 변론을 쌓고 문사를 포개두면서도 논리에서 벗어날 방법을 잃은 것이므로 둘 다 논의될 수 없다. 어찌 비난하려고 이치에 어긋난 말을 할 수 있겠는가. 객의 논의는 [나의] 이러한 논리에 미치지 못한다."

제41편

문변(問辯: 문답과 쟁변)

【해제】

'문問'이란 문제를 제기한다는 뜻이고, '변辯'이란 쟁변爭辯이라는 의미로, 당시 성행하던 변론을 말한다. 〈문변〉 편은 어떤 사람이 한비자에게 묻고, 한비자가 그에 대답하는 방식으로 이루어져 있다.

전국시대의 제자백가들은 천하의 제후들에게 자신의 학설을 설득시키기 위해 동분서주했으며, 반대파와 무수히 많은 쟁변을 벌였다. 유가인 맹자孟子의 경우도 달변가로 유명했으며, 그는 명가名家와 묵가墨家와는 분명히 다른 입지를 구축하였다. 이러한 것은 역설적으로 말하면 그 당시 명가와 묵가 등 논변가들의 영향력이 대단히 컸다는 것을 의미하며, 그런 이유로 한비자는 이러한 글을 쓴 것이다.

〈문변〉 편은 아주 짧은 편에 불과하며, 주로 토론하는 중에 쟁변이 발생하는 원인과 쟁변을 방지하는 방법에 대해서 논의하고 있다. 쟁변은 군주가 밝고 지혜롭지 못하는 것에서 나온다고 보고 있으므로 군주는 마땅히 효용성을 언행의 표준으로 삼아야 하며, 법령에 합치되지 않는 것은 금지해야만 쟁변이 발생하지 않는다고 설명하고 있다. 물론 이런 한비자의 사유는 기본적으로 군주의 강력한 권한을 구축하기 위한 법술法術에 의한 다스림의 한 갈래이다.

군주가 밝지 못하면 쟁변이 생긴다

어떤 사람이 물었다.

"쟁변은 어떻게 생겨나는가?"

대답하여 말하였다.

"군주가 밝지 못한 데서 생긴다."

질문하는 사람이 또 말하였다.

"군주가 밝지 못해서 그로 인해 쟁변이 생긴다는 것은 무슨 까닭인가?"

[내가] 대답하여 말하였다.

"밝은 군주가 다스리는 나라에서 영(令, 명령)이란 말 중에 가장 존귀한 것이고, 법法이란 사안 중에서 가장 적당한 것이다. [영 이외의] 말보다 존귀한 것이 둘도 없으며, 법보다 적합한 것이 둘도 없으므로 말과 행동에서 법령法令에 따르지 않는 것은 엄금된다. 만일 법령이 없어 속임수로 대처하고 변화에 응대하여 국가에 이득이 생기게 하고 일의 변화를 추측할 수 있도록 하려고 한다면, 군주는 반드시 그 말하는 것을 취하고 그의 실질적인 공을 따져야 한다. 그의 말이 타당하면 커다란 이익이 있게 되고, 말이 타당하지 않으면 엄중한 징벌이 있게 된다. 따라서 어리석은 자는 죄받는 것을 두려워하여 함부로 말을 하지 못하게 되고, 지혜로운 자도 송사할 도리가 없다. 이것이 쟁변이 없게 되는 까닭이다. 어지러운 세상에서는 그렇지 않다. 군주가 영을 내려도 백성들은 문학(文學, 유가와 묵가를 중심으로 하는 고대의 경전)으로 그를 비평하고, 관청에서 법을 구비해도 백성들은 사사로운 행동으로 그것들을 어그러뜨린다. 군주는 도리어 그 법령들을 조금씩 처리해나가고 학자들의 지혜와 행동을 존중하게 되니, 이것이 세상에서 문학이 많아지게 되는 바이다.

무릇 말과 행동은 공적을 과녁처럼 삼아 활을 당긴다. 무릇 숫돌에 뾰족한 [사냥용] 화살을 갈아 멋대로 발사한다고 해서 그 끝이 일찍이 [아주 가는] 가을 터럭 끝을 맞힌다는 것은 아니지만, 활을 잘 쏘는 자라고 일컬어 말할 수 없는 것은 정해진 표준 과녁이 없기 때문이다. 다섯 치 되는 과녁을 설치하여 열 걸음 먼 곳에서 당기더라도 [활의 명인인] 예羿나 [그의 제자] 봉몽逢蒙이 아니고서는 반드시 적중시킬 수 없는 것은 일정한 과녁이 있기 때문이다. 그러므로 일정한 과녁이 있으면 예나 봉몽이 다섯 치 되는 과녁으로 기교를 보여주지만, 일정한 과녁이 없으면 아무렇게나 발사하여 가을 터럭 끝을 맞힌다 하더라도 졸렬하다고 한다.

지금 말을 들어보고 행동을 볼 때, 공적으로 과녁을 삼지 않는다면 말[言]이 비록 지극히 살펴지고 행동이 비록 굳건하더라도 함부로 발사한 것과 같은 가설이 된다. 이 때문에 어지러운 세상에서 [군주가] 말을 들을 때는 알기 어려운 것을 살피고 널리 꾸미는 것을 변론한다고 한다. 그 행동을 관찰할 때는 무리에서 벗어난 것을 현명하다 하고, 윗사람을 침범하는 것을 고상하다고 생각한다. 군주는 변설과 밝은 말에 기뻐하며 현명하고 고결한 행동을 존중하므로 무릇 법法과 술術을 일삼는 사람은 버리거나 취할 행동을 세우고 변론의 시비를 가리려고 해도 아무도 그것을 바로잡지 못한다. 이 때문에 유생의 복장을 한 자와 칼을 찬 자는 많아도 밭을 갈면서 싸우는 인사는 적으며, 견백堅白과 무후無厚[1]라는 문장들만이 널려 있어 공포된 법령은 사그라지는 것이다. 그러므로 '군주가 밝지 못하면 쟁변이 생긴다.'고 말하는 것이다."

1) 단단한 돌과 흰 색깔의 돌이 하나가 아니라는 것이 바로 '견백'이다. 면적은 두께가 없고 너비만 존재한다는 궤변론자들의 가설이다.

제42편

문전(問田 : 전구에게 묻다)

【해제】

〈문전〉 편의 제목은 첫 구절의 문장에서 따온 것으로, 신변의 위험을 경계하는 내용이 주를 이루고 있다. 이 편의 사상은 법가의 취지와 서로 들어맞으며, 《논어》나 《맹자》와 같은 문답식의 서술방식을 취하고 있다.

〈문전〉 편은 내용상 두 단락으로 구분되는데, 주된 내용은 법술로써 나라를 이상적으로 다스릴 수 있다는 것이다. 첫 번째 단락에서 현명한 군주는 법제로 재상과 대장을 직급에 따라 다루어야 한다고 강조하고 있고, 두 번째 단락에서는 법제의 표준을 설치하라는 의미를 담고 있다.

그런데 두 번째 단락에서 알 수 있듯이 한비자를 한자韓子라고 존칭한 사례나 본문에서 보이는 당계공堂谿公이 한韓나라 소후昭侯 때의 사람으로 한비자보다 태어난 시기가 비교적 이른 것을 보면, 여기서의 문답 내용은 한비자의 글이 아니고 훗날 누군가의 글일 가능성이 상당히 높은 점도 부인할 수 없다. 물론 전반과 후반의 두 단락이 서로 긴밀하게 연관되어 있지는 않다. 그래서 〈문전〉 편 역시 한비자가 직접 쓴 글이 아닐 것이라는 위작 시비가 제기된다.

지혜로운 인사는 아랫자리를 답습하지 않아도 군주에게 예우받는가

서거徐渠[1]가 전구田鳩[2]에게 물었다.

“신이 듣건대 지혜로운 선비는 아랫자리로부터 올라가지 않더라도 군주에게 예우받고, 성인은 공적을 드러내지 않아도 군주에게 다가설 수 있다고 합니다. 지금 양성의거陽城義渠[3]는 이름 있는 장수이나 둔백(屯伯, 군대 주둔군의 우두머리) 자리에 두었고, 공손단회公孫亶回는 성인 같은 재상이지만 주부(州部, 지방관리)를 경유하게 하였으니 무엇 때문입니까?”

전구가 말하였다.

“이것은 이렇다 할 이유가 있어서가 아니라 군주가 법도를 가지고 있고 술術을 터득하였기 때문입니다. 또한 당신께서는 초楚나라가 송고宋觚를 장수로 삼아서 군사 일에 실패하였고, 위魏나라는 풍리馮離를 재상으로 삼았으므로 그 나라를 잃게 되었다는 것을 어찌 혼자만 듣지 못하셨습니까? 두 군주가 평판에 치닫고 변설에 눈이 멀어 둔백 일하는 자리에서 조처를 취하지 않고 주부를 거치게 하지 않았으므로 정사를 잃고 나라를 망하게 한 근심거리가 있게 되었습니다. 이로부터 본다면 무릇 둔백 일하는 자리로 시험하거나

1) 전구田鳩의 제자이지만 자세한 사적은 알려져 있지 않다. 여기서 전구에게 질문하면서 ‘신’이라고 일컬은 것은 신하라는 의미가 아니고 단순히 겸칭으로 보아야 한다.

2) 제나라 사람으로, 묵자의 제자이다. 그에 관해서는 〈외저설 좌상〉 편에 나와 있다.

3) 여기서 ‘양성陽城’은 성이고, ‘의거義渠’는 이름이다. “양성서거는 질병이 있어 광문의 마을에 살았다.〔陽城胥渠有疾, 處廣門之閭〕”는 기록이 《여씨춘추呂氏春秋》〈애사愛士〉 편에 보이므로 판본에 따라 다르지만 동일인으로 추정된다.

주부를 거치게 하지 않고 어찌 현명한 군주가 취할 수 있는 것이라고 하겠습니까?"

자신에게 위험하고 몸에도 위태롭다고 생각하는 무엇

당계공堂谿公이 한자(韓子, 한비자)에게 말하였다.

"제가 듣건대 예를 행하고 사양하는 마음을 갖는 것이 [몸을] 온전하게 하는 술術이며, 행동을 닦고 지혜를 뒤로 물리는 것이 명성이 이루어지는 길입니다. 지금 선생께서는 법술法術을 세우고 법도와 술수를 설치하고 있습니다만, 제가 홀로 생각하기에 [이는] 자신을 위험에 빠뜨리고 몸을 위태롭게 할 것이라고 봅니다. [이를] 어떻게 증명할 수 있겠습니까? 선생께 들은 바를 진술하여 말한다면 '초나라는 오기吳起를 등용하지 않아 [봉토가] 깎이고 곤란해졌으며, 진秦나라는 상군(商君, 상앙)을 등용하여 잘살고 강성해졌으니 두 사람의 말이 이미 [이치에] 들어맞았기 때문이다. 그런데도 오기는 팔과 다리가 찢기고 상군이 거열車裂형을 당한 것은 그들이 밝은 세상과 현명한 군주를 만나지 못한 재앙이다.'라고 하였습니다. 만남이란 반드시 필연적인 것이 아니며 근심과 재난이란 물리칠 수도 없는 것입니다. 무릇 [몸을] 온전하게 하면서 완수하는 길을 버리고 위태로운 행동을 마음대로 하는 것에 대해 저는 선생을 위해서 선택하지 않겠습니다."

한자[한비]가 말하였다.

"제가 선생의 말씀에 대해 명백히 하겠습니다. 무릇 천하를 다스리는 권력의 칼자루와 백성을 거느리는 법도란 다루기가 쉽지 않습니다. 그러나 선생의 가르침을 없애고 미천한 제가 선택한 바를 행하려고 하는 이유는 제가 생각하기에 법술을 세우고 법도를 설치하는 것이 백성을 이롭게 하고 편하게 하는 길이기 때문입니다. 따라서 어지러운 세상의 군주나 어리석은 군주의 재난을 꺼려하지 않고, 백성을 구제하는 도움을 꼭 주는 것이 어진 자와 지혜로운 자가 취해야 할 행동입니다. 어지러운 세상의 군주나 어리석은 군주의 재난을 꺼려 죽어 없어지는 위해를 피해 그 자신을 아는 것이 분명하고 백성들이 취할 이득을 보여주지 않는 것은 탐욕스럽고 비루한 행위입니다. 저는 차마 탐욕스럽고 비루한 행위를 하고자 하지 않으며, 어진 자와 지혜로운 자의 행동을 감히 해칠 수도 없습니다. 선생께서 다행히 저를 아끼는 생각을 가지고 계시지만 그러면서도 저에게 크게 손해를 끼치는 실질만 있을 뿐입니다."

제43편

정법(定法 : 법도를 확정하다)

【해제】

'정법定法'이란 법도를 확정한다는 뜻이다. 〈정법〉 편에서 한비자는 주로 상앙商鞅의 법法과 신불해申不害의 술術을 그 나름의 첨삭과 체계화 과정을 거치면서 법과 술이 가지고 있는 의의와 그 중요성에 대해 문답체의 형식을 취하여 증명하고 있다.

〈정법〉 편은 내용상 모두 세 단락으로 구분된다. 첫 번째 단락에서는 제왕이 천하를 다스리는 데 법과 술이 중요한 도구임을 밝히고 있고, 두 번째 단락에서는 술을 사용하는 것과 법을 사용하지 않는 것 사이의 차이를 증명해 보이고 있다. 세 번째 단락에서는 신불해와 상앙이 말하는 법과 술이 완전하지 않다는 것을 비판하고 있다.

특히 첫 번째 단락에서 우리는 한비자가 제시하는 '술'이 적극적인 면에서는 음모적 요소도 있지만, 소극적인 면에서는 군주가 간악한 신하를 다스리기 위한 수단임을 알 수 있다.

〈정법〉 편에도 한비자가 생각하는 법 설정의 기본 이념과 방향이 제시되어 있어 법가 이론을 집대성하려는 한비자의 사상적 면모를 엿볼 수 있다. 또한 그의 사상과 다른 두 사람의 사상의 미묘한 차이를 분명하게 살펴볼 수 있다.

질문하는 사람이 말하였다.

"신불해申不害와 공손앙(公孫鞅, 상앙), 이 두 학파의 학설 중에 어느 쪽이 나라에 절실합니까?"

[한비가] 그 말에 대답하여 말하였다.

"이는 잴 수가 없다. 사람은 열흘만 먹지 않아도 죽으며 큰 추위가 매서울 때 옷을 입지 않아도 죽게 된다. 옷과 먹을 것 중 어느 쪽이 사람에게 절실하다고 일컫는다면, 이는 한 가지도 없을 수 없으니 모두 삶을 기르는 물건들이다. 지금 신불해는 술術을 말하고 공손앙은 법法을 일삼고 있다. 술이란 능력에 따라 관직을 주고 명분에 따라 실적을 추궁하며 죽이고 살리는 칼자루를 쥐고 여러 신하들의 능력을 점수 매기는 것이니, 이것은 군주가 잡고 있어야 하는 바이다. 법이란 공포된 법령이 관청에 드러나 있고 형과 벌은 반드시 백성의 마음속에 새겨져 있어서 상은 법을 삼가는 자에게 존재하며 벌은 명령을 어기는 자에게 가해지는 것이니, 이는 신하 된 자가 받들어야 하는 바이다. 군주에게 술이 없으면 윗자리에서 [눈과 귀가] 가려지고, 신하에게 법이 없으면 아래에서 어지럽게 된다. 이 둘은 하나라도 없어서는 안 될 것이므로 모두 제왕이 갖추어야 할 조건들이다."

군주가 법과 술을 장악하지 못해 일어나는 문제들

질문하는 사람이 [다시] 말하였다.

"술은 있는데 법이 없거나, 법만 있고 술이 없어서는 그것이 옳지 않은 것은 무엇 때문입니까?"

[한비가] 대답하여 말하였다.

"신불해는 한韓나라 소후昭侯를 보좌하는 사람이었다. 한나라는 진晉나라에서 떨어져 나온 나라였다. 진나라의 옛 법이 아직 폐지되지 않았는데 한나라의 새로운 법이 또 나오고, 이전 군주의 명령이 아직 거두어지지 않았는데 다음 군주의 명령이 또 새롭게 내려지는 상황이었다. 그래서 신불해는 그 법을 장악하지 못했고, 그 공포된 법령을 통합하지 못하여 간악한 자들이 많아졌다. 그래서 이득이 옛날의 법과 이전의 법령에 있으면 그것을 따랐고, 이득이 새로운 법과 나중의 명령에 있으면 그것을 따랐던 것이다. [이득은] 옛것과 새것이 서로 반대가 되고 먼저 것과 나중 것이 서로 어그러져서 신불해가 비록 열 번이나 소후로 하여금 술을 쓰도록 했지만 간악한 신하들은 오히려 그 말을 속이는 바가 있었던 것이다. 그러므로 만 대의 수레를 낼 수 있는 강한 한나라에 몸을 의탁한 지 17년이나 되었으나, [소후가] 패왕霸王 노릇을 하지 못하게 된 것은 비록 군주에게 술을 쓰게 했지만 법이 관리들에 의해 힘써 지켜지게 하지 못한 우환 때문이다.

공손앙이 진秦나라를 다스릴 때 연좌제를 두어 그 사실을 따지고 열 집이나 다섯 집을 하나로 묶어 그 죄를 함께 묻고 상을 두텁게 하되 믿음을 주었고, 형벌을 무겁게 하되 확실하게 시행하였다. 이 때문에 그 백성들은 역량을 발휘하여 수고로우면서도 쉬지 않았고 적을 추격함에 있어 위태로웠으나 물러서지 않았으므로 그 나라는 부유하고 군대는 강성해졌다. 그러면서도 술로써 간신을 알아내지는 못했기에 그 부유함과 강성함 또한 신하에게 도움을 줄 뿐이었다. 효공孝公과 상군(商君, 상앙)이 죽고 혜왕惠王이 즉위하여 진나라 법이 아직 폐지되지 않았음에도 불구하고 장의張儀가 진나라를 가지고 한나라와 위나라로부터 [이득을] 구하였으며, 혜왕이 죽고 무왕武王이 즉위하자 감무甘茂가 진나라를 가지고 주나라로부터 [이득을] 구하였다. 무왕이 죽고 소양왕昭襄王이 즉위하자 양후穰侯가 한나라와 위나라를 넘어 동쪽으로 제齊나라를 공격하니 5년 동안 진나라는 한 자의 땅덩어리도 불리지 못하였고 [양후는] 그 도읍의 봉토를 얻어 [자신의] 성을 쌓았던 것이다. 그리고 응후應侯는 한나라를 8년 동안 공격하여 여남汝南이라는 봉토에 성을 쌓았다. 이 뒤로부터는 여러 사람이 진나라에 등용되었으니 모두들 응후나 양후 같은 부류였다. 그래서 싸워 이기면 대신들은 존중되고 영토가 더해지면 사사로운 봉토만 늘어나게 되었으니, 이는 군주가 술로써 간신을 알아차리지 못했기 때문이다. 상군이 비록 열 번이나 그 법을 바로 잡았더라도 도리어 신하들은 자기 밑천으로 써먹을 뿐이었다.

그러므로 강한 진나라의 밑천을 가지고도 수십 년이 지나도록 제왕에 이르지 못한 것은 법을 비록 관리에게 힘써 지켜지게 했더라도, 군주가 위에 있으면서 술을 부리지 못한 우환 때문이다."

법과 술로도 완전한 것은 아니다

질문하는 사람이 [또다시] 말하였다.

"군주가 신자(申子, 신불해)의 술을 사용하고 관리가 상군의 법을 행하면 괜찮습니까?"

대답하여 말하였다.

"신자는 아직 술에서 다하지 못한 데가 있고, 상군도 아직 법에서 다하지 못한 데가 있다. 신자의 말은 '[정사를] 다스릴 때 직분을 넘어서지 않으며 알게 되더라도 진언하지 말라.'는 것이다.

다스릴 때, 직분을 넘어서지 않음은 직분을 지키는 것이 옳다고 일컫는 것이며, 알게 되더라도 진언하지 말라 함은 [신하의] 잘못을 [군주에게] 아뢰지 말라는 것이다. 군주는 나라 안 모든 사람의 눈을 빌려서 살피므로 보는 것이 이보다 더 밝은 것이 없으며, 나라 안 모든 사람의 귀를 빌려서 들으므로 듣는 것이 이보다 더 밝은 것이 없다. 그런데 지금 알면서도 진언하지 않으면 군주가 무엇으로써 빌려 보고 들을 수 있겠는가. 상군의 법에 말하기를 '[적의] 수급 하나를 벤 자에게는 작위 한 등급을 올려주거나 쉰 석石의 벼슬을 준다. [적의] 수급 두 개를 벤 자에게는 작위 두 등급을 올려주거나 백 석의 벼슬을 준다.'고 한다. 관작의 승진과 수급을 벤 공이 서로 걸맞게 되는 것이다. 지금 법이 있어 말하기를 '수급을 벤 자에게는 명하여 장인匠人이나 의원이 되도록 하겠다.'고 한다면 집도 지어지지 않고 병도 낫지 않게 될 것이다. 무릇 장인은 손재주가 뛰어나야 하며 의원이란 약을 조제하는 사람이어야 하는데 수급을 벤 공이 있다고 하여 그들을 장인과 의원으로 삼는다면 그 능력에 걸맞지 않은 것이다. 지금 관리를 다스리는 것은 지혜와 능력을 쓰는 것이며, 지금 수급을 베는 것은 용기와 능력의 결과인 것이다. 용기와 능력으로 승진되고 지혜와 능력으로 [필요한] 관직을 준다면 이는 수급을 벤 공적으로 의원이나 장인으로 삼는 꼴이다. 그러므로 말하기를 '두 사람(신자와 상군)이 법술에 대해 모두 다하지 못한 데가 있는 것이다.'라고 말하는 것이다."

제44편

설의(設疑: 의심나는 것을 설정하다)

【해제】

'설設'이란 논설論說이라는 의미이고, '의疑'라는 글자는 '비比' 또는 '의擬' 자와 의미가 통하니, 의심나는 일들을 설정하여 밝힌다는 뜻이다. 〈설의〉 편에서 한비자는 당시의 정치적·사회적 실상을 날카롭게 풍자하고 있다. 주변의 평판이 좋고 잘하는 것처럼 보이지만 속을 들여다보면 군주에게 해를 입히는 실례를 들어, 신하를 등용하여 다루는 일이 얼마나 신경 써야 하는 일인지를 말하면서 군주가 철저하게 주의할 것을 요구하고 있다.

〈설의〉 편은 내용상 본래 네 단락으로 구분되어 있는데, 독자의 편의상 좀더 세분하여 단락을 구분하였다. 첫 번째 단락은 현명한 군주가 신하를 임용할 때에는 반드시 잘 살피고 신중을 기해야 한다는 것이다. 두 번째 단락에서는 옛날의 여섯 유형의 신하들을 예로 들면서 군주가 험악하고 권세부리고 아첨하는 세 종류의 신하를 임용하면 자신도 죽고 나라도 멸망하며, 청고淸高하고 강직한 신하를 임용하면 마음대로 부리지 못한다는 것을 예시하고 있고, 마지막으로 현명하고 유능한 신하라야만 패왕을 제대로 도울 수 있다고 설명하고 있다. 세 번째 단락에서는 현명한 군주와 어지러운 군주의 신하 임용 방식에 차이가 있음을 설명하고 있다. 네 번째 단락에서는 신하를 임용할 때 오간五姦을 금지하고 사의四疑를 쳐부수어야 함을 설명하고 있다.

그런데 〈설의〉 편 역시 첫 번째 문단의 앞뒤가 서로 연관성이 부족하여 다른 편이 이 편에 끼어 들어갔다고 의심할 만한 여지도 적지 않아 위작 시비가 제기되고 있는 것도 사실이다.

먼저 간악한 마음을 금하고 다음에는 말을 금하라

대체로 통치의 뛰어남이란 그 상과 벌의 적당함을 일컫는 것이 아니다. 공을 세우지 못한 사람에게 상을 주고 무고한 백성에게 벌을 가하는 것은 이른바 [군주의] 밝음이 아니다. 공이 있으면 상을 주고 죄를 지으면 벌을 내림에 그 사람을 다르게 하지 않는 것은 그 사람이 [상벌에] 해당하는 공이나 잘못이 있기 때문이지 [일부러] 공을 세우거나 잘못을 [근본적으로] 그만두게 하는 것은 아니다. 이 때문에 간사함을 금하는 법으로 가장 최상의 것은 그 [간사한] 마음을 금하도록 하고, 그다음으로는 그 말을 금하도록 하며, 또 그다음은 그 행동을 금하도록 하는 것이다. 지금 세상에서 모두 말하기를 "군주를 존귀하게 하고 나라를 편안하게 하는 것은 반드시 인의仁義와 지혜와 능력으로써 한다."라고 한다. 그런데 군주를 비천하게 하고 나라를 위험에 빠뜨리는 것도 반드시 인의와 지혜와 능력으로써 한다는 것을 알지 못한다.

그러므로 도를 터득한 군주는 인의를 멀리하고 지혜와 능력을 버리며 백성들을 법으로써 다스린다. 명예가 널리 퍼지고 명성이 드러나며 백성이 다스려지고 나라가 편안해지는 것은 백성을 부리는 법을 터득했기 때문이다. 무릇 술術이란 군주가 굳게 쥐고 있어야 하고 법法이란 관리가 받들어서 따라야 하는 것이다. 그러나 낭중(郎中, 군주의 시종관)으로 하여금 날마다 성문 밖으로 도를 전하게 하며 국경 안에서 나날이 법을 드러나게 하는 데 이르면, 또한 그 일도 어렵지 않은 것이다.

나라를 망하게 한 여섯 신하들

옛날에 유호씨有扈氏에게는 [신하인] 실도失度가 있었고 환두讙兜에게는 고남孤男이 있었으며 삼묘三苗에게는 성구成駒가 있었고 걸왕에게는 후치侯侈가 있었으며 주왕紂王에게는 숭후호崇侯虎가 있었고 진晉나라에는 우시優施가 있었다. 이들 여섯 사람은 나라를 망친 신하들이다. 그른 것을 옳은 것같이 말하고 옳은 것을 그른 것같이 말하였으며, 속마음은 음흉하여 남을 해치면서 겉으로는 소심하고 삼가하여 그 선함을 가장하였다. 옛것을 칭송하여 선한 일을 못 하게 하고 그 군주를 잘 휘둘러서 정밀하고 은밀한 음모를 꾸며냈으며, [군주가] 좋아하는 것을 이용하여 [군주를] 어지럽게 하였으니 이들은 낭중이나 측근들과 비슷한 부류였다.

지난 세상의 군주들 중에는 인재를 얻어 자신은 편안하게 나라를 온전히 한 이들이 있는가 하면 인재를 얻고서도 자신은 위태롭고 나라를 멸망하게 한 이들도 있었으니, 인재를 얻었다는 명분은 같았으나 이익과 해로움은 그 거리가 서로 천만이나 된다. 그러므로 군주 된 자는 측근에게 신중하지 않을 수 없다. 만일 군주 된 자가 신하가 말한 바에 밝다면 어질거나 부족함을 구분하는 것이 마치 검은색과 흰색을 구분하는 것과 같아야 한다.

열두 명의 현인을 등용할 수 없는 이유

허유許由와 속아續牙, 진晋나라의 백양伯陽, 진秦나라의 전힐顚頡[1], 위衛나라의 교여僑如·호불계狐不稽[2]·중명重名·동불식董不識·변수卞隨·무광務光·백이伯夷·숙제叔齊 같은 이들 열두 사람은 모두 위로는 이로움을 보여주었어도 기뻐하지 않았고, 아래로는 어려움에 이르더라도 두려워하지 않았으며, 간혹 그들에게 천하를 준다고 해도 취하지 않았으며, 치욕스런 명성이 있으면 녹봉의 이로움도 즐겨하지 않았다. 무릇 이로움을 보여도 기뻐하지 않는다면 군주가 비록 상을 두텁게 하더라도 그들을 권유할 수 없으며, 어려움에 이르더라도 두려워하지 않는다면 군주가 비록 형벌을 엄하게 하더라도 그들을 위협할 수 없을 것이다. 이를 일컬어 명령에 따르게 할 수 없는 신하라고 한다.

이들 열두 사람 중에 어떤 사람은 동굴 속에서 엎어져 죽고, 어떤 사람은 들판에서 말라 죽기도 했으며, 어떤 사람은 산골짜기에서 굶어 죽었고, 어떤 사람은 냇물이나 샘물에 빠져 죽기도 하였다. 사람 중에 이와 같은 이가 있어 옛날의 성왕도 모두 신하로 삼을 수

1) 진晉나라 사람으로, 문공文公의 총애를 받는 신하였다. 사냥하는 시간에 늦어 등에 칼을 맞아 죽임을 당하였다.

2) 현인으로 알려져 있는 인물로, 호불해狐不偕라고도 한다.

없었는데, 오늘날의 세대에서 장차 어떻게 그들을 [신하로] 등용할 수 있겠는가?

여섯 명의 신하를 등용할 수 없는 이유

관용봉關龍逢과 왕자王子 비간比干, 수隨나라의 계량季梁[3], 진陳나라의 설야泄冶[4], 초楚나라의 신서申胥[5], 오吳나라의 오자서伍子胥 같은 이들 여섯 사람은 모두 심한 논쟁과 강력한 간언으로 그 군주를 [설복시켜] 이기려고 하였다. [그들의] 진언이 [군주에게] 받아들여져 일이 행해지면 마치 스승과 제자처럼 들어맞았으나, 한마디라도 받아들여지지 않고 한 가지 일이라도 행해지지 않으면, 그 군주를 말로써 능멸하고 위세로 위협하여 [어떻게든] 자신을 따르게 하려다가 그렇게 되지 않으면, 자신은 죽고 국가도 무너져 허리와 목이 떨어져나갔으며 손과 발이 다른 곳에 있게 되는 것도 어렵게 여기지 않았다. 이와 같은 신하들은 옛날의 성왕도 모두 차마 할 수 없었거늘 오늘날의 시대에서 장차 이들을 어찌 등용하겠는가?

3) 수隨나라의 어진 신하로, 수나라를 침략하려는 초나라의 계책을 역이용하여 수나라가 초나라를 공격하도록 간언하였다.

4) 진陳나라의 대부로, 자신의 주군인 영공靈公이 그 당시 대부 어숙御叔의 아내인 하희夏姬와 밀통하는 것을 보고 간언하다가 비명횡사하였다.

5) 초나라 문왕文王의 관리였다고 한다.

아홉 명의 간악한 신하를 알아차릴 수 없는 이유

제나라의 전항田恒, 송宋나라의 자한子罕, 노魯나라의 계손의여季孫意如[6]와 교여僑如[7], 위衛나라의 자남경自南勁[8], 정나라의 태재太宰 흔欣, 초나라의 백공白公, 주周나라의 단도單荼[9], 연燕나라의 자지子之 같은 이들 아홉 사람은 신하가 되어 모두 붕당을 만들고 패거리를 일삼아 그 군주를 섬겼으며, 바른 도를 숨기고 사사롭고 왜곡된 짓을 행하며 위로는 군주를 겁박하고 아래로는 치안을 어지럽혔으며 외세를 끌어들여 나라 안을 흔들었고 아랫사람을 가까이하여 윗사람을 모략질하는 것을 어렵게 여기지 않았다. 이와 같은 신하들은 오직 어진 군왕과 지혜로운 군주만이 능히 금지할 수 있었는데, 만약 어리석고 어지러운 군주 같으면 그 간악한 것들을 알아볼 수 있겠는가?

열다섯 명의 신하들, 패왕의 보좌들

후직后稷 · 고요皐陶 · 이윤李尹 · 주공단周公旦 · 태공망太公望 · 관중管仲 · 습붕隰朋 · 백리해百里奚 · 건숙蹇叔 · 구범舅犯 · 조최趙衰 · 범려范蠡 · 대부大夫

---

6) 노나라의 권신으로, 임금을 능가할 정도의 위세를 자랑했던 인물이다.

7) 노나라의 권신으로, 숙손교여叔孫僑如라고 한다. 계손씨와 맹손씨를 제거하려다가 실패하여 제나라로 추방되었다가 죄를 지어 다시 위나라로 망명하였다.

8) 위魏나라를 섬겼다가 나중에 혜성왕惠成王에 의해 제후에 봉해졌다.

9) '單(단)'을 '선'으로 읽어야 한다는 논의도 있으나 '단'으로 읽어야 한다. 단도單荼는 주나라의 권신으로, 소공昭公 26년에 주나라 왕실의 왕자들이 반란을 일으켰을 때 그들과 관련된 인물이기도 하다.

문종文種·봉동逢同·화등華登 같은 이들 열다섯 사람은 신하가 되어 모두 아침 일찍 일어나 밤늦게 잠자리에 들면서 자신을 낮추고 몸을 하찮게 여기며, 공경하는 마음과 결백한 생각을 지니고, 형벌을 밝히고 관직을 다스림으로써 그 군주를 섬겼다. 선한 말로 진언하고 도법(道法, 나라를 다스리는 이치)을 통하게 하면서도 자신의 뛰어남을 함부로 자랑하지 않았으며, 공을 이루고 일을 세우더라도 그 수고로움을 함부로 자랑하지 않았다. 자기 집안을 부수면서 나라를 편안하게 하고 자신을 죽여서라도 군주를 안전하게 하는 것을 어렵게 여기지 않았다. 그 군주를 높은 하늘이나 태산과 같이 존중하고, 그 자신을 깊은 골짜기나 움푹 팬 구덩이처럼 낮추었다. 군주가 나라에서 이름을 밝히고 명예를 넓혔지만, 자신들은 깊은 골짜기나 움푹 팬 구덩이처럼 낮추어져도 어렵게 여기지 않았다. 이와 같은 신하들은 비록 어리석고 어지러운 군주를 맞이한다 해도 오히려 공을 이룰 수 있었거늘, 하물며 명찰함을 드러낸 군주에게 있어서랴? [그래서] 이들을 패왕을 보좌하는 자들이라고 일컫는 것이다.

열두 명의 아첨하는 신하들

주나라의 활백滑伯, 정나라의 왕손신王孫申, 진陳나라의 공손녕公孫寧과 의행보儀行父, 형荊나라의 우윤신해芋尹申亥, 수나라의 소사少師, 월나라의 종간種干, 오吳나라의 왕손락王孫雒, 진晉나라의 양성설陽成泄, 제나라의 수조竪刁와 역아易牙 같은 이들 열두 사람은 신하가 되어 모두 작은 이로움만을 생각하고 법도와 의로움을 잊어버리며, [벼슬에] 나아가서는 어질고 선량한 사람을 가로막음으로써 자신의 군주를 어둡게 하였으며, 물러나서는 모든 관리들을 교란시켜 환란을 일으켰다. 모두가 군주를 도와 군주의 욕망을 함께하고 한갓 군주가 한 번이라도 기뻐할 수 있다면 비록 나라를 깨뜨리고 민중을 죽이는 일이더라도 어렵게 여기지 않았다.

이와 같은 신하들이 있다면 비록 성왕을 맞이한다고 해도 오히려 나라를 빼앗길까 두렵거늘, 하물며 어리석고 어지러운 군주가 그 나라를 잃지 않을 수 있겠는가? 이와 같은 신하들이 있다면 모두 자신은 죽고 나라는 망하여 천하에 웃음거리가 될 것이다. 따라서 주나라 위공威公은 자신이 죽고 나라는 나뉘어 둘이 되었으며, 정나라 자양子陽은 자신이 죽고 나라는 나뉘어 셋이 되었고, 진陳나라 영공靈公은 자신이 하징서의 저택에서 죽고 초나라 영왕靈王도 건계의 언덕에서 죽었으며, 수나라는 형나라에게 멸망하고 오나라는 월나라에게 병합되었고, 지백은 진양성 아래에서 죽었으며 환공은 자신이 죽은 뒤 7일 동안 [시신도] 거두어지지 못하였다.

그러므로 말한다.

"아첨하는 신하는 오직 성왕만이 그를 알아채지만, 어지러운 군주는 그들을 가까이하므로 자신은 죽고 나라도 멸망하게 된다."

성왕聖王이나 명군明君은 그렇지 않으니, 안으로는 추천함에 있어 친척을 피하지 않고 밖으로는 발탁함에 있어 원수도 피하지 않는다. 옳은 사람이 여기에 있으면 좇아서 그를 발탁하고, 그른 사람이 여기에 있으면 좇아서 그를 처벌한다. 이 때문에 어질고 선량한 사람은 나아가고, 간악하고 사악한 사람은 모두 물러나게 된다. 그러므로 한 번 천거하여 능히 제후들을 복종시킬 수 있었다. 그러한 일은 기록에서도 말한다.

"요堯임금에게는 단주丹朱가 있었고 순舜임금에게는 상균商均이 있었으며, 계(啓, 우임금의 아들)왕에게는 오관(五觀, 무관武觀)이 있었고 탕湯왕에게는 [손자] 태갑太甲이 있었으며, 무왕武王에게는 [아우] 관숙管叔과 채숙蔡叔이 있었으나, 이 다섯 왕이 주살한 자들은 모두 부자와 형제 같은 친족들이었다. 그러나 그 자신을 죽음에 이르게 하고 그 집안을 산산이 부서지게 만든 까닭은 무엇 때문인가? 그들이 나라를 해치고 백성을 죽이고 법을 무너뜨리고 종족을 없앴기 때문이다. 그들이 천거된 것을 보면 어떤 사람은 산림이나 소택이나 동굴 사이에 있었고, 어떤 사람은 감옥 안에 갇혀 있거나 포승줄로 묶인 채로 있었으며, 어떤 사람은 고기를 자르고 삶거나 꼴을 베고 소에게 먹이를 주는 목동 일을 하는 데에 있었다. 그렇지만 현명한 군주는 그들이 낮거나 천한 것을 부끄럽게 여기지 않고 그들의 능력이 법을 밝히고 나라를 편안하게 하며 백성을 이롭게 할 수 있다고 생각하여 그들을 발탁하여 자신도 편안해지고 명성도 높아졌던 것이다."

어지러운 군주는 그렇게 하지 못하니, 그 신하의 뜻과 행동을 알지 못하면서 그들에게 나랏일을 맡겼으므로 작게는 명성이 낮아지고 영토는 깎였으며, 크게는 나라가 망하고 자신도 죽게 되니 [이는] 신하를 등용하는 데에 밝지 못한 탓이었다.

무릇 술수術數가 없어 그 신하의 좋고 나쁨을 헤아리지 못하는 자는 반드시 뭇사람의 입을 통해 그들을 재단하게 되니, 여러 사람이 칭찬하는 자이면 덩달아 좋아하고 여러 사람이 그르다 하는 자이면 덩달아 미워하게 된다.

그러므로 신하 된 자는 집안을 무너뜨려 산산조각 나게 하며 안으로는 패거리를 엮고 밖으로는 호족들과 손잡는 것을 명예로움으로 삼으며, 은밀히 [외국과] 맹약을 맺어 서로를 굳건하게 하고 헛되이 작위와 봉록을 주어 서로에게 권한다. [그러고는] 말한다.

"우리 편과 더불어 하는 자에게는 이로울 것이며, 우리 편과 더불어 하지 않는 자에게는 해로울 것이다."

뭇사람들이 그 이득을 탐내고 그 위협을 겁내니, 그들이 만일 좋아하면 나 자신을 이롭게 할 수 있으며 정녕 꺼리고 노여워하면 나를 해칠 수 있다. 뭇사람들이 [그에게] 귀의하면 백성이 그들에게 남아서 기리는 것이 나라 안에 가득 차고, 군주에게 소문이 전해지면 군주는 그 실정을 분별하지도 못하고 그로 인해 어진 사람이라고 생각한다. 그들은 또 꾀를 부려 잘 속이는 인사로 하여금 밖으로는 거짓으로 제후가 총애하는 사자라고 하여 그에게 수레와 말을 빌려주고, 부절로써 그들을 신임하며 사령辭令으로 신중하게 하고 폐백을 대주어 그 군주를 꾀어 제후로 하여금 그 군주에게 은밀히 유세하며, 사사로운 욕심을 몰래 끼워 넣어 공적인 것을 의논하게 한다. 사신을 보낸 자는 다른 나라의 군주이나 담론을 하는 자는 군주 곁에 있는 사람들이다. 군주는 그 말을 기쁘게 여기고 그 문사를 교묘하다고 하여 이런 사람이야말로 천하의 어진 인사라고 생각한다. 나라 안팎과 좌우에 있는 사람들 사이에서 그 풍문이 하나같지만 평판하는 말은 똑같다. 크게는 몸을 낮추어 권위를 눌러서 아래에 놓이는 것을 꺼려하지 않으며, 작게는 작위를 높이고 봉록을 무겁게 하여 그들을 이롭게 한다.

백성을 온전하게 하면서 나라를 넘겨주는 것이 가장 큰 치욕인 이유

무릇 간사한 사람의 작위와 봉록이 무거워지면 파당을 이루는 자들이 점점 늘어나게 되고, 또 간악한 뜻을 가지면 간악한 신하들은 도리어 군주에게 유세하여 [이렇게] 말한다.

"옛날의 이른바 성군이나 명왕은 나이가 많거나 어리거나 대대로 순위가 매겨져 이어오는 것은 아니다. 그 패거리를 엮고 호족들을 불러모아 군주를 핍박하거나 시해하여 그들의 이익을 구한 것이다."

그들(군주 측근의 신하들)은 말한다.

"어떻게 그것이 그렇다는 것을 아는가?"

이로 인해 말한다.

"순임금은 요임금을 핍박했고 우임금은 순임금을 핍박했으며, 탕왕은 걸왕을 추방했고 무왕은 주紂왕을 정벌하였다. 이 네 명의 왕은 신하 된 자로 그 군주를 시해한 자들이지만 천하는 그들을 영예롭게 여겼다. 네 명의 왕들의 정서를 살펴보면 이득을 탐하려는 마음이었으며, 그들의 행동을 헤아려보면 난폭한 모반의 전쟁이었다. 그러나 네 명의 왕이 스스로 영토를 넓히자 천하가 위대하다고 칭송하여 스스로 이름을 드러냈기 때문에 천하가 명철하다고 일컬은 것이니, 위세는 족히 천하에 이를 만하고 이로움은 족히 세상을 덮을 만하여 천하가 그들을 따랐던 것이다."

또 말한다.

"오늘날의 시대에 들은 바에 따르면 전성자田成子가 제나라를 취했고 사성자한司城子罕이 송나라를 취했으며, 태재흔이 정나라를 취했고 단씨單氏가 주나라를 취했으며, 역아가 위衛나라를 취했고 한韓나라·위魏나라·조趙나라 세 자손이 진晉나라를 나누어 가졌으니, 이 여섯 사람은 신하들인데도 그 군주를 시해한 것이다."

간신들은 이것을 듣고 갑자기 귀를 쫑긋하면서 옳은 말이라고 생각한다. 그러므로 안으로는 패거리를 엮고 밖으로는 호족들과 손잡으며 때를 보아 일을 일으켜 한 번의 거사로 나라를 취한 것이다. 또한 안으로는 패거리를 만들어 그 군주를 겁박하여 시해하고 밖으로는 제후의 권세로 그 나라를 쉽게 바로잡았으며, 바른 도를 숨기고 사사로운 왜곡을 하였으며, 위로는 군주를 금하고 아래로는 다스림을 흔들려는 자들은 이루 다 헤아릴 수 없다.

이는 무엇 때문인가? 신하를 선택함에 밝지 못하였기 때문이다. 기록에서 말하기를 "주나라 선왕 이래로 멸망한 나라가 수십 개에 이르는데 그 신하가 군주를 시해하고 나라를 빼앗은 경우가 많다."고 한다. 그렇다면 환란이 안으로부터 일어난 것과 밖으로부터 만들어진 것은 서로 반반인 것임을 알 수 있다. 그 백성의 능력만을 다하더라도 나라를 무너뜨리고 자신을 죽게 만든 자는 오히려 모두가 현명한 군주들이다. 만일 [군신 간에] 법을 뒤집고 자리를 바꾸면서도 백성을 온전하게 하여 나라를 넘겨주려고 한다면, 이는 가장 큰 병폐이다.

오간五姦: 처부수어야 할 것과 그렇지 못할 것

남의 군주가 된 자가 진실로 신하가 말한 바에 밝다면, 비록 그물이나 주살을 쏘아 말을 치달아 사냥하고 종을 두드리며[10] 미녀를 춤추게 해도 나라는 오히려 보존될 것이다. 그런데 신하가 말한 바에 밝지 못하다면 비록 절약하고 검소하며 힘써 수고롭게 하고 베옷을 걸치고 거친 음식을 먹더라도 나라는 오히려 자연스럽게 멸망할 것이다.

조趙나라의 옛 군주인 경후敬侯[11]는 덕행을 닦기는커녕 멋대로 욕망 좇는 것을 좋아하였으며, 몸은 편안한 것을 따랐고 눈과 귀는 즐거운 것으로 향했으며, 겨울에는 그물질이나 주살을 일삼았고 여름에는 물놀이를 즐기면서 밤낮을 가리지 않았으며, 여러 날 동안 술잔을 손에서 놓지 않았고, 마시지 못하는 자에게는 대롱을 입에 물고 억지로 마시게 했으며, 나아가고 물러남에 엄숙하지 않았고, 응하고 대답하는 데에 공손하지 않은 자는 앞에서 목을 베어버렸다. 거처나 음식이 이와 같이 절도가 없었으며, 형벌을 만들고 죽이고 도륙하는 것이 이와 같이 그에게는 헤아림이 없었다. 그러함에도 경후는 나라를 수십 년 동안이나 누렸으며, 군대도 적의 나라에서 패배하지 않았고, 영토는 사방 이웃 나라에게 훼손되지 않았으며, 안으로는 여러 신하들과 백관들의 반란도 없었고 밖으로는 제후나 이웃 나라의 환란이 없었던 것은 신하를 임명하는 방법에 밝았기 때문이다.

한편, 연나라의 군주 자쾌子噲는 소공석邵公奭의 후손으로 영토는 사방 수천 리에 달하였고 창을 든 병사도 수십만이었으며, 여자들

10) 여기서는 악기를 가지고 연주한다는 뜻이다.

11) 조나라 열후烈侯의 아들로, 이름은 장章이고 12년 동안 재위하였다.

과 즐기는 일에 편안해하지 않았고 쇠북과 경쇠 소리를 들으려 하지 않았고, 안으로는 연못과 높은 집을 짓지 않았으며 밖으로는 주살질을 하거나 사냥하러 나가지 않았고, 또 몸소 쟁기와 호미를 가지고 전답을 일구었으니, 자쾌가 자신을 수고롭게 하면서 백성을 걱정한 것이 이처럼 심하였다. 비록 옛날의 이른바 성왕이나 명군이라 일컫는 자도 그 몸을 수고롭게 하며 세상을 근심한 것이 이보다 더 심하지는 않았을 것이다. 그런데도 자쾌 자신은 죽고 나라는 멸망하여 자지子之에게 빼앗겨 천하는 그를 비웃었으니 이것은 무슨 까닭인가? 신하를 임용하는 방법에 밝지 못하였기 때문이다.

그러므로 말한다.

"신하에게 오간(五姦, 다섯 종류의 간악함)이 있어도 군주는 알아차리지 못한다."

신하 된 자들 중에는 재물을 사치스럽게 쓰고 뇌물로써 명예를 취하는 자가 있고, 상 주는 데 힘쓰고 상금을 주어 많은 사람을 움직이는 자가 있으며, 붕당에 힘써 지혜에 따라 사람을 높여서 세력을 마음대로 펴는 자가 있고, 부역을 면하는 데 힘쓰고 죄를 용서하여 위세를 일삼는 자가 있으며, 아랫사람의 올바름과 왜곡됨, 괴이한 말, 기이한 옷차림과 기발한 행동에 힘써 백성의 눈과 귀를 어지럽히는 자가 있다.

이 다섯 가지는 명군이라면 의심해야 할 바이며, 성왕이라면 금지해야 할 바이다. 이 다섯 가지를 없애면 많은 말로 떠들며 거짓을 꾸미는 사람이 함부로 조정에서 담론을 펼칠 수 없게 될 것이며, 꾸민 말이 많고 실질적인 행동은 적어서 법에 들어맞지 않는 자는 감히 실정을 속여가며 유세를 담론할 수 없을 것이므로, 이 때문에 군신들은 머물면 자신을 수양하고 거동하면 능력에 맡기며 군주의 명령이 아니면 감히 제멋대로 일삼거나 빨리 말하여 사실을 속이려고 들지 않으니, 이는 성왕이 신하를 이끄는 방법이다. 저 성왕과 명군은 비슷한 것들을 늘어놓아가며 그 신하를 몰래 관찰하려 들지 않는다. 반성을 하지 않는 자는 천하에 드물다. 그러므로 말한다.

"서자 중에는 적자에 버금가는 자식이 있고 배필 중에는 처에 버금가는 첩이 있으며 조정에는 재상에 버금가는 신하가 있고 신하 중에는 군주에 버금가는 총신이 있으니, 이 네 가지는 국가를 위태롭게 하는 바이다."

그러므로 또 말하기를 "안으로 총애하는 첩들이 후비와 어깨를 나란히 하고 밖으로 총신이 [재상과] 정사를 둘로 나누며, 서자가 적자와 맞서고 대신이 군주에 버금가는 것은 [나라가] 어지러워지는 길이다."라고 한다.

그래서《주기周記》에서 말하였다.

"첩을 존중하여 처를 업신여기지 말고 적자를 서자 대하듯이 하여 서자를 높이지 말며, 아첨하는 신하를 높여서 상경과 견주게 하지 말고, 대신을 높여서 군주에 버금가게 하지 말라."

이 네 가지 버금가는 것들을 쳐부수면 위로는 억측이 없게 되고 아래로는 괴이한 일이 없게 된다. 네 가지 버금가는 것들을 쳐부수지 않으면 [군주] 자신을 죽게 만들고 나라를 멸망하게 할 것이다.

제45편

궤사(詭使 : 엇갈린 사령)

【해제】

'궤사詭使'란 군주가 중시하는 것과 신하와 백성이 추구하는 길이 서로 상반되는 것을 뜻한다. '궤詭'는 본래 '속이다'라는 의미인데, 여기서는 상반되거나 상위相違한다는 의미로 사용되었다. 또한 '사使'는 '사령使令'의 의미로, 여기서는 군주가 신하와 백성을 다스리는 법칙을 포괄적으로 가리키고 있다.

한비자는 〈궤사〉 편에서 실질적인 정치가 법法과 술術에 의한 다스림이 아닌 현실을, 이익·위세·명분·의리 등의 단어를 사용하여 우려와 울분을 담아 격한 어조로 비판하고 있다. 군주가 중시하는 것과 신하와 백성이 요구하는 것이 모두 상반되는 점을 그 이유로 파악하고 있다.

또한 한비자는 군주가 백성과 신하를 다스리는 데 이록利祿·위세威勢·명의名義 등 세 가지를 중시해야 한다고 하면서 두 번째 단락에서 반복적으로 당시 군주가 중시하는 것과 신하가 요구하는 것 사이의 상반된 상황을 설명하고 있다. 그리고 마지막에서는 군주와 신하 간의 사심으로 일을 처리하다보니 나라가 문란해진다고 하면서 사사로움을 배제하고 법에 따라 일을 처리해야만 나라가 태평하게 된다는 점을 강조하고 있다.

다스림의 법칙 세 가지

성인이 다스림의 도(道, 법칙)로 삼는 것은 세 가지이니, 첫째는 '이(利, 이익)'라고 하고, 둘째는 '위(威, 위세)'라고 하며, 셋째는 '명(名, 명분)'이라고 한다. 무릇 '이'란 백성을 얻기 위한 것이고, '위'란 명령을 추진하기 위한 것이며, '명'이란 군주와 신하가 함께 따라야 하는 것이다. 이 세 가지가 아니라면 비록 [다른 것들이] 있더라도 긴요하지 않은 것이다.

지금 [각국에] '이'가 없는 것은 아니지만 백성이 군주에게 감화되지 않고, '위'가 존재하지 않는 것은 아니지만 신하가 듣고 따르지 않고, 관리에게 법도가 없는 것은 아니지만 다스림이 명분에 들어맞지 않는다. 이 세 가지가 존재하지 않는 것은 아니지만 세상이 한 번 다스려지고 한 번 어지러워지는 것은 무엇 때문인가? 무릇 군주가 귀하게 여기는 바가 늘 그 다스림으로 삼는 것과 상반되기 때문이다.

군주와 신하 사이의 다스림은 어긋나기 마련

무릇 명호(名號, 명분과 칭호)를 세운다고 하는 것은 [관작을] 높이기 위한 것이다. 지금 명분을 하찮게 여기고 실질을 가볍게 여기는 자가 있는데, 세상이 그를 일컬어 '고(高, 고상)'라고 한다. 작위를 마련하는 것은 천하고 귀한 기준을 삼으려는 이유이지만, 군주를 하찮게 여기고 뵈려고 하지 않는 사람을 세상 사람들은 '현(賢, 현명)'이라고 일컫는다. '위威'와 '이利'는 명령을 행하기 위한 것이나, '이'를 없다고 여기고 '위'를 하찮게 여기는 사람을 세상 사람들은 '중(重, 중후)'이라고 일컫는다. 법령法令은 다스림을 위한 이유이지만, 법령에 따르지 않고 사사로이 잘하는 사람을 세상 사람들은 '충(忠, 충성)'이라고 일컫는다. 관직과 작위는 백성을 권장하기 위한 것이지만, 명분과 의리를 좋아하면서 벼슬길에 나아가지 않는 자를 세상에서는 일컬어 열사烈士라고 한다. 형벌은 위세를 마음대로 부리기 위한 것이지만, 법을 하찮게 여기고 형벌과 죽을죄를 피하지 않는 자를 세상에서는 일컬어 용부(勇夫, 용감한 사내)라고 한다.

백성이 목숨을 다급하게 여기는 것은 이익을 구하는 것보다 심한 것이니, 이와 같다면 선비들 중에 굶주리고 궁핍하게 사는 사람이 어찌 바위틈에 살며 자신을 수고롭게 하면서 천하에 이름을 다투겠는가! 그러므로 세상이 다스려지지 않는 까닭은 신하의 죄가 아니라 군주가 그 도를 잃었기 때문이다. 어지러워지는 까닭을 늘 귀하게 여기고 그 다스려지는 까닭을 하찮게 여겼으므로 신하들이 하고자 하는 바는 언제나 군주가 다스림으로 삼는 이유와 서로 어긋나는 것이다.

오늘날 신하에게 자신의 주군의 말을 듣게 하는 것은 군주라면 다급하게 여겨야 하는 바이다.

순박하고 신실하여 말을 두려워하는 것을 일컬어 '구(窶, 가난하고 좀스러움)'라고 한다. 법을 지키는 것이 굳건하고 명령을 살펴 듣는 것을 일컬어 '우(愚, 어리석음)'라고 한다. 군주를 존경하고 죄를 두려워하면 이를 일컬어 '겁(怯, 겁쟁이)'이라고 한다. 말이 때에 따라 절도가 있고 행실이 적중하면 이를 일컬어 '불초(不肖, 못남)'라고 한다. 두 마음으로 사사로운 학문을 하지 않고 벼슬아치의 말을 듣고 가르침에 따라서 덩달아 가르치는 자를 일컬어 '누(陋, 누추함)'라고 한다. 어려움에 이르는 것을 일컬어 '정(正, 바름)'이라고 한다. 베풀어 주기 어려운 자를 일컬어 '염(廉, 청렴)'이라고 한다. 금지시키기 어려운 자를 일컬어 '제(齊, 굳건함)'라고 한다. 명령을 내려도 듣지 않는 자를 일컬어 '용(勇, 용감함)'이라고 한다. 군주에게 이득을 주지 않는 자를 일컬어 '원(愿, 삼감)'이라고 한다. 관대하고 은혜롭게 덕을 행하는 자를 일컬어 '인(仁, 어짊)'이라고 한다. 묵직하면서도 두툼하게 스스로를 높이는 자를 일컬어 '장자長者'라고 한다. 사사로운 학문으로 무리를 이루는 자를 일컬어 '사도師徒'라고 한다. 한가롭고 고요하며 편안하게 사는 자를 일컬어 '유사(有思, 생각이 깊음)'라고 한다. 사람을 버리고 이익을 좇는 자를 일컬어 '질(疾, 재빠름)'

이라고 한다. 음험하면서 말을 되풀이하는 자를 일컬어 '지(智, 지혜로운 자)'라고 한다. 먼저 남을 위하고 스스로를 뒤로하며 이름과 호를 구분 없이 말하고 천하를 두루 사랑하는 자를 일컬어 '성(聖, 성인)'이라고 한다. 말은 위대하나 거론되지 않아 쓸 수 없고 행하지만 세상과 어그러지는 자를 일컬어 '대인(大人, 큰 사람)'이라고 한다. 작위와 봉록을 하찮게 여기고 군주에게 굽히지 않는 자를 일컬어 '걸(傑, 준걸)'이라고 한다.

아랫사람들은 점점 이와 같이 행동하지만 안으로는 백성을 어지럽히고 밖으로는 [영을] 부릴 수 없다. 군주는 마땅히 자신의 사욕을 금하고 그 자취를 없애야 하나 막지 못하면서 또 덩달아 존중하니, 이는 아랫사람에게 군주를 어지럽히라고 가르치면서 다스림으로 삼으려는 이치이다.

군주가 다스리는 수단이란 형벌이건만

대체로 군주가 다스리는 방법은 형벌이지만 현재 사사롭게 의로움을 행사하는 자가 존중된다. 사직이 존립할 수 있는 요소란 안정되고 고요한 것이지만, 시끄럽고 음험하며 참언하고 아첨하는 자가 임용된다. 사방 봉토 안의 사람들이 들어서 복종하는 것은 [군주에게] 신의와 은덕이 있기 때문이다. 그러나 편파적인 지식으로 [나라를] 뒤엎을 자가 등용된다. 명령이 행해질 수 있는 까닭과 위엄이 설 수 있는 이유는 공손함과 절제로 군주의 말을 듣는 것이다. 그러나 바위틈에 살면서 세상을 비난하는 자가 [이름을] 드러내게 된다. 곡식창고가 채워지는 까닭은 농사짓는 근본에 힘썼기 때문이다. 그러나 뜨개질이나 자수, 조각하기, 그림 그리기와 같은 말단의 작업을 하는 자들이 잘살게 된다.

명성이 이루어지는 까닭과 땅이 넓혀지는 까닭은 싸우는 병사들 때문이지만 지금 죽은 병사의 고아가 굶주려 길거리에서 구걸하고 있으나, 웃음을 파는 광대나 술을 따르는 무리들은 수레를 타거나 비단옷을 입는다. 포상과 봉록은 백성의 힘을 다 쓰게 하고 아랫사람의 목숨과 바꾸기 위한 것이다. 지금 싸워 이겨 [성을] 취하여 빼앗은 병사들은 수고로우면서도 포상의 [혜택을] 적시지도 못하고 있으나, 시초蓍草로 점을 치거나 손금을 보며 교활하게 앞에서 마음에 드는 말만 하는 자들은 나날이 하사를 받는다. 군주가 법도를 장악하는 것은 살리고 죽이는 칼자루를 마음대로 하기 위한 것이다.

지금 법도를 지키고 받드는 사람이 충심으로 군주와 가까이하려고 하여도 만나뵐 수가 없으나, 말을 교묘하게 하고 문사를 입에 발리게 하며 간사한 행적을 일삼으면서 세상에서 요행을 낚으려고 하는 자들이 [오히려] 자주 [군주를] 모시게 된다. 법에 따르고 말을 곧게 하며 명名과 형形을 서로 타당하게 하고 먹줄(규범)에 따라 간악한 사람을 처벌하는 것은 군주를 위하고 [나라를] 다스리는 까닭이다. 그러나 더욱 성글어지고 멀어지게 되며, 아첨하고 [군주의] 뜻에 따르고 하고 싶은 대로 하여 세상을 위태롭게 하는 자가 [군주와] 친근하게 된다. 세금을 모두 거두어들이고 백성의 힘에 전념하는 것은 어려움에 대비하고 창고를 채우기 위한 것이다. 그러나 사졸들은 일을 피하고 제 몸을 엎드려 숨기고는 위세 있는 가문에 몸을 맡겨 부역을 면제받고 있는데, 군주에게 잡히지 않는 자가 만 명을 헤아린다.

군주가 낮아지고 대신들이 존중받는 이유

무릇 좋은 밭이나 이로운 택지를 설치하는 것은 전쟁하는 병사들을 북돋우기 위한 것이다. 그러나 잘린 머리와 터진 배가 평평한 들판에서 뼈로 나뒹굴며, 몸 둘 집도 없이 자신은 밭두둑 사이에서 죽음을 맞게 되고, 여자들 중에서 색기가 있거나 대신과 측근 중에서 공도 세우지 못한 자들이 집을 골라 받고 논밭을 가려서 포식한다. 포상과 이득이 일관되게 군주로부터 나오는 것은 [신하들을] 마음대로 제어하기 위한 것이지만, 갑옷을 두른 병사들은 관직을 얻지 못하고 한가롭게 살아가는 인사들만 존귀해지고 드러나게 된다. 군주가 이런 것들로 가르침을 삼는다면 이름이 어찌 낮아지지 않을 수 있으며, 자리가 어찌 위태롭지 않을 수 있겠는가?

무릇 이름을 낮추고 자리를 위태롭게 하는 것은 반드시 신하가 법령에 따르지 않거나, 두 마음을 가지고 사사로운 학설을 내세우며 세상과는 반대로 가는 자들 때문이다. 그런데도 그 행동을 금하지 못하고 그 무리들을 부수어 그 패거리를 해산시키지 않으며, 도리어 그대로 좇아서 그들을 존중하니 일을 맡아보는 자의 허물이 아닐 수 없다.

군주가 염치를 세우려는 이유는 아랫사람을 북돋아주기 위한 것이다. 지금 사대부들이 더럽고 추잡한 치욕을 부끄러워하지 않고 벼슬에 나아가며, 여자들이나 권세 있는 집안이 순서를 기다리지도 않고 벼슬을 하게 된다. 포상을 내려주는 일은 존중을 나타내기 위한 것이지만, 전투에서 공적을 세운 인사는 가난하거나 비천해지고 가까이서 시중드는 광대들만 등급을 뛰어넘어 우대를 받는다. 이름과 호를 정확히 하는 것은 권위를 통하게 하기 위한 것이다.

그러나 군주는 [눈과 귀가] 가려지고 막혀지며 가까이 있는 여인들의 주선이 두루 행해지고 모든 관리들이 작위를 주관하여 인사들을 추천하고 있으니, 일을 맡아보는 자의 허물이 아닐 수 없다. 대신들과 관원들이 아랫사람과 먼저 결탁하여 일을 꾸며 비록 불법을 행사하고 위세와 이권이 신하들에게 있게 되면 군주는 낮아지고 대신들이 높여지는 것이다.

군주가 신하를 이기지 못하는 이유

무릇 법령을 제정하는 것은 사사로운 마음을 없애려는 것이다. 법령이 관철되면 사사로운 행위도 없어질 것이다. 사사로운 마음이란 법령을 어지럽히는 요소이다. 그러나 선비 중에 두 마음을 가지고 사사로운 학설을 배우고 바위나 굴속에 살며 깊은 생각에 몸을 의탁하여 크게는 세상을 비판하고 작게는 아랫사람들을 미혹되게 한다. 군주는 금지하지 못하고 또한 좇아서 그들을 명예로써 존중하고 실리로써 감화시키려는데, 이는 공적이 없어도 존귀해지며 수고롭지 않고도 부귀해지는 것이다. 이와 같다면 선비들 중에 두 마음을 가지고 사사로운 학설을 배우는 자가 어찌 교묘한 지혜와 속임수에 힘쓰고 법령을 비방하여 세상과 서로 어긋나는 것을 찾으려고 하지 않을 수 있겠는가?

무릇 군주를 어지럽히고 세상과 어긋나게 되는 것은 늘 선비 중에 두 마음을 가지고 사사로운 학설을 배우는 자가 있기 때문이다. 그러므로 《본언本言》[1)]에서 말한다.

"[국가가] 다스려지는 까닭이란 법도에 있으며, 어지럽게 되는 까닭이란 사사로운 마음에서 비롯된다. 법도가 세워지면 아무도 사사로운 마음으로 일을 할 수가 없다."

그러므로 말한다.

"사사로움에 따르면 국가는 어지러워지고, 법도에 따르면 국가는

---

1) 전국시대에 유행한 일종의 법가 서적을 가리킨다.

다스려진다."

군주에게 그 법도가 없으면 지혜로운 자는 사사로운 주장을 갖게 되고 어진 자는 사사로운 의도를 갖게 되어, 군주는 사사로운 은혜가 있고 신하는 사사로운 욕망을 갖게 된다. 성스러운 지혜를 갖춘 자가 무리를 이루어 말을 만들고 문사를 꾸며 법도가 아닌 것으로 군주에게 대하더라도 군주는 막지 못하고 또다시 좇아서 그를 존중하게 되니, 이는 아랫사람을 가르쳐 윗사람의 말을 듣도록 하지 않고 법을 따르도록 하지 않는 것이로다! 이 때문에 어진 자는 이름을 드러내면서도 은거하게 되고, 간악한 사람은 상을 받고 부유해진다. 어진 자가 이름을 드러내면서도 은거하게 되고, 간사한 사람은 상을 받고 부유해지므로, 이 때문에 군주는 신하를 이기지 못한다.

권卷 18

제46편

육반(六反 : 여섯 가지 상반되는 것)

【해제】

'육반六反'이란 세상 사람들이 여섯 가지의 간악과 위선을 일삼아 이로운 것이 없는 것을 뜻한다. '반反'은 정도正道와 상반되는 것으로, 명예를 어그러뜨리고 정도에 반하는 것을 의미한다.

한비자는 〈육반〉 편에서 군주가 여섯 가지의 간악과 위선을 제대로 살피지 못하면 상벌을 내리는 것이 공정하지 못하게 되고, 국가의 다스림도 허술하게 된다는 점을 강조하고 있다. 또한 군주가 지혜롭게 분별력을 가지고 엄격히 금법을 행하고 상벌에 엄격해야만 나라는 부유해지고 병사는 강해진다는 것을 더불어 이야기하고 있다.

〈육반〉 편은 내용상 세 단락으로 구분된다. 첫 번째 단락에서는 세상 사람들은 자신의 이해관계에 따라 정도를 어기거나 어그러뜨리므로 군주가 제대로 대처하지 않으면 국가에 어떤 이익도 없음을 말하고 있다. 두 번째 단락은 속담을 인용하여 상벌이 공정하지 못한 경우와 상벌에 따른 이해관계의 득실에 대해 언급하고 있다. 세 번째 단락에서는 군주가 말을 듣고 행동을 관찰하는 방법으로 지혜로운 자와 어리석은 자, 어진 자와 어질지 않은 자를 구분하는 방법에 대해 설명하고 있다.

특히 한비자가 제시하고 있는 중형重刑과 경형輕刑의 문제는 당시에 법가와 유가의 중요한 논쟁 중 한 가지였다는 점을 염두에 두고 읽어보아야 한다.

죽음을 두려워하고 환난을 멀리하는 것은 [적에게] 항복하여 달아날 백성이지만, 세상에서는 그들을 받들어 생명을 귀하게 여기는 선비라고 말한다. 도를 배우고 학설을 세우는 것은 법을 어기는 백성이지만, 세상에서는 그들을 받들어 문학이 있는 선비라고 말한다. 각 나라에 유세하면서 두터운 봉양을 받는 것은 먹거리를 탐내는 백성이지만, 세상에서는 그들을 받들어 능력 있는 선비라고 말한다. 교묘하고 지혜로운 것 같으나 간사하고 거짓을 일삼는 백성이지만, 세상에서는 그들을 받들어 변론을 잘하는 지혜로운 선비라고 말한다. 검을 사용하고 [사람을] 공격하여 죽이는 것은 흉포한 백성이지만, 세상에서는 그들을 받들어 용맹에 힘쓰는 선비라고 말한다. 적을 살려주고 간악한 자를 숨겨주는 것은 죽을죄에 해당하는 백성이지만, 세상에서는 그들을 받들어 명예에 [몸을] 맡기는 선비라고 말한다. 이 여섯 부류의 백성은 세상에서 명예롭게 여기는 바이다.

위험한 곳에 나아가고 정성을 위해 희생하는 것은 절개 때문에 죽는 백성이지만, 세상에서는 그들을 하찮게 여겨 잘못 계산한 백성이라고 말한다. 적은 견문에 명령만을 좇고 법을 온전하게 지키는 백성이지만, 세상에서는 그들을 하찮게 여겨 투박하고 고루한 인사라고 말한다. 힘써 경작하여 먹고 사는 것은 이득을 생산하는 백성이지만, 세상에서는 그들을 하찮게 여겨 능력이 부족한 인사라고 말한다. 온화하고 순수한 것은 단정하고 성실한 백성이지만, 세상에서는 그들을 하찮게 여겨 우직하고 어리석은 백성이라고 말한다. 명령을 무겁게 여기고 일을 두려워하는 것은 군주를 받드는 백성이지만, 세상에서는 그들을 하찮게 여겨 겁 많고 두려워하는 백성이라고 말한다. 도적을 꺾고 간악한 자들을 막는 것은 군주를 명민하게 하는 백성이지만, 세상에서는 그들을 하찮게 여겨 아첨하는 백성이라고 말한다.

이 여섯 유형의 백성은 세상이 비난하는 바이다. 간악하고 거짓되며 이롭지 못한 백성이 여섯 유형인데 세상에서 그들을 명예롭게 여기는 것이 저와 같고, 농사지으며 싸우면서 이익이 되는 백성이 여섯 유형인데 세상에서 그들을 비난하는 것이 이와 같으니, 이것을 육반六反이라고 한다.

벼슬하지 않은 사람이 사사로운 이익에 따라 자신을 기리는데도 세상의 군주들은 헛된 명성을 듣고 그들을 예우하니, 예우가 존재하는 곳에 이득이 반드시 더해진다. 백성들이 사사로운 해악에 따라 그를 헐뜯으면 세상의 군주들은 속세에서 가려지고 그들을 하찮게 여기니, 하찮게 여기는 것이 존재하는 곳에는 해악이 반드시 더해진다. 그러므로 명성과 포상은 개인의 잘못으로 당연히 죄를 받아야 할 백성들에게 내려지고, 헐뜯기고 해가 되는 것은 공적인 것과 선한 것으로 마땅히 상을 받아야 할 인사에게 주게 되니 나라의 부유함과 강성함을 찾는다 하더라도 얻을 수가 없는 것이다.

어머니의 두터운 사랑과 아버지의 박한 사랑

옛날 속담에 "정사政事를 하는 것은 마치 머리 감는 것과 같아 비록 머리카락을 잃어버리게 되더라도 반드시 감아야 한다."라는 말이 있다.

머리카락을 잃어버리는 비용을 아끼느라 머리카락을 자르게 하는 이득을 잊는다면 권(權, 무게를 저울질하는 것으로 현명하게 판단하는 것을 비유)을 알지 못하는 자이다. 무릇 뾰루지를 터뜨리는 것은 고통스러우며 약을 마시는 것은 쓰지만, 쓰고 괴롭다는 이유 때문에 뾰루지를 터뜨리지 않거나 약을 마시지 않는다면 몸을 살릴 수 없고 병도 고치지 못한다.

지금 군주와 신하 사이가 밀접하다고 하지만, 부자 같은 은택이 없는데도 도의를 행하여 신하를 구속하려고 든다면 그 교분에 반드시 틈이 생기게 될 것이다. 또한 부모가 자식에 대해 아들을 낳으면 서로 축하하지만 딸을 낳으면 죽여버린다. 이들이 모두 같은 부모에게서 나왔지만 아들은 축하를 받고 딸은 죽게 되는 것은 그 훗날의 편안을 생각하여 장구한 이득을 계산하기 때문이다. 그러므로 부모가 자식에 대해서도 오히려 계산하는 마음으로 서로 대하는데, 하물며 부자와 같은 은택도 없는 데에 있음에랴!

지금 학문하는 자가 군주에게 유세하여 모두가 이득을 구하는 마음을 버리고 서로 아끼는 길로 나아가게 한다면, 이는 군주가 부모보다 더 친밀한 것을 추구하는 것이다. 이는 은덕을 거론하기에 익숙하지 않고 속이고 거짓을 일삼는 것으로서 현명한 군주라면 받아들이지 않는다. 성인의 다스림이란 법률과 금제에서 살피고, 법률과 금제가 명백히 드러나면 관리들이 다스려지니, 반드시 상벌에 의거하며 상벌이 치우치지 않는다면 백성들은 노력을 하게 된다. 백성이 노력하고 관리들이 다스려지면 나라가 부유해지고, 나라가 부유해지면 군대가 강해져서 패왕의 대업이 이루어질 것이다.

패왕이란 군주의 큰 이득이다. 군주는 큰 이득을 곁에 끼고 정치를 하게 되므로 관직에 임명되는 자는 능력에 걸맞아야 하고, 그 상주고 벌하는 데에 사사로움이 없어야 한다. 사민士民들로 하여금 분명히 알게 하여 능력을 다하고 목숨을 바치게 한다면 공은 세워지고 작위와 봉록이 이르게 될 것이다. 작위와 봉록이 이르면 부귀의 대업이 이루어질 것이다. 부귀란 신하의 큰 이득이다. 신하는 큰 이득을 곁에 끼고 일에 임하므로 위험을 무릅쓰고 죽음에 이르러 자신의 힘을 다하더라도 원망을 하지 않는다. 이것을 일컬어 "군주가 인仁하지 않고 신하가 충성스럽지 않으면 패왕이 될 수 있다."라고 하는 것이다.

무릇 간악한 짓을 하는 것이 반드시 발각되면 [아랫사람은 그것에] 대비하게 되고 반드시 처벌된다면 그만두게 된다. 발각되지 않는다면 멋대로 할 것이고 처벌되지 않는다면 계속 행하게 된다. 무릇 하찮은 재물이라도 음침하고 은밀한 곳에 펼쳐놓으면 비록 증삼曾參

이나 사추史鰌 같은 어진 사람이라 하더라도 의심받게 되며,[1] 백 일鎰의 황금을 저잣거리에 내걸면 비록 큰 도둑이라 할지라도 훔쳐가지 못한다. 발각되지 않는다면 증삼이나 사추도 음침하고 은밀한 곳에서는 의심받을 수 있으나, 반드시 발각된다면 큰 도둑도 저잣거리에 내걸린 금을 가져가지 못한다. 그러므로 현명한 군주는 나라를 다스리면서 그 지키는 자를 많이 두고, 그 죄를 무겁게 다스려 백성을 법으로 금하여 부리고 청렴만으로 그만두게 하지 않는다.

어머니가 아들을 사랑하는 것은 또한 아버지의 갑절이지만 아버지의 영이 자식에게 행해지는 것은 어머니의 열 배나 된다. 관리가 백성에게 애정은 없지만 명령이 백성에게 행해지는 것은 아버지의 만 배나 된다. 어머니가 사랑을 쌓더라도 명령이 궁해지지만 관리는 위엄을 부리므로 백성은 잘 듣고 따르며, 위엄과 애정의 계책은 역시 갈라질 수 있다. 또한 부모가 자식에게 요구하는 바는 일상생활에 있어 그 안전과 이득을 바라며 몸가짐에 있어 그 죄를 멀리하기를 바란다. 군주는 백성에 대해 어려움이 있으면 그 목숨을 바치게 하고 평안할 경우에는 그 능력을 다하도록 한다. 부모는 두터운 애정을 가지고 자식을 편안하고 이로운 데에 두고자 하지만 [자식은] 듣지 않으며, 군주는 애정이나 이득도 없이 백성들에게 죽도록 힘쓸 것을 요구하지만 [군주의] 명령대로 행해진다.

현명한 군주는 이런 이치를 알고 있으므로 은애롭고 사랑하는

1) 증삼曾參은 춘추시대 노나라 사람이며 공자의 제자였고, 사추史鰌는 춘추시대 위나라 대부였다. 그들은 인품을 갖춘 선량한 사람들이었다. 사마천은 "증삼은 남무성南武城 사람으로 자는 자여子輿이며 공자보다 마흔여섯 살 아래이다. 공자는 그가 효성이 지극하다고 여겨 가르침을 베풀어 《효경孝經》을 짓게 하였다. 그는 노나라에서 삶을 마쳤다."(《사기》〈중니제자열전〉)라고 하였다.

마음을 기르지 않고 위엄이라는 권세를 더한다. 그러므로 어머니가 두텁게 사랑하는 곳에 그릇된 자식이 많은 것은 사랑을 가지고 나가기 때문이다. 아버지는 애정이 박하고 매질로 가르치지만 선한 자식이 많은 것은 엄격함을 쓰기 때문이다.

산에서는 넘어지지 않으나 개미둑에서 넘어진다

지금 온 가족이 살림살이를 꾸려감에 서로 굶주림과 추위를 견디고 서로 수고롭게 힘쓰면, 비록 전쟁에서의 어려움이나 굶주림과 같은 우환거리가 생겨도 옷을 따뜻이 입고 맛있는 음식을 먹는 것은 반드시 이런 것을 견뎌낸 집안일 것이다. 서로 가엾게 여기면서 입고 먹으며, 서로 베풀면서 편하게 즐기게 된다면 가뭄이 들고 흉년이 들어 아내를 시집보내고 자식을 팔아먹는 것도 반드시 이런 집안일 것이다.

따라서 법이 법칙이 되는 것은 처음에는 고생스럽지만 장기적인 이득이 있기 때문이고, 인이 법칙이 되는 것은 향락에 빠져 곤궁함을 뒤로하기 때문이다. 성인은 그 경중을 저울질하여 크게 이익이 되는 것을 산출해내므로 법을 써서 서로 견뎌내며, 인한 사람이 서로를 가엾게 여기는 것을 내팽개친다. 학문을 하는 자들이 말하기를 "형벌을 경감하라."라고 하지만, 이것은 어지럽게 되고 패망하게 만드는 술수인 것이다. 대체로 상벌을 반드시 한다는 것은 [선을] 권장하고 [사악함을] 금지하기 위한 것이다. 상이 두터우면 바라는 바를 얻는 것이 빠르고, 벌이 무거우면 싫어하는 바를 금하는 것도 빠르다. 무릇 이득을 바라는 자는 반드시 해악을 싫어하니, 해악이라는 것이 이득의 반대이기 때문이다. 바라는 것에 반대되는데 어찌 싫어하지 않을 수가 있겠는가? 잘 다스려지기를 바라는 자는 반드시 어지러움을 싫어하니, 어지러움이란 다스림의 반대이다.

이 때문에 잘 다스려지기를 바라는 자는 그 포상하는 것도 반드시 두텁게 할 것이며, 어지러움을 매우 싫어하는 자는 그 벌주는 것도 반드시 무겁게 할 것이다. 지금 형벌을 가볍게 하는 것을 취하는 자는 어지러움을 싫어하는 것이 심하지 않은 것이며, 다스려지기를 바라는 마음 또한 심하지 않은 것이다. 이것은 단지 술수가 없을 뿐만 아니라 또한 아마도 덕행 역시 없을 것이다. 이 때문에 어질거나 못나거나 어리석거나 지혜로운가를 가리는 계책을 결정하는 것은 상벌의 가볍고 무거움에 달려 있는 것이다.

또한 형벌을 무겁게 한다는 것은 사람에게 죄를 가하기 위한 것이 아니라 현명한 군주의 법일 뿐이다. 도적을 죽인다는 것은 죽이는 것으로 다스리는 것이 아니고, 죽이려는 바를 다스린다는 것은 사람을 죽인 자들을 응징하는 것이다. 도둑을 처형한다는 것은 처형받은 자를 다스리는 것이 아니다. 처형받은 자를 다스린다는 것은 형량이 정해진 부역자들을 다스린다는 것이다.

그러므로 말하기를 "하나의 간악한 죄를 무겁게 하여 나라 안의 사악함을 금지한다."라고 하니, 이것이 바로 다스림을 위한 방법이다. 벌을 중하게 받는 자는 도적인데, 슬퍼하고 두려워하는 자는 선량한 백성들로서 다스려지기를 바라는 자가 어찌 형벌을 무겁게 하는 것에 의심을 품는단 말인가! 무릇 상을 두텁게 하는 것은 단지 공적에 대해 상을 주는 것이 아니라 온 나라에 권장하는 것이다. 상을 받은 자는 그 이득에 달가워하고 상을 받지 못한 자도 업적을 세우는 것을 흠모하니, 이는 한 사람의 공적을 갚음으로써 나라 안의 백성들을 권장하게 되는 것으로, 다스려지기를 바라는 자가 어찌 상을 두텁게 하는 것에 의심을 품는단 말인가?

오늘날 다스림을 알지 못하는 자들은 한결같이 말한다.

"형벌을 무겁게 하면 백성을 상하게 하고 형벌을 가볍게 하더라도 간악을 막을 수 있으니, 어찌 반드시 무겁게 하겠는가?"

이 말은 다스리는 이치를 제대로 살피지 못한 것이다. 무릇 무겁게 함으로써 그치는 자에게 가볍게 하는 것으로는 반드시 그치게 할 수 없으나, 가볍게 함으로써 그만두는 자는 무겁게 하면 반드시 그치게 될 것이다. 이 때문에 군주가 형벌을 무겁게 하는 것을 마련하면 간악함이 모두 그치게 되며, 간악함이 모두 그치게 되면 이것이 어찌 백성들에게 손상이 될 수 있단 말인가! 이른바 형벌을 무겁게 한다는 것은 간악한 자가 이득을 보는 것은 미미하나 군주가 가하는 것은 크다는 것으로, 백성은 작은 이득 때문에 큰 죄를 입으려고 하지 않으므로 간악이 반드시 그치게 된다. 이른바 형벌을 가볍게 한다는 것은 간악한 자가 이롭게 여기는 바는 크지만 군주가 [형벌을] 가하는 것은 작은 것으로, 백성은 그 이로움만을 흠모하고 그 죄를 업신여기므로 간악이 그치지 않는 것이다. 그러므로 옛 선현은 속담에서 말한다.

"산에서는 넘어지지 않으나 개미둑에서 [차여] 넘어진다."

산이란 것은 크므로 사람이 늘 삼가지만 개미둑은 아주 작으므로 사람이 그것을 쉽게 여기기 때문이다. 지금 형벌을 가볍게 하면 백성들은 반드시 그것을 쉽게 여길 것이다. [죄를] 범하여도 처벌하지 않는다면 이는 나라 사람을 [죄로] 내몰아 내버려두는 꼴이 된다. [죄를] 범하였다고 하여 처벌한다면 이는 백성을 위해서 함정을 설치하는 꼴이 된다. 이 때문에 죄를 가볍게 한다는 것은 백성에게는 개미둑이 된다. 그러므로 죄를 가볍게 하는 것을 법칙으로 삼아 나라를 어지럽히지 않으면 백성의 함정을 설치하게 되니, 이것은 가히 백성을 상하게 하는 것이라고 말할 수 있다.

지금 학문하는 자들은 모두 죽간에 쓰인 송어(頌語, 옛 성인을 기리는 말)를 거론하며, 현세의 사실적인 일은 살펴보지도 않고 말하기를 "군주가 백성을 사랑하지 않고 세금을 늘 무겁게 거두었으나, [재물을] 쓰기에는 부족하고 아랫사람들은 윗사람을 원망하였으므로 천하가 크게 혼란스러워졌다."라고 하였다. 이는 그 재물의 쓰임을 넉넉하게 하여 사랑을 더 베풀면 비록 형벌을 가볍게 하더라도 다스릴 수 있다고 생각할 수 있는 것이니, 이 말은 옳지 않다.

대체로 사람이 무거운 벌을 받게 되는 것은 진실로 이미 [재물이] 넉넉해지고 난 다음이다. 비록 재물의 쓰임이 넉넉하고 두텁게 사랑하더라도 형벌을 가볍게 하면 오히려 혼란스러워진다. 무릇 부잣집의 사랑스러운 자식은 재물을 넉넉히 쓰고, 재물을 넉넉히 쓰면 쓰는 것 자체를 가벼이 여기며, 쓰는 것을 가벼이 여기면 사치스러움이 심해진다. 친애하면 차마 [엄격히] 하지 못하고 차마 하지 못하면 교만하고 방자해지게 되며, 사치가 심해지면 집안이 가난해지고 교만하고 방자해지면 행동이 난폭해진다.

이것은 비록 재물이 넉넉하고 사랑을 두텁게 하더라도 형벌을 가볍게 한 데서 찾아온 우환이다. 무릇 사람의 삶이란 재물의 쓰임이 넉넉하면 노력하는 일을 게을리하게 되고 군주의 다스림이 나약하면 그릇된 일을 제멋대로 하게 된다. 재물의 쓰임이 넉넉했지만 힘들여 일한 자는 신농神農이며, 군주의 다스림이 나약했지만 행동을 닦은 자는 증삼과 사추이다. 무릇 백성이 신농이나 증삼·사추에 미치지 못하는 것은 이미 분명한 것이다.

노담(老聃, 노자)이 말하기를 "만족할 줄 알면 욕되지 않고, 그칠 줄 알면 위태롭지 않는다."[2)]고 하였다. 무릇 위태롭고 욕되게 된다는 것 때문에 만족해지는 이외의 것을 구하려고 들지 않는 자는 노담이다. 지금 백성을 만족시켜서 다스릴 수 있다고 생각한다면 이는 백성을 모두 노담과 같이 여기는 것이 된다. 그러므로 걸桀왕은 귀

2) 《노자》 44장에 나온다. 앞뒤 문맥을 이해하기 위해 인용하면 다음과 같다. "만족할 줄 알면 욕되지 않고, 그칠 줄 알면 위태롭지 않아 오래도록 지속될 수 있다.(知足不辱, 知止不殆, 可以長久)" 노자가 보는 '지족'은 바로 마음의 절제를 의미하며, 인간의 만족할 줄 모르는 욕망에 대해 비판하고 있는 것이다.

하여 천자가 되었지만 존귀함에 만족하지 않았고, 부유하여 천하를 가졌으면서도 보물에 만족하지 않았다. 사람의 군주 노릇 하는 자가 비록 백성을 만족시키더라도 [그것만으로는] 충분히 천자가 될 수 없는데, 걸왕이 결코 천자 된 것으로도 만족하지 않았다면 비록 백성을 만족시킨다고 해서 어찌 다스릴 수 있겠는가. 그러므로 현명한 군주는 나라를 다스릴 때 계절에 맞추어 일을 알맞게 함으로써 재물을 쌓게 되고, 세금을 징수함에 있어 빈부를 헤아려 고르게 매기며, 작위와 봉록을 두텁게 함으로써 현명하고 능력 있는 자들로 하여금 재능을 다하게 하고, 형벌을 엄중히 함으로써 간사함을 금하며, 백성으로 하여금 노력으로 부를 얻게 하고, 일을 하여 부를 얻도록 하며, 잘못으로 죄를 받게 하고 공적으로 상을 받도록 하여 은혜를 내려줄 것을 염두에 두지 않게 하니, 이것이 제왕의 정치인 것이다.

허황되고 낡은 학문이 이야깃거리가 안 되는 이유

사람들은 모두 잠을 자고 있으면 눈먼 자를 알아채지 못하고, 모두 입을 다물고 있으면 벙어리를 알아채지 못한다. 잠에서 깨어 있을 때 그로 하여금 보게 하고, 물어서 그로 하여금 대답하게 해야만 눈먼 자와 벙어리는 궁색해지고 말 것이다. 그 하는 말을 들어보지 않고는 술이 없는 사람을 알아채지 못하고, 그 누군가에게 일을 맡겨 보지 않으면 어리석은 사람을 알아채지 못한다. 그 말을 듣고서 적합한지를 요구하고, 그 누군가에게 일을 맡겨 그 공적을 따져보면 술이 없거나 어리석은 자는 궁색해지고 말 것이다.

무릇 힘이 장사인 사람을 얻고자 하면서 그 스스로 하는 말을 듣는다면 비록 용렬한 사람일지라도 오확(烏獲, 전국시대 진나라의 힘이 장사인 사람)과 구별하지 못할 것이나, 그에게 솥을 주면 힘이 약한지 센지를 보게 될 것이다. 그러므로 관직이란 능력 있는 인사를 시험하는 솥이므로 그에게 일을 맡겨보면 어리석음과 지혜로움이 나뉘게 될 것이다. 그러므로 술이 없는 자는 등용되지 않는 것이 [군주에게는] 유리하고, 못난 자는 임용되지 않는 것이 [군주에게] 유리하다. 말이 쓰이지 못하는데도 스스로 꾸며 변설이 있다고 생각하고, 자신이 일을 맡지 못하면서도 스스로 꾸며 고상하다고 생각한다.

세상의 군주는 그 변설에 눈멀게 되고 그 고상함에 속아 그를 존귀하게 여기니, 이는 모름지기 보지 않으면서 밝다고 단정하며 대답을 기다리지 않고도 변론을 잘한다고 단정하는 것으로서 벙어리와 눈먼 자를 알아챌 수 없다. 현명한 군주는 그 말을 듣고 반드시 그 등용 여부를 따져보며, 그 행동을 보고 반드시 그 공적을 추궁하니 그러면 텅 비고 낡은 학문으로는 이야깃거리가 없어지며, 거만스럽고 뽐내면서 속이는 행동을 꾸미지도 못할 것이다.

제47편

팔설(八說: 여덟 가지 가설)

【해제】

〈팔설〉 편에서는 인간의 여덟 가지 가설적 유형을 다루고 있다. 이미 앞서 나온 〈궤사〉 편이나 〈육반〉 편에서 나온 내용과 일정 부분 관련이 있기도 하다. 한비자는 이 편에서 군주가 술術을 확립해야만 한다는 입장을 거듭 피력하고 있다.

〈팔설〉 편은 내용상 크게 네 단락으로 구분된다. 첫 번째 단락에서는 군주가 사람을 임용할 때 여덟 가지 방법이 있음을 말하고 있으며, 두 번째 단락에서는 법률을 제정할 때는 반드시 권변權變에 통달해야만 하고, 시대와 일에 따라 서로 다른 법률을 제정해야 한다고 언급하고 있다. 세 번째 단락에서는 인仁한 사람이나 난폭한 사람 모두 나라를 망치는 사람들로, 인애仁愛만으로는 나라를 다스릴 수 없음을 설명하고 있다. 네 번째 단락에서는 귀한 신하(貴臣)와 중량감 있는 신하(重臣)를 이야기하며, 현명한 군주라면 절대로 권력을 총신이나 중신들에게 넘겨주어서는 안 된다고 말하고 있다.

〈팔설〉 편 역시 전체적인 맥락에서 보면 한비자의 저작임이 틀림없지만, 전 편의 단락 사이에 일관성이 부족하여 잡론적인 성격을 띠는 것도 부인할 수 없어 이 편 또한 위작시비가 제기되었다.

옛 친구를 위해 사사롭게 편의를 베풀어주는 사람을 불기(不棄, 버리지 않는다)라고 한다. 공공의 재물로써 나누어 베풀어주는 사람을 인인(仁人, 어진 사람)이라고 한다. 봉록을 가볍게 여기고 자신만을 소중히 하는 사람을 군자君子라고 한다. 법을 굽혀 친족을 곡진하게 대하는 사람을 유행(有行, 덕행이 있다)이라고 한다. 관직을 버리고 친구와의 교분을 존중하는 사람을 유협(有俠, 협기가 있다)이라고 한다. 속세를 떠나 군주를 피하는 사람을 고오(高傲, 고상한 오만)라고 한다. 남과 서로 다투고 명령을 거스르는 사람을 강재(剛材, 강한 인재)라고 한다. 은혜를 베풀어 백성을 모으는 사람을 득민(得民, 민심을 얻다)이라고 한다.

'불기'란 벼슬아치로서 간사함을 저지르는 자이고, '인인'이란 공공의 재물이 덜어지도록 하는 자이며, '군자'란 백성 중에 부리기 어려운 자이고, '유행'이란 법과 제도를 허무는 자이며, '유협'이란 관직을 느슨하게 하는 자이고, '고오'란 백성 중에 일을 하지 않는 자이며, '강재'란 명령을 행하지 않는 자이고, '득민'이란 군주를 고립시키는 자이다.

이 여덟 유형은 필부들에게는 사사로운 명예가 되지만 군주에게는 중대한 근심거리가 된다. 이 여덟 유형에 반하는 것은 필부들에게는 사사로운 헐뜯음이지만 군주에게는 공공의 이로움이 된다. 군주가 사직의 이로움과 해로움을 살피지 않고 필부들의 사사로운 명예를 활용하려고 든다면 나라에 위태로움과 환란이 없기를 바라면서도 결코 그것을 얻을 수 없을 것이다.

군주가 술 없이 사람을 임용하여 맡기면 혼란을 자초한다

사람을 임용하여 정사를 맡기는 것은 [나라의] 보존과 멸망, 다스림과 어지러움의 관건이다. [군주가] 술術도 없이 사람을 임용하여 [일을] 맡기면 맡기는 것마다 실패하지 않는 것이 없다. 군주가 임용하는 것은 말솜씨나 지혜가 아니면 몸가짐이 단정한 사람이다. 사람을 임용하는 것은 권세를 갖게 하는 것이다. 지혜 있는 사람이라고 반드시 믿을 수 있는 것은 아니며, 그 지혜를 많이 사용한다고 해도 그로 인해 그 믿음이 더 미혹되게 된다. 지혜로운 사람의 계책으로 권세를 이용하는 자질로 삼고 그들 자신의 사사롭고 다급함을 위한다면 군주는 반드시 속게 될 것이다. 지혜로운 자를 믿을 수 없다고 하여 수사(修士, 인품이 훌륭한 인사)에게 맡긴다는 것은 일을 재단하도록 시키는 것이다. 수사라고 해서 반드시 지혜로운 것은 아니며, 그 자신이 고결하다고 해서 그로 인해 그 지혜를 더욱 미혹하게 한다. 어리석은 사람의 혼미함으로 일을 다스리는 관직에 있게 하여 그가 옳다고 여기는 바대로 하도록 한다면 일은 반드시 혼란스럽게 될 것이다. 따라서 술도 없이 사람을 등용하고 지혜가 있다고 해서 맡기면 군주는 속게 되고 인품이 훌륭하다고 해서 맡기면 일이 혼란스러워지니, 이는 술이 없는 데서 생기는 우환이다.

현명한 군주의 도는 비천한 자도 고귀한 자를 비방할 수 있게 하고, 아랫사람도 반드시 윗사람을 고발할 수 있으며, 판결을 함에 있어 증거를 들어 맞춰보게 하고, 의견을 청취함에 문호를 개방하므로 지혜로운 자가 거짓말하거나 속일 수 없는 것이다. 공적을 헤아려서 포상을 행사하고 능력을 재어 일을 맡겨주며, 일의 실마리를 살펴서 그 과실을 알아보고, 잘못을 저지른 자에게는 죄를 주며 재능 있는 자에게는 [자리를] 얻도록 하므로 어리석은 자는 일을 맡지 못하게 된다. 지혜로운 자라고 해서 감히 속이지 못하고, 어리석은 자도 함부로 독단할 수 없게 되면 일에 실패하지 않을 것이다.

해낼 수 있는 것과 해낼 수 없는 것

명철한 선비가 된 뒤에야 비로소 알 수 있는 것을 법령으로 삼을 수가 없으니, 무릇 백성이 모두 명철하지 않기 때문이다. 현명한 사람이 된 뒤에야 행할 수 있는 일을 법으로 삼을 수 없으니, 무릇 백성이 모두 현명하지 않기 때문이다. 양주楊朱와 묵적墨翟은 천하가 명철하다고 하지만 천 세대 동안이나 지속된 혼란을 결국 해결하지 못했으니, 비록 명철하다고 하더라도 관직의 우두머리로 삼을 수는 없는 것이다. 포초鮑焦와 화각華角은 천하에서 현명하다고 일컫는 자들이지만 포초는 마른 나무를 붙잡고 죽었으며, 화각은 황하 속으로 투신하였으니, 비록 현명한 자라고 하더라도 밭을 갈고 전쟁하는 사람으로 삼을 수는 없는 것이다. 따라서 군주는 명철한 것에 마음을 두어야 지혜로운 자가 그 변설을 다하게 되는 것이며, 군주가 존귀한 것에 마음을 두어야 유능한 선비가 그 행동을 다하는 것이다.

오늘날 세상의 군주들은 쓸모가 없는 변설을 명찰하다고 생각하며, 공적과 동떨어진 행동을 높이 평가하고 있으므로 나라가 부유하고 강성해지기를 바라더라도 얻어질 수가 없는 것이다. 널리 배워 변설과 지혜가 공자나 묵적과 같더라도 공자나 묵적 같은 자는 밭을 갈거나 김을 맬 수 없으니 나라에 무슨 보탬이 있겠는가? 효행을 닦고 욕심을 적게 하는 것이 마치 증삼이나 사추와 같더라도 증삼이나 사추 같은 자는 전쟁터에 나가 공격하지 않으니 나라에 무슨 이득이 되겠는가?

보통 사람에게는 사사로운 편의가 있으나, 군주에게는 공적인 이득이 있어야 한다. 일을 하지 않고도 봉양하기에 충분하며 벼슬하지 않아도 이름을 드러내니, 이는 사사로운 편의이다. 문학(文學, 문헌·경전의 학문)을 금지하고 법도를 밝히며 사사로운 편의를 막아 공적과 수고로움을 한 가지로 하는 것, 이것이 공적인 이득이다. 법을 제정하는 것은 백성을 이끌기 위한 것인데, 또다시 문학을 귀하게 여긴다면 백성이 법을 본받기에 의심을 품을 것이다. 공로를 포상하는 것은 백성을 권장하기 위한 것인데도, 수신修身하는 것을 받든다면 백성이 이로운 생산을 하려는 태도를 게을리할 것이다. 무릇 문학을 귀하게 여겨 법을 의심하게 만들고 수신하는 것을 높여서 공적과 헷갈리게 만든다면, 나라의 부유함과 강성함을 바라는 것이 [결코] 얻어질 수 없을 것이다.

법이란 일을 제어하는 수단,
일이란 공적을 이름 붙이는 수단

[예복의] 허리띠에 꽂는 홀이나 간척(干戚, 무무武舞를 출 때 사용하는 방패와 도끼)은 긴 창이나 쇠작살과 상대가 되지 않으며, 계단을 오르내리는 예식은 하루 백 리를 달리는 병사들의 무술武術을 따라가지 못한다. 살쾡이 머리를 그린 과녁에 표적을 만들어놓고 훈련하는 의식으로는 강력한 쇠뇌로 빨리 쏘는 전술에 맞설 수 없으며, 방패로 성을 만들어 적에게 저항하는 방벽은 땅굴에 물을 대거나 풀무를 성벽에 두고 불을 지르는 것만 못하다.

옛사람은 덕을 다투는 데 급급했으며 중고시대에는 지혜로움을 좇았는데 오늘날에는 완력을 다투고 있다. 옛날에는 일을 적게 하였으므로 대비하는 것이 간단했고 질박하고 고루하여 정밀하지 않았으므로, 조개껍데기로 만든 호미를 쓰고 투박한 수레를 타는 자가 있었다. 옛날에는 사람이 적어서 서로 친했으며 물자도 많아 이득을 가볍게 여기고 쉽게 양보하였으므로, 읍양(揖讓, 절하고 양보하는 예절)하는 예식으로 천하를 전하는 일이 있었다. 그렇다면 읍양의 예에 따르고 자비로운 은혜를 높이며 인을 두텁게 하여 인도하였던 것은 모두 투박한 정치였기 때문이다. 일을 많이 하는 시대에 살면서 일을 적게 하는 기물을 쓰는 것은 지혜로운 자가 대비하는 방식이 아니다. 지금처럼 크게 다투는 세대를 맞이해서도 읍양하는 규범을 따른다는 것은 성인이라면 다스리지 않는 방식이다. 그러므로 지혜로운 자는 투박한 수레를 타지 않으며, 성인은 투박한 정치를 행하지 않는다.

법이란 일을 규제하는 수단이고, 일이란 공적을 이름 붙이는 수단이다. 법이 세워져서 어지러움이 생기게 되더라도 그 어지러움을 저울질할 수 있으므로 그 일이 이루어진다면 법을 세운다. 일이 이루어져서 해로움이 있다 해도 그 피해를 저울질하여 공적이 많다면 법을 행한다. 어렵지 않은 법이나 피해가 따르지 않는 공적이란 천하에 있지 않다. 이 때문에 천 장 길이의 도성을 점거하고 10만 명의 무리를 패배시킬 때 죽거나 다친 자가 군대의 삼분의 일이나 되고, 갑옷과 창칼이 꺾이거나 사졸들 중에 죽거나 다친 자들이 있더라도 싸워서 땅 얻는 것을 좋아함은 그 작은 손해를 벗어나 그 큰 이득을 계산하고 있기 때문이다.

무릇 머리를 감을 경우에는 버려지는 머리카락이 있고, [상처를] 치료할 경우 피와 살을 상하게 한다. 사람으로서 그 어려움을 보고 그 일을 그만두려고 한다면 이는 술이 없는 인사이다. 옛 성현이 이르는 말에 "원을 그리는 곱자가 닳아버리고, 물에 물결이 있으면 내가 그것들을 바꾸려고 해도 어찌할 수가 없구나!"라고 하였으니, 이는 권(權, 변화를 이해하는 이치)에 정통한 말이다. 이 때문에 유세하는 데 [논리가] 서더라도 사실과는 공허한 것이 있으며, 말에 문사가 졸렬하더라도 쓰기에는 다급한 것이 있으므로 성인은 해로움이 없는 말을 찾지 않고 불변하는 일에만 힘을 쓴다.

사람이 저울질이나 말로 재는 것을 하지 않는 것은 곧고 청렴하여 이득을 멀리하기 때문이 아니다. 말로 재는 것은 사람을 위하여 많거나 적게 할 수 없으며, 저울질은 사람을 위하여 가볍거나 무겁게 할 수 없어서 바라고 구해도 얻어질 수 없으므로 사람들은 일거리로 삼지 않는 것이다.

현명한 군주의 나라는 관청에서 함부로 법을 왜곡하지 않고 관리가 감히 사사로움을 행하지 않아 뇌물이 횡행하지 않으니, 나라 안의 일들이 모두 저울질이나 말로 재는 것과 같기 때문이다. 이것은 그 신하들 중에 간악한 자가 있으면 반드시 알게 되고 알게 된 자는 반드시 처벌되므로, 이 때문에 도를 가지고 있는 군주는 청렴한 관리를 구하지 않고 반드시 알아내는 술術에만 힘쓰게 된다.

어진 사람이나 난폭한 자는 모두 나라를 망치는 자들

자애로운 어머니가 어린 자식을 대함에 있어 애정만으로 앞세울 수는 없다. 어린 자식이 괴이한 행동을 하게 되면 그로 하여금 스승을 따르게 하고, 나쁜 질병이 있으면 그로 하여금 의원을 섬기게 한다. 스승을 따르지 않으면 형벌을 받는 일에 빠지게 되고, 의원을 섬기지 않으면 죽음에 처할지도 모른다.

자애로운 어머니가 비록 사랑한다 하더라도 형벌을 모면하게 하거나 죽음을 구하는 데는 이롭지 못하니, 그렇다면 자식을 살게 만드는 것은 애정만은 아니다. 자식과 어머니의 본성은 애정이고, 신하와 군주 사이의 권력 관계는 계책이다. 어머니가 애정만으로는 집안을 보존할 수 없는데 군주가 어찌 애정만으로 나라를 유지할 수 있겠는가?

현명한 군주가 부유해지고 강성해지는 데에 통달하면 바라는 대로 성과를 얻어낼 수 있다. 그러므로 정치를 듣는 데 삼가는 것이 부유하고 강성해지는 법도이다. 그 법령과 금제를 명백히 하고 그 계책과 모략을 살펴야만 한다. 법이 분명해지면 안으로는 변란의 우환이 없게 되며, 계책이 적절하면 밖으로는 죽거나 포로가 되는 화근이 없게 될 것이다. 따라서 나라를 보존하는 것은 인의仁義가 아니다. 인仁이란 자애롭고 은혜로우면서 재물을 가벼이 여기는 것이다. 폭(暴, 난폭함)이란 마음이 잔혹하여 주살을 쉽게 하는 것이다.

자애롭고 은혜로우면 차마 하지 못하고, 재물을 가볍게 여기면 [남에게] 주는 것을 좋아하며, 마음이 잔혹하다면 증오하는 마음이 아래에까지 드러나게 되고, 주살하는 것을 쉽게 여기면 함부로 죽이는 것이 사람들에게 더해질 것이다. 차마 하지 못한다면 벌받을 사람이 대부분 사면될 것이며, 주는 것을 좋아하면 상은 대부분 공을 세우지 않은 사람에게 줄 것이고, 증오하는 마음이 나타나면 아랫사람이 그 윗사람을 원망하게 되며, 함부로 주살하면 백성이 장차 배반하게 될 것이다.

그러므로 어진 사람이 자리에 있으면 아랫사람이 멋대로 굴며 금제와 법령을 쉽게 범하고 윗사람에게 구차스럽게 요행을 바란다. 난폭한 사람이 자리에 있으면 법령은 아무렇게나 시행되고, 신하와 군주 사이가 어그러지며 백성이 원망을 품어 모반할 마음이 생기는 것이다. 그래서 말하였다.

"어진 사람이나 난폭한 자들은 모두 나라를 망치는 것이다."

귀한 신하와 중량감 있는 신하의 차이

맛 좋은 음식을 갖추어놓지도 않으면서 굶주린 사람에게 밥을 먹으라고 권한다면 굶주린 사람을 살리는 방법이 될 수 없다. 풀밭을 개간하여 곡식을 생산할 수 없으면서 [곡식을] 빌려주고 상을 내리라고 권한다면 백성을 잘살게 할 수 있는 방법이 될 수 없다. 오늘날 학자들의 말이란 근본이 되는 일(농사)에는 힘쓰지 않고 말단의 일만을 좋아하며 공허한 성인의 말로써 백성을 기쁘게 하는 것만 알고 있으니, 이것은 밥 먹으라고 권하는 설법과 같아 이 같은 설법은 현명한 군주라면 받아들이지 않는다.

책의 내용이 간략하면 제자들은 논쟁하게 되고 법이 소략하면 백성들은 소송을 일삼으니, 이 때문에 성인의 책은 반드시 논지를 뚜렷하게 하며 현명한 군주의 법은 반드시 사례를 상세하게 한다. 사려를 다하여 이해득실을 추측해내는 것은 지혜로운 자도 어렵게 여기는 바이며, 생각도 없고 사려도 없이 앞서 한 말을 붙들어 뒤의 성과를 구하기란 어리석은 자라도 쉽게 하는 바이다.

현명한 군주는 어리석은 자도 하기 쉬운 것을 붙잡지 지혜로운 자도 하기 어려운 바를 바라지 않는다. 그러므로 지혜와 생각을 쓰지 않고도 나라는 다스려지게 된다. 신맛·단맛·짠맛·담백한 맛을 입으로 판단하지 않고 재윤(宰尹, 주방장)에게 결정하도록 하면, 주방 안에 있는 사람들은 군주를 가볍게 여기고 재윤을 무겁게 여길 것이다. 높고 낮음, 맑고 탁함을 귀로 판단하지 않고 악정(樂正, 음악을 관장하는 관리)에게 결정하도록 하면, 눈먼 악사들도 군주를 가볍게 여기고 악정을 무겁게 여길 것이다. 나라를 다스림에 있어 옳고 그름을 [자신의] 술로써 판단하지 않고 총애하는 사람에게 결정하도록 하면, 신하들은 군주를 가볍게 여기고 총애하는 사람을 무겁게 여길 것이다. 군주가 몸소 보고 듣지 않고 아랫사람에게 제어하고 판단하도록 하면 나라의 식객처럼 더부살이하게 된다.

사람이 입지 않고 먹지 않더라도 배고프지 않고 춥지 않으며 또한 죽음을 싫어하지 않는다면 윗사람을 섬기려는 뜻이 없을 것이며, 군주에게 제재받고 싶지 않은 사람을 [신하로] 부릴 수는 없을 것이다. 지금 살리고 죽이는 칼자루가 대신들에게 있는데도 군주의 명령이 행해질 수 있었던 적은 일찍이 없었다. 호랑이나 표범이 반드시 그 발톱과 어금니를 사용하지 않는다면 작은 생쥐와 같은 위력일 뿐이다. 만금을 가진 집이 그 두터운 부유함을 전혀 쓰지 않는다면 [재력이] 문지기와 같을 것이다. 영토를 가진 군주가 사람을 좋아하면서 이롭게 할 수 없고, 사람을 싫어하면서 해롭게 할 수 없다면 사람이 자기를 두려워하고 존중하기를 바라더라도 얻어낼 수 없을 것이다.

신하 된 자가 생각을 멋대로 하고 욕망을 펼치는 것을 협(俠, 의협심)이라고 하며, 군주가 생각을 멋대로 하고 욕망을 펼치는 것을 난(亂, 어지럽힘)이라고 말한다. 신하가 군주를 가볍게 여기는 것을 교(驕, 교만)라고 하고, 군주가 신하를 가볍게 여기는 것을 폭(暴, 포악함)이라고 한다. 행동과 이치는 같은 실체이나 신하는 그것으로 칭찬받고 군주는 그것으로 비난당하며, 신하는 크게 얻게 되지만 군주는 크게 잃게 된다.

현명한 군주의 나라에는 귀한 신하(귀신貴臣)는 있어도 중량감 있는 신하(중신重臣)는 없다. 귀한 신하란 작위가 높고 관직이 큰 자이고, 중량감 있는 신하란 진언이 받아들여지고 세력이 많은 자이다. 현명한 군주의 나라에서는 관직을 옮기거나 직급을 이어받거나 관직과 작위를 공적에 따라 주므로 귀한 신하가 있게 되며, 말에 있어 실행할 것을 생각하지 않고 거짓이 있으면 반드시 처벌하기에 중량감 있는 신하가 없게 된다.

제48편

팔경(八經: 여덟 가지 본질)

【해제】

'경經'이란 변경할 수 없는 이치나 법칙을 말하는 것으로 사물의 본질, 곧 상도常道를 뜻한다. 한비자는 〈팔경〉 편에서 천하를 다스리는 군주라면 반드시 마음에 새겨두어야 할 여덟 가지 통치의 지침을 거론하고 있다.

한비자는 여덟 가지 통치의 지침을 다음과 같이 주장하고 있다. 첫째, 군주는 반드시 백성의 감정에 따라서 상벌과 금령을 제정해야 한다. 둘째, 군주 개인의 지혜와 역량을 운용하는 것보다 나라 안에 있는 인사들의 지혜와 역량을 모두 이용하여야 한다. 셋째, 군주는 반드시 국가에 난을 일으키는 다섯 가지 근심거리를 살펴 먼저 대비하고 난의 발생을 막아야 한다. 넷째, 군주는 반드시 각종 방법을 총동원하여 신하를 감시해야 한다. 다섯째, 군주의 언행은 반드시 근엄하고 엄밀하여 권신들에게 이용당하지 않아야 한다. 여섯째, 군주는 신하의 진언을 반드시 다방면으로 참고 및 대조하여 그 효용성을 따져보고 그 성과를 예측해야 한다. 일곱째, 군주는 반드시 법도에 의거하여 관리를 임용하고 상벌을 시행해야 한다. 여덟째, 신하가 의를 행하고 애정을 베푸는 것을 관찰하여 군주의 권세를 약하게 하거나 국가의 법도를 파괴하는지의 여부를 살펴보아야 한다.

인정因情: 감정에 따르기

무릇 천하를 다스리려면 반드시 사람의 감정에 따라야만 한다. 사람의 감정이란 좋아하고 싫어함이 있어서 상 주고 벌하는 것을 사용할 수 있으며, 상 주고 벌하는 것을 사용할 수 있으면 금지와 법령이 확립될 수 있어 다스리는 방법이 갖추어지게 되는 것이다.

군주는 칼자루(柄)를 잡아 권세 있는 자리에 위치하므로 명령은 행해지고 금령은 그치게 된다. 칼자루란 죽이거나 살리는 것을 제재하는 것이며, 위세(勢)란 백성들을 이겨낼 수 있는 자질이다. [신하를] 임명하거나 물러나게 하는 데에 법도가 없으면 권위(權)가 더럽혀지고 상 주고 벌하는 것을 신하와 공유하면 [군신 간의] 위세가 분산된다.

이 때문에 현명한 군주는 편애하는 마음을 품지 않고서 들으며 기쁨을 남기지 않은 채 일을 계산한다. 그러므로 [신하의] 말을 들어 맞춰보지 않으면 권력은 간악한 자에게 나누어지고, 지모와 술수를 사용하지 않으면 군주는 신하에 의해 궁지에 몰리게 된다. 따라서 현명한 군주가 제재를 가하는 것은 하늘처럼 공평하게 하며, 그가 사람을 쓰는 것은 귀신처럼 처리한다. 하늘과 같으면 비난받지 않고 귀신과 같으면 [군주의 심리를] 예단할 수 없다. 위세가 행해지고 가르침이 엄하면 [군주를] 어기지 않게 되고, 헐뜯음과 칭찬이 한 길로 가면 논의거리가 되지 않는다.

그러므로 어진 자를 상 주고 포악한 자를 벌주는 것은 선의 지극한 바를 드러내는 것이며, 포악한 자를 상 주고 어진 자를 벌하는 것은 악의 지극한 바를 드러내는 것이니, 이것을 일러 [자신과] 함께하는 자에게는 상을 주고 달리하는 자에게는 벌을 준다고 하는 것이다. 상은 두텁게 하여 백성으로 하여금 그것을 이득이라 생각하게끔 하는 것만 못하며, 칭찬은 아름답게 하여 백성으로 하여금 그것을 영예롭게 생각하게끔 하는 것만 못하고, 처벌은 무겁게 하여 백성으로 하여금 그것을 두렵게 여기는 것만 못하며, 비방은 악한 것처럼 하여 백성들로 하여금 그것을 부끄러워하는 것만 못하니, 그러고 나서 그 법을 한길로 하여 사가(私家, 경대부 집안을 가리킴)에서 처벌하는 것을 금하면 [군주를] 해롭게 하지 않는다. [대부들이] 공적과 죄상, 상 주고 벌하는 것을 반드시 알게 되니 그것을 알게 되면 [다스림의] 이치가 다하였다고 할 것이다.

주도主道: 군주의 도

[군주 한 사람의] 힘으로는 많은 사람을 대적할 수 없고 [군주 한 사람의] 지혜로는 모든 사물을 다 규명하지 못하니, [군주] 한 사람[의 지혜]를 쓰는 것은 온 나라[의 지혜]를 쓰는 것만 못하기 때문이다. 따라서 지혜와 역량이 맞닥뜨리면 무리를 이룬 쪽이 이긴다. 추측하

는 것이 들어맞으면 자기 혼자서만 수고롭고 맞지 않으면 허물을 맡게 된다.

하등급의 군주는 자기 능력을 다하는 자이고, 중등급의 군주는 다른 사람의 힘을 다 사용하는 자이고, 상등급의 군주는 다른 사람의 지혜를 다 사용하는 자이다. 이 때문에 일이 이루어지면 [여러 사람의] 지혜를 모아야 하고, 한 사람 한 사람을 들으면서 여러 사람의 토론에 부친다. 만일 듣는 데 있어 하나라도 챙기지 않으면 뒤에 오는 일이 앞의 말과 어그러지고, 뒤의 일이 앞말과 어그러지면 어리석은 자와 지혜로운 자를 구분하지 못하게 된다. 여러 사람의 토론에 부치지 못하면 망설이기만 하고 결단을 내리지 못하니, 결단을 내리지 못하면 일은 여전히 남아 있게 되며, [군주] 스스로가 취하게 된다. 하나하나 들으면 골짜기로 떨어지는 우환은 없을 것이다.

그러므로 그로 하여금 의견을 말하도록 하고 의견이 정해지면 헤아려본다. 이 때문에 말을 진술한 날짜를 반드시 문건에 기록하여야 한다. 지혜를 모으는 자는 일이 일어나면서 증명되고, 능력을 모으는 자는 성과가 나타나면서 논해진다. 성공과 실패에는 증거가 있어 상과 벌이 그에 따른다. 일이 이루어지면 군주가 그 공로를 거두어들이지만 계책이 실패하면 신하가 그 죄를 감당하게 된다. 군주란 자는 부절을 맞추는 일도 오히려 직접 하지 않는데, 하물며 힘들이는 일에 있어서랴? 일이 생겨도 오히려 직접 하지 않는데, 하물며 현안에 있어서랴? 그러므로 군주가 사람을 쓸 때는 같은 의견을 취하지 않는다. 같으면 군주가 헤아려본다. 사람들로 하여금 서로 쓰도록 하면 군주는 [예측할 수 없는] 신神과 같으며, 군주가 신과 같으면 신하는 온 힘을 다하고, 신하가 온 힘을 다하면 신하는 군주의 생각을 이용할 수가 없어서 군주의 도가 갖추어지게 된다.

기란起亂: 난을 일으키다

신하와 군주가 이해를 달리한다는 것을 터득한 자는 왕 노릇을 하며, 같다고 생각하는 자는 겁박을 당하고, [상벌의] 일을 함께하는 자는 죽임을 당한다. 따라서 현명한 군주라면 공적인 것과 사적인 것을 구분하여 살피고, 이익과 해로움의 여지를 분별하여 간악함이 기댈 바를 없도록 한다. 혼란이 생겨나는 곳이 여섯 군데가 있으니, 태후太后·비빈妃嬪·서자庶子·[군주의] 형제·대신大臣·중신中臣·명망 있는 현사賢士들이다.

[법대로] 관리를 임명하고 신하를 꾸짖으면 태후는 뜻대로 휘두르지 못한다. 예의를 시행함에 등급을 달리하면 비빈은 [왕후에게] 대들려고 하지 않는다. 권세를 나누어 둘(적자와 서자)로 하지 않으면 서출과 적자가 다투지 않는다. 권세와 지위를 잃지 않으면 형제들이 침범하지 않는다. 신하들이 한 [대신의] 가문에서 나오지 못하게 하면 대신들은 [군주를] 가리지 못한다. 금제와 포상이 반드시 행해

지면 명망 있는 현사들이 어지럽히지 못한다. 신하에게는 [끼어드는 것이] 두 가지 원인이 있는데, 밖과 안을 말한다. 밖이란 두려워함을 말하고 안이란 총애함을 말한다. 두려워하는 바의 요구는 받아들여지고 총애하는 바의 말은 들어주게 되니, 이것이 난신들이 끼어드는 바이다. 외국에 두는 여러 관리들에게 있어 친척이나 처자들을 꾸짖고 처벌한다면 밖에 기대지 못할 것이다. 작위와 봉록을 공적에 따라 주고 청탁자를 함께 벌하면 안으로 끼어드는 바가 없게 될 것이다. 밖에 기대지 못하고 안으로 끼어들지 못하면 간악함은 막히게 된다.

관리가 그 등급을 거듭하여 승진하고 큰 임무를 맡게 되는 것은 지혜에 의해서이다. 그 지위가 최고가 되어 맡은 것이 크게 된 자에게는 세 가지 절목으로 붙잡아두는데 질(質, 볼모)이라 하고, 진(鎭, 진압)이라고 하며, 고(固, 견고함)라고 한다. 친척과 처자가 질이고, 작위와 봉록을 후하게 하여 반드시 하는 것이 진이며, 증거를 대조하여 책임을 묻는 것이 고이다. 어진 자는 질에서 멈추며, 탐욕은 진에서 감화되고 간사함은 고에서 다하게 된다. 차마 억누르지 못하면 군주는 잃게 되고, 작은 것을 없애지 못하면 큰 벌을 주게 된다. 처벌함에 명분과 실질이 합당하면 곧장 단행하고, 살려서 일을 해치게 되고 죽여서 명분을 손상시키면 독약을 먹이며, 그렇게 하지 못하면 그 원수에게 넘겨주니 이것을 일컬어 몰래 간사함을 제거하는 것이라고 한다. 은폐하는 것을 궤(詭, 속임수)라 하고, 역(易, 바꾸는 일)이라고 한다. 공적을 보고 상을 주며 죄를 보고 벌을 주면 속임수는 곧 멈추게 된다. 옳고 그름이 새어나가지 않고 설득과 간언이 통하지 않으면 바꾸는 일도 이내 쓰지 못한다. 부형과 어진 인재를 내보내는 것을 유화(遊禍, 노니는 화)라고 말하니, 그 근심이 이웃나라의 적에게 많은 도움을 준다. 형벌을 받아 치욕스러운 사람을 가까이 여기는 것을 압적(狎賊, 도적을 진압하다)이라고 하니, 그 근심거리는 분노를 들추어 굴욕을 쌓아두는 마음을 낳게 한다. 노여움을 감추고 죄를 잡고서도 들추지 않는 것을 증란(增亂, 난을 늘림)이라고 하니, 그 근심거리는 요행을 바라고 함부로 행동하는 사람을 일으키게 한다. 대신 두 사람의 비중을 저울질하여 기울지 않는 것을 양화(養禍, 화를 기름)라고 하니, 그 근심거리는 가문을 융성하게 하여 겁박하고 살해하는 난을 일어나게 한다. [군주가] 가볍게 처신하여 스스로를 예측하지 못하는 것을 탄위(彈威, 권위를 퉁김)라고 하니, 그 근심거리는 역적을 짐독鴆毒에 독살하는 난을 일으킨다. 이 다섯 가지 근심거리를 군주가 알지 못하면 겁박당하고 살해당하는 일이 생기게 될 것이다. 없애거나 두는 일은 안에서 생기면 다스려지고 밖에서 생기면 어지러워진다. 이 때문에 현명한 군주는 공적을 가지고 안으로 논하고 이득을 가지고 밖으로 돕기 때문에 그 나라는 다스려지고 적은 어지러워진다. 곧 난이 일어나게 되는 이치는 신하가 미움받으면 밖에서 홀린 것처럼 [난을] 일으키고, 신하가 총애받으면 안에서 [난을] 일으키는 것이 마치 독약처럼 한다.

참오參伍라는 방법은 징험을 맞추어 공적이 많은가를 따져보고 헤아려서 실수를 꾸짖는 것이다. 증거를 맞추면 반드시 반복하고 증거를 헤아려서 반드시 죄를 내린다. 확인하지 않으면 군주를 헛되이 보고 확인하지 않으면 서로 부화뇌동한다. 징험을 세밀하게 확인하면 충분히 많고 적음을 알 수 있고, 확인을 먼저 하면 많은 데에 미치지 못한다. 보고 듣는 형세에 있어 그 징험이 한 패거리에 있으면 달리하는 쪽을 상 주고, 고발하지 않은 자를 처벌할 때에도 죄는 함께해야 한다. 말이란 많은 실마리를 모아 반드시 땅의 이로움으로써 헤아리고 하늘의 때를 가지고 꾀하며, 사물을 가지고 징험하고 사람을 가지고 참조해야 하니, 네 가지 징험이 들어맞으면 바로 살펴볼 수 있다.

말을 참조하여 그 성실함을 알아내고, 관점을 바꾸어 그 은택을 바꾸게 함으로써 그 나타난 궤적을 장악하여 뜻밖의 일을 살피고, 한 가지 일을 써서 측근을 살피는 데 힘쓴다. 말을 거듭하여 멀리 간 사자를 두렵게 하고, 지난 일을 들추어 앞일을 모두 따지며, 가까이하여 그 속을 알아내고 멀리 두어 그 밖의 행동을 살피니, 밝은 것을 파악하여 어두운 것을 묻고 속임수를 부려 함부로 굴지 못하게 막는다. 말을 뒤집어 의문나는 바를 시험하고 논점을 반대로 하여 음험하고 간악한 것을 얻어내며, 간언하는 자를 두어 단독으로 하는 짓을 그물질하고, 바른 사람을 두어 간악한 행동을 관찰한다. 분명하게 설명하여 잘못을 피하게 하고, [자신을] 낮추고 영합하여 정직한지 아첨하는지를 관찰하며, 소문을 선전하여 아직 드러나지 않은 것을 통하게 하고 싸움을 일으켜 무리들을 흩어지게 한다. 한 가지 일을 깊이 따져 사람들의 마음을 놀라게 하고 다른 말을 누설하여 그 생각을 바꾸게 한다. 비슷한 것들이 있으면 그것들을 참조하여 맞춰보고 잘못을 진술하면 그 이유를 밝히며, 죄를 알아내고 죄를 벌하여 위세를 누르고, 몰래 사람을 시켜 수시로 돌게 하여 실정을 살핀다. 점점 고쳐나가 패거리를 이간질시킨다. 아래(신하들)로부터 단속하여 그 위(군주)까지 쳐나가니 재상은 그 조정의 신하들을 단속하고, 조정의 신하들은 그 관속들을 단속하며, 군대의 벼슬아치는 그 병사들을 단속하고, 파견한 사절은 그 수행원을 단속하며, 현령은 그 임용된 관리를 단속하고, 낭중은 그 측근들을 단속하며, 후비와 부인은 그 궁녀들을 단속하니, 이것을 일러 군주의 권력에 도달하는 길이라고 한다. 말이 통용되고 일이 누설되면 술術은 행해지지 못한다.

참언參言: 참조하여 말하다

현명한 군주가 힘써야 할 일이란 주도면밀해야 한다는 것이다. 이 때문에 [어떤 사람을] 좋아하는 기색이 드러나면 은덕이 덜어지고, 노여워하는 기색이 드러나면 위세가 분산된다. 그러므로 현명한 군주의 말은 가로막혀 통하지 않으며 주도면밀하여 눈에 띄지 않는다. 따라서 하나를 가지고 열을 얻는 것은 하급의 방법이며, 열을 가지고 하나를 얻는 것은 상급의 방법이다. 현명한 군주는 상급과 하급을 두루 행하므로 간악을 잃는 바가 없다. 다섯 집을 묶어 오伍라고 하고 다섯 오伍를 묶어 여閭라고 하며, 서로 연계시켜 현縣이라고 하여 이웃의 잘못을 고발하면 상을 주고 잘못을 놓치면 처벌한다.

윗사람이 아랫사람에게 하는 것과 아랫사람이 윗사람에게 하는 것 또한 그러하니, 이 때문에 위와 아래나 귀하고 천함이 서로 두려워하며 법으로써 하고 서로 회유하여 이익으로 삼는다. 백성의 본성이란 살아가는 실질에 있고 삶의 명분을 가지고 있으며, 군주된 자는 어질고 지혜롭다는 명분을 가지고 상과 벌이라는 실질을 갖는다. 명분과 실제가 모두 갖추어지기 때문에 복된 선정善政의 소문이 들리게 된다.

청법聽法: 법을 듣다

들어보고 맞추어보지 않으면 신하를 꾸짖을 수 있는 방법이 없으며, 말에 있어서 효용성을 감독하지 않으면 사악한 유세가 윗사람을 가리게 된다. 말이라는 것이 문제가 되는 것은 많이 믿기 때문이다. 그렇지 않은 것을 열 사람이 의심한다고 말하면 백 사람이 그렇다고 믿게 되고, 천 사람도 분별할 수 없게 된다. 간악한 자가 의심하는 말을 하게 되면 변설하는 자도 말을 믿게 된다. 간악함이 윗사람을 잠식하고 민중에게서 그 근본을 취하며, 변론에서 믿음을 빌리고 그 사사로움을 부류를 들어 꾸미게 되니, 군주 된 자가 싫어하고 노여워하지 않으면서 두루 참조하게 된다면 그 위세는 아랫사람을 도와주게 된다. 도를 터득한 군주가 말을 듣고 그 쓰임을 감독하며 그 공적을 점수 매기면 공적의 점수에 따라 상과 벌이 생겨나게 된다. 그러므로 쓰임이 없는 변론은 조정에 머물지 못하며 일을 맡긴 자라고 해도 지혜가 직무를 처리하기에 부족하니, 그렇게 되면 관직에서 추방되고 도장도 거두어진다. 큰소리로 설득하여 과장하게 되면 끝까지 추궁하게 되므로 간악함이 드러나 노여워지게 된다. 이유 없이 들어맞지 않으면 거짓이 되고 거짓이 되면 [신하를] 죄악시한다. [신하가] 말을 하면 반드시 갚음이 있고, 말을 하면 반드시 효용을 따져봄으로써 붕당의 말은 군주에게 들리지 않는다.

대체로 듣는 방법이란 신하 된 자가 충성스런 논지로 간악함을 들리게 하는 것이며, 해박한 논법으로 한 가지만을 받아들이게 하므로 군주가 지혜롭지 못하면 간악함이 끼어들 여지를 얻게 된다. 현명한 군주의 도는 자신이 좋아하면 그가 받아들이려고 하는 것만 추구하고, 자신이 노여워하면 그가 꾸미려고 하는 것만 관찰하려고 하며, 자신의 마음이 평정된 뒤에 논함으로써 헐뜯음과 칭찬, 공과 사의 증거를 얻게 된다. 간언을 많이 함으로써 지혜를 부려서 군주로 하여금 스스로 한 가지를 취하여 죄를 피하도록 하므로 백성이 간언하여 실패하더라도 군주가 취한 것이 된다. 군주에게 말을 덧붙이지 않음으로써 앞으로 일어날 일들을 대비하지 못하게 하고, 나중에 한 말과 들어맞도록 하여 속임수와 정성스러움을 알 수 있도록 한다. 현명한 군주의 도는 신하가 두 갈래로 간언을 할 수 없도록 하고, 반드시 그중 한 가지에 책임을 져서 말은 제멋대로 할 수 없도록 하며, 반드시 그 증거를 갖추도록 하므로 간악함이 길로 나아갈 수 없게 된다.

유병類柄: 명분과 실제가 모두 갖추어져야 하는 이유

관리의 [위세가] 중대함은 법이 없기 때문이며, 법이 없다는 것은 법이 멈추었다는 것이므로 군주가 어리석다는 것이다. 군주가 어리석으면 법도가 없고, 군주가 어리석고 법도가 없으면 관리가 제멋대로 하게 되므로 봉록이 전에 없이 무겁게 된다. 봉록이 전에 없이 무겁게 되면 세금 징수가 많아지고, 세금 징수가 많아지므로 부유해지게 된다. 관리가 부유해지고 막중해지면 난이 일어나는 이유가 된다. 현명한 군주의 도는 일을 맡을 사람을 등용하고 관직을 맡은 사람을 현명하다고 여기며 공을 세운 사람에게 상을 주는 것이다. 말이 법도에 맞으면 군주는 좋아하고 모두가 반드시 이롭게 되지만, 맞지 않으면 군주는 노여워하고 모두가 반드시 해를 입게 된다. 그렇게 되면 사람들은 부형을 사사롭게 여기지 않을 것이고 그 원수를 [관직에] 나아가게 할 것이다. 권세가 충분히 법을 행할 수 있고 봉록이 충분히 일에 힘쓸 수 있다면, 사사로움이 생겨나는 바가 없으므로 백성들은 수고롭고 고통스럽지만 관직에 있는 자를 가벼이 여긴다. 일을 맡더라도 무겁지 않으면 그 은총이 반드시 작위에 있도록 하므로 관직에 머무는 자는 사사로움이 없고, 그 이로움이 반드시 봉록에 있게 하므로 백성들은 작위를 존중하고 봉록을 중시한다. 작위와 봉록은 상을 주는 까닭이며, 백성이 상 주는 까닭을 중히 여기면 나라는 다스려진다. 형벌이 번다하다는 것은 명예를 실추한 것이며, 포상과 칭찬이 타당하지 않으면 백성은 의심을 품게 된다. 백성이 명예를 중시하는 것은 그들이 포상을 중시하는 것과 마찬가지이다. 상을 받은 자가 헐뜯음을 당하면 권유하기에는 부족하고 벌 받은 자가 명예로우면 금하기에는 부족하다.

현명한 군주의 도는 상이란 반드시 공적인 이익에서 나오고, 이름이란 반드시 군주를 위하는 데에 있다. 상과 명예는 궤도를 같이 하고 비난과 처벌도 함께 행한다. 그렇게 되면 백성들은 포상하기 전에는 영예를 얻을 수 없다. 무거운 벌이 있는 자는 반드시 추악한 이름을 얻게 되므로 백성들이 두려워한다. 벌이란 금하게 되는 까닭이니 백성이 금하는 까닭을 두려워하면 나라는 다스려진다.

행의行義: 도의를 행하다

의로움을 행하면 군주의 위세는 나누어지며 자애로움과 어짊을 들어주면 법령과 제도는 허물어진다. 백성들은 제도로 인해 윗사람을 두려워하게 되고, 윗사람은 위세 때문에 아랫사람들을 낮게 여긴다. 그러므로 아랫사람들이 멋대로 굴어 어기면서 군주를 가볍게 여기는 습속을 영예롭게 여긴다면 군주의 위세는 나누어진다. 백성들은 법 때문에 윗사람을 어기기 어려우며 윗사람은 법으로써 자애로움과 어짊을 꺾어버리므로, 아랫사람들이 내놓고 은혜를 베풀며 뇌물로 정치에 힘쓰면 이 때문에 법령은 무너지게 된다. 사사로운 행위를 받들어 군주의 위세를 둘로 하고 뇌물을 가지고 정치를 하면 법령을 의심하게 만든다. [군주가] 그것을 들으면 다스리기 어렵고 듣지 않으면 군주를 비방하게 되므로 군주는 가볍게 여겨지고 법은 관리들에게서 어지럽혀지니, 이런 것들을 일러 상도常道가 없는 나라라고 한다. 현명한 군주의 이치는 신하가 의로움을 행하여 영예를 이룰 수 없도록 하고, 가문의 이득을 가지고 공적으로 삼을 수 없게 하는 것이다.

공적과 명성이 생기는 바는 반드시 관청의 법에서 나와야 한다. 법이 바깥에 있으면 비록 행하기 어렵다 하더라도 드러낼 수 없으므로 백성들은 사사로운 명예가 없게 된다. 법도를 설치하여 백성들을 가지런히 하고 상벌을 믿어 백성들의 능력을 다하도록 하며 비방과 영예를 분명히 하여 권하거나 저지시킨다. 명호名號와 상벌賞罰, 법령法令 이 세 가지는 짝이 되어야만 하므로 대신들은 일을 행하면 군주를 받들게 되고 백성들이 공적을 세우면 윗사람을 이롭게 하니, 이것을 가리켜 도道가 있는 나라라고 말한다.

권卷 19

제49편

오두(五蠹: 다섯 가지 좀벌레)

【해제】

'두蠹'란 나무속에 있는 좀이라는 뜻으로, '오두五蠹'는 나라를 갉아먹어 황폐하게 만드는 사람을 비유한 말이다. 곧 인의도덕의 정치를 주장하는 유가儒家와 세객說客 및 종횡가縱橫家, 사사로운 무력으로 나라의 질서를 해치는 유협游俠, 공권력에 의지해 병역이나 조세의 부담으로부터 벗어나는 권문귀족權門貴族, 그리고 농민들의 이익을 빼앗는 상공인商工人이 바로 그들이다. 한비자는 이러한 기생충 같은 자들을 다섯 유형으로 분류하고 이들을 법의 힘으로 없애야 나라를 강하고 부유하게 다스릴 수 있다고 주장하였다.

한비자는 사회의 기원과 발전의 실제 상황으로부터 법치法治가 새로운 시대의 요구에 적합함을 입증하면서 역사적인 발전의 관점에서 보더라도 자신의 견해가 정확하다는 것을 논증하고 있다. 또한 역사란 끊임없이 진화하는 것이며, 사회 상황 역시 그에 따라 바뀌고 모든 구체적인 대처도 상응해서 바뀌어야만 한다고 주장하고 있다. 더불어 결코 인의仁義에 의해서 해결될 수 있는 것은 아무것도 없으며 법치만이 유일한 길임을 강조하고 있다. 이러한 한비자의 입장은 근본적으로 유가에 대한 비판인 동시에 묵가와 종횡가에 대한 논평이기도 하므로 〈현학顯學〉 편과 같은 종류의 작품이라고 할 수 있다.

군주는 그 상황에 알맞은 방법을 사용해 정치를 해야만 송宋나라의 농부가 쟁기를 버리고 그루터기를 지키면서 토끼를 얻으려는 것과 같은 어리석음을 범하지 않을 것이라고 하였다. 사실 고대에는 사람의 수는 적고 재화는 풍부해 두터운 상이나 무거운 형벌을 내리지 않아도 나라가 잘 다스려졌지만, 오늘날은 이와 반대로 사람은 많고 재화는 부족하기 때문에 상벌을 분명히 하지 않으면 나라가 제대로 다스려지지 않는다는 것이다. 또한 고대의 신하들이 재물을 가벼이 여기고 개인적인 이로움을 다투지 않은 것 역시 그들이 인仁이나 덕德이 있어서가 아니라 재화가 많았기 때문이라고 보았다. 그래서 군주는 시대의 흐름에 따라 다스리는 방법을 달리할 필요가 있다는 것이다.

이러한 인식 아래 한비자는 자신이 처한 시대적 상황에서는 유가나 묵가墨家들이 군주와 신하의 관계를 어버이와 자식의 관계처럼 여긴다면 나라가 잘 다스려질 것이라고 한 주장이 타당성이 없다며 강력히 반대하고 있다. 그는 공자孔子는 성인이었음에도 불구하고 그를 따른 자가 70여 명밖에 되지 않았지만, 어리석은 군주였던 노나라 애공哀公에게는 백성들이 몰려들었을 뿐만 아니라 공자의 군주가 되었다는 사실을 예로 들어 세력의 중요성을 강조하였다.

그러므로 학문에만 밝은 학자나 무력만을 갖춘 협객들을 무조건 등용하는 일은 농사를 짓거나 전쟁터에서 싸우는 고생 없이 부와 권력을 얻게 하는 것이므로, 이것이 바로 나라를 혼란스럽게 하는 원인이 됨을 알리고 있다.

사마천司馬遷은 《한비자》 중 〈고분〉과 〈오두〉 두 편을 대표 격으로 꼽고 있는데, 그만큼 내용과 형식이 돋보이기 때문이다. 여기서 〈고분〉 편은 조정이 주요 대상이 되고, 〈오두〉 편은 사회가 주요 대상이 되고 있다는 차이점이 있다. 특히 〈오두〉 편은 그 중심 내용이 사회 모순을 체계적으로 지적했다는 점이 돋보인다.

그루터기에 목이 부러져 죽은 토끼를 기다리는 농부

상고上古시대에는 사람들은 적고 날짐승과 길짐승은 많아 사람들은 날짐승과 길짐승·곤충·뱀을 이기지 못하였다. 이때 한 성인이 나타나 나무를 엮어 집을 지어 여러 가지 해악을 피하게 하였다. 그래서 사람들은 기뻐하며 그를 천하의 왕으로 받들며 유소씨有巢氏라고 불렀다.

백성들은 과일·풀씨·대합조개와 비린내 나고 악취 나는 것들을 먹어 위장을 해쳤기 때문에 대부분의 백성들이 질병에 걸렸다. 그러나 성인이 나타나 나뭇가지를 비벼 불을 만들어 비린내를 없앴다. 사람들은 기뻐하며 그를 천하의 왕으로 받들며 수인씨燧人氏라고 불렀다.

중고中古시대에는 천하에 큰 홍수가 일어났는데, 곤鯀과 우禹가 수로를 터서 물길을 잡았다.

근고近古시대에는 걸왕桀王과 주왕紂王이 포학하고 어지럽게 했으므로 탕왕湯王과 무왕武王이 정벌하였다.

지금 하후씨夏后氏의 세상에서 하던 대로 나무를 엮어 집을 짓고 나뭇가지를 비벼 불을 만드는 자가 있다면 반드시 곤과 우의 웃음거리가 되었을 것이다. 은殷나라와 주周나라의 시대에 수로를 터서 물길을 잡은 자가 있다면 반드시 탕왕과 무왕의 웃음거리가 되었을 것이다. 그러므로 지금 세상에 요堯·순舜·우禹·탕湯·무武의 도를 찬미하는 자가 있다면 반드시 새로운 성인의 웃음거리가 될 것이다. 이 때문에 성인은 옛것을 따르는 것을 기약하지 않고 일정한 관행을 법도로 삼지 않으며 그 시대의 사정을 거론하면서 그에 따라 대비한다.

송宋나라 사람으로 밭을 가는 자가 있었는데, 밭 가운데에 그루터기가 있었다. 토끼가 달려가다 그루터기에 부딪쳐 목이 부러져 죽었다. 그러자 농부는 쟁기를 버리고 그루터기를 지키며 다시 토끼 얻기를 기다렸다. 토끼는 다시 얻을 수 없었으며, 그 자신은 송나라 사람들의 웃음거리가 되었다. 지금 선왕의 정치를 좇아 현재의 백성을 다스리려고 하는 것은 모두 그루터기를 지키는 것과 유사한 것이다.[1]

옛날에는 백성들이 다투지 않았지만 지금은 다투는 이유

옛날에는 남자가 밭을 갈지 않아도 초목의 열매가 먹기에 충분하였고, 부녀자들이 길쌈을 하지 않아도 날짐승과 길짐승의 가죽이 옷 입기에 충분하였다. [그들은] 힘껏 일하지 않아도 봉양에 충분했으며, 사람은 적고 재산은 남아돌았으므로 백성들은 다투지 않았다. 이 때문에 두터운 상을 내리지 않고 무거운 형벌을 쓰지 않아도 백성들은 저절로 다스려졌다.

---

1) 군주는 옛날 방식이나 영원불변한 규범만을 고집할 것이 아니라, 그 시대의 상황에 맞는 적절한 방법인 법치를 통해 나라를 다스려야만 한다는 것이다. 상고시대에나 가능했던 인치人治나 덕치德治를 고집하지 말고 법치法治에 입각하여 법과 원칙에 따라 나라의 기강을 바로 세워 군주의 통치를 안정시키라는 메시지이다.

[그러나] 지금 사람은 다섯 명의 자식이 있어도 많다고 생각하지 않고, 자식 또한 다섯 자식을 가져 할아버지가 죽지 않으면 25명의 손자가 있게 된다. 이 때문에 백성들은 많아지고 재화는 부족해져 힘껏 수고롭게 일을 해도 함께 봉양하는 것이 각박하므로 백성들이 다투게 되는 것이다. 비록 상을 두 배로 주고 벌을 쌓아두더라도 혼란에서 피하지는 못할 것이다.

시대의 변화에 대처하는 방책

요임금이 천하의 왕이었을 때 집은 띠를 엮어 만들어 자르지도 않았으며, 만든 서까래는 깎지도 않았고, 음식은 기장밥이나 명아주 또는 콩잎국을 먹었으며, 겨울날에는 사슴의 갖옷을 입고, 여름날에는 갈옷을 입었다. 비록 문을 지키는 자라도 입고 먹는 것이 이보다 못하지는 않았다.

우임금은 천하의 왕이었을 때 자신이 직접 쟁기를 잡아 백성들보다 먼저 일을 해서 넓적다리에는 잔털이 없었고 정강이에는 털이 나지 않았으니, 비록 종과 노예들의 노동일지라도 이보다 고달프지는 않았다.

이로써 말하면, 옛날 천자의 자리를 양도한 자는 문지기를 부양할 책임을 버리고, 신하들과 같은 노동에서 벗어나려고 한 것이기 때문에 천하를 전해주는 것이 대단한 일은 아니다. 지금의 현령은 어느 날 갑자기 자신이 죽어도 자손은 대대로 수레를 타게 되므로 사람들이 그것을 중시하는 것이다. 이 때문에 사람들이 [자리를] 양도함에 있어서 고대의 천자를 그만두기는 쉽지만 현재의 현령을 그만두기 어려운 것은 [혜택의] 옅음과 두터움이 실제로는 다르기 때문이다.

무릇 산에 살면서 계곡의 물을 긷는 자는 누(膢, 2월의 사냥 제사)와 납(臘, 12월의 제사) 때 물을 서로 보내주지만, 연못과 늪에 살며 물로 괴로워하는 자는 사람을 고용해 물길을 잡는다. 그러므로 흉년 봄에는 어린 동생에게 먹을 것을 주지 못하지만, 풍년 든 가을에는 지나가는 나그네에게도 반드시 먹을 것을 준다. [이것은] 골육지간을 멀리하고 지나가는 손님을 아끼는 것이 아니라 [식량의] 많고 적음의 실질적인 차이 때문이다. 이처럼 옛날에 재물을 쉽게 여기는 것은 인자해서가 아니라 재물이 많았기 때문이며, 오늘날 다투어 빼앗는 것은 탐욕스러워서가 아니라 재물이 적기 때문이다. 천자의 자리를 쉽게 그만둔 것은 고상해서가 아니라 권세가 약했기 때문이고, 벼슬을 놓고 심하게 다투는 것은 하찮은 것이 아니라 [그 직책의] 권세가 무겁기 때문이다. 그러므로 성인은 [물자의] 많고 적음을 의논하고 옅음과 두터움을 논하여 정치를 한다. 따라서 형벌이 가볍다고 해서 자애로운 것이 아니고, 형벌이 엄하다고 해서 잔혹한 것이 아니며, 그 사회의 습속에 따라 [일을] 처리하는 것이다. 그러므로 일이란 시대의 변화에 따르므로 대처하는 방책도 일에 적용해야 한다.

일이 다르면 대비하는 것도 바뀌어야

옛날에 문왕文王은 풍豊과 호鎬 사이에 살면서 땅은 사방 백 리였지만 인의를 행해 서융西戎을 감화시켜 마침내 천하에서 왕 노릇을 하게 되었다. 서徐나라의 언왕偃王은 한수漢水 동쪽에 살면서 땅은 사방 오백 리였지만 인의를 행했기 때문에 그에게 땅을 나누어주고 조공을 바치는 자가 서른여섯 나라나 되었다. 초楚나라의 문왕文王은 [서나라가] 자신을 해칠까 두려웠으므로 병사를 일으켜 서나라를 정벌해 마침내 멸망시켰다. 그러므로 문왕은 인의를 실행해 천하의 왕 노릇을 하였지만, 언왕은 인의를 실행해 그 나라를 잃었으니 이는 인의가 옛날에는 쓰였으나 지금은 쓰이지 않기 때문이다. 그러므로 말한다.

"세상이 다르면 일도 다르다."

순임금의 시대에 유묘有苗가 복종하지 않자 우임금은 그들을 정벌하려고 하였다. 순임금이 말하였다.

"해서는 안 된다. 군주가 덕을 두터이 하지 않고 무력을 행하는 것은 도가 아니다."

그러고는 3년 동안 몸을 닦고 교화시켜 무기를 쥐고 춤을 추자 유묘는 곧 복종하게 되었다. 공공共工과의 싸움에서 긴 쇠작살로 적을 공격하니 갑옷이 견고하지 않은 자는 몸에 부상을 당하였다. 이 방패와 도끼는 고대에는 쓰였지만 지금은 쓰이지 못한다. 그래서 말한다.

"일이 다르면 대비하는 것도 바뀌어야 한다."

상고에는 도와 덕으로 다투었으며, 중세에는 지혜와 모략으로 다투었고, 현재는 기력으로 다툰다.

제齊나라가 노魯나라를 공격하려고 하자 노나라는 자공子貢을 시켜 설득하도록 하였다. 제나라 사람이 말하였다.

"당신의 말이 잘못 변론한 것은 아니지만, 우리가 얻으려고 하는 것은 토지이지 이런 말이 아니다."

그러고는 마침내 군대를 일으켜 노나라를 정벌해 성문에서 10리 떨어진 곳을 경계로 삼았다. 그래서 언왕은 인의를 행했지만 서나라는 망했고, 자공은 언변과 지모가 있었지만 노나라는 영토가 깎이었다.

이로써 말하면, 무릇 인의와 언변과 지모는 나라를 지탱해주는 도구가 아니다. 언왕의 인을 버리고, 자공의 지혜를 쉬게 하고, 서나라와 노나라의 힘에 의거하여 만승의 나라를 대적했다면, 제나라와 초나라의 욕망도 두 나라에서는 이룰 수 없었을 것이다.

군주가 법 집행하는 데 눈물을 흘려서는 안 되는 이유

무릇 옛날과 지금은 풍속을 달리하고 새로운 시대와 옛날 시대는 대비하는 것을 달리한다. 만일 관용을 베푸는 느슨한 정치로 급박한 세상의 백성을 다스리려고 한다면 고삐와 채찍 없이 거친 말을 모는 것과 같을 것이니, 이것은 [현실을] 알지 못한 데서 생기는 근심이다. 지금 유가儒家와 묵가墨家는 모두 선왕이 천하를 두루 사랑해서 마치 부모처럼 백성들을 대했다고 한다. 어떻게 그러한 것을 밝힐 수 있는가? 사구(司寇, 형벌을 관장하는 벼슬아치)가 형벌을 시행하면 군주는 그 때문에 음악을 하지 않았고, 사형한다는 보고를 들으면 군주는 그 때문에 눈물을 흘렸다고 했는데, 이것이 선왕의 사례이다.

무릇 군주와 신하가 아버지와 아들의 관계와 같으면 반드시 다스려진다고 하는데, 이 말을 미루어보면 아버지와 아들 사이에는 혼란이 없어야 한다. 사람의 성정이란 부모보다 나은 것이 없지만, 모두 사랑을 입었다고 해서 반드시 다스려지는 것은 아니다. 비록 두텁게 사랑할지라도 어찌하여 혼란스럽지 않겠는가? 지금 선왕이 백성을 사랑하는 것은 부모가 자식을 사랑하는 것에 지나지 않는다. 자식이 반드시 혼란을 만들지 않는 것은 아닌데 백성이 어찌 다스려지겠는가? 법에 따라 형벌을 집행하자 군주가 이 때문에 눈물을 흘리는 것은 인자함을 드러내는 것이지 다스림으로 삼을 수 있는 것은 아니다. 무릇 눈물을 흘리며 형을 집행하지 못하는 것은 인仁이고, 형을 집행하지 않을 수 없는 것은 법法이다. 선왕이 법을 우선하고 눈물에 따르지 않은 것은 인으로는 [백성을] 다스림으로 삼을 수 없음이 분명하기 때문이다.

또한 백성이란 진실로 권세에 복종하지만, 의義에 감화될 수 있는 자는 적다. 공자는 천하의 성인으로 몸을 닦고 도를 밝히며 천하를 돌아다녔다. 천하 사람들은 그의 인에 기뻐하고 그 의를 찬미했지만 복종한 자는 70명이었으니, 대체로 인을 귀하게 여기는 자는 적고 의를 실행하기는 어려웠기 때문이다. 그러므로 천하는 크지만 복종하는 자는 70명뿐이고, 인의를 실천하는 자는 한 사람뿐이었던 것이다.

노나라 애공哀公은 하급의 군주였으나 그가 남면하여 나라의 군주 노릇을 하자 영내의 백성들 중 감히 신하가 되지 않는 자가 없었다.

백성이란 진실로 권세에 복종하고, 권세는 진실로 사람들을 쉽게 복종시킨다. 그래서 공자는 오히려 신하가 되고 애공은 도리어 군주가 된 것이니, 공자는 애공의 의에 감화된 것이 아니라 그의 권세에 복종한 것이다. 때문에 의에 기초하면 공자는 애공에게 복종하지 않았을 것이지만, 권세에 의지해서 애공이 공자를 신하로 삼은 것이다. 지금 학자들은 군주를 유세할 때 반드시 사람들을 복종시키는 권세에 의지하지 말고 인의를 실행하는 데 힘쓰면 왕 노릇을 할 수 있다고 하는데, 이는 군주가 반드시 공자에 버금가고 세상의 백성들이 모두 [공자의] 제자처럼 되기를 요구하는 것이다. 이는 반드시 얻을 수 없는 도리이다.

부모의 사랑만으로는 결코 자식을 가르칠 수 없는 이유

요즘 재능 없는 자식들은 부모가 그들을 꾸짖어도 고치려고 하지 않고, 마을 사람들이 그들을 질책해도 움직이려고 하지 않으며, 스승이나 어른이 가르쳐도 바꾸려고 하지 않는다. 대체로 부모의 사랑, 마을 사람들의 언행, 스승이나 어른의 지혜라는 이 세 가지의 도움이 더해져도 끝내 그 정강이의 털만큼도 움직이지 않는다. [그런데] 지방 벼슬아치가 관병을 조정하고 공공의 법을 발동해서 간사한 사람을 색출한 뒤에야 두려워하면서 그 지조를 바꾸고 그 행동을 고친다. 그래서 부모의 사랑으로는 자식을 가르치기에 부족하므로 반드시 지방의 엄한 형벌에 기대야만 하는데, [이는] 백성들이 본래 사랑에는 교만하고 권위에는 복종하기 때문이다.

그러므로 십 인(十仞, 7~8척)의 성곽을 누계樓季도 뛰어넘을 수 없는 것은 가파르기 때문이고, 천 인千仞의 산에서 다리를 저는 양을 쉽게 사육할 수 있는 것은 평평하기 때문이다. 그래서 현명한 군주는 그 법을 가혹하게 하고 그 형벌을 엄하게 하는 것이다. 베나 비단이 적은 양이라면 평범한 사람도 버리지 않지만, 녹인 황금이 백 일鎰이라면 도척盜跖이라도 거두어가지 않는다. 반드시 해로운 것이 아니라면 적은 양일지라도 버리지 않지만, 반드시 해로운 것이라면 백 일의 황금이라도 거두어가지 않는다. 그러므로 현명한 군주는 반드시 벌을 내린다. 그래서 상은 후하고 믿음 있게 하여 백성들로 하여금 그것을 이롭게 여기도록 해야 하며, 벌은 엄중하고 확실히 실시해 백성들이 두려워하도록 해야 하고, 법을 하나로 고정시켜 군건히 하여 변하지 않게 해서 백성들이 그것으로 하여금 알도록 해야 한다. 그러므로 군주는 상을 줄 때는 [마음대로] 바꾸는 일이 없고, 벌을 시행할 때는 [마음대로] 용서하는 일이 없으며, 칭찬으로 그 상을 보충하고 명예를 훼손해 그 처벌을 따르게 하면 현명하든 현명하지 않든 모두 그 힘을 다하게 된다.

백성들이 더욱더 혼란스럽게 되는 이유

오늘날은 그렇지 않다. 공로가 있어 작위를 주었어도 그 벼슬아치를 낮게 보고, 경작에 힘써 상을 주었어도 그 가업을 사소한 것으로 여기며, 불러들이지 않고 소외시켰어도 세속적인 것을 경시하는 태도를 고상하게 여기고, 금령을 범해 벌을 받았어도 세상에서는 용기 있는 태도라며 존중한다. 비방과 칭찬, 상과 벌을 더하는 것이 서로 어그러져 있으므로 법과 금령이 무너져 백성들은 더욱더 혼란스럽게 되었다.

오늘날 형제가 침탈을 받고 반드시 공격하는 것을 염廉이라 하고, 자기를 알아주는 친구가 욕을 당해서 원수에게 복수하는 것을 정貞이라고 한다. 염과 정이 행해지는 것은 군주의 법이 침해되는 것이다. 군주는 정과 염의 행동을 존중해 금령을 어긴 죄를 잊으므로 백성들은 용기를 내보이려고 하는 것이고, 벼슬아치들은 이것들을 제지할 수 없다. 힘껏 일하지 않고도 입고 먹는 것을 일컬어 능能이라 하고, 싸움에서 이룬 공로도 없으면서 존중받는 것을 일컬어 현賢이라고 한다. 현과 능이 행해지는 것은 병사가 약해지고 토지가 황폐해지는 것이다. 군주는 현과 능이 실행되는 것을 기뻐해 병사가 약해지고 토지가 황폐해지는 재앙을 잊으므로 사사로운 행동이 서게 되고 공적인 이익은 없어지게 된다.

세상이 혼란스러워지는 까닭

유가는 문학文學으로 법을 어지럽게 하고 협객은 무력으로 금령을 어지럽히지만, 군주가 이들을 모두 예우하고 있으니 이것이 [나라가] 어지럽게 되는 까닭이다.

무릇 법을 벗어나는 자는 죄를 받아야 하지만 여러 선생(先生, 유가를 가리킴)들은 문학으로써 등용되고 있고, 죄를 지은 자는 처벌되어야 하지만 여러 협객들은 사사로운 무술로써 양성되고 있다. 그러므로 법을 어겼는데도 군주는 그들을 취하고, 벼슬아치들이 처벌하려는 자를 군주는 양성하는 것이다.

위법과 임용, 양성과 처벌이라는 네 가지는 서로 상반되어 확정된 기준이 없으면, 비록 열 명의 황제黃帝가 있다고 하더라도 다스릴 수 없을 것이다. 그러므로 인의를 행하는 자는 칭찬받을 것이 없는데 이것을 칭찬하면 공로를 해치는 것이고, 문학을 익힌 자는 임용해서는 안 되는데 그를 임용하면 법을 어지럽히는 것이다.

초나라 사람으로 직궁直躬이라는 자가 있었는데, 그의 아버지가 양을 훔치자 벼슬아치에게 고발하였다. 영윤令尹이 말하였다.

"그를 죽여라."

군주에게는 정직한 것이지만 아버지에게는 패륜이라고 생각해 재판을 하고 벌을 준 것이다. 이로써 보면 무릇 군주의 정직한 신하는 아버지의 포악한 아들인 것이다.

노나라 사람이 군주를 따라 전쟁터에 나가 세 번 싸워 세 번 패하였다. 공자가 그 까닭을 묻자 대답하여 말하였다.

"저에게는 늙은 아버지가 있는데, 제가 죽으면 아무도 그를 봉양하지 못하게 됩니다."

공자는 효성스럽다고 생각하고 그를 천거해 높은 지위에 오르게 하였다. 이로써 보면 무릇 아버지의 효성스런 아들은 군주를 배신하는 신하인 셈이다.

그러므로 영윤이 벌을 내려 초나라에서는 간사한 일이 군주에게 들리지 않게 되었고, 공자가 상을 주어 노나라 백성들이 쉽게 항복해 달아나게 되었으니, 윗사람과 아랫사람의 이익은 이와 같이 다른 것이다. 만일 군주가 덕행이 있는 필부라 하여 등용해 사직의 복을 구하려고 한다면 반드시 이루지 못할 것이다.

옛날 창힐蒼頡이 문자를 만들 때 자신을 두르는 것을 사私라고 하고, 사에 반대되는 것을 공公이라고 하였다. 공과 사가 서로 어긋난다고 생각하는 것은 창힐이 진실로 이치를 알았기 때문이다. 지금 [공과 사의] 이익이 일치한다고 생각하는 것은 살피지 않은 것으로부터 생긴 근심이다. 그러므로 필부가 되어 헤아리면 의를 닦고 시행하며 문학을 익히는 것만 못하다. 의를 실행하고 몸을 닦으면 신임을 얻게 되고, 신임을 얻으면 벼슬자리를 받게 되며, 문학을 익히면 현명한 스승이 되고, 현명한 스승이 되면 영예가 드러난다. 이것은 필부들이 찬미하는 것이다. 그러면 공로가 없는데도 벼슬자리를 받고 작위가 없는데도 영예가 드러나게 되니, 정치를 함에 있어 이와 같으면 나라는 반드시 혼란스럽게 될 것이고 군주는 반드시 위태롭게 될 것이다. 그러므로 서로 용납하지 못하는 일은 양립할 수 없는 것이다.

적을 벤 자에게 상을 받게 하고 자애로운 행동을 고상하게 여기고, 성을 함락시킨 자에게 작위와 봉록을 받게 하고 겸애설兼愛說을 믿으며, 견고한 갑옷과 날카로운 무기로 환란을 대비하면서 천신(薦紳, 고급 관리의 점잖은 옷)의 장식을 찬미하고, 나라를 부유하게 하는 일은 농민에게, 적을 방비하는 일은 병졸에게 의지하면서도 문학하는 선비를 귀중히 여기며, 군주를 공경하고 법을 두려워하는 백성을 버리고 협객이나 자객의 무리를 양성한다. 행동하는 것이 이와 같으면 나라를 강력하게 다스릴 수 없다. 나라가 평온했을 때는 유가와 협객을 양성하면서도 환란이 이르면 무인을 사용하니, 이익을 얻은 자가 쓸모 있는 것이 아니고 사용되는 자가 이로운 바가 아니다. 이 때문에 일을 하는 자가 그 본업을 소홀히 하고 유세를 배우려는 자들이 나날이 많아지니 이것이 세상이 혼란스러워지는 까닭이다.

현명한 군주는 술을 굳건히 하지, 신임받는 자를 흠모하지 않는다

또 세상에서 일컫는 어진 자란 바르고 신임받게 행동하는 자이고, 지혜로운 자란 미묘한 말을 하는 자이다. 미묘한 말은 최상의 지혜를 가진 자도 알기 어려운 것이다. 지금 뭇사람의 법을 만들면서 최상의 지혜를 가진 자도 알기 어렵게 한다면 백성들도 따라서 그것을 알지 못할 것이다. 그래서 술지게미로도 배불리 먹지 못하는 자는 상등품의 쌀이나 고기를 먹으려고 힘쓰지 않고, 갈옷도 완전하지 못한 자는 무늬를 수놓은 옷을 기대하지 않는다. 무릇 세상을 다스리는 일에 있어서 시급한 일을 해결하지 못하면 느슨한 것에는 힘쓰지 않는다. 지금 정치를 함에 있어 백성들의 일에서 백성들이 분명하게 아는 방법을 사용하지 않고 최상의 지혜를 가진 자의 주장만을 흠모한다면 정치는 거꾸로 될 것이다. 그러므로 미묘한 말은 백성들에게 힘쓸 것이 못 된다. 만일 바르고 신임받는 행동을 현명하다고 하면 반드시 속이지 않는 인사를 귀하게 여길 것이다. 속이지 않는 인사를 귀히 여기는 자는 또한 속이는 술術이 없지 않을 수 없다. 보통 평민들은 서로 더불어 교제하면서 서로 이득을 줄 두터운 부가 없고, 서로 두려워할 위엄과 권세도 없으므로 속이지 않는 인사를 구하려는 것이다. 지금 군주는 사람을 지배하는 권세 있는 자리에 있으면서 온 나라의 부유함을 소유하고 있다. 상을 무겁게 하고 처벌을 엄하게 할 수 있는 권한을 쥐고 술이 비추는 데를 따라 [나라를] 분명히 다스린다면, 비록 전상田常이나 자한子罕 같은 신하가 있더라도 감히 속이지 못할 것이니 어찌 속이지 않는 인사를 기대하겠는가! 지금 바르고 신임받는 인사는 열 명도 차지 않았으나 국내의 벼슬자리는 백을 헤아린다. 반드시 바르고 신임받는 인재만을 임용한다면 사람들은 벼슬을 하기에 부족하며, 벼슬할 사람이 부족하면 다스려지는 일은 적고 혼란스러운 일은 많아질 것이다. 그러므로 현명한 군주의 도는 법을 일정하게 할 뿐 지혜로운 자를 구하지 않으며, 술을 공고히 하지 신임받는 자를 흠모하지 않는다. 그래서 법은 무너지지 않고, 벼슬아치들은 간사함이나 속이는 행위를 하지 않게 된다.

농사를 말하는 자는 많은데 쟁기를 잡는 자가 적으면 나라는 혼란스러워진다

지금 군주는 [신하의] 언론에 대해 그 변설만을 기뻐하고 그 당위성은 구하지 않으며, [신하의] 행동을 볼 경우에는 그 명성만을 찬미하고 그 공은 따지지 않는다.

이 때문에 천하 사람들 중 담론을 하는 자는 교묘한 변론에만 힘쓰고 실용성에는 합치되지 못한다. 그래서 선왕을 거론하여 인의를 말하는 자들이 조정에 가득 차고 정치는 혼란을 면하지 못하게 되었다. 몸을 닦는 자는 고상하게 되려고만 다투고 공로에는 들어맞지 않는다. 그래서 지혜로운 인사는 바위와 동굴의 집으로 물러나 살면서 [군주가 주는] 봉록을 받지 못했고, 병사들은 약함을 면하지 못하게 되었으며, 정치는 혼란을 면하지 못하게 되었다. 이것은 무엇 때문인가? 백성들이 칭찬하고 군주가 예우하는 바가 나라를 혼란스럽게 하는 방법이 되기 때문이다. 지금 나라 안의 백성들은 모두 정치를 말하고 상앙商鞅과 관중管仲의 법령을 집집마다 간직하고 있지만, 나라가 더욱더 가난해지는 것은 농사를 말하는 자는 많지만 쟁기를 잡는 자가 적기 때문이다. 나라 안에서는 모두 군사에 관해 말하며 손무孫武[2)]와 오기吳起의 병서를 집집마다 간직하고 있지만, 병력이 점점 더 약해지는 것은 전쟁을 말하는 자는 많지만 갑옷을 입는 자가 적기 때문이다. 그러므로 현명한 군주는 백성들의 힘을 사용하더라도 그들의 말을 듣지 않고, 그 공적에 상을 주더라도 반드시 쓸모없는 행위를 금지하므로 백성들은 사력을 다해 그 군주를 따르게 된다.

무릇 힘을 사용해서 경작하는 것은 수고롭지만 백성들이 그것을 하면서 부자가 될 수 있기 때문이라고 말하고, 전쟁하는 일은 위험하지만 백성들이 그것을 하면서 귀하게 될 수 있기 때문이라고 말한다.

지금 문학을 닦고 담론하는 말솜씨를 익혀서 수고롭게 경작을 하지 않아도 부유한 결실이 있고, 위험한 전쟁을 하지 않아도 존귀함이 있게 된다면 어느 누가 하지 않겠는가! 이 때문에 백 사람이 지혜를 섬기고 한 사람만이 힘을 쓰는 것이다. 지혜를 섬기는 자가 많으면 법이 무너지고, 일을 하는 자가 적으면 나라가 가난해지니 이것이 세상이 어지러워지는 까닭이다. 그래서 현명한 군주의 나라는 죽간에 쓰는 문헌 없이 법으로써 가르침을 삼고, 선왕의 말 없이 벼슬아치로써 스승을 삼으며, 사사로운 검술의 날쌤 없이도 [적의] 머리를 베는 것을 용기로 삼았다.

이 때문에 나라 안의 백성들 중 담론을 말하는 자는 반드시 법에

2) 손무는 원래 제나라 사람인데 이 당시 오나라 장수로 있었다. 그가 지은 책이 《손자병법孫子兵法》이다. 〈계計〉·〈작전作戰〉·〈모공謀攻〉·〈군형軍形〉·〈세勢〉·〈허실虛實〉·〈군쟁軍爭〉·〈구변九變〉·〈행군行軍〉·〈지형地形〉·〈구지九地〉·〈화공火攻〉·〈용간用間〉의 13편이 있다.

서 하고, 일을 하는 자는 공적을 삼는 것으로 귀결시키며, 용감한 자는 군대에서 힘을 다하였다. 그러므로 일이 없으면 나라는 부유해지고, 일이 있으면 병력이 강해지니 이를 일컬어 왕의 자질이라고 한다. 왕의 자질을 기르고 적국의 틈을 이용해야 한다. 오제五帝를 넘어서 삼왕三王과 나란히 하려면 반드시 이 법에 따라야 한다.

소매가 길면 춤을 잘 추고, 돈이 많으면 장사를 잘한다

지금은 그렇지 않다. 사민士民들은 안으로는 방자하게 행동하고, 담론을 말하는 자들은 나라 밖에서 권세를 만들어 안팎으로 나쁜 일을 하며 강한 적을 상대하니 또한 위태롭지 않겠는가! 그래서 신하들 중에 나라 밖의 일을 말하는 자는 합종合從과 연횡〔衡〕[3]의 당파로 나뉘지 않으면 원수를 갚으려는 마음에 나라에서 힘을 빌리려고 한다. 종(從, 합종)이란 여러 약소국이 힘을 합쳐서 강대한 한 나라를 공격하는 것이고, 형(衡, 연횡)이란 강대한 한 나라를 섬겨서 여러 약소국을 공격하는 것으로 모두 나라를 보존하는 방법이 아니다. 지금 신하들 중에서 연횡을 주장하는 자는 모두 말한다.

"강대국을 섬기지 않으면 적을 만나 화를 입게 될 것이다."

그러나 강대국을 섬기더라도 반드시 실제적인 성과가 없다면 지도를 들어서 맡기고 옥새를 넘겨주어 [병사를] 요청해야 한다. 지도

---

3) 합종合從은 동쪽의 여섯 나라, 곧 초·제·연·위·한·조나라가 남북의 세로로 동맹해서 서쪽에 위치한 큰 나라인 진나라에 대항하는 외교정책이다. 또 연횡連衡이란 이 여섯 나라가 동서의 가로로 연합해서 진나라에 의존하는 외교정책이다.

를 바치면 영토가 깎이고 옥새를 바치면 명예가 실추된다. 영토가 깎이면 나라가 약해지고, 명예가 실추되면 정치가 혼란스러워진다. 큰 나라를 섬겨 연횡을 하더라도 그 이익을 보지도 못하고 땅을 잃고 정사를 어지럽히게 되는 것이다. 신하들 중에서 합종을 주장하는 자는 모두 말한다.

"작은 나라를 구하고 큰 나라를 치지 않으면 천하를 잃게 된다. 천하를 잃으면 나라가 위태롭게 되고, 나라가 위태로우면 군주는 비천해진다."

작은 나라를 구하고도 반드시 실속이 없다면 병사를 일으켜 큰 나라를 대적하는 것이 된다. 작은 나라를 구했지만 반드시 보존할 수 있는 것은 아니며, 큰 나라를 대적했다고 해서 반드시 소원해지는 것은 아니다. 소원해지면 강대국에 의해서 통제될 것이다. 병사를 출동시키면 군대는 패할 것이고, 물러나서 지키면 성은 함락될 것이다. 작은 나라를 구하여 합종을 하더라도 그 이익을 보기도 전에 오히려 땅을 잃고 군대를 패하게 하는 것이 된다.

이 때문에 강대국을 섬기면 외국의 권력을 이용해 나라 안에서 벼슬자리에 나아가려고 하고, 약소국을 구하면 나라 안의 권력에 의지해서 나라 밖에서 이익을 구하려고 한다. 나라의 이익이 서기도 전에 봉토封土와 후한 봉록이 이르게 된다. 군주는 비록 비천해져도 신하는 존귀해지며, 나라의 영토는 비록 깎여도 개인의 집은 부유해진다. 일이 이루어지면 권세에 기대어 오랫동안 중용되고,

일이 실패하더라도 부유함에 기대어 물러나 살아간다. 군주가 신하들의 진언을 들어주면 일이 미처 성사되기도 전에 [신하들의] 작위와 봉록이 이미 존귀해지고, 일이 실패하고도 벌을 받지 않는다면 유세하는 선비들 중에 누가 주살로 새를 잡는 언변으로 요행의 결과를 바라지 않는 자가 있겠는가? 그러므로 나라를 무너지게 하고 군주를 망하게 한 것은 담론을 말하는 자의 헛된 유세를 들었기 때문이다. 이것은 무엇 때문에 그러한가? 군주가 공적인 이익과 사적인 이익을 명확히 하지 못하고 타당한 말과 부당한 말을 살피지 못하며 결과에 따라 형벌이 반드시 그에게 뒤따르지 않았기 때문이다. [그들은] 모두 말한다.

"외교적인 일에 노력하면 크게는 왕 노릇을 할 수 있고, 작게는 [나라가] 안정될 수 있다."

무릇 왕은 다른 사람을 공격할 수 있지만 안정되면 공격을 받을 수 없다. 강자는 다른 사람을 공격할 수 있지만 다스려지면 공격할 수 없다. 다스려지거나 강력해지는 것은 밖에서 구할 수 있는 것이 아니라 나라 안의 정치에 있는 것이다. 지금 나라 안에서 법술을 시행하지 않고 나라 밖에서 지모를 일삼는다면 다스려지고 강해지는 데는 이르지 못할 것이다.

속담에 이런 말이 있다.

"소매가 길면 춤을 잘 추고, 돈이 많으면 장사를 잘한다."

이 말은 자질이 좋아야 일을 쉽게 이룬다는 것이다. 그래서 다스려져 강하게 된 나라는 모략을 꾸미기가 쉽고, 약하고 혼란스러운 나라는 계략을 세우기가 어렵다. 그러므로 진秦나라에서 임용된 자는 열 번 바꾸어도 모략이 실패하는 경우가 드물었지만, 연燕나라에서 임용된 자는 한 번만 바꾸어도 계략이 성사되는 경우가 드물었다. 진나라에 임용된 자는 반드시 지혜롭고 연나라에 임용된 자는 반드시 어리석어서가 아니라 [나라가] 다스려지는가 혼란스러운가의 자질에 차이가 있기 때문이다. 그래서 주周나라는 진秦나라를 버리고 합종을 하였으나 1년 만에 [공격받아] 함락되었고, 위衛나라는 위魏나라를 버리고 연횡을 하였으나 반 년 만에 멸망하게 되었다. 이것은 주나라는 합종을 하다 멸망하고, 위나라는 연횡을 하다 멸망한 것이다. 만일 주나라와 위나라가 합종과 연횡의 계획을 늦추고 그 나라 안의 다스림을 엄하게 하고 그 법을 분명히 하며, 반드시 상과 벌을 행하고 토지의 생산력을 다하게 하며, 축적을 많이 해서 백성들에게 사력을 다해 성을 굳게 지키도록 했다면 천하가 그 땅을 얻어도 그 이익은 적었을 것이고, 그 나라를 공격해도 손상이 커서 만승의 나라일지라도 견고한 성 아래에서 스스로 좌절하고 강한 적이라도 그의 약점을 잡아 공격하도록 할 수 없었을 것이다. 이것이 절대 망하지 않게 하는 술術이다. 절대 망하지 않게 하는 술을 버리고 멸망하는 일을 말하니 나라를 다스리는 자의 잘못이다. 지혜는 나라 밖에서 곤궁해지고, 정치는 나라 안에서 혼란해지면 [나라가] 멸망해도 구제할 수 없다.

백성들이 본래 가지고 있던 계산이란 모두 안전과 이익을 취하고 위험과 궁핍을 피한다. 지금 그들에게 공격해 싸우게 하면서 앞으로 나아가면 적에게 반드시 죽게 되고, 물러나면 처벌로 죽게 될 경우에 처하게 하면 위험해진다. 자기 집안일을 버리고 전쟁의 수고로움을 다하여 싸우는데, 집안은 곤궁한데도 위에서 [공로를] 거론하지 않는다면 궁핍해질 것이다. 궁핍함과 위험이 있으니 백성들이 어찌 피하려고 하지 않겠는가? 그래서 사문(私門, 권세 있는 가문)을 섬겨 노역을 완전히 면제받으려고 하고, 노역을 완전히 면제받으면 전쟁을 멀리하게 되고, 전쟁을 멀리하게 되면 편안해진다. 뇌물을 써서 요직에 있는 자에게 의지하면 구하는 것을 얻게 되고, 구하는 것을 얻으면 이익이 있게 된다. 편안함과 이익이 있으니 어찌 나아가지 않겠는가? 이 때문에 나라를 위하는 사람들은 적어지고 자신만을 위하는 사람들은 많아지는 것이다.

무릇 현명한 군주가 나라를 다스리는 정책은 그 상인과 장인, 떠돌아다니며 걸식하는 백성을 적게 하고, 그들의 이름을 낮춤으로써 그 근본의 임무(농사일)에 나아가게 하고, 끝자리인 일(상공업)을 도외시하게 하는 것이다. 지금 세상은 군주의 측근에게 청탁을 하면 벼슬자리와 작위를 살 수 있고, 벼슬자리와 작위를 살 수 있으면 상인과 장인의 신분이 비천해지지 않는다. 간사한 장사와 재물이 저잣거리에서 통용된다면 상인들은 적어지지 않을 것이다. 거두어들이는 것이 농부보다 배가 되지만 농사를 짓거나 전쟁을 하는 사람보다 사회적 존경을 더 많이 받으면, 바른 도를 지키는 인사들은 적어지고 장사하는 백성들만 많아질 것이다.

이 때문에 혼란스런 나라의 습속이란, 학자는 선왕의 도를 칭찬하고 인의를 빙자하며 용모나 복장을 성대히 하고 변설을 꾸밈으로써 그 시대의 법을 의문나게 하여 군주의 마음을 어지럽힌다. 그 담론을 말하는 자는 거짓을 늘어놓고, 바깥 나라의 힘을 빌려 그 사사로움을 이루며 사직의 이익을 버린다. 칼을 찬 자는 무리들을 모으고 절개를 내세워 그의 이름을 빛내면서 오관五官, 사도司徒·사마司馬·사공司空·사사司士·사구司寇 등 중앙의 5대 관직의 금령을 범한다. 권세를 가까이하는 자는 사문과 가까이하여 뇌물을 바치고 요직자의 청탁을 받아들여 전쟁터의 수고로움을 물리치게 된다. 그중에서 상공업에 종사하는 백성은 거친 그릇을 만들고 값싼 물건을 모으고 쌓았다가 때를 노려서 농부의 이익을 가로챈다.

이 다섯 부류의 사람은 나라의 좀벌레이다. 군주가 이 다섯 좀벌레 같은 백성을 제거하지 않고 바른 도를 지키는 인사들을 기르지 못하면, 비록 깨지고 멸망하는 나라와 영토가 깎이고 멸망하는 조정이 있다 해도 또한 더 이상 괴이한 일이 아니다.

제50편

현학(顯學: 뚜렷한 학파들)

【해제】

'현학顯學'이란 뚜렷하게 이름이 알려진 학파들이라는 뜻으로, 구체적으로는 유가儒家와 묵가墨家를 가리킨다. 전국시대 때 유가와 묵가 두 학파는 따르는 무리들이 대단히 많았고 세력도 컸으며, 군주들에게 존중받으며 그 당시 가장 중요한 양대 학파를 형성하였다. 한비자는 두 학파를 함께 묶어 공격함으로써 법가 학설의 확실한 입지 구축을 하고자 하였다. 구체적으로 살펴보면 유가에서 주장하는 가족과 인치숭상, 도덕지향 그리고 묵가에서 중시하는 상동尙同 등은 한비자의 입장과는 전혀 다르다. 곧 법가에서는 국가를 중시하고 법치를 숭상하며 명분과 실질을 갈라놓는 것이다.

한비자는 먼저 두 학파를 논평하면서 이들이 어지럽고 모순되어 있으며 진위를 판정하기 어렵다고 하였는데, 결론은 군주가 그들을 신뢰하고 존중하면 할수록 국가는 어지러워지고 패망하는 원인이 됨을 설명하고 있다. 두 번째로는 군주가 유가와 협객의 담론을 믿어서는 안 되며 오로지 위세만이 폭력을 엄금할 수 있다고 언급하고 있다. 마지막으로 군주는 사실을 예로 들며 쓸모없는 것을 버리고 선왕의 인의를 말하지 않아야 하며, 현명한 인사를 찾고 민심을 살피는 것이야말로 화근과 환란의 근원이 됨을 역설하고 있다.

〈현학〉 편은 자매편 격인 〈문전〉 편과 함께 읽으면 좀더 분명히 이해할 수 있다. 또한 이 편은 〈오두〉 편의 후속편이라고 할 수 있는데, 한비자는 학자와 협객을 깊이 다루면서 자신의 취지를 분명히 드러내고 있다.

세상에서 뚜렷하게 알려진 학파는 유가와 묵가이다. 유가에서 지존으로 여기는 바는 공구孔丘이고, 묵가에서 지존으로 여기는 바는 묵적墨翟이다. 공자가 죽고 나서 자장子張[1]의 유가가 있었고, 자사子思[2]의 유가가 있었으며, 안씨(顔氏, 안회顔回)의 유가가 있었고, 맹씨(孟氏, 맹자)[3]의 유가가 있었으며, 칠조씨(漆雕氏, 칠조계漆雕啓)[4]의 유가가 있었고, 중량씨(仲良氏, 중량자仲良子)[5]의 유가가 있었으며, 손씨(孫氏, 공손니자公孫尼子)[6]의 유가가 있었고, 악정씨(樂正氏, 악정자춘樂正子春)[7]의 유가가 있었다. 묵자가 죽고 나서 상리씨(相里氏, 상리근相里勤)[8]의 묵가가 있었고, 상부씨相夫氏[9]의 묵가가 있었으며, 등릉씨(鄧陵氏, 등릉자鄧陵子)[10]의 묵가가 있었다. 따라서 공자와 묵자 이후로 유가는 갈라

1) 공자의 제자로 기상이 활달하였으며, 관복冠服에 밝았고 그의 제자들이 꽤 많았다.

2) 공자의 손자로 증자에게 수업을 받았으며, 《예기禮記》 중에 〈중용中庸〉을 비롯하여 〈표기表記〉·〈방기坊記〉·〈치의緇衣〉 등 네 편을 지은 것으로 알려져 있다.

3) 전국시대 추나라 사람으로 자사子思의 재전 제자로서 성선설性善說을 주장하고 양기론을 펼쳤으며, 의를 중시하고 이를 배척하였으며 백성들을 귀하게 여기고 군주를 가볍게 여기는 등의 논설을 펼쳐 그 당시 제자들이 천 명에 육박할 정도로 따르는 자들이 많았다.

4) 노나라 사람으로 공자의 제자로 알려져 있다.

5) 노나라 사람으로 상례에 밝았다고 한다. 혹자는 그가 초나라 사람 진량陳良의 자字라고도 하는데 확실하지 않다.

6) 손씨孫氏는 공손니자公孫尼子의 약칭으로 양계초梁啓超는 순경荀卿, 곧 순자荀子로 보아야 한다는 의견을 펼쳤다.

7) 증자의 제자로 효도를 전했다. 한편, 맹자의 제자로 악정극樂正克이 있는데 그와는 다른 인물이다.

8) 묵자의 무리 중 한 명으로 알려져 있으며, 북파北派를 대표하는 인물이다.

9) 묵가에 속하며 이름은 알려져 있지 않고, 어떤 파벌에는 백부씨伯部氏로 보아야 한다는 의견도 있다.

져 여덟 갈래가 되었고, 묵가도 떨어져 세 갈래가 되었는데 [서로 간에] 취하거나 버리는 것이 서로 상반되어 달랐으나 모두 스스로를 진정한 공자와 묵자라고 하였다. 공자와 묵자는 다시 살아날 수 없는데 누가 후세 학설의 시시비비를 판정할 수 있을 것인가? 공자와 묵자는 함께 요와 순을 말했지만, 그들이 취하고 버리는 것이 다른데도 모두 스스로 진정한 요와 순의 계승자라고 말하고 있다. 그러나 요와 순이 다시 살아날 수 없으니 장차 누가 유가와 묵가의 진정한 계승자임을 판정하게 할 것인가? 은나라와 주나라가 700여 년이 되었고, 우虞나라와 하夏나라도 2,000여 년이나 되었다. 그러나 유가와 묵가의 진정한 계승자임을 판정할 수가 없으니, 지금 바로 3,000년 전으로 [올라가] 요와 순의 도를 살펴보려고 하지만 아마도 반드시 그것을 할 수 없을 것이다. 참조하거나 대조할 근거도 없어 그것을 반드시 판정하는 것은 어리석으며, 확정하여 할 수도 없으면서 그것을 근거로 삼는 것은 속이는 것이다. 그러므로 선왕을 근거로 밝히거나 반드시 요와 순의 도를 판정하는 자는 어리석지 않으면 남을 속이는 것이 된다. 어리석고 속이는 학설과 잡다하고 어긋나는 행위를 현명한 군주라면 수용하지 않는다.

10) 묵가에 속하며 남파의 대표적 인물이다.

묵가의 장례에서는 겨울날에는 겨울옷을 입게 하고, 여름날에는 여름옷을 입게 하며 오동나무로 만든 관을 세 치 [두께]로 하고 상복을 석 달 동안 입게 하는데도 세상의 군주들은 검약하다고 생각하여 그를 예우한다. [그런데] 유가에서는 집안을 탕진하면서까지 장례를 성대하게 치르고 상복을 3년 동안이나 입어 [몸이] 대단히 수척해져 지팡이에 기대어도 세상의 군주는 효성스럽다고 생각하여 그를 예우한다. 무릇 묵자의 검소함을 옳다고 한다면 공자의 사치를 그르다고 해야 할 것이며, 공자의 효행을 옳다고 한다면 묵자의 각박함을 그르다고 해야 할 것이다. 지금 효행과 각박함, 사치와 검소가 모두 유가와 묵가에게 있는데도 군주는 이들을 모두 예우하고 있다. 칠조漆雕의 논의는 [창칼에도] 얼굴빛을 꺾이지 않고, 행동에 굽음이 있으면 노예에게도 몸을 굽히고 행동이 곧으면 제후에게 꺼리는 바가 없다. 그러나 세상의 군주는 그를 청렴하다고 생각하여 예우한다. 송영자(宋榮子, 송견宋銒)의 논의는 남과 다투지 않음을 펼치면서 원수에게 보복하는 것을 취하지 않으며, 감옥에 가는 것을 부끄러워하지 않고 모욕당하여도 치욕으로 생각하지 않는다. 그러나 세상의 군주는 그를 너그럽다고 생각하여 예우한다. 무릇 칠조의 청렴이 옳다면 송영자의 너그러움은 그르다고 해야 할 것이며, 송영자의 너그러움이 옳다면 칠조의 사나움을 그르다고 해야 할 것이다. 오늘날 너그러움과 청렴함, 관용과 사나움이 모두 두 사람에게 있는데도 군주는 이들을 모두 예우하고 있다. 어리석고 속이는 학설과 잡스럽고 모순되는 문사로 논쟁하고 나면서부터 군주가 다 같이 그들의 말을 들어주므로, 천하의 인사들은 말함에 일정한 술術이 없고 행동에도 일정한 규범이 없다.

무릇 얼음과 숯은 같은 그릇에 오래 있지 못하고, 추위와 더위는 때를 함께하여 이르지 못하며, 잡스럽고 모순된 학설은 양립되어서는 [세상이] 다스려지지 못한다. 지금 잡스러운 학설과 그릇된 행동, 같거나 다른 언사를 함께 받아들인다면 어찌 어지러움이 없을 수 있겠는가? [군주가] 들어주고 행동하는 것이 이와 같다면 그가 사람을 다스리는 데서도 또한 반드시 그렇게 해야 할 것이다.

부자에게서 세금을 거두어 가난한 자들에게 주어야 하는가

오늘날 세상의 학문을 하는 자들 중에 다스리는 이치를 말하는 자들은 대부분 말한다.

"가난하고 궁핍한 자들에게 땅을 주어 없는 자산을 채워주어라."

지금 다른 사람과 처지가 서로 같은데, 풍년이 들거나 부수입이라는 이로움이 없는데도 홀로 완전히 자급자족하는 것은 노력한 것이 아니면 검소하기 때문이다. 다른 사람과 처지가 서로 같은데,

굶주림이나 병치레, 재난이나 벌을 받는 재앙도 없으면서 가난하고 궁핍한 것은 사치스럽지 않으면 게으르기 때문이다. 사치스러운데도 게으른 자는 가난하기 마련이며, 노력하는데 검소한 자는 잘살기 마련이다. 만일 군주가 부자에게서 세금을 거두어 가난한 집에 베푼다면, 이는 노력하고 검소한 것을 빼앗아 사치스럽고 게으른 자에게 주는 것이 되어 백성이 힘써 일하고 절약해 쓰기를 구하려고 해도 할 수가 없을 것이다.

밭 가는 자들과 학자들, 군주는 누구 편에 서야 하나

지금 이곳에 어떤 사람이 있는데 위험에 처한 성곽에 들어가지 않고, 병역을 피하면서도 온 천하를 크게 이롭게 할 수 있다고 생각하며 그 자신은 정강이 털 하나라도 바꾸지 않는다. 그러나 세상의 군주는 반드시 그를 좇아 예우하고, 그의 지혜를 귀하게 여기며 그의 행동을 고상하다 여기면서 사물을 하찮게 여기며 생명을 중히 여기는 인사라고 생각한다. 무릇 군주가 좋은 논밭과 큰 저택을 갖추어놓고 벼슬자리와 녹봉을 베풀어주는 것은 [강요된 충성으로] 백성의 목숨과 바꾸고자 하기 때문이다. 지금 군주가 물자를 하찮게 여기고 생명을 중히 여기는 선비들을 귀하게 여기면서, 백성들이 죽음을 무릅쓰고 군주의 일을 위해 목숨 바치는 것을 중시하라고 요구하는 일은 해서는 안 되는 것이다. 서책을 감추어두고 담론을 배우고 무리들을 모으며 문학에 종사하고 논설을 강의하면 세상의 군주는 반드시 그를 좇아 예우하며 말한다.

"어진 선비를 존경하는 것이 선왕의 도이다."

무릇 관리가 세금을 거두는 대상은 밭을 가는 자들이지만, 군주가 봉양하는 대상은 학자들이다. 밭을 가는 자들에게는 세금을 무겁게 하고 학자들에게는 상을 많이 주면서 백성들에게 힘들여 일하고 논의거리를 적게 하라고 요구할 수는 없는 것이다. 절개를 세우고 이름을 날리며 지조를 지켜 [남들로부터] 침해받지 않으며 [자신을] 원망하는 소리가 귓가를 지나간다고 해서 반드시 그것에 따라 칼을 휘둘러 갚으려고 하는데도, 세상의 군주는 반드시 그를 좇아 예우하고 [명예를] 좋아하는 선비라고 생각한다. 무릇 적의 목을 벤 수고로움에 대해서는 상을 내리지 않고 사사롭게 다투는 만용만을 받들어 드러내면서, 백성들에게는 힘껏 싸워 적을 물리치고 사사로운 다툼이 없기를 바라는 것은 가당치 않은 일이다. 나라가 안정되면 유가와 협객을 기르고 환란이 닥치면 병사들을 동원하고자 하니, 기른 바는 쓰이는 곳이 없고 쓰고자 하는 바는 길러지지 않는다. 이것이 어지럽게 되는 이유이다. 하물며 군주가 학자들로부터 의견을 들어 만일 그 말이 옳다면 마땅히 그것을 관리들에게 펼쳐 그 사람을 등용해야 하고, 만일 그 말이 그르다면 마땅히 그를 물리쳐서 그 실마리를 끊어버려야 한다. 그런데 지금은 옳다고 생각하면서도 관청에서 펼치지도 못하고 그르다고 생각하면서도 그 실마리를 끊어버리지 못하고 있다. 옳지만 쓰지는 않고 그르지만 끊어버리지 않는 것이 어지러워지고 망하게 되는 길이다.

용모인가, 능력인가

담대자우澹臺子羽[11]는 군자의 용모를 지니고 있어서, 중니가 거의 기대하고 그를 취하여 더불어 오랫동안 함께 있었으나 행실은 그의 용모와 어울리지 않았다. 재여宰予[12]의 말솜씨가 단아하고 화려하여 중니가 거의 기대하고 취하여 [그와] 더불어 있었으나 지혜가 그의 말솜씨를 채우지 못하였다. 그러므로 공자가 말하였다.

"용모로써 사람을 취하였던가? 자우에게서 실수하였구나. 말로 사람을 취하였던가? 재여에게 실수하였구나."

따라서 중니의 지혜로움으로도 실상을 잘못 보았다는 소리가 있는데, 오늘날의 새로운 변설가들은 재여보다 넘쳐나며 세상의 군주

---

11) 담대澹臺가 복성이고 자는 자우子羽이며, 공자보다 서른아홉 살 어렸다. 자유에 의해 발굴된 인재로서 공자의 마지막 제자 중 한 명이었다. 그는 나중에 초나라에서 세를 확산시켜 3백 명의 제자를 거느렸으며, 공자가 죽은 뒤 매우 유명해졌다.

12) 재여宰予는 뛰어난 능력의 소유자로 공자가 죽고 나서 공자학파를 설립하는 데 적지 않은 공헌을 하였는데 이런 혹평을 받은 것은 분명 지나친 편견에서 나온 듯하다. 심지어 재여가 고대 전설 속의 다섯 제왕인 오제五帝의 덕을 묻자 공자가 "너는 그것을 물을 자격이 없다."라고 했다고 사마천은 《사기》 〈중니제자열전〉에서 기록하고 있다. 물론 사마천은 공자의 이런 비판적 근거로 "재여가 제나라 도성 임치의 대부가 되었는데, 전상田常과 난을 일으켜 그 일족이 모두 죽임을 당하게 되었으므로 공자는 매우 부끄러워하였다."라고 적고 있기는 하여 그 원인이 있을 법도 하다. 물론 그런 이유가 있을 수도 있지만, 재여는 공자의 문하 중에서 뛰어난 인물 중의 한 명이었음이 틀림없는데 공자는 재여를 혹평하였다.

가 귀로 듣는 것은 중니보다 더 홀리고 있다. 그 말을 기쁘게 여겨 듣고 그로 인해 그를 임명한다면 어찌 실수가 없을 수 있겠는가! 이 때문에 위魏나라가 맹묘孟卯의 말솜씨를 보고 맡겼다가 화하華下의 싸움에서 환란[13]을 있게 하였으며, 조趙나라가 마복馬服의 말솜씨를 보고 맡겼다가 장평長平전투에서의 재앙[14]이 있었으니, 이 두 경우는 말솜씨만을 믿어 잘못 맡겼던 실책이다. 무릇 주석을 단련함에 있어 청색과 황색을 보고 살피면 구야區冶일지라도 명검을 판별할 수가 없다. 그러나 물에서 고니와 기러기를 쳐서 죽이고 육지에서 망아지를 요리해본다면 노예라도 검의 둔함과 예리함을 의심 없이 판별할 수 있을 것이다. 이와 입술을 벌리고 생긴 모습을 보면 백락白樂일지라도 능히 말을 알아낼 수 없다. 그러나 수레를 주어 멍에를 메어 나아가게 하고 끝까지 달리는 길을 관찰하게 한다면 노예일지라도 둔한 말과 괜찮은 말을 의심 없이 판별할 수 있을 것이다. 용모와 복장을 보고 말의 문사만을 들으면 중니도 선비를 가릴 수 없을 것이다. 벼슬과 직책으로 그를 시험해보고 그의 공적을 점수 매긴다면 보통 사람일지라도 어리석은지 지혜로운지 의심을 품지 않을 것이다. 따라서 현명한 군주는 벼슬을 임용함에 있어

13) 위나라가 한나라의 화양을 공격하였는데, 진나라가 한나라를 구원하여 위나라 군대를 쳐부수고 13만 명의 수급을 벤 재앙을 말한다. 자세한 내용은《사기》〈위세가魏世家〉에 실려 있다. 맹묘孟卯는 망묘芒卯라고 되어 있는 것도 있는데, 거짓 변론으로 위나라의 재상이 되었다.

14) 전국시대 조나라 장수 조사趙奢의 아들인 조괄趙括이 아버지의 대를 이어 마복군馬服君이 되었는데, 그는 본래 말솜씨가 좋아 어려서 늘 아버지와 군대의 일을 이야기하여 말로 승리를 한 적이 많았다. 그는 기원전 260년에 염파廉頗를 대신하여 장수가 되어 군대를 이끌고 진秦나라와 전쟁을 벌였으나 대패하였고, 진나라는 항복한 병졸 40여만 명을 장평에 매장시키는 일을 감행하였다. 자세한 내용은《사기》〈염파인상여열전廉頗藺相如列傳〉에 실려 있다.

재상은 반드시 주부(州部, 지방 관청을 비유)에서 승진해 올라오고, 용맹스런 장수는 반드시 병졸의 대오에서 선발한다. 무릇 공을 세운 자가 반드시 상을 받게 된다면 작위와 봉록이 두터울수록 더욱 근면하게 되고, 벼슬을 옮기고 등급이 올라간다면 관직이 커질수록 더욱더 다스려진다. 무릇 작위와 봉록이 커지고 관직이 다스려지는 것이 왕 노릇을 하는 길이다.

상과 벌에 기대지 않고 저절로 선량해지는 백성에 기대한다면

편평한 바위로 된 천 리 땅을 가지고 있더라도 부유하다고 일컬을 수 없으며, 사람을 본뜬 모형이 백만이라도 강하다고 일컬을 수가 없다. 바위가 크지 않은 것이 아니고 숫자가 많지 않은 것이 아니지만 부유하거나 강하다고 일컬을 수 없는 이유는 편평한 바위로는 곡식을 생산할 수 없고, 사람을 본뜬 모형으로는 그들로 하여금 적을 막지 못하기 때문이다. 지금 상인이나 장사치와 기술과 재주를 갖춘 인사들이 또한 농사도 짓지 않고 먹고 사니, 이는 땅을 개간하지 않은 것으로 편평한 바위와 매한가지이다.

유가와 협객은 군대에서의 수고로움도 없이 이름을 드러내어 영예롭게 사는데, 이는 백성들을 부리지 못하는 것으로 사람을 본뜬 모형과 같은 부류이다. 무릇 편평한 바위나 사람을 본뜬 모형이 화가 된다는 것을 알면서도 상인이나 장사치, 유가와 협객들이 개간하지 못하는 땅과 같이 되어 부릴 수 없는 백성들이 되는 화근을 알지 못하니, [군주가] 같은 부류라는 것을 알지 못하고 있는 것이다. 따라서 대적하는 나라의 군왕은 비록 우리나라의 도의에 기뻐한다고 할지라도 내가 조공을 바치며 신하가 되지는 못하고, 관내의 제후[15)]는 비록 나의 행동을 그르다고 하더라도 나는 반드시 공물을 가지고 조공을 바치게 할 수 있다. 이 때문에 힘이 많아지면 남이 조공을 들고, 힘이 부족해지면 남에게 조공을 들게 된다. 따라서 현명한 군주는 힘을 기르는 데 힘써야 한다. 무릇 엄격한 집안에는 포악한 노복이 없으며, 인자한 어머니에게는 그르친 자식이 없다. 그러므로 나는 이런 것으로 위세가 난폭한 것을 금지할 수 있으나, 덕의 후덕함으로는 혼란을 멈추게 하기에는 부족하다는 것을 안다. 무릇 성인은 나라를 다스리는 데에 남이 나를 위해 선한 일을 하는 것을 의지하지 않고 그들이 그릇된 것을 할 수 없는 방법을 쓴다. 남이 내가 선한 일을 하기를 믿는다면 나라 안에는 열 명도 헤아릴 수 없으며, 사람들이 그릇된 일을 할 수 없는 법을 사용하면 온 나라를 가지런하게 부릴 수 있다. 다스리는 자는 많은 사람의 방법을 쓰면서 적은 사람의 방법을 버리므로 덕화에 힘쓰지 않고, 법치에 힘쓰게 된다.

무릇 반드시 저절로 곧아지는 화살에 기대한다면 백 세대가 지나도 화살을 만들지 못할 것이며, 저절로 둥글게 되는 나무를 기댄

15) 봉호를 받고 봉토를 받지 않아 기내畿內에 살고 있는 신하를 말한다.

다면 천 세대가 지나도 수레바퀴를 만들지 못할 것이다. 저절로 곧아지는 화살이나 저절로 둥글어지는 나무란 백 세대에 하나도 있을 수가 없다. 그런데도 세상 사람들이 모두 수레를 타고 짐승을 쏠 수 있는 것은 무엇 때문인가? 굽은 나무를 바로잡는 원칙을 쓰기 때문이다. 굽은 나무를 바로잡는 원칙에 의지하지 않고 저절로 곧아지는 화살과 저절로 둥글어지는 나무가 있다 하더라도 뛰어난 장인이 그런 것들을 귀하게 여기지 않는 것은 무엇 때문인가? 타는 자는 한 사람이 아니고 쏘는 화살은 한 개가 아니기 때문이다. 상과 벌에 기대지 않고 저절로 선해지는 백성을 믿는 것을 현명한 군주가 귀하게 여기지 않는 것은 무엇 때문인가? 나라의 법은 잃을 수 없고 다스리는 것은 한 사람이 아니기 때문이다. 그러므로 술을 갖춘 군주는 생각하지 못한 선에 따르지 않고 필연적인 도를 행한다.

모장毛嬙과 서시西施의 아름다움도 내 얼굴에는 보탬이 되지 않는다

지금 어떤 사람이 다른 사람에게 말하기를 "그대로 하여금 반드시 지혜롭고 장수하도록 하겠다."라고 한다면 세상에서는 반드시 미치광이라고 생각할 것이다. 무릇 지혜란 본성이며 장수란 천명이다. 본성과 천명은 남에게 배울 수 있는 바가 아니다. 그러나 사람이 할 수 없는 것을 가지고 다른 사람에게 유세를 하니, 이는 세상에서 그를 일컬어 미치광이라고 하는 까닭이다. 그럴 수 없는 것을 일컬어 말하니 이는 아첨이다. 무릇 아첨은 타고난 성품이 아니다.[16] 인의를 가지고 사람을 교화하는 것은 지혜와 장수로써 사람에게 유세하는 것이므로 법도가 있는 군주라면 수용하지 않는다. 그러므로 모장毛嬙이나 서시西施와 같은 아름다움을 좋게 여기더라도 내 얼굴에는 도움이 안 되므로, 연지와 지택(脂澤, 입술과 머릿결을 윤기 나게 하는 화장용품)과 분대(粉黛, 흰 분과 눈썹 그리는 검푸른 물감)를 사용하면 처음보다 두 배는 예뻐질 것이다. 선왕의 인의를 말하는 것은 다스리는 데에 도움이 되지 않으니, 나의 법도를 밝히고 반드시 내가 상주고 벌하는 것이 또한 나라의 지택이요, 분대와 같은 것이다. 그러므로 현명한 군주는 그 공을 세우는 데에 급하게 하고, 그 칭송하는 데에 느슨하게 하므로 인의를 말하지 않는 것이다. 지금 무당이 사람들을 기도하여 말하기를 "그대로 하여금 천년만년을 [살게 하겠다]."라고 한다. 천년만년의 소리가 귀를 따갑게 하지만 하루의 수명도 사람에게 효험을 줄 수 없으니 이것이야말로 사람들이 무당을 소홀히 하는 까닭이다. 지금 세상의 유가들은 군주에게 유세하면서 요즘의 다스리는 방법을 말하지 않고 이미 다스려진 공적만을 말하며, 관청이나 법치에 관한 일을 살피지 않고 간악하고 사악한 실정을 살피지 않으며, 모두 아주 옛날부터 전해 내려온 것을 말하고 선왕이 이룬 공적만을 말한다. 유가들은 말을 꾸며대며 말하

16) 원문의 '性(성)' 자 앞에 '비非' 자가 누락된 것으로 보고 해석한 것이다.

기를 "내 말을 들으면 가히 패왕 노릇을 할 수 있다."라고 하는데, 이렇게 유세하는 자들은 무당이니 법도를 갖춘 군주라면 수용하지 않는다. 그러므로 현명한 군주는 실질적인 일을 거론하고 쓸모없는 것을 버리며 인의를 말하지 않고 학자들의 말을 듣지 않는다.

백성의 마음에 맞추기를 기대하지 말라

지금 다스림의 이치를 알지 못하는 자들은 반드시 "백성의 마음을 얻으라."고 말한다. 백성의 마음을 얻어 정치를 다스림으로 삼을 수 있다면 이윤伊尹이나 관중管仲도 등용되는 바가 없을 것이며, 장차 백성들에게서 들으면 될 뿐이다. 백성의 지혜가 쓸모가 없는 것은 마치 어린아이의 마음과 같은 것이다. 무릇 어린아이는 머리를 깎지 않으면 [열로 인해] 배가 아프고, 종기를 터뜨리지 않으면 점점 더 심해진다. 머리를 깎고 종기를 터뜨리려면 반드시 한 사람이 그를 안고 자애로운 엄마가 그것을 치료해야 하는데도 오히려 [아이는] 울음을 그치지 않으니 어린아이는 그 작은 고통을 겪음으로써 더 큰 이익에 이르는 바를 알지 못하기 때문이다. 지금 군주가 밭을 갈고 김매기하는 것을 다그쳐 백성의 생산을 두텁게 한다고 하더라도 [백성들은] 군주를 가혹하다고 생각할 것이다. 형벌을 정비하고 벌을 무겁게 하는 것은 사악함을 금하기 위한 것이지만, [백성들은]

군주를 엄하다고 생각할 것이다. 세금을 매기고 금전과 곡식을 거두어 창고를 채우는 것은 또한 기근을 구제하고 전쟁에 대비하려는 것이지만, [백성들은] 군주를 탐욕스럽다고 생각할 것이다. 나라 안에서 반드시 갑옷을 입고 사사로이 [부역을] 기피하지 않고 역량을 모아서 분투하게 하는 것은 적을 포로로 잡기 위한 것이지만, [백성들은] 군주를 포악스럽다고 생각할 것이다. 이 네 가지는 안정되게 다스리기 위한 것이지만 백성들은 기뻐하는 것을 알지 못한다.

무릇 성스럽고 명찰하며 통달한 선비를 찾는 것은 백성의 지혜가 본보기로 사용되기에 부족하기 때문이다. 옛날에 우임금이 강물을 트고 강바닥을 파내 홍수를 다스렸으나, 백성들은 기왓장이나 돌을 모아 임금에게 던졌다. [정나라] 자산子産이 밭두렁을 개간하고 뽕나무를 심었으나 정鄭나라 사람들은 [그를] 비방하고 헐뜯었다. 우임금이 천하를 이롭게 하고 자산이 정나라를 보존했으나 모두 비방을 받았으니, 무릇 백성의 지혜란 쓰이기에 부족한 것이 또한 명백해진 것이다. 따라서 인사를 등용하면서 어진 자와 지혜로운 자를 구하여 정치를 하면서 백성에게 맞출 것을 기대하는 것은 모두 혼란의 발단이 되니, [이 두 가지를] 함께해서 다스림으로 삼을 수는 없다.

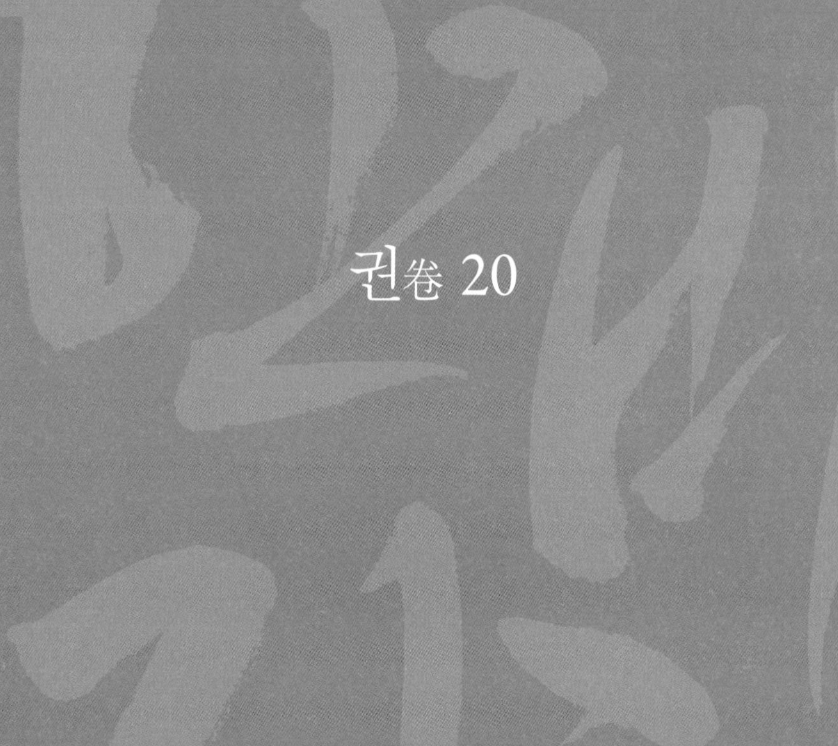

권卷 20

제51편

충효(忠孝:충성과 효도)

【해제】

'충효忠孝'란 본래 유가에서 중시하는 덕목이다. 그러나 한비자는 〈충효〉 편에서 법가의 관점에서 유가를 비판하며 유가의 기본 사상과 전혀 다른 입장을 취하고 있다. 곧 이 편의 취지는 국가를 다스릴 때 법도를 숭상해야지 어진 사람을 존중해서는 안 된다는 것이다. 유가에서 말하는 요임금·순임금·우임금·탕왕은 현인이지만 이들은 충성스럽지도 않았고 효성스럽지도 않았으며, 도리어 군신의 의를 배반하고 후세의 가르침을 어지럽혔다고 말하고 있다.

〈충효〉 편은 내용상 크게 네 단락으로 구분된다. 첫 번째 단락에서는 법을 없애고 어진 사람을 숭상하면 나라는 어지러워지고, 법을 버리고 지혜에 맡기면 위태롭게 된다는 것을 설명하고 있다. 두 번째 단락에서는 유가에서 말하는 네 명의 성왕들이 오히려 천하를 혼란에 빠뜨렸다는 것이다. 세 번째 단락에서는 형벌과 상을 통해 나라를 다스리고 백성을 활용해야 된다는 것을 설명하고 있으며, 마지막 단락에서는 패왕이란 합종合從과 연횡連衡의 술수에 힘쓰지 말고 내치를 분명히 하고 나라 밖을 잘 제어해야 된다는 것을 말하고 있다.

〈충효〉 편은 후학들에 의해 쓰여진 편이라는 점을 지적하지 않을 수 없으며, 뒤이어 나오는 4편의 글도 한비자의 작품이 아니라는 점은 논란의 여지가 없다.

천하에서는 모두 효성과 우애, 충성과 순종의 도를 옳다고 생각하지만, 효성과 우애와 충성과 순종의 도를 살피면서도 그것을 행하는 것은 아무도 모르고 있어, 이 때문에 천하는 혼란스러워진다. 모두 요임금과 순임금의 도를 옳다고 생각하여 그들을 본받지만, 이 때문에 군주를 시해하게 되고 아버지를 왜곡되게 한다. 요임금·순임금·우임금·탕왕은 더러 군주와 신하의 의리를 어긋나게 하고 후세의 가르침을 어지럽게 만든 자들이다. 요임금은 군주가 되어 그의 신하를 군주로 대했고, 순임금은 남의 신하가 되어 그의 군주를 신하로 대했으며, 탕왕과 무왕은 남의 신하가 되어 그의 군주를 시해하고 그 시신에 벌을 가하였다. 그러나 천하에서는 그들을 명예롭게 여기니, 이는 천하가 지금까지도 다스려지지 않는 까닭이다.

무릇 이른바 현명한 군주란 그의 신하를 기를 수 있는 자이니, 이른바 현명한 신하란 법을 명확히 밝히고 관직을 다스려 그 군주를 받들 수 있는 자이다. 지금 요임금은 스스로 명찰하다고 생각하면서도 순임금을 기를 수 없었고, 순임금은 스스로 현명하다고 생각하면서도 요임금을 받들지 못했으며, 탕왕과 무왕은 스스로 의롭다고 생각하면서도 그들의 군장(君長, 군주)을 시해하였다. 이러한 점들은 현명한 군주인데도 항상 [남에게 자리를] 물려주어야 하고, 현명한 신하이면서도 또한 늘 [자리를] 탈취하려고 하는 것이었다. 그러므로 지금에 이르러 다른 사람의 아들 된 자가 그 아버지의 집을 빼앗는 일이 있고, 남의 신하 된 자가 그 군주의 나라를 빼앗는 일이 있다. 아버지이면서도 아들에게 양보하고 군주이면서도 신하에게 양보하는 것, 이는 자리를 안정시키고 가르침을 한 가지로 하는 이치가 아니다. 내가 들은 바로는 다음과 같다.

"신하는 군주를 섬기고 아들은 아버지를 섬기며 아내는 지아비를 섬기니, [이] 세 가지가 순탄하면 천하는 다스려지고 [이] 세 가지를 거스르게 되면 천하는 어지럽게 된다."

이 말은 천하의 영원한 도로써 명찰한 왕과 현명한 신하라도 바꿀 수 없는 것이니, 비록 군주가 못나더라도 신하는 감히 [군주를] 침탈하지 못한다. 지금 무릇 현명한 자를 높이 여기고 지혜로운 자를 임명하며 영원한 도를 없게 하는 것이 [오히려] 도를 거스르는 일이지만, 천하 사람들은 늘 다스려진다고 생각한다. 이런 까닭으로 전씨田氏는 제齊나라에서 여씨(呂氏, 여상呂尙)의 자리를 빼앗았고, 대씨戴氏는 송宋나라에서 자씨子氏[1]의 자리를 빼앗았다. 이들은 모두 현명하고 지혜로운데 어찌 어리석고 못나다고 하겠는가? 이는 영원한 도를 없애고 현명한 자를 높이 여기면 혼란스럽게 되고, 법을 버리고 지혜로운 자를 임명하면 위태롭게 된다는 말이다. 그러므로 말한다.

"법을 위에 두어야지, 현명한 사람을 위에 두어서는 안 된다."

1) 송나라의 태제 대환戴驩이 황희皇喜와 실권을 다투었는데, 자子씨는 송나라의 성이다.

기록된 문헌에서 말한다.

"순임금이 고수瞽瞍를 만나보니 그 얼굴에 근심이 서려 있었다. 공자가 말하기를 '이때가 되어 위태롭구나, 천하가 불안한 것이여! 도를 터득한 자는 아버지라도 진실로 아들에게 대할 수 없고, 군주도 정녕 신하로 대할 수 없구나.'라고 하였다."

나는 [이 말에 대해] "공자는 본래 효성과 우애와 충성과 순종의 도를 알지 못한다."고 말한다. 그렇다면 도를 터득한 사람은 나아가서는 군주와 신하 관계를 맺지 못하고, 물러나서도 아버지와 아들의 관계를 맺지 못한다는 말인가? 아버지가 현명한 자식을 갖기를 바라는 까닭은 집안이 가난하면 그 집안을 부유하게 만들고, 아버지가 괴로워하면 그를 즐겁게 해주기 때문이다. 군주가 현명한 신하를 갖기를 바라는 까닭은 나라가 혼란스러워지면 그 나라를 다스리고, 군주가 낮아지면 그를 높여주기 때문이다. 지금 현명한 자식이 있어도 아버지를 위할 수 없으니 아버지가 집안에 산다 하더라도 괴로울 것이며, 현명한 신하가 있어도 군주를 위하지 못하니 군주가 자리에 있으면서도 위태로워질 것이다. 그렇다면 아버지에게는 현명한 자식이 있고 군주에게는 현명한 신하가 있어도 족히 해를 끼칠 뿐이니 어찌 이득을 얻을 수 있겠는가! 어찌[2] 이른바 충성스러운 신하가 그 군주를 위태롭게 하지 않으며, 효성스러운 자식

2) 원문의 '焉(어찌 언)'을 번역한 것이다. 판본에 따라 이 글자가 없는 것도 있는데, 이렇게 되면 서술문으로 해석해야 한다.

이 그의 아버지를 비방하지 않을 수 있겠는가? 지금 순임금은 어질면서도 군주의 나라를 취하였고, 탕湯왕[3]과 우임금은 의로우면서도 그 군주를 시해하였으니, 이는 모두 어질면서도 주군을 위태롭게 한 자들이지만 천하 사람들은 그들을 어질다고 여긴다.

지난날 열사烈士는 나아가서는 군주에게 신하 노릇을 하지 않았고, 물러나서는 집안을 위하지 않았으니, 이는 나아가서는 자신의 군주를 비난하고 물러나서는 자신의 어버이를 비난하는 것이다. 무릇 나아가서 군주의 신하 노릇을 하지 않고 물러나서 집안을 위하지 않는다는 것은 세상을 어지럽히고 후사를 끊는 이치이다. 이 때문에 요임금·순임금·우임금·탕왕을 어질게 여기고 열사를 옳다고 여긴다는 것은 천하를 어지럽히는 술術이 된다. 고수는 순의 아버지임에도 순은 그를 쫓아냈고, 상象은 순의 동생이었으나 순은 그를 죽였던 것이다. 아버지를 쫓아내고 동생을 죽이는 것을 인仁하다고 일컬을 수 없으며, [요]임금의 두 딸을 아내로 삼고[4] 천하를 취한 것을 의義라고 일컬을 수 없다. 인과 의를 가지고 있지 않으니 명철하다고 할 수도 없다. 《시경》에서 이르기를 "넓은 하늘 아래 왕의 땅이 아님이 없고, 땅의 끝까지 왕의 신하가 아님이 없다."라고 하였으니 정녕 《시경》의 말과 같다면 이는 순임금이 밖으로 나아가서는 그 군주를 신하 노릇을 하게 하고 집에 들어와서는 그 부모를

3) 은殷왕조의 창시자로, 성탕成湯·천을天乙·성당成唐 등으로도 불린다.

4) 물론 요임금이 자신의 두 딸을 준 것인데, 그냥 준 것은 아니다. 요임금은 미심쩍은 마음이 들어 두 딸을 시집보내 그를 시험했고 결국 마음에 들어 천하를 넘겨주었다. 순임금은 자신의 능력을 입증하는 데 성공함으로써 훨씬 더 쉽게 민심을 얻을 수 있게 되었다. 사마천도 "옛날에 순임금이 서민이었을 때 요堯임금이 두 딸을 그에게 아내로 주어 규예嬀汭에서 살도록 하였다."(《사기》〈진기세가陳杞世家〉)라고 기록하였다.

신하로 삼으며 그 어머니를 첩으로 삼고 그 군주의 딸을 아내로 삼은 것이다. 그러므로 열사가 안으로는 집안을 위하지 않고 세상을 어지럽히고 후사를 끊으며, 밖으로는 군주에게 거슬러서 뼈가 썩고 살이 문드러지게 만들며 땅바닥에 내팽개치거나 산골짜기에 흘려보낼지라도 물을 건너고 불을 피하지 않고 천하 사람으로 하여금 그를 따라 본받게 한다. 이는 천하 사람들이 모두 죽어서 요절하기를 바라는 것으로, 이러한 것들은 모두 세상을 팽개치고 다스리지 않는 자이다.

세상에서 열사라고 일컫는 자들은 백성들 무리에서 벗어나 홀로 돌아다니며, 다른 사람과는 다른 것을 취하고 무욕無慾과 염담恬淡한 것을 학문으로 삼으며 황홀한 말을 이치로 삼는다. 내가 생각하기에 염담한 것이란 쓰임이 없는 데서 나온 가르침이며, 황홀함이란 법도가 없는 데서 나온 가르침이다.

말이란 법도가 없는 데서 나오며, 가르침이란 쓸모가 없는 데서 나오는데도 천하 사람들은 그것을 명철[察察]이라고 한다. 내가 생각하기에 사람이 살아간다고 하는 것은 반드시 군주를 섬기고 어버이를 봉양하는 것이다. 군주를 섬기고 어버이를 봉양하는 것은 무욕의 경지에서 할 수 있는 것이 아니다. 사람이 살아가면서 언설과 충성과 믿음, 법과 술로써 해야 되나 언설과 충성과 믿음, 법과 술은 황홀한 것이라고 할 수 있는 것이 아니다. 황홀한 말과 무욕의 경지의 학문은 천하를 미혹시키는 술이다. 효자는 부모를 섬기면서 다투어 부모의 집을 빼앗지 않고, 충신은 군주를 섬기면서 다투어 군주의 나라를 빼앗지 않는다.

무릇 사람의 자식 된 자로 늘 다른 사람의 부모를 칭찬하여 말하기를 "어떤 자식의 부모는 밤늦게 자서 아침 일찍 일어나고 힘써 일하며 재산을 불려 자손과 신첩들을 봉양한다."고 하면 이는 그 어버이를 비난하는 자이다. 사람의 신하가 된 자로 늘 선왕의 덕이 후하다고 기려서 그것을 우러러본다면 이는 그 군주를 비난하는 자이다. 그 어버이를 비난하는 자를 불효라고 일컫는 것을 알면서도 그 군주를 비난하는 자를 천하 사람들은 어질게 여기고 있으니, 이는 어지러워지는 원인이 된다. 따라서 사람의 신하가 된 자로서 요임금과 순임금을 어질다고 칭찬하지 말고 탕왕과 무왕이 정벌한 것을 기려서도 안 되며, 열사들을 고고하다고 말하지 않으며, 힘을 다하여 법을 지키고 온 마음으로 군주를 섬기는 자가 충신이 되는 것이다.

백성을 부리지 못하고 돈을 잃게 되는 이유

옛날의 백성들은 순수하면서도 어리석었으므로 [인과 의 같은] 헛된 명분으로 취할 수 있었다. 오늘날의 백성들은 교활하며 눈치껏 지혜를 부리고 스스로 멋대로 하려고 하면서도 윗사람의 말을 들으려고 하지 않는다. 윗사람은 한편으로는 그들에게 반드시 상을 주어 행하도록 하고서 나아가게 하며, 또한 그들에게 벌을 주어 두렵게 한 뒤에야 감히 물러나지 않는다. 그러나 세상에서 모두 말하기를 "허유許由는 천하를 양보하였으니 상을 주어 권하기에 부족하고, 도척盜跖은 죄를 범하면서 환난에 뛰어들었으니 벌을 내려 금지하기에 부족하다."고 하였다. 내가 말한다면 천하를 소유하지 않았으면서 천하에서 할 것이 아무것도 없도록 한 자는 바로 허유이다. 그러나 이미 천하를 가졌으면서 천하를 지배할 것이 아무것도 없다고 여긴 자는 바로 요·순이다. 염치를 허물어뜨리고 재물을 구하며, 죄를 짓고 이익에 치달으며 자신의 죽음마저 잊은 자는 바로 도척이다. 이 두 가지[5]는 위태로운 사정이다. 나라를 다스리고 백성을 부리는 이치란 이 두 가지를 표준으로 삼지 않는다. 다스림이라는 것은 상도常道를 다스리는 것이고, 도라는 것은 상도를 인도하는 것이다. 사정을 위태롭게 하고 말을 교묘하게 하면 다스림을 해치게 된다. 천하에서 가장 뛰어난 인사는 상으로써 권할 수 없으며, 천하에서 가장 낮은 인사는 형벌로써도 금할 수 없다. 그렇다고 해서 가장 뛰어난 인사를 위하여 상을 둘 수도 없고, 가장 낮은 인사를 위하여 형벌을 두지 않는다면 나라를 다스리고 백성을 부리는 도를 잃게 될 것이다.

5) 상을 주어 권하지도 못하고, 벌을 내려 금하지도 못하는 두 가지를 말한다.

합종과 연횡으로는 패자도 못 되고 왕자도 못 된다

그러므로 세상 사람들은 대부분 나라의 법도(상벌)를 말하지 않고 합종合從과 연횡連衡을 말한다. 합종가들이 모두 말하기를 "합종이 성공하면 반드시 패왕 노릇을 하게 된다."고 하며, 연횡을 말하는 자들은 "연횡하면 반드시 왕 노릇을 하게 된다."고 한다. 산동(山東, 동방 육국을 비유함)에서 합종과 연횡을 말하는 자들은 일찍이 하루라도 그친 적이 없었지만 공적과 명성을 이루지도 못했고 패자나 왕자로 존립할 수 없었으니, 허황된 말로는 정치를 이룩할 수 있는 까닭이 아니었기 때문이다. 왕 노릇을 한다는 것은 홀로 실행하는 것이다. 이 때문에 삼대(三代, 夏·殷·周)의 왕은 흩어지거나 규합되는 것을 기다리지 않았고, 오패五霸는 합종과 연횡을 기다리지 않았어도 명찰하게 나라 안을 다스려 나라 밖을 잘 제어할 뿐이었다.

제52편

인주(人主: 군주된 자)

【해제】

'인주人主'란 군주된 자가 신하를 대하는 마음가짐을 뜻한다. 권세를 부리는 신하나 가까이 있는 신하를 가능하면 배제하고 법法과 술術에 능한 사람을 등용해야 자신의 신변과 나라의 안전을 지킬 수 있다는 취지가 담겨 있다.

〈인주〉 편은 군주 된 자의 중요한 길을 내용상 크게 두 단락으로 구분하여 설명하고 있다. 첫 번째 단락에서는 군주가 권세를 상실하고 권력이 신하의 손아귀에 들어가면 군주도 죽고 나라도 멸망함을 말하고 있다. 두 번째 단락에서는 권력을 장악하고 있는 대신들과 법술지사가 서로를 받아들이지 못하는 이유를 거론하면서 군주가 대신들이나 측근들에 의해 가려져 법술지사를 중용할 수 없게 되면 결국 국가에는 화근과 난이 생기게 됨을 설명하고 있다.

한비자는 군주가 강한 위세와 냉정한 판단력을 가지고 있어야 주위에 어질고 지혜로운 인사가 몰려든다는 점을 강조하고 있다.

한편 〈애신〉·〈이병〉 편이나 〈고분〉·〈오두〉·〈화씨〉·〈비내〉 편 등의 문장과 중복되는 듯한 내용도 들어 있어 원래 있던 편명은 사라지고 후학들이 각 편에서 문장을 따와 구성했을 가능성도 배제할 수 없다.

사람의 군주 된 자가 스스로를 위험하게 하고 나라를 멸망하게 만드는 것은 대신들이 지나치게 귀해지고 측근들이 지나치게 위세를 부리기 때문이다. 이른바 귀하다는 것은 법을 없는 듯이 하고 제멋대로 행동하며 나라의 칼자루를 쥐고 사적인 이득을 취하는 것이다. 이른바 위세라는 것은 권세를 멋대로 부리며 형량을 가볍게 여기는 것이니, 이 두 가지는 살펴보지 않을 수 없다.

무릇 말이 무거운 짐을 지고 수레를 끌어 먼 곳에 이를 수 있는 까닭은 근력 때문이다. 만 대의 수레를 내는 나라의 군주나 천 대의 수레를 내는 나라의 군주가 천하를 제어하고 제후들을 정벌할 수 있는 이유는 그들에게 위세가 있기 때문이다. 위세란 군주에게 근육의 힘과 같다. 만일 대신들이 위세를 얻고 측근들이 위세를 멋대로 부린다면 이는 군주로서의 힘을 잃은 것이니, 군주가 힘을 잃었으면서 나라를 소유하고 있는 자는 한 사람도 없다. 호랑이와 표범이 사람을 이기고 모든 짐승을 잡을 수 있는 것은 발톱과 어금니 때문이다. 만일 호랑이나 표범이 그 발톱과 어금니를 잃게 만들면 사람도 반드시 그것들을 제지할 수 있을 것이다. 지금 위세가 무겁다는 것은 군주에게 발톱과 어금니가 있다는 것으로, 백성의 군주가 되어 그 발톱과 어금니를 잃는다면 [이것들을 잃은] 호랑이나 표범과 같은 부류가 될 것이다. [송宋나라] 군주가 그 발톱과 어금니를 자한子罕에게 잃고, 간공簡公이 그 발톱과 어금니를 전상田常에게 잃고서 그것을 일찌감치 빼앗지 못하였기 때문에 자신은 죽고 나라도 망한 것이다. 지금 법술을 터득하지 못한 군주는 모두 송나라 군주나 간공이 당한 화를 확실히 알고 있으면서도 그 허물을 깨닫지 못하고 있으니, 그 일의 사정이 같다는 것을 제대로 살펴보지 못하는 것이다.

법술을 익힌 인사가 위태롭게 되는 이유

법술을 터득한 인사와 권력의 길을 장악하고 있는 신하들은 서로를 받아들이지 않는다. 무엇으로 그것을 증명하는가? 군주에게 술을 터득한 인사가 있으면 대신들이 멋대로 제어하거나 재단할 수가 없게 되고, 좌우에 있는 자들도 권력을 팔아치우지 못한다. 대신과 측근들의 권세가 사라지면 군주의 도는 [세상에] 밝혀지게 된다. 그런데 지금은 그렇지 않으니 권력의 길을 장악하고 있는 신하들이 권세를 얻어 일을 멋대로 처리해서 그들의 사사로움을 꾀하고, 곁에서 가까이 모시는 자들은 패거리를 이루어 한패가 되어 성글고 멀어진 자들을 제압하고 있다. 그러므로 법술을 익힌 인사가 어느 때 나아가 쓰일 수 있으며, 군주가 어느 때 스스로 판단할 수 있겠는가? 따라서 술을 터득한다고 해도 반드시 등용되는 것이 아니며, 더구나 중신들과 법술지사의 권세가 둘 다 존립되지 못한다면, 법술지사가 어찌 위험하지 않을 수 있겠는가? 따라서 남의 군주 된 자는 대신들의 논의거리를 물리치고 측근들이 칭송하는 말을 거스르며, 홀로 법술의 도를 주장하는 말에 맞추지 않고서야 어찌 법술을 익힌 인사가 죽을 위험을 무릅쓰고 나아가 유세를 할 수 있겠는가? 이것이 세상이 다스려지지 않는 까닭이다.

현명하고 지혜로운 인사가 간언하지 않는 이유

현명한 군주는 공적에 따라 작위와 녹봉을 주고 능력을 거론하여 일을 맡기므로, 발탁되는 자는 반드시 어질고 등용되는 자는 반드시 능력이 있다. 어질고 능력 있는 인사가 승진하게 되면 사사로운 권문權門의 청탁도 멈추게 될 것이다. 무릇 공을 세운 자가 녹봉을 무겁게 받고 능력 있는 자가 높은 벼슬에 오르게 된다면, 사사로운 칼을 가진 협객이 어찌 사사로운 용맹을 버리고 적을 빨리 막아낼 수 있겠으며, 벼슬을 찾아 떠도는 선비가 어찌 사사로운 권문을 꺾고 청렴하고 고결하게 하는 데에 힘쓸 수 있겠는가? 이것이 어질고 유능한 인사들을 모아서 사사로운 권문의 무리를 흩어지게 하는 방법이다.

지금은 가까이 모시는 자들이 반드시 지혜롭지는 않다. 군주가 사람을 대할 때 어떤 경우는 아는 바가 있어 그것을 들어보고는 [안에] 들어가서 가까이 있는 자들과 그들의 말을 논하여 가까운 자들의 말을 듣고 그들의 지혜를 계산하지 않으니, 이는 어리석은 자들과 지혜를 논하는 것이다. 그 요로에 있는 자들이 반드시 어진 것은 아닌데 군주 된 자가 사람들에게 어떤 때는 현명한 자가 있어 그들을 예우하지만 들어가서는 권력을 잡은 사람과 그들의 행실을 논하여 그들의 말을 듣고 현명한 사람을 등용하지 않으니, 이는 못난 자들과 어진 사람을 논평하게 되는 것이다.

그러므로 지혜로운 자는 어리석은 사람에게 헌책獻策을 결재 받고, 어진 인사는 못난 사람에게 행동을 평가받게 되니, 그렇다면 어질고 지혜로운 인사가 언제 등용될 수 있겠는가? [그리고] 군주의 현명함은 막혀버리는 것이다.

옛날에 관용봉關龍逢은 걸桀을 설득하였기 때문에 팔다리가 손상되었고 왕자 비간比干은 주紂에게 간언하였다가 그의 심장이 도려내졌으며 오자서吳子胥는 부차夫差에게 충성스럽고 강직하였다가 촉루屬鏤라는 검으로 죽임을 당하였다. 이 세 사람은 남의 신하가 되어 충성을 다하지 않은 것이 아니며, 진언한 것이 타당성 없는 것도 아니건만, 죽는 우환에서 벗어나지 못한 것은 군주가 어질고 지혜로운 사람들의 말을 제대로 살피지 못하고, 어리석고 못난 사람들에게 가려진 우환 때문이다.

지금 군주가 법술을 터득한 선비를 등용하려 하지 않고 어리석고 못난 신하의 말을 들으려고 한다면, 어질고 지혜로운 인사 중에서 누가 감히 세 사람의 위험을 감당하면서 그 지혜와 능력을 진언하겠는가? 이것이 세상이 혼란스러워지는 까닭이다.

제53편

칙령(飭令:엄격한 명령)

【해제】

'칙령飭令'이란 엄격한 명령이라는 뜻으로, 법치를 기반으로 하여 명령을 굳게 해나가는 것이 중요하다는 의미이다.

〈칙령〉 편은 상앙商鞅의 법사상을 뽑아내어 체계적으로 서술하고 있는데, 내용상 모두 네 단락으로 구분된다. 첫 번째 단락에서는 칙령과 법의 평준화, 법의 시행은 추단에서 나오는 것이 아니며, 함부로 옮길 수도 없다는 것을 설명하고 있다. 두 번째 단락에서는 형벌로 다스리고 상으로 전쟁을 하면 국력을 키우고 대적할 상대가 없어진다는 것을 설명하고 있다. 세 번째 단락에서는 국력을 숭상하며 공을 논하여 관작을 수여해야 백성이 원망하지 않게 됨을 말하고 있다. 네 번째 단락에서는 형벌을 중히 여기고 상을 적게 해야만 백성이 군주를 위해 기꺼이 죽음도 무릅쓴다는 것을 설명하고 있다.

한비자가 상앙의 법사상을 중시한 점으로 미루어 《상군서商君書》〈근령靳令〉 편과 거의 흡사하다. 《상군서》는 상앙의 문객과 후학들이 그의 말을 편집하여 만든 발췌초록이라 할 수 있으며, 상앙의 견해를 수용한 한비자 사상의 논점이 전체적으로 잘 드러나 있다. 그러나 이 편도 위작 시비에서 자유롭지는 않다.

전쟁을 그만두고 출정하지 않아야 부유해진다

명령을 엄격하게 하면 법이 바뀌지 않으며, 법이 공평하면 관리들의 간사함은 없어지게 된다. 법이 확정되고 나면 그럴듯한 말로 법을 해칠 수 없다. 공적에 따라 맡기면 백성은 선한 말로 법을 해치지 못한다. 공적에 따라 맡기면 백성들은 말을 적게 하고, 선한 말을 하는 사람을 임명하면 백성들은 말이 많아지게 될 것이다. 법을 행하는 것은 결단력 있게 해야 하니, 5리 범위에서 빠르게 단죄하는 자가 왕 노릇을 하게 되고, 9리 범위에서 처리하는 자는 강자가 되지만 처리하는 것을 묵혀두는[1] 자는 영토가 깎인다.

형벌로 다스리고 포상으로 싸우게 하고 봉록을 두텁게 함으로써 술을 쓰면, 국가에는 간악한 백성이 없어지고 저잣거리에는 간악한 거래가 없어진다. 물건이 많아지고 말단 상공업이 많아지면, 농민들은 느슨해지고 간악함이 많아지며 나라는 토지가 반드시 깎이게 된다. 백성에게 남아도는 음식이 있어 그 곡식을 내게 하고 작위를 그 능력에 따라 준다면 농민들은 게으르지 않을 것이다. 세 치에 지나지 않는 대롱도 밑바닥이 없으면 채울 수가 없으니, 관직과 작위를 주고 이익과 봉록 내는 것을 공적으로 하지 않으면 이는 바닥이 없는 것과 마찬가지이다. 나라가 공적에 따라 벼슬과 작위를 주게 되면, 이러한 것들을 일컬어 지혜와 권모술수를 내고 용기를 내어 싸우는 것으로 그 나라는 적대할 수 없다고 한다. 나라가 공에 따라

1) 원문의 '宿治(숙치)'를 번역한 것으로, 일을 처리하고 다스릴 때 결재하는 절차 등을 묵히고 질질 끄는 것을 말한다.

벼슬과 작위를 주면 다스리는 자는 [수고로움이] 줄어들 것이며 말하는 자는 막힐 것이니, 이것을 일컬어 정치로써 정치를 없애고 말로써 말을 없애는 것이라고 한다. 공적에 따라 관직과 작위를 줌으로써 나라는 국력이 커지게 되어 천하는 아무도 그 나라를 침략할 수 없다. 군대가 출정하면 반드시 빼앗고, 빼앗으면 반드시 그것을 차지할 수 있는데 전쟁을 그만두고 출정하지 않으면 반드시 [나라는] 부유해진다.

형벌을 무겁게 할 것인가, 상을 적게 줄 것인가

조정에서의 정무란 작은 일이라도 허물어뜨리지 않으니 공을 세워 관직과 작위를 얻으면 비록 말을 교묘하게 하더라도 그것으로 서로 침범할 수 없으니, 이것을 일컬어 법술로써 다스린다고 하는 것이다. 힘으로 공격하는 자는 한 개를 내어 열 개를 얻으나, 담론으로 공격하는 자는 열 개를 내어도 백 개를 잃게 된다. 나라가 무력을 좋아하면 이것을 일컬어 공격하기가 어렵다고 한다. 나라가 언론만 좋아하면 이것을 일컬어 공격하기가 쉽다고 한다. 능력에 적당하고 그 관직을 견딜 만하며 맡은 일이 가볍더라도 남은 힘을 마음에 간직하지 않고 겸직의 책임을 군주에게 지우지 않는다면 안으로는 원한을 품는 자가 없게 될 것이다. [군주는] 일을 시킴에 서로 침범하지 않게 하므로 다툼이 없으며, 인사들로 하여금 관직을 겸하지 못하게 하므로 기능이 늘고, 사람들로 하여금 같은 공적을 함께하지 않게 하므로 다툼이 없게 된다.

형벌을 무겁게 하고 포상을 적게 내리면, 군주가 백성을 사랑하는 것이기에 백성은 상을 위해 죽음을 무릅쓴다. 상을 많이 주고 형벌을 가볍게 한다면, 군주가 백성을 사랑하지 않는 것이므로 백성은 상을 위해 죽지 않으려고 한다. 이로움이 [군주라는] 한 공간으로부터 나오게 되면 그 나라는 적이 없지만, 이익이 [군주와 신하] 두 공간으로부터 나오게 되면 그 군대는 [갈라져] 절반만 쓰이게 되며, 이익이 열 공간으로부터 나오게 되면 그 백성은 [국가를] 지키지 않는다.

형벌을 무겁게 하는 것으로 백성을 분명히 하고 군주의 명령을 크게 하여 사람을 부리게 되면 군주에게 보탬이 될 것이다. 형벌을 집행하면서 가벼운 죄를 무겁게 처벌하면 사소한 범죄도 일어나지 않고 무거운 죄도 일어나지 않으니, 이것을 형벌로 형벌을 없애는 것이라고 한다. 죄가 무거운데도 형벌을 가볍게 하면 사건이 발생하므로 이것을 일러 형벌로 형벌을 불러일으킨다고 하는 것이니, 그런 나라는 반드시 [영토가] 깎이게 될 것이다.

제54편

심도(心度: 민심의 법도)

【해제】

'심도心度'란 민심의 법도라는 뜻이다. 〈심도〉 편에서 한비자는 편안하고 이로운 것을 좋아하되 수고로움을 싫어하는 사람의 천성에 따르지 말고 상벌을 엄격히 하여 제멋대로인 마음을 미연에 방지할 것을 주장하고 있다.

연속성이 없는 단편적인 내용들로 이루어진 〈심도〉 편을 통해 한비자는 법이란 백성을 다스리는 근본이며, 백성이 준수해야 하는 준칙이라는 것을 분명히 드러내고 있다.

〈심도〉 편은 내용상 세 단락으로 구분된다. 첫째 단락에서는 국가를 다스릴 때 상을 분명히 하고 형을 엄격히 해야 하며, 간악함이 싹트기 전에 막아야 함을 설명하고 있다. 두 번째 단락은 법은 때때로 통치와 함께 가며 통치란 때때로 법치와 그 맥을 같이한다고 언급하고 있다. 세 번째 단락에서는 나라를 세울 때 백성의 도를 써야만 하며, 밖으로는 외부세력을 막고 사사로움을 막아 법에 따라야만 왕 노릇을 할 수 있다고 하였다.

〈심도〉 편의 사상은 〈오두〉와 〈현학〉 두 편과 거의 일치하지만, 일관성이 결여되어 있어 한비자가 직접 쓴 글이 아니라는 의심을 떨쳐버릴 수가 없다.

성인은 백성을 다스림에 근본[1]에서 헤아리고 그 욕망에 따르지 못하게 하고 백성에게 이익을 기약할 따름이다. 따라서 군주가 백성들에게 형벌을 가하는 것은 백성들을 미워하기 때문이 아니라 근본적으로 사랑하기 때문이다. 형벌이 우세하면 백성들이 안정되고 포상이 빈번하면 간사함이 생기게 된다. 그러므로 백성을 다스리는 자는 형벌을 위에 두는 것이 다스림의 으뜸이 된다. 포상이 빈번하면 혼란의 기본이 된다.

무릇 백성의 본성이란 난 일으키기를 좋아하고 그 법을 친하게 여기지 않는다. 그러므로 현명한 군주가 나라를 다스림에 있어 포상을 명확히 하면 백성들은 공을 [서로] 권장하고, 형벌을 엄하게 하면 백성들은 법을 친하게 여긴다. 공을 세우려고 하면 공공의 일을 어기지 않고, 법을 친하게 하면 간사함이 싹트는 바가 없게 된다. 따라서 백성을 다스리는 자는 아직 싹트기 전에 간사함을 금지하고, 군대를 쓰는 자는 민심에 승복해야 한다. 금령이란 그 근본을 먼저 금하는 자는 다스리게 되고, 그 마음으로 전쟁을 하는 자는 승리한다. 앞서 다스리는 자는 강하게 되고, 앞서 싸우게 되는 자는 이긴다.

무릇 나라의 일이란 앞서서 처리하는 일에 힘쓰면 민심을 하나로 할 수 있고, 공정한 일을 들어 오로지 한다면 사사로움이 따르지

1) 원문의 '本(본)'을 번역한 것으로, 법을 지칭한다.

않게 되고, 고발하는 사람을 포상하면 간사함이 생기지 않으며, 법을 밝게 하면 다스리는 일이 번거롭게 되지 않는다. 네 가지를 잘 운용하는 군주는 강하며, 네 가지를 운용하지 못하는 군주는 약하다.

무릇 국가가 강하게 되는 까닭은 정사政事 때문이며, 군주가 귀하게 되는 것은 권력 덕분이다. 현명한 군주는 권력을 가지고 정사를 하며, 어지러운 군주도 권력을 가지고 정사를 한다. [그러나] 공적을 세우는 것이 같지 않은 것은 그들이 서 있는 위치가 다르기 때문이다. 그러므로 현명한 군주는 권력을 잡아 그가 중시되며, 정사를 일관되게 하여 나라를 다스린다. 따라서 법이란 왕 노릇을 하는 기본이며, 형벌이란 애정이 비롯되는 바이다.

밖을 닫고 사사로움을 막아야 왕 노릇 한다

무릇 백성의 천성이란 수고로움을 싫어하고 편안한 것을 좋아한다. 편안하면 거칠어지고 거칠어지면 다스려지지 않으며, 다스려지지 않으면 어지럽게 되니 포상과 형벌이 아래에서 행해지지 않으면 반드시 막혀버린다. 그러므로 큰 공적을 들어올리려고 해도 그 능력이 미치기 어려울 경우 큰 공적을 들어올리는 것은 거의 기약할 수가 없다. 법을 다스리려고 해도 그 옛날의 법을 바꾸기 어려우므로 백성들은 어지러워 그 다스려지는 것을 기약할 수 없다. 따라서 백성을 다스리는 데에는 일정함이 없으며, 오직 법으로만 다스릴 수 있다. 법이 때와 함께 다스려지고 다스림이 세상과 함께 딱 들어맞게 되면 공적이 있게 된다. 그러므로 백성이 순박했을 때는 그들을 명령으로 금지하면 다스릴 수 있었으나, 세상이 교묘해지면서 그들을 형벌로써 얽어매야 복종하게 할 수 있다. 시대가 움직이더라도 법이 바뀌지 않으면 혼란스럽고 세상이 변해도 금령이 변하지 않으면 [영토는] 깎인다. 그러므로 성인이 백성을 다스릴 수 있는 것은 법이 시대와 더불어 움직이고 금령이 세상과 더불어 변하기 때문이다.

영토에 역량을 쏟을 수 있는 자는 부유해지고 적에게 역량을 쏟을 수 있는 자는 강성해지며, 강성하고도 막히지 않는 자가 왕 노릇을 하게 된다. 그러므로 왕 노릇 하는 길은 열어두는 데 있고 막아버리는 데 있다. 그 간악함을 막아버리는 자는 반드시 왕 노릇을 하게 된다. 그러므로 왕 노릇 하는 술術은 밖이 어지러워지지 않는 것에 의지하지 않고, 그가 어지럽힐 수 없는 것에 의지한다. 밖이 어지럽지 않은 것에 의지하면서 다스림을 세우는 자는 깎이게 되고, 그들이 어지럽힐 수 없는 데에 의지하면서 법을 행하는 자는 흥하게 된다.

그러므로 현명한 군주가 나라를 다스리는 방법으로는 가히 어지럽힐 수 없는 술에 적당하다. 작위를 귀하게 하면 군주는 무거워지므로 공을 세운 자에게 상을 주고 작위를 맡긴다면 사악함은 관여

할 바가 없게 된다. 힘쓰기를 좋아하는 자는 그 작위가 귀해지고 작위가 귀해지면 군주는 존중되며, 군주가 존중되면 반드시 왕 노릇을 하게 된다.

나라는 일에 힘을 쓰지 않고 사사로운 학문(유가와 묵가를 지칭)에 기대면 그 작위는 낮아지며, 작위가 낮아지면 군주도 낮아지고 군주가 낮아지면 반드시 [영토도] 깎이게 된다. 그러므로 나라를 세우고 백성을 다루는 길이란 밖의 세력을 닫고 사사로움을 막아서 군주가 스스로를 믿어야만 왕 노릇 하는 것에 이를 수 있을 것이다.

제55편

제분(制分:상벌의 제정과 구분)

【해제】

'분分'이란 형벌과 포상을 구분하는 것으로, '제분制分'이란 백성을 다스릴 때 둘 사이의 구분을 분명히 할 필요가 있다는 의미이다. 그 주된 이유는 간악을 막는 일이 통치의 중요한 목표이기 때문으로, 한비자는 구체적으로 고발이나 연좌 방법을 통해서도 상벌의 효과를 거둘 수 있다고 주장하고 있다.

〈제분〉 편의 취지는 법을 응용하고 군주의 지혜에 얽매이지 말아야 한다는 것이다. 전체는 내용상 세 단락으로 구분된다. 첫 번째 단락에서는 법도를 제정하는 것이 엄격하고 분명해야 한다고 말하고 있다. 두 번째 단락에서는 간악함을 금지하는 방법으로 연좌제가 필요하다고 설명하고 있다. 세 번째 단락은 국가를 다스릴 때 사람과 지혜에 맡기지 말고 반드시 법에 따라야 한다고 주장하고 있다.

〈제분〉 편은 〈팔경〉 편과 서로 통하는 내용도 적지 않으며, 상앙의 법사상에 영향을 많이 받은 것으로 평가되고 있다. 그 사상적 맥락은 한비자의 사상과 부합되지만 문장을 살펴보면 한비자가 직접 쓴 글이 아니라는 주장도 상당한 설득력이 있다.

형벌과 포상에 기대어야 백성을 움직일 수 있다

무릇 나라의 땅은 넓고 군주의 지위가 존중될 때 일찍이 법도가 엄중하면서도 명령이 행해지고 금령이 신하들의 행보를 그치게 하는 데 이르지 않은 경우는 없었다. 이 때문에 군주 노릇 하는 사람은 작위의 높고 낮음을 나누고 녹봉의 많고 적음을 제정할 때 법도를 엄격히 하면서도 무겁게 했던 것이다. 무릇 나라가 잘 다스려지면 백성은 안정되지만, 일들이 혼란스러우면 나라는 위태로워질 것이다. 법이 엄중하면 사람의 진정한 마음을 얻을 수 있으나, 금령이 가벼우면 일의 실질을 잃어버리게 된다. 또한 죽을힘을 다한 노력이란 백성이 가지고 있는 것이며, 사람의 정서란 그 죽을힘을 다한 노력을 내어 그 바라는 바를 얻는 것을 그만두지 못하는 것이다. 그러나 좋아하고 싫어하는 감정이란 군주가 제어하는 것이다. 백성이란 이익이 되는 녹봉을 좋아하되 형벌을 싫어하므로 군주는 백성들이 좋아하고 싫어하는 심리를 장악함으로써 백성의 역량을 제어하니, 일의 실질도 마땅히 잃게 되는 것이 없을 것이다. 그러고도 금하는 것이 가벼워 일을 잃어버리게 되는 것은 형벌과 포상을 잘 못했기 때문이다. 만일 백성을 다스리는 데 법도에 의거하지 않고 선한 것을 베푼다면 이는 무법無法인 것이다.

그러므로 어지러움과 다스림의 이치는 형벌과 포상을 분명히 하는 것을 가장 중요하게 여겨야 하는 것이다. 나라를 다스리는 자는 법으로 하지 않을 수 없다. 그러나 존속되는 나라가 있고 망하는 나라도 있으니, 망하는 것을 그 형벌과 포상으로 제어하여 구분할 수는 없다. 나라를 다스리는 자는 그 형벌과 포상에 구분이 있지 않을 수 없으니, 다른 것을 가지고 구분한다고 해도 구분할 수 있다고 말할 수 없는 것이다. 명찰한 군주의 구분에 이르러서야 독자적으로 구분한다[1]는 것이다. 이 때문에 그 백성은 법도를 엄중히 여기고 금령을 두려워하여 죄에 저촉되지 않기를 바라며 함부로 상을 기다리지도 않는다. 그러므로 말한다.

"형벌과 포상에 의지하지 않더라도 백성들은 일에 종사한다."

연좌제를 실시하는 이유

이 때문에 무릇 아주 잘 다스려진 나라라도 간악한 행동을 그치게 하는 데 힘써야 하니, 이는 무엇 때문인가? 그것은 법이 사람의 감정과 통하고, 다스리는 이치와 관련되기 때문이다. 그렇다면 간사함을 잘 정찰하는[2] 방법은 어떻게 해야 하는가? 그것은 그 실정을 서로 엿보는 데 힘쓰는 일이다. 그렇다면 서로 엿보는 것은 어떻게 해야 하는가? 대체로 마을이 서로 연좌되게 할 뿐이라고 말한다. 금령이 오히려 자기에게 상관되는 것이라면 마을은 서로 살펴보지 않을 수 없으며, 오직 [연좌죄를] 면하지 못하게 될까 두려워하기 때

1) 독자적으로 구분한다는 것은 죄를 지은 자에게는 벌을 주고, 선을 행한 자에게는 상을 분명히 한다는 의미이다.

2) 원문의 '微(미)'를 번역한 것으로, 여기서는 '사찰하다, 정찰하다'라는 의미로 쓰였다.

문이다. 간악한 마음을 가진 자가 뜻을 얻을 수 없도록 하게 되는 것은 엿보는 자가 많기 때문이다.

이처럼 한다면 스스로 조심하고 다른 사람을 엿보며 간악함의 은밀함을 찾아낼 수 있게 된다. 남의 잘못을 고발한 자는 죄를 면해 주고 상을 받게 하며, 간악함을 보지 못한 자는 반드시 죄에 연루시켜 처벌한다. 이처럼 한다면 간악한 부류가 발각되게 된다. 간악함이 [제아무리] 미세하더라도 용서를 하지 않는 것은 사사로이 고발하고 연좌에 맡겨서 그렇게 하는 것이다.

말을 물리치고 법에 맡겨라

무릇 정치에 지극히 밝은 군주는 술수에 맡기지 사람에게 맡기지 않는다. 이 때문에 술수를 가진 나라가 칭송받는 사람을 등용하지 않으면 적이 없으며, 나라 안이 반드시 다스려지는 것은 술수에 맡기기 때문이다. 멸망하는 나라가 군대로 하여금 그 영토를 공공연히 휘젓게 해도 막거나 금지하지 못하는 것은 사람에게 맡기고 술수가 없기 때문이다. 자기 스스로를 공격하는 것은 사람이며, 남의 나라를 공격하는 것은 술수이다. 그러므로 술수를 가진 나라는 담론을 물리치고 법에 맡긴다. 무릇 헛된 공적이 규약에 따르게 되면 알기 어렵고, 잘못된 형벌도 담론으로 가릴 경우 보기가 어려우므로 이 때문에 형벌과 포상이 양쪽으로 미혹되는 것이다.

이른바 규약에 따르는 것이 분별하기가 어렵다고 하는 것은 간교한 공적 때문이며, 신하의 허물을 보기 어렵게 되면 실패하게 되는 뿌리가 된다. 이치에 따르더라도 헛된 공적을 볼 수 없고 정황을 헤아려도 간사함의 뿌리에 속는다면, 두 상벌이 어찌 양쪽으로 어긋나지 않을 수 있겠는가? 이 때문에 허울 좋은 공로에 의지하는 사람은 나라 안에서 이름을 내세우고, 담론하는 자는 나라 밖에서 책략을 짜낸다. 그런 까닭에 어리석은 자와 겁쟁이, 협객과 눈치 빠른 자들이 서로 엮여 헛된 도를 가지고 속세와 결탁하여 세상에 파고드는 것이다. 따라서 그 법은 쓰이지도 못하게 되고, 형벌은 죄인에게 가해지지도 않는 것이다.

이와 같으니 형벌과 포상이 어찌 둘로 나뉘지 않을 수 있겠는가? 실질이 그러하므로 설령 드러나더라도 이치가 그 헤아림을 그르친다. 헤아림이 그르치는 것은 법이 그렇게 시키는 것이 아니며, 법이 정해지더라도 지혜에 맡기기 때문이다. 법을 내버려두고 지혜에 맡긴다면 일을 맡은 자가 어찌 그 임무를 얻을 수 있겠는가? 일이 서로 들어맞지 않는 것을 가지고 함께 맞추려고 하면 법이 어찌 그릇되지 않을 수 있으며, 형벌이 어찌 번거롭지 않겠는가? 이 때문에 상벌을 번잡스럽게 하고 어지럽히면 나라의 도가 어긋나서 그릇된 방향으로 가게 되는 것이니, 형벌과 포상이 구분되지 않음이 명백하기 때문이다.

천치여우陳奇猷,《한비자교주韓非子校注 上, 下》, 上海古籍出版社, 2008

라이옌위엔賴炎元·후우광傅武光,《신역한비자新譯韓非子》, 台北 三民書局, 2000

가오화핑高華平·왕지저우王齊洲·장산시張三夕 譯注,《한비자韓非子》, 北京 中華書局, 2010

저우쉰추周勛初,《한비자찰기韓非子札記》, 江蘇人民出版社, 1980

마스넨馬世年,《한비자적성서급기문학연구韓非子的成書及其文學研究》, 上海古籍出版社, 2011

한비, 이운구 역,《한비자》(1, 2), 한길사, 2003

사마천司馬遷,《사기史記》, 北京 中華書局, 2011

장줴張覺,《한비자고론韓非子考論》, 北京 知識産業出版社, 2012

왕선신王先愼,《한비자집해韓非子集解》, 北京 中華書局, 2013

장줴張覺,《한비자교소석론韓非子校疏析論》(上, 中, 下), 北京 知識産業出版社, 2013

다케우치 아키오竹內照夫,《한비자韓非子》(상, 하), 東京, 明治書院, 1980

오노사와 세이이치小野澤精一,《한비韓非》(상, 하), 東京, 集英社, 1982

나가사와 기쿠야長澤 規矩也,《한비자교주韓非子校注》(1~3), 東京, 汲古書院, 2011

김원중,《한비자의 관계술》, 위즈덤하우스, 2012

가이즈카 시세키, 이목 역,《한비자의 교양강의》, 돌베개, 2012

사마천, 김원중 역,《사기열전》 개정판, 민음사, 2015

사마천, 김원중 역,《사기세가》 개정판, 민음사, 2015

사마천, 김원중 역,《사기본기》 개정판, 민음사, 2015

공자, 김원중 역,《논어》, 글항아리, 2011

노자, 김원중 역,《노자》, 글항아리, 2012

천푸칭, 오수형 역,《중국우언문학사》, 소나무, 1994

벤자민 슈왈츠, 라성 역,《중국고대사상의 세계》, 살림, 1996

김원중,〈《韓非子》를 통해서 본 韓非子의 글쓰기 전략에 관한 몇 가지 검토〉, 《중국학논총》 49집, 2016

(* 참고문헌의 비중 순으로 나열하였다.)

찾아보기

ㄱ

백공白公 • 382, 441, 451, 795
백공승白公勝 • 333, 366, 389
백규白圭 • 323, 324, 384, 486, 498
백락白樂 • 370, 372, 901
백리자伯里子 • 76
백리해百里奚 • 76, 162, 194, 366, 698, 714, 716, 795
백이伯夷 • 146, 186, 222, 352, 378, 385, 405, 414, 419, 423, 430, 578, 587, 793
범려范蠡 • 287, 349, 497, 795
범저范雎 • 46, 52, 78, 224, 509, 523, 540, 541, 663
법가法家 • 5~8, 20, 22, 23, 25, 30, 36, 39, 87, 119, 125, 203, 277, 317, 486, 683, 707, 763, 778, 783, 816, 893, 911
법술法術 • 32, 37, 78, 106, 124, 125, 201, 202, 204, 206, 210, 211, 215, 216, 220~223, 236, 237, 244, 398, 400, 401, 420, 433, 434, 439, 521, 703, 744, 773, 778, 780, 781, 788, 888, 923~925, 930
법술지사法術之士 • 22, 179, 199, 921, 924
변두籩豆 • 546, 547
변화卞和 • 199
보輔 • 145, 160
복僕 • 341, 342
복福 • 241, 242, 285~287, 302, 311, 312, 325, 332, 403, 404, 406, 433~435, 485, 693, 858, 881
복대부卜大夫 • 257
복상卜商 • 337, 462
복자宓子 • 522
복자卜子 • 524, 549
복자천宓子賤 • 528
복축卜祝 • 287
복피卜皮 • 442, 462, 478
복희씨伏羲氏 • 26
봉선封禪 • 151, 544
부절符節 • 92, 415, 800, 852
부차夫差 • 74, 77, 115, 264, 328, 388, 389, 395, 415, 497, 524, 737, 925
부형父兄 • 133, 135, 137, 855, 861
북면北面 • 252, 431, 638
분봉分封 • 20, 202
불사약不死藥 • 353
붕당朋黨 • 101, 795, 804, 859
비간比干 • 76, 77, 165, 271, 327, 373, 403, 407, 415, 425, 751, 794, 925
비무극費無極 • 487, 502, 503

ㅇ

ㅈ

ㅊ

ㅌ

ㅍ

ㅎ

옮긴이 김원중金元中

성균관대학교 중문과에서 문학박사 학위를 받았다. 대만 중앙연구원과 중국 문철연구소 방문학자 및 대만사범대학교 국문연구소 방문교수, 중국 푸단대학교 중문과 방문학자, 건양대학교 중문과 교수, 대통령 직속 인문정신문화특별위원, 한국학진흥사업위원장을 역임했다. 현재 단국대학교 사범대학 한문교육과 교수로 재직 중이며, 대통령 직속 국가교육위원회 전문위원과 중국인문학회 부회장을 맡고 있다.

동양의 고전을 우리 시대의 보편적 언어로 섬세히 복원하는 작업에 매진하여, 고전 한문의 응축미를 담아내면서도 아름다운 우리말의 결을 살려 원전의 품격을 잃지 않는 번역으로 정평 나 있다. 《교수신문》이 선정한 최고의 번역서인 《사기 열전》을 비롯해 《사기 본기》, 《사기 표》, 《사기 서》, 《사기 세가》 등 개인으로서는 세계 최초로 《사기》 전체를 완역했으며, 그 외에도 MBC 〈느낌표〉 선정도서인 《삼국유사》를 비롯해 《논어》, 《맹자》, 《대학 · 중용》, 《노자 도덕경》, 《장자》, 《한비자》, 《손자병법》, 《명심보감》, 《채근담》, 《정관정요》, 《정사 삼국지》(전 4권), 《당시》, 《송시》, 《격몽요결》 등 20여 권의 고전을 번역했다. 또한 《고사성어 사전: 한마디의 인문학》(편저), 《한문 해석 사전》(편저), 《중국 문화사》, 《중국 문학 이론의 세계》 등의 저서를 출간했고 40여 편의 논문을 발표했다. 2011년 환경재단 '2011 세상을 밝게 만든 사람들'(학계 부문)에 선정되었다. 삼성사장단과 LG사장단 강연, SERICEO 강연 등 이 시대의 오피니언 리더들을 위한 대표적인 인문학 강연자로도 널리 알려져 있다.

한비자 제왕학과 법치의 고전

1판 1쇄 발행일 2016년 4월 11일
1판 12쇄 발행일 2024년 1월 8일

지은이 한비자
옮긴이 김원중

발행인 김학원
발행처 (주)휴머니스트출판그룹
출판등록 제313-2007-000007호(2007년 1월 5일)
주소 (03991) 서울시 마포구 동교로23길 76(연남동)
전화 02-335-4422 **팩스** 02-334-3427
저자·독자 서비스 humanist@humanistbooks.com
홈페이지 www.humanistbooks.com
유튜브 youtube.com/user/humanistma **포스트** post.naver.com/hmcv
페이스북 facebook.com/hmcv2001 **인스타그램** @humanist_insta

편집주간 황서현 **편집** 박상경 김인수 박민애 **디자인** 김태형 **표지글씨·전각** 강병인 **지도** 임근선
조판 홍영사 **용지** 화인페이퍼 **인쇄** 삼조인쇄 **제본** 경일제책

ISBN 978-89-5862-323-6 04140
ISBN 978-89-5862-322-9(세트)

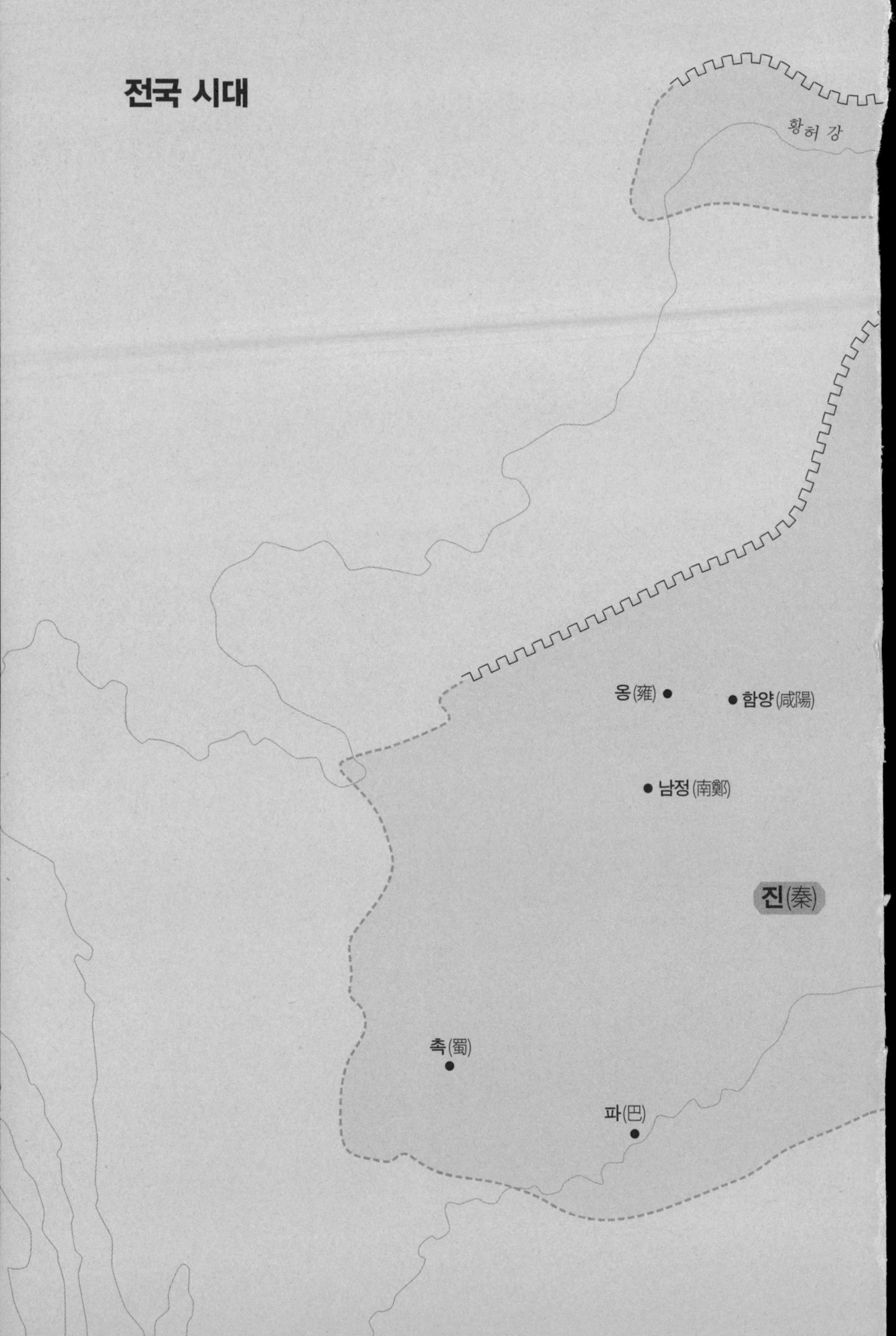

전국 시대
황허 강
옹(雍)
함양(咸陽)
남정(南鄭)
진(秦)
촉(蜀)
파(巴)